ONE TO ONE

Bilingual Dictionary

English-Georgian
Georgian-English
Dictionary

Compiled by

Eka Goderdzishvili

STAR Foreign Language BOOKS

© Publishers
ISBN : 978 1 912826 22 3

All rights reserved with the Publishers. No part of this publication may be reproduced or transmitted in any form or by any means, electronic, mechanical, photocopying, recording or otherwise, without the prior written permission of the Publishers.

This Edition : 2024

Published by
STAR Foreign Language BOOKS
a unit of
Star Books
56, Langland Crescent
Stanmore HA7 1NG, U.K.
info@starbooksuk.com
www.bilingualbooks.co.uk

Printed in India at
Star Print-O-Bind, New Delhi-110 020

About this Dictionary

Developments in science and technology today have narrowed down distances between countries, and have made the world a small place. A person living thousands of miles away can learn and understand the culture and lifestyle of another country with ease and without travelling to that country. Languages play an important role as facilitators of communication in this respect.

To promote such an understanding, **STAR Foreign Language BOOKS** has planned to bring out a series of bilingual dictionaries in which important English words have been translated into other languages, with Roman transliteration in case of languages that have different scripts. This is a humble attempt to bring people of the word closer through the medium of language, thus making communication easy and convenient.

Under this series of *one-to-one dictionaries*, we have published almost 62 languages, the list of which has been given in the opening pages. These have all been compiled and edited by teachers and scholars of the relative languages.

Publishers

Bilingual Dictionaries in this Series

English-Afrikaans / Afrikaans-English	Abraham Venter
English-Albanian / Albanian-English	Theodhora Blushi
English-Amharic / Amharic-English	Girun Asanke
English-Arabic / Arabic-English	Rania-al-Qass
English-Bengali / Bengali-English	Amit Majumdar
English-Bosnian / Bosnian-English	Boris Kazanegra
English-Bulgarian / Bulgarian-English	Vladka Kocheshkova
English-Burmese (Myanmar) / Burmese (Myanmar)-English	Kyaw Swar Aung
English-Cambodian / Cambodian-English	Engly Sok
English-Cantonese / Cantonese-English	Nisa Yang
English-Chinese (Mandarin) / Chinese (Mandarin)-Eng	Y. Shang & R. Yao
English-Croatian / Croatain-English	Vesna Kazanegra
English-Czech / Czech-English	Jindriska Poulova
English-Danish / Danish-English	Rikke Wend Hartung
English-Dari / Dari-English	Amir Khan
English-Dutch / Dutch-English	Lisanne Vogel
English-Estonian / Estonian-English	Lana Haleta
English-Farsi / Farsi-English	Maryam Zaman Khani
English-French / French-English	Aurélie Colin
English-Georgian / Georgina-English	Eka Goderdzishvili
English-Gujarati / Gujarati-English	Sujata Basaria
English-German / German-English	Bicskei Hedwig
English-Greek / Greek-English	Lina Stergiou
English-Hindi / Hindi-English	Sudhakar Chaturvedi
English-Hungarian / Hungarian-English	Lucy Mallows
English-Italian / Italian-English	Eni Lamllari
English-Japanese / Japanese-English	Miruka Arai & Hiroko Nishimura
English-Kinyawanda / Kinyarwanda-English	Irakoze Shammah La Grace
English-Korean / Korean-English	Mihee Song
English-Kurdish / Kurdish-English	Shivan Alhussein
English-Latvian / Latvian-English	Julija Baranovska
English-Levantine Arabic / Levantine Arabic-English	Ayman Khalaf
English-Lithuanian / Lithuanian-English	Regina Kazakeviciute
English-Malay / Malay-English	Azimah Husna
English-Malayalam - Malayalam-English	Anjumol Babu
English-Nepali / Nepali-English	Anil Mandal
English-Norwegian / Norwegian-English	Samuele Narcisi
English-Pashto / Pashto-English	Amir Khan
English-Polish / Polish-English	Magdalena Herok
English-Portuguese / Portuguese-English	Dina Teresa
English-Punjabi / Punjabi-English	Teja Singh Chatwal
English-Romanian / Romanian-English	Georgeta Laura Dutulescu
English-Russian / Russian-English	Katerina Volobuyeva
English-Serbian / Serbian-English	Vesna Kazanegra
English-Shona / Shona-English	Victorious Tshuma
English-Sinhalese / Sinhalese-English	Naseer Salahudeen
English-Slovak / Slovak-English	Zuzana Horvathova
English-Slovenian / Slovenian-English	Tanja Turk
English-Somali / Somali-English	Ali Mohamud Omer
English-Spanish / Spanish-English	Cristina Rodriguez
English-Swahili / Swahili-English	Abdul Rauf Hassan Kinga
English-Swedish / Swedish-English	Madelene Axelsson
English-Tagalog / Tagalog-English	Jefferson Bantayan
English-Tamil / Tamil-English	Sandhya Mahadevan
English-Thai / Thai-English	Suwan Kaewkongpan
English-Tigrigna / Tigrigna-English	Tsegazeab Hailegebriel
English-Turkish / Turkish-English	Nagme Yazgin
English-Twi / Twi-English	Nathaniel Alonsi Apadu
English-Ukrainian / Ukrainian-English	Katerina Volobuyeva
English-Urdu / Urdu-English	S. A. Rahman
English-Vietnamese / Vietnamese-English	Hoa Hoang
English-Yoruba / Yoruba-English	O. A. Temitope

STAR Foreign Language BOOKS

English - Georgian

A

a *(art.)* განუსაზღვრელი არტიკლი *e*
aback *(adv.)* უკან *ukan*
abactor *(n.)* მტაცებელი *mtacebeli*
abacus *(n.)* საანგარიშო *saangariSo*
abandon *(v.)* მიტოვება *mitoveba*
abandoned *(adj.)* მიტოვებული *mitovebuli*
abase *(v.)* დამცირება *damcireba*
abashed *(adj.)* შეცბუნებული *Secbunebuli*
abate *(v.)* შემცირება *Semcireba*
abatement *(n.)* შემცირება *Semcireba*
abbey *(n.)* სააბატო *saabato*
abbot *(n.)* აბატი *abati*
abbreviate *(v.)* შემოკლება *Semokleba*
abbreviation *(n.)* აბრევიატურა *abreviatura*
abdicate *(v.)* უარი *uari*
abdication *(n.)* გადადგომა *gadadgoma*
abdomen *(n.)* მუცლის ღრუ *muclis Rru*
abdominal *(adj.)* მუცლის *muclis*
abduct *(v.)* მოტაცება *motaceba*
abductee *(n.)* გატაცებული *gatacebuli*
abduction *(n.)* მოტაცება *motaceba*
abductor *(n.)* მომტაცებელი *momtacebeli*
aberrant *(adj.)* არაკეთილსინდისიერი *arakeTilsindisieri*
aberration *(n.)* ჭკუასუსტობა *Wkuasustoba*
abet *(v.)* წაქეზება *waqezeba*
abettor *(n.)* წამქეზებელი *wamqezebeli*
abeyance *(n.)* მიწყნარება *miwynareba*
abhor *(v.)* ზიზღი *zizRi*
abhorrent *(adj.)* საზიზღარი *sazizRari*
abide *(v.)* მოცდა *mocda*
abiding *(adj.)* უცვლელი *ucvleli*
ability *(n.)* უნარიანობა *unarianoba*
abiotic *(adj.)* აბიოტიკური *abiotikuri*
abject *(adj.)* საძაგელი *saZageli*
abjure *(v.)* უარყოფა *uaryofa*
abjurer *(n.)* უარმყოფელი *uarmyofeli*
ablactate *(v.)* ნიჭიერება *niWiereba*
ablactation *(n.)* აბლაქტაცია *ablaqtacia*
ablate *(v.)* მოკვეთა *mokveTa*
ablation *(n.)* ამპუტაცია *amputacia*
ablative *(adj.)* აბლატივი *ablativi*
ablaze *(adv.)* ცეცხლმოკიდებული *cecxlmokidebuli*
able *(adj.)* ნიჭიერი *niWieri*
abled *(adj.)* შეძლო *SeZlo*
ablution *(n.)* დაბანა *dabana*
ably *(adv.)* მოხერხებულად *moxerxebulad*
abnegate *(v.)* უარყოფა *uaryofa*
abnegation *(n.)* უარის თქმა *uaris Tqma*
abnormal *(adj.)* არანორმალური *aranormaluri*
abnormality *(n.)* პათოლოგია *paTologia*
abnormally *(adv.)* ანომალია *anomalia*
aboard *(adv.)* ბორტზე *bortze*
abode *(n.)* ადგილსამყოფელი *adgilsamyofeli*
abolish *(v.)* გაუქმება *gauqmeba*
abolition *(n.)* მოსპობა *mospoba*
abominable *(adj.)* საზიზღარი *sazizRari*
abominate *(v.)* შეზიზღება *SezizReba*

abomination *(n.)* სიმულვილი *siZulvili*
aboriginal *(adj.)* ადგილობრივი *adgilobrivi*
aborigine *(n.)* ძირეული *Zireuli*
abort *(v.)* აბორტი *aborti*
abortion *(n.)* მუცლის მოშლა *muclis moSla*
abortionist *(n.)* აბორტის მკეთებელი *abortis mkeTebeli*
abortive *(adv.)* წარუმატებელი *warumatebeli*
abound *(v.& prep.)* უხვად ქონა *uxvad qona*
about-turn *(n.)* აზრის შეცვლა *azris Secvla*
above *(prep. & adv.)* ზემოთ *zemoT*
abrasion *(n.)* გაცვეთა *gacveTa*
abrasive *(adj.)* სახეხი *saxexi*
abreast *(adv.)* მწკრივში *mwkrivSi*
abridge *(v.)* შემოკლება *Semokleba*
abridgement *(n.)* შემოკლება *Semokleba*
abroad *(adv.)* საზღვარგარეთ *sazRvargareT*
abrogate *(v.)* გაუქმება *gauqmeba*
abrogation *(n.)* გაუქმება *gauqmeba*
abrupt *(adj.)* მოულოდნელი *moulodneli*
abruptly *(adv.)* უეცრად *uecrad*
abscess *(n.)* ჩირქგროვა *Cirqgrova*
abscond *(v.)* გაპარვა *gaparva*
abseil *(v.)* კლდიდან თოკით ჩამოსვლა *kldidan TokiT Camosvla*
absence *(n.)* არდასწრება *ardaswreba*
absent *(adj.)* არმყოფი *armyofi*
absentee *(n.)* არმყოფი *armyofi*
absolute *(adj.)* სრული *sruli*
absolutely *(adv.)* აბსოლუტური *absoluturi*
absolution *(n.)* გამართლება *gamarTleba*
absolutism *(n.)* აბსოლუტიზმი *absolutizmi*
absolve *(v.)* გათავისუფლება *gaTavisufleba*
absorb *(v.)* შესრუტვა *Sesrutva*
absorbable *(adj.)* შემწოვი *Semwovi*
absorbent *(adj.)* შთანთქმელი *STanTqmeli*
absorption *(n.)* შთანთქმა *STanTqma*
abstain *(v.)* მოთმენა *moTmena*
abstinence *(n.)* თავის შეკავება *Tavis Sekaveba*
abstract *(adj.)* დასკვნა *daskvna*
abstraction *(n.)* აბსტრაქცია *abstraqcia*
abstruse *(adj.)* გაურკვეველი *gaurkveveli*
absurd *(adj.)* აბსურდი *absurdi*
absurdity *(n.)* აბსურდულობა *absurduloba*
absurdly *(adv.)* აბსურდული *absurduli*
abundance *(n.)* ბარაქა *baraqa*
abundant *(adj.)* უხვი *uxvi*
abundantly *(adv.)* ბარაქიანად *baraqianad*
abuse *(v.)* გინება *gineba*
abusive *(adj.)* სალანძღავი *salanZRavi*
abusively *(adv.)* მოძალადე *moZalade*
abut *(v.)* ესაზღვრება *esazRvreba*
abyss *(n.)* უფსკრული *ufskruli*
acacia *(n.)* აკაცია *akacia*
academia *(n.)* აკადემია *akademia*
academic *(adj.)* აკადემიკოსი *akademikosi*
academically *(adv.)* აკადემიურად *akademiurad*
academician *(n.)* აკადემიკოსი *akademikosi*
academy *(n.)* აკადემია *akademia*
acausal *(adj.)* აკაუზუალი *akauzuali*
accede *(v.)* დათანხმება *daTanxmeba*

accelerate *(v.)* დაჩქარება *daCqareba*
acceleration *(n.)* აქსელერაცია *aqseleracia*
accelerator *(n.)* აქსელერატორი *aqseleratori*
accend *(v.)* აქცენტირება *aqcentireba*
accent *(v.)* აქცენტი *aqcenti*
accent *(n.)* მახვილი *maxvili*
accentor *(n.)* აქცენტორი *aqcentori*
accentuate *(v.)* აქცენტის გაკეთება *aqcentis gakeTeba*
accept *(v.)* დათანხმება *daTanxmeba*
acceptability *(n.)* მისაღებობა *misaReboba*
acceptable *(adj.)* მისაღები *misaRebi*
acceptant *(adj.)* მიმღები *mimRebi*
accepted *(adj.)* მიღებულია *miRebulia*
access *(n.)* წვდომა *wvdoma*
accessibility *(n.)* ხელმისაწვდომობა *xelmisawvdomoba*
accessible *(adj.)* ხელმისაწვდომი *xelmisawvdomi*
accession *(n.)* შეერთება *SeerTeba*
accessory *(n.)* აქსესუარი *aqsesuari*
accidence *(n.)* უბედური შემთხვევა *ubeduri SemTxveva*
accident *(n.)* უბედური შემთხვევა *ubeduri SemTxveva*
accidental *(adj.)* შემთხვევითი *SemTxveviTi*
accidentally *(adv.)* შემთხვევით *SemTxveviT*
acclaim *(v.)* აღიარება *aRiareba*
acclamation *(n.)* ხმამაღლა მოწონება *xmamaRla mowoneba*
acclimatise *(v.)* აკლიმატიზაცია *aklimatizacia*
accolade *(n.)* ქება *qeba*
accommodate *(v.)* შეთანხმება *SeTanxmeba*
accommodating *(adj.)* თავაზიანი *Tavaziani*
accommodation *(n.)* თანხმობა *Tanxmoba*
accompaniment *(n.)* თანხლება *Tanxleba*
accompanist *(n.)* აკომპანისტი *akompanisti*
accompany *(v.)* გაყოლა *gayola*
accomplice *(n.)* შსრულება *Ssruleba*
accomplish *(v.)* დამთავრება *damTavreba*
accomplished *(adj.)* დამთავრებული *damTavrebuli*
accomplishment *(n.)* დამთავრება *damTavreba*
accord *(v.)* თანხმობა *Tanxmoba*
accord *(n.)* შეთანხმება *SeTanxmeba*
accordance *(n.)* თანხმობა *Tanxmoba*
according *(adv.)* შესაბამისად *Sesabamisad*
accordingly *(adv.)* სათანადოდ *saTanadod*
accost *(v.)* მიმართვა *mimarTva*
accouchement *(n.)* მშობიარობა *mSobiaroba*
accoucheur *(n.)* მეანი *meani*
account *(n.)* დათვლა *daTvla*
accountability *(n.)* პასუხისმგებლობა *pasuxismgebloba*
accountable *(adj.)* პასუხისმგებელი *pasuxismgebeli*
accountancy *(n.)* ბუღალტერია *buRalteria*
accountant *(n.)* ბუღალტერი *buRalteri*
accounting *(n.)* აღრიცხვა *aRricxva*
accoutre *(v.)* აღჭურვა *aRWurva*
accoutrement *(n.)* აღჭურვილობა *aRWurviloba*
accredited *(adj.)* აკრედიტებული *akreditebuli*
accrete *(v.)* გაზრდა *gazrda*

accretion *(n.)* გაზრდა *gazrda*
accrue *(v.)* დარიცხვა *daricxva*
accumulate *(v.)* დაგროვება *dagroveba*
accumulation *(n.)* დაგროვილი *dagrovili*
accumulator *(n.)* აკუმულატორი *akumulatori*
accuracy *(n.)* სიზუსტე *sizuste*
accurate *(adj.)* ზუსტი *zusti*
accurately *(adv.)* ზუსტად *zustad*
accusal *(n.)* ბრალდება *braldeba*
accusation *(n.)* ბრალდება *braldeba*
accusative *(n.)* სადავო *sadavo*
accuse *(v.)* დადანაშაულება *dadanaSauleba*
accused *(n.)* ბრალდებული *braldebuli*
accuser *(n.)* ბრალმდებელი *bralmdebeli*
accusing *(adj.)* ბრალდება *braldeba*
accustom *(v.)* მიჩვევა *miCveva*
ace *(n.)* ტუზი *tuzi*
acellular *(adj.)* აცელულარული *acelularuli*
acene *(n.)* სცენები *scenebi*
acentric *(adj.)* პერიფერიული *periferiuli*
acer *(n.)* ასერი *aseri*
acerbic *(adj.)* მწკლარტე *mwklarte*
acetate *(n.)* გაღიზიანება *gaRizianeba*
acetic *(adj.)* მჟავე *mJave*
acetic acid *(n.)* ძმარმჟავა *ZmarmJava*
acetone *(n.)* აცეტონი *acetoni*
acetylene *(n.)* აცეტილენი *acetileni*
ache *(v.)* სტკივა *stkiva*
ache *(n.)* ტკივილი *tkivili*
achieve *(v.)* მიღწევა *miRweva*
achievement *(n.)* მიღწევა *miRweva*
achiever *(n.)* წარმატებული *warmatebuli*
achromat *(n.)* აკრომატი *akromati*
achromatic *(adj.)* აკრომატიკი *akromatiki*
acid *(n.)* მჟავა *mJava*
acid rain *(n.)* მჟავის წვიმა *mJavis wvima*
acid test *(n.)* მჟავის ტესი *mJavis tesi*
acidic *(adj.)* მჟავე *mJave*
acknowledge *(v.)* აღიარება *aRiareba*
acknowledgement *(n.)* აღიარება *aRiareba*
acme *(n.)* კულმინაცია *kulminacia*
acne *(n.)* აკნე *akne*
acolyte *(n.)* მსახური *msaxuri*
acorn *(n.)* რკო *rko*
acoustic *(adj.)* აკუსტიკური *akustikuri*
acoustics *(n.)* აკუსტიკა *akustika*
acquaint *(v.)* გაცნობა *gacnoba*
acquaintance *(n.)* ნაცნობობა *nacnoboba*
acquest *(n.)* შენაძენი *SenaZeni*
acquiesce *(v.)* უსიტყვოდ თანხმობა *usityvod Tanxmoba*
acquire *(v.)* მოპოვება *mopoveba*
acquisition *(n.)* მონაპოვარი *monapovari*
acquisitive *(adj.)* მომხვეჭი *momxveWi*
acquit *(v.)* ვალის გადახდა *valis gadaxda*
acquittal *(n.)* მოვალეობის შესრულება *movaleobis Sesruleba*
acratic *(adj.)* აკრატიკი *akratiki*
acre *(n.)* აკრი *akri*
acreage *(n.)* აკრები(მიწის ფართობი) *akrebi(miwis farTobi)*
acrid *(adj.)* ცხარე *cxare*
acrimonious *(adj.)* მწარე *mware*
acrimony *(n.)* გესლიანობა *geslianoba*
acritical *(adj.)* აკრიტიკალური *akritikaluri*
acrobat *(n.)* აკრობატი *akrobati*

acrobat *(adj.)* აკრობატული *akrobatuli*
acrobatics *(n.)* აკრობატიკა *akrobatika*
acronym *(n.)* აკრონიმი *akronimi*
acrophobia *(n.)* აკროფობია *akrofobia*
acropolis *(n.)* აკროპოლისი *akropolisi*
across *(prep.)* გარდიგარდმო *gardigardmo*
acrostic *(n.)* აკრისტიქი *akristiqi*
acrylate *(n.)* აკრილატოვი *akrilatovi*
acrylic *(adj.)* აკრილის *akrilis*
act *(v.)* საქმე *saqme*
acting *(n.)* თამაში *TamaSi*
action *(n.)* მოქმედება *moqmedeba*
actionable *(adj.)* მოქმედებადი *moqmedebadi*
activate *(v.)* გააქტიურება *gaaqtiureba*
activation *(n.)* გააქტიურებული *gaaqtiurebuli*
active *(adj.)* აქტიური *aqtiuri*
actively *(adv.)* აქტიურად *aqtiurad*
activist *(n.)* აქტივისტი *aqtivisti*
activity *(n.)* მოღვაწეობა *moRvaweoba*
actor *(n.)* მსახიობი *msaxiobi*
actress *(n.)* მსახიობი(ქალი) *msaxiobi(qali)*
actual *(adj.)* ნამდვილი *namdvili*
actually *(adv.)* ნამდვილად *namdvilad*
acumen *(n.)* გამჭრიახობა *gamWriaxoba*
acupressure *(n.)* აკუპრესურა *akupresura*
acupuncture *(n.)* აკუპუნქტურა *akupunqtura*
acupuncturist *(n.)* აკუპუნქტურისტი *akupunqturisti*
acute *(adj.)* ბასრი *basri*
ad hoc *(adj.)* ამისთვის *amisTvis*
adage *(n.)* გამონათქვამი *gamonaTqvami*
adamant *(adj.)* ალმასი *almasi*
adapt *(v.)* შეგუება *Segueba*

adaptable *(adj.)* ადვილად შეგუებული *advilad Seguebuli*
adaptation *(n.)* ადაპტაცია *adaptacia*
adaptor *(n.)* ადაპტორი *adaptori*
add *(v.)* დამატება *damateba*
addendum *(n.)* დანართი *danarTi*
adder *(n.)* ანკარა *ankara*
addict *(n.)* ნარკომანი *narkomani*
addict *(v.)* ძლიერ შეყვარება *Zlier Seyvareba*
addicted *(adj.)* თავის გადადება *Tavis gadadeba*
addiction *(n.)* გაზრდა *gazrda*
addictive *(adj.)* დამოკიდებული *damokidebuli*
add-in *(n.)* დართვა *darTva*
addition *(n.)* მიმატება *mimateba*
additional *(adj.)* დამატებითი *damatebiTi*
additive *(n.)* დანამატი *danamati*
addled *(adj.)* გაფუჭებული *gafuWebuli*
address *(n.)* მისამართი *misamarTi*
addressee *(n.)* ადრესატი *adresati*
addresser *(n.)* ადრესანტი *adresanti*
adduce *(v.)* წარდგენა *wardgena*
adept *(adj.)* გამოცდილი *gamocdili*
adept *(n.)* მცოდნე *mcodne*
adequacy *(n.)* შესატყვისობა *Sesatyvisoba*
adequate *(adj.)* შესატყვისი *Sesatyvisi*
adequately *(adv.)* გათანაბრება *gaTanabreba*
adhere *(v.)* მიწებება *miwebeba*
adherence *(n.)* ერთგულება *erTguleba*
adherent *(n.)* მიმდევარი *mimdevari*
adhesion *(n.)* მიკვრა *mikvra*
adhesive *(n.)* წებოვანი *webovani*
adieu *(exclam.)* გამომშვიდობება *gamomSvidobeba*

adipose *(adj.)* სიმსუქნე *simsuqne*
adjacent *(adj.)* ახლობელი *axlobeli*
adjective *(n.)* ზედსართავი სახელი *zedsarTavi saxeli*
adjoin *(v.)* ესაზღვრება *esazRvreba*
adjourn *(v.)* გადადება *gadadeba*
adjournment *(n.)* გადავადება *gadavadeba*
adjudge *(v.)* სასჯელის გამოტანა *sasjelis gamotana*
adjudicate *(v.)* მისჯა *misja*
adjunct *(n.)* თანაშემწე *TanaSemwe*
adjuration *(n.)* შელოცვა *Selocva*
adjure *(v.)* ვედრება *vedreba*
adjust *(v.)* შეგუება *Segueba*
adjustment *(n.)* რეგულირება *regulireba*
administer *(v.)* მართვა *marTva*
administrate *(v.)* მართვა *marTva*
administration *(n.)* ადმინისტრაცია *administracia*
administrative *(adj.)* ადმინისტრაციული *administraciuli*
administrator *(n.)* მმართველი *mmarTveli*
admirable *(adj.)* მომხიბლავი *momxiblavi*
admiral *(n.)* ადმირალი *admirali*
admiralty *(n.)* საადმირალო *saadmiralo*
admiration *(n.)* აღტაცება *aRtaceba*
admire *(v.)* მოხიბვლა *moxibvla*
admissible *(adj.)* მისაღები *misaRebi*
admission *(n.)* დაშვება *daSveba*
admit *(v.)* შეშვება *SeSveba*
admittance *(n.)* შესვლა *Sesvla*
admittedly *(adv.)* სავარაუდოდ *savaraudod*
admonish *(v.)* დარწმუნება *darwmuneba*
admonition *(n.)* შენიშვნა *SeniSvna*
ado *(n.)* ხმაური *xmauri*
adobe *(n.)* გამოუწვავი აგური *gamouwvavi aguri*
adolescence *(n.)* სიყმაწვილე *siymawvile*
adolescent *(adj.)* ახალგაზრდა *axalgazrda*
adopt *(v.)* შვილება *Svileba*
adoption *(n.)* შვილად აყვანა *Svilad ayvana*
adoptive *(adj.)* ნაშვილები *naSvilebi*
adorable *(adj.)* წარმტაცი *warmtaci*
adoration *(n.)* თაყვანისცემა *Tayvaniscema*
adore *(v.)* გაღმერთება *gaRmerTeba*
adorn *(v.)* შემკობა *Semkoba*
adrenal *(adj.)* თირკმელზედა ჯირკვალი *Tirkmelzeda jirkvali*
adrift *(adj.)* დინების მიხედვით *dinebis mixedviT*
adroit *(adj.)* მარჯვე *marjve*
adscititious *(adj.)* შემოიღო *SemoiRo*
adscript *(adj.)* აღწერილი *aRwerili*
adsorb *(n.)* ედსორბირება *edsorbireba*
adulate *(v.)* პირფერობა *pirferoba*
adulation *(n.)* ქედის მოხრა *qedis moxra*
adult *(n.)* ახალგზარდა *axalgzarda*
adulterate *(v.)* ნაყალბევი *nayalbevi*
adulteration *(n.)* სიყალბე *siyalbe*
adulterer *(n.)* მრუში *mruSi*
adultery *(n.)* ღალატი *Ralati*
advance *(v.)* დაწინაურება *dawinaureba*
advanced *(adj.)* დაწინაურებული *dawinaurebuli*
advantage *(n.)* უპირატესობა *upiratesoba*
advantageous *(adj.)* ხელსაყრელი *xelsayreli*
advent *(n.)* გამოჩენა *gamoCena*

adventure *(n.)* თავგადასავალი *Tavgadasavali*
adventurous *(adj.)* გაბედული *gabeduli*
adverb *(n.)* ზმნიზედა *zmnizeda*
adverbial *(adj.)* ზმნიზედა *zmnizeda*
adversary *(n.)* მტერი *mteri*
adverse *(adj.)* მტრული *mtruli*
adversity *(n.)* გასაჭირი *gasaWiri*
advertise *(v.)* რეკლამირება *reklamireba*
advertisement *(n.)* განცხადება *gancxadeba*
advice *(n.)* რჩევა *rCeva*
advisability *(n.)* მიზანშეწონილობა *mizanSewoniloba*
advisable *(adj.)* სასურველი *sasurveli*
advise *(v.)* რჩევა *rCeva*
advisory *(adj.)* სათათბირო *saTaTbiro*
advocacy *(n.)* დაცვა *dacva*
aegis *(n.)* დამცველი *damcveli*
aeon *(n.)* გეოლოგიური პერიოდი *geologiuri periodi*
aerate *(v.)* განიავება *ganiaveba*
aerial *(n.)* ანტენა *antena*
aerobatics *(n.)* უმაღლესი პილოტაჟი *umaRlesi pilotaJi*
aerobics *(n.)* აერობიკა *aerobika*
aerodrome *(n.)* აეროდრომი *aerodromi*
aerodynamics *(n.)* აეროდინამიკა *aerodinamika*
aerofoil *(n)* აეროდინამიკური *aerodinamikuri*
aeronautics *(n.)* ჰაერონაოსნობა *haeronaosnoba*
aeroplane *(n.)* თვითმფრინავი *TviTmfrinavi*
aerosol *(n.)* აეროზოლი *aerozoli*
aerospace *(n.)* კოსმოსური *kosmosuri*

aerostatics *(n.)* აეროსტატიკა *aerostatika*
aesthete *(n.)* ესთეტი *esTeti*
aesthetic *(adj.)* ესთეტიკური *esTetikuri*
afar *(adv.)* შორს *Sors*
affable *(adj.)* ალერსიანი *alersiani*
affair *(n.)* საქმე *saqme*
affect *(v.)* ზემოქმედება *zemoqmedeba*
affectation *(n.)* თავის მოკატუნება *Tavis mokatuneba*
affected *(adj.)* დაზიანებული *dazianebuli*
affection *(n.)* აღელვება *aRelveba*
affectionate *(adj.)* მოსიყვარულე *mosiyvarule*
affidavit *(n.)* ფიცი *fici*
affiliate *(v.)* წევრად მიღება *wevrad miReba*
affiliation *(n.)* შემოერთება *SemoerTeba*
affinity *(n.)* თვისება *Tviseba*
affirm *(v.)* მტკიცება *mtkiceba*
affirmation *(n.)* დამტკიცება *damtkiceba*
affirmative *(adj.)* მტკიცებითი *mtkicebiTi*
affix *(v.)* დამატება *damateba*
afflict *(v.)* წყენინება *wyenineba*
affliction *(n.)* დანაღვლიანება *danaRvlianeba*
affluence *(n.)* მოზღვავება *mozRvaveba*
affluent *(adj.)* მოზღვავებული *mozRvavebuli*
affluential *(n.)* მოზღვავებული *mozRvavebuli*
afford *(v.)* საშუალების ქონა *saSualebis qona*
affordability *(n.)* ხელმისაწვდომობა *xelmisawvdomoba*

afforest *(v.)* ტყის გაშენება *tyis gaSeneba*
affray *(n.)* ჩხუბი *Cxubi*
affront *(n.)* შეურაცხყოფის მიყენება *Seuracxyofis miyeneba*
afield *(adv.)* მინდვრად *mindvrad*
aflame *(adv.)* ცეცხლში *cecxlSi*
afloat *(adv.)* სიმაღლეზე *simaRleze*
afoot *(adv.)* ფეხით *fexiT*
afore *(prep.)* ადრე *adre*
aforementioned *(adj.)* ზემოხსენებული *zemoxsenebuli*
afraid *(adj.)* შეშინებული *SeSinebuli*
afresh *(adv.)* ხელახლა *xelaxla*
aft *(n.)* გემის კიჩოზე *gemis kiCoze*
after *(prep.)* შემდეგ *Semdeg*
afterbirth *(n.)* მომყოლი *momyoli*
aftercare *(n.)* ავადმყოფის მოვლა *avadmyofis movla*
after-effect *(n.)* შედეგი *Sedegi*
aftermath *(n.)* შედეგი *Sedegi*
afternoon *(n.)* ნაშუადღევი *naSuadRevi*
after-party *(n.)* წვეულების შემდეგ *wveulebis Semdeg*
aftersales *(adj.)* გაყიდვის შემდეგ *gayidvis Semdeg*
aftershave *(n.)* გაპარსვის შემდეგ *gaparsvis Semdeg*
afterthought *(n.)* დაგვიანებული აზრი *dagvianebuli azri*
afterwards *(adv.)* შემდეგ *Semdeg*
again *(adv.)* ისევ *isev*
against *(prep.)* საწინააღმდეგოდ *sawinaaRmdegod*
agar *(n.)* აგარი *agari*
agate *(n.)* აქატი *aqati*
agaze *(adj.)* გაკვირვებული *gakvirvebuli*
age *(n.)* ასაკი *asaki*
aged *(adj.)* ასაკოვანი *asakovani*
ageing *(n.)* დაბერება *dabereba*
ageism *(n.)* ასაკისტიზმი *asakistizmi*
ageless *(adj.)* ასაკის გარეშე *asakis gareSe*
agency *(n.)* სააგენტო *saagento*
agenda *(n.)* დღის წესრიგი *dRis wesrigi*
agent *(n.)* აგენტი *agenti*
agglomerate *(v.)* შეკრება *Sekreba*
aggradation *(n.)* აგრეგაცია *agregacia*
aggrandize *(v.)* გადიდება *gadideba*
aggravate *(v.)* დამძიმება *damZimeba*
aggravation *(n.)* გაძლიერება *gaZliereba*
aggregate *(v.)* შეერთება *SeerTeba*
aggression *(n.)* თავდასხმა *Tavdasxma*
aggressive *(adj.)* გულის ტკენა *gulis tkena*
aggressor *(n.)* აგრესორი *agresori*
aggrieve *(v.)* წყენინება *wyenineba*
aghast *(adj.)* შეძრწუნებული *SeZrwunebuli*
agile *(adj.)* ცოცხალი *cocxali*
agility *(n.)* სიმარჯვე *simarjve*
agitate *(v.)* აღელვება *aRelveba*
agitation *(n.)* მღელვარება *mRelvareba*
aglare *(adj.)* დამაბრმავებელი *damabrmavebeli*
aglow *(adv.)* აღელვებული *aRelvebuli*
agnostic *(n.)* აგნოსტიკოსტი *agnostikosti*
agnosticsm *(n.)* აგნოსტიკიზმი *agnostikizmi*
ago *(adv.)* წინ *win*
agog *(adj.)* აღგზნებული *aRgznebuli*
agonize *(v.)* ტანჯვა *tanjva*
agony *(n.)* წვალება *wvaleba*
agoraphobia *(n.)* აგორაფობია *agorafobia*
agrarian *(adj.)* აგრარული *agraruli*
agree *(v.)* დათანხმება *daTanxmeba*

agreeable *(adj.)* სასიამოვნო sasiamovno
agreement *(n.)* ურთიერთშეთანხმება urTierTSeTanxmeba
agricultural *(adj.)* სოფლის მეურნეობის soflis meurneobis
agriculture *(n.)* სოფლის მეურნეობა soflis meurneoba
agriculturist *(n.)* აგრონომი agronomi
agriproduct *(n.)* აგრო პროდუქტი agro produqti
agro *(adj.)* აგრო agro
agrochemical *(n.)* აგროქიმიური agroqimiuri
agro-industry *(n.)* აგრო-ინდუსტრიული agro-industriuli
agrology *(n.)* აგროლოგია agrologia
agronomy *(n.)* აგრონომია agronomia
ague *(n.)* მალარია malaria
ahead *(adv.)* წინ win
ahoy *(interj.)* გემბანზე gembanze
aid *(n.& v.)* დახმარება daxmareba
aide *(n.)* ადიუტანტი adiutanti
AIDS *(n.)* დახმარება daxmareba
ail *(v.)* შეწუხება Sewuxeba
ailing *(adj.)* ავადმყოფი avadmyofi
ailment *(n.)* ავადმყოფობა avadmyofoba
aim *(v.)* მიზანი mizani
aimless *(adj.)* უმიზნო umizno
air *(n.)* ჰაერი haeri
air conditioning *(n.)* კონდიცირებული ჰაერი kondicirebuli haeri
air freight *(n.)* სატვირთო თვითმფრინავი satvirTo TviTmfrinavi
air freshner *(n.)* ჰაერის გამწმენდი haeris gamwmendi
air hostess *(n.)* სტივარდესა stivardesa
airbag *(n.)* აირბაგი airbagi

airband *(n.)* საჰაერო ხომალდი sahaero xomaldi
airbase *(n.)* საჰაერო ბაზა sahaero baza
airbed *(n.)* გასაბერი საწოლი gasaberi sawoli
airborne *(n.)* ბორტზე bortze
airbrake *(n.)* აეროდინამიკური მუხრუჭი aerodinamikuri muxruWi
airbus *(n.)* აერობუსი aerobusi
aircraft *(n.)* თვითმფრინავი TviTmfrinavi
aircrew *(n.)* თვითმრინავის ეკიპაჟი TviTmrinavis ekipaJi
airdrop *(n.)* საჰაერო ხომალდი sahaero xomaldi
airfare *(n.)* ავიაკომპანია aviakompania
airfield *(n.)* აეროდრომი aerodromi
airgun *(n.)* საჰაერო იარაღი sahaero iaraRi
airlift *(n.)* საჰაერო ლიფტი sahaero lifti
airy *(adj.)* ჰაეროვანი haerovani
aisle *(n.)* სამლოცველო samlocvelo
ajar *(adv.)* ნახევრად ღია naxevrad Ria
akin *(adj.)* მსგავსი msgavsi
akinesia *(n.)* აკინეზია akinezia
alabaster *(n.)* თაბაშირი TabaSiri
alacrious *(adj.)* მხიარულება mxiaruleba
alacrity *(n.)* სიწყნარე siwynare
alarm *(n.)* განგაში gangaSi
alarming *(adj.)* საგანგაშო sagangaSo
alarmist *(n.)* განგაში gangaSi
alas *(interj.)* სამწუხაროდ samwuxarod
albatross *(n.)* ალბატროსი albatrosi
albeit *(conj.)* თუმცა Tumca
albino *(n.)* ალბინოსი albinosi
album *(n.)* ალბომი albomi
albumen *(n.)* ალბუმენი albumeni

alchemist *(n.)* ალქიმიკოსი *alqimikosi*
alchemy *(n.)* ალქიმია *alqimia*
alcohol *(n.)* ალკოჰოლი *alkoholi*
alcoholic *(n.)* ალკოჰოლიკი *alkoholiki*
alcoholism *(n.)* ალკოჰოლიზმი *alkoholizmi*
alcove *(n.)* ტალავერი *talaveri*
alder *(n.)* მურყანი *muryani*
ale *(n.)* მაგრამ *magram*
alegar *(n.)* მოთხოვნა *moTxovna*
alert *(adj.)* განგაში *gangaSi*
alertness *(n.)* სიფხიზლე *sifxizle*
alfa *(n.)* ალფა *alfa*
algae *(n.)* წყალმცენარეები *wyalmcenareebi*
algebra *(n.)* ალგებრა *algebra*
algorithm *(n.)* ალგორითმი *algoriTmi*
alias *(adv.)* მეტსახელი *metsaxeli*
alibi *(n.)* ალიბი *alibi*
alien *(adj.)* უცხო *ucxo*
alienate *(v.)* გაუცხოება *gaucxoeba*
aliferous *(adj.)* მეთევზე *meTevze*
alight *(v.)* ჩამოსვლა *Camosvla*
align *(v.)* ჩამწკრივება *Camwkriveba*
alignment *(n.)* რიგში ჩადგომა *rigSi Cadgoma*
alike *(adj.)* მსგავსი *msgavsi*
aliment *(n.)* საჭმელი *saWmeli*
alimony *(n.)* ალიმენტი *alimenti*
alive *(adj.)* ცოცხალი *cocxali*
alkali *(n.)* სოდიანი *sodiani*
alkaline *(adj.)* ტუტე *tute*
all *(adj.)* ყველა *yvela*
allay *(v.)* შესუსტება *Sesusteba*
allegation *(n.)* განცხადება *gancxadeba*
allege *(v.)* მტკიცება *mtkiceba*
allegiance *(n.)* თავდადება *Tavdadeba*
allegory *(n.)* ალეგორია *alegoria*
allergic *(adj.)* ალერგიული *alergiuli*
allergy *(n.)* ალერგია *alergia*

alleviate *(v.)* შემსუბუქება *Semsubuqeba*
alleviation *(n.)* შენელება *Seneleba*
alley *(n.)* შესახვევი *Sesaxvevi*
alliance *(n.)* ნათესაობა *naTesaoba*
allied *(adj.)* მონათესავე *monaTesave*
alligator *(n.)* ალიგატორი *aligatori*
alliterate *(v.)* ალიტერატურა *aliteratura*
alliteration *(n.)* ალიტერაცია *aliteracia*
allocate *(v.)* განაწილება *ganawileba*
allocation *(n.)* ლოკალიზება *lokalizeba*
allot *(v.)* განაწილება *ganawileba*
allotment *(n.)* განაწილება *ganawileba*
allow *(v.)* ნების დართვა *nebis darTva*
allowance *(n.)* ნებართვა *nebarTva*
alloy *(n.)* მინარევი *minarevi*
allude *(v.)* სიტყვის გადაკვრა *sityvis gadakvra*
allure *(v.)* მიტყუება *mityueba*
alluring *(adj.)* მაცდური *macduri*
allusion *(n.)* ქარაგმა *qaragma*
allusive *(adj.)* ქარაგმული *qaragmuli*
ally *(n.)* მოკავშირე *mokavSire*
almanac *(n.)* ალმანახი *almanaxi*
almighty *(adj.)* ყოვლისშემძლე *yovlisSemZle*
almirah *(n.)* ალმირა *almira*
almond *(n.)* ნუში *nuSi*
almost *(adv.)* თითქმის *TiTqmis*
alms *(n.)* მოწყალება *mowyaleba*
aloe *(n.)* ალოე *aloe*
aloft *(adv.)* ზევით *zeviT*
alone *(adj.)* მარტო *marto*
along *(prep. &adv.)* სიგრძივ *sigrZiv*
alongside *(prep.)* სიგრძივ *sigrZiv*
aloof *(adv.)* განმარტოებული *ganmartoebuli*

aloud *(adv.)* ხმამაღლა *xmamaRla*
alp *(n.)* მთის მწვერვალი *mTis mwvervali*
alpha *(n.)* ალფა *alfa*
alphabet *(n.)* ანბანი *anbani*
alphabetical *(adj.)* ანბანური *anbanuri*
alpine *(adj.)* ალპური *alpuri*
already *(adv.)* უკვე *ukve*
also *(adv.)* აგრეთვე *agreTve*
altar *(n.)* საკურთხეველი *sakurTxeveli*
alteration *(n.)* გამოცვლა *gamocvla*
altercation *(n.)* შეცვლა *Secvla*
alternate *(v.)* შენაცვლება *Senacvleba*
alternative *(adj.)* ალტერნატივა *alternativa*
alternatively *(adv.)* ალტერნატიული *alternatiuli*
although *(conj.)* თუმცა *Tumca*
altimeter *(n.)* ალტიმეტრი *altimetri*
altitude *(n.)* სიმაღლე *simaRle*
alto *(n.)* კონტრალტო *kontralto*
altogether *(adv.)* მთლიანი *mTliani*
altruism *(n.)* ალტრუიზმი *altruizmi*
altruist *(n.)* ალტრუისტი *altruisti*
altruistic *(adj.)* ალტრუისტული *altruistuli*
aluminate *(v.)* ალუმინის *aluminis*
aluminium *(n.)* ალუმინი *alumini*
always *(adv.)* ყოველთვის *yovelTvis*
Alzheimer's disease *(n.)* ალცჰეიმერის დაავადება *alcheimeris daavadeba*
am *(abbr.)* ზმნა *zmna*
amalgam *(n.)* ნარევი *narevi*
amalgamate *(v.)* გაერთიანებული *gaerTianebuli*
amalgamation *(n.)* შენაერთი *SenaerTi*
amass *(v.)* მოგროვება *mogroveba*
amateur *(n.)* მოყვარული *moyvaruli*
amatory *(adj.)* სამოყვარულო *samoyvarulo*
amaze *(v.)* გაოცება *gaoceba*
amazement *(n.)* გაკვირვება *gakvirveba*
ambassador *(n.)* ელჩი *elCi*
amber *(n.)* ქარვა *qarva*
amberite *(n.)* ამბერიტი *amberiti*
ambidexter *(n.)* ორპირი *orpiri*
ambience *(n.)* გარემო *garemo*
ambient *(adj.)* გარშემორტყმული *garSemortymuli*
ambiguity *(n.)* ორაზროვანი *orazrovani*
ambiguous *(adj.)* გაურკვეველი *gaurkveveli*
ambit *(n.)* საზღვარი *sazRvari*
ambition *(n.)* ამბიცია *ambicia*
ambitious *(adj.)* ამბიციური *ambiciuri*
ambivalence *(n.)* ამბივალენტობა *ambivalentoba*
ambivalent *(adj.)* ამბივალენტური *ambivalenturi*
amble *(v.)* იორღა *iorRa*
ambulance *(n.)* საველე ჰოსპიტალი *savele hospitali*
ambulant *(adj.)* ამბულატორიული *ambulatoriuli*
ambush *(n.)* ჩასაფრება *Casafreba*
ameliorate *(v.)* გაუმჯობესება *gaumjobeseba*
amelioration *(n.)* გამოკეთება *gamokeTeba*
amen *(interj.)* ჭეშმარიტად *WeSmaritad*
amenable *(adj.)* პასუხისმგებელი *pasuxismgebeli*
amend *(v.)* გამოსწორება *gamosworeba*
amendment *(n.)* გასწორება *gasworeba*
amenity *(n.)* სიამოვნება *siamovneba*

amiability *(n.)* გულითადობა guliTadoba
amiable *(adj.)* თავაზიანი Tavaziani
amicable *(adj.)* გულითადი guliTadi
amid *(prep.)* შუაში SuaSi
amiss *(adj.)* ცუდად cudad
amity *(n.)* მეგობრობა megobroba
ammonia *(n.)* ამიაკი amiaki
ammunition *(n.)* ჭურვი Wurvi
amnesia *(n.)* ამნეზია amnezia
amnesty *(n.)* ამნისტია amnistia
among *(prep.)* შორის Soris
amongst *(prep.)* შორის Soris
amoral *(adj.)* ამორალური amoraluri
amorous *(adj.)* შეყვარებული Seyvarebuli
amorphous *(adj.)* უფორმო uformo
amount *(n.)* ჯამი jami
amour *(n.)* სიყვარული siyvaruli
ampere *(n.)* ამპერი amperi
amphibian *(n.)* ამფიბია amfibia
amphibious *(adj.)* წყალხმელეთა wyalxmeleTa
amphitheatre *(n.)* ამფითეატრი amfiTeatri
ample *(adj.)* საკმარისი sakmarisi
amplification *(n.)* გაფართოება gafarToeba
amplifier *(n.)* გამაძლიერებელი gamaZlierebeli
amplify *(v.)* გაფართოება gafarToeba
amplitude *(n.)* სიუხვე siuxve
amputate *(v.)* მოკვეთა mokveTa
amputation *(n.)* ამპუტაცია amputacia
amputee *(n.)* ამპუტირებული amputirebuli
amuck *(adv.)* გაგიჟება gagiJeba
amulet *(n.)* ავგაროზი avgarozi
amuse *(v.)* გართობა garToba
amusement *(n.)* გართობა garToba

an *(art.)* განუსაზღვრელი არტიკლი ganusazRvreli artikli
anabolic *(n.)* ანაბოლური anaboluri
anachronism *(n.)* ანაქრონიზმი anaqronizmi
anaemia *(n.)* ანემია anemia
anaesthesia *(n.)* ანესთეზია anesTezia
anaesthetic *(n.)* საანესთეზიო saanesTezio
anal *(adj.)* ანალური analuri
analgestic *(n.)* ტკივილგამაყუჩებელი tkivilgamayuCebeli
analogous *(adj.)* ანალოგიური analogiuri
analogy *(n.)* ანალოგი analogi
analyse *(v.)* გაანალიზება gaanalizeba
analysis *(n.)* ანალიზი analizi
analyst *(n.)* ანალიტიკოსი analitikosi
analytical *(adj.)* ანალიტიკური analitikuri
anamnesis *(n.)* მოგონება mogoneba
anamorphosis *(adj.)* ანამორფოზი anamorfozi
anarchism *(n.)* ანარქიზმი anarqizmi
anarchist *(n.)* ანარქისტი anarqisti
anarchy *(n.)* ანარქია anarqia
anatomy *(n.)* ანატომია anatomia
ancestor *(n.)* წინაპარი winapari
ancestral *(adj.)* გვაროვნული gvarovnuli
ancestry *(n.)* წინაპრები winaprebi
anchor *(n.)* ღუზა Ruza
anchorage *(n.)* საღუზე saRuze
ancient *(adj.)* ანტიკური antikuri
ancillary *(adj.)* კომუნალური komunaluri
and *(conj.)* და da
android *(n.)* ანდროიდი androidi
anecdote *(n.)* ანეკდოტი anekdoti

anemometer *(n.)* ანემომეტრი *anemometri*
anew *(adv.)* ხელახლა *xelaxla*
angel *(n.)* ანგელოზი *angelozi*
anger *(n.)* რისხვა *risxva*
angina *(n.)* ანგინა *angina*
angiogram *(n.)* ანგიოგრამა *angiograma*
angle *(n.)* კუთხე *kuTxe*
angry *(adj.)* გაბრაზებული *gabrazebuli*
angst *(n.)* დარდი *dardi*
anguish *(n.)* ტანჯვა *tanjva*
angular *(adj.)* კუთხის *kuTxis*
animal *(n.)* ცხოველი *cxoveli*
animal husbandry *(n.)* მეცხოველეობა *mecxoveleoba*
animate *(v.)* ანიმაცია *animacia*
animation *(n.)* ანიმაციური *animaciuri*
animosity *(n.)* მტრობა *mtroba*
animus *(n.)* მტრობა *mtroba*
aniseed *(n.)* ანისი *anisi*
ankle *(n.)* კოჭი *koWi*
anklet *(n.)* ფეხის ბრასლეტი *fexis brasleti*
annalist *(n.)* მემატიანე *mematiane*
annals *(n.pl.)* მატიანე *matiane*
annex *(v.)* დამატება *damateba*
annexation *(n.)* ანექსია *aneqsia*
annihilate *(v.)* მოსპობა *mospoba*
annihilation *(n.)* განადგურება *ganadgureba*
anniversary *(n.)* წლისთავი *wlisTavi*
annotate *(v.)* ანოტაციის გაკეთება *anotaciis gakeTeba*
announce *(v.)* გამოცხადება *gamocxadeba*
announcement *(n.)* განცხადება *gancxadeba*
announcer *(n.)* დიქტორი *diqtori*
annoy *(v.)* წყენა *wyena*
annoyance *(n.)* გამოცხადება *gamocxadeba*
annoying *(adj.)* საწყენი *sawyeni*
annual *(adj.)* ყოველწლიური *yovelwliuri*
annuity *(n.)* ყოველწლიური *yovelwliuri*
annul *(v.)* გაუქმება *gauqmeba*
annulment *(n.)* ანულირება *anulireba*
anoint *(v.)* ცხებული *cxebuli*
anomalous *(adj.)* არანორმალური *aranormaluri*
anomaly *(n.)* ანომალიური *anomaliuri*
anon *(adv.)* ახლავე *axlave*
anonymity *(n.)* ანონიმურობა *anonimuroba*
anonymosity *(n.)* ანონიმობა *anonimoba*
anonymous *(adj.)* ანონიმური *anonimuri*
anorak *(n.)* სპორტული ქურთუკი *sportuli qurTuki*
anorexia *(n.)* ანორექსია *anoreqsia*
anorexic *(adj.)* ანორექსიკი *anoreqsiki*
another *(adj.)* სხვა *sxva*
answer *(n.)* პასუხი *pasuxi*
answerable *(adj.)* პასუხისმგებელი *pasuxismgebeli*
answering machine *(n.)* მოპასუხე მანქანა *mopasuxe manqana*
ant *(n.)* ჭიანჭველა *WianWvela*
antacid *(adj.)* ანტაციდი *antacidi*
antagonism *(n.)* ანტაგონიზმი *antagonizmi*
antagonist *(n.)* ანტაგონისტი *antagonisti*
antagonize *(v.)* ანტაგონიზური *antagonizuri*
antarctic *(adj.)* ანტარქტიკა *antarqtika*
antecardium *(n.)* ანტეკარდიუმი *antekardiumi*

antecede *(v.)* პრეცედენტი *precedenti*
antecedent *(n.)* ანტიკური პრეცედენტი *antikuri precedenti*
antedate *(n.)* მოსალოდნელი *mosalodneli*
antelope *(n.)* ანტილოპა *antilopa*
antenatal *(adj.)* ანტენატალური *antenataluri*
antenna *(n.)* ანტენა *antena*
anterior *(adj.)* წინამავალი *winamavali*
anthem *(n.)* ჰიმნი *himni*
anthology *(n.)* ანთოლოგია *anTologia*
anthrax *(n.)* ძირმაგარა *Zirmagara*
anthropoid *(adj.)* ადამიანისებრი *adamianisebri*
anthropology *(n.)* ანთროპოლოგია *anTropologia*
anti *(pref.)* წინააღმდეგ *winaaRmdeg*
anti-ageing *(adj.)* დაბერების საწინააღმდეგო *daberebis sawinaaRmdego*
anti-aircraft *(adj.)* საზენიტო თვითმფრინავი *sazenito TviTmfrinavi*
antibacterial *(adj.)* ანტიბაქტერიული *antibaqteriuli*
antibiotic *(n.)* ანტიბიოტიკი *antibiotiki*
antibody *(n.)* ანტისხეულები *antisxeulebi*
antic *(n.)* ძველი *Zveli*
anticipate *(v.)* განჭვრიტა *ganWvrita*
anticipation *(n.)* მოლოდინი *molodini*
anticlimax *(n.)* ანტიკლიმაქსური *antiklimaqsuri*
anticlockwise *(adv.)* საწინააღმდეგო მიმართულებით *sawinaaRmdego mimarTulebiT*
antidote *(n.)* შხამსაწინააღმდეგო *SxamsawinaaRmdego*
antifreeze *(n.)* ანტიფრიზი *antifrizi*
antigen *(n.)* ანტიგენი *antigeni*

antinomy *(n.)* ანტინომია *antinomia*
antioxidant *(n.)* ანტიოქსიდანტი *antioqsidanti*
antipathy *(n.)* ანტიპატია *antipatia*
antiphony *(n.)* ანტიფონია *antifonia*
antipodes *(n.)* ანტიპოდები *antipodebi*
antiquarian *(adj.)* ანტიკვარული *antikvaruli*
antiquary *(n.)* ანტიკვარი *antikvari*
antiquated *(adj.)* ანტიკვარული *antikvaruli*
antique *(adj.)* ანტიკური *antikuri*
antiquity *(n.)* ანტიკურობა *antikuroba*
antiseptic *(n.)* ანტისეპტიკი *antiseptiki*
antiseptic *(adj.)* ანტისეპტიკური *antiseptiki*
antisocial *(adj.)* ანტისოციალური *antisocialuri*
antithesis *(n.)* ანტინეზი *antinezi*
antler *(n.)* ირმის რქა *irmis rqa*
antonym *(n.)* ანტონიმი *antonimi*
anus *(n.)* ანუსი *anusi*
anvil *(n.)* გრდემლი *grdemli*
anxiety *(n.)* შფოთვა *SfoTva*
anxious *(adj.)* შეშფოთებული *SeSfoTebuli*
anxiously *(adv.)* შფოთით *SfoTiT*
any *(adj.)* ნებისმიერი *nebismieri*
anybody *(pron.)* ვინმე *vinme*
anyhow *(adv.)* ყოველშემთხვევაში *yovelSemTxvevaSi*
anyone *(pron.)* ვინმე *vinme*
anyplace *(pron.)* ნებისმიერი ადგილი *nebismieri adgili*
anything *(pron.)* არაფერი *araferi*
anytime *(adv.)* ნებისმიერ დროს *nebismier dros*
anyway *(adv.)* ყოველშემთხვევაში *yovelSemTxvevaSi*
anywhere *(adv.)* სადმე *sadme*

aorta *(n.)* აორტა *aorta*
apace *(adv.)* ატმოსფერო *atmosfero*
apart *(adv.)* გვერდზე *gverdze*
apartheid *(n.)* აპარტეიდი *aparteidi*
apartment *(n.)* აპარტამენტი *apartamenti*
apathy *(n.)* აპათია *apaTia*
ape *(n.)* მაიმუნი *maimuni*
aperture *(n.)* დიაფრაგმა *diafragma*
apex *(n.)* მწვერვალი *mwvervali*
aphasia *(n.)* აფაზია *afazia*
aphorism *(n.)* აფორიზმი *aforizmi*
apiary *(n.)* საფუტკრე *safutkre*
apiculture *(n.)* მეფუტკრეობა *mefutkreoba*
apiece *(adv.)* თითოეულისთვის *TiToeulisTvis*
aplenty *(adj.)* ბარაქიანად *baraqianad*
aplogetic *(adj.)* ბოდიში *bodiSi*
apnoea *(n.)* აპნოე *apnoe*
apologize *(v.)* ბოდიშის მოხდა *bodiSis moxda*
apology *(n.)* ბოდიში *bodiSi*
apostle *(n.)* მოციქული *mociquli*
apostrophe *(n.)* აპოსტროფი *apostrofi*
apotheosis *(n.)* აპოთეოზი *apoTeozi*
app *(n.)* აპი *api*
appal *(v.)* შეშინება *SeSineba*
apparatus *(n.)* აპარატი *aparati*
apparel *(n.)* ტანსაცმელი *tansacmeli*
apparent *(adj.)* ცხადი *cxadi*
appeal *(v.)* მოწოდება *mowodeba*
appear *(v.)* გამოჩენა *gamoCena*
appearance *(n.)* გამოცხადება *gamocxadeba*
appease *(v.)* დამშვიდება *damSvideba*
appellant *(n.)* გამსაჩივრებელი *gamsaCivrebeli*
append *(v.)* მიმატება *mimateba*
appendage *(n.)* დანამატი *danamati*
appendicitis *(n.)* აპენდიციტი *apendiciti*
appendix *(n.)* დამატება *damateba*
appetite *(n.)* მადა *mada*
appetizer *(n.)* მადის მომგვრელი *madis momgvreli*
applaud *(v.)* მოწონება *mowoneba*
applause *(n.)* ტაშისკვრა *taSiskvra*
apple *(n.)* ვაშლი *vaSli*
appliance *(n.)* კუთვნილება *kuTvnileba*
applicable *(adj.)* გამოსაყენებელი *gamosayenebeli*
applicant *(n.)* მთხოვნელი *mTxovneli*
application *(n.)* აპლიკაცია *aplikacia*
applied *(adj.)* გამოყენებითი *gamoyenebiTi*
apply *(v.)* მიმართვა *mimarTva*
appoint *(v.)* დანიშვნა *daniSvna*
appointment *(n.)* დანიშვნა *daniSvna*
apportion *(v.)* დაყოფა *dayofa*
apposite *(adj.)* მარჯვე *marjve*
appraise *(v.)* შეფასება *Sefaseba*
appreciable *(adj.)* შესამჩნევი *SesamCnevi*
appreciate *(v.)* შეფასება *Sefaseba*
appreciation *(n.)* განსაზღვრა *gansazRrvra*
apprehend *(v.)* განჭვრეტა *ganWvreta*
apprehension *(n.)* წარმოდგენა *warmodgena*
apprehensive *(adj.)* მიხვედრილი *mixvedrili*
apprentice *(n.)* შეგირდი *Segirdi*
apprise *(v.)* შეტყობინება *Setyobineba*
approach *(v.)* მიახლოება *miaxloeba*
approachable *(adj.)* მისადგომი *misadgomi*
approbation *(n.)* მოწონება *mowoneba*
appropriate *(adj.)* შესაფერი *Sesaferi*

appropriation *(n.)* მისაკუთრება *misakuTreba*
approval *(n.)* მოწონება *mowoneba*
approve *(v.)* მოწონება *mowoneba*
approximate *(adj.)* დაახლოებითი *daaxloebiTi*
approximately *(adv.)* მიახლოებით *miaxloebiT*
apricot *(n.)* გარგარი *gargari*
April *(n.)* აპრილი *aprili*
apron *(n.)* წინსაფარი *winsafari*
apt *(adj.)* უნარიანი *unariani*
aptitude *(n.)* უნარი *unari*
aptitude test *(n.)* შესაბამისობის ტესტი *Sesabamisobis testi*
aquarium *(n.)* აქვარიუმი *aqvariumi*
aquarius *(n.)* მერწყული *merwyuli*
aquatic *(adj.)* წყლის *wylis*
aquatint *(n.)* წყალოსანი *wyalosani*
aqueduct *(n.)* აკვედუკი *akveduki*
Arab *(n.)* არაბი *arabi*
arable *(adj.)* სახნავი მიწა *saxnavi miwa*
arbiter *(n.)* არბიტრი *arbitri*
arbitrary *(adj.)* თვითნებური *TviTneburi*
arbitrate *(v.)* სასამართლოთი გადაწყვეტა *sasamarTloTi gadawyveta*
arbitration *(n.)* არბიტრაჟი *arbitraJi*
arbitrator *(n.)* არბიტრი *arbitri*
arbour *(n.)* ფანჩატური *fanCaturi*
arc *(n.)* რკალი *rkali*
arcade *(n.)* ქარვასლა *qarvasla*
arcane *(adj.)* ფარული *faruli*
arch *(n.)* თაღი *TaRi*
archaeologist *(n.)* არქეოლოგი *arqeologi*
archaeology *(n.)* არქეოლოგია *arqeologia*
archaic *(adj.)* არქაული *arqauli*
archbishop *(n.)* არქიეპისკოპოსი *arqiepiskoposi*
archer *(n.)* მშვილდოსანი *mSvildosani*
archery *(n.)* მშვიდლით სროლა *mSvidliT srola*
architect *(n.)* არქიტექტორი *arqiteqtori*
architecture *(n.)* არქიტექტურა *arqiteqtura*
archive *(n.)* არქივი *arqivi*
Arctic *(adj.)* არქტიკა *arqtika*
ardent *(adj.)* მგზნებარე *mgznebare*
ardour *(n.)* გულმოდგინება *gulmodgineba*
arduous *(adj.)* ციცაბო *cicabo*
area *(n.)* ფართობი *farTobi*
arena *(n.)* არენა *arena*
argil *(n.)* თეთრი თიხა *TeTri Tixa*
arguable *(adj.)* სადავო *sadavo*
argue *(v.)* კამათი *kamaTi*
argument *(n.)* არგუმენტი *argumenti*
arid *(adj.)* მშრალი *mSrali*
aries *(n.)* ვერძი *verZi*
aright *(adv.)* სწორად *sworad*
arise *(v.)* წარმოშობა *warmoSoba*
aristocracy *(n.)* არისტოკრატია *aristokratia*
aristocrat *(n.)* არისტოკრატი *aristokrati*
arithmetic *(n.)* არითმეთიკა *ariTmeTika*
ark *(n.)* კიდობანი *kidobani*
arm *(n.)* მკლავი *mklavi*
armada *(n.)* არმადა *armada*
armament *(n.)* შეიარაღება *SeiaraReba*
armature *(n.)* შეიარაღება *SeiaraReba*
armchair *(n.)* სავარძელი *savarZeli*
armed *(adj.)* შეიარაღებული *SeiaraRebuli*
armed forces *(n.)* შეიარაღებული ძალები *SeiaraRebuli Zalebi*

armhole *(n.)* სახელოს ჭრილი saxelos Wrili
armistice *(n.)* დაზავება dazaveba
armlet *(adj.)* სამკლაური samklauri
armour *(n.)* ჯავშანი javSani
armoury *(n.)* იარაღის საწყობი iaraRis sawyobi
armpit *(n.)* იღლია iRlia
armrest *(n.)* სავარძლები savarZlebi
army *(n.)* არმია armia
aroma *(n.)* არომატი aromati
aromatherapy *(n.)* არომათერაპია aromaTerapia
around *(adv.&prep.)* გარშემო garSemo
arouse *(v.)* გაღვიძება gaRviZeba
arrabbiata *(adj.)* გაბრაზებული gabrazebuli
arraign *(v.)* ბრალდების წაყენება braldebis wayeneba
arrange *(v.)* მოწყობა mowyoba
arrangement *(n.)* მოწესრიგება mowesrigeba
arrant *(adj.)* ნამდვილი namdvili
array *(n.)* მორთულობა morTuloba
arrears *(n.pl.)* დავალიანება davalianeba
arrest *(v.)* დაპატიმრება dapatimreba
arrival *(n.)* ჩამოსვლა Camosvla
arrive *(v.)* მოსვლა mosvla
arrogance *(n.)* ქედმაღლობა qedmaRloba
arrogant *(adj.)* ქედმაღალი qedmaRali
arrow *(n.)* ისარი isari
arrowroot *(n.)* ეროურუტი erouruti
arsenal *(n.)* არსენალი arsenali
arsenic *(n.)* დარიშხანი dariSxani
arson *(n.)* ცეცხლის გაჩენა cecxlis gaCena
art *(n.)* ხელოვნება xelovneba

art direction *(n.)* ხელოვნების მიმართულება xelovnebis mimarTuleba
art form *(n.)* ხელოვნების ფორმა xelovnebis forma
artefact *(n.)* არტეფაქტი artefaqti
artery *(n.)* არტერია arteria
artesian *(adj.)* არტეზიული arteziuli
artful *(adj.)* მარჯვე marjve
arthritis *(n.)* მხატვარი mxatvari
artichoke *(n.)* არტიშოკი artiSoki
article *(n.)* სტატია statia
articulate *(adj.)* დანაწევრებული danawevrebuli
artifice *(n.)* სიმარჯვე simarjve
artificial *(adj.)* ხელოვნური xelovnuri
artificial intelligence *(n.)* ხელოვნური ინტელიგენტი xelovnuri inteligenti
artillery *(n.)* არტილერია artileria
artisan *(n.)* ხელოსანი xelosani
artist *(n.)* მხატვარი mxatvari
artistic *(adj.)* მხატვრული mxatvruli
artless *(adj.)* ბუნებრივი bunebrivi
as *(adv.)* ისე როგორც ise rogorc
asafoetida *(n.)* ასაფოეტიდა asafoetida
asbestos *(n.)* აზბესტი azbesti
ascend *(v.)* ასვლა asvla
ascendancy *(n.)* ძალა Zala
ascent *(n.)* ასვლა asvla
ascertain *(v.)* დადგენა dadgena
ascetic *(n.)* ასკეტი asketi
ascetic *(adj.)* ასკეტური asketuri
ascribe *(v.)* მიწერა miwera
aseptic *(adj.)* ასეპტიკური aseptikuri
asexual *(adj.)* ასექსუალური aseqsualuri
ash *(n.)* ფერფლი ferfli

ashamed *(adj.)* დარცხვენილი *darcxvenili*
ashen *(adj.)* იფნის *ifnis*
ashore *(adv.)* ნაპირზე *napirze*
aside *(adv.)* გვერდზე *gverdze*
asinine *(adj.)* ასინინი *asinini*
ask *(v.)* კითხვა *kiTxva*
asleep *(adv.)* მძინარე *mZinare*
asparagus *(n.)* სატაცური *satacuri*
aspect *(n.)* სახე *saxe*
aspersion *(n.)* შესხურება *Sesxureba*
asphyxia *(n.)* ასფიქსია *asfiqsia*
asphyxiate *(v.)* გაგუდვა *gagudva*
aspirant *(n.)* ასპირანტი *aspiranti*
aspiration *(n.)* ასპირანტურა *aspirantura*
aspire *(v.)* მისწრაფება *miswrafeba*
ass *(n.)* ვირი *viri*
assail *(v.)* თავდასხმა *Tavdasxma*
assassin *(n.)* დაქირავებული მტერი *daqiravebuli mteri*
assassinate *(v.)* კვლა *kvla*
assassination *(n.)* მკვლელობა *mkvleloba*
assault *(n.)* იერიში *ieriSi*
assemble *(v.)* შეკრება *Sekreba*
assembly *(n.)* კრება *kreba*
assent *(n.)* თანხმობა *Tanxmoba*
assert *(v.)* მტკიცება *mtkiceba*
assertive *(adj.)* დადებითი *dadebiTi*
assess *(v.)* დაჯარიმება *dajarimeba*
assessment *(n.)* დაბეგვრა *dabegvra*
asset *(n.)* აქტივი *aqtivi*
assibilate *(v.)* ასიმილაცია *asimilacia*
assign *(v.)* დანიშვნა *daniSvna*
assignee *(n.)* წარმოდგენილი *warmodgenili*
assignment *(n.)* დანიშვნა *daniSvna*
assimilate *(v.)* მიმსგავსება *mimsgavseba*
assimilation *(n.)* დამსგავსება *damsgavseba*
assist *(v.)* დახმარება *daxmareba*
assistance *(n.)* დახმარება *daxmareba*
assistant *(n.)* დამხმარე *damxmare*
associate *(v.)* კოლეგა *kolega*
association *(n.)* ასოციაცია *asociacia*
assort *(v.)* დახარისხება *daxarisxeba*
assorted *(adj.)* დახარისხებული *daxarisxebuli*
assortment *(n.)* ასორტიმენტი *asortimenti*
assuage *(v.)* დამშვიდება *damSvideba*
assume *(v.)* მისაკუთრება *misakuTreba*
assumption *(n.)* მითვისება *miTviseba*
assurance *(n.)* დარწმუნება *darwmuneba*
assure *(v.)* დარწმუნება *darwmuneba*
astatic *(adj.)* ასტურიული *asturiuli*
asterisk *(n.)* ვარსკვლავი *varskvlavi*
asterism *(n.)* ასტერიზმი *asterizmi*
asteroid *(v.)* ასტეროიდი *asteroidi*
asthma *(n.)* ასთმა *asTma*
astigmatism *(n.)* ასტიგმატიზმი *astigmatizmi*
astonish *(v.)* გაოცება *gaoceba*
astonishment *(n.)* გაკვირვება *gakvirveba*
astound *(v.)* გაოცება *gaoceba*
astral *(adj.)* ასტრალი *astrali*
astray *(adv.)* გზის დაკარგვა *gzis dakargva*
astride *(prep.& adv.)* ცხენით *cxeniT*
astringent *(adj.)* შემკვრელი *Semkvreli*
astrolabe *(n.)* ასტროლაბი *astrolabi*
astrologer *(n.)* ასტროლოგი *astrologi*
astrology *(n.)* ასტროლოგია *astrologia*
astronaut *(n.)* ასტრონავტი *astronavti*
astronomer *(n.)* ასტრონომი *astronomi*

astronomy *(n.)* ასტრომონია *astromonia*
astute *(adj.)* გამჭრიახი *gamWriaxi*
asylum *(n.)* თავშესაფარი *TavSesafari*
asymmetrical *(adj.)* ასიმეტრიული *asimetriuli*
asymmetry *(n.)* ასიმეტრია *asimetria*
at *(prep.)* ში, ზე *Si, ze*
atheism *(n.)* ათეიზმი *aTeizmi*
atheist *(n.)* ათეისტი *aTeisti*
athirst *(adj.)* მწყურვალი *mwyurvali*
athlete *(n.)* ღონიერი *Ronieri*
athletic *(adj.)* ათლეტური *aTleturi*
athwart *(prep.)* გარდიგარდმო *gardigardmo*
atlas *(n.)* ატლასი *atlasi*
atmosphere *(n.)* ატმოსფერო *atmosfero*
atmospheric *(adj.)* ატმოსფერული *atmosferuli*
atoll *(n.)* ატოლი *atoli*
atom *(n.)* ატომი *atomi*
atomic *(adj.)* ატომური *atomuri*
atone *(v.)* გასწორება *gasworeba*
atonement *(n.)* მონანიება *monanieba*
atopic *(adj.)* ატოპიური *atopiuri*
atrium *(n.)* ატრიუმი *atriumi*
atrocious *(adj.)* სასტიკი *sastiki*
atrocity *(n.)* სიმკაცრე *simkacre*
atrophy *(v.)* ატროფია *atrofia*
attach *(v.)* მიმაგრება *mimagreba*
attache *(n.)* ატაშე *ataSe*
attachment *(n.)* ერთგულება *erTguleba*
attack *(v.)* იერიში *ieriSi*
attain *(v.)* მიღწევა *miRweva*
attainment *(n.)* მიღწევა *miRweva*
attaint *(v.)* სირცხვილი *sircxvili*
attempt *(v.)* გასინჯვა *gasinjva*
attend *(v.)* დასწრება *daswreba*
attendance *(n.)* დასწრება *daswreba*
attendant *(n.)* თანმხლები *Tanmxlebi*
attention *(n.)* ყურადღება *yuradReba*
attentive *(adj.)* ყურადღებიანი *yuradRebiani*
attenuance *(n.)* ყურადღებიანობა *yuradRebianoba*
attest *(v.)* დადასტურება *dadastureba*
attic *(n.)* კლასიკური *klasikuri*
attire *(n.)* მორთვა *morTva*
attitude *(n.)* პოზიცია *pozicia*
attorney *(n.)* რწმუნებული *rwmunebuli*
attract *(v.)* მიზიდვა *mizidva*
attraction *(n.)* მიზიდულება *miziduleba*
attractive *(adj.)* მიმზიდველი *mimzidveli*
attribute *(v.)* თვისება *Tviseba*
atypic *(adj.)* ატიპიური *atipiuri*
aubergine *(n.)* ბადრიჯანი *badrijani*
auburn *(adj.)* ოქროსფერი *oqrosferi*
auction *(n.)* აუქციონი *auqcioni*
audacious *(adj.)* გაბედული *gabeduli*
audacity *(n.)* გაბედულება *gabeduleba*
audible *(adj.)* სმენადი *smenadi*
audience *(n.)* აუდიტორია *auditoria*
audio *(n.)* აუდიო *audio*
audiovisual *(adj.)* აუდიოვიზუალური *audiovizualuri*
audit *(n.)* აუდიტი *auditi*
audition *(n.)* მოსმენა *mosmena*
auditive *(adj.)* მოსმენა *mosmena*
auditor *(n.)* რევიზორი *revizori*
auditorium *(n.)* აუდიტორია *auditoria*
auger *(n.)* ბურღი *burRi*
aught *(n.)* რაღაც *raRac*
augment *(v.)* გადიდება *gadideba*
augmentation *(n.)* გადიდება *gadideba*

August *(n.)* აგვისტო *agvisto*
august *(adj.)* დიდებული *didebuli*
aunt *(n.)* ბიცოლა *bicola*
aura *(n.)* ნიავი *niavi*
auriform *(adj.)* აურიფორმი *auriformi*
aurilave *(n.)* აურილავე *aurilave*
aurora *(n.)* ალიონი *alioni*
auspicate *(v.)* გამოსვლა *gamosvla*
auspice *(n.)* ნიშანი *niSani*
auspicious *(adj.)* ხელსაყრელი *xelsayreli*
austere *(adj.)* მკაცრი *mkacri*
authentic *(adj.)* აუთენტური *auTenturi*
authenticate *(v.)* დამოწმება *damowmeba*
authentication *(n.)* დამოწმება *damowmeba*
author *(n.)* ავტორი *avtori*
authoritative *(adj.)* ავტორიტარული *avtoritaruli*
authority *(n.)* ხელისუფლება *xelisufleba*
authorize *(v.)* ნების დართვა *nebis darTva*
autism *(n.)* აუტიზმი *autizmi*
autistic *(adj.)* აუტისტური *autisturi*
autobiography *(n.)* ავტობიოგრაფია *avtobiografia*
autocorrect *(n.)* ავტოკორექტირებული *avtokoreqtirebuli*
autocracy *(n.)* ავტოკრატია *avtokratia*
autocrat *(n.)* თვითმპყრობელი *TviTmpyrobeli*
autocratic *(adj.)* დესპოტური *despoturi*
autofocus *(n.)* ავტოფოკუსი *avtofokusi*
autograph *(n.)* ავტოგრაფი *avtografi*
automate *(v.)* ავტომატი *avtomati*

automatic *(adj.)* ავტომატური *avtomaturi*
automatically *(adv.)* ავტომატურად *avtomaturad*
automation *(n.)* ავტომატიზაცია *avtomatizacia*
automobile *(n.)* ავტომობილი *avtomobili*
autonomous *(adj.)* ავტონომიური *avtonomiuri*
autopilot *(n.)* ავტოპილოტი *avtopiloti*
autopsy *(n.)* გვამის გაკვეთა *gvamis gakveTa*
autumn *(n.)* შემოდგომა *Semodgoma*
auxiliary *(adj.)* დამხმარე *damxmare*
avail *(v.)* სარგებლობა *sargebloba*
available *(adj.)* არსებული *arsebuli*
avalanche *(n.)* ზვავი *zvavi*
avarice *(n.)* სიძუნწე *siZunwe*
avenge *(v.)* შურის ძიება *Suris Zieba*
avenue *(n.)* ხეივანი *xeivani*
average *(n.)* საშუალო რიცხვი *saSualo ricxvi*
averse *(adj.)* ცუდად განწყობილი *cudad ganwyobili*
aversion *(n.)* მტრობა *mtroba*
avert *(v.)* თვალების ახვევა *Tvalebis axveva*
aviary *(n.)* ფრინველთა ვოლიერი *frinvelTa volieri*
aviation *(n.)* ავიაცია *aviacia*
avid *(adj.)* ხარბი *xarbi*
avidly *(adv.)* უაზროდ *uazrod*
avocado *(n.)* ავოკადო *avokado*
avoid *(v.)* არიდება *arideba*
avoidance *(n.)* თავიდან აცილება *Tavidan acileba*
avow *(v.)* ცნობა *cnoba*
avulsion *(n.)* მოწყვეტა *mowyveta*
await *(v.)* ლოდინი *lodini*
awake *(v.)* ფხიზელი *fxizeli*

awakening *(n.)* გამოღვიძება *gamoRviZeba*
award *(v.)* მინიჭება *miniWeba*
award *(n.)* ჯილდო *jildo*
aware *(adj.)* შეგნებული *Segnebuli*
awareness *(n.)* ცნობიერება *cnobiereba*
away *(adv.)* არყოფნა *aryofna*
awesome *(adj.)* საოცარი *saocari*
awful *(adj.)* საზარელი *sazareli*
awhile *(adv.)* ცოტა ხანს *cota xans*
awkward *(adj.)* უხერხული *uxerxuli*
axe *(n.)* ნაჯახი *najaxi*
axial *(adj.)* ღერძული *RerZuli*
axillary *(adj.)* ღერძულად *RerZulad*
axis *(n.)* ღერძი *RerZi*
axle *(n.)* ღერძი თვლებს შორის *RerZi Tvlebs Soris*
Ayurveda *(n.)* აიურვედა *aiurveda*
azote *(n.)* აზოტი *azoti*
azure *(n.)* ლაჟვარდოვანი *laJvardovani*

B

babble *(n.)* ყაყანი *yayani*
babble *(v.)* დუდუნი *duduni*
babe *(n.)* თოთო ბავშვი *ToTo bavSvi*
babel *(n.)* ალიაქოთი *aliaqoTi*
baboon *(n.)* ბაბუინი *babuini*
babtist *(n.)* ბაპტისტი *babtisti*
baby *(n.)* ბავშვი *bavSvi*
baby bump *(n.)* ბავშვის მუცელი *bavSvis muceli*
baby carriage *(n.)* ბავშვის ეტლი *bavSvis etli*
baby corn *(n.)* მარცვალი *marcvali*
baby food *(n.)* საბავშვო საკვები *sabavSvo sakvebi*
babyface *(n.)* ბავშვის სახე *bavSvis saxe*
babyproof *(adj.)* ბავშვის გადამოწმება *bavSvis gadamowmeba*
babysit *(v.)* ბავშვის მოვლა *bavSvis movla*
babysitting *(n.)* ძიძობა *ZiZoba*
baccalaureate *(n.)* ბაკალავრიატი *bakalavriati*
bacchanal *(adj.)* მოქეიფე *moqeife*
bacchanal *(n.)* ღრეობა *Rreoba*
bachelor *(n.)* უცოლო *ucolo*
bachelor party *(n.)* მარტოხელათა წვეულება *martoxelaTa wveuleba*
bachelorette *(n.)* უქმრო *uqmro*
back *(n.)* უკანა მხარე *ukana mxare*
backbencher *(n.)* პარლამენტის წევრი *parlamentis wevri*
backbiting *(n.)* ზურგსუკან ავად ხსენება *zurgsukan avad xseneba*
backbone *(n.)* ხერხემალი *xerxemali*
backdate *(v.)* ადრინდელი დროის დატანა *adrindeli drois datana*
backdrop *(v.)* ფონი *foni*
backfire *(v.)* უარყოფითი შედეგის გამოღება *uaryofiTi Sedegis gamoReba*
background *(n.)* უკანა ფონი *ukana foni*
backhand *(n.)* ხელუკუღმა *xelukuRma*
backing *(n.)* მხარდაჭერა *mxardaWera*
backlash *(n.)* უარყოფითი რეაქცია *uaryofiTi reaqcia*
backlight *(n.)* უკანა განათება *ukana ganaTeba*
backlog *(n.)* დაგროვილი სამუშაო *dagrovili samuSao*
backpack *(n.)* ზურგჩანთა *zurgCanTa*
backpacker *(n.)* შემფუთველი *SemfuTveli*
backslide *(v.)* რეციდივი *recidivi*

backstage *(adv.)* კულისები *kulisebi*
backstairs *(n.)* უკანა კიბე *ukana kibe*
backtrack *(v.)* უკან დახევა *ukan daxeva*
backup *(n.)* დახმარება *daxmareba*
backward *(adv.)* უკან სვლა *ukan svla*
backward *(adj.)* უკუღმართი *ukuRmarTi*
backwash *(n.)* ტალღის უკუქცევა *talRis ukuqceva*
bacon *(n.)* ბეკონი *bekoni*
bacteria *(n.)* ბაქტერია *baqteria*
bad *(adj.)* ცუდი *cudi*
badge *(n.)* სამკერდე ნიშანი *samkerde niSani*
badger *(n.)* მაჩვი *maCvi*
badly *(adv.)* ცუდად *cudad*
badminton *(n.)* ბადმინტონი *badmintoni*
baffle *(v.)* საგონებელში ჩაგდება *sagonebelSi Cagdeba*
bag *(n.)* ჩანთა *CanTa*
bag *(v.)* შემთხვევით ჩაჯიბვა *SemTxveviT Cajibva*
bagel *(n.)* ბაგელი *bageli*
baggage *(n.)* ბაგაჟი *bagaJi*
bagpiper *(n.)* მესტვირე *mestvire*
baguette *(n.)* ბაგვეტი *bagveti*
bail *(n.)* სათავდებო თანხა *saTavdebo Tanxa*
bailable *(adj.)* სადეპოზიტო *sadepozito*
bailey *(n.)* ციხე-დარბაზის გალავანი *cixe-darbazis galavani*
bailiff *(n.)* მოურავი *mouravi*
bailout *(n.)* შველა *Svela*
bait *(n.)* სატყუარა *satyuara*
bake *(v.)* გამოცხობა *gamocxoba*
baker *(n.)* მცხობელი *mcxobeli*
bakery *(n.)* საცხობი *sacxobi*
balaclava *(n.)* კაპიშონი *kapiSoni*

balafon *(n.)* ბალაფონი *balafoni*
balance *(v.)* ბალანსირება *balansireba*
balance *(n.)* წონასწორობა *wonasworoba*
balance sheet *(n.)* ბალანსის ფურცელი *balansis furceli*
balanced *(adj.)* დაბალანსებული *dabalansebuli*
balcony *(n.)* აივანი *aivani*
bald *(adj.)* მელოტი *meloti*
bale *(n.)* ფუთა *fuTa*
baleen *(n.)* ვეშაპი *veSapi*
ball *(n.)* ბურთი *burTi*
ball bearing *(n.)* ტიკაობა *tikaoba*
ballad *(n.)* ბალადა *balada*
ballerina *(n.)* ბალერინა *balerina*
ballet *(n.)* ბალეტი *baleti*
ballistics *(n.)* ბალისტიკა *balistika*
balloon *(n.)* ბუშტი *buSti*
ballot *(n.)* ხმის მიცემა *xmis micema*
ballot paper *(n.)* საარჩევნო ბიულეტინი *saarCevno biuletini*
ballroom *(n.)* საცეკვაო დარბაზი *sacekvao darbazi*
balm *(n.)* მალამო *malamo*
balsam *(n.)* ბალზამი *balzami*
bamboo *(n.)* ბამბუკი *bambuki*
ban *(v.)* ოფიციალური აკრძალვა *oficialuri akrZalva*
banal *(adj.)* ბანალური *banaluri*
banana *(n.)* ბანანი *banani*
band *(n.)* ბანდა *banda*
bandage *(n.)* ბინტი *binti*
Band-Aid *(n.)* სახვევი *saxvevi*
bandana *(n.)* ბენდენა *bendena*
bandit *(n.)* ბანდიტი *banditi*
bandwagon *(n.)* მასობრივი მოძრაობა *masobrivi moZraoba*
bandwidth *(n.)* გამტარობა *gamtaroba*
bane *(n.)* საწამლავი *sawamlavi*

bang *(n.)* ჯახუნი *jaxuni*
bangle *(n.)* ბრასლეტი *brasleti*
banish *(v.)* განდევნა *gandevna*
banishment *(n.)* გაძევება *gaZeveba*
banjo *(n.)* ბანჯო *banjo*
bank *(v.)* ფულის შენახვა *fulis Senaxva*
bank holiday *(n.)* საბანკო დღესასწაული *sabanko dResaswauli*
banker *(n.)* ბანკირი *bankiri*
banknote *(n.)* ბანკნოტი *banknoti*
bankrupt *(adj.)* გაკოტრებული *gakotrebuli*
bankruptcy *(n.)* გაკოტრება *gakotreba*
banner *(n.)* დროშა *droSa*
bannister *(n.)* მოაჯირი *moajiri*
banquet *(n.)* ბანკეტი *banketi*
bantam *(n.)* ჩხუბისთავი *CxubisTavi*
banter *(n.)* ხუმრობა *xumroba*
bantling *(n.)* ნაშიერი *naSieri*
banyan *(n.)* ბანიანი *baniani*
baptism *(n.)* ბაპტიზმი *baptizmi*
baptize *(v.)* მონათვლა *monaTvla*
bar *(n.)* ბარი *bari*
barb *(n.)* ნემსკავი *nemskavi*
barbarian *(n.)* ბარბაროსი *barbarosi*
barbaric *(adj.)* ბარბაროსული *barbarosuli*
barbarism *(n.)* ბარბაროსობა *barbarosoba*
barbarity *(n.)* დიდი უხეშობა *didi uxeSoba*
barbarous *(adj.)* ველურული *veluruli*
barbecue *(n.)* მაყალი *mayali*
barbed *(adj.)* ეკლიანი *ekliani*
barbed wire *(n.)* ეკლიანი ღობე *ekliani Robe*
barber *(n.)* დალაქი *dalaqi*
barcode *(n.)* შტრიხ-კოდი *Strix-kodi*
bard *(n.)* მგოსანი *mgosani*
bare *(adj.)* შიშველი *SiSveli*
barefoot *(adj.)* ფეხშიშველი *fexSiSveli*
barely *(adv.)* ძლივს *Zlivs*
bargain *(n.)* გარიგება *garigeba*
barge *(n.)* საექსკურსიო გემი *saeqskursio gemi*
baritone *(n.)* ბარიტონი *baritoni*
barium *(n.)* ბარიუმი *bariumi*
bark *(v.)* ყეფა *yefa*
bark *(n.)* ხის ქერქი *xis qerqi*
barley *(n.)* ქერი *qeri*
barman *(n.)* ბარმენი *barmeni*
barn *(n.)* ფარდული *farduli*
barnacle *(n.)* ბეღელი *beReli*
barometer *(n.)* ბარომეტრი *barometri*
baron *(n.)* ბარონი *baroni*
baroness *(n.)* ბარონესა *baronesa*
baroque *(adj.)* ბაროკო *baroko*
barouche *(n.)* ბარუშე *baruSe*
barrack *(n.)* ყაზარმა *yazarma*
barrage *(n.)* კაშხალი *kaSxali*
barrel *(n.)* კასრი *kasri*
barren *(adj.)* უშვილო *uSvilo*
barricade *(n.)* ბარიკადა *barikada*
barrier *(n.)* შლაგბაუმი *Slagbaumi*
barring *(prep.)* გარდა *garda*
barrister *(n.)* ადვოკატი *advokati*
bartender *(n.)* ბარმენი *barmeni*
barter *(v.)* გაცვლა *gacvla*
basal *(adj.)* პირველადი *pirveladi*
base *(n.)* ბაზა *baza*
base camp *(n.)* ბანაკი *banaki*
baseless *(adj.)* უსაფუძვლო *usafuZvlo*
basement *(n.)* სარდაფი *sardafi*
bash *(v.)* ძლიერად დარტყმა *Zlierad dartyma*
bashful *(adj.)* მორცხვი *morcxvi*
basic *(adj.)* საბაზისო *sabaziso*
basically *(adv.)* ძირითადად *ZiriTadad*
basil *(n.)* რეჰანი *rehani*

basin *(n.)* დიდი ჯამი *didi jami*
basis *(n.)* საფუძველი *safuZveli*
bask *(v.)* გათბობა *gaTboba*
basket *(n.)* კალათი *kalaTi*
basketball *(n.)* კალათბურთი *kalaTburTi*
bass *(n.)* ბასი *basi*
bastard *(n.)* უკანონო შვილი *ukanono Svili*
bastion *(n.)* სიმაგრე *simagre*
bat *(n.)* ღამურა *Ramura*
batch *(n.)* დასტა *dasta*
bath *(n.)* აბაზანა *abazana*
bathe *(v.)* ბანაობა *banaoba*
bathrobe *(n.)* სააბაზანო ხალათი *saabazano xalaTi*
baton *(n.)* სადირიჟორო ჯოხი *sadiriJoro joxi*
batsman *(n.)* ბოცმანი *bocmani*
battalion *(n.)* ბატალიონი *batalioni*
batten *(n.)* იატაკის ფიცრები *iatakis ficrebi*
batter *(n.)* დალეწვა *dalewva*
battery *(n.)* აკუმულატორი *akumulatori*
battle *(n.)* ბრძოლა *brZola*
battlefield *(n.)* ბრძოლის ველი *brZolis veli*
battlefront *(n.)* ბრძოლის ფრონტი *brZolis fronti*
baulk *(n.)* დაბრკოლება *dabrkoleba*
bawl *(v.)* ყვირილი *yvirili*
bay *(n.)* ყურე *yure*
bayonet *(n.)* ხიშტი *xiSti*
bayside *(adj.)* მხარეს *mxares*
bazaar *(n.)* აღმოსავლური ბაზარი *aRmosavluri bazari*
bazooka *(n.)* ბაზუკა *bazuka*
be *(v.)* ყოფნა *yofna*
beach *(n.)* პლაჟი *plaJi*
beach ball *(n.)* პლაჟის ბურთი *plaJis burTi*
beachfront *(adj.)* სანაპიროს წინ *sanapiros win*
beachside *(adj.)* სანაპიროზე *sanapiroze*
beacon *(n.)* სასიგნალო შუქურა *sasignalo Suqura*
bead *(n.)* მძივის მარცვალი *mZivis marcvali*
beadle *(n.)* მოსიარულე დარაჯი *mosiarule daraji*
beady *(adj.)* ბრჭყვიალა *brWyviala*
beak *(n.)* ნისკარტი *niskarti*
beaker *(n.)* ქაღალდის ჭიქა *qaRaldis Wiqa*
beam *(n.)* სხივი *sxivi*
bean *(n.)* ლობიო *lobio*
bear *(n.)* დათვი *daTvi*
bear *(v.)* ტარება *tareba*
beard *(n.)* წვერი *wveri*
bearing *(n.)* წარმოსადეგობა *warmosadegoba*
beast *(n.)* მხეცი *mxeci*
beastly *(adj.)* მხეცური *mxecuri*
beat *(v.)* ცემა *cema*
beatific *(adj.)* უაღრესად ბედნიერი *uaRresad bednieri*
beatification *(n.)* ბითიფიკაცია *biTifikacia*
beatitude *(n.)* ნეტარება *netareba*
beautiful *(adj.)* ლამაზი *lamazi*
beautify *(v.)* გალამაზება *galamazeba*
beauty *(n.)* სილამაზე *silamaze*
beaver *(n.)* თახვი *Taxvi*
beaverskin *(n.)* თახვის ტყავი *Taxvis tyavi*
becalm *(v.)* დაწყნარება *dawynareba*
because *(conj.)* რადგანაც *radganac*
beck *(n.)* ხელით ნიშნის მიცემა *xeliT niSnis micema*

beckon *(v.)* ნიშნის მიცემით მოხმობა *niSnis micemiT moxmoba*
become *(v.)* გახდომა *gaxdoma*
bed *(n.)* ლოგინი *logini*
bed sheet *(n.)* ზეწარი *zewari*
bedcover *(n.)* ლოგინის გადასაფარებელი *loginis gadasafarebeli*
bedding *(n.)* ლოგინის თეთრეული *loginis TeTreuli*
bedevil *(v.)* წამება *wameba*
bedridden *(adj.)* ლოგინად ჩავარდნილი *loginad Cavardnili*
bedrobe *(n.)* საგარდიერობო *sagardirobo*
bedroom *(n.)* საძილე ოთახი *saZile oTaxi*
bedsore *(n.)* საწოლი *sawoli*
bee *(n.)* ფუტკარი *futkari*
beech *(n.)* წიფელი *wifeli*
beef *(n.)* საქონლის ხორცი *saqonlis xorci*
beefy *(adj.)* დაკუნთული *dakunTuli*
beehive *(n.)* სკა *ska*
beekeeper *(n.)* მეფუტკრე *mefutkre*
beep *(n.)* სიგნალი *signali*
beer *(n.)* ლუდი *ludi*
beet *(n.)* ჭარხალი *Warxali*
beetle *(n.)* ხოჭო *xoWo*
beetroot *(n.)* ჭარხალი *Warxali*
befall *(v.)* წილად ხვდომა *wilad xvdoma*
befit *(v.)* შეშვენის *SeSvenis*
before *(prep. &adv.)* მანამდე *manamde*
beforehand *(adv.)* წინასწარ *winaswar*
befriend *(v.)* დამეგობრება *damegobreba*
beg *(v.)* თხოვნა *Txovna*
beget *(v.)* შობა *Soba*
beggar *(n.)* მათხოვარი *maTxovari*
begin *(v.)* დაწყება *dawyeba*
beginner *(n.)* დამწყები *damwyebi*
beginning *(n.)* დასაწყისი *dasawyisi*
begrudge *(v.)* შეშურება *SeSureba*
beguile *(v.)* მოხიბვლა *moxibvla*
behalf *(n.)* სასარგებლოდ *sasargeblod*
behave *(v.)* ქცევა *qcvea*
behaviour *(n.)* მოქცევა *moqceva*
behead *(v.)* თავის მოკვეთა *Tavis mokveTa*
behest *(n.)* ბრძანება *brZaneba*
behind *(prep.& adv.)* უკან *ukan*
behold *(v.)* ყურება *yureba*
being *(n.)* არსება *arseba*
belabour *(v.)* გალანძღვა *galanZRva*
belated *(adj.)* დაგვიანებული *dagvianebuli*
belch *(v.)* ღებინება *Rebineba*
beleaguered *(adj.)* ალყაშემორტყმული *alyaSemortymuli*
belie *(v.)* მცდარი წარმოდგენის შექმნა *mcdari warmodgenis Seqmna*
belief *(n.)* მრწამსი *mrwamsi*
believe *(v.)* რწმენა *rwmena*
belittle *(v.)* შემცირება *Semcireba*
bell *(n.)* ზარი *zari*
bellboy *(n.)* მეკორიდორე *mekoridore*
belle *(n.)* ლამაზი *lamazi*
bellhop *(n.)* მაცნე *macne*
bellicose *(adj.)* აგრესიული *agresiuli*
belligerent *(adj.)* მეომრული *meomruli*
bellow *(v.)* ღრიალი *Rriali*
bellowing *(n.)* ბღავილი *bRavili*
bellows *(n.)* საბერველი *saberveli*
belly *(n.)* მუცელი *muceli*
belong *(v.)* კუთვნება *kuTvneba*

belongings *(n.)* კუთვნილებანი *kuTvnilebani*
beloved *(adj.)* საყვარელი *sayvareli*
belt *(n.)* ქამარი *qamari*
belvedere *(n.)* ბელვედერი *belvederi*
bemoan *(v.)* დატირება *datireba*
bemused *(adj.)* დაფიქრებული *dafiqrebuli*
bench *(n.)* მერხი *merxi*
bend *(v.)* გაღუნვა *gaRunva*
beneath *(adv.)* ქვეშ *qveS*
benediction *(n.)* დალოცვა *dalocva*
benefaction *(n.)* მადლი *madli*
benefactor *(n.)* კეთილმოსურნე *keTilmosurne*
benefic *(adj.)* ქველმოქმედი *qvelmoqmedi*
benefice *(n.)* სამღვდელოების შემოსავალი *samRvdeloebis Semosavali*
beneficial *(adj.)* მარგებელი *margebeli*
beneficiary *(n.)* ანდერძით მისაკუთრება *anderZiT misakuTreba*
benefit *(v.)* სარგებლობის მომტანი *sargeblobis momtani*
benevolence *(n.)* კეთილგანწყობა *keTilganwyoba*
benevolent *(adj.)* კეთილგანწყობილი *keTilganwyobili*
benight *(v.)* დაღამება *daRameba*
benign *(adj.)* ალერსიანი *alersiani*
bent *(n.)* მიდრეკილება *midrekileba*
benzene *(n.)* ბენზოლი *benzoli*
bequeath *(v.)* ანდერძით დატოვება *anderZiT datoveba*
bequest *(n.)* ანდერძით დაკისრება *anderZiT dakisreba*
berate *(v.)* დატუქსვა *datuqsva*
bereaved *(adj.)* ქვრივი *qvrivi*
bereavement *(n.)* მძიმე დანაკარგი *mZime danakargi*
bereft *(adj.)* არმქონე *armqone*
beseech *(v.)* ხვეწნა *xvewna*
beseeching *(n.)* ვედრება *vedreba*
beserk *(adj.)* ბესერკი *beserki*
beserker *(n.)* ბესერკერი *beserkeri*
beshame *(v.)* შერცხვენა *Sercxvena*
beside *(prep.)* გვერდით *gverdiT*
besiege *(v.)* ალყის შემორტყმა *alyis Semortyma*
beslaver *(v.)* დამონება *damoneba*
besmirch *(v.)* სახელის შელახვა *saxelis Selaxva*
besotted *(adj.)* დარეტიანებული *daretianebuli*
bespeak *(v.)* დადასტურება *dadastureba*
bespectacled *(adj.)* სათვალეებიანი *saTvaleebiani*
bespoke *(adj.)* შეკვეთილი *SekveTili*
best *(adj.)* საუკეთესო *saukeTeso*
bestial *(adj.)* პირუტყვული *pirutyvuli*
bestow *(v.)* მინიჭება *miniWeba*
bestride *(v.)* შებოჭვა *SeboWva*
bestseller *(n.)* ბესთსელერი *besTseleri*
bet *(v.)* ნიძლავი *niZlavi*
beta *(adj.)* არასრული *arasruli*
betide *(v.)* მოხდენა *moxdena*
betray *(v.)* გაცემა *gacema*
betrayal *(n.)* ღალატი *Ralati*
betroth *(v.)* დანიშვნა *daniSvna*
betrothal *(n.)* ნიშნობა *niSnoba*
betrothed *(adj.)* დანიშნული *daniSnuli*
better *(adj.)* უკეთესი *ukeTesi*
betterment *(n.)* გაუმჯობესება *gaumjobeseba*
betting *(adj.)* ფსონის დადება *fsonis dadeba*
bettor *(n.)* ფსონის დამდები *fsonis damdebi*
between *(prep.)* შორის *Soris*

betwixt *(prep.)* შუაში *SuaSi*
beverage *(n.)* დამზადებული სასმელი *damzadebuli sasmeli*
bevy *(n.)* თავყრილობა *Tavyriloba*
bewail *(v.)* დარდობა *dardoba*
beware *(v.)* გაფრთხილება *gafrTxileba*
bewilder *(v.)* შეცბუნება *Secbuneba*
bewilderment *(n.)* დაბნეულობა *dabneuloba*
bewind *(v.)* მეფობა *mefoba*
bewitch *(v.)* მოჯადოება *mojadoeba*
beyond *(prep.& adj.)* გაღმა *garma*
bi *(adj.)* ორმხრივი *ormxrivi*
biangular *(adj.)* ორენოვანი *orenovani*
biannual *(adj.)* წელიწადში ორჯერ *weliwadSi orjer*
biannually *(adv.)* ორჯერ *orjer*
biantennary *(adj.)* ორ ანტენიანი *or anteniani*
bias *(n.)* მიკერძოება *mikerZoeba*
biased *(adj.)* მიკერძოებული *mikerZoebuli*
biaxial *(adj.)* ორ ნაჯახიანი *or najaxiani*
bib *(n.)* გულსაფარი *gulsafari*
bibber *(n.)* მოსაცმელი *mosacmeli*
bible *(n.)* ბიბლია *biblia*
bibliographer *(n.)* ბიბლიოგრაფი *bibliografi*
bibliography *(n.)* ბიბლიოგრაფია *bibliografia*
bibliophile *(n.)* წიგნების მოყვარული *wignebis moyvaruli*
bicentenary *(adj.)* ორას წლოვანი *oras wlovani*
biceps *(n.)* ბიცეფსი *bicefsi*
bicker *(v.)* კინკლაობა *kinklaoba*
bicycle *(n.)* ველოსიპედი *velosipedi*
bid *(v.)* ბრძანება *brZaneba*
bid *(n.)* ფასის დადება *fasis dadeba*

bidder *(n.)* მყიდველი *myidveli*
bide *(v.)* დროის წელვა *drois welva*
bidet *(n.)* ბიდე *bide*
bidimensional *(adj.)* ორმხრივი *ormxrivi*
biennial *(adj)* ორ წლოვანი *or wlovani*
bier *(n.)* ლუდი *ludi*
bifacial *(adj.)* ორსახოვანი *orsaxovani*
biff *(v.)* მუშტის დარტყმა *muStis dartyma*
biff *(n.)* ჩხუბი *Cxubi*
bifocal *(adj.)* ბიფოკალი *bifokali*
biformity *(n.)* სიმამაცე *simamace*
bifurcate *(v.)* დაყოფა *dayofa*
bifurcation *(n.)* დაყოფილი *dayofili*
big *(adj.)* დიდი *didi*
bigamist *(n.)* ორცოლიანი *orcoliani*
bigamous *(adj.)* ორცოლიანი *orcoliani*
bigamy *(n.)* ორცოლიანობა *orcolianoba*
bighead *(n.)* თავდაჯერებული *Tavdajerebuli*
bighearted *(adj.)* გულკეთილი *gulkeTili*
bight *(n.)* კლაკნი *klakni*
bigot *(n.)* ფანატიკოსი *fanatikosi*
bigotry *(n.)* ფანატიზმი *fanatizmi*
bike *(n.)* მოტოციკლეტი *motocikleti*
biker *(n.)* მოტოციკლისტი *motociklisti*
bikini *(n.)* ბიკინი *bikini*
bilateral *(adj.)* ორმხრივი *ormxrivi*
bile *(n.)* გესლი *gesli*
bilingual *(adj.)* ორენოვანი *orenovani*
bill *(n.)* ანგარიში *angariSi*
billable *(adj.)* გადასახდელი *gadasaxdeli*
billboard *(n.)* სარეკლამო აბრა *sareklamo abra*

billiard table *(n.)* ბილიარდის მაგიდა *biliardis magida*
billiards *(n.)* ბილიარდი *biliardi*
billion *(n.)* მილიარდი *miliardi*
billionaire *(n.)* მილიარდელი *miliardeli*
billow *(v.)* დაქნევა *daqneva*
bimonthly *(adj.)* ყოველთვიურად *yovelTviurad*
bin *(n.)* ნაგვის ურნა *nagvis urna*
binary *(adj.)* ორი ნივთისგან შემდგარი *ori nivTisgan Semdgari*
bind *(v.)* შეკვრა *Sekvra*
binding *(n.)* ყდა *yda*
binge *(n.)* ჟინი *Jini*
bingo *(n.)* ბინგო *bingo*
binocular *(adj.)* ორი თვალით *ori TvaliT*
binoculars *(n.)* ბინოკლი *binokli*
bioactivity *(n.)* ბიოაქტიურობა *bioaqtiuroba*
bioagent *(n.)* ბიოაგენტი *bioagenti*
biochemical *(adj.)* ბიოქიმიური *bioqimiuri*
biochemistry *(n.)* ბიოქიმია *bioqimia*
bioclimate *(n.)* ბიოკლიმატი *bioklimati*
biodegradation *(n.)* ბიოდეგრადირება *biodegradireba*
bioengineering *(n.)* ბიოინჟინერია *bioinJineria*
biofuel *(n.)* ბიოლოგიური საწვავი *biologiuri sawvavi*
biogas *(n.)* ბიოლოგიური გაზი *biologiuri gazi*
biographer *(n.)* ბიოგრაფი *biografi*
biography *(n.)* ბიოგრაფია *biografia*
biohazardous *(adj.)* გადამდები *gadamdebi*
biological *(adj.)* ბიოლოგიური *biologiuri*
biologically *(adv.)* ბიოლოგიურად *biologiurad*
biologist *(n.)* ბიოლოგი *biologi*
biology *(n.)* ბიოლოგია *biologia*
biomass *(n.)* ბიომასა *biomasa*
biometric *(adj.)* ბიომეტრიკული *biometrikuli*
bionic *(adj.)* ბიონიკური *bionikuri*
biopic *(n.)* ბიოპიური *biopiuri*
biopsy *(n.)* ბიოფსია *biofsia*
biorhythm *(n.)* ბიორიტმი *bioritmi*
bioscope *(n.)* ბიოსკოპი *bioskopi*
bioscopy *(n.)* ბიოსკოპია *bioskopia*
bipartisan *(adj.)* ორპარტიული *orpartiuli*
bipolar *(adj.)* ბიპოლარული *bipolaruli*
biracial *(adj.)* ბირაციული *biraciuli*
birch *(n.)* არყის ხე *aryis xe*
bird *(n.)* ჩიტი *Citi*
birdlime *(n.)* ფრინველის ლაიმი *frinvelis laimi*
birth *(n.)* დაბადება *dabadeba*
birthdate *(n.)* დაბადების თარიღი *dabadebis TariRi*
birthday *(n.)* დაბადების დღე *dabadebis dRe*
birthmark *(n.)* ხალი *xali*
biscuit *(n.)* მშრალი ნამცხვარი *mSrali namcxvari*
bisect *(v.)* ყოფს *yofs*
bisexual *(adj.)* ბისექსუალი *biseqsuali*
bishop *(n.)* ეპისკოპოსი *episkoposi*
bison *(n.)* ბიზონი *bizoni*
bisque *(n.)* ბისკი *biski*
bistro *(n.)* პატარა რესტორანი *patara restorani*
bit *(n.)* მცირე ნაწილი *mcire nawili*
bitch *(n.)* მუკნა *Zukna*
bitcoin *(n.)* ბიტკოინი *bitkoini*
bite *(v.)* კბენა *kbena*

biting *(adj.)* შხამიანი *Sxamiani*
bitter *(adj.)* მწარე *mware*
bitterness *(n.)* სიმწარე *simware*
bi-weekly *(adj.)* ორ კვირიანი *or kviriani*
bizarre *(adj.)* უცნაური *ucnauri*
blab *(v.)* ენის ტარტარი *enis tartari*
blabber *(n.)* მოლაყბე *molaybe*
black *(adj.)* შავი *Savi*
blackbird *(n.)* შაშვი *SaSvi*
blackboard *(n.)* საკლასო დაფა *saklaso dafa*
blacken *(v.)* შავდება *Savdeba*
blacklist *(n.)* შავი სია *Savi sia*
blackmail *(n.)* შანტაჟი *SantaJi*
blackmailer *(n.)* მოშანტაჟე *moSantaJe*
blackout *(n.)* ჩაბნელება *Cabneleba*
blacksmith *(n.)* მჭედელი *mWedeli*
bladder *(n.)* საშარდე ბუშტი *saSarde buSti*
blade *(n.)* ბასრი ნივთი *basri nivTi*
blame *(v.)* დადანაშაულება *dadanaSauleba*
blanch *(v.)* გათეთრება *gaTeTreba*
bland *(adj.)* თავაზიანი *Tavaziani*
blank *(adj.)* ცარიელი *carieli*
blanket *(n.)* საბანი *sabani*
blare *(v.)* ღრიალი *Rriali*
blaspheme *(n.)* მკრეხელობა *mkrexeloba*
blasphemy *(n.)* ღვთის გმობა *RvTis gmoba*
blast *(n.)* აფეთქება *afeTqeba*
blatant *(adj.)* ცხადი *cxadi*
blaze *(n.)* ცეცხლი *cecxli*
blazer *(n.)* სპორტული პერანგი *sportuli perangi*
blazing *(adj.)* მოკაშკაშე *mokaSkaSe*
blazon *(v.)* თაყვანისცემა *Tayvaniscema*
bleach *(v.)* გათეთრება *gaTeTreba*
bleak *(adj.)* ღია *Ria*
bleary *(adj.)* დაბინდული *dabinduli*
bleat *(v.)* კიკინი *kikini*
bleb *(n.)* ფუფხი *fufxi*
bleed *(v.)* სისხლდენა *sisxldena*
blemish *(n.)* დეფექტი *defeqti*
blench *(v.)* შეკრთომა *SekrToma*
blend *(v.)* ერთმანეთში არევა *erTmaneTSi areva*
blender *(n.)* ბლენდერი *blenderi*
bless *(v.)* კურთხევა *kurTxeva*
blessed *(adj.)* კურთხეული *kurTxeuli*
blessing *(n.)* ლოცვა-კურთხვა *locva-kurTxva*
blight *(n.)* უჟმური *uJmuri*
blind *(adj.)* ბრმა *brma*
blindage *(n.)* სიბრმავე *sibrmave*
blindfold *(n.)* თვალახვეული *Tvalaxveuli*
blindness *(n.)* სიბრმავე *sibrmave*
bling *(n.)* ნიკაპი *nikapi*
blink *(v.)* თვალის დახამხამება *Tvalis daxamxameba*
blip *(n.)* სიგნალი *signali*
bliss *(n.)* ნეტარება *netareba*
blister *(n.)* ბებერა *bebera*
blithe *(adj.)* უდარდელი *udardeli*
blitz *(n.)* დაბომბვა *dabombva*
blizzard *(n.)* ქარბუქი *qarbuqi*
bloat *(v.)* გაბერვა *gaberva*
blob *(n.)* ბურთულა *burTula*
bloc *(n.)* პოლიტიკური ბლოკი *politikuri bloki*
block *(n.)* ლოდი *lodi*
blockage *(n.)* დახშობა *daxSoba*
blockbuster *(n.)* ბლოკბასტერი *blokbasteri*
blockhead *(n.)* შტერი *Steri*
blog *(n.)* ბლოგი *blogi*

blogger *(n.)* ბლოგერი *blogeri*
blogging *(v.)* ბლოგინგი *blogingi*
blood *(n.)* სისხლი *sisxli*
bloodshed *(n.)* სისხლისღვრა *sisxlisRvra*
bloody *(adj.)* სისხლიანი *sisxliani*
bloom *(v.)* აყვავება *ayvaveba*
bloomer *(n.)* სერიოზული მარცხი *seriozuli marcxi*
blot *(n.)* ლაქა *laqa*
blotted *(adj.)* დალაქავებული *dalaqavebuli*
blouse *(n.)* ბლუზა *bluza*
blow *(v.)* ბერვა *berva*
blowout *(n.)* საბურავის გასკდომა *saburavis gaskdoma*
blowsy *(adj.)* ფეთხუმი *feTxumi*
blue *(n.)* ლურჯი *lurji*
bluetooth *(n.)* ბლუთუზი *bluTuzi*
bluff *(v.)* მოტყუება *motyueba*
blunder *(n.)* ლაფსუსი *lafsusi*
blundering *(adj.)* სულელური *suleluri*
blunt *(adj.)* ბლაგვი *blagvi*
bluntly *(adv.)* პირდაპირ *pirdapir*
blur *(v.)* დაბინდვა *dabindva*
blurb *(n.)* ნივთის რეკლამა *nivTis reklama*
blurt *(v.)* წამოროშვა *wamoroSva*
blush *(v.)* გაწითლება *gawiTleba*
blusher *(n.)* წასასმელი რუჟი *wasasmeli ruJi*
bluster *(v.)* ღრიალი *Rriali*
boa *(n.)* მახრჩობელა გველი *maxrCobela gveli*
boar *(n.)* ტახი *taxi*
board *(n.)* ფიცარი *ficari*
board game *(n.)* სამაგიდო თამაში *samagido TamaSi*
boarding *(n.)* გემზე ან თვითმფრინავზე ასვლა *gemze an TviTmfrinavze asvla*
boarding school *(n.)* სკოლა-ინტერნატი *skola-internati*
boast *(v.)* კვეხნა *kvexna*
boat *(n.)* ნავი *navi*
boathouse *(n.)* ნავსადგური *navsadguri*
boatman *(n.)* მენავე *menave*
bob *(v.)* ქანაობა *qanaoba*
bobbin *(n.)* კოჭა *koWa*
bobble *(n.)* ხტომა *xtoma*
bodice *(n.)* ლიფი *lifi*
bodily *(adv.)* პირადად *piradad*
body *(n.)* სხეული *sxeuli*
bodyguard *(n.)* მცველი *mcveli*
bog *(n.)* ჭაობი *Waobi*
bogland *(n.)* ჭაობიანი ადგილი *Waobiani adgili*
boglet *(n.)* ჭაობიანი მიწა *Waobiani miwa*
bogus *(adj.)* ყალბი *yalbi*
bohemian *(adj.)* ბოშური *boSuri*
boil *(v.)* დუღილი *duRili*
boiler *(n.)* ბოილერი *boileri*
boist *(n.)* ამაყი *amayi*
boisterous *(adj.)* მძაფრი *mZafri*
bold *(adj.)* გაბედული *gabeduli*
boldly *(adv.)* გაბედულად *gabedulad*
boldness *(n.)* გამბედაობა *gambedaoba*
bolero *(n.)* ბოლერო *bolero*
bollard *(n.)* კვარცხლბეკი *kvarcxlbeki*
bollocks *(n.)* სისულელე *sisulele*
bolt *(n.)* ჭანჭიკი *WanWiki*
bomb *(n.)* ბომბი *bombi*
bombard *(v.)* დაბომბვა *dabombva*
bombardier *(n.)* ბომბარდირი *bombardiri*
bombardment *(n.)* დაბომბვა *dabombva*

bomber *(n.)* ბომბდამშენი *bombdamSeni*
bonafide *(adj.)* კეთილსინდისიერი *keTilsindisieri*
bonanza *(n.)* იღბალი *iRbali*
bond *(n.)* ობლიგაცია *obligacia*
bondage *(n.)* მონობა *monoba*
bonds *(n.pl.)* ობლიგაციები *obligaciebi*
bone *(n.)* ძვალი *Zvali*
boneless *(adj.)* უძვლო *uZvlo*
bonfire *(n.)* კოცონი *koconi*
bonnet *(n.)* კაპოტი *kapoti*
bonus *(n.)* ბონუსი *bonusi*
book *(v.)* შეკვეთა *SekveTa*
book *(n.)* წიგნი *wigni*
bookie *(n.)* ბილეთების გამყიდველი *bileTebis gamyidveli*
bookish *(n.)* მწიგნობარი *mwignobari*
bookish *(adj.)* წიგნების მოყვარული *wignebis moyvaruli*
book-keeper *(n.)* ბუღალტერი *buRalteri*
booklet *(n.)* ბუკლეტი *bukleti*
bookmaker *(n.)* ბუკმეკერი *bukmekeri*
bookmark *(n.)* სანიშნი *saniSni*
bookseller *(n.)* წიგნების გამყიდველი *wignebis gamyidveli*
bookshop *(n.)* წიგნების მაღაზია *wignebis maRazia*
bookstall *(n.)* ჯიხური *jixuri*
bookworm *(n.)* წიგნებზე გაგიჟებული *wignebze gagiJebuli*
boom *(n.)* გუგუნი *guguni*
boon *(n.)* სიკეთე *sikeTe*
boor *(n.)* გაუთლელი *gauTleli*
boost *(n.)* გაძლიერება *gaZliereba*
boost *(v.)* ქვევიდან ზევით მიწოლა *qevidan zeviT miwola*
booster *(n.)* გამაძლიერებელი *gamaZlierebeli*
boot *(n.)* ჩექმა *Ceqma*
booth *(n.)* ფარდული *farduli*
booty *(n.)* ნადავლი *nadavli*
booze *(v.)* ქეიფი *qeifi*
border *(n.)* სახელმწიფო საზღვარი *saxelmwifo sazRvari*
bore *(v.)* ბურღვა *burRva*
born *(adj.)* თვითნაბადი *TviTnabadi*
borne *(adj.)* მატარებელი *matarebeli*
borough *(n.)* ადმინისტრაციული რაიონი *administraciuli raioni*
borrow *(v.)* სესხება *sesxeba*
bosom *(n.)* გულმკერდი *gulmkerdi*
boss *(n.)* უფროსი *ufrosi*
bossy *(adj.)* მბრძანებლური *mbrZanebluri*
botanical *(adj.)* ბოტანიკური *botanikuri*
botany *(n.)* ბოტანიკა *botanika*
botch *(v.)* მიფუჩეჩება *mifuCeCeba*
both *(adj & pron.)* ორივე *orive*
bother *(v.)* შეწუხება *Sewuxeba*
botheration *(n.)* წუხილი *wuxili*
bottle *(n.)* ბოთლი *boTli*
bottom *(n.)* ფსკერი *fskeri*
bough *(n.)* ბუჩქი *buCqi*
boulder *(n.)* მიწაყრილი *miwayrili*
boulevard *(n.)* ბულვარი *bulvari*
bounce *(v.)* ხტუნვა *xtunva*
bouncer *(n.)* ბაუნსერი *baunseri*
bound *(v.)* ემიჯნება *emijneba*
boundary *(n.)* ზღვარი *zRvari*
bountiful *(adj.)* უხვი *uxvi*
bounty *(n.)* ნადავლი *nadavli*
bouquet *(n.)* თაიგული *Taiguli*
bourgeois *(adj.)* ბურჟუაზიული *burJuaziuli*
bourgeoise *(n.)* ბურჟუაზია *burJuazia*
bout *(n.)* დროის გარკვეული მონაკვეთი *drois garkveuli monakveTi*

boutique *(n.)* ბუტიკი *butiki*
bow *(n.)* მშვილდი *mSvildi*
bowel *(n.)* ნაწლავი *nawlavi*
bower *(n.)* ჩრდილიანი ადგილი *Crdiliani adgili*
bowl *(n.)* ჯამი *jami*
bowler *(n.)* მოასპარეზე *moaspareze*
box *(n.)* დარტყმა *dartyma*
boxer *(n)* ბოქსიორი *boqsiori*
boxing *(n.)* ბოქსი *boqsi*
boy *(n.)* ბიჭი *biWi*
boycott *(v.)* ბოიკოტი *boikoti*
boyhood *(n.)* ყმაწვილობა *ymawviloba*
boyish *(adj.)* ბიჭური *biWuri*
bra *(n.)* ლიფი *lifi*
brace *(n.)* კავი *kavi*
bracelet *(n.)* სამაჯური *samajuri*
braces *(n.)* შარვლის ჭიმი *Sarvlis Wimi*
bracing *(adj.)* გამამხნევებელი *gamamxnevebeli*
bracken *(n.)* ბრაქენი(მცენარის სახელი) *braqeni(mcenaris saxeli)*
bracket *(n.)* ფრჩხილი *frCxili*
brackish *(adj.)* მარილიანი წყალი *mariliani wyali*
brag *(v.)* ტრაბახი *trabaxi*
braggart *(n.)* ტრაბახა *trabaxa*
braid *(n.)* ზონარი *zonari*
braille *(n.)* ბრაილი *braili*
brain *(n.)* ტვინი *tvini*
brainchild *(n.)* ჩანაფიქრი *Canafiqri*
brainstorm *(n.)* გონების დახშობა *gonebis daxSoba*
brainy *(adj.)* ტვინიანი *tviniani*
braise *(v.)* ბრეიზინგი *breizingi*
brake *(v.)* დამუხრუჭება *damuxruWeba*
brake *(n.)* მუხრუჭი *muxruWi*
bran *(n.)* ქატო *qato*
branch *(n.)* ხის ტოტი *xis toti*

brand *(n.)* მარკა *marka*
branding *(n.)* მარკირება *markireba*
brandish *(v.)* ქნევა *qneva*
brandy *(n.)* ბრენდი *brendi*
brangle *(v.)* ჩხუბი *Cxubi*
brash *(adj.)* თავხედი *Tavxedi*
brass *(n.)* უტიფრობა *utifroba*
brasserie *(n.)* თითბერი *TiTberi*
brat *(n.)* ურჩი ბავშვი *urCi bavSvi*
bravado *(n.)* ყოყოჩობა *yoyoCoba*
brave *(adj.)* მამაცი *mamaci*
bravery *(n.)* სიმამაცე *simamace*
brawl *(n.)* მუშტი-კრივი *muSti-krivi*
brawn *(n.)* ჯანი *jani*
bray *(n.)* ვირის ყროყინი *viris yroyini*
braze *(v.)* შებრაწვა *Sebrawva*
breach *(v.)* გარღვევა *garRveva*
bread *(n.)* პური *puri*
breadcrumb *(n.)* პურის ნამცეცი *puris namceci*
breaded *(adj.)* ფანირებული *fanirebuli*
breadth *(n.)* სიგანე *sigane*
breadwinner *(n.)* ოჯახის მარჩენალი *ojaxis marCenali*
break *(v.)* გატეხვა *gatexva*
break point *(n.)* გადამწყვეტი ქულა *gadamwyveti qula*
breakage *(n.)* მტვრევა *mtvreva*
breakdown *(n.)* ავარია *avaria*
breakfast *(n.)* საუზმე *sauzme*
breakfront *(n.)* წინა ნაწილის გატეხვა *wina nawilis gatexva*
breaking *(n.)* არღვევს *arRvevs*
break-off *(n.)* გაწყვეტა *gawyveta*
breakout *(n.)* ციხიდან გაქცევა *cixidan gaqceva*
breaktime *(n.)* შესვენება *Sesveneba*
breakup *(n.)* დამსხვრევა *damsxvreva*
breakup *(n.)* დაშორება *daSoreba*
breast *(v.)* გადალახვა *gadalaxva*

breast *(n.)* მკერდი *mkerdi*
breastfeed *(v.)* ძუძუთი კვება *ZuZuTi kveba*
breath *(n.)* სუნთქვა *sunTqva*
breathe *(v.)* სუნთქვა *sunTqva*
breathtaking *(adj.)* თავბრუდამხვევი *Tavbrudamxvevi*
breech *(n.)* ბრეკეტი *breketi*
breed *(v.)* შეჯვარება *Sejvareba*
breeze *(n.)* ნიავი *niavi*
breviary *(n.)* ბრევიარი *breviari*
brevity *(n.)* სიმოკლე *simokle*
brew *(v.)* დაყენება *dayeneba*
brewery *(n.)* ლუდის ქარხანა *ludis qarxana*
bribe *(v.)* მოსყიდვა *mosyidva*
brick *(n.)* აგური *aguri*
bridal *(adj.)* საქორწილო *saqorwilo*
bride *(n.)* პატარძალი *patarZali*
bridegroom *(n.)* სასიძო *sasiZo*
bridesmaid *(n.)* პატარძლის მეჯვარე *patarZlis mejvare*
bridge *(n.)* ხიდი *xidi*
bridle *(n.)* ლაგამი *lagami*
brief *(adj.)* მოკლე *mokle*
briefcase *(n.)* პორტფელი *portfeli*
briefing *(n.)* ინსტრუქტაჟი *instruqtaJi*
brigade *(n.)* ბრიგადა *brigada*
brigadier *(n.)* ბრიგადის გენერალი *brigadis generali*
brigand *(n.)* ყაჩაღი *yaCaRi*
bright *(adj.)* ნათელი *naTeli*
brighten *(v.)* განათება *ganaTeba*
brightness *(n.)* სიკაშკაშე *sikaSkaSe*
brilliance *(n.)* კაშკაში *kaSkaSi*
brilliant *(adj.)* ბრწყინვალე *brwyinvale*
brim *(n.)* ნაპირი *napiri*
brine *(n.)* მარილწყალი *marilwyali*
bring *(v.)* მოტანა *motana*
brinjal *(n.)* ბადრიჯანი *badrijani*

brink *(n.)* კიდე *kide*
briquet *(n.)* ქვანახშირის ბრიკეტი *qvanaxSiris briketi*
brisk *(adj.)* სწრაფი *swrafi*
bristle *(n.)* ჯაგარი *jagari*
british *(adj.)* ბრიტანელი *britaneli*
brittle *(adj.)* მტვრევადი *mtvrevadi*
broad *(adj.)* განიერი *ganieri*
broadband *(n.)* ფართოზოლოვანი *farTozolovani*
broadcast *(v.)* რადიოთი გადმოცემა *radioTi gadmocema*
broadway *(n.)* ბროდვეი *brodvei*
brocade *(n.)* დუნდულო *dundulo*
broccoli *(n.)* ბროკოლი *brokoli*
brochure *(n.)* ბროშურა *broSura*
broke *(adj.)* ღარიბი *Raribi*
broken *(v.)* მწყობრიდან გამოსვლა *mwyobridan gamosvla*
broker *(n.)* ბროკერი *brokeri*
brokerage *(n.)* ბროკერის აღნიშვნა *brokeris aRniSvna*
bromide *(n.)* ბრომი *bromi*
bronchial *(adj.)* ბრონქული *bronquli*
bronchitis *(n.)* ბრონქიტი *bronqiti*
bronze *(n.)* ბრინჯაო *brinjao*
brooch *(n.)* ბროში *broSi*
brood *(n.)* ბუდობა *budoba*
brook *(n.)* ნაკადული *nakaduli*
broom *(n.)* ცოცხი *cocxi*
broth *(n.)* ბულიონი *bulioni*
brothel *(n.)* საროსკიპო *saroskipo*
brother *(n.)* ძმა *Zma*
brotherhood *(n.)* საძმო *saZmo*
brouge *(n.)* ირლანდიური აქცენტი *irlandiuri aqcenti*
brow *(n.)* წარბი *warbi*
brown *(adj.)* ყავისფერი *yavisferi*
browse *(v.)* ინფორმაციის ძებნა *informaciis Zebna*

browser *(n.)* ინფორმაციის მძებნელი *informaciis mZebneli*
bruise *(n.)* დალურჯებული ადგილი *dalurjebuli adgili*
brunch *(n.)* ფილიალი *filiali*
brunette *(n.)* შავგვრემანი ქალი *Savgvremani qali*
brunt *(n.)* მთავარი დარტყმა *mTavari dartyma*
brush *(n.)* ჯაგრისი *jagrisi*
brusque *(adj.)* უცერემონიო მანერა *uceremonio manera*
brustle *(v.)* ჯაგრისი *jagrisi*
brutal *(adj.)* უხეში *uxeSi*
brutalize *(v.)* გამხეცება *gamxeceba*
brute *(n.)* პირუტყვი *pirutyvi*
brutify *(v.)* სისასტიკე *sisastike*
brutish *(adj.)* მხეცური *mxecuri*
bubble *(n.)* ბურთულა *burTula*
bubble wrap *(n.)* საღეჭის ფირი *saReWis firi*
bubblegum *(n.)* საღეჭი რეზინი *saReWi rezini*
buck *(n.)* დოლარი *dolari*
bucket *(n.)* ვედრო *vedro*
bucket list *(n.)* თაიგულების სია *Taigulebis sia*
buckle *(n.)* ბალთა *balTa*
bud *(n.)* კოკორი *kokori*
budding *(adj.)* იმედის მომცემი *imedis momcemi*
buddy *(n.)* ახლო მეგობარი *axlo megobari*
budge *(v.)* განძრევა *ganZreva*
budget *(n.)* ბიუჯეტი *biujeti*
buff *(n.)* კამეჩის ტყავი *kameCis tyavi*
buffalo *(n.)* კამეჩი *kameCi*
buffer *(n.)* ბუფერული *buferuli*
buffer zone *(n.)* ბუფერული ზონა *buferuli zona*
buffet *(n.)* ბუფეტი *bufeti*
buffoon *(n.)* კლოუნი *klouni*
bug *(n.)* ხოჭო *xoWo*
buggy *(n.)* ორადგილიანი ავტომობილი *oradgiliani avtomobili*
bugle *(n.)* საყვირი *sayviri*
build *(v.)* შენება *Seneba*
builder *(n.)* მშენებელი *mSenebeli*
building *(n.)* შენობა *Senoba*
bulb *(n.)* ნათურა *naTura*
bulbous *(adj.)* ბოლქვისებრი *bolqvisebri*
bulge *(n.)* ამოზნექილობა *amozneqiloba*
bulimia *(n.)* გაუმაძღრობა *gaumaZRroba*
bulk *(n.)* მოცულობა *moculoba*
bulky *(adj.)* სქელტანიანი *sqeltaniani*
bull *(n.)* ხარი *xari*
bull's eye *(n.)* ხარის თვალები *xaris Tvalebi*
bulldog *(n.)* ბულდოგი *buldogi*
bulldozer *(n.)* ბულდოზერი *buldozeri*
bullet *(n.)* ტყვია *tyvia*
bullet train *(n.)* ჩქაროსნული მატარებელი *Cqarosnuli matarebeli*
bulletin *(n.)* ბიულეტინი *biuletini*
bulletproof *(adj.)* ტყვიაგაუმტარი *tyviagaumtari*
bullion *(n.)* ბულიონი *bulioni*
bullish *(adj.)* ხარისებრი *xarisebri*
bullock *(n.)* ერთი წლის ხარი *erTi wlis xari*
bully *(n.)* ჩხუბისთავი *CxubisTavi*
bulwark *(n.)* ბასტიონი *bastioni*
bumble *(აპლიკაცია)* ბამბლი(აპლიკაცია) *bambli(aplikacia)*
bump *(n.)* შეჯახება *Sejaxeba*
bumper *(n.)* ბამპერი *bamperi*
bumpkin *(n.)* გლეხუჭა *glexuWa*

bun *(n.)* ფუნთუშა *funTuSa*
bunch *(n.)* კონა *kona*
bundle *(n.)* შეკვრა *Sekvra*
bungalow *(n.)* ბუნგალო *bungalo*
bungee jumping *(n.)* წელვადი ხტომა *welvadi xtoma*
bungle *(v.)* მიფუჩეჩება *mifuCeCeba*
bungle *(n.)* ცუდად შესრულებული სამუშაო *cudad Sesrulebuli samuSao*
bunk *(n.)* სისულელე *sisulele*
bunk bed *(n.)* ორსართულიანი საწოლი *orsarTuliani sawoli*
bunker *(n.)* ბუნკერი *bunkeri*
buoy *(n.)* კასრი *kasri*
buoyant *(adj.)* გულმხიარული *gulmxiaruli*
burble *(v.)* კრუტუნი *krutuni*
burden *(n.)* ტვირთი *tvirTi*
burdensome *(adj.)* მძიმე *mZime*
bureacuracy *(n.)* ბიუროკრატია *biurokratia*
bureau *(n.)* ბიურო *biuro*
bureaucrat *(n.)* ბიუროკრატი *biurokrati*
burgeon *(v.)* კვირტის გამოტანა *kvirtis gamotana*
burger *(n.)* ბურგერი *burgeri*
burglar *(n.)* ქურდული *qurduli*
burglar alarm *(n.)* დაცვის სიგნალიზაცია *dacvis signalizacia*
burglary *(n.)* ძარცვა *Zarcva*
burial *(n.)* დაკრძალვა *dakrZalva*
burke *(v.)* მიჩქმალვა *miCqmalva*
burlesque *(n.)* ბურლესკი *burleski*
burn *(v.)* დაწვა *dawva*
burner *(n.)* დამწვრობა *damwvroba*
burning *(adj.)* მწველი *mwveli*
burp *(v.)* ბოყინი *boyini*
burrow *(n.)* ბურუსი *burusi*
bursary *(n.)* სტიპენდია *stipendia*
burst *(v.)* აფეთქება *afeTqeba*
bursur *(n.)* ფინანსური ადმინისტრატორი *finansuri administratori*
bury *(v.)* დასაფლავება *dasaflaveba*
bus *(n.)* ავტობუსი *avtobusi*
bus shelter *(n.)* ავტობუსის თავშესაფარი *avtobusis TavSesafari*
bus stop *(n.)* ავტობუსის გაჩერება *avtobusis gaCereba*
bush *(n.)* ბუჩქი *buCqi*
bushy *(adj.)* გაბუჩქული *gabuCquli*
business *(n.)* ბიზნესი *biznesi*
business card *(n.)* ბიზნეს ბარათი *biznes baraTi*
business class *(n.)* ბიზნეს კლასი *biznes klasi*
business plan *(n.)* ბიზნეს გეგმა *biznes gegma*
businessman *(n.)* ბიზნესმენი *biznesmeni*
bustle *(v.)* აურზაური *aurzauri*
busy *(adj.)* დაკავებული *dakavebuli*
but *(conj.)* მაგრამ *magram*
butcher *(n.)* ყასაბი *yasabi*
butler *(n.)* მიმტანი *mimtani*
butt *(v.)* გასაქანი *gasaqani*
butter *(n.)* კარაქი *karaqi*
butterfly *(n.)* პეპელა *pepela*
butterhead *(n.)* კომბოსტო *kombosto*
buttermilk *(n.)* რძე *rZe*
buttock *(n.)* დუნდულო *dundulo*
button *(n.)* ღილაკი *Rilaki*
buy *(v.)* ყიდვა *yidva*
buyer *(n.)* მყიდველი *myidveli*
buzz *(n.)* ზზუილი *bzuili*
buzzer *(n.)* ზუმერი *zumeri*
by *(prep.)* თან *Tan*
bye *(interj.)* ნახვამდის *naxvamdis*

by-election *(n.)* შუალედური არჩევნები *Sualeduri arCevnebi*
bygone *(adj.)* გასული *gasuli*
bylaw, bye-law *(n.)* დებულება *debuleba*
bypass *(n.)* ბაი პასი *bai pasi*
by-product *(n.)* პროდუქტის გვერდით *produqtis gverdiT*
byre *(n.)* ბოსელი *boseli*
byte *(n.)* ბაიტი *baiti*
byway *(n.)* გზად *gzad*
byword *(n.)* სიტყვით *sityviT*

C

cab *(n.)* ტაქსი *taqsi*
cabana *(n.)* კოტეჯი *koteji*
cabaret *(n.)* კაბარე *kabare*
cabbage *(n.)* კომბოსტო *kombosto*
cabby *(n.)* ტაქსის მძღოლი *taqsis mZRoli*
cabin *(n.)* კაბინა *kabina*
cabinet *(n.)* კაბინეტი *kabineti*
cable *(n.)* კაბელი *kabeli*
cable car *(n.)* საკაბელო მანქანა *sakabelo manqana*
cable television *(n.)* საკაბელო ტელევიზია *sakabelo televizia*
cabuncle *(n.)* კარბუნკული *karbunkuli*
cache *(n.)* ქეში *qeSi*
cachet *(n.)* შტამპი *Stampi*
cackle *(v.)* ხარხარი *xarxari*
cactus *(n.)* კაკტუსი *kaktusi*
cad *(n.)* რა *ra*
cadaver *(n.)* გვამი *gvami*
cadaverous *(adj.)* გვამური *gvamuri*
cadence *(n.)* კადენსია *kadensia*
cadet *(n.)* კადეტი *kadeti*
cadge *(v.)* მათხოვარი *maTxovari*
cadmium *(n.)* კადმიუმი *kadmiumi*
cafe *(n.)* კაფე *kafe*
cafeteria *(n.)* კაფეტერია *kafeteria*
caffeine *(n.)* კოფეინი *kofeini*
cage *(n.)* გალია *galia*
cajole *(v.)* თანხმობა *Tanxmoba*
cake *(n.)* ნამცხვარი *namcxvari*
cakewalk *(v.)* მიღწევა *miRweva*
calamity *(n.)* უბედურება *ubedureba*
calcium *(n.)* კალციუმი *kalciumi*
calculate *(v.)* კალკულაცია *kalkulacia*
calculation *(n.)* დაანგარიშება *daangariSeba*
calculator *(n.)* კალკულატორი *kalkulatori*
calendar *(n.)* კალენდარი *kalendari*
calf *(n.)* ხბო *xbo*
calibrate *(v.)* დაკალიბრება *dakalibreba*
calibration *(n.)* კალიბრაცია *kalibracia*
calibre *(n.)* კალიბრი *kalibri*
call *(v.)* დამახება *daZaxeba*
call *(n.)* ზარი *zari*
call centre *(n.)* ქოლ ცენტრი *qol centri*
caller *(n.)* დამრეკავი *damrekavi*
calligraphy *(n.)* კალიგრაფია *kaligrafia*
calling *(n.)* ძახილი *Zaxili*
callous *(adj.)* გულქვა *gulqva*
callow *(adj.)* გამოუცდელი *gamoucdeli*
calm *(adj.)* მშვიდი *mSvidi*
calmative *(adj.)* დამამშვიდებელი *damamSvidebeli*
calmness *(n.)* სიმშვიდე *simSvide*
calorie *(n.)* კალორია *kaloria*
calorific *(adj.)* კალორიული *kaloriuli*
calumniate *(v.)* მოლაპარაკება *molaparakeba*

calumny *(n.)* თვალდახუჭული *TvaldaxuWuli*
camel *(n.)* აქლემი *aqlemi*
cameo *(n.)* კამეა *kamea*
camera *(n.)* კამერა *kamera*
camlet *(n.)* კამლეტი *kamleti*
camouflage *(n.)* შენიღბული *SeniRbuli*
camp *(n.)* ბანაკი *banaki*
campaign *(n.)* კამპანია *kampania*
camper *(n.)* დამსვენებელი *damsvenebeli*
campfire *(n.)* ჭიაკოკონა *Wiakokona*
camphor *(n.)* კამფორი *kamfori*
campsite *(n.)* კემპინგი *kempingi*
campus *(n.)* კამპუსი *kampusi*
can *(v.)* შეძლება *SeZleba*
can *(n.)* შეუძლია *SeuZlia*
canal *(n.)* არხი *arxi*
canard *(n.)* სატყუარა *satyuara*
canary *(n.)* იადონი *iadoni*
canary *(v.)* კანარია *kanaria*
cancel *(v.)* გაუქმება *gauqmeba*
cancellation *(n.)* გაუქმება *gauqmeba*
cancer *(n.)* კიბო *kibo*
candid *(adj.)* სამართლიანი *samarTliani*
candidacy *(n.)* კანდიდატურა *kandidatura*
candidate *(n.)* კანდიდატი *kandidati*
candle *(n.)* სანთელი *sanTeli*
candlelight *(n.)* სანთლის შუქი *sanTlis Suqi*
candour *(n.)* გულახდილობა *gulaxdiloba*
candy *(n.)* ტკბილეული *tkbileuli*
cane *(n.)* ხელჯოხი *xeljoxi*
canine *(adj.)* ძაღლური *ZaRluri*
canister *(n.)* კანისტრი *kanistri*
cannabis *()* კანაბისი *kanabisi*
cannibal *(n.)* კანიბალი *kanibali*
cannibalise *(v.)* ნაწილებად დაშლა *nawilebad daSla*
cannon *(n.)* ქვემეხი *qvemexi*
cannonade *(v.)* დაბომბვა *dabombva*
canny *(adj.)* ფრთხილი *frTxili*
canon *(n.)* წესი *wesi*
canonize *(v.)* წმინდანად შერაცხვა *wmindanad Seracxva*
canopy *(n.)* ტილო *tilo*
canteen *(n.)* სასადილო *sasadilo*
canter *(n.)* ცხენის ნელი ჭენება *cxenis neli Weneba*
canton *(n.)* ოლქი *olqi*
cantonment *(n.)* სამხედრო ბაზა *samxedro baza*
canvas *(n.)* უხეში ტილო *uxeSi tilo*
canvass *(v.)* წინასაარჩევნო ხმების აგროვება *winasaarCevno xmebis agroveba*
canyon *(n.)* კანიონი *kanioni*
cap *(v.)* დაფარვა *dafarva*
cap *(n.)* კეპი *kepi*
capability *(n.)* უნარიანობა *unarianoba*
capable *(adj.)* ნიჭიერი *niWieri*
capacious *(adj.)* ტევადი *tevadi*
capacity *(n.)* ტევადობა *tevadoba*
cape *(n.)* კონცხი *koncxi*
capillary *(n.)* კაპილარი *kapilari*
capital *(n.)* კაპიტალი *kapitali*
capitalism *(n.)* კაპიტალიზმი *kapitalizmi*
capitalist *(n.)* კაპიტალისტი *kapitalisti*
capitalize *(v.)* კაპიტალად ქცევა *kapitalad qceva*
capitation *(n.)* სულადი გადასახადი *suladi gadasaxadi*
capitulate *(v.)* დანებება *danebeba*
cappuccino *(n.)* კაპუჩინო *kapuCino*
caprice *(n.)* კაპრიზი *kaprizi*
capricious *(adj.)* ახირებული *axirebuli*

capricorn *(n.)* თხის რქა *Txis rqa*
capsicum *(n.)* მწარე წიწაკა *mware wiwaka*
capsize *(v.)* გადაბრუნება *gadabruneba*
capsular *(adj.)* კაფსულური *kafsuluri*
capsule *(n.)* კაფსულა *kafsula*
captain *(n.)* კაპიტანი *kapitani*
captaincy *(n.)* კაპიტნის წოდება *kapitnis wodeba*
captcha *(n.)* კაპჩა *kapCa*
caption *(n.)* ტიტრი *titri*
captivate *(v.)* მოხიბვლა *moxibvla*
captive *(adj.)* დატყვევებული *datyvevebuli*
captive *(n.)* ტყვე *tyve*
captivity *(n.)* ტყვეობა *tyveoba*
capture *(n.)* დაკავება *dakaveba*
capture *(v.)* შეპყრობა *Sepyroba*
car *(n.)* ავტომანქანა *avtomanqana*
carabine *(v.)* ძალადობა *Zaladoba*
caracass *(n.)* ლეში *leSi*
caramel *(n.)* კარამელი *karameli*
carat *(n.)* კარატი *karati*
caravan *(n.)* ქარავანი *qaravani*
carbide *(n.)* კარბიდი *karbidi*
carbon *(n.)* ნახშირბადი *naxSirbadi*
carbon copy *(n.)* ნახშირბადის ასლი *naxSirbadis asli*
carbonate *(n.)* დაგაზიანება *dagazianeba*
carbonization *(n.)* გაზირება *gazireba*
carbonize *(v.)* გაზირება *gazireba*
card *(n.)* კარტი *karti*
card reader *(n.)* ბარათის მკითხველი *baraTis mkiTxveli*
cardamom *(n.)* კარდამონი *kardamoni*
cardboard *(n.)* მუყაო *muyao*
cardholder *(n.)* ბარათის მფლობელი *baraTis mflobeli*
cardiac *(adj.)* გულისა *gulisa*
cardiac arrest *(n.)* ინსულტი *insulti*
cardigan *(n.)* კარდიოლოგი *kardiologi*
cardinal *(n.)* კარდინალი *kardinali*
cardiograph *(n.)* კარდიოგრაფი *kardiografi*
cardiology *(n.)* კარდიოლოგია *kardiologia*
care *(v.)* ზრუნვა *zrunva*
care *(n.)* მზრუნველობა *mzrunveloba*
career *(n.)* კარიერა *kariera*
carefree *(adj.)* უდარდელი *udardeli*
careful *(adj.)* ფრთხილი *frTxili*
careless *(adj.)* უყურადღებო *uyuradRebo*
carer *(n.)* მომვლელი *momvleli*
caress *(v.)* მოფერება *mofereba*
caretaker *(n.)* დარაჯი *daraji*
cargo *(n.)* სავაჭრო გემი *savaWro gemi*
caricature *(n.)* კარიკატურა *karikatura*
carious *(adj.)* კარიესი *kariesi*
carlock *(n.)* მანქანის საკეტი *manqanis saketi*
carnage *(n.)* ხოცვა-ჟლეტა *xocva-Jleta*
carnal *(adj.)* ხორციელი *xorcieli*
carnival *(n.)* კარნავალი *karnavali*
carnivore *(n.)* ხორცის მჭამელი *xorcis mWameli*
carol *(n.)* საშობაო *saSobao*
carouse *(v.)* ხმაურიანი ქეიფი *xmauriani qeifi*
carousel *(n.)* კარუსელი *karuseli*
carp *(n.)* კობრი *kobri*
carpel *(n.)* ბუტკო *butko*
carpenter *(n.)* დურგალი *durgali*
carpentry *(n.)* ხუროობა *xurooba*
carpet *(n.)* ფარდაგი *fardagi*
carpool *(n.)* საზიარო მანქანა *saziaro manqana*

carrack *(n.)* ძველებური გემი Zveleburi gemi
carriage *(n.)* ეკიპაჟი ekipaJi
carrier *(n.)* მზიდავი mzidavi
carrot *(n.)* სტაფილო stafilo
carry *(adj.)* მანქანის აუტანლობა manqanis autanloba
carry *(v.)* ტარება tareba
cart *(n.)* კალათა kalaTa
cartage *(n.)* საცხენოსნო ტრანსპორტი sacxenosno transporti
cartel *(n.)* კარტელი karteli
cartilage *(n.)* ხრტილი xrtili
cartographer *(n.)* კარტოგრაფი kartografi
carton *(n.)* მუყაო muyao
cartoon *(n.)* მულტფილმი multfilmi
cartoonist *(n.)* მულტფილმისტი multfilmisti
cartridge *(n.)* კარტრიჯი kartriji
carve *(v.)* მოჩუქურთმებული moCuqurTmebuli
carving *(n.)* ჩუქურთმა CuqurTma
cascade *(n.)* კასკადი kaskadi
case *(n.)* საქმე saqme
casern *(n.)* კაზარმა kazarma
cash *(n.)* ნაღდი ფული naRdi fuli
cashback *(n.)* ფულის დაბრუნება fulis dabruneba
cashew *(n.)* მუნჯი munji
cashier *(n.)* მოლარე molare
cashmere *(n.)* ქაშმირი qaSmiri
casing *(n.)* გარსაცმები garsacmebi
casino *(n.)* კაზინო kazino
cask *(n.)* კასრი kasri
casket *(n.)* ზარდახშა zardaxSa
casserole *(n.)* ქვაბი qvabi
cassette *(n.)* კასეტა kaseta
cast *(v.)* გადაგდება gadagdeba
cast *(n.)* მსახიობი msaxiobi

caste *(n.)* კასტა kasta
castellan *(n.)* კასტელანი kastelani
caster *(n.)* კასტერი kasteri
castigate *(v.)* დასჯა dasja
casting *(n.)* ქასთინგი qasTingi
castle *(n.)* სასახლე sasaxle
castor *(n.)* კასტორი kastori
castor oil *(n.)* კასტორის ზეთი kastoris zeTi
casual *(adj.)* შემთხვევითი SemTxveviTi
casualty *(n.)* უბედური შემთხვევა ubeduri SemTxveva
cat *(n.)* კატა kata
cataclysm *(n.)* კატაკლიზმა kataklizma
catacomb *(n.)* ქვაბული qvabuli
catagorize *(v.)* კატეგორიზაცია kategorizacia
catalogue *(n.)* კატალოგი katalogi
catalyse *(v.)* კათალიზი kaTalizi
catalyst *(n.)* კატალიზატორი katalizatori
catalyzer *(n.)* კატალიზატორი katalizatori
catapult *(n.)* შურდული Surduli
cataract *(n.)* კატარაქტა kataraqta
catastrophe *(n.)* კატასტროფა katastrofa
catastrophic *(adj.)* კატასტროფული katastrofuli
catch *(v.)* დაჭერა daWera
catching *(adj.)* გადამდები gadamdebi
categorical *(adj.)* კატეგორიული kategoriuli
category *(n.)* კატეგორია kategoria
cater *(v.)* გართობა garToba
caterer *(n.)* მომმარაგებელი mommaragebeli
caterpillar *(n.)* მუხლუხი muxluxi
catfight *(n.)* კატების ბრძოლა katebis brZola

catfish *(n.)* ლოქო *loqo*
catharsis *(n.)* კათარზისი *kaTarzisi*
cathedral *(n.)* კათედრალი *kaTedrali*
catholic *(adj.)* კათოლიკი *kaToliki*
catholicism *(n.)* კათოლიციზმი *kaTolicizmi*
cattle *(n.)* მსხვილფეხა რქოსანი პირუტყვი *msxvilfexa rqosani pirutyvi*
catwalk *(n.)* პოდიუმი *podiumi*
caudal *(adj.)* კაუდალური *kaudaluri*
cauldron *(n.)* საქვაბე *saqvabe*
cauliflower *(n.)* ყვავილოვანი კომბოსტო *yvavilovani kombosto*
causal *(adj.)* მიზეზობრივი *mizezobrivi*
causality *(n.)* მიზეზობრივი *mizezobrivi*
causation *(n.)* მიზეზობრივი ურთიერთობა *mizezobrivi urTierToba*
cause *(v.)* მიზეზი *mizezi*
cause *(n.)* მიზეზი *mizezi*
causeway *(n.)* გზაზე *gzaze*
caustic *(adj.)* კაუსტიკური *kaustikuri*
caution *(n.)* კაუციონი *kaucioni*
cautionary *(adj.)* გაფრთხილება *gafrTxileba*
cautious *(adj.)* ფრთხილი *frTxili*
cavalry *(n.)* კავალერია *kavaleria*
cave *(n.)* გამოქვაბული *gamoqvabuli*
caveat *(n.)* გაფრთხილება *gafrTxileba*
cavern *(n.)* კავერნა *kaverna*
caviar *(n.)* ხიზილალა *xizilala*
cavil *(v.)* ხიზილალა *xizilala*
cavity *(n.)* ფუღურო *fuRuro*
cavort *(v.)* ხტუნვა *xtunva*
cavorting *(n.)* ხტუნვა *xtunva*
caw *(v.)* წამოძახება *wamoZaxeba*
cease *(v.)* შეწყვეტა *Sewyveta*
ceasefire *(n.)* ცეცხლის შეწყვეტა *cecxlis Sewyveta*
ceaseless *(adj.)* უწყვეტი *uwyveti*
cedar *(n.)* კედარი *kedari*
cede *(v.)* დათმობა *daTmoba*
ceiling *(n.)* ჭერი *Weri*
celebrate *(v.)* აღნიშვნა *aRniSvna*
celebration *(n.)* სადღესასწაულო *sadResaswaulo*
celebrity *(n.)* სახელგანთქმული *saxelganTqmuli*
celerity *(n.)* სიჩქარე *siCqare*
celery *(n.)* ნიახური *niaxuri*
celestial *(adj.)* ასტრონომიული *astronomiuli*
celibacy *(n.)* უქმრობა *uqmroba*
celibate *(adj.)* უცოლო *ucolo*
cell *(n.)* უჯრედი *ujredi*
cell phone *(n.)* მობილური ტელეფონი *mobiluri telefoni*
cellar *(n.)* მარანი *marani*
cello *(n.)* ვიოლონჩელო *violonCelo*
cellophane *(n.)* ცელოფანი *celofani*
cellular *(adj.)* ფიჭური *fiWuri*
cellulite *(n.)* ცელულიტი *celuliti*
celluloid *(n.)* ცელულოიდი *celuloidi*
Celsius *(adj.)* ცელსიუსი *celsiusi*
cement *(n.)* ცემენტი *cementi*
cemetery *(n.)* სასაფლაო *sasaflao*
cense *(v.)* ცენზია *cenzia*
censer *(n.)* ცენზურა *cenzura*
censor *(n.)* ცენზორი *cenzori*
censorious *(adj.)* მკაცრი *mkacri*
censorship *(n.)* ცენზურა *cenzura*
censure *(v.)* გაკიცხვა *gakicxva*
census *(n.)* აღწერა *aRwera*
cent *(n.)* ცენტი *centi*
centaur *(n.)* კენტავრი *kentavri*
centenarian *(n.)* ასწლოვანი *aswlovani*
centenary *(n.)* საუკუნე *saukune*
centennial *(n.)* საუკუნოვანი *saukunovani*

center *(n.)* ცენტრი *centri*
centigrade *(adj.)* ას გრადუსიანი *as gradusiani*
centimetre *(n.)* სანტიმეტრი *santimetri*
centipede *(n.)* რვაფეხა *rvafexa*
central *(adj.)* ცენტრალური *centraluri*
central locking *(n.)* ცენტრალური საკეტი *centraluri saketi*
centralze *(v.)* ცენტრალიზებული *centralizebuli*
centre *(n.)* ცენტრი *centri*
centrical *(adj.)* ცენტრალური *centraluri*
centrifugal *(adj.)* ცენტრიფუგალური *centrifugaluri*
centuple *(adj.)* ასჯერ *asjer*
century *(n.)* საუკუნე *saukune*
cephaloid *(adj.)* ცეფალოიდი *cefaloidi*
ceramics *(n.)* კერამიკა *keramika*
cerated *(adj.)* ცერირებული *cerirebuli*
cereal *(n.)* მარცვლეული *marcvleuli*
cerebellum *(n.)* ცერებრალური *cerebraluri*
cerebral *(adj.)* ცერებრული *cerebruli*
ceremonial *(adj.)* ცერემონიალი *ceremoniali*
ceremonious *(adj.)* საზეიმო *sazeimo*
ceremony *(n.)* ცერემონია *ceremonia*
certain *(adj.)* გარკვეული *garkveuli*
certainly *(adv.)* რა თქმა უნდა *ra Tqma unda*
certainty *(n.)* დარწმუნებით *darwmunebiT*
certificate *(n.)* სერტიფიკატი *sertifikati*
certify *(v.)* დამოწმება *damowmeba*
certitude *(n.)* დარწმუნებით *darwmunebiT*
cerumen *(n.)* ყურის ცვილი *yuris cvili*

cervical *(adj.)* ცერვიკალური *cervikaluri*
cesarean *(adj.)* საკეისრო *sakeisro*
cessation *(n.)* შეწყვეტა *Sewyveta*
cesspool *(n.)* ორმო *ormo*
cetin *(n.)* ცეტინი *cetini*
cetylic *(adj.)* ცეტილი *cetili*
chain *(n.)* ჯაჭვი *jaWvi*
chair *(n.)* სკამი *skami*
chairman *(n.)* თავმჯდომარე *Tavmjdomare*
chaise *(n.)* ფაეტონი *faetoni*
chalet *(n.)* ჩალეტი *Caleti*
chalice *(n.)* ფინჯანი *finjani*
chalk *(n.)* ცარცი *carci*
chalk *(v.)* ცარცით ხატვა *carciT xatva*
chalkdust *(n.)* ცარცის მტვერი *carcis mtveri*
challenge *(n.)* გამოწვევა *gamowveva*
chamber *(n.)* კამერა *kamera*
chamberlain *(n.)* ჩემბერლენი *Cemberleni*
champagne *(n.)* შამპანური *Sampanuri*
champion *(n.)* ჩემპიონი *Cempioni*
chance *(n.)* შანსი *Sansi*
chancellor *(n.)* კანცლერი *kancleri*
chancery *(n.)* კანცელარია *kancelaria*
chandelier *(n.)* ჭაღი *WaRi*
change *(n.)* შეცვლა *Secvla*
change *(v.)* შეცვლა *Secvla*
channel *(n.)* არხი *arxi*
chant *(n.)* გალობა *galoba*
chaos *(n.)* ქაოსი *qaosi*
chaotic *(adv.)* ქაოტური *qaoturi*
chapel *(n.)* სამლოცველო *samlocvelo*
chaperone *(n.)* თანმხლები *Tanmxlebi*
chaplain *(n.)* კაპელანი *kapelani*
chapter *(n.)* თავი *Tavi*
character *(n.)* ხასიათი *xasiaTi*
charade *(n.)* შარადა *Sarada*

charcoal *(n.)* ნახშირი *naxSiri*
charge *(n.)* დატვირთვა *datvirTva*
charge *(v.)* დატენვა *datenva*
charger *(n.)* დამტენი *damteni*
chariot *(n.)* ეტლი *etli*
charisma *(n.)* ქარიზმა *qarizma*
charismatic *(adj.)* ქარიზმატიკული *qarizmatikuli*
charitable *(adj.)* საქველმოქმედო *saqvelmoqmedo*
charity *(n.)* საქველმოქმედო *saqvelmoqmedo*
charm *(v.)* მოხიბვლა *moxibvla*
charm *(n.)* ხიბლი *xibli*
charming *(adj.)* მომხიბვლელი *momxibvleli*
chart *(v.)* სქემა *sqema*
chartbuster *(n.)* ავტობუსის გრაფიკი *avtobusis grafiki*
charter *(n.)* ჩარტერი *Carteri*
chartered *(adj.)* ჩარტერული *Carteruli*
chase *(v.)* დევნა *devna*
chaser *(n.)* მდევარი *mdevari*
chasis *(n.)* ჩარჩო *CarCo*
chaste *(adj.)* უმანკო *umanko*
chasten *(v.)* დასჯა *dasja*
chastise *(v.)* ცემა *cema*
chastity *(n.)* უმანკოება *umankoeba*
chat *(v.)* ჩატის ოთახი *Catis oTaxi*
chat room *(n.)* ტოკ შოუ *tok Sou*
chat show *(n.)* ტოკ შოუ *tok Sou*
chateau *(n.)* შატო *Sato*
chatter *(v.)* ყბედობა *ybedoba*
chauffeur *(n.)* ყბედი *ybedi*
chauvinism *(n.)* შოვინიზმი *Sovinizmi*
chauvinist *(adj.& n.)* შოვინისტი *Sovinisti*
cheap *(adj.)* იაფი *iafi*
cheapen *(v.)* გაიაფება *gaiafeba*
cheat *(n.)* მოტყუება *motyueba*
cheat *(v.)* თაღლითობა *TaRliToba*
cheater *(n.)* მატყუარა *matyuara*
check *(n.)* გაჩერება *gaCereba*
check *(v.)* შეჩერება *SeCereba*
checker *(n.)* გამშვები *gamSvebi*
check-in *(n.)* რეგისტრაცია *registracia*
checklist *(n.)* ჩამონათვალი *CamonaTvali*
checkmate *(n.)* მარცხი *marcxi*
checkout *(n.)* შემოწმება *Semowmeba*
checkpoint *(n.)* შემმოწმებელი პუნქ(*Semmowmebeli punqti*
cheddar *(n.)* ჭადარი *Wadari*
cheek *(n.)* ლოყა *loya*
cheep *(v.)* იაფი *iafi*
cheer *(v.)* მხიარულება *mxiaruleba*
cheerful *(adj.)* მხიარული *mxiaruli*
cheerleader *(n.)* გულშემატკივარი *gulSematkivari*
cheerless *(adj.)* დაუღალავი *dauRalavi*
cheese *(n.)* ყველი *yveli*
cheesecake *(n.)* ჩიზქეიქი *Cizqeiqi*
cheesy *(adj.)* ყველიანი *yveliani*
cheetah *(n.)* გეპარდი *gepardi*
chef *(n.)* შეფი *Sefi*
chemical *(n.)* ქიმიური *qimiuri*
chemical *(adj.)* ქიმიური *qimiuri*
chemise *(n.)* პერანგი *perangi*
chemist *(n.)* ქიმიკოსი *qimikosi*
chemistry *(n.)* ქიმია *qimia*
chemotherapy *(n.)* ქიმიოთერაპია *qimioTerapia*
cheque *(n.)* ჩეკი *Ceki*
cherish *(v.)* სანუკვარი *sanukvari*
cheroot *(n.)* სიგარის ჯიში *sigaris jiSi*
cherry *(n.)* ალუბალი *alubali*
chess *(n.)* ჭადრაკი *Wadraki*
chessboard *(n.)* ჭადრაკის დაფა *Wadrakis dafa*
chest *(n.)* მკერდზე *mkerdze*

chestnut *(n.)* წაბლი wabli
chew *(v.)* ღეჭვა ReWva
chic *(adj.)* ელეგანტური eleganturi
chick *(n.)* წიწილა wiwila
chicken *(n.)* წიწილა wiwila
chickpea *(n.)* თურქული ბარდა Turquli barda
chide *(v.)* ჩხუბი Cxubi
chief *(adj.)* შეფი Sefi
chiefly *(adv.)* ძირითადად ZiriTadad
chieftain *(n.)* თავკაცი Tavkaci
child *(n.)* ბავშვი bavSvi
childbirth *(n.)* ბავშვის დაბადება bavSvis dabadaba
childcare *(n.)* ბავშვთა მოვლა bavSvTa movla
childhood *(n.)* ბავშვობა bavSvoba
childish *(adj.)* ბავშვური bavSvuri
chill *(n.)* სიცივე sicive
chilli *(n.)* ჩილი Cili
chilly *(adj.)* გაცივებული gacivebuli
chime *(n.)* ჩიმი Cimi
chimera *(n.)* ჩიმერა Cimera
chimney *(n.)* საკვამური sakvamuri
chimpanzee *(n.)* შიმპანზე Simpanze
chin *(n.)* ნიკაპი nikapi
china *(n.)* ჩინეთი CineTi
chink *(n.)* ნაღდი ფული naRdi fuli
chip *(n.)* ნაფოტი nafoti
chipping *(n.)* დაჩიპვა daCipva
chirp *(v.)* ჭიკჭიკი WikWiki
chirpy *(adj.)* სიცოცხლით სავსე sicocxliT savse
chisel *(n.)* საჭრისი saWrisi
chit *(n.)* ბავშვი bavSvi
chivalrous *(adj.)* რაინდული rainduli
chivalry *(n.)* რაინდობა raindoba
chlorine *(n.)* ქლორი qlori
chloroform *(n.)* ქლოროფორმი qloroformi

chocolate *(n.)* შოკოლადი Sokoladi
choice *(n.)* არჩევა arCeva
choir *(n.)* გუნდი gundi
choke *(v.)* დახრჩობა daxrCoba
cholera *(n.)* ქოლერა qolera
choleric *(adj.)* ფიცხი ficxi
cholesterol *(n.)* ქოლესტერინი qolesterini
choose *(v.)* ამორჩევა amorCeva
choosy *(adj.)* წუნია wunia
chop *(v.)* ჩეხა Cexa
chopper *(n.)* მცელავი mcelavi
chopstick *(n.)* საჭმლის საჭმელი ჩხირები saWmlis saWmeli Cxirebi
chord *(n.)* აკორდი akordi
choreograph *(v.)* ქორეოგრაფია qoreografia
choreography *(n.)* ქორეოგრაფი qoreografi
chorus *(n.)* გუნდი gundi
Christ *(n.)* ქრისტე qriste
Christendom *(n.)* ქრისტიანული სამყარო qristianuli samyaro
Christian *(adj.)* ქრისტიანი qristiani
Christianity *(n.)* ქრისტიანობა qristianoba
Christmas *(n.)* შობა Soba
chrome *(n.)* ქრომი qromi
chromosome *(n.)* ქრომოსომა qromosoma
chronic *(adj.)* ქრონიკული qronikuli
chronicle *(n.)* ქრონიკა qronika
chronological *(adj.)* ქრონოლოგიური qronologiuri
chronology *(n.)* ქრონოლოგია qronologia
chrysalis *(n.)* ლავრა lavra
chubby *(adj.)* პუტკუნა putkuna
chuckle *(v.)* ჩაცინება Cacineba
chum *(n.)* ამხანაგი amxanagi

chunk *(n.)* ნატეხი *natexi*
church *(n.)* ეკლესია *eklesia*
churchyard *(n.)* სასაფლაო *sasaflao*
churlish *(adj.)* უხეში *uxeSi*
churn *(v.)* შენჯღევა *SenjReva*
cicada *(n.)* ჭიჭინობელა *WiWinobela*
cider *(n.)* სიდრი *sidri*
cigar *(n.)* სიგარა *sigara*
cigarette *(n.)* სიგარეტი *sigareti*
cinema *(n.)* კინოთეატრი *kinoTeatri*
cinematic *(adj.)* კინემაიკური *kinemaikuri*
cinematography *(n.)* კინემატოგრაფია *kinematografia*
cineplex *(n.)* სინეპლექსი *sinepleqsi*
cinnamon *(n.)* დარიჩინი *dariCini*
cipher(or cypher) *(n.)* შიფრი *Sifri*
circle *(n.)* წრე *wre*
circuit *(n.)* წრებრუნვა *wrebrunva*
circular *(adj.)* წრიული *wriuli*
circulate *(v.)* გავრცელება *gavrceleba*
circulation *(n.)* მიმოქცევა *mimoqceva*
circumcise *(v.)* წინდაცვეთა *windacveTa*
circumference *(n.)* წრეწირი *wrewiri*
circumstance *(n.)* მდგომარეობა *mdgomareoba*
circumstantial *(adj.)* დაწვრილებითი *dawvrilebiTi*
circumvent *(v.)* მოტყუება *motyueba*
circus *(n.)* ცირკი *cirki*
cirrhosis *(n.)* ციროზი *cirozi*
cirrus *(n.)* ბუმბულისებრი ღრუბლები *bumbulisebri Rrublebi*
cisco *(n.)* ცისკო *cisko*
cist *(n.)* სამარხავი *samarxavi*
cistern *(n.)* ცისტერნა *cisterna*
citadel *(n.)* ციხესიმაგრე *cixesimagre*
citation *(n.)* დამოწმება *damowmeba*
cite *(v.)* ციტირება *citireba*

citizen *(n.)* მოქალაქე *moqalaqe*
citizenship *(n.)* მოქალაქეობა *moqalaqeoba*
citric *(adj.)* მჟავე *mJave*
citrine *(n.)* ციტრინი *citrini*
citrus *(n.)* ციტრუსი *citrusi*
city *(n.)* ქალაქი *qalaqi*
civic *(adj.)* სამოქალაქო *samoqalaqo*
civics *(n.)* მოქალაქობრიობის საფუძვლები *moqalaqobriobis safuZvlebi*
civil *(adj.)* სამოქალაქო *samoqalaqo*
civilian *(n.)* სამოქალაქო პირი *samoqalaqo piri*
civilization *(n.)* ცივილიზაცია *civilizacia*
civilize *(v.)* ცივილიზება *civilizeba*
clack *(v.)* ტკაცუნი *tkacuni*
clad *(adj.)* შეკერილი *Sekerili*
cladding *(n.)* დაფარული *dafaruli*
claim *(v.)* მოთხოვნა *moTxovna*
claimant *(n.)* მოსარჩლე *mosarCle*
clam *(n.)* მოლუსკი *moluski*
clamber *(v.)* აცოცება *acoceba*
clammy *(adj.)* წებოვანი *webovani*
clamour *(n.)* ხმაური *xmauri*
clamp *(n.)* სამაგრი *samagri*
clan *(n.)* კლანი *klani*
clandestine *(adj.)* საიდუმლო *saidumlo*
clap *(v.)* ტაშის დაკვრა *taSis dakvra*
clapper *(n.)* ჭრიალა *Wriala*
claque *(n.)* სილის გაწვნა *silis gawvna*
clarification *(n.)* გაწმენდა *gawmenda*
clarify *(v.)* გარკვევა *garkveva*
clarinet *(n.)* კლარნეტი *klarneti*
clarity *(n.)* გარკვეულობა *garkveuloba*
clash *(v.)* დაჯახება *dajaxeba*
clasp *(v.)* ხელის მოხვევა *xelis moxveva*

class *(n.)* კლასი *klasi*
classic *(adj.)* სანიმუშო *sanimuSo*
classical *(adj.)* კლასიკური *klasikuri*
classification *(n.)* კლასიფიკაცია *klasifikacia*
classified *(adj.)* კლასიფიცირებული *klasificirebuli*
classify *(v.)* კლასებად დაყოფა *klasebad dayofa*
classmate *(n.)* თანაკლასელი *Tanaklaseli*
classroom *(n.)* საკლასო ოთახი *saklaso oTaxi*
clatter *(n.)* ტკაცანი *tkacani*
clatter *(v.)* ჩხარუნი *Cxaruni*
clause *(n.)* სტატია *statia*
claustrophobia *(n.)* კლაუსტროფობია *klaustrofobia*
clave *(n.)* გაკვეთა *gakveTa*
claw *(n.)* ბრჭყალი *brWyali*
clay *(n.)* თიხა *Tixa*
clean *(v.)* წმენდა *wmenda*
clean *(adj.)* სუფთა *sufTa*
cleaner *(n.)* მტვერსასრუტი *mtversasruti*
cleanliness *(n.)* სისუფთავე *sisufTave*
cleanse *(v.)* გასუფთავება *gasufTaveba*
clear *(adj.)* ნათელი *naTeli*
clearance *(n.)* ანგარიშსწორება *angariSsworeba*
clearly *(adv.)* ნათლად *naTlad*
cleat *(n.)* ჭრიჭინა *WriWina*
cleavage *(n.)* გახლეჩა *gaxleCa*
cleave *(v.)* ერთგულად დარჩენა *erTgulad darCena*
cleft *(n.)* ხეობა *xeoba*
clemency *(n.)* სირბილე *sirbile*
clement *(adj.)* რბილი *rbili*
clementine *(n.)* კლემენტინი *klementini*

clench *(v.)* მოჭერა *moWera*
clergy *(n.)* სამღვდელოება *samRvdeloeba*
clerical *(adj.)* სასულიერო *sasuliero*
clerk *(n.)* ჩინოვნიკი *Cinovniki*
clever *(adj.)* ჭკვიანი *Wkviani*
clew *(n.)* გორგალი *gorgali*
cliché *(n.)* კლიშე *kliSe*
click *(n.)* ტკაცუნი *tkacuni*
client *(n.)* კლიენტი *klienti*
cliff *(n.)* კლდე *klde*
climate *(n.)* ჰავა *hava*
climate change *(n.)* ჰავის ცვლილება *havis cvlileba*
climate control *(n.)* ჰავის კონტროლი *havis kontroli*
climax *(n.)* უმაღლესი წერტილი *umaRlesi wertili*
climb *(v.)* აძრომა *aZroma*
climber *(n.)* ალპინისტი *alpinisti*
clinch *(v.)* მოჭერა *moWera*
cling *(v.)* ჩამოკიდება *Camokideba*
clingy *(adj.)* წებოვანი *webovani*
clinic *(n.)* კლინიკა *klinika*
clinical *(adj.)* კლინიკური *klinikuri*
clink *(n.)* წკარუნი *wkaruni*
clip *(n.)* გაკრეჭა *gakreWa*
clipper *(n.)* კლიპერი *kliperi*
clipping *(n.)* გაზეთის ამონაჭერი *gazeTis amonaWeri*
clive *(v.)* კლივე *klive*
cloak *(n.)* მოსასხამი *mosasxami*
cloakroom *(n.)* გარდერობი *garderobi*
clobber *(n.)* ნივთები *nivTebi*
clock *(n.)* საათი *saaTi*
clockwise *(adv.)* საათის ისრის მიმართულებით *saaTis isris mimarTulebiT*
clod *(n.)* ნეშტი *neSti*
cloister *(n.)* მონასტერი *monasteri*

clone *(n.)* კლონი *kloni*
close *(adj.)* ახლო *axlo*
close *(n.)* დასრულება *dasruleba*
closet *(n.)* საკუჭნაო *sakuWnao*
closure *(n.)* დახურვა *daxurva*
clot *(n.)* გუნდა *gunda*
cloth *(n.)* ქსოვილი *qsovili*
clothe *(v.)* ჩაცმა *Cacma*
clothes *(n.)* ტანსაცმელი *tansacmeli*
clothing *(n.)* ტანსაცმელი *tansacmeli*
cloud *(n.)* ღრუბელი *Rrubeli*
cloudburst *(n.)* თავსხმა *Tavsxma*
cloudy *(adj.)* ღრუბლიანი *Rrubliani*
clove *(n.)* ნივრის კბილი *nivris kbili*
clown *(n.)* კლოუნი *klouni*
club *(n.)* კლუბი *klubi*
clue *(n.)* მინიშნება *miniSneba*
clueless *(adj.)* გაურკვეველი *gaurkveveli*
clumsy *(adj.)* მოუქნელი *mouqneli*
cluster *(n.)* ყვავილების კონა *yvavilebis kona*
clutch *(v.)* მოჭერა *moWera*
clutch *(n.)* ჩაბღაუჭება *CabRauWeba*
clutter *(v.)* აურზაურის ატეხა *aurzauris atexa*
coach *(n.)* მწვრთნელი *mwvrTneli*
coal *(n.)* ქვანახშირი *qvanaxSiri*
coalition *(n.)* კოალიცია *koalicia*
coarse *(adj.)* დაუმუშავებელი *daumuSavebeli*
coasguard *(n.)* სანაპირო დაცვა *sanapiro dacva*
coast *(n.)* სანაპირო *sanapiro*
coastal *(adj.)* ნაპირის *napiris*
coaster *(n.)* საკაბოტაჟო გემი *sakabotaJo gemi*
coastline *(n.)* სანაპიროს ხაზი *sanapiros xazi*
coat *(n.)* პიჯაკი *pijaki*
coating *(n.)* საღებავის ფენა *saRebavis fena*
coax *(v.)* დარწმუნება *darwmuneba*
coaxial *(n.)* კოაქსიალური *koaqsialuri*
cobalt *(n.)* ლურჯი საღებავი *lurji saRebavi*
cobble *(n.)* ქვაფენილი *qvafenili*
cobbler *(n.)* ქუჩის მეწაღე *quCis mewaRe*
cobblestone *(n.)* რიყის ქვა *riyis qva*
cobra *(n.)* კობრა *kobra*
cobweb *(n.)* აბლაბუდა *ablabuda*
cocaine *(n.)* კოკაინი *kokaini*
cock *(n.)* მამალი *mamali*
cockade *(n.)* კოკარდა *kokarda*
cocker *(v.)* განებივრება *ganebivreba*
cockle *(v.)* დანაოჭება *danaoWeba*
cockpit *(n.)* პილოტის კაბინა *pilotis kabina*
cockroach *(n.)* ტარაკანი *tarakani*
cocktail *(n.)* კოქტეილი *koqteili*
cocoa *(n.)* კაკაო *kakao*
coconut *(n.)* ქოქოსი *qoqosi*
cocoon *(n.)* ჭიის პარკი *Wiis parki*
cod *(n.)* ვირთევზა *virTevza*
code *(n.)* კოდექსი *kodeqsi*
coding *(n.)* კოდირება *kodireba*
co-education *(n.)* ერთად სწავლება *erTad swavleba*
coefficient *(n.)* კოეფიციენტი *koeficineti*
coerce *(v.)* იძულება *iZuleba*
coexist *(v.)* თანაარსებობა *Tanaarseboba*
coexistence *(n.)* თანაარსებობა *Tanaarseboba*
coffee *(n.)* ყავა *yava*
coffee bean *(n.)* ყავის ცერცვი *yavis cercvi*
coffee break *(n.)* ყავის შესვენება *yavis Sesveneba*

coffee maker *(n.)* ყავის აპარატი *yavis aparati*
coffer *(n.)* სკივრი *skivri*
coffin *(n.)* კუბო *kubo*
cog *(n.)* ხერხის კბილი *xerxis kbili*
cogent *(adj.)* დამაჯერებელი *damajerebeli*
cognate *(adj.)* მონათესავე *monaTesave*
cognition *(n.)* შეცნობა *Secnoba*
cognitive *(adj.)* შემეცნებითი *SemecnebiTi*
cognizance *(n.)* ცოდნა *codna*
cohabit *(v.)* თანაცხოვრება *Tanacxovreba*
cohere *(v.)* შეთანხმება *SeTanxmeba*
coherent *(adj.)* შეთანხმებული *SeTanxmebuli*
cohesion *(n.)* გადაბმა *gadabma*
cohort *(n.)* კონტიგენტი *kontigenti*
coiffure *(n.)* ვარცხნილობა *varcxniloba*
coil *(n.)* ხვეული თოკი *xveuli Toki*
coin *(n.)* მონეტა *moneta*
coinage *(n.)* ფულის მოჭრა *fulis moWra*
coincide *(v.)* დამთხვევა *damTxveva*
coincidence *(n.)* დამთხვევა *damTxveva*
coir *(n.)* დაჭრილი *daWrili*
coke *(v.)* კოქსად ქცევა *koqsad qceva*
cold *(adj.)* ცივი *civi*
coleslaw *(n.)* კომბოსტოს სალათი *kombostos salaTi*
colic *(n.)* კოლიკა *kolika*
collaborate *(v.)* თანამშრომლობა *TanamSromloba*
collaboration *(n.)* თანამშრომლობა *TanamSromloba*
collagen *(n.)* კოლაგენი *kolageni*
collapse *(v.)* ჩამონგრევა *Camongreva*
collar *(n.)* საყელო *sayelo*

collate *(v.)* შედარება *Sedareba*
collateral *(n.)* ირიბი *iribi*
colleague *(n.)* კოლეგა *kolega*
collect *(v.)* შეკრება *Sekreba*
collection *(n.)* კოლექცია *koleqcia*
collective *(adj.)* კოლექტიური *koleqtiuri*
collector *(n.)* კოლექციონერი *koleqcioneri*
college *(n.)* კოლეჯი *koleji*
collide *(v.)* ერთმანეთის დაჯახება *erTmaneTis dajaxeba*
collision *(n.)* შეჯახება *Sejaxeba*
colloquial *(adj.)* სასაუბრო *sasaubro*
colloquialism *(n.)* გამონათქვამი *gamonaTqvami*
collude *(v.)* დაპირისპირება *dapirispireba*
collusion *(n.)* შეთანხმება *SeTanxmeba*
cologne *(n.)* სუნამო *sunamo*
colon *(n.)* მსხვილი ნაწლავი *msxvili nawlavi*
colonel *(n.)* პოლკოვნიკი *polkovniki*
colonial *(adj.)* კოლონიური *koloniuri*
colony *(n.)* კოლონია *kolonia*
colossal *(adj.)* კოლოსალური *kolosaluri*
colour *(n.)* ფერი *feri*
colour-blind *(adj.)* დალტონიზმით დაავადებული *daltonizmiT daavadebuli*
colourful *(adj.)* ფერადი *feradi*
column *(n.)* სვეტი *sveti*
columnist *(n.)* მიმომხილველი *mimomxilveli*
coma *(n.)* კომა *koma*
comatose *(adj.)* კომატოზი *komatozi*
comb *(n.)* სავარცხელი *savarcxeli*
combat *(n.)* ბრძოლა *brZola*
combatant *(n.)* მეომარი *meomari*
combative *(adj.)* მებრძოლი *mebrZoli*

combination *(n.)* კომბინაცია *kombinacia*
combine *(v.)* შეერთება *SeerTeba*
combust *(v.)* წვა *wva*
combustible *(adj.)* წვადი *wvadi*
combustion *(n.)* ჟანგვა *Jangva*
come *(v.)* მოსვლა *mosvla*
comedian *(n.)* კომიკოსი *komikosi*
comedy *(n.)* კომედია *komedia*
comely *(adj.)* სანდომიანი *sandomiani*
comet *(n.)* კომეტა *kometa*
comfit *(n.)* კანფეტი *kanfeti*
comfort *(n.)* ნუგეში *nugeSi*
comfortable *(adj.)* მარჯვე *marjve*
comfy *(adj.)* მოხერხებული *moxerxebuli*
comic *(n.)* კინოკომედია *kinokomedia*
comic *(adj.)* კომიკური *komikuri*
comical *(adj.)* სასაცილო *sasacilo*
comma *(n.)* მძიმე *mZime*
command *(v.)* მეთაურობა *meTauroba*
commandant *(n.)* კომენდანტი *komendanti*
commander *(n.)* მეთაური *meTauri*
commandment *(n.)* მცნება *mcneba*
commando *(n.)* რაზმი *razmi*
commemorate *(v.)* დღესასწაულობა *dResaswauloba*
commemoration *(n.)* წლისთავის ზეიმობა *wlisTavis zeimoba*
commence *(v.)* დაწყება *dawyeba*
commencement *(n.)* დასაწყისი *dasawyisi*
commend *(v.)* ქება *qeba*
commendable *(adj.)* საქები *saqebi*
commendation *(n.)* ქება *qeba*
comment *(n.)* განმარტება *ganmarteba*
commentary *(n.)* კომენტარები *komentarebi*
commentator *(n.)* კომენტატორი *komentatori*
commerce *(n.)* ვაჭრობა *vaWroba*
commercial *(adj.)* სავაჭრო *savaWro*
commiserate *(v.)* თანაგრძნობა *TanagrZnoba*
commission *(n.)* კომიტეტი *komiteti*
commissioner *(n.)* პარლამენტის კომისიის წევრი *parlamentis komisiis wevri*
commissure *(n.)* კომისია *komisia*
commit *(v.)* ჩადენა *Cadena*
commitment *(n.)* დაპატიმრება *dapatimreba*
committee *(n.)* კომიტეტი *komiteti*
commode *(n.)* კომოდი *komodi*
commodity *(n.)* საქონელი *saqoneli*
common *(adj.)* ჩვეულებრივი *Cveulebrivi*
commoner *(n.)* თავმჯდომარე *Tavmjdomare*
commonplace *(adj.)* ბანალური *banaluri*
commonwealth *(n.)* სახელმწიფო *saxelmwifo*
commotion *(n.)* მღელვარება *mRelvareba*
communal *(adj.)* კომუნალური *komunaluri*
commune *(n.)* თემი *Temi*
communicate *(v.)* გადაცემა *gadacema*
communication *(n.)* კავშირი *kavSiri*
communion *(n.)* ურთიერთბა *urTierTba*
communique *(n.)* ოფიციალური ცნობა *oficialuri cnoba*
communism *(n.)* კომუნიზმი *komunizmi*
communist *(n.)* კომუნისტი *komunisti*
community *(n.)* თემი *Temi*
commute *(v.)* შეცვლა *Secvla*

compact *(adj.)* კომპაქტური *kompaqturi*
companion *(n.)* ამხანაგი *amxanagi*
company *(n.)* კამპანია *kampania*
comparative *(adj.)* შედარებითი *SedarebiTi*
compare *(v.)* შედარება *Sedareba*
comparison *(n.)* მსგავსება *msgavseba*
compartment *(n.)* განყოფილება *ganyofileba*
compass *(n.)* კომპასი *kompasi*
compassion *(n.)* თანაგრძნობა *TanagrZnoba*
compatible *(adj.)* შენავსებადი *Senavsebadi*
compel *(v.)* იძულება *iZuleba*
compendious *(adj.)* მოკლე *mokle*
compensate *(v.)* ანაზღაურება *anazRaureba*
compensation *(n.)* კომპენსაცია *kompensacia*
compete *(v.)* შეჯიბრება *Sejibreba*
competence *(n.)* უნარი *unari*
competent *(adj.)* კომპეტენტური *kompetenturi*
competition *(n.)* შეჯიბრი *Sejibri*
competitive *(adj.)* საკონკურსო *sakonkurso*
competitor *(n.)* კონკურენტი *konkurenti*
compilation *(n.)* კოლაჟი *kolaJi*
compile *(v.)* შედგენა *Sedgena*
complacent *(adj.)* თვითკმაყოფილი *TviTkmayofili*
complain *(v.)* ჩივილი *Civili*
complaint *(n.)* საჩივარი *saCivari*
complaisance *(n.)* თავაზიანობა *Tavazianoba*
complaisant *(adj.)* თავაზიანი *Tavaziani*
complement *(n.)* დამატება *damateba*
complementary *(adj.)* დამატებითი *damatebiTi*
complete *(adj.)* სრული *sruli*
completion *(n.)* დამთავრება *damTavreba*
complex *(adj.)* რთული *rTuli*
complexion *(n.)* სახის ფერი *saxis feri*
compliance *(n.)* პირფერობა *pirferoba*
compliant *(adj.)* პირფერი *pirferi*
complicate *(v.)* გართულება *garTuleba*
complication *(n.)* სირთულე *sirTule*
complicity *(n.)* თანამონაწილეობა *Tanamonawileoba*
compliment *(n.)* კომპლიმენტი *komplimenti*
complimentary *(adj.)* საქები *saqebi*
comply *(v.)* შესრულება *Sesruleba*
component *(adj.)* კომპონენტი *komponenti*
compose *(v.)* შექმნა *Seqmna*
composite *(adj.)* რთული *rTuli*
composition *(n.)* თხზულება *Txzuleba*
compositor *(n.)* კომპოზიტორი *kompozitori*
compost *(n.)* კომპოსტი *komposti*
composure *(n.)* სიწყნარე *siwynare*
comprehend *(v.)* გაგება *gageba*
comprehension *(n.)* მიხვედრილობა *mixvedriloba*
comprehensive *(adj.)* გაგებული *gagebuli*
compress *(v.)* შეკუმშვა *SekumSva*
compressor *(n.)* კომპრესორი *kompresori*
comprise *(v.)* ჩართვა *CarTva*
compromise *(n.)* კომპრომისი *kompromisi*
compulsion *(n.)* იძულება *iZuleba*
compulsory *(adj.)* იძულებითი *iZulebiTi*

compunction *(n.)* სინდისის ქენჯნა *sindisis qenjna*
computation *(n.)* დათვლა *daTvla*
compute *(v.)* გამოთვლა *gamoTvla*
computer *(n.)* კომპიუტერი *kompiuteri*
computerize *(v.)* კომპიუტერიზაცია *kompiuterizacia*
comrade *(n.)* ამხანაგი *amxanagi*
concave *(adj.)* ჩაზნექილი *Cazneqili*
conceal *(v.)* დამალვა *damalva*
concealer *(n.)* დამმალავი *dammalavi*
concede *(v.)* დაშვება *daSveba*
conceit *(n.)* ჩაფიქრება *Cafiqreba*
conceive *(v.)* დაფიქრება *dafiqreba*
concentrate *(v.)* კონცენტრირება *koncentrireba*
concentration *(n.)* კონცენტრაცია *koncentracia*
concentric *(adj.)* კონცენტრული *koncentruli*
concept *(n.)* წარმოდგენა *warmodgena*
conception *(n.)* ცნება *cneba*
concern *(v.)* დაინტერესება *daintereseba*
concerned *(adj.)* შეშფოთებული *SeSfoTebuli*
concerning *(prep.)* შესახებ *Sesaxeb*
concert *(n.)* კონცერტი *koncerti*
concerted *(adj.)* დაგეგმილი *dagegmili*
concession *(n.)* დათმობა *daTmoba*
conch *(n.)* ნიჟარა *niJara*
conciliate *(v.)* შერიგება *Serigeba*
concise *(adj.)* ლაკონური *lakonuri*
conclude *(v.)* დაასკვნა *daaskvna*
conclusion *(n.)* დასკვნა *daskvna*
conclusive *(adj.)* საბოლოო *saboloo*
concoct *(v.)* მომზადება *momzadeba*
concoction *(n.)* საჭმლის მომზადება *saWmlis momzadeba*
concord *(n.)* თანხმობა *Tanxmoba*
concordance *(n.)* შესაბამისობა *Sesabamisoba*
concourse *(n.)* ხალხის თავმოყრა *xalxis Tavmoyra*
concrete *(n.)* ბეტონი *betoni*
concubine *(n.)* საყვარელი *sayvareli*
concur *(v.)* დამთხვევა *damTxveva*
concurrent *(adj.)* პარალელური *paraleluri*
concussion *(n.)* შერყევა *Seryeva*
condemn *(v.)* მისჯა *misja*
condemnation *(n.)* განაჩენი *ganaCeni*
condensate *(n.)* კონდესატი *kondesati*
condense *(v.)* შედედება *Sededeba*
condition *(n.)* პირობა *piroba*
conditional *(adj.)* პირობითი კავშირი *pirobiTi kavSiri*
condole *(v.)* თანაგრძნობა *TanagrZnoba*
condolence *(n.)* თანაგრძნობა *TanagrZnoba*
condonation *(n.)* შეთქმულება *SeTqmuleba*
condone *(v.)* დავიწყება *daviwyeba*
condor *(n.)* კონდორი *kondori*
conduce *(v.)* ხელის შეწყობა *xelis Sewyoba*
conduct *(n.)* მოქცევა *moqceva*
conduction *(n.)* გამტარობა *gamtaroba*
conductor *(n.)* ხელმძღვანელი *xelmZRvaneli*
cone *(n.)* გირჩა *girCa*
confection *(n.)* ტკბილეულობა *tkbileuloba*
confectionery *(n.)* საკონდიტრო *sakonditro*
confederation *(n.)* კონფედერაცია *konfederacia*
confer *(v.)* მინიჭება *miniWeba*

conference *(n.)* კონფერენცია konferencia
confess *(v.)* ცნობა cnoba
confession *(n.)* აღიარება aRiareba
confidant *(n.)* ნდობით აღჭურვილი პირი ndobiT aRWurvili piri
confide *(v.)* ნდობა ndoba
confidence *(n.)* ნდობა ndoba
confident *(adj.)* ნდობით აღჭურვილი პირი ndobiT aRWurvili piri
confidential *(adj.)* კონფიდენციალური konfidencialuri
configuration *(n.)* კონფიგურაცია konfiguracia
configure *(v.)* კონფიგურაცია konfiguracia
confine *(v.)* ზღვარი zRvari
confinement *(n.)* შეზღუდვა SezRudva
confirm *(v.)* დადასტურება dadastureba
confirmation *(n.)* დადასტურება dadastureba
confiscate *(v.)* კონფისკაცია konfiskacia
confiscation *(n.)* კონფისკაცია konfiskacia
conflict *(n.)* კონფლიქტი konfliqti
confluence *(n.)* გზაჯვარედინი gzajvaredini
confluent *(adj.)* შენაკადი Senakadi
conform *(v.)* შესაბამისობა Sesabamisoba
conformist *(n.)* კონფორმისტი konformisti
conformity *(n.)* შესაბამისობა Sesabamisoba
confound *(v.)* შეცბუნება Secbuneba
confront *(v.)* დატაკება datakeba
confuse *(v.)* არევა areva

confusion *(n.)* უწესრიგობა uwesrigoba
confute *(v.)* უარყოფა uaryofa
congeal *(v.)* გაყინვა gayinva
congenial *(adj.)* მონათესავე monaTesave
congested *(adj.)* გავსებული gavsebuli
congestion *(n.)* სისხლსავსეობა sisxlsavseoba
conglomerate *(n.)* კონგლომერატი konglomerati
congratulate *(v.)* მილოცვა milocva
congratulation *(n.)* მილოცვა milocva
congregate *(v.)* შეკრება Sekreba
congregation *(n.)* თავმოყრა Tavmoyra
congress *(n.)* ყრილობა yriloba
congruent *(adj.)* შესაბამისი Sesabamisi
conical *(adj.)* კონუსისებრი konusisebri
conjecture *(n. & v.)* ვარაუდი varaudi
conjoin *(v.)* შეერთება SeerTeba
conjugal *(adj.)* ცოლქმრული colqmruli
conjugate *(v.)* შეწყვილება Sewyvileba
conjunct *(adj.)* შეერთებული SeerTebuli
conjunction *(n.)* კავშირი kavSiri
conjunctivitis *(n.)* დამაკავშირებელი damakavSirebeli
conjure *(v.)* ვედრება vedreba
connect *(v.)* გაერთიანება gaerTianeba
connection *(n.)* კავშირი kavSiri
connivance *(n.)* წაქეზება waqezeba
connive *(v.)* ნებაზე მიშვება nebaze miSveba
conniving *(adj.)* ხელის შეშვება xelis SeSveba
connoisseur *(n.)* მცოდნე mcodne

connote *(v.)* დამატებითი მნიშვნელობის ქონა *damatebiTi mniSvnelobis qona*
conquer *(v.)* დაპყრობა *dapyroba*
conquerer *(n.)* დამპყრობელი *dampyrobeli*
conquest *(n.)* დაპყრობა *dapyroba*
conscience *(n.)* სინდისი *sindisi*
conscious *(adj.)* შეგნებული *Segnebuli*
consecrate *(v.)* მიძღვნა *miZRvna*
consecutive *(adj.)* თანმიმდევრული *Tanmimdevruli*
consensual *(adj.)* კონსენსუსი *konsensusi*
consensus *(n.)* თანხმობა *Tanxmoba*
consent *(n.)* თანხმობა *Tanxmoba*
consequence *(n.)* შედეგი *Sedegi*
consequent *(adj.)* შედეგი *Sedegi*
conservation *(n.)* შენარჩუნება *SenarCuneba*
conservative *(adj.)* კონსერვატორი *konservatori*
conservator *(n.)* დამცველი *damcveli*
conservatory *(n.)* ორანჟერია *oranJeria*
conserve *(v.)* დაკონსერვება *dakonserveba*
consider *(v.)* მიჩნევა *miCneva*
considerable *(adj.)* მნიშვნელოვანი *mniSvnelovani*
considerate *(adj.)* ყურადღებიანი *yuradRebiani*
consideration *(n.)* განხილვა *ganxilva*
considering *(prep.)* მხედველობაში მიღებით *mxedvelobaSi miRebiT*
consign *(v.)* გადაცემა *gadacema*
consignment *(n.)* ტვირთი *tvirTi*
consist *(v.)* შედგება *Sedgeba*
consistency *(n.)* თანმიმდევრობა *Tanmimdevroba*
consistent *(adj.)* შეთავსებადი *SeTavsebadi*
consolation *(n.)* ნუგეში *nugeSi*
console *(v.)* ნუგეშისცემა *nugeSiscema*
consolidate *(v.)* გამაგრება *gamagreba*
consolidation *(n.)* გამაგრება *gamagreba*
consonance *(n.)* თანხმიანობა *Tanxmianoba*
consonant *(n.)* თანხმოვანი *Tanxmovani*
consort *(n.)* მეუღლე *meuRle*
conspectus *(n.)* კონსპექტი *konspeqti*
conspicuous *(adj.)* შესამჩნევი *SesamCnevi*
conspiracy *(n.)* შეთქმულება *SeTqmuleba*
conspirator *(n.)* შეთქმული(ქალი) *SeTqmuli(qali)*
conspire *(v.)* შეთქმულების მოწყობა *SeTqmulebis mowyoba*
constable *(n.)* პოლიციელი *policieli*
constant *(adj.)* კოეფიციენტი *koeficienti*
constellation *(n.)* თანავარსკვლავედი *Tanavarskvlavedi*
consternation *(n.)* თავზარი *Tavzari*
constipation *(n.)* ყაბზობა *yabzoba*
constituency *(n.)* ამომრჩევლები *amomrCevlebi*
constituent *(adj.)* ამომრჩეველი *amomrCeveli*
constitute *(v.)* დანიშვნა *daniSvna*
constitution *(n.)* კონსტიტუცია *konstitucia*
constrain *(v.)* იძულება *iZuleba*
constraint *(n.)* ძალდატანება *Zaldataneba*
constrict *(v.)* შეკუმშვა *SekumSva*
construct *(v.)* აშენება *aSeneba*
construction *(n.)* მშენებლობა *mSenebloba*

constructive *(adj.)* სამშენებლო *samSeneblo*
construe *(v.)* განმარტება *ganmarteba*
consul *(n.)* კონსული *konsuli*
consular *(adj.)* კონსულის *konsulis*
consulate *(n.)* საკონსულო *sakonsulo*
consult *(v.)* რჩევის კითხვა *rCevis kiTxva*
consultant *(n.)* კონსულტანტი *konsultanti*
consultation *(n.)* კონსულტაცია *konsultacia*
consume *(v.)* მოხმარება *moxmareba*
consumer *(n.)* მომხმარებელი *momxmarebeli*
consumption *(n.)* მოხმარება *moxmareba*
contact *(n.)* ურთიერთ შეხება *urTierT Sexeba*
contact *(v.)* კონტაქტი *kontaqti*
contact lens *(n.)* საკონტაქტო ობიექტივი *sakontaqto obieqtivi*
contagion *(n.)* გადამდები *gadamdebi*
contagious *(adj.)* გადამდები *gadamdebi*
contain *(v.)* დატევა *dateva*
container *(n.)* ჭურჭელი *WurWeli*
containment *(n.)* შებღალვა *SebRalva*
contaminate *(v.)* წაბილწვა *wabilwva*
contemplate *(v.)* დანახვა *danaxva*
contemplation *(n.)* განხილვა *ganxilva*
contemporary *(adj.)* თანამედროვე *Tanamedrove*
contempt *(n.)* ზიზღი *zizRi*
contemptuous *(adj.)* აგდებული *agdebuli*
contend *(v.)* ბრძოლა *brZola*
contender *(n.)* მებრძოლი *mebrZoli*
content *(adj.)* შიგთავსი *SigTavsi*
contention *(n.)* კამათი *kamaTi*
contentment *(n.)* დაკმაყოფილება *dakmayofileba*
contest *(n.)* დავა *dava*
contestant *(n.)* მოწინააღმდეგე *mowinaaRmdege*
context *(n.)* კონტექსტი *konteqsti*
contiguous *(adj.)* მოსაზღვრე *mosazRvre*
continent *(n.)* თავდაჭერილი *TavdaWerili*
continental *(adj.)* კონტინენტის მცხოვრები *kontinentis mcxovrebi*
contingency *(n.)* შემთხვევითობა *SemTxveviToba*
contingent *(n.)* კონტიგენტი *kontigenti*
continual *(adj.)* მუდმივი *mudmivi*
continuation *(n.)* გაგრძელება *gagrZeleba*
continue *(v.)* განგრძობა *gangrZoba*
continuous *(adj.)* უწყვეტი *uwyveti*
continuum *(n.)* უწყვეტი *uwyveti*
contour *(n.)* მოხაზულობა *moxazuloba*
contra *(pref.)* საწინააღმდეგო *sawinaaRmdego*
contraband *(n.)* კონტრაბანდა *kontrabanda*
contraception *(n.)* კონტრაცეფცია *kontracefcia*
contraceptive *(n.)* კონტრაცეპტივი *kontraceptivi*
contract *(n.)* კონტრაქტი *kontraqti*
contraction *(n.)* შემოკლება *Semokleba*
contractor *(n.)* კონტრაქტორი *kontraqtori*
contradict *(v.)* საწინააღმდეგოს თქმა *sawinaaRmdegos Tqma*
contradiction *(n.)* წინააღდმეგობა *winaaRdmegoba*
contrary *(adj.)* წინააღდმეგ *winaaRdmeg*

contrast *(n.)* დაპირისპირება *dapirispireba*
co ribute *(v.)* დახმარება *daxmareba*
contribution *(n.)* შემწეობა *Semweoba*
contributor *(n.)* დამხმარე *damxmare*
contrive *(v.)* გამოგონება *gamogoneba*
control *(n.)* მართვა *marTva*
controller *(n.)* კონტროლერი *kontroleri*
controversial *(adj.)* საკამათო *sakamaTo*
controversy *(n.)* კამათი *kamaTi*
contuse *(v.)* კონტუზიით დაშავება *kontuziiT daSaveba*
contusion *(n.)* კონტუზია *kontuzia*
conundrum *(n.)* დამნაშავე *damnaSave*
convalesce *(v.)* მორჩენა *morCena*
convalescence *(n.)* მორჩენა *morCena*
convalescent *(adj.)* მოკეთებული(ავადმყოფი) *mokeTebuli(avadmyofi)*
convection *(n.)* კონვექცია *konveqcia*
convene *(v.)* მოწვევა *mowveva*
convener *(n.)* კრების მომწვევი *krebis momwvevi*
convenience *(n.)* მოხერხებულობა *moxerxebuloba*
convenient *(adj.)* მოხერხებული *moxerxebuli*
convent *(n.)* მონასტერი *monasteri*
convention *(n.)* კრება *kreba*
conventional *(adj.)* პირობითი *pirobiTi*
converge *(v.)* შეთავსება *SeTavseba*
convergence *(n.)* დამთხვევა *damTxveva*
convergent *(adj.)* დამთხვეული *damTxveuli*
conversant *(adj.)* გაცნობილი *gacnobili*
conversation *(n.)* საუბარი *saubari*
converse *(v.)* ლაპარაკი *laparaki*
conversion *(n.)* გარდაქმნა *gardaqmna*
convert *(v.)* გარდაქმნა *gardaqmna*
convertible *(adj.)* შექცევადი *Seqcevadi*
convey *(v.)* გადატანა *gadatana*
conveyance *(n.)* გადაყვანა *gadayvana*
conveyor *(n.)* კონვეიერი *konveieri*
convict *(v.)* მისჯილი *misjili*
conviction *(n.)* განაჩენი *ganaCeni*
convince *(v.)* დარწმუნება *darwmuneba*
convivial *(adj.)* სადღესასწაულო *sadResaswaulo*
convocation *(n.)* მოწვევა *mowveva*
convoke *(v.)* მოწვევა *mowveva*
convolve *(v.)* დახვევა *daxveva*
convoy *(n.)* თანხლება *Tanxleba*
convulse *(v.)* შერყევა *Seryeva*
convulsion *(n.)* კრუნჩხვა *krunCxva*
cook *(v.)* მზარეულობა *mzareuloba*
cook *(n.)* მზარეული *mzareuli*
cooker *(n.)* ქურა *qura*
cookie *(n.)* ფუნთუშა *funTuSa*
cool *(adj.)* გრილი *grili*
coolant *(n.)* გამაგრილებლ *gamagrilebl*
cooler *(n.)* მაცივარი *macivari*
cooperate *(v.)* თანამშრომლობა *TanamSromloba*
cooperation *(n.)* კოოპერაცია *kooperacia*
cooperative *(adj.)* კოოპერაციული *kooperaciuli*
coordinate *(v.)* თანაბარი *Tanabari*
coordination *(n.)* კოორდინაცია *koordinacia*
coot *(n.)* გულუბრყვილო *gulubryvilo*
cope *(v.)* მანტია *mantia*
copier *(n.)* კოპირება *kopireba*
coping *(n.)* სახურავი თხემი *saxuravi Txemi*

copious *(adj.)* ბარაქიანი *baraqiani*
copper *(n.)* სპილენძი *spilenZi*
coppice *(n.)* გაზრდა *gazrda*
copulate *(v.)* შეწყვილება *Sewyvileba*
copy *(n.)* ხელნაწერი *xelnaweri*
copy *(v.)* ასლი *asli*
copyright *(n.)* საავტორო უფლება *saavtoro ufleba*
coquette *(n.)* კეკლუცი *kekluci*
coral *(n.)* მარჯანი *marjani*
corbel *(n.)* სარტყელი *sartyeli*
cord *(n.)* თოკი *Toki*
cordial *(adj.)* გულის წამალი *gulis wamali*
cordless *(adj.)* უსადენო *usadeno*
cordon *(n.)* კორდონი *kordoni*
corduroy *(n.)* ველვეტი *velveti*
core *(n.)* შიგნეულობა *Signeuloba*
coriander *(n.)* მიხაკი *mixaki*
cork *(n.)* კორპი,საცობი *korpi,sacobi*
cormorant *(n.)* ღორმუცელა *Rormucela*
corn *(n.)* პურის მარცვალი *puris marcvali*
cornea *(n.)* რქოსანი *rqosani*
corner *(n.)* კუთხე *kuTxe*
cornet *(n.)* კორნეტი *korneti*
cornicle *(n.)* რქოსანი *rqosani*
corollary *(n.)* დასკვნა *daskvna*
coronation *(n.)* კორონაცია *koronacia*
coronet *(n.)* დიადემა *diadema*
corporal *(adj.)* ფიზიკური *fizikuri*
corporate *(adj.)* კორპორაციული *korporaciuli*
corporation *(n.)* კორპორაცია *korporacia*
corps *(n.)* ჟანდარმერია *Jandarmeria*
corpse *(n.)* გვამი *gvami*
correct *(v.)* გასწორება *gasworeba*
correct *(adj.)* სწორი *swori*

correction *(n.)* გასწორება *gasworeba*
correlate *(v.)* შესაბამისობა *Sesabamisoba*
correlation *(n.)* თანაფარდობა *Tanafardoba*
correspond *(v.)* შესაბამობა *Sesabamoba*
correspondence *(n.)* შესაბამისობა *Sesabamisoba*
correspondent *(n.)* კორესპონდენტი *korespondenti*
corridor *(n.)* კორიდორი *koridori*
corroborate *(v.)* დამტკიცება *damtkiceba*
corroborative *(adj.)* დამტკიცებული *damtkicebuli*
corrosive *(adj.)* მწვავე *mwvave*
corrugated *(adj.)* ტალღოვანი *talRovani*
corrupt *(adj.)* კორუმპირებული *korumpirebuli*
corruption *(n.)* კორუფცია *korufcia*
cortege *(n.)* პროცესი *procesi*
cortisone *(n.)* კორტიზონი *kortizoni*
cosmetic *(n.)* კოსმეტიკა *kosmetika*
cosmetic *(adj.)* კოსმეტიკური საშუალება *kosmetikuri saSualeba*
cosmic *(adj.)* კოსმოსური *kosmosuri*
cosmopolitan *(adj.)* კოსმოპოლიტი *kosmopoliti*
cosmos *(n.)* კოსმოსი *kosmosi*
cost *(v.)* ღირებულება *Rirebuleba*
costal *(adj.)* ნეკნის *neknis*
costly *(adj.)* ძვირი *Zviri*
costume *(n.)* კოსტუმი *kostumi*
cosy *(adj.)* თავსახური *Tavsaxuri*
cot *(n.)* ფარეხი *farexi*
cotemporal *(adj.)* თანადროული *Tanadrouli*
cottage *(n.)* კოტეჯი *koteji*
cotton *(n.)* კოტონი *kotoni*

couch *(n.)* ტახტი *taxti*
cough *(v.)* ხველება *xveleba*
could *(v.)* შეძლება *SeZleba*
council *(n.)* საბჭო *sabWo*
councillor *(n.)* საბჭოს წევრი *sabWos wevri*
counsel *(n.)* განხილვა *ganxilva*
counsellor *(n.)* მრჩეველი *mrCeveli*
count *(v.)* დათვლა *daTvla*
countable *(adj.)* უთვალავი *uTvalavi*
countdown *(n.)* უკუთვლა *ukuTvla*
countenance *(n.)* სახის გამომეტყველება *saxis gamometyveleba*
counter *(n.)* დახლი *daxli*
counter *(v.)* მთვლელი *mTvleli*
counteract *(v.)* წინააღმდეგობის გაწევა *winaaRmdegobis gaweva*
counter-attack *(n.)* კონტრიერიში *kontrieriSi*
counterfeit *(adj.)* სიყალბე *siyalbe*
counterfeiter *(n.)* ფარისეველი *fariseveli*
counterfoil *(n.)* ყუა *yua*
countermand *(v.)* საწინააღმდეგო *sawinaaRmdego*
counterpart *(n.)* ორეული *oreuli*
countersign *(v.)* პაროლი *paroli*
countess *(n.)* გრაფის ცოლი *grafis coli*
countless *(adj.)* ურიცხვი *uricxvi*
country *(n.)* ქვეყანა *qveyana*
county *(n.)* საგრაფო *sagrafo*
coup *(n.)* წარმატება *warmateba*
couple *(n.)* წყვილი *wyvili*
couple *(v.)* შეერთება *SeerTeba*
couplet *(n.)* კუპლეტი *kupleti*
coupon *(n.)* კუპონი *kuponi*
courage *(n.)* გულადობა *guladoba*
courageous *(adj.)* გულადი *guladi*
courier *(n.)* კურიერი *kurieri*

course *(n.)* სვლა *svla*
court *(v.)* არშიყობა *arSiyoba*
court *(n.)* სასამართლო *sasamarTlo*
courteous *(adj.)* ზრდილობიანი *zrdilobiani*
courtesan *(n.)* კურტიზანი *kurtizani*
courtesy *(n.)* თავაზიანობა *Tavazianoba*
courtier *(n.)* კარისკაცი *kariskaci*
courtship *(n.)* არშიყობა *arSiyoba*
courtyard *(n.)* შიდა ეზო *Sida ezo*
cousin *(n.)* ბიძაშვილი *biZaSvili*
couture *(n.)* კუტიურე *kutiure*
cove *(n.)* ჭაბუკი *Wabuki*
covenant *(n.)* შეთანხმება *SeTanxmeba*
cover *(v.)* გადაფარება *gadafareba*
cover *(n.)* სახვევი *saxvevi*
coverage *(n.)* ხელის მოვლება *xelis movleba*
coverlet *(n.)* გადასაფარებელი *gadasafarebeli*
covert *(adj.)* მალული *maluli*
covet *(v.)* დიდი სურვილის ქონა *didi survilis qona*
cow *(n.)* ძროხა *Zroxa*
coward *(n.)* მშიშარა *mSiSara*
cowardice *(n.)* სიმხდალე *simxdale*
cower *(v.)* შეკუმშვა *SekumSva*
co-worker *(n.)* თანამშრომელი *TanamSromeli*
coy *(adj.)* მორცხვი *morcxvi*
cozy *(adj.)* მყუდრო *myudro*
crab *(n.)* კიბორჩხალა *kiborCxala*
crack *(n.)* ტკაცანი *tkacani*
crack *(v.)* წკარუნი *wkaruni*
crackdown *(n.)* დარბევა *darbeva*
cracker *(n.)* შუშხუნა *SuSxuna*
crackle *(v.)* თოფის სროლის ჭექა *Tofis srolis Weqa*
cradle *(n.)* აკვანი *akvani*

craft *(n.)* ხელობა *xeloba*
craftsman *(n.)* ხელოსანი *xelosani*
crafty *(adj.)* მარჯვე *marjve*
cram *(v.)* გავსება *gavseba*
cramp *(n.)* კრუნჩხვა *krunCxva*
crane *(n.)* წერო *wero*
crankle *(v.)* მორყეული *moryeuli*
crash *(v.)* გრუხუნი *gruxuni*
crasis *(n.)* მკვეთრი *mkveTri*
crass *(adj.)* მეტისმეტი *metismeti*
crate *(n.)* ყუთი *yuTi*
crater *(n.)* ვულკანის ყელი *vulkanis yeli*
crave *(v.)* სურვილი *survili*
craven *(adj.)* მშიშარა *mSiSara*
craving *(n.)* ჟინი *Jini*
craw *(n.)* ჩინჩახვი *CinCaxvi*
crawl *(v.)* ცოცვა *cocva*
crayfish *(n.)* კიბო *kibo*
crayon *(n.)* ფერადი ცარცი *feradi carci*
craze *(n.)* შეშლილობა *SeSliloba*
crazy *(adj.)* გიჟი *giJi*
creak *(v.)* ჭრიალი *Wriali*
cream *(n.)* ნაღები *naRebi*
crease *(n.)* ნაკეცი *nakeci*
create *(v.)* შექმნა *Seqmna*
creation *(n.)* შექმნა *Seqmna*
creative *(adj.)* შემოქმედებითი *SemoqmedebiTi*
creator *(n.)* შემოქმედი *Semoqmedi*
creature *(n.)* ნაწარმოები *nawarmoebi*
credential *(n.)* რწმუნებულობა *rwmunebuloba*
credible *(adj.)* შესაძლებელი *SesaZlebeli*
credit *(n.)* ნდობა,რწმენა *ndoba,rwmena*
credit card *(n.)* საკრედიტო ბარათი *sakredito baraTi*
creditable *(adj.)* საქები *saqebi*
creditor *(n.)* კრედიტორი *kreditori*
credulity *(n.)* მინდობილობა *mindobiloba*
credulous *(adj.)* მიმნდობი *mimndobi*
creed *(n.)* რწმენა *rwmena*
creek *(n.)* ყურე *yure*
creep *(v.)* ხოხვა *xoxva*
creeper *(n.)* მხოხავი *mxoxavi*
creepy *(adj.)* ჟრუანტელის გამომწვევი *Jruantelis gamomwvevi*
cremate *(v.)* კრემირება *kremireba*
cremation *(n.)* კრემაცია *kremacia*
crematorium *(n.)* კრემატორიუმი *krematoriumi*
creole *(n.)* კრეოლი *kreoli*
crepe *(n.)* კრეპი *krepi*
crepitate *(v.)* ტკაცანი *tkacani*
crepitation *(n.)* ტკაცუნი *tkacuni*
crescent *(n.)* ნახევარმთვარე *naxevarmTvare*
crest *(n.)* ბიბილო *bibilo*
cretin *(n.)* კრეტინი *kretini*
crevet *(n.)* კრევეტი *kreveti*
crew *(n.)* გემის ეკიპაჟი *gemis ekipaJi*
crib *(n.)* ბავშვის პატარა საწოლი *bavSvis patara sawoli*
cricket *(n.)* ჭრიჭინა *WriWina*
crime *(n.)* დანაშაული *danaSauli*
criminal *(n.)* დამნაშავე *damnaSave*
crimp *(n.)* დახვევა *daxveva*
crimple *(v.)* დახვეული *daxveuli*
crimson *(n.)* მუქი წითელი *muqi wiTeli*
cringe *(v.)* ქედმოხრილობა *qedmoxriloba*
crinkle *(v.)* ხვეული *xveuli*
cripple *(n.)* კუტი *kuti*
crisis *(n.)* კრიზისი *krizisi*
crisp *(adj.)* ფხვიერი *fxvieri*
crispen *(v.)* მტვრევადი *mtvrevadi*

criterion *(n.)* კრიტერიუმი *kriteriumi*
critic *(n.)* კრიტიკოსი *kritikosi*
critical *(adj.)* კრიტიკული *kritikuli*
criticism *(n.)* კრიტიკა *kritika*
criticize *(v.)* გაკრიტიკება *gakritikeba*
critique *(n.)* კრიტიკა *kritika*
croak *(n.)* ჩხავილი *Cxavili*
crochet *(n.)* ნაქარგი *naqargi*
crockery *(n.)* ჭურჭელი *WurWeli*
crocodile *(n.)* ნიანგი *niangi*
croft *(n.)* საკარმიდამო ნაკვეთი *sakarmidamo nakveTi*
croissant *(n.)* კრუასანი *kruasani*
crome *(n.)* ქრომი *qromi*
crone *(n.)* კუდიანი *kudiani*
crook *(n.)* კავი *kavi*
crooked *(adj.)* მრუდე *mrude*
croon *(v.)* ღიღინი *RiRini*
crop *(n.)* მოსავალი *mosavali*
cross *(adj.)* გარდიგარდმო *gardigardmo*
cross *(n.)* ჯვარი *jvari*
cross *(v.)* ჯვარის დასმა *jvaris dasma*
crossbar *(n.)* განივი *ganivi*
crossfire *(n.)* ჯვარედინი ცეცხლი *jvaredini cecxli*
crossing *(n.)* გადაჭრა *gadaWra*
crossroads *(n.)* გზაჯვარედინი *gzajvaredini*
crotch *(n.)* ახირება *axireba*
crotchet *(n.)* ახირება *axireba*
crouch *(v.)* გაღუნვა *gaRunva*
crow *(n.)* ყვავი *yvavi*
crowbar *(n.)* ძალაყინი *Zalayini*
crowd *(n.)* ბრბო *brbo*
crowded *(adj.)* გავსებული *gavsebuli*
crowfunding *(n.)* გრაფინირება *grafinireba*
crown *(n.)* გვირგვინი *gvirgvini*
crowned *(adj.)* დაგვირგვინებული *dagvirgvinebuli*
crucial *(adj.)* გადამწყვეტი *gadamwyveti*
crucified *(adj.)* ჯვარცმული *jvarcmuli*
crucifix *(n.)* ჯვარცმა *jvarcma*
crucify *(v.)* ჯვარცმა *jvarcma*
crude *(adj.)* შემოუსვლელი *Semousvleli*
cruel *(adj.)* სასტიკი *sastiki*
cruelty *(n.)* სისასტიკე *sisastike*
cruise *(v.)* ზღვით მგზავრობა *zRviT mgzavroba*
cruiser *(n.)* მოგზაური *mogzauri*
crumb *(n.)* პურის ნამცეცი *puris namceci*
crumble *(v.)* დანგრვეა *dangrvea*
crump *(v.)* ძლიერი დარტყმა *Zlieri dartyma*
crumple *(v.)* დაჭმუჭვნა *daWmuWvna*
crunch *(v.)* ტკაცუნი *tkacuni*
crusade *(n.)* ჯვაროსნული ლაშქრობა *jvarosnuli laSqroba*
crusader *(n.)* ჯვაროსანი *jvarosani*
crush *(v.)* დაფხვნა *dafxvna*
crust *(n.)* პურის ქერქი *puris qerqi*
crutch *(n.)* ყავარჯენი *yavarjeni*
cry *(v.)* ყვირილი *yvirili*
cryogenics *(n.)* კრიოგენეტიკა *kriogenetika*
cryptic *(adj.)* იდუმალი *idumali*
cryptography *(n.)* კრიპტოგრაფია *kriptografia*
crystal *(n.)* კრისტალი *kristali*
crystalize *(v.)* გაკრისტალება *gakristaleba*
cub *(n.)* ნაშიერი *naSieri*
cube *(n.)* კუბი *kubi*
cubical *(adj.)* კუბური *kuburi*
cubicle *(n.)* პატარა საწოლი *patara sawoli*

cubit *(n.)* კუბიტი *kubiti*
cuckold *(n.)* ქმრის ღალატი *qmris Ralati*
cuckoo *(n.)* გუგული *guguli*
cucumber *(n.)* კიტრი *kitri*
cuddle *(v.)* მოხვევა *moxveva*
cudgel *(n.)* კომბალი *kombali*
cue *(n.)* ქარაგმა *qaragma*
cuff *(n.)* მანჟეტი *manJeti*
cuisine *(n.)* საჭმელები *saWmelebi*
culinary *(adj.)* საკულინარო *sakulinaro*
cullet *(n.)* კუბო *kubo*
culminate *(v.)* მწვერვალის მიღწევა *mwvervalis miRweva*
culpable *(adj.)* დამნაშავე *damnaSave*
culprit *(n.)* დამნაშავე *damnaSave*
cult *(n.)* კულტი *kulti*
cultivate *(v.)* დამუშავება *damuSaveba*
cultivation *(n.)* დამუშავება *damuSaveba*
cultural *(adj.)* კულტურული *kulturuli*
culture *(n.)* კულტურა *kultura*
culvert *(n.)* მილსადენი *milsadeni*
cumulative *(adj.)* ერთობლივი *erToblivi*
cunning *(adj.)* ეშმაკი *eSmaki*
cup *(n.)* ფინჯანი *finjani*
cupboard *(n.)* ბუფეტი *bufeti*
cupid *(n.)* კუპიდონი *kupidoni*
cupidity *(n.)* სიხარბე *sixarbe*
cupon *(n.)* კუპონი *kuponi*
curable *(adj.)* განსაკურნებელი *gansakurnebeli*
curator *(n.)* მცველი *mcveli*
curb *(v.)* აღვირი *aRviri*
curcumin *(n.)* კურკუმინი *kurkumini*
curd *(n.)* ხაჭო *xaWo*
curdle *(v.)* აჭრა(რძის) *aWra(rZis)*
cure *(v.)* წამალი *wamali*
curfew *(n.)* კომენდატის საათი *komendatis saaTi*
curiosity *(n.)* კურიოზი *kuriozi*
curious *(adj.)* კურიოზული *kuriozuli*
curl *(v.)* კულული *kululi*
curly *(adj.)* დახვეული *daxveuli*
currant *(n.)* მოცხარი *mocxari*
currency *(n.)* ვალუტა *valuta*
current *(n.)* მიმდინარეობა *mimdinareoba*
current *(adj.)* მიმდინარე *mimdinare*
current account *(n.)* სავალუტო ანგარიში *savaluto angariSi*
curriculum *(n.)* სასწავლო გეგმა *saswavlo gegma*
curse *(n.)* წყევლა *wyevla*
cursive *(adj.)* ხელნაწერი *xelnaweri*
cursor *(n.)* ზერელე *zerele*
cursory *(adj.)* ნაჩქარევი *naCqarevi*
curt *(adj.)* შემოკლებული *Semoklebuli*
curtail *(v.)* შემოკლება *Semokleba*
curtain *(n.)* ფარდა *farda*
curvature *(n.)* სიმრუდე *simrude*
curve *(n.)* მრუდე ხაზი *mrude xazi*
curve *(v.)* მოღუნვა *moRunva*
cushion *(n.)* ბალიში *baliSi*
cusp *(n.)* ნამგალა მთვარე *namgala mTvare*
custard *(n.)* ნადუღი *naduRi*
custodian *(n.)* მცველი *mcveli*
custody *(n.)* დაცვა *dacva*
custom *(n.)* ჩვეულება *Cveuleba*
customary *(adj.)* ჩვეული *Cveuli*
customer *(n.)* მყიდველი *myidveli*
cut *(n.)* გაჭრა *gaWra*
cute *(adj.)* ჭკვიანი *Wkviani*
cutlery *(n.)* დანა-ჩანგალი *dana-Cangali*
cutlet *(n.)* კატლეტი *katleti*
cut-off *(n.)* მოჭრა *moWra*

cutter *(n.)* კატარღა *katarRa*
cutting *(n.)* ამონაჭერი *amonaWeri*
cuvette *(n.)* კუვეტე *kuvete*
cyan *(n.)* ციანი *ciani*
cyanide *(n.)* ციანიდი *cianidi*
cyber *(adj.)* კიბერ *kiber*
cyberbullying *(n.)* კიბერ ბულინგი *kiber bulingi*
cybercafé *(n.)* კიბერკაფე *kiberkafe*
cyberchat *(n.)* კიბერჩატი *kiberCati*
cybercrime *(n.)* კიბერდანაშაული *kiberdanaSauli*
cycle *(n.)* ველოსიპედი *velosipedi*
cyclic *(adj.)* წრიული *wriuli*
cyclist *(n.)* ველოსიპედისტი *velosipedisti*
cyclone *(n.)* ციკლონი *cikloni*
cyclops *(n.)* ციკლოპი *ciklopi*
cyclostyle *(n.)* ციკლოსტილი *ciklostili*
cylinder *(n.)* ცილინდრი *cilindri*
cylindrical *(adj.)* ცილინდრული *cilindruli*
cynic *(n.)* ცინიკი *ciniki*
cynical *(adj.)* ცინიკური *cinikuri*
cypher *(n.)* კვიპაროსი *kviparosi*
cyst *(n.)* კისტა *kista*

D

dabble *(v.)* გაწუწვა *gawuwva*
dacoit *(n.)* კვიპაროსი *kviparosi*
dacoit *(n.)* შეიარაღებული ყაჩაღი *SeiaraRebuli yaCaRi*
dacoity *(n.)* შეიარაღებული *SeiaraRebuli*
dad (or daddy) *(n.)* მამა *mama*
daffodil *(n.)* მკრთალი ყვითელი *mkrTali yviTeli*
daft *(adj.)* გადარეული *gadareuli*
dagger *(n.)* ხანჯალი *xanjali*
daily *(adj. & adv.)* ყოველდღიური *yoveldRiuri*
dainty *(adj.)* ტკბილეული *tkbileuli*
dairy *(n.)* სარძევე ფირმა *sarZeve firma*
dairy product *(n.)* რძის პროდუქტი *rZis produqti*
dais *(n.)* მაღლობი *maRlobi*
daisy *(n.)* ზიზილა *zizila*
dale *(n.)* ბარი *bari*
dally *(v.)* ზანტად რაიმეს კეთება *zantad raimes keTeba*
dam *(n.)* ჯებირი *jebiri*
damage *(n.)* ზიანი *ziani*
damage control *(n.)* ზიანის კონტროლი *zianis kontroli*
damaging *(adj.)* დამაზიანებელი *damazianebeli*
damask *(n.)* სახეებაინი ქსოვილი *saxeebaini qsovili*
dame *(n.)* მანდილოსანი *mandilosani*
damn *(v.)* დაწყევლა *dawyevla*
damnable *(adj.)* დასაძრახი *dasaZraxi*
damnation *(n.)* წყევლა *wyevla*
damned *(adj.)* დაწყევლილი *dawyevlili*
damp *(adj.)* ნესტიანი *nestiani*
dampen *(v.)* დანესტიანება *danestianeba*
damsel *(n.)* ქალწული *qalwuli*
dance *(n.)* ცეკვა *cekva*
dancer *(n.)* მოცეკვავე *mocekvave*
dancing *(adj.)* ცეკვის *cekvis*
dandelion *(n.)* ბაბუაწვერა *babuawvera*
dandle *(v.)* რწევა *rweva*
dandruff *(n.)* ქერტლი *qertli*

dandy *(n.)* კოპწია *kopwia*
danger *(n.)* საშიშროება *saSiSroeba*
dangerous *(adj.)* საშიში *saSiSi*
dangle *(v.)* ჩამოწევა *Camoweva*
dangling *(adj.)* მომაკვდავი *momakvdavi*
dank *(adj.)* ტენიანი *teniani*
dap *(v.)* ანკესით თევზაობა *ankesiT Tevzaoba*
dapper *(adj.)* კოხტად ჩაცმული *koxtad Cacmuli*
dapple *(v.)* დაფენა *dafena*
dare *(v.)* გაბედვა *gabedva*
daredevil *(n.)* თავზეხელაღებული *TavzexelaRebuli*
daring *(adj.)* გაბედული *gabeduli*
daring *(n.)* გაბედულობა *gabeduloba*
dark *(adj.)* ბნელი *bneli*
dark *(n.)* სიბნელე *sibnele*
darken *(v.)* დაბნელება *dabneleba*
darkle *(v.)* დამალვა *damalva*
darkness *(n.)* წყვდიადი *wyvdiadi*
darling *(n.)* საყვარელი *sayvareli*
darling *(adj.)* ძვირფასი *Zvirfasi*
dart *(n.)* დართსი *darTsi*
dartboard *(n.)* დართსის დაფა *darTsis dafa*
darting *(n.)* სწრაფი *swrafi*
dash *(v.)* გაქანება *gaqaneba*
dashboard *(n.)* ხელსაწყოთა დაფა *xelsawyoTa dafa*
dashing *(adj.)* სწრაფი *swrafi*
data *(n.)* მონაცემები *monacemebi*
databank *(n.)* მონაცემთა ბანკი *monacemTa banki*
database *(n.)* მონაცემთა ბაზა *monacemTa baza*
date *(v.)* დათარიღება *daTariReba*
date *(n.)* თარიღი *TariRi*
dated *(adj.)* დათარიღებული *daTariRebuli*
daub *(n.)* ბათქაში *baTqaSi*
daughter *(n.)* ასული *asuli*
daunt *(v.)* დაშინება *daSineba*
daunting *(adj.)* რთული *rTuli*
dauntless *(adj.)* დაუღალავი *dauRalavi*
dawdle *(v.)* უსაქმურობა *usaqmuroba*
dawdler *(n.)* უსაქმური *usaqmuri*
dawn *(v.)* გათენება *gaTeneba*
dawn *(n.)* განთიადი *ganTiadi*
dawnlight *(n.)* გამთენიისას *gamTeniisas*
day *(n.)* დღე *dRe*
daybreak *(n.)* გარიჟრაჟი *gariJraJi*
daylight *(n.)* დღის სინათლე *dRis sinaTle*
daze *(v.)* განცვიფრება *gancvifreba*
dazed *(adj.)* განცვიფრებული *gancvifrebuli*
daziness *(n.)* თავბრუსხვევა *Tavbrusxveva*
dazzle *(v.)* დაბრმავება *dabrmaveba*
dazzling *(adj.)* დამაბრმავებელი *damabrmavebeli*
dazzlingly *(adv.)* კაშკაშა *kaSkaSa*
deacon *(n.)* დიაკონი *diakoni*
deactivate *(v.)* გათიშვა *gaTiSva*
deactivation *(n.)* დეაქტივაცია *deaqtivacia*
deactivator *(n.)* დეაქტივატორი *deaqtivatori*
dead *(n.)* დაღუპული *daRupuli*
dead *(adj.)* მკვდარი *mkvdari*
deadbolt *(n.)* საკეტი *saketi*
deadline *(n.)* უკანასკნელი ვადა *ukanaskneli vada*
deadlock *(n.)* გამოუვალი მდგომარეობა *gamouvali mdgomareoba*
deadly *(adj.)* სასიკვდილო *sasikvdilo*
deaf *(adj.)* ყრუ *yru*

deafen *(v.)* გაყრუება *gayrueba*
deafening *(adj.)* გამაყრუებელი *gamayruebeli*
deal *(n.)* გარიგება *garigeba*
deal *(v.)* დარიგება *darigeba*
dealer *(n.)* მოვაჭრე *movaWre*
dealership *(n.)* სავაჭრო ურთიერთობა *savaWro urTierToba*
dealings *(n.)* გარიგებები *garigebebi*
dealmaker *(n.)* გამრიგებელი *gamrigebeli*
dean *(n.)* ხეობა *xeoba*
dear *(adj.)* საყვარელი *sayvareli*
dearest *(adj.)* ძვირფასი *Zvirfasi*
dearth *(n.)* ნაკლებობა *nakleboba*
death *(n.)* სიკვდილი *sikvdili*
deathly *(adj.)* სასიკვდილო *sasikvdilo*
debacle *(n.)* განადგურება *ganadgureba*
debar *(v.)* აკრძალვა *akrZalva*
debase *(v.)* დამცირება *damcireba*
debate *(n.)* კამათი *kamaTi*
debauch *(n.)* ღრეობა *Rreoba*
debauch *(v.)* შეცდენა *Secdena*
debauchee *(n.)* გარყვნილი *garyvnili*
debauchery *(n.)* გარყვნილება *garyvnileba*
debenture *(n.)* სესხის ბარათი *sesxis baraTi*
debile *(adj.)* სუსტი *susti*
debilitant *(n.)* დასუსტებული *dasustebuli*
debilitate *(v.)* დასუსტება *dasusteba*
debilitating *(adj.)* დამასუსტებელი *damasustebeli*
debilitation *(n.)* სისუსტე *sisuste*
debility *(n.)* სისუსტე *sisuste*
debit *(n.)* დებეტი *debeti*
debit card *(n.)* სადებეტო ბარათი *sadebeto baraTi*

debonaire *(adj.)* სიცოცხლით სავსე *sicocxliT savse*
debrief *(v.)* დაკითხვა *dakiTxva*
debris *(n.)* ნამსხვრევები *namsxvrevebi*
debt *(n.)* ვალი *vali*
debt-free *(adj.)* დავალიანების გარეშე *davalianebis gareSe*
debtor *(n.)* მოვალე *movale*
debuff *(n.)* დებიუტი *debiuti*
debug *(v.)* გამართვა *gamarTva*
debunk *(v.)* მხილება *mxileba*
debut *(n.)* დებიუტი *debiuti*
debutante *(n.)* დებიუტანტი *debiutanti*
decade *(n.)* ათწლეული *aTwleuli*
decadent *(adj.)* დეკადენტური *dekadenturi*
decalcification *(n.)* დეკალციფიკაცია *dekalcifikacia*
decalcifiy *(v.)* კირიანი ნივთიერების მოშორება *kiriani nivTierebis moSoreba*
decalibrate *(v.)* დეკლარირება *deklarireba*
decamp *(v.)* ბანაკის აყრა *banakis ayra*
decapitate *(v.)* თავის მოკვეთა *Tavis mokveTa*
decay *(v.)* ლპობა *lpoba*
decay *(n.)* ხრწნა *xrwna*
decease *(n.)* სიკვდილი *sikvdili*
deceased *(adj.)* გარდაცვლილი *gardacvlili*
deceit *(n.)* მოტყუება *motyueba*
deceitful *(adj.)* მატყუარა *matyuara*
deceive *(v.)* მოტყუება *motyueba*
decelerate *(v.)* შენელება *Seneleba*
deceleration *(n.)* სვლის შენელება *svlis Seneleba*
december *(n.)* დეკემბერი *dekemberi*
decency *(n.)* ზრდილობა *zrdiloba*
decennary *(n.)* ათწლეული *aTwleuli*

decent *(adj.)* წესიერი *wesieri*
decentralize *(v.)* დეცენტრალიზაცია *decentralizacia*
decentre *(v.)* წესიერი *wesieri*
deception *(n.)* თვალთმაქცობა *TvalTmaqcoba*
deceptive *(adj.)* მაცთუნებელი *macTunebeli*
decibel *(n.)* დეციბელი *decibeli*
decide *(v.)* გადაწყვეტა *gadawyveta*
decided *(adj.)* გადაწყვეტილი *gadawyvetili*
decidedly *(adv.)* მტკიცედ *mtkiced*
decimal *(adj.)* ათობითი *aTobiTi*
decimal point *(n.)* ათობითი წერტილი *aTobiTi wertili*
decimate *(v.)* მასიურად მოსპობა *masiurad mospoba*
decimation *(v.)* მასიურად მოსპობა *masiurad mospoba*
decipher *(v.)* ამოშიფვრა *amoSifvra*
decision *(n.)* გადაწყვეტილება *gadawyvetileba*
decisive *(adj.)* გადამწყვეტი *gadamwyveti*
deck *(n.)* გემბანი *gembani*
declaration *(n.)* დეკლარაცია *deklaracia*
declare *(v.)* გამოცხადება *gamocxadeba*
declassify *(v.)* ოფიციალურად გამოცხადება *oficialurad gamocxadeba*
decline *(v.)* უარყოფა *uaryofa*
declivity *(n.)* ფერდობი *ferdobi*
declutter *(v.)* გასუფთავება *gasufTaveba*
decoction *(n.)* ადუღება *aduReba*
decode *(v.)* გაშიფვრა *gaSifvra*
decoder *(n.)* გამშიფვრელი *gamSifvreli*

decolonization *(n.)* დეკოლონიზაცია *dekolonizacia*
decolonize *(v.)* დეკოლონიზაცია *dekolonizacia*
decommission *(v.)* დაშლა *daSla*
decompose *(v.)* დაშლა *daSla*
decomposition *(n.)* გახრწნა *gaxrwna*
decompress *(v.)* დაწყნარება *dawynareba*
decompression *(n.)* დეკომპრესია *dekompresia*
decongest *(v.)* ყველაზე ძლიერი *yvelaze Zlieri*
deconstruct *(v.)* დეკონსტრუქცია *dekonstruqcia*
deconstruction *(n.)* დეკონსტრუქცია *dekonstruqcia*
deconstructively *(adv.)* დეკონსტრუქციულად *dekonstruqciulad*
decontrol *(v.)* დეკონტროლი *dekontroli*
decor *(n.)* დეკორი *dekori*
decorate *(v.)* მორთვა *morTva*
decoration *(n.)* დეკორაცია *dekoracia*
decorative *(adj.)* დეკორაციული *dekoraciuli*
decorum *(n.)* წესიერება *wesiereba*
decoy *(n.)* სატყუარა *satyuara*
decoy *(v.)* შეტყუება *Setyueba*
decrease *(v.)* შემცირება *Semcireba*
decreasingly *(adv.)* შემცირებულად *Semcirebulad*
decree *(n.)* დეკრეტი *dekreti*
decree *(v.)* დეკრეტირება *dekretireba*
decrement *(n.)* დაკლება *dakleba*
decrepitate *(v.)* გამოწვა *gamowva*
decrepitation *(n.)* სკდომა *skdoma*
decriminalization *(n.)* დეკრიმინალიზაცია *dekriminalizacia*

decriminalize *(v.)* დეკრიმინალიზაცია *dekriminalizacia*
decry *(v.)* გაკიცხვა *gakicxva*
decrypt *(v.)* დაშიფვრა *daSifvra*
decrypt *(n.)* კოდირებული ტექსტი *kodirebuli teqsti*
decryption *(n.)* გაშიფვრა *gaSifvra*
dedicate *(v.)* მიძღვნა *miZRvna*
dedication *(n.)* მიძღვნა *miZRvna*
deduce *(v.)* დასკვნის გაკეთება *daskvnis gakeTeba*
deduct *(v.)* გამოკლება *gamokleba*
deduction *(n.)* დასკვნა *daskvna*
deed *(n.)* საქციელი *saqcieli*
deem *(v.)* ფიქრი *fiqri*
deep *(adj.)* ღრმა *Rrma*
deepen *(v.)* გაღრმავება *gaRrmaveba*
deeply *(adv.)* ღრმად *Rrmad*
deer *(n.)* ირემი *iremi*
deface *(v.)* დამახინჯება *damaxinjeba*
defamation *(n.)* ცილისწამება *ciliswameba*
defamatory *(adj.)* ცილისწამებლური *ciliswamebluri*
defame *(v.)* შერცხვენა *Sercxvena*
defame *(v.)* ცილისწამება *ciliswameba*
default *(n.)* ვალდებულების შეუსრულებლობა *valdebulebis Seusrulebloba*
defeat *(v.)* დამარცხება *damarcxeba*
defecate *(v.)* გაწმენდა *gawmenda*
defect *(n.)* ნაკლი *nakli*
defective *(adj.)* დეფექტური *defeqturi*
defence *(n.)* თავდაცვა *Tavdacva*
defenceless *(adj.)* დაუცველი *daucveli*
defend *(v.)* თავის დაცვა *Tavis dacva*
defendant *(n.)* დამცველი *damcveli*
defensive *(adj.)* დაცვითი *dacviTi*
defer *(v.)* გადადება *gadadeba*

deference *(n.)* პატივისცემა *pativiscema*
defiance *(n.)* გამოწვევა *gamowveva*
defiant *(adj.)* გამომწვევი *gamomwvevi*
deficiency *(n.)* ნაკლებობა *nakleboba*
deficient *(adj.)* არასაკმარისი *arasakmarisi*
deficit *(n.)* დეფიციტი *deficiti*
defile *(n.)* ვიწრო გასასვლელი *viwro gasasvleli*
define *(v.)* განსაზღვრა *gansazRvra*
definite *(adj.)* განსაზღვრული *gansazRvruli*
definition *(n.)* სიზუსტე *sizuste*
definitive *(adj.)* საბოლოო *saboloo*
deflate *(v.)* გამოშვება *gamoSveba*
deflation *(n.)* ამოქაჩვა *amoqaCva*
deflect *(v.)* გადახრა *gadaxra*
deflection *(n.)* გარდატეხა *gardatexa*
deflesh *(v.)* გახრწნა *gaxrwna*
deflower *(v.)* უმანკოების დაკარგვა *umankoebis dakargva*
defoliant *(n.)* ფოთლების გაცვენა *foTlebis gacvena*
defoliate *(v.)* ფოთოლცვენა *foTolcvena*
deforest *(v.)* გაჩეხვა *gaCexva*
deforestation *(n.)* ტყეების გაუწყლოება *tyeebis gauwyloeba*
deforestation *(n.)* ტყის გაჩანაგება *tyis gaCanageba*
deform *(v.)* დამახინჯება *damaxinjeba*
deformity *(n.)* სიმახინჯე *simaxinje*
defragment *(v.)* დეფრაგმენტი *defragmenti*
defragmentation *(n.)* დეფრაგემენტაცია *defragementacia*
defrost *(v.)* გადნობა *gadnoba*
deft *(adj.)* მარჯვე *marjve*
defunct *(adj.)* მიცვალებული *micvalebuli*

defuse *(v.)* განმუხტვა *ganmuxtva*
defy *(v.)* უგულვებელყოფა *ugulvebelyofa*
degenerate *(v.)* გადაგვარება *gadagvareba*
deglutination *(n.)* დეგლუტინაცია *deglutinacia*
degrade *(v.)* გაუარესება *gauareseba*
degrading *(adj.)* დამამცირებელი *damamcirebeli*
degree *(n.)* ხარისხი *xarisxi*
degustation *(n.)* დეგუსტაცია *degustacia*
dehort *(v.)* დაცინვა *dacinva*
dehumidify *(v.)* დაშრობა *daSroba*
dehydrate *(v.)* გაუწყლოება *gauwyloeba*
dehydration *(n.)* გაშრობა *gaSroba*
deify *(v.)* გაღმერთება *gaRmerTeba*
deign *(v.)* შეწყნარება *Sewynareba*
deism *(n.)* დეიზმი *deizmi*
deist *(n.)* დეისტი *deisti*
deity *(n.)* ღვთაება *RvTaeba*
deject *(v.)* დამწუხრება *damwuxreba*
dejection *(n.)* სევდა *sevda*
delay *(n.)* დაბრკოლება *dabrkoleba*
delay *(v.)* შეკავება *Sekaveba*
delectability *(n.)* დელექატურობა *delekaturoba*
delectable *(adj.)* მასიამოვნებელი *masiamovnebeli*
delegacy *(n.)* დელეგაცია *delegacia*
delegalize *(v.)* დელეგიზაცია *delegizacia*
delegate *(n.)* დელეგატი *delegati*
delegate *(v.)* უფლების გადაცემა *uflebis gadacema*
delegation *(n.)* დელეგაცია *delegacia*
delegator *(n.)* დელეგატი *delegati*
deletable *(adj.)* წაშლადი *waSladi*
delete *(v.)* წაშლა *waSla*
deliberate *(adj.)* მოფიქრებული *mofiqrebuli*
deliberation *(n.)* მოფიქრება *mofiqreba*
delicacy *(n.)* სიფაქიზე *sifaqize*
delicate *(adj.)* დახვეწილი *daxvewili*
delicatessen *(n.)* დელიკატესი *delikatesi*
delicious *(adj.)* გემრიელი *gemrieli*
delight *(v.)* მოხიბვლა *moxibvla*
delightedly *(adv.)* სიამოვნებით *siamovnebiT*
delightful *(adj.)* წარმტაცი *warmtaci*
delimit *(v.)* გამიჯვნა *gamijvna*
delimitate *(v.)* ზღვარის დადება *zRvaris dadeba*
delimitation *(n.)* გამიჯვნა *gamijvna*
delineate *(v.)* მოხაზვა *moxazva*
delinquency *(n.)* დაუდევრობა *daudevroba*
delinquent *(adj.)* დამნაშავე *damnaSave*
delinquent *(n.)* სამართლის დამრღვევი *samarTlis damrRvevi*
delipidate *(v.)* ამოღება *amoReba*
delipidate *(adj.)* ამოღებული *amoRebuli*
delipidation *(n.)* დელიმიტაცია *delimitacia*
deliriant *(n.)* დელირიანტი *delirianti*
delirium *(n.)* ბოდვა *bodva*
deliver *(v.)* გადაცემა *gadacema*
deliverance *(n.)* თავის დახსნა *Tavis daxsna*
delivery *(n.)* მიტანა *mitana*
delta *(n.)* დელტა *delta*
deltoid *(n.)* დელტოიდი *deltoidi*
delude *(v.)* მოტყუება *motyueba*
deluge *(n.)* წყალდიდობა *wyaldidoba*
delusion *(n.)* სიცრუე *sicrue*
delusional *(adj.)* ბოდვითი *bodviTi*

deluxe *(adj.)* დელუქსი *deluqsi*
delve *(v.)* ღრმული *Rrmuli*
demagnetize *(v.)* მაგნიტიზმის ჩახშობა *magnitizmis CaxSoba*
demagogue *(n.)* დემაგოგი *demagogi*
demagogy *(n.)* დემაგოგია *demagogia*
demand *(n.)* მოთხოვნა *moTxovna*
demanding *(adj.)* მომთხოვნი *momTxovni*
demarcate *(v.)* საზღვრის დადება *sazRvris dadeba*
demarcation *(n.)* გამიჯვნა *gamijvna*
demasculinization *(n.)* მამაკაცის სექსუალობის დაკარგვა *mamakacis seqsualobis dakargva*
dematerialisation *(n.)* დემატერილიზაცია *dematerilizacia*
dematerialize *(v.)* დემატერილიზება *dematerilizeba*
demean *(v.)* დამდაბლება *damdableba*
demean *(v.)* დამცირება *damcireba*
demeaning *(adj.)* დამამცირებელი *damamcirebeli*
dement *(v.)* გაგიჟება *gagiJeba*
demented *(adj.)* გიჟი *giJi*
dementia *(n.)* დემენცია *demencia*
demerit *(n.)* ნაკლი *nakli*
demicircle *(n.)* ნახევარწრე *naxevarwre*
demilitarized *(adj.)* დემილიტირიზებული *demilitirizebuli*
demise *(n.)* არენდით გაცემა *arendiT gacema*
demobilization *(n.)* დემობილიზაცია *demobilizacia*
demobilize *(v.)* დემობილიზაციის მოხდენა *demobilizaciis moxdena*
democracy *(n.)* დემოკრატია *demokratia*
democrat *(n.)* დემოკრატი *demokrati*
democratic *(adj.)* დემოკრატიული *demokratiuli*
demographic *(adj.)* დემოგრაფიული *demografiuli*
demolish *(v.)* დანგრევა *dangreva*
demolition *(n.)* მოსპობა *mospoba*
demon *(n.)* დემონი *demoni*
demonetize *(v.)* დემონეტიზაცია *demonetizacia*
demonize *(v.)* დემონიზაცია *demonizacia*
demonstrate *(v.)* დამტკიცება *damtkiceba*
demonstration *(n.)* ჩვენება *Cveneba*
demoralize *(v.)* დემორალიზება *demoralizeba*
demote *(v.)* ჩამოქვეითება *CamoqveiTeba*
demur *(n.)* შეპასუხება *Sepasuxeba*
demure *(adj.)* დინჯი *dinji*
demurrage *(n.)* საწოლი ადგილი *sawoli adgili*
demystify *(v.)* დემიტიფიკაცია *demitifikacia*
den *(n.)* ბუნაგი *bunagi*
denationalize *(v.)* დენაციოლიზება *denaciolizeba*
dengue *(n.)* ტროპიკული ციება *tropikuli cieba*
denial *(n.)* უარი *uari*
denominate *(v.)* დარქმევა *darqmeva*
denomination *(n.)* სახელწოდება *saxelwodeba*
denote *(v.)* აღნიშვნა *aRniSvna*
denounce *(v.)* მხილება *mxileba*
dense *(adj.)* სქელი *sqeli*
density *(n.)* სიხშირე *sixSire*
dentist *(n.)* კბილის ექიმი *kbilis eqimi*
denude *(v.)* გაშიშვლება *gaSiSvleba*
denunciation *(n.)* ბრალის დადება *bralis dadeba*

deny *(v.)* უარყოფა *uaryofa*
deodorant *(n.)* დეოდორანტი *deodoranti*
deodrize *(v.)* დეზოდორაცია *dezodoracia*
deontology *(n.)* დეონტოლოგია *deontologia*
deoxidation *(n.)* დეოქსიდაცია *deoqsidacia*
depart *(v.)* გამგზავრება *gamgzavreba*
department *(n.)* განყოფილება *ganyofileba*
departmentalization *(n.)* დეპარტამენტალიზაცია *departamentalizacia*
departure *(n.)* წასვლა *wasvla*
depauperate *(v.)* გადაშენება *gadaSeneba*
depend *(v.)* დამოკიდებულება *damokidebuleba*
dependant *(n.)* საიმედო *saimedo*
dependence *(n.)* ნდობა *ndoba*
dependent *(adj.)* დამოკიდებული *damokidebuli*
depict *(v.)* გამოსახვა *gamosaxva*
depiction *(n.)* გამოსახვა *gamosaxva*
depilatory *(adj.)* ეპილატორი *epilatori*
deplete *(v.)* გამოლევა *gamoleva*
depleted *(adj.)* გამოლეული *gamoleuli*
depletion *(n.)* გამოლევა *gamoleva*
deplorable *(adj.)* სავალალო *savalalo*
deplore *(v.)* დატირება *datireba*
deploy *(v.)* მწყობრის გაშლა *mwyobris gaSla*
depolarize *(v.)* დეპოლარიზება *depolarizeba*
deponent *(n.)* კომპონენტი *komponenti*
deport *(v.)* გადასახლება *gadasaxleba*
depose *(v.)* გადაყენება *gadayeneba*
deposit *(n.)* ანაბარი *anabari*

deposition *(n.)* ძალაუფლების ჩამორთმევა *Zalauflebis CamorTmeva*
depository *(n.)* საცავი *sacavi*
depot *(n.)* საწყობი *sawyobi*
depravation *(n.)* დამამცირებელი *damamcirebeli*
deprave *(v.)* გაფუჭება *gafuWeba*
deprecate *(v.)* დაგმობა *dagmoba*
depreciate *(v.)* გაუფასურება *gaufasureba*
depreciating *(adj.)* გაუფასურებული *gaufasurebuli*
depreciatory *(adj.)* გაუფასურებული *gaufasurebuli*
depredate *(v.)* გაძარცვა *gaZarcva*
depress *(v.)* ჩაგვრა *Cagvra*
depression *(n.)* დეპრესია *depresia*
deprive *(v.)* წართმევა *warTmeva*
depth *(n.)* სიღრმე *siRrme*
deputation *(n.)* დეპუტაცია *deputacia*
depute *(v.)* რწმუნებულების გადაცემა *rwmunebulebis gadacema*
deputy *(n.)* წარმომადგენელი *warmomadgeneli*
derail *(v.)* რელსიდან გადავარდნა *relsidan gadavardna*
derailment *(n.)* მატარებლის მარცხი *matareblis marcxi*
deranged *(adj.)* მოშლილი *moSlili*
deregulate *(v.)* რეგულაციების გაუქმება *regulaciebis gauqmeba*
deride *(v.)* გამასხარავება *gamasxaraveba*
derivative *(adj.)* წარმოებული *warmoebuli*
derive *(v.)* წარმოქმნა *warmoqmna*
dermabrasion *(n.)* დერმაბრაზია *dermabrazia*
dermatology *(n.)* დერმატოლოგია *dermatologia*

derogatory *(adj.)* შეურაცხმყოფელი Seuracxmyofeli
derrick *(n.)* ამწე amwe
desalt *(v.)* დესალტი desalti
descale *(v.)* დაღმავალი daRmavali
descend *(v.)* ჩამოსვლა Camosvla
descendant *(n.)* შთამომავალი STamomavali
descent *(n.)* დაღმართი daRmarTi
descrete *(adj.)* დისკრეტული diskretuli
describe *(v.)* აღწერა aRwera
description *(n.)* აღწერილობა aRweriloba
descriptive *(adj.)* აღწერითი aRweriTi
desert *(v.)* მიტოვება mitoveba
desert *(n.)* უდაბნო udabno
deserve *(v.)* დამსახურება damsaxureba
design *(n.)* დიზაინი dizaini
designate *(v.)* დანიშვნა daniSvna
designated *(adj.)* დანიშნული daniSnuli
designer *(n.)* დიზაინერი dizaineri
designing *(adj.)* პროექტირება proeqtireba
desirable *(adj.)* სასურველი sasurveli
desire *(v.)* სურვილი survili
desirous *(adj.)* სასურველია sasurvelia
desist *(v.)* თავშეკავება TavSekaveba
desk *(n.)* მერხი merxi
desktop *(n.)* სამუშაო მაგიდა samuSao magida
desocialization *(n.)* დესოციალიზაცია desocializacia
desolate *(adj.)* გაპარტახებული gapartaxebuli
desolvate *(v.)* გაპარტახებული gapartaxebuli
despair *(n.)* სასოწარკვეთა sasowarkveTa

desperate *(adj.)* სასოწარკვეთილი sasowarkveTili
despicable *(adj.)* საზიზღარი sazizRari
despise *(v.)* შეზიზღება SezizReba
despiteful *(adj.)* ბოროტი boroti
despondent *(adj.)* სასოწარკვეთილი sasowarkveTili
despot *(n.)* დესპოტი despoti
dessert *(n.)* დესერტი deserti
destabilization *(n.)* დესტაბილიზაცია destabilizacia
destabilize *(v.)* დესტაბილიზებური destabilizeburi
destination *(n.)* დანიშნულების ადგილი daniSnulebis adgili
destiny *(n.)* ბედი bedi
destitute *(adj.)* გაჭირვებული gaWirvebuli
destress *(v.)* სტრესის მოხსნა stresis moxsna
destroy *(v.)* განადგურება ganadgureba
destroyer *(n.)* გამანადგურებელი gamanadgurebeli
destruction *(n.)* განადგურება ganadgureba
detach *(v.)* გამოყოფა gamoyofa
detachment *(n.)* რაზმი razmi
detail *(n.)* დეტალი detali
detain *(v.)* დაკავება dakaveba
detect *(v.)* გამოვლენა gamovlena
detective *(n.)* დეტექტივი deteqtivi
detention *(n.)* დაკავება dakaveba
detergent *(n.)* სარეცხი საშუალება sarecxi saSualeba
deteriorate *(v.)* გაუარესდება gauaresdeba
deteriorate *(v.)* გაუარესება gauareseba
determination *(n.)* განსაზღვრა gansazRvra

determine *(v.)* დადგენა *dadgena*
detest *(v.)* ზიზღი *zizRi*
dethrone *(v.)* ჩამოგდება *Camogdeba*
detonate *(v.)* აფეთქება *afeTqeba*
detoxication *(n.)* დეტოქსიკაცია *detoqsikacia*
detract *(v.)* ვედრება *vedreba*
detractor *(n.)* ცილისმწამებელი *cilismwamebeli*
detriment *(n.)* საზიანო *saziano*
deturpation *(n.)* გარღვევა *garRveva*
devalue *(v.)* გაუფასურება *gaufasureba*
devastate *(v.)* გაოხრება *gaoxreba*
develop *(v.)* განვითარება *ganviTareba*
developer *(n.)* დეველოპერი *developeri*
development *(n.)* განვითარება *ganviTareba*
deviate *(v.)* გადახრა *gadaxra*
deviation *(n.)* გადახრა *gadaxra*
device *(n.)* მოწყობილობა *mowyobiloba*
devil *(n.)* ეშმაკი *eSmaki*
devilry *(n.)* ოხრობა *oxroba*
devise *(v.)* გამოგონება *gamogoneba*
devoid *(adj.)* რამეს არ მქონე *rames ar mqone*
devote *(v.)* შეწირვა *Sewirva*
devotee *(n.)* ფანატიკოსი *fanatikosi*
devotion *(n.)* ერთგულება *erTguleba*
devour *(v.)* შესანსვლა *Sesansvla*
devout *(adj.)* ღვთისმოშიში *RvTismoSiSi*
dew *(n.)* ნამი *nami*
diabetes *(n.)* დიაბეტი *diabeti*
diagnose *(v.)* დიაგნოზი *diagnozi*
diagnosis *(n.)* დიაგნოზი *diagnozi*
diagonal *(adj.)* დიაგონალი *diagonali*
diagram *(n.)* დიაგრამა *diagrama*
dial *(n.)* ციფერბლატი *ciferblati*
dialect *(n.)* დიალექტი *dialeqti*
dialogue *(n.)* დიალოგი *dialogi*
dialysis *(n.)* დიალიზი *dializi*
diameter *(n.)* დიამეტრი *diametri*
diamond *(n.)* ალმასი *almasi*
diaper *(n.)* სახეებიანი ქსოვილი *saxeebiani qsovili*
diarrhea *(n.)* ფაღარათი *faRaraTi*
diary *(n.)* დღიური *dRiuri*
diaspora *(n.)* დიასპორა *diaspora*
dibble *(v.)* ჩარგვა *Cargva*
dice *(n.)* კამათლები *kamaTlebi*
dicey *(adj.)* კამათლის მოთამაშე *kamaTlis moTamaSe*
dictate *(v.)* მიწერილობა *miweriloba*
dictation *(n.)* კარნახი *karnaxi*
dictator *(n.)* დიქტატორი *diqtatori*
diction *(n.)* დიქცია *diqcia*
dictionary *(n.)* ლექსიკონი *leqsikoni*
dictum *(n.)* გამონათქვამი *gamonaTqvami*
didactic *(adj.)* დამრიგებლური *damrigebluri*
die *(v.)* გარდაცვალება *gardacvaleba*
diehard *(n.)* შუბლმაგარი *Sublmagari*
diesel *(n.)* სალიარკა *saliarka*
diet *(v.)* დიეტა *dieta*
dietician *(n.)* დიეტური *dieturi*
differ *(v.)* განსხვავება *gansxvaveba*
difference *(n.)* განსხვავება *gansxvaveba*
different *(adj.)* სხვა *sxva*
difficult *(adj.)* ძნელი *Zneli*
difficulty *(n.)* სიძნელე *siZnele*
diffident *(adj.)* თავმდაბალი *Tavmdabali*
diffuse *(v.)* მიმოფანტული *mimofantuli*
dig *(v.)* ამოთხრა *amoTxra*

digest *(v.)* მოკლე გადმოცემა *mokle gadmocema*
digestion *(n.)* ათვისება *aTviseba*
digit *(n.)* ციფრი *cifri*
digital *(adj.)* დიგიტალური *digitaluri*
digitalize *(v.)* დიგიტალიზებური *digitalizeburi*
dignify *(v.)* ღირსების მინიჭება *Rirsebis miniWeba*
dignitary *(n.)* დიდებული *didebuli*
dignity *(n.)* ღირსება *Rirseba*
digress *(v.)* უკან დახევა *ukan daxeva*
digression *(n.)* უკან დახევა *ukan daxeva*
dilaceration *(n.)* ძარცვა *Zarcva*
dilapidation *(n.)* დაძველებულობა *daZvelebuloba*
dilate *(v.)* გაფართოება *gafarToeba*
dilemma *(n.)* დილემა *dilema*
diligence *(n.)* ბეჯითობა *bejiToba*
diligent *(adj.)* გულმოდგინე *gulmodgine*
dilute *(v.)* გაზავებული *gazavebuli*
dilution *(n.)* გახსნა *gaxsna*
dim *(adj.)* მქრქალი *mqrqali*
dimension *(n.)* აზომვა *azomva*
diminish *(v.)* მოკლება *mokleba*
diminution *(n.)* დაკლება *dakleba*
diminutive *(adj.)* პაწაწინა *pawawina*
dimly *(adv.)* სუსტი *susti*
dimness *(n.)* ბუნდოვანობა *bundovanoba*
din *(n.)* ხმაური *xmauri*
dine *(v.)* სადილობა *sadiloba*
diner *(n.)* მოსადილე *mosadile*
dingy *(adj.)* მკრთალი *mkrTali*
dinner *(n.)* სადილი *sadili*
diocese *(n.)* ეპარქია *eparqia*
dioxide *(n.)* ორჟანგი *orJangi*
dip *(v.)* ჩაძირვა *CaZirva*
diploma *(n.)* დიპლომი *diplomi*
diplomacy *(n.)* დიპლომატია *diplomatia*
diplomat *(n.)* დიპლომატი *diplomati*
diplomatic *(adj.)* დიპლომატიური *diplomatiuri*
dire *(adj.)* საშინელი *saSineli*
direct *(adj.)* სწორი *swori*
direction *(n.)* მიმართულება *mimarTuleba*
directive *(n.)* დირექტივა *direqtiva*
director *(n.)* დირექტორი *direqtori*
directory *(n.)* ცნობარი *cnobari*
dirt *(n.)* ტალახი *talaxi*
dirty *(adj.)* ჭუჭყიანი *WuWyiani*
disability *(n.)* უუნარობა *uunaroba*
disable *(v.)* უუნაროდ ქცევა *uunarod qceva*
disabled *(adj.)* შრომის უნარმოკლებული *Sromis unarmoklebuli*
disadvantage *(n.)* არახელსაყრელი მდგომარეობა *araxelsayreli mdgomareoba*
disagree *(v.)* შეკამათება *SekamaTeba*
disagreeable *(adj.)* უსიამოვნება *usiamovneba*
disallow *(v.)* უარის თქმა *uaris Tqma*
disappear *(v.)* გაქრობა *gaqroba*
disappearance *(n.)* გაუჩინარება *gauCinareba*
disappoint *(v.)* გულის გატეხა *gulis gatexa*
disapprove *(v.)* მსჯავრის დადება *msjavris dadeba*
disarm *(v.)* განიარაღება *ganiaraReba*
disarmament *(n.)* განიარაღება *ganiaraReba*
disarrange *(v.)* მოშლა *moSla*
disarray *(n.)* უწესრიგობა *uwesrigoba*
disaster *(n.)* უბედურება *ubedureba*

disastrous *(adj.)* გაჭირვებული *gaWirvebuli*
disband *(v.)* დათხოვნა *daTxovna*
disbelief *(n.)* ურწმუნოება *urwmunoeba*
disbelieve *(v.)* არ დაჯერება *ar dajereba*
disburse *(v.)* დახარჯვა *daxarjva*
disc *(n.)* დისკი *diski*
discard *(v.)* კარტის ჩასვლა *kartis Casvla*
discharge *(v.)* განტვირთვა *gantvirTva*
disciple *(n.)* მოწაფე *mowafe*
discipline *(n.)* დისციპლინა *disciplina*
disclaim *(v.)* უარის თქმა *uaris Tqma*
disclose *(v.)* აღმოჩენა *aRmoCena*
discolour *(v.)* გაუფერულება *gauferuleba*
discomfit *(v.)* ჩაშლა *CaSla*
discomfort *(n.)* დისკომფორტი *diskomforti*
disconnect *(v.)* განცალკევება *gancalkeveba*
discontent *(n.)* უკმაყოფილება *ukmayofileba*
discontinue *(v.)* შეწყვეტა *Sewyveta*
discord *(n.)* უთანხმოება *uTanxmoeba*
discotheque *(n.)* დისკოტეკა *diskoteka*
discount *(n.)* ფასდაკლება *fasdakleba*
discourage *(v.)* გულის აცრუება *gulis acrueba*
discourse *(n.)* მსჯელობა *msjeloba*
discourteous *(adj.)* უზრდელი *uzrdeli*
discover *(v.)* აღმოჩენა *aRmoCena*
discovery *(n.)* აღმოჩენა *aRmoCena*
discredit *(v.)* უნდობლობა *undobloba*
discreet *(adj.)* ფრთხილი *frTxili*
discrepancy *(n.)* უთანხმოება *uTanxmoeba*
discretion *(n.)* კეთილგონიერება *keTilgoniereba*
discriminate *(v.)* გარჩევა *garCeva*
discrimination *(n.)* დისკრიმინაცია *diskriminacia*
discuss *(v.)* განხილვა *ganxilva*
disdain *(v.)* ქედმაღლობა *qedmaRloba*
disease *(n.)* ავადმყოფობა *avadmyofoba*
disembody *(v.)* დაშლა *daSla*
disenchant *(v.)* გათავისუფლება *gaTavisufleba*
disengage *(v.)* გათავისუფლება *gaTavisufleba*
disfigure *(v.)* დამახინჯება *damaxinjeba*
disgrace *(n.)* შერცხვენა *Sercxvena*
disgruntled *(adj.)* გაჯავრებული *gajavrebuli*
disguise *(v.)* ტანისამოსის გამოცვლა *tanisamosis gamocvla*
disgust *(n.)* ზიზღი *zizRi*
dish *(n.)* თეფში *TefSi*
dishearten *(v.)* დადარდიანება *dadardianeba*
dishonest *(adj.)* უპატიოსნო *upatiosno*
dishonesty *(n.)* უპატიოსნობა *upatiosnoba*
dishonour *(n.)* სახელის გატეხა *saxelis gatexa*
disillusion *(v.)* გულის გატეხა *gulis gatexa*
disinclined *(adj.)* უხალისო *uxaliso*
disinfect *(v.)* დეზინფექცირება *dezinfeqcireba*
disjunction *(n.)* განცალკევება *gancalkeveba*
dislike *(n.)* სიძულვილი *siZulvili*
dislocate *(v.)* ღრძობა *RrZoba*
dislodge *(v.)* მოცილება *mocileba*

disloyal *(adj.)* არალოიალური *araloialuri*
dismal *(adj.)* დაღვრემილი *daRvremili*
dismantle *(v.)* დაშლა *daSla*
dismay *(n.)* შიში *SiSi*
dismiss *(v.)* გაშვება *gaSveba*
dismissal *(n.)* დათხოვნა *daTxovna*
disobey *(v.)* ურჩობა *urCoba*
disorder *(n.)* უწესრიგობა *uwesrigoba*
disorganize *(v.)* დეზორგანიზაცია *dezorganizacia*
disorient *(v.)* ორიენტაციის დაკარგვა *orientaciis dakargva*
disown *(v.)* უარის თქმა *uaris Tqma*
disparate *(adj.)* უთანასწორო *uTanasworo*
disparity *(n.)* უთანასწორობა *uTanasworoba*
dispatch *(v.)* გაგზავნა *gagzavna*
dispensary *(n.)* აფთიაქი *afTiaqi*
dispense *(v.)* დარიგება *darigeba*
disperse *(v.)* მიმოფანტვა *mimofantva*
displace *(v.)* გადანაცვლება *gadanacvleba*
display *(n.)* ჩვენება *Cveneba*
displease *(v.)* გაჯავრება *gajavreba*
displeasure *(n.)* უკმაყოფილება *ukmayofileba*
disposal *(n.)* განლაგება *ganlageba*
dispose *(v.)* განლაგება *ganlageba*
disproportion *(n.)* არათანაზომიერება *araTanazomiereba*
disprove *(v.)* უარყოფა *uaryofa*
disputation *(n.)* დავა *dava*
dispute *(v.)* დავა *dava*
disqualification *(n.)* დისკვალიფიკაცია *diskvalifikacia*
disqualify *(v.)* დისკვალიფიცირება *diskvalificireba*
disquiet *(n.)* შეწუხება *Sewuxeba*
disregard *(v.)* უყურადღებობა *uyuradReboba*
disrepute *(n.)* რეპუტაცია *reputacia*
disrespect *(n.)* უპატივცემულობა *upativcemuloba*
disrupt *(v.)* გახევა *gaxeva*
dissatisfaction *(n.)* დაუკმაყოფილებლობა *daukmayofilebloba*
dissatisfy *(v.)* არდაკმაყოფილება *ardakmayofileba*
dissect *(v.)* გაკვეთა *gakveTa*
dissection *(n.)* გაპობა *gapoba*
dissimilar *(adj.)* არამსგავსი *aramsgavsi*
dissipate *(v.)* გაფანტვა *gafantva*
dissolve *(v.)* გახსნა *gaxsna*
dissuade *(v.)* გადარწმუნება *gadarwmuneba*
distance *(n.)* მანძილი *manZili*
distant *(adj.)* შორეული *Soreuli*
distil *(v.)* გამოხდა *gamoxda*
distillery *(n.)* არყის სახდელი *aryis saxdeli*
distinct *(adj.)* მკაფიო *mkafio*
distinction *(n.)* გარჩევა *garCeva*
distinctive *(adj.)* განსაკუთრებული *gansakuTrebuli*
distinguish *(v.)* გარჩევა *garCeva*
distort *(v.)* დამახინჯება *damaxinjeba*
distraction *(n.)* ყურადღების გადატანა *yuradRebis gadatana*
distraught *(adj.)* გაგიჟებული *gagiJebuli*
distress *(n.)* დარდი *dardi*
distress *(v.)* დარდი *dardi*
distribute *(v.)* განაწილება *ganawileba*
distribution *(n.)* განაწილება *ganawileba*
district *(n.)* რაიონი *raioni*
distrust *(v.)* დაეჭვება *daeWveba*

distrust *(n.)* უნდობლობა *undobloba*
disturb *(v.)* შეწუხება *Sewuxeba*
ditch *(n.)* თხრილი *Txrili*
ditto *(n.)* იგივე *igive*
dive *(v.)* ყვინთვა *yvinTva*
dive *(n.)* ყვინთვა *yvinTva*
diverse *(adj.)* სხვანაირი *sxvanairi*
diversify *(v.)* გამრავალფეროვნება *gamravalferovneba*
divert *(v.)* გადახრა *gadaxra*
divide *(v.)* გაყოფა *gayofa*
dividend *(n.)* გასაყოფი *gasayofi*
divine *(adj.)* ღვთაებრივი *RvTaebrivi*
divinity *(n.)* ღვთაება *RvTaeba*
division *(n.)* დაყოფა *dayofa*
divorce *(v.)* განქორწინება *ganqorwineba*
divorce *(n.)* გაყრა *gayra*
divulge *(v.)* გახმაურება *gaxmaureba*
do *(v.)* კეთება *keTeba*
doable *(adj.)* გაკეთებული *gakeTebuli*
doating *(v.)* სიბერისგან გაბავშვება *siberisgan gabavSveba*
dob *(v.)* ყოველთვის *yovelTvis*
doc *(n.)* დოქტორი *doqtori*
docent *(n.)* დოცენტი *docenti*
docile *(adj.)* მორჩილი *morCili*
dock *(n.)* მოჭრილი კუდი *moWrili kudi*
dock *(v.)* შეჭრა *SeWra*
docket *(n.)* ეტიკეტი *etiketi*
dockmaster *(n.)* ნავსაშენის უფროსი *navsaSenis ufrosi*
dockworker *(n.)* ნავსაშენის მუშა *navsaSenis muSa*
dockyard *(n.)* ნავსაშენი *navsaSeni*
doctor *(n.)* ექიმი *eqimi*
doctor *(v.)* მკურნალობა *mkurnaloba*
doctorate *(n.)* დოქტორის ხარისხი *doqtoris xarisxi*
doctored *(adj.)* მკურნალობა *mkurnaloba*
doctrine *(n.)* სწავლება *swavleba*
document *(n.)* დოკუმენტი *dokumenti*
documentary *(adj.)* დოკუმენტალური *dokumentaluri*
documentary *(n.)* დოკუმენტური ფილმი *dokumenturi filmi*
dodge *(v.)* არიდება *arideba*
dodge *(n.)* აცდენა *acdena*
dodo *(n.)* სულელი ადამიანი *suleli adamiani*
doe *(n.)* მუ ირემი *Zu iremi*
doer *(n.)* მოღვაწე *moRvawe*
doeskin *(n.)* ირმის ტყავი *irmis tyavi*
dog *(n.)* ძაღლი *ZaRli*
dog *(v.)* გამოდევნება *gamodevneba*
dogbreath *(n.)* ძაღლის სუნთქვა *ZaRlis sunTqva*
dogfight *(v.)* ძაღლის ბრძოლა *ZaRlis brZola*
doghole *(n.)* საძაღლე *saZaRle*
doghouse *(n.)* ძაღლის სახლი *ZaRlis saxli*
dogma *(n.)* დოგმა *dogma*
dogmatic *(adj.)* დოგმატური *dogmaturi*
dole *(v.)* დახმარების გაცემა *daxmarebis gacema*
dole *(n.)* შემწეობა *Semweoba*
doll *(n.)* დედოფალა *dedofala*
dollar *(n.)* დოლარი *dolari*
dolman *(n.)* დოლომანი *dolomani*
dolmen *(n.)* დოლომენი *dolomeni*
dolorous *(adj.)* მწუხარე *mwuxare*
dolphin *(n.)* დელფინი *delfini*
domain *(n.)* სამფლობელო *samflobelo*
dome *(n.)* გუმბათი *gumbaTi*
domestic *(adj.)* საოჯახო *saojaxo*
domestic *(n.)* მსახური *msaxuri*

domestical *(adj.)* ოჯახური ojaxuri
domesticate *(v.)* მოშინაურება moSinaureba
domesticator *(n.)* მომშინაურებელი momSinaurebeli
domicile *(n.)* საცხოვრებელი ადგილი sacxovrebeli adgili
domiciled *(adj.)* მუდმივად დასახლებული mudmivad dasaxlebuli
domiciliary *(adj.)* საცხოვრებელი ადგილი sacxovrebeli adgili
dominant *(adj.)* გაბატონებული gabatonebuli
dominate *(v.)* ბატონობა batonoba
domination *(n.)* ბატონობა batonoba
dominion *(n.)* ბატონობა batonoba
domino *(n.)* დომინო domino
donate *(v.)* შეწირვა Sewirva
donation *(n.)* საჩუქარი saCuqari
donkey *(n.)* ვირი viri
donor *(n.)* დონორი donori
doodle *(v.)* თვითმფრინავი TviTmfrinavi
doom *(n.)* ბედი bedi
doom *(v.)* გაკიცხვა gakicxva
doomed *(adj.)* განწირული ganwiruli
doomsday *(adj.)* განკითხვის დღე gankiTxvis dRe
doomsday *(n.)* სამუდამოდ samudamod
door *(n.)* კარი kari
doorbell *(n.)* კარის ზარი karis zari
doorknob *(n.)* კარის ღილაკი karis Rilaki
doormat *(n.)* ფეხსაწმენდი fexsawmendi
dope *(adj.)* გაბრუებული gabruebuli
dope *(v.)* ნარკოტიკების მიღება narkotikebis miReba
dope *(n.)* სქელი საცხი sqeli sacxi

doped *(adj.)* გაბრუებული gabruebuli
dopey *(adj.)* გარეტიანებული garetianebuli
dorky *(adj.)* ნარკოტიკების მიღება narkotikebis miReba
dormant *(adj.)* მთვლემარე mTvlemare
dormitory *(n.)* საერთო საწოლი ოთახი saerTo sawoli oTaxi
dorsal *(adj.)* ზურგის zurgis
dosage *(n.)* დოზირება dozireba
dose *(n.)* დოზა doza
dot *(n.)* წერტილი wertili
dot *(v.)* წერტილის დასმა wertilis dasma
double *(adj.)* ორმაგი ormagi
double *(n.)* ორმაგი რაოდენობა ormagi raodenoba
double *(v.)* გაორკეცება gaorkeceba
doubt *(n.)* ეჭვი eWvi
doubt *(v.)* დაეჭვება daeWveba
doubtful *(adj.)* საეჭვო saeWvo
doubtless *(adj.)* უეჭველი ueWveli
dough *(n.)* ცომი comi
doughnut *(n.)* ღვეზელი Rvezeli
dour *(adj.)* მკაცრი mkacri
douse *(v.)* ჩაძირვა CaZirva
dove *(n.)* მტრედი mtredi
dowery *(n.)* მზითევი mziTevi
down *(v.)* ბუმბული bumbuli
down *(adv.)* დაბლა dabla
down *(prep.)* ქვევით qveviT
down and out *(adj.)* გლახაკნი glaxakni
downfall *(n.)* დაცემა dacema
download *(v.)* ჩამოტვირთვა CamotvirTva
downpour *(n.)* ნიაღვარი niaRvari
downright *(adj.)* პატიოსანი patiosani
downstairs *(adj.)* ქვევით qveviT
downward *(adv.)* დაბლა dabla

downward *(adj.)* ჩამოშვებული *CamoSvebuli*
downwards *(adv.)* დაღვრემილი *daRvremili*
doze *(v.)* თვლემა *Tvlema*
dozen *(n.)* დუჟინი *duJini*
drab *(adj.)* უფერული *uferuli*
drab *(n.)* უფერულობა *uferuloba*
drab *(v.)* ფეთხუმი *feTxumi*
draconic *(adj.)* დრაკონული *drakonuli*
draft *(n.)* ნაძირალები *naZiralebi*
draft *(v.)* ნახაზის გაკეთება *naxazis gakeTeba*
draftsman *(adj.)* მხაზველი *mxazveli*
drafty *(adj.)* ჯვარედინი *jvaredini*
drag *(n.)* მიწახაპია *miwaxapia*
drag *(v.)* თრევა *Treva*
dragon *(n.)* დრაკონი *drakoni*
dragonfly *(n.)* ნემსიყლაპია *nemsiylapia*
drain *(v.)* დაწრეტა *dawreta*
drain *(n.)* დრენაჟის არხი *drenaJis arxi*
drainage *(n.)* ამოშრობა *amoSroba*
drainpipe *(n.)* ჟოლობი *Jolobi*
dram *(n.)* დრაქმა *draqma*
drama *(n.)* დრამა *drama*
dramatic *(adj.)* დრამატული *dramatuli*
dramatist *(n.)* დრამატურგი *dramaturgi*
drape *(v.)* გახვევა *gaxveva*
drape *(n.)* მობურვა *moburva*
draper *(n.)* ქსოვილებით მოვაჭრე *qsovilebiT movaWre*
drapery *(adj.)* მოფარდაგება *mofardageba*
drastic *(n.)* სასტიკი *sastiki*
draught *(n.)* ორპირი *orpiri*
draw *(n.)* გაჭიმვა *gaWimva*
draw *(v.)* ზიდვა *zidva*
drawback *(n.)* დაბრკოლება *dabrkoleba*
drawbridge *(n.)* გასახსნელი ხიდი *gasaxsneli xidi*
drawer *(n.)* უჯრა *ujra*
drawing *(n.)* ხატვა *xatva*
drawing-room *(n.)* სასტუმრო *sastumro*
dread *(n.)* შიში *SiSi*
dread *(adj.)* საშიში *saSiSi*
dread *(v.)* შიში *SiSi*
dreadful *(adj.)* საშინელი *saSineli*
dreadful *(n.)* საძაგელი *saZageli*
dreadfully *(adv.)* საშინელი *saSineli*
dreadlock *(n.)* დრედები *dredebi*
dream *(v.)* ოცნება *ocneba*
dream *(n.)* სიზმარი *sizmari*
dreamcatcher *(n.)* ოცნების მადევარი *ocnebis madevari*
dreamer *(n.)* მეოცნებე *meocnebe*
dreamily *(adv.)* ოცნებით *ocnebiT*
dreamworld *(n.)* ოცნების სამყარო *ocnebis samyaro*
dreamy *(adj.)* მეოცნებე *meocnebe*
drench *(v.)* დასველება *dasveleba*
dress *(n.)* ტანისამოსი *tanisamosi*
dress *(v.)* ჩაცმა *Cacma*
dressing *(n.)* ჩაცმა *Cacma*
dressing table *(n.)* ტუალეტის მაგიდა *tualetis magida*
dressmaker *(n.)* მკერავი(ქალი) *mkeravi(qali)*
drib *(n.)* ცოტ-ცოტა *cot-cota*
dribble *(v.)* წვეთა *wveTa*
dribble *(n.)* წვეთ-წვეთად *wveT-wveTad*
dried *(adj.)* გამომშრალი *gamomSrali*
drift *(n.)* ნელი დინება *neli dineba*
drift *(v.)* ქარით დანგრევა *qariT dangreva*

drill *(n.)* სამხედრო წვრთნა *samxedro wvrTna*
drill *(v.)* სწავლება *swavleba*
drink *(v.)* დალევა *daleva*
drink *(n.)* სასმელი *sasmeli*
drinking chocolate *(n.)* სასმელი შოკოლადი *sasmeli Sokoladi*
drinking water *(n.)* სასმელი წყალი *sasmeli wyali*
drip *(v.)* ჩაწვეთება *CawveTeba*
drip *(n.)* წვეთა *wveTa*
drive *(n.)* მგზავრობა *mgzavroba*
drive *(v.)* ტარება *tareba*
driver *(n.)* მძღოლი *mZRoli*
drizzle *(n.)* ჟინჟღლი *JinJRli*
drizzle *(v.)* ცრის *cris*
droid *(n.)* დროიდი *droidi*
drone *(n.)* მამალი ფუტკარი *mamali futkari*
drool *(v.)* გართობა *garToba*
drool *(n)* გასართობი *gasarTobi*
droop *(v.)* დაშვება *daSveba*
droopy *(adj.)* დაცემული სული *dacemuli suli*
drop *(v.)* წვეთი *wveTi*
drop *(n.)* ჩაწვეთება *CawveTeba*
drop box *(n.)* საწვეთი ყუთი *sawveTi yuTi*
drop-in *(adj.)* ჩაწვეთება *CawveTeba*
drop-off *(n.)* დაშლა *daSla*
dropout *(n.)* გადმოვარდნა *gadmovardna*
dropzone *(n.)* საწვეთურის ზონა *sawveTuris zona*
drought *(n.)* გვალვა *gvalva*
drown *(v.)* ჩაძირვა *CaZirva*
drug *(n.)* წამალი *wamali*
drug addict *(n.)* ნარკოდამოკიდებული *narkodamokidebuli*
druggist *(n.)* აფთიაქარი *afTiaqari*

druid *(n.)* დრუიდი *druidi*
drum *(n.)* დოლი *doli*
drum *(v.)* დოლის დაკვრა *dolis dakvra*
drum kit *(n.)* დრამის მოწყობილობა *dramis mowyobiloba*
drumbeat *(n.)* დასარტყამი *dasartyami*
drumfish *(n.)* დასარტყამი *dasartyami*
drunk *(adj.)* დალევა *daleva*
drunkard *(n.)* ლოთი *loTi*
dry *(v.)* გაშრობა *gaSroba*
dry *(adj.)* მშრალი *mSrali*
dry-clean *(v.)* გამშრალება *gamSraleba*
dryer *(n.)* საშრობი *saSrobi*
dual *(adj.)* ორმაგი *ormagi*
duality *(n.)* ორპირობა *orpiroba*
dual-purpose *(adj.)* ორპირი *orpiri*
dub *(n.)* რაინდად შეწირვა *raindad Sewirva*
dub *(v.)* ფილმის დუბლირება *filmis dublireba*
dubious *(adj.)* საეჭვო *saeWvo*
ducat *(n.)* ფული *fuli*
duchess *(n.)* ჰერცოგი(ქალი) *hercogi(qali)*
duck *(n.)* იხვი *ixvi*
duck *(v.)* ყვინთვა *yvinTva*
duct *(n.)* სადინარი *sadinari*
duct *(v.)* ცრემლის სადინარი *cremlis sadinari*
duct tape *(n.)* წებოვანი ლენტი *webovani lenti*
dude *(n.)* პრანჭია *pranWia*
due *(adv.)* გამოწვეული *gamowveuli*
due *(n.)* საკადრისი *sakadrisi*
due *(adj.)* ჯეროვანი *jerovani*
duel *(n.)* დუელი *dueli*
duel *(v.)* დუელში გამოწვევა *duelSi gamowveva*
duet *(v.)* დუეტი *dueti*

duffel bag *(n.)* დუფელის ტომარა *dufelis tomara*
duke *(n.)* ფერცოგი *fercogi*
dull *(adj.)* გონებაჩლუნგი *gonebaClungi*
dull *(v.)* დაჩლუნგება *daClungeba*
duly *(adv.)* სათანადოდ *saTanadod*
dumb *(adj.)* მუნჯი *munji*
dum-bell *(n.)* ჰანტელი *hanteli*
dumbfound *(v.)* გაოცება *gaoceba*
dumbfounded *(adj.)* განცვიფრებული *gancvifrebuli*
dumbo *(n.)* დუმბო *dumbo*
dummy *(n.)* მანეკენი *manekeni*
dummy *(v.)* სულელი *suleli*
dump *(v.)* გადმოტვირთვა *gadmotvirTva*
dump *(n.)* სანაგვე *sanagve*
dumpster *(n.)* გულგატეხილი *gulgatexili*
dunce *(n.)* გონებაჩლუნგი *gonebaClungi*
dune *(n.)* დიუნი *diuni*
dung *(n.)* ნეხვი *nexvi*
dungeon *(n.)* საპყრობილე *sapyrobile*
dunk *(v.)* დასველება *dasveleba*
dunk *(n.)* სველი *sveli*
duo *(n.)* დუეტი *dueti*
dup *(v.)* დუეტი *dueti*
dupe *(v.)* მოტყუება *motyueba*
dupe *(n.)* მოტყუებული ადამიანი *motyuebuli adamiani*
duplex *(n.)* ორმაგი *ormagi*
duplicate *(n.)* დუბლიკატი *dublikati*
duplicate *(v.)* დუბლირება *dublireba*
duplicate *(adj.)* ორმაგი *ormagi*
duplicity *(n.)* ორპირობა *orpiroba*
durability *(n.)* გამძლეობა *gamZleoba*
durable *(adj.)* მტკიცე *mtkice*
duration *(n.)* ხანგრძლივობა *xangrZlivoba*
during *(prep.)* განმავლობაში *ganmavlobaSi*
dusk *(n.)* ბინდი *bindi*
dust *(n.)* მტვერი *mtveri*
dust *(v.)* მტვრის გაწმენდა *mtvris gawmenda*
duster *(n.)* მტვრის ჩვარი *mtvris Cvari*
dutiful *(adj.)* დამჯერი *damjeri*
duty *(n.)* მოვალეობა *movaleoba*
duty-free *(adj.)* დაუბეგრავი *daubegravi*
duty-free *(adv.)* უბაჟოდ *ubaJod*
duvet *(n.)* საბანი *sabani*
dwarf *(v.)* ზრდისთვის ხელის შეშლა *zrdisTvis xelis SeSla*
dwarf *(n.)* ქონდრის კაცი *qondris kaci*
dwarf *(adj.)* ცეროდენა *cerodena*
dwell *(v.)* ცხოვრება *cxovreba*
dwelling *(n.)* საცხოვრებელი *sacxovrebeli*
dwindle *(v.)* შემცირება *Semcireba*
dye *(n.)* საღებავი *saRebavi*
dye *(v.)* შეღებვა *SeRebva*
dynamic *(adj.)* დინამიკური *dinamikuri*
dynamics *(n.)* დინამიკა *dinamika*
dynamite *(n.)* დინამიტი *dinamiti*
dynamo *(n.)* დინამო *dinamo*
dynasty *(n.)* დინასტია *dinastia*
dysentery *(n.)* დიზენტერია *dizenteria*
dystopia *(n.)* დისტოფია *distofia*

E

each *(pron.)* ყოველი yoveli
each *(adj.)* თვითეული TviTeuli
each *(adv.)* ყოველი yoveli
eager *(adj.)* ძლიერ მოსურნე Zlier mosurne
eagle *(n.)* არწივი arwivi
ear *(n.)* ყური yuri
earbud *(n.)* ყურსასმენი yursasmeni
early *(adv.)* ადრიანი adriani
early *(adj.)* ნაადრევი naadrevi
earn *(v.)* გამომუშავება gamomuSaveba
earnest *(adj.)* სერიოზულად seriozulad
earth *(n.)* დედამიწა dedamiwa
earthen *(adj.)* მიწური miwuri
earthenware *(n.)* თიხის Tixis
earthly *(adj.)* დედამიწის dedamiwis
earthquake *(n.)* მიწისძვრა miwisZvra
ease *(n.)* სიმშვიდე simSvide
ease *(v.)* შემსუბუქება Semsubuqeba
east *(adv.)* აღმოსავლეთი aRmosavleTi
east *(adj.)* აღმოსავლური armosavluri
east *(n.)* აღმოსავლეთი aRmosavleTi
easter *(n.)* აღდგომა aRdgoma
eastern *(adj.)* აღმოსავლეთის მცხოვრები aRmosavleTis mcxovrebi
easy *(adj.)* ადვილი advili
easy-to-use *(adj.)* ადვილად გამოსაყენებელი advilad gamosayenebeli
eat *(v.)* ჭამა Wama
eatable *(n.)* საჭმელი saWmeli
eave *(n.)* სახურავის ფარდული saxuravis farduli
eavesdrop *(n.)* მიყურადება miyuradeba
eavesdrop *(v.)* ყურისგდება yurisgdeba
ebb *(n.)* მიქცევა miqceva
ebb *(v.)* გადასხმა gadasxma
ebony *(n.)* აბანოზის ხე abanozis xe
e-book *(n.)* ელექტრონული წიგნი eleqtronuli wigni
ebulliate *(v.)* მდუღარე mduRare
ebullience *(n.)* მჩქეფარე mCqefare
ebullient *(adj.)* მგზნებარე mgznebare
eccentric *(adj.)* უცნაური ucnauri
ecclesiast *(n.)* სასულიერო პირი sasuliero piri
ecclesiastical *(adj.)* საეკლესიო saeklesio
echinid *(n.)* ეცინიდი ecinidi
echo *(v.)* არეკვლა arekvla
echo *(n.)* ექო eqo
echocardiogram *(n.)* ექოკარდიოგრამა eqokardiograma
eclampsia *(n.)* ეკლამფსია eklamfsia
eclectic *(n.)* ეკლექტიკა ekleqtika
eclectic *(adj.)* ეკლექტიკური ekleqtikuri
eclipse *(v.)* დაბნელება dabneleba
eclipsis *(n.)* ბრწყინვალების დაკარგვა brwyinvalebis dakargva
ecological *(adj.)* ეკოლოგიური ekologiuri
ecologist *(n.)* ეკოლოგისტი ekologisti
ecology *(n.)* ეკოლოგია ekologia
e-commerce *(n.)* ელექტრონული კომერცია eleqtronuli komercia
economic *(adj.)* ეკონომიკა ekonomika
economical *(adj.)* ეკონომიკური ekonomikuri
economics *(n.)* ეკონომიკა ekonomika
economy *(n.)* მეურნეობა meurneoba
ecosystem *(n.)* ეკოსისტემა ekosistema
ecoterrorism *(n.)* ეკოტერორიზმი ekoterorizmi

ecstasy *(n.)* ექსტაზი *eqstazi*
ecstatic *(adj.)* გაშმაგებული *gaSmagebuli*
ectopia *(n.)* ექტოპია *eqtopia*
ectoplasm *(n.)* ექტოპლაზმა *eqtoplazma*
ecumenic *(adj.)* ეკუმენიკა *ekumenika*
ecumenical *(adj.)* ეკუმენიკური *ekumenikuri*
eczema *(n.)* ეგზემა *egzema*
edema *(n.)* შეშუპება *SeSupeba*
edge *(n.)* ნაპირი *napiri*
edible *(adj.)* საკვები *sakvebi*
edict *(n.)* ბრძანება *brZaneba*
edificant *(adj.)* ჭკუის დარიგება *Wkuis darigeba*
edification *(n.)* დარიგება *darigeba*
edifice *(n.)* შენობა *Senoba*
edify *(v.)* დარიგება *darigeba*
edit *(v.)* რედაქციის გაკეთება *redaqciis gakeTeba*
edition *(n.)* გამოცემა *gamocema*
editor *(n.)* რედაქტორი *redaqtori*
editorial *(adj.)* მოწინავე წერილი *mowinave werili*
editorial *(n.)* სარედქციო *saredqcio*
educate *(v.)* აღზრდა *aRzrda*
education *(n.)* განათლება *ganaTleba*
eel *(n.)* გველთევზა *gvelTevza*
eerie *(adj.)* ზებუნებრივი *zebunebrivi*
effable *(adj.)* გამოხატული სიტყვები *gamoxatuli sityvebi*
effably *(adv.)* ეფექტური *efeqturi*
efface *(v.)* წაშლა *waSla*
effect *(v.)* შედეგი *Sedegi*
effective *(adj.)* ეფექტური *efeqturi*
effeminate *(adj.)* ქალური *qaluri*
efficacy *(n.)* ეფექტიანობა *efeqtianoba*
efficiency *(n.)* ეფექტურობა *efeqturoba*

efficient *(adj.)* ეფექტური *efeqturi*
effigy *(n.)* პორტრეტი *portreti*
effort *(n.)* ძაბვა *Zabva*
effortless *(adj.)* პასიური *pasiuri*
effusive *(adj.)* თავშეუკავებელი *TavSeukavebeli*
egg *(n.)* კვერცხი *kvercxi*
ego *(n.)* ეგო *ego*
egocentric *(adj.)* ეგოცენტრიკული *egocentrikuli*
egotism *(n.)* ეგოტიზმი *egotizmi*
eight *(n.)* რვიანი *rviani*
eighteen *(n.)* თვრამეტი *Tvrameti*
eighty *(n.)* ოთხმოცი *oTxmoci*
either *(pron.)* ყოველი *yoveli*
either *(adv.)* თვითეული *TviTeuli*
ejaculate *(n.)* გამოყოფა *gamoyofa*
ejaculate *(v.)* წამოძახება *wamoZaxeba*
ejaculation *(n.)* გამოყოფა *gamoyofa*
ejaculatory *(adj.)* ეაკულატორული *eakulatoruli*
eject *(v.)* გამოგდება *gamogdeba*
elaborate *(v.)* გულმოდგინედ დამუშავება *gulmodgined damuSaveba*
elaborate *(adj.)* გულმოდგინედ დამუშავებული *gulmodgined damuSavebuli*
elapse *(v.)* გავლა *gavla*
elastic *(adj.)* რეზინი *rezini*
elasticity *(n.)* ელასტიურობა *elastiuroba*
elate *(v.)* განწყობილების შექმნა *ganwyobilebis Seqmna*
elate *(adj.)* ხალისიან გუნებაზე *xalisian gunebaze*
elated *(adj.)* ხალისიანი *xalisiani*
elation *(n.)* ხალისიანი გუნება *xalisiani guneba*
elbow *(n.)* იდაყვი *idayvi*
elder *(adj.)* მოხუცებული *moxucebuli*

elder *(n.)* მოხუცი *moxuci*
elderly *(adj.)* ხანში შესული *xanSi Sesuli*
elect *(v.)* რჩეული *rCeuli*
election *(n.)* არჩევნები *arCevnebi*
electorate *(n.)* ამომრჩეველი *amomrCeveli*
electric *(adj.)* ელექტრო *eleqtro*
electricity *(n.)* ელექტროობა *eleqtrooba*
electrify *(v.)* ელექტროენერგიის დანერგვა *eleqtroenergiis danergva*
electrocute *(v.)* ელექტროდენით დასჯა *eleqtrodeniT dasja*
electrocution *(n.)* ელექტრონის სკამზე დსჯა *eleqtronis skamze dsja*
electrolyte *(n.)* ელექტროლიტი *eleqtroliti*
electron *(n.)* ელექტრონი *eleqtroni*
electronic *(adj.)* ელექტრონული *eleqtronuli*
elegance *(n.)* მოხდენილობა *moxdeniloba*
elegant *(adj.)* ელეგანტური *eleganturi*
elegy *(n.)* ელეგია *elegia*
element *(n.)* ელემენტი *elementi*
elemental *(adj.)* ელემენტალური *elementaluri*
elementary *(adj.)* დაწყებითი *dawyebiTi*
elephant *(n.)* სპილო *spilo*
elephantine *(adj.)* მოუქნელი *mouqneli*
elevate *(v.)* ამაღლება *amaRleba*
elevation *(n.)* აწევა *aweva*
elevator *(n.)* ლიფტი *lifti*
eleven *(n.)* თერთმეტი *TerTmeti*
elf *(n.)* ელფი *elfi*
elicitate *(v.)* გამოჩენა *gamoCena*
eligibility *(n.)* უფლება *ufleba*
eligible *(adj.)* შესაფერი *Sesaferi*
eliminate *(v.)* ამოგდება *amogdeba*
elimination *(n.)* გარიცხვა *garicxva*
eliminator *(n.)* გარიცხული *garicxuli*
eliminatory *(adj.)* გარიცხული *garicxuli*
elision *(n.)* ელიზია *elizia*
elite *(n.)* ელიტა *elita*
elite *(adj.)* რჩეული ნაწილი *rCeuli nawili*
elitism *(n.)* ელიტიზმი *elitizmi*
elitist *(n.)* ელიტისტი *elitisti*
elixir *(n.)* ელექსირი *eleqsiri*
elk *(n.)* ცხენ-ირემი *cxen-iremi*
ellipse *(n.)* ელიფსი *elifsi*
elliptic *(adj.)* ელიფსური *elifsuri*
elocution *(n.)* მჭერმეტყველი *mWermetyveli*
elope *(v.)* გაქცევა *gaqceva*
eloquence *(n.)* მჭერვმეტყველება *mWervmetyveleba*
eloquent *(adj.)* მჭერმეტყველი *mWermetyveli*
else *(adv.)* გარდა *garda*
else *(adj.)* კიდევ *kidev*
elucidate *(v.)* ნათელყოფა *naTelyofa*
elude *(v.)* აცდენა *acdena*
elusion *(n.)* თავის არიდება *Tavis arideba*
elusive *(adj.)* მოუხელთებელი *mouxelTebeli*
emaciate *(v.)* ღონის მიხდა *Ronis mixda*
emaciated *(adj.)* ღონე მიხდილი *Rone mixdili*
email *(n.)* ელექტრონული ფოსტა *eleqtronuli fosta*
emanate *(v.)* დაცლა *dacla*
emanation *(n.)* გამოდენა *gamodena*
emancipate *(v.)* შეზღუდვისგან გათავისუფლება *SezRudvisgan gaTavisufleba*

emancipation *(n.)* გათავისუფლება gaTavisufleba
emasculate *(v.)* დაკოდვილი dakodvili
emasculation *(n.)* დაკოდვილი dakodvili
embalm *(v.)* საამური სურნელების ფრქვევა saamuri surnelebis frqveva
embalming *(n.)* სურნელის ფრქვევა surnelis frqveva
embank *(v.)* ჯებირით დაცვა jebiriT dacva
embankment *(n.)* ჯებირი jebiri
embargo *(n.)* ემბარგო embargo
embark *(v.)* ჩაბარგება Cabargeba
embarrass *(v.)* შეცბუნება Secbuneba
embarrassing *(adj.)* შეცბუნებული Secbunebuli
embarrassment *(n.)* დაბნეულობა dabneuloba
embassy *(n.)* საელჩო saelCo
embellish *(v.)* შემკობა Semkoba
embitter *(v.)* გამწვავება gamwvaveba
emblem *(n.)* ემბლემა emblema
embodiment *(n.)* განსახიერება gansaxiereba
embody *(v.)* განსახიერება gansaxiereba
embolden *(v.)* გამხნევება gamxneveba
embrace *(n.)* გარემოცვა garemocva
embrace *(v.)* მოხვევა moxveva
embroidery *(n.)* ქარგვა qargva
embryo *(n.)* ჩანასახი Canasaxi
embryonic *(adj.)* ჩანსახოვანი Cansaxovani
embush *(v.)* ჩასაფრება Casafreba
emend *(v.)* გასწორება gasworeba
emendate *(v.)* გასწორება gasworeba
emerald *(n.)* ზურმუხტი zurmuxti
emerge *(v.)* ამოტივტივება amotivtiveba

emergency *(n.)* გამოჩენა gamoCena
emigrate *(v.)* გადასახლება gadasaxleba
emigration *(n.)* გადასახლება gadasaxleba
eminence *(n.)* სიმაღლე simaRle
eminent *(adj.)* სახელოვანი saxelovani
emissary *(n.)* ემისარი emisari
emission *(n.)* გამოყოფა gamoyofa
emit *(v.)* გამოცემა gamocema
emittance *(n.)* გამოცემა gamocema
emmet *(n.)* ჭიანჭველა WianWvela
emoji *(n.)* ემოჯი emoji
emolument *(n.)* შემოსავალი Semosavali
emote *(v.)* ემოცია emocia
emoticon *(n.)* ემოციური emociuri
emotion *(n.)* ემოცია emocia
emotional *(adj.)* ამაღელვებელი amaRelvebeli
emotive *(adj.)* ემოციური emociuri
empath *(n.)* ემპათია empaTia
empathic *(adj.)* ემპათიური empaTiuri
empathy *(n.)* ემპათია empaTia
emperor *(n.)* იმპერატორი imperatori
emphasis *(n.)* მახვილი maxvili
emphasize *(v.)* ხაზის გასმა xazis gasma
emphatic *(adj.)* გამომეტყველი gamometyveli
empire *(n.)* იმპერია imperia
empirical *(adj.)* ემპირიული empiriuli
empiricism *(n.)* ემპირიციზმი empiricizmi
empiricist *(n.)* ემპირიკოსი empirikosi
employ *(v.)* სამსახურში ყოლა samsaxurSi yola
employee *(n.)* მოსამსახურე mosamsaxure
employer *(n.)* დამქირავებელი damqiravebeli

employment *(n.)* სამსახური samsaxuri
empower *(v.)* უფლებით აღჭურვა uflebiT aRWurva
empress *(n.)* იმპერატორი imperatori
empty *(v.)* დაცლა dacla
empty *(adj.)* ცარიელი carieli
empty-handed *(adj.)* ხელცარიელი xelcarieli
emulate *(v.)* შეჯიბრება Sejibreba
emulation *(n.)* მეტოქეობა metoqeoba
emulsifier *(n.)* ემულგატორი emulgatori
emulsify *(v.)* ემულსიფიკაცია emulsifikacia
en route *(adv.)* მარშრუტი marSruti
enable *(v.)* შესაძლებლობა SesaZlebloba
enact *(v.)* ბრძანების მიწერა brZanebis miwera
enamel *(n.)* მინანქარი minanqari
enamour *(v.)* დატყვევება datyveveba
enamoured *(adj.)* დატყვევებული datyvevebuli
enamourment *(n.)* შეპყრობა Sepyroba
encage *(v.)* გამოკეტვა gamoketva
encapsulate *(v.)* კაფსულაში მოქცევა kafsulaSi moqceva
encase *(v.)* შეფუთვა SefuTva
enchant *(v.)* მოჯადოება mojadoeba
encircle *(v.)* გარშემოხვევა garSemoxveva
enclose *(v.)* თანდართვა TandarTva
enclosure *(n.)* გალავანი galavani
encompass *(v.)* გარშემოხვევა garSemoxveva
encounter *(v.)* დატაკება datakeba
encounter *(n.)* დაჯახება dajaxeba
encourage *(v.)* გამხნევება gamxneveba
encouragement *(n.)* წახალისება waxaliseba
encroach *(v.)* შემოჭრა SemoWra
encrust *(v.)* დაფარვა dafarva
encrusted *(adj.)* დაფარული dafaruli
encrypt *(v.)* დაშიფვრა daSifvra
encrypted *(adj.)* დაშიფრული daSifruli
encryption *(n.)* შიფრი Sifri
encumber *(v.)* გაძნელება gaZneleba
encyclopedia *(n.)* ენციკლოპედია enciklopedia
end *(v.)* დამთავრება damTavreba
end *(n.)* დასასრული dasasruli
endanger *(v.)* დამუქრება damuqreba
endangered *(adj.)* გადაშენების პირას მყოფი gadaSenebis piras myofi
endear *(v.)* სიყვარულის შთაგონება siyvarulis STagoneba
endearment *(n.)* სიყვარული siyvaruli
endeavour *(n.)* მონდომება mondomeba
endeavour *(v.)* სინჯვა sinjva
endemic *(adj.)* ენდემური endemuri
endemiology *(n.)* ენდემოლოგია endemologia
endless *(adj.)* უსასრულო usasrulo
endorse *(v.)* დადასტურება dadastureba
endorsement *(n.)* დამოწმება damowmeba
endorser *(n.)* შემსრულებელი Semsrulebeli
endoscopic *(adj.)* ენდოსკოპიური endoskopiuri
endoscopy *(n.)* ენდოსკოპია endoskopia
endow *(v.)* დაჯილდოება dajildoeba
endowed *(adj.)* დაჯილდოვებული dajildovebuli
endowment *(n.)* შეწირულება Sewiruleba
endurable *(adj.)* გამძლე gamZle

endurance *(n.)* გამძლეობა *gamZleoba*
endure *(v.)* გაძლება *gaZleba*
enemy *(n.)* მტერი *mteri*
energetic *(adj.)* ენერგიული *energiuli*
energize *(v.)* ენერგიის მინიჭება *energiis miniWeba*
energy *(n.)* ენერგია *energia*
enervate *(v.)* დასუსტება *dasusteba*
enervated *(adj.)* სუსტი *susti*
enfeeble *(v.)* მოდუნება *moduneba*
enforce *(v.)* იძულება *iZuleba*
enfranchise *(v.)* გათავისუფლება *gaTavisufleba*
engage *(v.)* დაკავება *dakaveba*
engagement *(n.)* მიპატიჟება *mipatiJeba*
engaging *(adj.)* მიმზიდველი *mimzidveli*
engine *(n.)* ძრავა *Zrava*
engineer *(n.)* ინჟინერი *inJineri*
engineering *(n.)* ელექტროტექნიკა *eleqtroteqnika*
enginous *(adj.)* ელექტრონული *eleqtronuli*
English *(n.)* ინგლისური ენა *inglisuri ena*
englobe *(v.)* მოიცავს *moicavs*
engorge *(v.)* გადაყლაპვა *gadaylapva*
engrave *(v.)* ამოკვეთა *amokveTa*
engross *(v.)* საუბრის დაუფლება *saubris daufleba*
engulf *(v.)* ჩახშობა *CaxSoba*
enhance *(v.)* მომატება *momateba*
enhancement *(n.)* გაძლიერება *gaZliereba*
enigma *(n.)* გამოცანა *gamocana*
enigmatic *(adj.)* გამოუცნობი *gamoucnobi*
enigmatical *(adj.)* გამოუცნობელი *gamoucnobeli*
enigmatically *(adv.)* საიდუმლოებით მოცული *saidumloebiT moculi*
enjoy *(v.)* სიამოვნების განცდა *siamovnebis gancda*
enjoyability *(n.)* სიამოვნება *siamovneba*
enjoyable *(adj.)* სასიამოვნო *sasiamovno*
enjoyment *(n.)* დიდი სიამოვნება *didi siamovneba*
enlarge *(v.)* გადიდება *gadideba*
enlighten *(v.)* უწყება *uwyeba*
enlist *(v.)* სამხედრო სამსახურში შესვლა *samxedro samsaxurSi Sesvla*
enliven *(v.)* გამოცოცხლება *gamococxleba*
enmity *(n.)* მტრობა *mtroba*
ennoble *(v.)* გაკეთილშობილება *gakeTilSobileba*
enormous *(adj.)* უზარმაზარი *uzarmazari*
enough *(adv.)* საკმარისად *sakmarisad*
enough *(adj.)* საკმარისი *sakmarisi*
enquiry *(n.)* გამოძიება *gamoZieba*
enrage *(v.)* გაბრაზება *gabrazeba*
enrapture *(v.)* მოხიბვლა *moxibvla*
enrich *(v.)* გამდიდრება *gamdidreba*
enrichment *(n.)* განოყიერება *ganoyiereba*
enrol *(v.)* სიაში შეტანა *siaSi Setana*
ensemble *(n.)* ანსამბლი *ansambli*
enshrine *(v.)* შენახვა *Senaxva*
enslave *(v.)* დამონება *damoneba*
ensue *(v.)* გაყოლა *gayola*
ensure *(v.)* უზრუნველყოფა *uzrunvelyofa*
entangle *(v.)* არევა *areva*
enter *(v.)* შესვლა *Sesvla*
enterprise *(n.)* საწარმო *sawarmo*
entertain *(v.)* გართობა *garToba*
entertainment *(n.)* გართობა *garToba*

enthral *(v.)* მოხიბვლა *moxibvla*
enthrone *(v.)* ტახტზე აყვანა *taxtze ayvana*
enthusiasm *(n.)* აღტაცება *aRtaceba*
enthusiastic *(adj.)* აღტავებული *aRtavebuli*
entice *(v.)* შეცდენა *Secdena*
enticement *(n.)* შეტყუება *Setyueba*
enticer *(n.)* მაცდუნებელი *macdunebeli*
enticing *(adj.)* მაცდური *macduri*
entire *(adj.)* სრული *sruli*
entirely *(adv.)* სავსებით *savsebiT*
entitle *(v.)* უფლების მიცემა *uflebis micema*
entity *(n.)* არსი *arsi*
entomb *(v.)* დაკრძალვა *dakrZalva*
entomology *(n.)* ენტომოლოგია *entomologia*
entrails *(n.)* შიგნეული *Signeuli*
entrance *(n.)* შესასვლელი *Sesasvleli*
entrap *(v.)* ხაფანგით დაჭერა *xafangiT daWera*
entrapment *(n.)* ხაფანგი *xafangi*
entreat *(v.)* ვედრება *vedreba*
entreaty *(n.)* ხვეწნა *xvewna*
entrench *(v.)* ჩარევა *Careva*
entrenchment *(n.)* სანგარი *sangari*
entrepreneur *(n.)* მეწარმე *mewarme*
entropic *(adj.)* ენტროპიკული *entropikuli*
entropy *(n.)* ენტროპია *entropia*
entrust *(v.)* დაკისრება *dakisreba*
entry *(n.)* შესასვლელი *Sesasvleli*
entry form *(n.)* შესვლის ფორმა *Sesvlis forma*
entry-level *(adj.)* საწყისი დონის *sawyisi donis*
enumerable *(adj.)* უთვალავი *uTvalavi*
enumerate *(v.)* ჩამოთვლა *CamoTvla*

enumerative *(adj.)* ჩამოთვლილი *CamoTvlili*
enunciate *(v.)* წარმოთქმა *warmoTqma*
enunciation *(n.)* დიქცია *diqcia*
enunciatory *(adj.)* დეკლარაციული *deklaraciuli*
envelop *(v.)* შეხვევა *Sexveva*
envelope *(n.)* კონვერტი *konverti*
envelopment *(n.)* გახვევა *gaxveva*
enviable *(adj.)* სახარბიელო *saxarbielo*
envious *(adj.)* შურიანი *Suriani*
environment *(n.)* გარემოცვა *garemocva*
environmental *(adj.)* გარემოსდაცვითი *garemosdacviTi*
environmentalism *(n.)* გარემოს დაცვა *garemos dacva*
environmentalist *(n.)* გარემოს დამცველი *garemos damcveli*
envisage *(v.)* გათვალისწინება *gaTvaliswineba*
envision *(v.)* განჭვრეტა *ganWvreta*
envoy *(n.)* დესპანი *despani*
envy *(v.)* შეშურება *SeSureba*
enzyme *(n.)* ფერმენტი *fermenti*
enzymic *(adj.)* ფერმენტული *fermentuli*
eon *(n.)* ეონი *eoni*
ephemera *(n.)* მედღეურა *medReura*
ephemeral *(adj.)* წუთიერი *wuTieri*
ephemeric *(adj.)* წარმავალი *warmavali*
epic *(n.)* თქმულება *Tqmuleba*
epical *(adj.)* ეპიკური *epikuri*
epicene *(adj.)* უნისექსი *uniseqsi*
epicentre *(n.)* ეპიცენტრი *epicentri*
epicure *(n.)* გურმანი *gurmani*
epicurean *(n.)* ეპიკურელი *epikureli*
epicurean *(adj.)* ეპიკურეული *epikureuli*

epidemic *(n.)* ეპიდემია *epidemia*
epidural *(n.)* ეპიდურალი *epidurali*
epiglottis *(n.)* ეპიგლოტი *epigloti*
epigram *(n.)* ეპიგრამა *epigrama*
epilate *(v.)* ეპილაცია *epilacia*
epilepsy *(n.)* ეპილეფსია *epilefsia*
epileptic *(n.)* ეპილეპტიკა *epileptika*
epileptic *(adj.)* ეპილეპტიკური *epileptikuri*
epilogue *(n.)* ეპილოგი *epilogi*
epiphany *(n.)* ნათლისღება *naTlisReba*
episode *(n.)* ეპიზოდი *epizodi*
epitaph *(n.)* ეპიტაფია *epitafia*
epitome *(n.)* პერსონიფიკაცია *personifikacia*
epoch *(n.)* ეპოქა *epoqa*
epoxy *(n.)* ეპოქსია *epoqsia*
equal *(n.)* თანაბარი *Tanabari*
equal *(adj.)* თანაბარი *Tanabari*
equal *(v.)* გათანაბრება *gaTanabreba*
equality *(n.)* თანასწორობა *Tanasworoba*
equalize *(v.)* გათანაბრება *gaTanabreba*
equate *(v.)* გათანასწორება *gaTanasworeba*
equation *(n.)* გასწორება *gasworeba*
equator *(n.)* აკვატორი *akvatori*
equilateral *(adj.)* ტოლგვერდა *tolgverda*
equinox *(n.)* ბუნიობა *bunioba*
equip *(v.)* გამზადება *gamzadeba*
equipment *(n.)* მოწყობილობა *mowyobiloba*
equitable *(adj.)* სამართლიანი *samarTliani*
equivalent *(adj.)* ტოლფასიანი *tolfasiani*
equivocal *(adj.)* ორაზროვანი *orazrovani*
era *(n.)* ეპოქა *epoqa*
eradicate *(v.)* აღმოფხვრა *aRmofxvra*
eradication *(n.)* გამოსხივება *gamosxiveba*
eradicator *(n.)* გამომსხივებელი *gamomsxivebeli*
erase *(v.)* წაშლა *waSla*
eraser *(n.)* საშლელი *saSleli*
erect *(v.)* აშენება *aSeneba*
erect *(adj.)* პირდაპირი *pirdapiri*
erectile *(adj.)* ერექტიკული *erektikuli*
erection *(n.)* გამართვა *gamarTva*
erode *(v.)* ამოჭმა *amoWma*
erosion *(n.)* ეროზია *erozia*
erosive *(adj.)* ამომჭმელი *amomWmeli*
erotic *(adj.)* ეროტიკული *erotikuli*
erotica *(n.)* ეროტიკა *erotika*
eroticism *(n.)* ეროტიციზმი *eroticizmi*
eroticize *(v.)* ეროტიზაცია *erotizacia*
err *(v.)* შეცდომა *Secdoma*
errand *(n.)* დავალება *davaleba*
erroneous *(adj.)* შემცდარი *Semcdari*
error *(n.)* შეცდომა *Secdoma*
erupt *(v.)* ამოტყორცნა *amotyorcna*
eruption *(n.)* ამოტყორცნა *amotyorcna*
escalate *(v.)* ესკალაცია *eskalacia*
escalator *(n.)* ესკალატორი *eskalatori*
escapability *(n.)* გაქცევა *gaqceva*
escapable *(adj.)* გასვლის შესაძლებლობა *gasvlis SesaZlebloba*
escape *(v.)* აცდენა *acdena*
escape *(n.)* გაქცევა *gaqceva*
escapee *(n.)* გაქცეული *gaqceuli*
escapism *(n.)* ესკაპიზმი *eskabizmi*
escapist *(n.)* ესკაფისტი *eskafisti*
escapology *(n.)* ესკაფოლოგია *eskafologia*
escargot *(n.)* ლოკოკინა *lokokina*
eschew *(v.)* გვერდზე გადგომა *gverdze gadgoma*

eschewment *(n.)* პირობითი განთავსება *pirobiTi ganTavseba*
escort *(n.)* ბადრაგი *badragi*
escort *(v.)* ბადრაგის თანხლება *badragis Tanxleba*
escorted *(adj.)* ესკორტირება *eskortireba*
escrow *(v.)* პირობითი განთავსება *pirobiTi ganTavseba*
esophageal *(adj.)* საყლაპავი *saylapavi*
esoteric *(adj.)* ეზოთერიკა *ezoTerika*
esoterism *(n.)* ეზოთერიზმი *ezoTerizmi*
espace *(n.)* სივრცე *sivrce*
especial *(adj.)* განსაკუთრებული *gansakuTrebuli*
especially *(adv.)* განსაკუთრებით *gansakuTrebiT*
espouse *(v.)* ცოლის შერთვა *colis SerTva*
essay *(v.)* გამოცდა *gamocda*
essayist *(n.)* ნარკვევის მწერალი *narkvevis mwerali*
essence *(n.)* არსი *arsi*
essential *(adj.)* განუყრელობა *ganuyreloba*
establish *(v.)* დაარსება *daarseba*
establishment *(n.)* დადგენა *dadgena*
estate *(n.)* ქონება *qoneba*
estate agent *(n.)* უძრავი ქონების აგენტი *uZravi qonebis agenti*
esteem *(n.)* პატივისცემა *pativiscema*
esteem *(v.)* პატივისცემა *pativiscema*
estimate *(n.)* დაფასება *dafaseba*
estimate *(v.)* დაფასება *dafaseba*
estimation *(n.)* შეფასება *Sefaseba*
estimative *(adj.)* დაფასებული *dafasebuli*
estragon *(n.)* ესტრაგონი *estragoni*
estrange *(v.)* დაშორება *daSoreba*
estranged *(adj.)* დაშორებული *daSorebuli*
estrogen *(n.)* ესტროგენი *estrogeni*
estuary *(n.)* ზღვის ტოტი *zRvis toti*
etcetera *(adv.)* ასე შემდეგ *ase Semdeg*
etch *(v.)* ამოკვეთა *amokveTa*
etched *(adj.)* ამოკვეთილი *amokveTili*
etching *(adj.)* გრავირება *gravireba*
eternal *(adj.)* სამუდამო *samudamo*
eternalize *(v.)* უკვდავყოფა *ukvdavyofa*
eternally *(adv.)* მარადიული *maradiuli*
eternity *(n.)* მარადისობა *maradisoba*
ether *(n.)* ეთერი *eTeri*
ethical *(adj.)* ეთიკური *eTikuri*
ethics *(n.)* ეთიკა *eTika*
ethnic *(adj.)* ეთნიკური *eTnikuri*
ethnicity *(n.)* ეთნიკურობა *eTnikuroba*
ethos *(n.)* ეთოსი *eTosi*
etiquette *(n.)* ეტიკეტი *etiketi*
etymology *(n.)* ეტიმოლოგია *etimologia*
eucalypt *(n.)* ევკალიპტი *evkalipti*
eunuch *(n.)* საჭურისი *saWurisi*
euphemistic *(adj.)* ეფემისტური *efemisturi*
euphoria *(n.)* ეიფორია *eiforia*
eureka *(int.)* ევრიკა *evrika*
euthanize *(v.)* ევთანაზია *evTanazia*
evacuate *(v.)* ევაკუაცია *evakuacia*
evacuation *(n.)* ევაკუაცია *evakuacia*
evade *(v.)* არიდება *arideba*
evaluate *(v.)* დაფასება *dafaseba*
evangel *(n.)* ევანგელისტი *evangelisti*
evangelic *(adj.)* ევანგელისტური *evangelisturi*
evaporate *(v.)* აორთქლება *aorTqleba*
evasion *(n.)* აცდენა *acdena*
evasive *(adj.)* არაპირდაპირი *arapirdapiri*

even *(v.)* გათანასწორება gaTanasworeba
even *(adv.)* კიდეც kidec
even *(adj.)* სწორი swori
evening *(n.)* საღამო saRamo
evenly *(adv.)* თანაბრად Tanabrad
event *(n.)* შემთხვევა SemTxveva
eventually *(adv.)* საბოლოოდ sabolood
ever *(adv.)* ოდესმე odesme
everglade *(n.)* ჭაობიანი ადგილი Waobiani adgili
evergreen *(n.)* მარადმწვანე მცენარე maradmwvane mcenare
evergreen *(adj.)* მარადწმვანე maradwmvane
everlasting *(adj.)* საუკუნო saukuno
ever-ready *(adj.)* ყოველთვის მზად yovelTvis mzad
evert *(v.)* მარცხნივ მოხვევა marcxniv moxveva
every *(adj.)* ყოველი yoveli
everybody *(pron.)* ყველა yvela
everyday *(adj.)* ყოველდღიური yoveldRiuri
everyone *(pron.)* ყველა yvela
everything *(pron.)* ყველაფერი yvelaferi
everywhere *(pron.)* ყველგან yvelgan
eve-teasing *(n.)* გაღიზიანება gaRizianeba
evict *(v.)* გამოსახლება gamosaxleba
eviction *(n.)* გამოსახლება gamosaxleba
evictor *(n.)* გამომძიებელი gamomZiebeli
evidence *(n.)* სიცხადე sicxade
evident *(adj.)* აშკარა aSkara
evil *(adj.)* ბოროტი boroti
evil *(n.)* ბოროტება boroteba
evince *(v.)* ჩვენება Cveneba

eviscerate *(v.)* გათავისუფლება gaTavisufleba
evisceration *(n.)* განადგურება ganadgureba
evitability *(n.)* წინათგრძნობა winaTgrZnoba
evocate *(v.)* გამოწვეული gamowveuli
evocation *(n.)* მეხსიერების აღდგენა mexsierebis aRdgena
evocative *(adj.)* მოგონებების გამომწვევი mogonebebis gamomwvevi
evoke *(v.)* გამოხმობა gamoxmoba
evolution *(n.)* განვითარება ganviTareba
evolutionary *(adv.)* ევოლუციური evoluciuri
evolve *(v.)* განვითარება ganviTareba
ewe *(n.)* ცხვარი cxvari
exact *(adj.)* ზუსტი zusti
exactly *(adv.)* ზუსტად zustad
exaggerate *(v.)* გაზვიადება gazviadeba
exaggeration *(n.)* გაზვიადება gazviadeba
exalt *(v.)* განდიდება gandideba
examination *(n.)* განხილვა ganxilva
examine *(v.)* განხილვა ganxilva
examinee *(n.)* გამოსაცდელი gamosacdeli
examiner *(n.)* გამომცდელი gamomcdeli
example *(n.)* მაგალითი magaliTi
excavate *(v.)* ამოთხრა amoTxra
excavation *(n.)* ამოთხრა amoTxra
exceed *(v.)* გადამეტება gadameteba
excel *(v.)* დაძლევა daZleva
excellence *(n.)* უპირატესობა upiratesoba
excellency *(n.)* აღმატებულება aRmatebuleba

excellent *(adj.)* საუკეთესო *saukeTeso*
except *(v.)* გამორიცხვა *gamoricxva*
except *(prep.)* გარდა *garda*
exception *(n.)* გამონაკლისი *gamonaklisi*
exceptional *(adj.)* განსაკუთრებული *gansakuTrebuli*
excerpt *(n.)* ციტატა *citata*
excess *(n.)* ნამეტი *nameti*
excess *(adj.)* ჭარბი *Warbi*
excess baggage *(n.)* გადაჭარბებული ბარგი *gadaWarbebuli bargi*
excessive *(adj.)* მეტისმეტი *metismeti*
exchange *(v.)* გაცვლა *gacvla*
exchange rate *(n.)* გაცვლის კურსი *gacvlis kursi*
excise *(n.)* აქციზი *aqcizi*
excite *(v.)* აგზნება *agzneba*
exclaim *(v.)* დაყვირება *dayvireba*
exclamation *(n.)* წამოძახილი *wamoZaxili*
exclude *(v.)* ამორიცხვა *amoricxva*
exclusive *(adj.)* განსაკუთრებული *gansakuTrebuli*
excommunicate *(v.)* ეგზომუნიკაცია *egzomunikacia*
excursion *(n.)* ექსკურსია *eqskursia*
excuse *(v.)* ბოდიში *bodiSi*
excuse *(n.)* პატიება *patieba*
execute *(v.)* შესრულება *Sesruleba*
execution *(n.)* შესრულება *Sesruleba*
executioner *(n.)* ჯალათი *jalaTi*
executive *(adj.)* აღმასრულებელი *aRmasrulebeli*
executive *(n.)* აღმასრულებელი ხელისუფლება *aRmasrulebeli xelisufleba*
exemplar *(n.)* ნიმუში *nimuSi*
exempt *(v.)* გათავისუფლება *gaTavisufleba*
exempt *(adj.)* თავისუფალი *Tavisufali*
exercise *(n.)* ვარჯიში *varjiSi*
exercise *(v.)* წვრთნა *wvrTna*
exfoliate *(v.)* აქერცვლა *aqercvla*
exhaust *(v.)* გამოშვება *gamoSveba*
exhibit *(v.)* გამოჩენა *gamoCena*
exhibit *(n.)* ექსპონანტი *eqsponanti*
exhibition *(n.)* გამოფენა *gamofena*
exile *(v.)* გაძევება *gaZeveba*
exist *(v.)* ყოფნა *yofna*
existence *(n.)* არსებობა *arseboba*
existential *(adj.)* აგზისტენციალური *agzistencialuri*
existentialism *(n.)* ეგზისტენციალიზმი *egzistencializmi*
exit *(v.)* გადიან *gadian*
exit *(n.)* გამოსავალი *gamosavali*
exotic *(adj.)* ეგზოტიკური *egzotikuri*
expand *(v.)* გაფართოება *gafarToeba*
expansion *(n.)* გაფართოება *gafarToeba*
ex-parte *(adv.)* ცალმხრივად *calmxrivad*
expect *(v.)* ლოდინი *lodini*
expectation *(n.)* მოლოდინი *molodini*
expedient *(adj.)* მიზანშეწონილი *mizanSewonili*
expedite *(v.)* ექსპედიცია *eqspedicia*
expedition *(n.)* ექსპედიცია *eqspedicia*
expel *(v.)* გამოგდება *gamogdeba*
expend *(v.)* დახარჯვა *daxarjva*
expenditure *(n.)* ხარჯი *xarji*
expense *(n.)* ხარჯი *xarji*
expensive *(adj.)* ძვირი *Zviri*
experience *(v.)* გამოცდა *gamocda*
experience *(n.)* გამოცდილება *gamocdileba*
experiment *(n.)* ცდა *cda*
expert *(adj.)* გამოცდილი *gamocdili*
expert *(n.)* მცოდნე *mcodne*

expire *(v.)* ამოსუნთქვა *amosunTqva*
expiry *(n.)* გასვლა *gasvla*
explain *(v.)* ახსნა *axsna*
explanation *(n.)* ახსნა *axsna*
explicit *(adj.)* ზუსტი *zusti*
explode *(v.)* აფეთქება *afeTqeba*
exploit *(v.)* ექსპლუატირება *eqspluatireba*
exploit *(n.)* საგმირო საქმე *sagmiro saqme*
exploration *(n.)* ექსპლუატაცია *eqspluatacia*
explore *(v.)* გამოკვლევა *gamokvleva*
explosion *(n.)* აფეთქება *afeTqeba*
explosive *(adj.)* ასაფეთქებელი *asafeTqebeli*
explosive *(n.)* ასაფეთქებელი ნივთიერება *asafeTqebeli nivTiereba*
exponent *(n.)* განმმარტებელი *ganmmartebeli*
export *(v.)* ექსპორტირება *eqsportireba*
export *(n.)* ექსპორტი *eqsporti*
expose *(v.)* გამოფენა *gamofena*
express *(n.)* სასწრაფო *saswrafo*
express *(v.)* სასწრაფო ფოსტით გაგზავნა *saswrafo fostiT gagzavna*
express *(adj.)* სპეციალური *specialuri*
expression *(n.)* გამოთქმა *gamoTqma*
expressive *(adj.)* გამომეტყველებითი *gamometyvelebiTi*
expulsion *(n.)* გაძევება *gaZeveba*
exquisite *(adj.)* საუკეთესო *sauketeso*
exquisitive *(adj.)* საუკეთესო *sauketeso*
extend *(v.)* გაჭიმვა *gaWimva*
extent *(n.)* მანძილი *manZili*
external *(adj.)* გარეგნული *garegnuli*
extinct *(adj.)* გამქრალი *gamqrali*
extinguish *(v.)* გაქრობა *gaqroba*

extol *(v.)* განდიდება *gandideba*
extortion *(n.)* გამოძალვა *gamoZalva*
extra *(adv.)* დამატებითი *damatebiTi*
extract *(v.)* გამოწურვა *gamowurva*
extract *(n.)* ექსტრაქტი *eqstraqti*
extrajudicial *(adj.)* არამართლზომიერი *aramarTlzomieri*
extramarital *(adj.)* არალეგიტიმური *aralegitimuri*
extranet *(n.)* უცხო *ucxo*
extraordinary *(adj.)* არაჩვეულებრივი *araCveulebrivi*
extrapolate *(v.)* ექსტრაპოლირება *eqstrapolireba*
extrapolation *(n.)* ექსტრაპოლაცია *eqstrapolacia*
extraspecial *(adj.)* არაჩვეულებრივი *araCveulebrivi*
extraterrestrial *(n.)* ატმოსფეროს გარეშე *atmosferos gareSe*
extraterrestrial *(adj.)* კოსმოსური *kosmosuri*
extravagance *(n.)* ახირებულობა *axirebuloba*
extravagant *(adj.)* ახირებული *axirebuli*
extreme *(adj.)* განაპირა *ganapira*
extreme *(n.)* უკიდურესობა *ukiduresoba*
extremist *(n.)* ექსტრემისტი *eqstremisti*
extremity *(n.)* კიდე *kide*
extricate *(v.)* გამოხსნა *gamoxsna*
extrinsic *(adj.)* გარეგნული *garegnuli*
extrinsically *(adv.)* შეუფერებელი *Seuferebeli*
extrovert *(n.)* ექტროვერტი *eqtroverti*
exude *(v.)* გამოყოფა *gamoyofa*
exult *(v.)* ლხენა *lxena*
exultant *(adj.)* გახარებული *gaxarebuli*

eye *(n.)* თვალი *Tvali*
eyeball *(n.)* თვალის კაკალი *Tvalis kakali*
eyebrow *(n.)* წარბი *warbi*
eyecatcher *(n.)* თვალწარმტაცი *Tvalwarmtaci*
eye-catching *(adj.)* თვალისმომჭრელი *TvalismomWreli*
eyeglass *(n.)* სათვალე *saTvale*
eyelash *(n.)* წამწამი *wamwami*
eyelet *(n.)* ყური *yuri*
eyelid *(n.)* ქუთუთო *quTuTo*
eyeliner *(n.)* თვალის ლაინერი *Tvalis laineri*
eye-opener *(n.)* სრული სურპრიზი *sruli surprizi*
eyespot *(n.)* თვალის ლაქა *Tvalis laqa*
eyewash *(n.)* თვალის ახვევა *Tvalis axveva*

F

fable *(n.)* იგავი *igavi*
fabric *(n.)* ქსოვილი *qsovili*
fabricate *(v.)* შეთხზვა *SeTxzva*
fabrication *(n.)* ჭორი *Wori*
fabulous *(adj.)* ლეგენდარული *legendaruli*
facade *(n.)* ფასადი *fasadi*
face *(n.)* სახე *saxe*
Face cream *(n.)* სახის კრემი *saxis kremi*
face mask *(n.)* სახის მასკა *saxis maska*
facelift *(v.)* სახის აჭიმვა *saxis aWimva*
facet *(n.)* თრაში *TraSi*
facet *(v.)* ფაცეტი *faceti*
facial *(adj.)* პირისახის *pirisaxis*
facile *(adj.)* ადვილი *advili*
facilitate *(v.)* შემსუბუქება *Semsubuqeba*
facilitation *(n.)* გაადვილება *gaadvileba*
facility *(n.)* სიადვილე *siadvile*
facsimile *(n.)* ფაქსიმილე *faqsimile*
fact *(n.)* ფაქტი *faqti*
faction *(n.)* ფრაქცია *fraqcia*
factious *(adj.)* ფრაქციული *fraqciuli*
factor *(n.)* ფაქტორი *faqtori*
factory *(n.)* ფაბრიკა *fabrika*
faculty *(n.)* უნარი *unari*
fad *(n.)* ჟინი *Jini*
fade *(v.)* ჭკნობა *Wknoba*
faggot *(n.)* მძიმე *mZime*
Fahrenheit *(adj.)* ფარენჰეიტი *farenheiti*
fail *(v.)* მარცხის განცდა *marcxis gancda*
fail *(n.)* უსათუოდ *usaTuod*
failure *(n.)* მარცხი *marcxi*
faint *(adj.)* დასუსტებული *dasustebuli*
faint *(v.)* შეღონება *SeRoneba*
fair *(n.)* ბაზრობა *bazroba*
fair *(adj.)* პატიოსნად *patiosnad*
fair game *(n.)* სამართლიანი თამაში *samarTliani TamaSi*
fair trade *(n.)* პატიოსანი ვაჭრობა *patiosani vaWroba*
fairground *(n.)* ბაზრობის მოედანი *bazrobis moedani*
fairly *(adv.)* სამართლიანად *samarTlianad*
fairy *(n.)* ფერია *feria*
faith *(n.)* რწმენა *rwmena*
faithful *(adj.)* ერთგული *erTguli*
fake *(n.)* ნაყალბევი *nayalbevi*
fake *(adj.)* ყალბი *yalbi*
fake *(v.)* ყალბის გაკეთება *yalbis gakeTeba*

falcon *(n.)* შევარდენი *Sevardeni*
fall *(v.)* დაცემა *dacema*
fallacy *(n.)* შეცდომა *Secdoma*
fallen *(n.)* დავარდნა *davardna*
fallen *(adj.)* დაცემა *dacema*
fallout *(n.)* რადიოაქტიური ნალექის გამოყოფა *radioaqtiuri naleqsi gamoyofa*
fallow *(n.)* დაუმუშავებელი მიწა *daumuSavebeli miwa*
fallow *(v.)* ყამირის გატეხა *yamiris gatexa*
falls *(n.)* ცრუ *cru*
false *(adj.)* ცრუ *cru*
falsehood *(n.)* სიცრუე *sicrue*
falsetto *(n.)* ფალცეტი *falceti*
falsification *(n.)* გაყალბება *gayalbeba*
falsify *(v.)* მცდარობა *mcdaroba*
falter *(v.)* წაბორძიკება *waborZikeba*
fame *(n.)* სახელი *saxeli*
familiar *(adj.)* ახლობელი *axlobeli*
family *(n.)* ოჯახი *ojaxi*
famine *(n.)* შიმშილი *SimSili*
famous *(adj.)* სახელოვანი *saxelovani*
fan *(n.)* მოყვარული *moyvaruli*
fanatic *(adj.)* ფანატიკოსი *fanatikosi*
fanatic *(n.)* ფანატიკური *fanatikuri*
fanciful *(adj.)* უცნაური *ucnauri*
fancy *(n.)* ფანტაზია *fantazia*
fancy *(adj.)* ფანტასტიკური *fantastikuri*
fancy *(v.)* წარმოსახვა *warmosaxva*
fantastic *(adj.)* ფანტასტიკური *fantastikuri*
fantasy *(n.)* ფანტაზია *fantazia*
far *(adj.)* დაშორებული *daSorebuli*
far *(adv.)* შორეული *Soreuli*
faraway *(adj.)* შორი *Sori*
farce *(n.)* ხუმრობა *xumroba*

fare *(n.)* ბილეთის ღირებულება *bileTis Rirebuleba*
farewell *(n.)* გამოთხოვება *gamoTxoveba*
farewell *(interj.)* მშვიდობით *msvidobiT*
farm *(n.)* მეურნეობა *meurneoba*
farmaceutical *(adj.)* ფარმაცევტული *farmacevtuli*
farmer *(n.)* ფერმერი *fermeri*
farmhouse *(n.)* საცხოვრებელი სახლი ფერმაში *sacxovrebeli saxli fermaSi*
fascinate *(v.)* მოხიბვლა *moxibvla*
fascination *(n.)* მომხიბვლელობა *momxibvleloba*
fashion *(n.)* გარეგნობა *garegnoba*
fashionable *(adj.)* ფეშენებლური *feSenebluri*
fast *(adj.)* მაგარი *magari*
fast *(adv.)* მაგრად *magrad*
fast *(n.)* მარხულობა *marxuloba*
fast *(v.)* სწრაფი *swrafi*
fast food *(n.)* ფასთ ფუდი *fasT fudi*
fasten *(v.)* მიმაგრება *mimagreba*
fat *(adj.)* მსუქანი *msuqani*
fat *(n.)* ქონი *qoni*
fatal *(adj.)* ფატალური *fataluri*
fatalism *(n.)* ფატალიზმი *fatalizmi*
fatality *(n.)* განწირულობა *ganwiruloba*
fate *(n.)* ბედი *bedi*
fate *(v.)* წინასწარ განსაზღვრა *winaswar gansazRvra*
father *(n.)* მამა *mama*
father *(v.)* წარმოშობა *warmoSoba*
fathom *(n.)* სიღრმის გაზომვა *siRrmis gazomva*
fathom *(v.)* ჩაწვდომა *Cawvdoma*
fatigue *(v.)* დაღლა *daRla*

faucet *(n.)* წყალსადენის ონკანი *wyalsadenis onkani*
fault *(n.)* ნაკლი *nakli*
faulty *(adj.)* მეტისმეტად *metismetad*
fauna *(n.)* ფაუნა *fauna*
favour *(n.)* კეთილგანწყობილება *keTilganwyobileba*
favour *(v.)* განწყობა *ganwyoba*
favourable *(adj.)* კეთილგანწყობილება *keTilganwyobileba*
favourite *(adj.)* საყვარელი *sayvareli*
favourite *(n.)* ფავორიტი *favoriti*
fax *(v.)* გაფქასვა *gafqasva*
fax *(n.)* ფაქსი *faqsi*
fealty *(n.)* ვასალის ერთგულება *vasalis erTguleba*
fear *(v.)* საშინელი *saSineli*
fear *(n.)* შიში *SiSi*
fearful *(adj.)* საზარელი *sazareli*
feasible *(adj.)* შესაძლო *SesaZlo*
feast *(n.)* ლხინი *lxini*
feast *(v.)* ნადიმი *nadimi*
feat *(n.)* გმირობა *gmiroba*
feather *(n.)* ფრთა *frTa*
feature *(n.)* სახის ნაკვთები *saxis nakvTebi*
feature *(v.)* ხატვა *xatva*
febrile *(adj.)* ციებ-ცხელების *cieb-cxelebis*
February *(n.)* თებერვალი *Tebervali*
fecal *(adj.)* ფეკალური *fekaluri*
feces *(n.)* განავალი *ganavali*
fecund *(adj.)* ნაყოფიერი *nayofieri*
fecundation *(n.)* ნაყოფიერი *nayofieri*
federal *(adj.)* ფედერალისტი *federalisti*
federation *(n.)* ფედერაცია *federacia*
fee *(n.)* ჯილდო *jildo*
feeble *(adj.)* უძლური *uZluri*
feed *(n.)* საჭმელი *saWmeli*
feed *(v.)* ჭმევა *Wmeva*
feel *(v.)* გასინჯვა *gasinjva*
feeling *(n.)* გრძნობა *grZnoba*
feign *(v.)* გამოგონება *gamogoneba*
felicitate *(v.)* მილოცვა *milocva*
felicitations *(int.)* მილოცვა *milocva*
felicity *(n.)* ბედნიერება *bedniereba*
feline *(adj.)* კატისებრი *katisebri*
felinity *(n.)* კატისებური *katiseburi*
fell *(v.)* დაცემა *dacema*
fellatio *(n.)* ფელაცია *felacia*
fellow *(n.)* ადამიანი *adamiani*
fellowship *(n.)* ამხანაგობა *amxanagoba*
felony *(n.)* სისხლის სამართლის დამნაშავე *sisxlis samarTlis damnaSave*
female *(adj.)* მდედრობითი სქესი *mdedrobiTi sqesi*
female *(n.)* ქალი *qali*
feminine *(adj.)* ქალური *qaluri*
feminism *(n.)* ფემინიზმი *feminizmi*
feminist *(n.)* ფემინისტი *feministi*
femur *(n.)* გალავანი *galavani*
fence *(n.)* გალავანი *galavani*
fence *(v.)* შემოღობვა *SemoRobva*
fencer *(n.)* ფარიკაობა *farikaoba*
fencing *(n.)* შემოღობვა *SemoRobva*
fend *(v.)* მოგერიება *mogerieba*
fengshui *(n.)* ფენგშუი *fengSui*
fennel *(n.)* კამა *kama*
ferment *(v.)* დუღილი *duRili*
ferment *(n.)* ფერმენტი *fermenti*
fermentation *(n.)* დუღილი *duRili*
fern *(n.)* გვიმრა *gvimra*
ferocious *(adj.)* ველური *veluri*
ferret *(n.)* მაძებარი *maZebari*
ferret *(v.)* ქრცვინზე ნადირობა *qrcvinze nadiroba*
ferry *(n.)* ბორანი *borani*

ferry *(v.)* გადატანა *gadatana*
ferryboat *(n.)* ბორანი *borani*
fertile *(adj.)* ნაყოფიერი *nayofieri*
fertility *(n.)* ნაყოფიერებაგაპატივება *nayofierebagapativeba*
fertilize *(v.)* გამნოყიერება *gamnoyiereba*
fertilizer *(n.)* სასუქი *sasuqi*
fervent *(adj.)* მგზნებარე *mgznebare*
fervour *(n.)* ცეცხლი *cecxli*
fester *(v.)* დაჩირქება *daCirqeba*
festival *(n.)* ფესტივალი *festivali*
festive *(adj.)* სადღესასწაულო *sadResaswaulo*
festivity *(n.)* მხიარულობა *mxiaruloba*
festoon *(n.)* ყვავილწნული *yvavilwnuli*
fetal *(adj.)* ემბრიონალური *embrionaluri*
fetch *(v.)* აჩრდილი *aCrdili*
fetish *(n.)* ფეტიში *fetiSi*
fetishism *(n.)* ფეტიშიზმი *fetiSizmi*
fetter *(n.)* ბორკილი *borkili*
fetter *(v.)* ბორკილის დადება *borkilis dadeba*
feud *(v.)* მტრობა *mtroba*
feud *(n.)* შუღლი *SuRli*
feudal *(adj.)* ფეოდალური *feodaluri*
feudalism *(n.)* ფეოდალიზმი *feodalizmi*
fever *(n.)* სიცხე *sicxe*
feverish *(adj.)* ციებ-ცხელების *cieb-cxelebis*
few *(adj.)* ცოტა *cota*
fiancé *(n.)* საცოლე *sacole*
fiasco *(n.)* მარცხი *marcxi*
fibre *(n.)* ბოჭკო *boWko*
fibreglass *(n.)* მინაბოჭკოვანი *minaboWkovani*

fibre-optic *(adj.)* ოპტიკურ - ბოჭკოვანი *optikur - boWkovani*
fibrillate *(v.)* ფიბრილატი *fibrilati*
fibroid *(adj.)* ბოჭკოვანი *boWkovani*
fibromuscular *(adj.)* ფიბრომუსკულარული *fibromuskularuli*
fibrosis *(n.)* ფიბროზი *fibrozi*
fibrosity *(n.)* ფიბროზული *fibrozuli*
fibrous *(adj.)* ბოჭკოვანი *boWkovani*
fickle *(adj.)* ცვალებადი *cvalebadi*
fiction *(n.)* შეთხზული *SeTxzuli*
fictional *(adj.)* შეთხზული *SeTxzuli*
fictitious *(adj.)* არარსებული *ararsebuli*
fiddle *(v.)* უსაქმურობა *usaqmuroba*
fiddle *(n.)* ვიოლინო *violino*
fidelity *(n.)* ერთგულება *erTguleba*
fidget *(v.)* ბრუნვა *brunva*
fidget *(n.)* მოუსვენრობა *mousvenroba*
fie *(interj.)* სირცხვილი *sircxvili*
field *(n.)* მინდორი *mindori*
fiend *(n.)* ეშმაკი *eSmaki*
fierce *(adj.)* მრისხანე *mrisxane*
fiery *(adj.)* ცეცხლოვანი *cecxlovani*
fifteen *(n.)* თხუთმეტი *TxuTmeti*
fifty *(n.)* ორმოცდაათი *ormocdaaTi*
fig *(n.)* ლეღვი *leRvi*
fight *(v.)* ბრძოლა *brZola*
figment *(n.)* მონაგონი *monagoni*
figurative *(adj.)* ფიგურული *figuruli*
figure *(v.)* გამოსახულება *gamosaxuleba*
figure *(n.)* ფიგურა *figura*
filament *(n.)* ძაფი *Zafi*
filamentation *(n.)* ძაფით *ZafiT*
filamented *(adj.)* ძაფით *ZafiT*
file *(v.)* მოქლიბვა *moqlibva*
file *(n.)* ფაილი *faili*
fillet *(n.)* ფილე *file*

film *(v.)* დანისვლა *danisvla*
film *(n.)* ფილმი *filmi*
filmmaker *(n.)* ფილმ მეიკერი *film meikeri*
filter *(v.)* ფილტვრა *filtvra*
filter *(n.)* ფილტრი *filtri*
filth *(n.)* ტალახი *talaxi*
filthy *(adj.)* ტალახიანი *talaxiani*
fin *(n.)* ფარფლი *farfli*
final *(adj.)* ფინალი *finali*
finale *(n.)* ფინალი *finali*
finance *(v.)* დაფინანსება *dafinanseba*
finance *(n.)* ფინანსები *finansebi*
financial *(adj.)* ფინანსური *finansuri*
financier *(n.)* ფინანსისტი *finansisti*
find *(v.)* პოვნა *povna*
fine *(v.)* დაჯარიმება *dajarimeba*
fine *(n.)* საურავი *sauravi*
fine *(adj.)* წვრილი *wvrili*
finger *(n.)* თითი *TiTi*
finger *(v.)* შეხება *Sexeba*
fingernail *(n.)* თითის ფრჩხილი *TiTis frCxili*
fingerpaint *(n.)* თითის მოხატვა *TiTis moxatva*
fingerprint *(n.)* თითის პრინტი *TiTis printi*
fingerstick *(n.)* თითიდან *TiTidan*
finish *(n.)* დასასრული *dasasruli*
finish *(v.)* დამთავრება *damTavreba*
finite *(adj.)* განსაზღვრული *gansazRvruli*
fir *(n.)* ნაძვი *naZvi*
fire *(n.)* ცეცხლი *cecxli*
fire *(v.)* ცეცხლის გაჩაღება *cecxlis gaCaReba*
fire engine *(n.)* სახანძრო მანქანა *saxanZro manqana*
fire exit *(n.)* სახანძრო გასასვლელი *saxanZro gasasvleli*

fire extinguisher *(n.)* ცეცხლსაქრობი *cecxlsaqrobi*
fire station *(n.)* სახანძრო *saxanZro*
fireball *(n.)* მეტეორი *meteori*
firefight *(n.)* ხანძარი *xanZari*
firefighter *(n.)* ტყის მეხანძრე *tyis mexanZre*
firehose *(n.)* სახანძრო შლანგი *saxanZro Slangi*
firehouse *(n.)* სახანძრო სამსახური *saxanZro samsaxuri*
firepit *(n.)* ბუხარი *buxari*
fireproof *(v.)* ცეცხლგამძლე *cecxlgamZle*
fire-resistant *(adj.)* ცეცხლრეზისტანტული *cecxl rezistantuli*
firesuit *(n.)* სახანძრო კოსტიუმი *saxanZro kostiumi*
firetruck *(n.)* სახანძრო სატვირთო *saxanZro satvirTo*
fireworks *(n.)* შუშხუნა *SuSxuna*
firm *(n.)* ფირმა *firma*
firm *(adj.)* მტკიცე *mtkice*
firmament *(n.)* ცის კამარა *cis kamara*
firmness *(n.)* სიმყარე *simyare*
first *(adj.)* პირველი *pirveli*
first aid *(n.)* პირველი აცრა *pirveli acra*
fiscal *(adj.)* ფისკალური *fiskaluri*
fish *(n.)* თევზი *Tevzi*
fish *(v.)* თევზის ჭერა *Tevzis Wera*
fisherman *(n.)* მეთევზე *meTevze*
fissure *(n.)* ბზარი *bzari*
fist *(n.)* მუშტი *muSti*
fist *(v.)* მუშტით ცემა *muStiT cema*
fistula *(n.)* ფისტულა *fistula*
fit *(adj.)* გამოსადეგი *gamosadegi*
fit *(n.)* შეტევა *Seteva*
fit *(v.)* შეფერება *Sefereba*
fitful *(adj.)* აჩქარებული *aCqarebuli*

fitness test *(n.)* ფიტნეს ტესტი *fitnes testi*
fitness tracker *(n.)* ფიტნეს მთვლელი *fitnes mTvleli*
fitness training *(n.)* ფიტნეს ვარჯიში *fitnes varjiSi*
fitter *(n.)* მონიტორი *monitori*
fitting room *(n.)* გასასინჯი ოთახი *gasasinji oTaxi*
five *(n.)* ხუთი *xuTi*
fix *(v.)* გამაგრება *gamagreba*
fix *(n.)* დილემა *dilema*
fixer-upper *(n.)* ზედა ფიქსატორი *zeda fiqsatori*
fixture *(n.)* დადგენილი *dadgenili*
fizz *(v.)* შიშინი *SiSini*
fizzy *(adj.)* შუშხუნა *SuSxuna*
flabbergast *(v.)* განცვიფრება *gancvifreba*
flabbergast *(n.)* გაოცება *gaoceba*
flabbergasted *(adj.)* შეცბუნებული *Secbunebuli*
flabby *(adj.)* ჩამოშვებული *CamoSvebuli*
flag *(n.)* დროშა *droSa*
flagrant *(adj.)* აღმაშფოთებელი *aRmaSfoTebeli*
flake *(v.)* ფანტელების ცვენა *fantelebis cvena*
flake *(n.)* ფანტელი *fanteli*
flaking *(adj.)* ფანტელების ცვენა *fantelebis cvena*
flambé *(adj.)* გააფთრებული *gaafTrebuli*
flamboyance *(n.)* ბრწყინვალება *brwyinvaleba*
flamboyant *(adj.)* კაშკაშა *kaSkaSa*
flamboyant *(n.)* ჭრელი *Wreli*
flame *(n.)* ცეცხლი *cecxli*
flame *(v.)* წვა *wva*
flamenco *(n.)* ფლამენკო *flamenko*

flank *(n.)* გვერდი *gverdi*
flank *(v.)* ესაზღვრება *esazRvreba*
flannel *(n.)* ფლანელი *flaneli*
flap *(v.)* რხევა *rxeva*
flap *(n.)* საძრომის კარი *saZromis kari*
flapper *(n.)* მოზარდი გოგონა *mozardi gogona*
flapping *(n.)* დაქნევა *daqneva*
flapping *(adj.)* დაქნეული *daqneuli*
flapping *(v.)* ტაშის დაკვრა *taSis dakvra*
flare *(v.)* ანთება *anTeba*
flare *(n.)* კაშკაშა *kaSkaSa*
flash *(v.)* ანთებული *anTeba*
flash *(n.)* ბრწყინვა *brwyinva*
flashback *(n.)* უკუკავშირი *ukukavSiri*
flashbulb *(n.)* ფლეშ ნათურა *fleS naTura*
flashcard *(n.)* ფლეშ ბარათი *fleS baraTi*
flasher *(n.)* ციმციმა *cimcima*
flashing *(n.)* ციმციმი *cimcimi*
flashlight *(n.)* შუქნიშანი *SuqniSani*
flask *(n.)* მათარა *maTara*
flat *(n.)* ბინა *bina*
flat *(adj.)* ბრტყელი *brtyeli*
flat screen *(n.)* ბინის სქრინი *binis sqrini*
flatbed *(n.)* ბინის საწოლი *binis sawoli*
flatbed *(adj.)* ბრტყელი *brtyeli*
flatbread *(n.)* ლავაში *lavaSi*
flatfoot *(n.)* ბრტყელტერფიანობა *brtyelterfianoba*
flatland *(n.)* გაბრტყელება *gabrtyeleba*
flatter *(v.)* პირფერობა *pirferoba*
flattery *(n.)* მლიქვნელობა *mliqvneloba*
flatulence *(n.)* მეტეორიზმი *meteorizmi*
flatulent *(adj.)* გაზების გამომწვევი *gazebis gamomwvevi*

flaunt *(v.)* ლივლივი *livlivi*
flaunter *(n.)* მოლივლივე *molivlive*
flavour *(n.)* არომატი *aromati*
flaw *(n.)* ბზარი *bzari*
flawless *(adj.)* უმწიკვლო *umwikvlo*
flea *(n.)* რწყილი *rwyili*
flea market *(n.)* ძველმანების ბაზარი *Zvelmanebis bazari*
flee *(v.)* გაქცევა *gaqceva*
fleece *(v.)* გაქურდვა *gaqurdva*
fleece *(n.)* ცხვრის მარტყლი *cxvris martyli*
fleet *(n.)* ფლოტი *floti*
flesh *(n.)* ხორცი *xorci*
flexible *(adj.)* მოქნილი *moqnili*
flicker *(n.)* წკიპურტი *wkipurti*
flicker *(v.)* წკიპურტის კვრა *wkipurtis kvra*
flight *(n.)* ფრენა *frena*
flimsy *(adj.)* სუსტი *susti*
fling *(v.)* მივარდნა *mivardna*
flip *(n.)* წკიპურტი *wkipurti*
flip *(v.)* წკიპურტის კვრა *wkipurtis kvra*
flippancy *(n.)* არასერიოზულობა *araseriozuloba*
flirt *(v.)* ფლირტაობა *flirtaoba*
flirt *(n.)* ფლირტი *flirti*
float *(v.)* ცურვა *curva*
flock *(n.)* ბეწვი *bewvi*
flock *(v.)* მოგროვება *mogroveba*
flog *(v.)* გაროზგვა *garozgva*
flood *(n.)* წყალდიდობა *wyaldidoba*
flood *(v.)* წყლით დატბორვა *wyliT datborva*
flood gate *(n.)* რაბი *rabi*
floodlight *(n.)* პროჟექტორი *proJeqtori*
floodlight *(v.)* პროჟექტორით განათება *proJeqtoriT ganaTeba*
floor *(n.)* იატაკი *iataki*
floor *(v.)* იატაკის დაგება *iatakis dageba*
flop *(v.)* ჩატყაპუნება *Catyapuneba*
flora *(n.)* ფლორა *flora*
florist *(n.)* ფლორისტი *floristi*
floss *(v.)* ძაფი *Zafi*
flour *(n.)* პურის ფქვილი *puris fqvili*
flourish *(v.)* აყვავება *ayvaveba*
flow *(v.)* დინება *dineba*
flow chart *(n.)* ბლოკის სქემა *blokis sqema*
flower *(n.)* ყვავილი *yvavili*
flowery *(adj.)* ყვავილებით დაფარული *yvavilebiT dafaruli*
fluctuate *(v.)* ყოყმანი *yoymani*
fluent *(adj.)* თავისუფალი *Tavisufali*
fluid *(adj.)* თხელი *Txeli*
fluid *(n.)* სითხე *siTxe*
fluorescent *(adj.)* ფლუორესცენციული *fluorescenciuli*
flush *(n.)* ანთება *anTeba*
flush *(v.)* სახის ალეწვა *saxis alewva*
flute *(v.)* ფლეიტა *fleita*
flutter *(n.)* ფრენა *frena*
flutter *(v.)* ფრთების ქნევა *frTebis qneva*
fly *(n.)* ბუზი *buzi*
fly *(v.)* ფრენა *frena*
flyer *(n.)* მფრინავი *mfrinavi*
foal *(n.)* კვიცი *kvici*
foal *(v.)* კვიცის მოგება *kvicis mogeba*
foam *(n.)* ქაფი *qafi*
foam *(v.)* აქაფება *aqafeba*
foamy *(adj.)* ქაფიანი *qafiani*
focal *(adj.)* ფოკუსი *fokusi*
focalization *(n.)* ფოკუსირება *fokusireba*
focalize *(v.)* ფოკუსირებული *fokusirebuli*
focus *(n.)* ფოკუსი *fokusi*

focus *(v.)* ფოკუსში ყოფნა *fokusSi yofna*
focused *(adj.)* ფოკუსირბული *fokusirbuli*
focusing *(adj.)* ფოკუსირება *fokusireba*
fodder *(n.)* საკვები *sakvebi*
foe *(n.)* მტერი *mteri*
foetus *(n.)* ემბრიონი *embrioni*
fog *(n.)* ნისლი *nisli*
fogbank *(n.)* ზღვის ხშირი ნისლი *zRvis xSiri nisli*
foggy *(adj.)* ნისლიანი *nisliani*
foil *(v.)* კონტრასტით გამოყოფა *kontrastiT gamoyofa*
fold *(n.)* ფარეხი *farexi*
fold *(v.)* ცხვრების შერეკვა *cxvrebis Serekva*
folder *(n.)* ბროშურა *broSura*
folding *(adj.)* დასაკეცი *dasakeci*
folding *(n.)* საკეცი *sakeci*
foldup *(adj.)* დაკეცილი *dakecili*
foliage *(n.)* ფოთლებიანი *foTlebiani*
foliate *(v.)* ფოთლებიანი ორნამენტით მორთვა *foTlebiani ornamentiT morTva*
foliate *(adj.)* ფოთლისებრი *foTlisebri*
foliation *(n.)* მორთვა *morTva*
folic *(adj.)* ფოლის *folis*
folio *(n.)* ფოლიო *folio*
folk *(n.)* ადამიანები *adamianebi*
folk *(adj.)* სახალხო *saxalxo*
folklore *(n.)* ფოლკლორი *folklori*
folkloric *(adj.)* ფოლკლორული *folkloruli*
follies *(n.)* ფოლის *folis*
follow *(v.)* მიყოლა *miyola*
follower *(n.)* შემდეგი *Semdegi*
follow-up *(n.)* მიღწევა *miRweva*
folly *(n.)* სისულელე *sisulele*
foment *(v.)* ცხელი საფენის დადება *cxeli safenis dadeba*
fond *(adj.)* ნაზი *nazi*
fondant *(n.)* დნობა *dnoba*
fondle *(v.)* ალერსი *alersi*
fondler *(n.)* ალერსი *alersi*
fondling *(n.)* ალერსი *alersi*
font *(n.)* ფონტი *fonti*
food *(n.)* საკვები *sakvebi*
fool *(v.)* გასულელება *gasuseleba*
fool *(n.)* სულელი *suleli*
foolish *(adj.)* სულელური *suleluri*
foolscap *(n.)* კლოუნის ქუდი *klounis qudi*
foot *(n.)* ფეხი *fexi*
foot *(v.)* ფეხით სიარული *fexiT siaruli*
footage *(n.)* მეტრაჟი *metraJi*
football *(n.)* ფეხბურთი *fexburTi*
foothold *(n.)* საყრდენი წერტილი *sayrdeni wertili*
footloose *(adj.)* უფეხო *ufexo*
footman *(n.)* ლაქია *laqia*
footmark *(n.)* ფეხის ნაკვალევი *fexis nakvalevi*
footnote *(n.)* ქვემოთ ჩამოტანილი შენიშვნა *qvemoT Camotanili SeniSvna*
footpath *(n.)* საქვეითო *saqveiTo*
footprint *(n.)* ფეხის ნაკვალევი *fexis nakvalevi*
footsore *(adj.)* ფეხებგადაყვლეფილი *fexebgadayvlefili*
footwear *(n.)* ფეხსაცმელი *fexsacmeli*
footwork *(n.)* ფეხის მუშაობა *fexis muSaoba*
for *(prep.)* თვის *Tvis*
forage *(v.)* მოძებნა *moZebna*
forage *(n.)* საკვები *sakvebi*
forager *(n.)* კოლექციონერი *koleqcioneri*
foraging *(n.)* შეგროვება *Segroveba*

foray *(v.)* დარბევა *darbeva*
foray *(n.)* ნაბიჯი *nabiji*
forbear *(v.)* შეჩერება *SeCereba*
forbearance *(n.)* წინდახედულობა *windaxeduloba*
forbid *(v.)* აკრძალვა *akrZalva*
forbidden *(adj.)* აკრძალული *akrZaluli*
force *(n.)* ძალა *Zala*
force *(v.)* ძალით *ZaliT*
forceful *(adj.)* ძალისმიერი *Zalismieri*
forceps *(n.)* პინცეტი *pinceti*
forcible *(adj.)* ძალადობრივი *Zaladobrivi*
forearm *(n.)* წინამხარი *winamxari*
forecast *(v.)* პროგნოზი *prognozi*
forecourt *(n.)* წინამორბედი *winamorbedi*
forefather *(n.)* წინაპარი *winapari*
forefinger *(n.)* საჩვენებელი თითი *saCvenebeli TiTi*
forehead *(n.)* შუბლი *Subli*
foreign *(adj.)* უცხოური *ucxouri*
foreigner *(n.)* უცხოელი *ucxoeli*
foreknowledge *(n.)* წინათგრძნობა *winaTgrZnoba*
foreleg *(n.)* ტერფი *terfi*
forelock *(n.)* წინათგრძნობა *winaTgrZnoba*
foreman *(n.)* ოსტატი *ostati*
foremost *(adj.)* ყველაზე მნიშვნელოვანი *yvelaze mniSvnelovani*
forenoon *(n.)* დილა *dila*
forensic *(n.)* სასამართლო *sasamarTlo*
forerunner *(n.)* წინამორბედი *winamorbedi*
foresee *(v.)* განჭვრიტა *ganWvrita*
foresight *(n.)* განჭვრეტა *ganWvreta*
forest *(n.)* ტყე *tye*
forestall *(v.)* მოსალოდნელია *mosalodnelia*

forester *(n.)* მეტყევე *metyeve*
forestry *(n.)* სატყეო მეურნეობა *satyeo meurneoba*
foretell *(v.)* წინასწარმეტყველება *winaswarmetyveleba*
forethought *(n.)* წინათგრძნობა *winaTgrZnoba*
forever *(adv.)* სამუდამოდ *samudamod*
forewarn *(v.)* გააფრთხილება *gaafrTxileba*
foreword *(n.)* წინასიტყვაობა *winasityvaoba*
forfeit *(v.)* გირაო *girao*
forfeiture *(n.)* კონფისკაცია *konfiskacia*
forge *(v.)* გაყალბება *gayalbeba*
forgery *(n.)* ნაყალბევი *nayalbevi*
forget *(v.)* დავიწყება *daviwyeba*
forgetful *(adj.)* გულმავიწყი *gulmaviwyi*
forgive *(v.)* პატიება *patieba*
forgo *(v.)* უარის თქმა *uaris Tqma*
forlorn *(adj.)* მიტოვებული *mitovebuli*
form *(n.)* ფორმა *forma*
formal *(adj.)* ფორმალური *formaluri*
formality *(n.)* ფორმალობა *formaloba*
format *(n.)* ფორმატი *formati*
formation *(n.)* ფორმირება *formireba*
former *(adj.)* ყოფილი *yofili*
formerly *(adv.)* ადრე *adre*
formidable *(adj.)* საშინელი *saSineli*
formula *(n.)* ფორმულა *formula*
formulate *(v.)* ფორმულირება *formulireba*
forsake *(v.)* მიტოვება *mitoveba*
forswear *(v.)* დაპირება *dapireba*
fort *(n.)* ციხე *cixe*
forte *(n.)* ძლიერი *Zlieri*
forth *(adv.)* მეოთხე *meoTxe*

forthcoming *(adj.)* მომავალი *momavali*
forthwith *(adv.)* დაუყოვნებლივ *dauyovnebliv*
fortify *(v.)* გამაგრება *gamagreba*
fortitude *(n.)* სიმაგრე *simagre*
fortnight *(n.)* ორკვირიანი *orkviriani*
fortress *(n.)* ციხე *cixe*
fortunate *(adj.)* ბედნიერი *bednieri*
fortune *(n.)* ფორტუნა *fortuna*
forty *(n.)* ორმოცი *ormoci*
forum *(n.)* ფორუმი *forumi*
forward *(v.)* წინ *win*
fossil *(n.)* წიაღისეული *wiaRiseuli*
foster *(v.)* ხელის შეწყობა *xelis Sewyoba*
foster care *(n.)* მინდობით აღზრდა *mindobiT aRzrda*
foul *(adj.)* უხეში *uxeSi*
foul play *(n.)* უხეში თამაში *uxeSi TamaSi*
found *(v.)* პოვნა *povna*
foundation *(n.)* საფუძველი *safuZveli*
founder *(n.)* დამფუძნებელი *damfuZnebeli*
foundry *(n.)* ლითონის საამქრო *liTonis saamqro*
fountain *(n.)* შადრევანი *Sadrevani*
four *(n.)* ოთხი *oTxi*
fourteen *(n.)* თოთხმეტი *ToTxmeti*
fowl *(n.)* ფრინველი *frinveli*
fowler *(n.)* მეფრინველე *mefrinvele*
fox *(n.)* მელია *melia*
fraction *(n.)* წილადი *wiladi*
fracture *(v.)* დამტვრევა *damtvreva*
fracture *(n.)* მოტეხილობა *motexiloba*
fragile *(adj.)* მტვრევადი *mtvrevadi*
fragment *(n.)* ნატეხი *natexi*
fragrance *(n.)* არომატი *aromati*
fragrant *(adj.)* არომატული *aromatuli*
frail *(adj.)* მყიფე *myife*
frame *(n.)* ჩარჩო *CarCo*
frame *(v.)* ჩარჩოში ჩასმა *CarCoSi Casma*
framework *(n.)* ჩარჩო *CarCo*
franchise *(n.)* პრივილეგია *privilegia*
frank *(adj.)* გულახდილი *gulaxdili*
frankly *(adv.)* ცხადად *cxadad*
frantic *(adj.)* გაშმაგებული *gaSmagebuli*
fraternal *(adj.)* მოძმე *moZme*
fraternity *(n.)* ძმობა *Zmoba*
fratricide *(n.)* ძმისმკვლელი *Zmismkvleli*
fraud *(n.)* მოტყუება *motyueba*
fraudulent *(adj.)* მატყუარა *matyuara*
fraught *(adj.)* აღსავსე *aRsavse*
fray *(n.)* ხმაურიანი ჩხუბი *xmauriani Cxubi*
freak *(v.)* ახირება *axireba*
freak *(adj.)* ახირებული *axirebuli*
freak *(n.)* ჟინი *Jini*
freak-out *(n.)* ჭკუიდან შეშლა *Wkuidan SeSla*
free *(v.)* გათავისუფლება *gaTavisufleba*
free *(adj.)* თავისუფალი *Tavisufali*
freedom *(n.)* თავისუფლება *Tavisufleba*
freelancer *(n.)* ფრილენსერი *frilenseri*
freewheel *(v.)* ნებაყოფლობითი *nebayoflobiTi*
freeze *(v.)* ყინვა *yinva*
freight *(n.)* ტვირთი *tvirTi*
French *(adj.)* ფრანგული *franguli*
French *(n.)* ფრანგული *franguli*
frenzy *(n.)* გაშმაგება *gaSmageba*
frequency *(n.)* სიხშირე *sixSire*
frequent *(n.)* ხშირი *xSiri*

fresh *(adj.)* ქორფა *qorfa*
fret *(v.)* ჩაჭმა *CaWma*
fret *(n.)* ჩუქურთმა *CuqurTma*
friction *(n.)* ხახუნი *xaxuni*
Friday *(n.)* პარასკევი *paraskevi*
fridge *(n.)* მაცივარი *macivari*
friend *(n.)* მეგობარი *megobari*
fright *(n.)* შიში *SiSi*
frighten *(v.)* შეშინება *SeSineba*
frigid *(adj.)* ცივი *civi*
frill *(n.)* ყოყოჩობა *yoyoCoba*
fringe *(n.)* ფოჩი *foCi*
fringe *(v.)* შემოკერვა *Semokerva*
frivolous *(adj.)* არასერიოზული *araseriozuli*
frock *(n.)* ტანისამოსი *tanisamosi*
frog *(n.)* ბაყაყი *bayayi*
frolic *(n.)* მხიარულება *mxiaruleba*
frolic *(v.)* მხიარულობა *mxiaruloba*
from *(prep.)* დან *dan*
front *(v.)* გამოსვლა *gamosvla*
front *(adj.)* წინა *wina*
front *(n.)* წინა მხარე *wina mxare*
front page *(n.)* წინა გვერდი *wina gverdi*
frontier *(n.)* საზღვარი *sazRvari*
frontside *(adj.)* წინა მხარე *wina mxare*
frost *(n.)* ყინვა *yinva*
frosting *(n.)* გაყინვა *gayinva*
frown *(v.)* მოღუშვა *moRuSva*
frown *(n.)* წარბის შეკვრა *warbis Sekvra*
frozen *(adj.)* გაყინული *gayinuli*
frugal *(adj.)* მომჭირნე *momWirne*
fruit *(n.)* ხილი *xili*
fruitful *(adj.)* ნაყოფიერი *nayofieri*
frustrate *(v.)* მოშლა *moSla*
frustration *(n.)* ჩაშლა *CaSla*
fry *(v.)* შეწვა *Sewva*
fry *(n.)* წვრილი თევზი *wvrili Tevzi*
fuel *(n.)* სათბობი *saTbobi*
fugitive *(adj.)* გაქცეული *gaqceuli*
fulfil *(v.)* შესრულება *Sesruleba*
fulfilment *(n.)* შესრულება *Sesruleba*
full *(adv.)* ზუსტად *zustad*
full *(adj.)* მთლიანად *mTlianad*
full moon *(n.)* სავსე მთვარე *savse mTvare*
full name *(n.)* სრული სახელი *sruli saxeli*
full stop *(n.)* წერტილი *wertili*
fullness *(n.)* სისავსე *sisavse*
fully *(adv.)* სავსებით *savsebiT*
fumble *(v.)* მოსინჯვა *mosinjva*
fun *(n.)* მხიარულება *mxiaruleba*
function *(v.)* მოქმედება *moqmedeba*
function *(n.)* ფუნქცია *funqcia*
functionary *(n.)* თანამდებობის პირი *Tanamdebobis piri*
fund *(n.)* ფონდი *fondi*
fundamental *(adj.)* ძირითადი *ZiriTadi*
fundraise *(v.)* თანხების შეგროვება *Tanxebis Segroveba*
funeral *(n.)* სამგლოვიარო *samgloviaro*
fungus *(n.)* სოკო *soko*
funny *(n.)* პატარა კარჭაპი *patara karWapi*
fur *(n.)* ბეწვი *bewvi*
furious *(adj.)* გააფთრებული *gaafTrebuli*
furl *(v.)* დაკეცვა *dakecva*
furlong *(n.)* ფერლონგი *ferlongi*
furnace *(n.)* ღუმელი *Rumeli*
furnish *(v.)* მომარაგება *momarageba*
furniture *(n.)* ავეჯი *aveji*
furrow *(n.)* კვალი *kvali*
further *(adv.)* უფრო შორს *ufro Sors*
further *(adj.)* შემდგომი *Semdgomi*
further *(v.)* წინ წაწევა *win waweva*

fury *(n.)* გააფთრება *gaafTreba*
fuse *(n.)* გამოდნობა *gamodnoba*
fuse *(v.)* დნობა *dnoba*
fusion *(n.)* გამონადნობი *gamonadnobi*
fuss *(n.)* ალიაქოთი *aliaqoTi*
fuss *(v.)* ფუსფუსი *fusfusi*
futile *(adj.)* უსარგებლო *usargeblo*
futility *(n.)* ამაოება *amaoeba*
future *(adj.)* მომავალი *momavali*
future *(n.)* მომავალი *momavali*
futuristic *(adj.)* ფუტურისტიკი *futuristiki*
futurology *(n.)* ფუტურისტიკა *futuristika*
fuzz *(v.)* მიმოფანტვა *mimofantva*
fuzz *(n.)* ღინღლი *RinRli*
fuzzy *(adj.)* ხშირბეწვიანი *xSirbewviani*

G

gabble *(v.)* ყბედობა *ybedoba*
gadfly *(n.)* კრაზანა *krazana*
gadget *(n.)* მოწყობილობა *mowyobiloba*
gaffe *(n.)* ბერიკაცი *berikaci*
gag *(n.)* საცობი *sacobi*
gag *(v.)* ჩაჩუმება *CaCumeba*
gaiety *(n.)* მხიარულება *mxiaruleba*
gain *(n.)* გადიდება *gadideba*
gain *(v.)* გადიდება *gadideba*
gainful *(adj.)* დასაფასებელი *dasafasebeli*
gainly *(adj.)* მომგებიანი *momgebiani*
gainsay *(v.)* წინააღმდეგობა *winaaRmdegoba*
gait *(n.)* სიარული *siaruli*
gala *(n.)* დღესასწაული *dResaswauli*
gala *(adj.)* საზეიმო *sazeimo*
galactic *(adj.)* გალაქტიკა *galaqtika*
galaxy *(n.)* ირმის ნახტომი *irmis naxtomi*
gale *(n.)* ძლიერი ქარი *Zlieri qari*
gallant *(adj.)* გულადი *guladi*
gallant *(n.)* საზოგადოებაში გამოსული კაცი *sazogadoebaSi gamosuli kaci*
gallantry *(n.)* გულადობა *guladoba*
gallery *(n.)* გალერეა *galerea*
gallon *(n.)* გალონი *galoni*
gallop *(n.)* ნავარდი *navardi*
gallop *(v.)* ცხენის ჭენებით სვლა *cxenis WenebiT svla*
gallows *(n.)* სახრჩობელა *saxrCobela*
galore *(adv.)* უხვად *uxvad*
galvanize *(v.)* გალვანიზება *galvanizeba*
galvanometer *(n.)* გალვანომეტრი *galvanometri*
galvanoscope *(n.)* გალვანოსკოპია *galvanoskopia*
gambit *(n.)* გამბიტი *gambiti*
gamble *(n.)* აზარტული თამაში *azartuli TamaSi*
gambler *(n.)* აზარტული მოთამაშე *azartuli moTamaSe*
game *(v.)* თამაში *TamaSi*
game changer *(n.)* გეიმ ჩეინჯერი *geim Ceinjeri*
game point *(n.)* გეიმ ფოინტი *geim fointi*
gamemaster *(v.)* მოთამაშე *moTamaSe*
gamepad *(n.)* გეიმპადი *geimpadi*
gameplayer *(n.)* მოთამაშე *moTamaSe*
gamespace *(n.)* სათამაშო სივრცე *saTamaSo sivrce*
gamma *(n.)* გამა *gama*
gander *(n.)* მამალი ბატი *mamali bati*
gang *(n.)* ბრბო *brbo*

gangrene *(n.)* განგრენა *gangrena*
gangster *(n.)* განგსტერი *gangsteri*
gap *(v.)* გადაძრომა *gadaZroma*
gap *(n.)* გამონანგრევი *gamonangrevi*
gape *(v.)* მთქნარება *mTqnareba*
garage *(n.)* გარაჟი *garaJi*
garb *(n.)* მორთულობა *morTuloba*
garb *(v.)* ჩაცმა *Cacma*
garbage *(n.)* ნარჩენები *narCenebi*
garden *(n.)* ბაღი *baRi*
gardener *(n.)* მებაღე *mebaRe*
gargle *(v.)* ყელში გამოვლება *yelSi gamovleba*
garisson *(n.)* გარნიზონი *garnizoni*
garland *(n.)* გვირგვინი *gvirgvini*
garland *(v.)* გვირგვინით მორთვა *gvirgviniT morTva*
garlic *(n.)* ნიორი *niori*
garlicky *(adj.)* ნივრიანი *nivriani*
garment *(n.)* ტანისამოსი *tanisamosi*
garnish *(v.)* მორთვა *morTva*
garnishment *(n.)* მორთვა *morTva*
garrotte *(v.)* დასჯა *dasja*
garrotter *(n.)* ჯალათი *jalaTi*
garter *(n.)* წვივსაკრავი *wvivsakravi*
gas *(n.)* გაზი *gazi*
gasesous *(adj.)* აიროვანი *airovani*
gash *(n.)* ღრმა განაჭერი *Rrma ganaWeri*
gash *(v.)* ღრმად გაჭრა *Rrmad gaWra*
gashing *(adj.)* ღრმად გაჭრა *Rrmad gaWra*
gasification *(n.)* გაზიფიკაცია *gazifikacia*
gasified *(adj.)* გაზიფიცირებული *gazificirebuli*
gasify *(v.)* გაზიფიცირება *gazificireba*
gasket *(n.)* გაზკეტი *gazketi*
gasmask *(n.)* აირწინაღი *airwinaRi*
gasoline *(n.)* ბენზინი *benzini*
gasp *(n.)* გაძნელებული სუნთქვა *gaZnelebuli sunTqva*
gasp *(v.)* მძიმედ სუნთქვა *mZimed sunTqva*
gassy *(adj.)* გაზისებრი *gazisebri*
gastric *(adj.)* კუჭის *kuWis*
gastronomy *(n.)* გასტრონომია *gastronomia*
gate *(n.)* ჭიშკარი *WiSkari*
gatehouse *(n.)* სადარაჯო ჯიხური *sadarajo jixuri*
gatekeeper *(n.)* მეკარე *mekare*
gatepost *(n.)* ფრიად საიდუმლოდ *friad saidumlod*
gateway *(n.)* ალაყაფის კარები *alayafis karebi*
gather *(v.)* შეკრება *Sekreba*
gaudy *(adj.)* კაშკაშა *kaSkaSa*
gauge *(n.)* ოდენობა *odenoba*
gaunt *(adj.)* გამხდარი *gamxdari*
gauntlet *(n.)* თათმანი *TaTmani*
gawk *(v.)* ლენჩი *lenCi*
gawk *(n.)* რეგვენი *regveni*
gawky *(adj.)* მოუქნელი *mouqneli*
gay *(n.)* თავქარიანი *Tavqariani*
gay *(adj.)* მხიარული *mxiaruli*
gaze *(n.)* დაჟინებული *daJinebuli*
gaze *(v.)* მზერა *mzera*
gazelle *(n.)* ქურციკი *qurciki*
gazette *(n.)* მთავრობის ბიულეტინი *mTavrobis biuletini*
gazillion *(n.)* გაზილიონი *gazilioni*
gear *(n.)* მექანიზმი *meqanizmi*
gearbox *(n.)* გადაცემათა კოლოფი *gadacemaTa kolofi*
gearset *(n.)* ინტეგრირებული მექანიზმი *integrirebuli meqanizmi*
gearwheel *(n.)* კბილანა-თვალი *kbilana-Tvali*
geek *(n.)* ფანატი *fanati*

geeksville *(n.)* გექსვილე *geksvile*
geekwear *(n.)* ფანატის ტანსაცმელი *fanatis tansacmeli*
geeky *(adj.)* გამომწვევი *gamomwvevi*
geisha *(n.)* გეიშა *geiSa*
gel *(n.)* მაცხოვრებლები *macxovreblebi*
gel *(v.)* ხალხი *xalxi*
gelatin *(n.)* ჟელატინი *Jelatini*
gelatinize *(v.)* ჟელატინიზირებული *Jelatinizirebuli*
gelatinous *(adj.)* ჟელატინის *Jelatinis*
geld *(v.)* ფული *fuli*
gelded *(adj.)* კასტრირებული *kastrirebuli*
gelding *(n.)* კასტრაცია *kastracia*
gem *(n.)* ძვირფასი ქვა *Zvirfasi qva*
geminal *(adj.)* გაორმაგებული *gaormagebuli*
geminate *(v.)* გაორმაგება *gaormageba*
geminate *(adj.)* გაორმაგებული *gaormagebuli*
Gemini *(n.)* ტყუპები *tyupebi*
gemmology *(n.)* გემოლოგია *gemologia*
gender *(n.)* სქესი *sqesi*
gene *(n.)* გენი *geni*
genealogical *(adj.)* გენიალოგიური *genialogiuri*
genealogy *(n.)* გენიალოგია *genialogia*
generable *(adj.)* საერთო *saerTo*
general *(adj.)* საზიარო *saziaro*
generally *(adv.)* საყოველთაო *sayovelTao*
generate *(v.)* წარმოშობა *warmoSoba*
generation *(n.)* ჩასახვა *Casaxva*
generator *(n.)* გენერატორი *generatori*
generosity *(n.)* სულგრძელობა *sulgrZeloba*
generous *(adj.)* სულგრძელი *sulgrZeli*
genetic *(adj.)* გენეტიკური *genetikuri*
geneticist *(n.)* გენეტიცისტიკური *geneticistikuri*
genial *(adj.)* გენიალური *genialuri*
geniality *(n.)* გულითდობა *guliTdoba*
genie *(n.)* ჯინი *jini*
genital *(adj.)* სქესობრივი *sqesobrivi*
genitalia *(n.)* გენიტალია *genitalia*
genius *(n.)* ნიჭიერება *niWiereba*
genocide *(n.)* გენოციდი *genocidi*
genome *(n.)* გენომი *genomi*
genre *(n.)* ჟანრი *Janri*
genteel *(adj.)* ზრდილობიანი *zrdilobiani*
gentility *(n.)* არისტოკრატული ჩვევები *aristokratuli Cvevebi*
gentle *(adj.)* მშვიდი *mSvidi*
gentleman *(n.)* ჯელტმენი *jeltmeni*
gentry *(n.)* მცირემამულიანი აზნაურობა *mciremamuliani aznauroba*
genuine *(adj.)* ნამდვილი *namdvili*
geographer *(n.)* გეოგრაფი *geografi*
geographical *(adj.)* გეოგრაფიული *geografiuli*
geography *(n.)* გეოგრაფია *geografia*
geological *(adj.)* გეოლოგიური *geologiuri*
geologist *(n.)* გეოლოგი *geologi*
geology *(n.)* გეოლოგია *geologia*
geometrical *(adj.)* გეომეტრიული *geometriuli*
geometry *(n.)* გეომეტრია *geometria*
geopolitical *(adj.)* გეოპოლიტიკური *geopolitikuri*
geothermal *(adj.)* გეოთერმული *geoTermuli*
geranium *(n.)* ნემსიწვერა *nemsiwvera*
germ *(n.)* ემბრიონი *embrioni*
germicide *(n.)* გერმიციდი *germicidi*

germin *(n.)* ამოსვლა *amosvla*
germinate *(v.)* ამოსვლა *amosvla*
germination *(n.)* აღმოცენება *aRmoceneba*
gerund *(n.)* გერუნდივი(გრამატიკული) *gerundivi(gramatikuli)*
gesture *(n.)* ჟესტი *Jesti*
get *(v.)* მიღება *miReba*
geyser *(n.)* ცხელი წყარო *cxeli wyaro*
ghastly *(adj.)* საშინელი *saSineli*
ghetto *(n.)* გეტო *geto*
ghost *(n.)* მოჩვენება *moCveneba*
ghost town *(n.)* მოჩვენებების ქალაქი *moCvenebebis qalaqi*
ghostwriter *(n.)* მწერალი მოჩვენება *mwerali moCveneba*
ghoul *(n.)* ვამპირი *vampiri*
ghoulish *(adj.)* ვამპირული *vampiruli*
giant *(n.)* გიგანტი *giganti*
giantess *(n.)* მუმბერაზი *mumberazi*
gib *(v.)* მიცემა *micema*
gibber *(n.)* გაუგებარი *gaugebari*
gibber *(v.)* ლუღლუღი *luRluRi*
gibberish *(n.)* აბდაუბდა *abdaubda*
gibberish *(adj.)* გაუგებარი მეტყველება *gaugebari metyveleba*
gibbon *(n.)* გიბონი *giboni*
gibe *(v.)* დაცინვა *dacinva*
giddy *(adj.)* თავბრუდამხვევი *Tavbrudamxvevi*
gift *(v.)* დაჯილდოვება *dajildoveba*
gift *(n.)* საჩუქარი *saCuqari*
gifted *(adj.)* ნიჭიერი *niWieri*
giftwrap *(v.)* სასაჩუქრე შეფუთვა *sasaCuqre SefuTva*
gig *(n.)* კაბრიოლეტი *kabrioleti*
gigabit *(n.)* გიგაბიტი *gigabiti*
gigabyte *(n.)* გიგაბაიტი *gigabaiti*
gigantic *(adj.)* გიგანტუი *gigantui*
giggle *(v.)* ხითხითი *xiTxiTi*
gild *(v.)* მოოქროვება *mooqroveba*
gilt *(adj.)* მოვარაყებული *movarayebuli*
gimmick *(n.)* ტრიუკი *triuki*
gimmick *(v.)* ხრიკი *xriki*
gimp *(n.)* კოჭა *koWa*
gin *(n.)* ჯინი *jini*
ginger *(n.)* კოჭა *koWa*
ginger ale *(n.)* წინდახედული *windaxeduli*
gingerbread *(n.)* კოჭას თაფლაკვერი *koWas Taflakveri*
giraffe *(n.)* ჟირაფი *Jirafi*
gird *(v.)* დაცინვა *dacinva*
girder *(n.)* კოჭი *koWi*
girdle *(n.)* ქამარი *qamari*
girdle *(v.)* ქამრის შემორტყმა *qamris Semortyma*
girl *(n.)* გოგონა *gogona*
girlish *(adj.)* ქალწულის *qalwulis*
gist *(n.)* დედაარსი *dedaarsi*
give *(v.)* მიცემა *micema*
gizmo *(n.)* მუწუკები *muwukebi*
glacier *(n.)* მყინვარი *myinvari*
glad *(adj.)* სიხარულით აღსავსე *sixaruliT aRsavse*
gladden *(v.)* გახარება *gaxareba*
glade *(n.)* მოტიტვლებული ადგილი *motitvlebuli adgili*
gladiator *(n.)* გლადიატორი *gladiatori*
gladiatorial *(adj.)* გლადიატორული *gladiatoruli*
gladly *(adv.)* სიხარულით *sixaruliT*
glam *(n.)* გლამური *glamuri*
glam *(adj.)* გლამურული *glamuruli*
glamour *(n.)* გლამური *glamuri*
glance *(v.)* თვალის გადავლება *Tvalis gadavleba*
gland *(n.)* ჯირკვალი *jirkvali*

glare *(v.)* დაჟინებით ცქერა *daJinebiT cqera*
glare *(n.)* კაშკაშა სინათლე *kaSkaSa sinaTle*
glass *(n.)* მინა *mina*
glasses *(n.)* სათვალე *saTvale*
glasshouse *(n.)* სათბური *saTburi*
glassify *(v.)* მინისებური *miniseburi*
glassmaker *(n.)* შუშის მწარმოებელი *SuSis mwarmoebeli*
glaucoma *(n.)* გლაუკომა *glaukoma*
glaze *(v.)* მინების ჩასმა *minebis Casma*
glaze *(n.)* პრიალა *priala*
glazier *(n.)* მეშუშე *meSuSe*
gleam *(v.)* არეკვლა *arekvla*
gleam *(n.)* სუსტი *susti*
gleaming *(adj.)* არეკლილი *areklili*
glee *(n.)* მხიარულება *mxiaruleba*
gleeful *(adj.)* მხიარული *mxiaruli*
gleefully *(adv.)* მხიარული *mxiaruli*
glide *(v.)* დაცურება *dacureba*
glide *(n.)* სრიალი *sriali*
glider *(n.)* პლანერი *planeri*
glimmer *(v.)* თვალის მოკვრა *Tvalis mokvra*
glimmer *(n.)* ციმციმი *cimcimi*
glimpse *(n.)* წუთიერი შთაბეჭდილება *wuTieri STabeWdileba*
glitch *(v.)* ავარია *avaria*
glitter *(v.)* ბრწინვა *brwinva*
glitter *(n.)* მბრწყინავი *mbrwyinavi*
gloat *(n.)* გახარება *gaxareba*
gloat *(v.)* თვალებით ჭამა *TvalebiT Wama*
gloatingly *(adv.)* გახარებული *gaxarebuli*
global *(adj.)* გლობალური *globaluri*
global warming *(n.)* გლობალური სითბო *globaluri siTbo*
globally *(adv.)* გლობალური *globaluri*
globe *(n.)* ბურთი *burTi*
globetrotter *(n.)* ბევრი მგზავრობის მონაწილე *bevri mgzavrobis monawile*
gloom *(n.)* წყვდიადი *wyvdiadi*
gloomy *(adj.)* მოღუშული *moRuSuli*
glorification *(n.)* სახელის განთქმა *saxelis ganTqma*
glorify *(v.)* სახელის განთქმა *saxelis ganTqma*
glorious *(adj.)* დიდებული *didebuli*
glory *(n.)* დიდება *dideba*
gloss *(n.)* კრიალი *kriali*
glossary *(n.)* ლექსიკონი *leqsikoni*
glossy *(adj.)* ბრწყინვალე *brwyinvale*
glove *(n.)* ხელთათმანი *xelTaTmani*
glovebox *(n.)* ხელთათმანების ყუთი *xelTaTmanebis yuTi*
glow *(v.)* ნათება *naTeba*
glow *(n.)* მხურვალება *mxurvaleba*
glucose *(n.)* გლუკოზა *glukoza*
glue *(v.)* დაწებება *dawebeba*
glue *(n.)* წებო *webo*
glue stick *(n.)* წებო *webo*
glut *(v.)* გაძღომა *gaZRoma*
glut *(n.)* ძალზე გაძღომა *Zalze gaZRoma*
gluten-free *(adj.)* გლუტენის გარეშე *glutenis gareSe*
glutton *(n.)* მსუნაგი *msunagi*
gluttony *(n.)* ღორმუცელობა *Rormuceloba*
glycerine *(n.)* გლიცერინი *glicerini*
gnarl *(v.)* კუთხოვანი *kuTxovani*
gnarl *(n.)* ნასკვიანი *naskviani*
gnaw *(v.)* ღრღნა *RrRna*
gnome *(n.)* აფორიზმი *aforizmi*
go *(v.)* წასვლა *wasvla*

goad *(n.)* სტიმული *stimuli*
goal *(n.)* მიზანი *mizani*
goalkeeper *(n.)* მეკარე *mekare*
goalpost *(n.)* მეტოქე *metoqe*
goalscoring *(n.)* გოლის გატანა *golis gatana*
goanna *(n.)* გოანა *goana*
goat *(n.)* თხა *Txa*
gobble *(n.)* ხარბი *xarbi*
goblet *(n.)* კათხი *kaTxi*
god *(n.)* ღმერთი *RmerTi*
goddess *(n.)* ქალღმერთი *qalRmerTi*
godfather *(n.)* ნათლია *naTlia*
godhead *(n.)* ქალღმერთი *qalRmerTi*
godly *(adj.)* ღვთიური *RvTiuri*
godown *(n.)* ნათლია *naTlia*
godsend *(n.)* მოულოდნელი *moulodneli*
goggles *(n.)* თვალსაფარი *Tvalsafari*
gold *(n.)* ოქრო *oqro*
golden *(adj.)* ოქროსფერი *oqrosferi*
goldsmith *(n.)* იუველირი *iuveliri*
golf *(n.)* გოლფი *golfi*
golf cart *(n.)* გოლფის კალათი *golfis kalaTi*
golf course *(n.)* გოლფის მოედანი *golfis moedani*
gonads *(n.)* გონადები *gonadebi*
gondola *(n.)* გონდოლა *gondola*
gong *(n.)* გონგი *gongi*
goo *(n.)* წებოვანი *webovani*
good *(adj.)* კარგი *kargi*
good *(n.)* სიკეთე *sikeTe*
good-bye *(interj.)* ნახვამდის *naxvamdis*
goodness *(n.)* გულკეთილობა *gulkeTiloba*
goodwill *(n.)* გუნება *guneba*
goof *(n.)* დასაწყისი *dasawyisi*
goof *(v.)* სტარტი *starti*
goofy *(adj.)* სულელი *suleli*
google *(v.)* გუგლი *gugli*
gooney *(n.)* გოინი *goini*
goose *(n.)* ბატი *bati*
gooseberry *(n.)* ხურტკმელი *xurtkmeli*
gore *(n.)* მერცხალი *mercxali*
gorge *(adj.)* შებოჭილი *SeboWili*
gorge *(v.)* შებოჭილობა *SeboWiloba*
gorge *(n.)* ხეობა *xeoba*
gorgeous *(adj.)* მშვენიერი *mSvenieri*
gorilla *(n.)* გორილა *gorila*
gospel *(n.)* სახარება *saxareba*
gossip *(n.)* ჭორები *Worebi*
gothic *(n.)* გოთიკი *goTiki*
gothic *(adj.)* გოთიკური *goTikuri*
gouda *(n.)* გაუდა *gauda*
gourd *(n.)* გოგრა *gogra*
gout *(n.)* შხეფები *Sxefebi*
govern *(v.)* მართვა *marTva*
governance *(n.)* მართვა *marTva*
governess *(n.)* აღმზრდელი *aRmzrdeli*
government *(n.)* მთავრობა *mTavroba*
governor *(n.)* მმართველი *mmarTveli*
gown *(n.)* ქალის ტანსაცმელი *qalis tansacmeli*
grab *(v.)* სწრაფი *swrafi*
grace *(n.)* მიმზიდველობა *mimzidveloba*
grace *(v.)* მორთვა *morTva*
graceful *(adj.)* გრაციოზული *graciozuli*
gracious *(adj.)* მოწყალე *mowyale*
gradation *(n.)* თანდათანობა *TandaTanoba*
grade *(v.)* დაწყობა *dawyoba*
grade *(n.)* ხარისხი *xarisxi*
gradual *(adj.)* თანდათანობით *TandaTanobiT*

graduate *(n.)* მეცნიერული ხარისხის მქონე *mecnieruli xarisxis mqone*
graduate *(v.)* სასწავლებლის დამთავრება *saswavleblis damTavreba*
graduation ceremony *(n.)* გამოსაშვები ცერემონია *gamosaSvebi ceremonia*
graffiti *(v.)* გრაფიტი *grafiti*
graft *(v.)* დამყნობა *damynoba*
graft *(n.)* კალამი *kalami*
grain *(n.)* მარცვალი *marcvali*
grammar *(n.)* გრამატიკა *gramatika*
grammarian *(n.)* გრამატიკული *gramatikuli*
gramme *(n.)* გრამი *grami*
gramophone *(n.)* გრამაფონი *gramafoni*
granary *(n.)* ბეღელი *beReli*
grand *(adj.)* დიდებული *didebuli*
grand finale *(n.)* გრანდიოზული ფინალი *grandiozuli finali*
grandeur *(n.)* ჩინებულება *Cinebuleba*
grant *(n.)* საჩუქარი *saCuqari*
grant *(v.)* ჩუქება *Cuqeba*
grape *(n.)* ყურძენი *yurZeni*
graph *(n.)* გრაფიკი *grafiki*
graphic *(adj.)* გრაფიკული *grafikuli*
grapple *(n.)* კავი *kavi*
grapple *(v.)* შებმა *Sebma*
grasp *(v.)* მოკიდება *mokideba*
grasp *(n.)* ჩაჭერა *CaWera*
grass *(n.)* ბალახი *balaxi*
grassland *(n.)* ბალახი *balaxi*
grate *(n.)* გისოსი *gisosi*
grate *(v.)* გისოსით გადაღობვა *gisosiT gadaRobva*
grateful *(adj.)* მადლიერი *madlieri*
grater *(n.)* სახეხი *saxexi*

gratification *(n.)* დაკმაყოფილება *dakmayofileba*
gratis *(adv.)* უსასყიდლოდ *usasyidlod*
gratitude *(n.)* მადლობა *madloba*
gratuity *(n.)* ფულადი საჩუქარი *fuladi saCuqari*
grave *(adj.)* მნიშვნელოვანი *mniSvnelovani*
grave *(n.)* საფლავი *saflavi*
gravitate *(v.)* მიზიდვა *mizidva*
gravitation *(n.)* მიზიდულობა *miziduloba*
gravity *(n.)* ზეიმი *zeimi*
graze *(n.)* მწყემსვა *mwyemsva*
graze *(v.)* ოდნავ გაკვრა *odnav gakvra*
grease *(n.)* ცხიმეული *cximeuli*
grease *(v.)* გაქონიანება *gaqonianeba*
greasy *(adj.)* ქონიანი *qoniani*
great *(adj.)* დიდი *didi*
greed *(n.)* სიხარბე *sixarbe*
greedy *(adj.)* ხარბი *xarbi*
Greek *(n.)* ბერძენი *berZeni*
Greek *(adj.)* ბერძნული *berZnuli*
green *(adj.)* მწვანე *mwvane*
green *(n.)* მწვანე *mwvane*
greenery *(n.)* მცენარეულობა *mcenareuloba*
greenhouse *(n.)* ორანჟერია *oranJeria*
greet *(v.)* მისალმება *misalmeba*
grenade *(n.)* გრანატა *granata*
grey *(adj.)* ნაცრისფერი *nacrisferi*
grey market *(n.)* ნაცრისფერი ბაზარი *nacrisferi bazari*
greyhound *(n.)* მწევარი *mwevari*
grief *(n.)* დარდი *dardi*
grievance *(n.)* წყენა *wyena*
grieve *(v.)* გულის ტკენა *gulis tkena*
grievous *(adj.)* სამწუხარო *samwuxaro*
grim *(adj.)* სასტიკი *sastiki*
grind *(v.)* დაფქვა *dafqva*

grinder *(n.)* მლესავი *mlesavi*
grip *(n.)* მოჭერა *moWera*
grip *(v.)* ხელის წავლება *xelis wavleba*
groan *(v.)* კვნესა *kvnesa*
grocer *(n.)* ბაყალი *bayali*
grocery *(n.)* საბაყლო *sabaylo*
groom *(n.)* მეჯინიბე *mejinibe*
groom *(v.)* ცხენის გამწნედა *cxenis gamwneda*
groove *(v.)* ამოჭრა *amoWra*
groove *(n.)* ჭრილი *Wrili*
grope *(v.)* ხელით მოსინჯვა *xeliT mosinjva*
gross *(adj.)* დიდი *didi*
gross *(n.)* მასა *masa*
grotesque *(adj.)* მახინჯი *maxinji*
ground *(v.)* დასაბუთება *dasabuTeba*
ground *(n.)* მიწა *miwa*
ground attack *(n.)* ადგილზე შეტევა *adgilze Seteva*
ground clearance *(n.)* მიწის განბაჟება *miwis ganbaJeba*
group *(v.)* დაჯგუფება *dajgufeba*
group *(n.)* ჯგუფი *jgufi*
grow *(v.)* ზრდა *zrda*
grower *(n.)* მებაღე *mebaRe*
growl *(v.)* ბრდღვინვა *brdRvinva*
growl *(n.)* ღრიალი *Rriali*
growth *(n.)* ზრდა *zrda*
grudge *(v.)* დაანება *daaneba*
grudge *(n.)* უკმაყოფილება *ukmayofileba*
grumble *(v.)* ბუზღუნი *buzRuni*
grunt *(n.)* ღრუტუნი *Rrutuni*
grunt *(v.)* ბუზღუნი *buzRuni*
guarantee *(n.)* გარანტია *garantia*
guarantee *(v.)* გარანტიის მიცემა *garantiis micema*
guard *(v.)* დაცვა *dacva*
guard *(n.)* სიფხიზლე *sifxizle*

guardian *(n.)* დამცველი *damcveli*
guava *(n.)* გუავა *guava*
guerilla *(n.)* პარტიზანული ომი *partizanuli omi*
guess *(v.)* ვარაუდი *varaudi*
guess *(n.)* მიხვედრა *mixvedra*
guest *(n.)* სტუმარი *stumari*
guest list *(n.)* სტუმრების სია *stumrebis sia*
guest room *(n.)* ოთახი სტუმრებისთვის *oTaxi stumrebisTvis*
guidance *(n.)* ხელმძღვანელობა *xelmZRvaneloba*
guide *(v.)* გაძღოლა *gaZRola*
guide *(n.)* გზის მაჩვენებელი *gzis maCvenebeli*
guideline *(n.)* გაიდლაინი *gaidlaini*
guild *(n.)* საამქრო *saamqro*
guile *(n.)* მოტყუება *motyueba*
guilt *(n.)* ბრალი *brali*
guilt-free *(adj.)* უდანაშაულო *udanaSaulo*
guilty *(adj.)* დამნაშავე *damnaSave*
guise *(n.)* გარეგნობა *garegnoba*
guitar *(n.)* გიტარა *gitara*
gulf *(n.)* უფსკრული *ufskruli*
gull *(v.)* გულუბრყვილო *gulubryvilo*
gull *(n.)* თოლია *Tolia*
gulp *(v.)* გადაყლაპვა *gadaylapva*
gulp *(n.)* დიდი ყლუპი *didi ylupi*
gum *(n.)* ხის წებო *xis webo*
gumboot *(n.)* რეზინის ჩექმები *rezinis Ceqmebi*
gun *(n.)* ზარბაზანი *zarbazani*
gunpoint *(n.)* იარაღი *iaraRi*
gust *(n.)* ძლიერი დაბერვა *Zlieri daberva*
gutter *(n.)* წყალსადინარი ღარი *wyalsadinari Rari*
guttural *(adj.)* უკანასასისმიერი *ukanasasismieri*

gymnasium *(n.)* გიმნაზია *gimnazia*
gymnast *(n.)* გიმნასტი *gimnasti*
gymnastic *(adj.)* გიმნასტიკური *gimnastikuri*
gymnastics *(n.)* გიმნასტიკა *gimnastika*

H

habeas corpus *(n.)* ჰაბეას კორპუსი *habeas korpusi*
habit *(n.)* ჩვეულება *Cveuleba*
habitable *(adj.)* დასახლებული *dasaxlebuli*
habitat *(n.)* საცხოვრებელი *sacxovrebeli*
habitation *(n.)* ცხოვრება *cxovreba*
habituate *(v.)* შეჩვევა *SeCveva*
hack *(v.)* გაპობა *gapoba*
hacker *(n.)* ჰაკერი *hakeri*
haemoglobin *(n.)* გემოგლობინი *gemoglobini*
hag *(n.)* გრძნეული *grZneuli*
haggard *(adj.)* ღონემიხდილი *Ronemixdili*
haggle *(v.)* კამათი *kamaTi*
hail *(v.)* მისალმება *misalmeba*
hail *(n.)* სეტყვა *setyva*
hailstorm *(n.)* წვიმა სეტყვით *wvima setyviT*
hair *(n.)* თმა *Tma*
hairbrush *(n.)* ჯაგრისი *jagrisi*
hairdryer *(n.)* თმის საშრობი *Tmis saSrobi*
hale *(adj.)* ახოვანი *axovani*
half *(n.)* ნახევარი *naxevari*
half-day *(n.)* ნახევარი დღე *naxevari dRe*
half-hearted *(adj.)* გულგრილი *gulgrili*
hall *(n.)* დარბაზი *darbazi*
hallmark *(n.)* დამახასიათებელი ნიშანი *damaxasiaTebeli niSani*
hallow *(v.)* კურთხევა *kurTxeva*
hallucination *(n.)* ჰალუცინაცია *halucinacia*
halt *(n.)* გაჩერება *gaCereba*
halt *(v.)* შეჩერება *SeCereba*
halve *(v.)* შუაზე გაყოფა *Suaze gayofa*
hamlet *(n.)* ჰამლეტი *hamleti*
hammer *(n.)* ჩაქუჩი *CaquCi*
hammer *(v.)* ურო *uro*
hand *(n.)* ხელი *xeli*
hand baggage *(n.)* ხელბარგი *xelbargi*
hand lotion *(n.)* ხელის ლოსიონი *xelis losioni*
hand luggage *(n.)* ხელბარგი *xelbargi*
handbill *(n.)* განცხადება *gancxadeba*
handbook *(n.)* სახელმძღვანელო *saxelmZRvanelo*
handbrake *(n.)* ხელის მუხრუჭი *xelis muxruWi*
handcuff *(n.)* ხელბორკილი *xelborkili*
handcuff *(v.)* ხერბოლკილის დადება *xerbolkilis dadeba*
handful *(n.)* მუჭი *muWi*
handicap *(n.)* დაბრკოლება *dabrkoleba*
handicap *(v.)* ძალთა გათანაბრება *ZalTa gaTanabreba*
handicraft *(n.)* ხელობა *xeloba*
handiwork *(n.)* ხელით ნამუშევარი ნივთები *xeliT namuSevari nivTebi*
handkerchief *(n.)* ცხვირსახოცი *cxvirsaxoci*
handle *(v.)* ხელებით შეხება *xelebiT Sexeba*
handle *(n.)* ხელი *xeli*
handsome *(adj.)* ლამაზი *lamazi*

handy *(adj.)* მარჯვე *marjve*
hang *(v.)* ჩამოკიდება *Camokideba*
hanker *(v.)* წყურვილი *wyurvili*
haphazard *(adj.)* შემთხვევითი *SemTxveviTi*
happen *(v.)* შემთხვევა *SemTxveva*
happening *(n.)* შემთხვევა *SemTxveva*
happiness *(n.)* ბედნიერება *bedniereba*
happy *(adj.)* ბედნიერი *bednieri*
harass *(v.)* შეწუხება *Sewuxeba*
harassment *(n.)* შეწუხებული *Sewuxebuli*
harbour *(n.)* ნავსადგური *navsadguri*
harbour *(v.)* ღუზაზე დგომა *Ruzaze dgoma*
hard *(adj.)* მაგარი *magari*
hard *(adv.)* მყარი *myari*
harden *(v.)* გამაგრება *gamagreba*
hardihood *(n.)* გაბედულება *gabeduleba*
hardly *(adv.)* ძლივს *Zlivs*
hardship *(n.)* გაჭირვება *gaWirveba*
hardware *(n.)* კავეული *kaveuli*
hard-working *(adj.)* მაგრად მომუშავე *magrad momuSave*
hardy *(adj.)* ამტანი *amtani*
hare *(n.)* კურდღელი *kurdReli*
harm *(v.)* დაზიანება *dazianeba*
harm *(n.)* ზიანი *ziani*
harmful *(adj.)* მავნე *mavne*
harmless *(adj.)* უვნებელი *uvnebeli*
harmonious *(adj.)* ერთსულოვანი *erTsulovani*
harmonium *(n.)* ჰარმონიული *harmoniuli*
harmony *(n.)* ჰარმონია *harmonia*
harness *(n.)* აკაზმულობა *akazmuloba*
harness *(v.)* შებმა *Sebma*
harp *(n.)* არფა *arfa*
harsh *(adj.)* უკმეხი *ukmexi*
harvest *(n.)* მკა *mka*
harvest *(v.)* მომკა *momka*
harvester *(n.)* სამკალი(მანქანა) *samkali(manqana)*
haste *(n.)* აჩქარება *aCqareba*
hasten *(v.)* დაჩქარება *daCqareba*
hasty *(adj.)* აჩქარებული *aCqarebuli*
hat *(n.)* ქუდი *qudi*
hatch *(v.)* ამოკვეთა *amokveTa*
hatch *(n.)* წიწილების გამოჩეკა *wiwilebis gamoCeka*
hatchet *(n.)* პატარა ცული *patara culi*
hate *(n.)* სიძულვილი *siZulvili*
hate *(v.)* შეძულება *SeZuleba*
hat-trick *(n.)* ჰეთთრიკი *heTTriki*
haughty *(adj.)* ქედმაღალი *qedmaRali*
haunt *(n.)* ხშირად მონახულებული ადგილი *xSirad monaxulebuli adgili*
haunt *(v.)* ხშირად წვევა *xSirad wveva*
have *(v.)* ქონა *qona*
haven *(n.)* ნავსადგური *navsadguri*
havoc *(n.)* განადგურება *ganadgureba*
hawk *(n.)* შევარდენი *Sevardeni*
hawker *(n.)* დამტარებელი *damtarebeli*
hawthorn *(n.)* კუნელი *kuneli*
hay *(n.)* თივა *Tiva*
hazard *(v.)* რისკზე წასვლა *riskze wasvla*
hazard *(n.)* შანსი *Sansi*
haze *(n.)* თხელი ნისლი *Txeli nisli*
hazy *(adj.)* ნისლიანი *nisliani*
he *(pron.)* ის *is*
head *(n.)* თავი *Tavi*
head *(v.)* მეთაურობა *meTauroba*
headache *(n.)* თავის ტკივილი *Tavis tkivili*
headband *(n.)* თავზე შემოსაკრავი *Tavze Semosakravi*

heading *(n.)* სათაური *saTauri*
headlight *(n.)* ავტომობილის ფარი *avtomobilis fari*
headline *(n.)* სათაური *saTauri*
headlong *(adv.)* გამალებული *gamalebuli*
headquarter *(v.)* შტაბი *Stabi*
headstrong *(adj.)* ჯიუტი *jiuti*
heal *(v.)* წამლობა *wamloba*
health *(n.)* ჯანმრთელობა *janmrTeloba*
healthy *(adj.)* ჯანმრთელი *janmrTeli*
heap *(n.)* გროვა *grova*
heap *(v.)* გროვად დაყრა *grovad dayra*
hear *(v.)* სმენა *smena*
hearsay *(n.)* ხმა *xma*
heart *(n.)* გული *guli*
heartbeat *(n.)* გულის ცემა *gulis cema*
heartbreak *(n.)* გულგამგმირავი *gulgamgmiravi*
hearth *(n.)* კერა *kera*
heartily *(adv.)* გულწრფელად *gulwrfelad*
heat *(v.)* გათბობა *gaTboba*
heat *(n.)* სითბო *siTbo*
heat-resistant *(adj.)* სითბო რეზისტანტული *siTbo rezistantuli*
heatstroke *(n.)* სითბური დარტყმა *siTburi dartyma*
heave *(v.)* მაღლა აწევა *maRla aweva*
heaven *(n.)* ზეცა *zeca*
heavenly *(adj.)* ციური *ciuri*
heavily *(adv.)* მძიმედ *mZimed*
heavy *(adj.)* მძიმე *mZime*
hedge *(n.)* მესერი *meseri*
hedge *(v.)* ღობის შემოვლება *Robis Semovleba*
heed *(n.)* ყურადღება *yuradReba*
heel *(n.)* ქუსლი *qusli*
hefty *(adj.)* ზორბა *zorba*

height *(n.)* სიმაღლე *simaRle*
heighten *(v.)* ამაღლება *amaRleba*
heinous *(adj.)* საზიზღარი *sazizRari*
heir *(n.)* მემკვიდრე *memkvidre*
heiress *(n.)* მემკვიდრე *memkvidre*
hell *(n.)* ჯოჯოხეთი *jojoxeTi*
helm *(n.)* საჭე *saWe*
helmet *(n.)* ჩაფხუტი *Cafxuti*
help *(v.)* დახმარება *daxmareba*
helpful *(adj.)* სასარგებლო *sasargeblo*
helpless *(adj.)* უმწეო *umweo*
helpmate *(n.)* თანაშემწე *TanaSemwe*
hemisphere *(n.)* ნახევარსფერო *naxevarsfero*
hemp *(n.)* კანაფი *kanafi*
hen *(n.)* ქათამი *qaTami*
hence *(adv.)* აქედან *aqedan*
henceforth *(adv.)* ამიერიდან *amieridan*
henceforward *(adv.)* ამიერიდან *amieridan*
henchman *(n.)* მომხრე *momxre*
henpeck *(v.)* დაჯაბვნა *dajabvna*
her *(adj.)* მისი *misi*
herald *(n.)* მაუწყებელი *mauwyebeli*
herald *(v.)* ცნობება *cnobeba*
herb *(n.)* ბალახი *balaxi*
herculean *(adj.)* ჰერკულესის *herkulesis*
herd *(n.)* ნახირი *naxiri*
herdsman *(n.)* მწყემსი *mwyemsi*
here *(adv.)* აქ *aq*
hereabouts *(adv.)* სადღაც აქ *sadRac aq*
hereafter *(n.)* მომავალი *momavali*
hereafter *(adv.)* სადღაც აქ *sadRac aq*
hereditary *(adj.)* მემკვიდრეობითი *memkvidreobiTi*
heredity *(n.)* მემკვიდრეობა *memkvidreoba*

heritable *(adj.)* სამემკვიდრეო *samemkvidreo*
heritage *(n.)* მემკვიდრეობა *memkvidreoba*
hermit *(n.)* განდეგილი *gandegili*
hermitage *(n.)* განმარტოებული ბინა *ganmartoebuli bina*
hernia *(n.)* ჰერნია *hernia*
hero *(n.)* გმირი *gmiri*
heroic *(adj.)* გმირული *gmiruli*
heroine *(n.)* ჰეროინუმი *heroinumi*
heroism *(n.)* გმირობა *gmiroba*
herring *(n.)* ქაშაყი *qaSayi*
hesitant *(adj.)* გაუბედავი *gaubedavi*
hesitate *(v.)* ეჭვიანობა *eWvianoba*
hesitation *(n.)* ყოყმანი *yoymani*
hew *(v.)* ჭრა *Wra*
heyday *(n.)* აყვავება *ayvaveba*
hibernation *(n.)* დაზამთრება *dazamTreba*
hiccup *(n.)* სლოკინი *slokini*
hide *(v.)* მიბეგვა *mibegva*
hide *(n.)* ტყავი *tyavi*
hideous *(adj.)* საზიზღარი *sazizRari*
hierarchy *(n.)* იერარქია *ierarqia*
high *(adj.)* მაღალი *maRali*
higher education *(n.)* უმაღლესი განათლება *umaRlesi ganaTleba*
highlight *(n.)* შუქური ეფექტი *Suquri efeqti*
highly *(adv.)* ძალიან *Zalian*
Highness *(n.)* სიმაღლე *simaRle*
highway *(n.)* გზატკეცილი *gzatkecili*
hilarious *(adj.)* მხიარული *mxiaruli*
hilarity *(n.)* სიმხიარულე *simxiarule*
hill *(n.)* ბორცვი *borcvi*
hillock *(n.)* პატარა ბორცვი *patara borcvi*
him *(pron.)* მისი *misi*
hinder *(v.)* ხელის შეშლა *xelis SeSla*
hindrance *(n.)* დაბრკოლება *dabrkoleba*
hint *(n.)* გადაკრული სიტყვა *gadakruli sityva*
hint *(v.)* სიტყვის გადაკვრა *sityvis gadakvra*
hip *(n.)* ბარძაყი *barZayi*
hire *(n.)* დაქირავება *daqiraveba*
hire *(v.)* ქირაობა *qiraoba*
hireling *(n.)* დამქირავებელი *damqiravebeli*
his *(pron.)* მისი *misi*
hiss *(v.)* სტვენა *stvena*
historian *(n.)* ისტორიული *istoriuli*
historic *(adj.)* ისტორიული *istoriuli*
historical *(adj.)* ისტორიული *istoriuli*
history *(n.)* ისტორია *istoria*
hit *(n.)* დარტყმა *dartyma*
hit *(v.)* დარტყმა *dartyma*
hitch *(n.)* ხელის კვრა *xelis kvra*
hither *(adv.)* აქეთ *aqeT*
hitherto *(adv.)* ადრე *adre*
hive *(n.)* სკა *ska*
hoarse *(adj.)* ხრინწიანი *xrinwiani*
hoax *(v.)* მოტყუება *motyueba*
hobby *(n.)* აჩემებული რამ *aCemebuli ram*
hobbyhorse *(n.)* ცხენი *cxeni*
hobnob *(v.)* ერთად სმა *erTad sma*
hockey *(n.)* ჰოკეი *hokei*
hoist *(v.)* აყენება *ayeneba*
hold *(v.)* მიტაცება *mitaceba*
holdback *(n.)* დაბრკოლება *dabrkoleba*
hole *(v.)* გაჭრა *gaWra*
hole *(n.)* ჭუჭრუტანა *WuWrutana*
holiday *(n.)* დღესასწაული *dResaswauli*
hollow *(v.)* ამოტეხა *amotexa*
hollow *(n.)* ღრმული *Rrmuli*

hollow *(adj.)* ცარიელი *carieli*
holocaust *(n.)* მოსპობა *mospoba*
holograph *(n.)* ჰოლოგრაფი *holografi*
holy *(adj.)* წმინდა *wminda*
homage *(n.)* პატივისცემა *pativiscema*
home *(n.)* სახლი *saxli*
home-made *(adj.)* სახლში დამზადებული *saxlSi damzadebuli*
homeopath *(n.)* ჰომეოპათი *homeopaTi*
homeopathy *(n.)* ჰომეოპათია *homeopaTia*
homesick *(adj.)* სამშობლოზე დადარდიანებული *samSobloze dadardianebuli*
homicide *(n.)* მკვლელი *mkvleli*
homogeneous *(adj.)* ერთგავეროვანი *erTgaverovani*
honest *(adj.)* პატიოსანი *patiosani*
honesty *(n.)* პატიოსნება *patiosneba*
honey *(n.)* თაფლი *Tafli*
honeycomb *(n.)* ფიჭა *fiWa*
honeymoon *(n.)* თაფლობის თვე *Taflobis Tve*
honorarium *(n.)* ჰონორარი *honorari*
honorary *(adj.)* საპატიო *sapatio*
honour *(n.)* პატიოსნება *patiosneba*
honour *(v.)* ღირსება *Rirseba*
honourable *(adj.)* კეთილშობილი *keTilSobili*
hood *(n.)* კაპიშონი *kapiSoni*
hoodwink *(v.)* თვალის ახვევა *Tvalis axveva*
hoof *(n.)* ჩლიქი *Cliqi*
hook *(n.)* კავი *kavi*
hooligan *(n.)* ხულიგანი *xuligani*
hoot *(v.)* ბუს ყვირილი *bus yvirili*
hop *(v.)* ნახტომი *naxtomi*
hop *(n.)* ხტუნვა *xtunva*
hope *(n.)* იმედი *imedi*
hope *(v.)* იმედის ქონა *imedis qona*
hopeful *(adj.)* იმედის მქონე *imedis mqone*
hopeless *(adj.)* უიმედო *uimedo*
horde *(n.)* ბრბო *brbo*
horizon *(n.)* ჰორიზონტი *horizonti*
horn *(n.)* რქა *rqa*
hornet *(n.)* ონავარი *onavari*
horrible *(adj.)* საშინელი *saSineli*
horrify *(v.)* შეძრწუნება *SeZrwuneba*
horror *(n.)* თავზარი *Tavzari*
horse *(n.)* ცხენი *cxeni*
horseshoe *(n.)* ნალი *nali*
horticulture *(n.)* მებაღეობა *mebaReoba*
hose *(n.)* შლანგი *Slangi*
hosiery *(n.)* ტრიკოტაჟი *trikotaJi*
hospitable *(adj.)* სტუმართმოყვარე *stumarTmoyvare*
hospital *(n.)* ჰოსპიტალი *hospitali*
hospitality *(n.)* სტუმართმოყვარეობა *stumarTmoyvareoba*
host *(n.)* მრავალი *mravali*
hostage *(n.)* მძევალი *mZevali*
hostel *(n.)* ჰოსტელი *hosteli*
hostile *(adj.)* მტერი *mteri*
hostility *(n.)* მტრობა *mtroba*
hot *(adj.)* ცხელი *cxeli*
hotchpotch *(n.)* რაგუ ბოსტენულისა და ხორცისგან *ragu bostenulisa da xorcisgan*
hotel *(n.)* ჰოტელი *hoteli*
hound *(n.)* მონადირის ძაღლი *monadiris ZaRli*
hour *(n.)* საათი *saaTi*
house *(v.)* დასახლება *dasaxleba*
house *(n.)* სახლი *saxli*
household *(n.)* ოჯახი *ojaxi*
how *(adv.)* როგორ? *rogor?*

however *(adv.)* რამენაირად *ramenairad*
however *(conj.)* რამენაირად *ramenairad*
howl *(v.)* ღმუილი *Rmuili*
howl *(n.)* ყმუილი *ymuili*
hub *(n.)* ცენტრი(ყურადღებისა) *centri(yuradRebisa)*
hubbub *(n.)* ხმაური *xmauri*
huge *(adj.)* უზარმზარი *uzarmzari*
hum *(v.)* ბზუილი *bzuili*
hum *(n.)* ჰმ *hm*
human *(adj.)* ადამიანის *adamianis*
humane *(adj.)* ჰუმანური *humanuri*
humanitarian *(adj.)* ჰუმანისტი *humanisti*
humanity *(n.)* კაცობრიობა *kacobrioba*
humanize *(v.)* ადამიანურად *adamianurad*
humble *(adj.)* თავმდაბალი *Tavmdabali*
humdrum *(adj.)* ერთფეროვნება *erTferovneba*
humid *(adj.)* ნოტიო *notio*
humidity *(n.)* სინესტე *sineste*
humiliate *(v.)* დამცირება *damcireba*
humiliation *(n.)* დამცირება *damcireba*
humility *(n.)* თავმდაბლობა *Tavmdabloba*
humorist *(n.)* იუმორისტი *iumoristi*
humorous *(adj.)* იუმორისტული *iumoristuli*
humour *(n.)* იუმორი *iumori*
hunch *(n.)* კუზი *kuzi*
hundred *(n.)* ასი *asi*
hunger *(n.)* შიმშილი *SimSili*
hungry *(adj.)* მშიერი *mSieri*
hunt *(v.)* ნადირობა *nadiroba*
hunter *(n.)* მონადირე *monadire*
huntsman *(n.)* მონადირე *monadire*
hurdle *(n.)* მესერი *meseri*
hurdle *(v.)* შემოღობვა *SemoRobva*
hurl *(v.)* ძლიერი ტყორცნა *Zlieri tyorcna*
hurrah *(interj.)* ვაშა *vaSa*
hurricane *(n.)* გრიგალი *grigali*
hurry *(v.)* აჩქარება *aCqareba*
hurt *(v.)* ტკენა *tkena*
hurt *(n.)* მტკივნეული *tkena*
husband *(n.)* ქმარი *qmari*
husbandry *(n.)* მომჭირნეობა *momWirneoba*
hush *(n.)* სიჩუმე *siCume*
hush *(v.)* სიწყნარე *siwynare*
husk *(n.)* ჩენჩო *CenCo*
husky *(adj.)* ჩენჩოიანი *CenCoiani*
hustle *(v.)* ჭედვა *Wedva*
hut *(n.)* ქოხი *qoxi*
hyaena, hyena *(n.)* აფთარი *afTari*
hybrid *(n.)* ჰიბრიდი *hibridi*
hybrid *(adj.)* ჰიბრიდული *hibriduli*
hydrogen *(n.)* წყალბადი *wyalbadi*
hygiene *(n.)* ჰიგიენა *higiena*
hygienic *(adj.)* ჰიგიენური *higienuri*
hymn *(n.)* ჰიმნი *himni*
hyperbole *(n.)* ჰიპერბოლა *hiperbola*
hypnotism *(n.)* ჰიპნოტიზმი *hipnotizmi*
hypnotize *(v.)* ჰიპნოზირება *hipnozireba*
hypocrisy *(n.)* პირმოთნეობა *pirmoTneoba*
hypocrite *(n.)* ფარისეველი *fariseveli*
hypocritical *(adj.)* ფარისევლური *farisevluri*
hypothesis *(n.)* ჰიპოთეზა *hipoTeza*
hypothetical *(adj.)* ჰიპოტეთური *hipoteTuri*
hysteria *(n.)* ისტერია *isteria*
hysterical *(adj.)* ისტერიული *isteriuli*

I

I *(pron.)* მე *me*
iambic *(adj.)* იამბიკური *iambikuri*
ice *(v.)* გაყინვა *gayinva*
ice *(n.)* ყინული *yinuli*
ice bucket *(n.)* ყინულის სათლი *yinulis saTli*
ice cream *(n.)* ნაყინი *nayini*
iceberg *(n.)* აისბერგი *aisbergi*
iceblock *(n.)* ყინულის ბლოკი *yinulis bloki*
icebreaker *(n.)* ყინულის შესვენება *yinulis Sesveneba*
icecap *(n.)* ყინულის ქუდი *yinulis qudi*
ice-cold *(adj.)* გაყინული *gayinuli*
iced *(adj.)* გაყინული *gayinuli*
icicle *(n.)* ყინულის ლოლუა *yinulis lolua*
icon *(n.)* სიმბოლო *simbolo*
iconic *(adj.)* იკონური *ikonuri*
iconoclastic *(adj.)* იკონოკლასტიკური *ikonoklastikuri*
icy *(adj.)* ყინულოვანი *yinulovani*
idea *(n.)* იდეა *idea*
ideal *(n.)* იდეალი *ideali*
ideal *(adj.)* იდეალური *idealuri*
idealism *(n.)* იდეალიზმი *idealizmi*
idealist *(n.)* იდეალისტი *idealisti*
idealistic *(adj.)* იდეალისტური *idealisturi*
idealize *(v.)* იდეალიზებური *idealizeburi*
ideate *(v.)* განზრახული *ganzraxuli*
identical *(adj.)* იდენტური *identuri*
identification *(n.)* იდენტიფიკაცია *identifikacia*
identify *(v.)* იდენტიფიცირება *identificireba*
identity *(n.)* იდენტურობა *identuroba*
identity card *(n.)* პირადობის მოწმობა *piradobis mowmoba*
idiocy *(n.)* იდიოტიზმი *idiotizmi*
idiom *(n.)* იდიომი *idiomi*
idiomatic *(adj.)* იდიომატური *idiomaturi*
idiot *(n.)* იდიოტი *idioti*
idiotic *(adj.)* იდიოტური *idioturi*
idle *(adj.)* მოჩვენებითი *moCvenebiTi*
idleness *(n.)* უსაქმურობა *usaqmuroba*
idler *(n.)* ზარმაცი *zarmaci*
idol *(n.)* კერპი *kerpi*
idolater *(n.)* კერპთაყვანისმცემელი *kerpTayvanismcemeli*
if *(conj.)* თუ *Tu*
igloo *(n.)* ყინულის ქოხი *yinulis qoxi*
ignite *(v.)* აალება *aaleba*
ignition *(n.)* ანთება *anTeba*
ignoble *(adj.)* საზიზღარი *sazizRari*
ignorance *(n.)* იგნორირება *ignorireba*
ignorant *(adj.)* უცოდინარი *ucodinari*
ignore *(v.)* დაიგნორება *daignoreba*
ill *(adv.)* ავადმყოფური *avadmyofi*
ill *(n.)* ავადმყოფი *avadmyofi*
illegal *(adj.)* არალეგალური *aralegaluri*
illegibility *(n.)* უკანონობა *ukanonoba*
illegible *(adj.)* არალეგალური *aralegaluri*
illegitimate *(adj.)* არალეგიტიმური *aralegitimuri*
illicit *(adj.)* უკანონო *ukanono*
illiteracy *(n.)* გაუნათლებლობა *gaunaTlebloba*
illiterate *(adj.)* გაუნათლებელი *gaunaTlebeli*

illness *(n.)* ავადმყოფობა avadmyofoba
illogical *(adj.)* არალოგიკური aralogikuri
ill-treat *(v.)* არასათანადო მოპყრობა arasaTanado mopyroba
illuminate *(v.)* განათება ganaTeba
illumination *(n.)* განათება ganaTeba
illusion *(n.)* ილუზია iluzia
illustrate *(v.)* ილუსტრაცია ilustracia
illustration *(n.)* ილუსტრაცია ilustracia
image *(n.)* გამოსახულება gamosaxuleba
imagery *(n.)* გამოსახულებები gamosaxulebebi
imaginary *(adj.)* წარმოსახვითი warmosaxviTi
imagination *(n.)* წარმოსახვა warmosaxva
imaginative *(adj.)* წარმოსახვითი warmosaxviTi
imagine *(v.)* წარმოდგენა warmodgena
imbalance *(n.)* დისბალანსი disbalansi
imitate *(v.)* მიბაძვა mibaZva
imitation *(n.)* იმიტაცია imitacia
imitator *(n.)* იმიტატორი imitatori
immaterial *(adj.)* არამატერიალური aramaterialuri
immature *(adj.)* გაუაზრებელი gauazrebeli
immaturity *(n.)* მოუმწიფარი moumwifari
immeasurable *(adj.)* წარმოუდგენელი warmoudgeneli
immediate *(adj.)* დაუყოვნებლივ dauyovnebliv
immemorial *(adj.)* უხსოვარი დროიდან uxsovari droidan
immense *(adj.)* უზარმაზარი uzarmazari
immensity *(n.)* უზარმაზარი uzarmazari
immerse *(v.)* ჩაძირვა CaZirva
immersion *(n.)* ჩაძირვა CaZirva
immigrant *(n.)* იმიგრანტი imigranti
immigrate *(v.)* ემიგრაცია emigracia
immigration *(n.)* საიმიგრაციო saimigracio
imminent *(adj.)* გარდაუვალი gardauvali
immodest *(adj.)* უკვდავი ukvdavi
immodesty *(n.)* უკვდავება ukvdaveba
immoral *(adj.)* ამორალური amoraluri
immorality *(n.)* უზნეობა uzneoba
immortal *(adj.)* უკვდავი ukvdavi
immortality *(n.)* უკვდავება ukvdaveba
immortalize *(v.)* უკვდავება ukvdaveba
immovable *(adj.)* უძრავი uZravi
immune *(adj.)* იმუნური imunuri
immunity *(n.)* იმუნიტეტი imuniteti
immunize *(v.)* იმუნიზაცია imunizacia
impact *(n.)* გავლენა gavlena
impart *(v.)* გადმოცემა gadmocema
impartial *(adj.)* მიუკერძოებელი miukerZoebeli
impartiality *(n.)* მიუკერძოებლობა miukerZoebloba
impassable *(adj.)* გაუვალი gauvali
impasse *(n.)* ჩიხი Cixi
impatience *(n.)* მოუთმენლობა mouTmenloba
impatient *(adj.)* მოუთმენელი mouTmeneli
impeach *(v.)* იმპიჩმენტი impiCmenti
impeachment *(n.)* იმპიჩმენტი impiCmenti
impeccable *(adj.)* უნაკლო unaklo
impede *(v.)* შეფერხება Seferxeba
impediment *(n.)* წინააღმდეგობა winaaRmdegoba

impenetrable *(adj.)* შეუღწევადი SeuRwevadi
imperative *(adj.)* იმპერატიული imperatiuli
imperfect *(adj.)* არასრულყოფილი arasrulyofili
imperfection *(n.)* არასრულყოფილება arasrulyofileba
imperial *(adj.)* იმპერიული imperiuli
imperialism *(n.)* იმპერიალიზმი imperializmi
imperil *(v.)* საშიშროების შექმნა saSiSroebis Seqmna
imperishable *(adj.)* ურყევი uryevi
impermissible *(adj.)* შეუწყალებელი Seuwyalebeli
impersonal *(adj.)* უპირო upiro
impersonate *(v.)* განპიროვნება ganpirovneba
impersonation *(n.)* განასახიერება ganasaxiereba
impertinence *(n.)* თავხედობა Tavxedoba
impertinent *(adj.)* თავხედი Tavxedi
impetuosity *(n.)* სისწრაფე siswrafe
impetuous *(adj.)* სწრაფი swrafi
implement *(v.)* შესრულება Sesruleba
implement *(n.)* ხელსაწყო xelsawyo
implicate *(v.)* არევა areva
implication *(n.)* თანამონაწილეობა Tanamonawileoba
implicit *(adj.)* ნაგულისხმევი nagulisxmevi
implore *(v.)* ცედრება cedreba
imply *(v.)* გულისხმობა gulisxmoba
impolite *(adj.)* უზრდელი uzrdeli
import *(n.)* შემოზიდვა Semozidva
import *(v.)* შემოტანა Semotana
importance *(n.)* მნიშვნელობა mniSvneloba

important *(adj.)* მნიშვნელოვანი mniSvnelovani
impose *(v.)* დავალების მიცემა davalebis micema
imposing *(adj.)* შთამბეჭდავი STambeWdavi
imposition *(n.)* გადასახადი gadasaxadi
impossibility *(n.)* შეუძლებლობა SeuZlebloba
impossible *(adj.)* შეუძლებელი SeuZlebeli
impostor *(n.)* თვითმარქვია TviTmarqvia
imposture *(n.)* მოტყუება motyueba
impotence *(n.)* იმპოტენცია impotencia
impotent *(adj.)* იმპოტენტი impotenti
impoverish *(v.)* გაღარიბება gaRaribeba
impracticability *(n.)* განუხორციელებლობა ganuxorcielebloba
impracticable *(adj.)* განუხორციელებელი ganuxorcielebeli
impress *(v.)* გაოცება gaoceba
impression *(n.)* შთაბეჭდილება STabeWdileba
impressive *(adj.)* შთაბეჭდილების მომხდენი STabeWdilebis momxdeni
imprint *(n.)* ანაბეჭდი anabeWdi
imprint *(v.)* აღბეჭვდა aRbeWvda
imprison *(v.)* დაპატიმრება dapatimreba
improper *(adj.)* არასწორი araswori
impropriety *(n.)* მცდარობა mcdaroba
improve *(v.)* გაუმჯობესება gaumjobeseba
improvement *(n.)* სრულყოფა srulyofa

imprudence *(n.)* არაკეთილგონიერება *araketilgoniereba*
imprudent *(adj.)* არაკეთილგონიერი *araketilgonieri*
impulse *(n.)* ბიძგი *biZgi*
impulsive *(adj.)* იმპულსური *impulsuri*
impunity *(n.)* დაუსჯელი *dausjeli*
impure *(adj.)* ჭუჭყიანი *WuWyiani*
impurity *(n.)* ჭუჭყი *WuWyi*
impute *(v.)* პირობითი შეფასება *pirobiTi Sefaseba*
in *(prep.)* ში *Si*
inability *(n.)* უუნარობა *uunaroba*
inaccurate *(adj.)* არაზუსტი *arazusti*
inaction *(n.)* უმოქმედობა *umoqmedoba*
inactive *(adj.)* უმოქმედო *umoqmedo*
inadequate *(adj.)* შეუფერებელი *Seuferebeli*
inadmissible *(adj.)* მიუღებელი *miuRebeli*
inanimate *(adj.)* უსულდგმულო *usuldgmulo*
inapplicable *(adj.)* გამოუყენებელი *gamouyenebeli*
inattentive *(adj.)* უყურადღებო *uyuradRebo*
inaudible *(adj.)* ჩუმი *Cumi*
inaugural *(adj.)* ინაუგურაციული *inauguraciuli*
inauguration *(n.)* საზეიმო გახსნა *sazeimo gaxsna*
inauspicious *(adj.)* არახელსაყრელი *araxelsayreli*
inborn *(adj.)* თანდაყოლილი *Tandayolili*
inbound *(adj.)* საზღვარგარეთიდან ჩამოსული *sazRvargareTidan Camosuli*
inbox *(n.)* შემომავალი *Semomavali*

incalculable *(adj.)* დაანგარიშებული *daangariSebuli*
incapable *(adj.)* ქმედუუნარო *qmeduunaro*
incapacity *(n.)* ქმედუუნარობა *qmeduunaroba*
incarnate *(adj.)* ინკარნაციული *inkarnacia*
incarnation *(n.)* ინკარნაცია *inkarnacia*
Induction *(v.)* ინდუქცია *induqcia*
incense *(n.)* საკმეველი *sakmeveli*
incentive *(n.)* სტიმული *stimuli*
inception *(n.)* თავიდანვე *Tavidanve*
inch *(n.)* ინჩი *inCi*
incharge *(adj.)* პასუხისმგებელი *pasuxismgebeli*
incident *(n.)* ინციდენტი *incidenti*
incidental *(adj.)* შემთხვევითი *SemTxveviTi*
incite *(v.)* წაქეზება *waqezeba*
inclination *(n.)* მიდრეკილება *midrekileba*
incline *(v.)* მიდრეკილების ქონა *midrekilebis qona*
include *(v.)* შეიცავს *Seicavs*
inclusion *(n.)* ჩართვა *CarTva*
inclusive *(adj.)* ინკლუზიური *inkluziuri*
incoherent *(adj.)* არათანმიმდევრული *araTanmimdevruli*
income *(n.)* შემოსავალი *Semosavali*
incomparable *(adj.)* შეუდარებელი *Seudarebeli*
incompetent *(adj.)* არაკომპეტენტური *arakompetenturi*
incomplete *(adj.)* არასრული *arasruli*
inconsiderate *(adj.)* არათანაბარი *araTanabari*
inconvenient *(adj.)* მოუხერხებელი *mouxerxebeli*

incorporate *(adj.)* ინკორპორაციული *inkorporaciuli*
incorporate *(v.)* ჩართვა *CarTva*
incorporation *(n.)* ინკორპორაცია *inkorporacia*
incorrect *(adj.)* არასწორი *araswori*
incorrigible *(adj.)* დაუშვებელია *dauSvebelia*
incorruptible *(adj.)* გაუგებარი *gaugebari*
increase *(n.)* მომატება *momateba*
increase *(v.)* გაზრდა *gazrda*
incredible *(adj.)* წარმოუდგენელი *warmoudgeneli*
increment *(n.)* ზრდა *zrda*
incriminate *(v.)* ინკრიმინირებული *inkriminirebuli*
incubate *(v.)* ინკუბაცია *inkubacia*
inculcate *(v.)* აღმძვრელი *aRmZvreli*
incumbent *(adj.)* მოქმედი *moqmedi*
incur *(v.)* ექვემდებარება *eqvemdebareba*
incurable *(adj.)* განუკურნებელი *ganukurnebeli*
indebted *(adj.)* დავალიანება *davalianeba*
indecency *(n.)* უხამსობა *uxamsoba*
indecent *(adj.)* უხამსი *uxamsi*
indecision *(n.)* განურჩევლობა *ganurCevloba*
indeed *(adv.)* ნამდვილად *namdvilad*
indefensible *(adj.)* დაუცველი *daucveli*
indefinite *(adj.)* განუსაზღვრელი *ganusazRvreli*
indemnity *(n.)* ანაზღაურება *anazRaureba*
independence *(n.)* დამოუკიდებლობა *damoukidebloba*
independent *(adj.)* დამოუკიდებელი *damoukidebeli*
indescribable *(adj.)* შეუსაბამო *Seusabamo*
index *(n.)* ინდექსი *indeqsi*
Indian *(adj.)* ინდური *induri*
indicate *(v.)* ჩვენება *Cveneba*
indication *(n.)* მითითება *miTiTeba*
indicative *(adj.)* მანიშნებელი *maniSnebeli*
indicator *(n.)* მაჩვენებელი *maCvenebeli*
indict *(v.)* ბრალდება *braldeba*
indictment *(n.)* ბრალდება *braldeba*
indifference *(n.)* გულგრილობა *gulgriloba*
indifferent *(adj.)* გულგრილი *gulgrili*
indigenous *(adj.)* ძირძველი *ZirZveli*
indigestible *(adj.)* მოუნელებლობა *mounelebloba*
indigestion *(n.)* მოუნელებლობა *mounelebloba*
indignant *(adj.)* აღშფოთებული *aRSfoTebuli*
indignation *(n.)* აღშფოთება *aRSfoTeba*
indigo *(n.)* ინდიგო *indigo*
indirect *(adj.)* არაპირდაპირი *arapirdapiri*
indiscipline *(n.)* არადისციპლინა *aradisciplina*
indiscreet *(adj.)* მოურიდებელი *mouridebeli*
indiscretion *(n.)* წინდაუხედაობა *windauxedaoba*
indiscriminate *(adj.)* განურჩეველი *ganurCeveli*
indispensable *(adj.)* აუცილებელი *aucilebeli*
indisposed *(adj.)* განურჩევლად *ganurCevlad*
indisputable *(adj.)* უდავოა *udavoa*
indistinct *(adj.)* განურჩეველი *ganurCeveli*

individual *(adj.)* ინდივიდუალური *individualuri*
individualism *(n.)* ინდივიდუალიზმი *individualizmi*
individuality *(n.)* ინდივიდუალურობა *individualuroba*
indivisible *(adj.)* განუყოფელი *ganuyofeli*
indolent *(adj.)* შინაგანი *Sinagani*
indomitable *(adj.)* დაუოკებელი *dauokebeli*
indoor *(adj.)* შენობაში *SenobaSi*
indoors *(adv.)* შენობაში *SenobaSi*
induce *(v.)* აღძრა *aRZra*
inducement *(n.)* ინდუქცია *induqcia*
induct *(n.)* ინდუქციური *induqciuri*
indulge *(v.)* გულგრილად *gulgrilad*
indulgence *(n.)* ინდულგენცია *indulgencia*
indulgent *(adj.)* ინდულგენტი *indulgenti*
industrial *(adj.)* ინდუსტრიული *industriuli*
industrious *(adj.)* შრომისმოყვარე *Sromismoyvare*
industry *(n.)* ინდუსტრია *industria*
ineffective *(adj.)* არაეფექტური *araefeqturi*
inert *(adj.)* ინერტული *inertuli*
inertia *(n.)* ინერცია *inercia*
inevitable *(adj.)* გარდაუვალია *gardauvalia*
inexact *(adj.)* გამოუცდელი *gamoucdeli*
inexorable *(adj.)* დაუოკებელი *dauokebeli*
inexpensive *(adj.)* იაფია *iafia*
inexperience *(n.)* გამოუცდელი *gamoucdeli*
inexplicable *(adj.)* აუხსნელი *auxsneli*
infallible *(adj.)* ერთგული *erTguli*
infamous *(adj.)* სამარცხვინო *samarcxvino*
infamy *(n.)* უსინდისო *usindiso*
infancy *(n.)* ჩვილობა *Cviloba*
infant *(n.)* ჩვილი *Cvili*
infanticide *(n.)* ინფანტილიდი *infantilidi*
infantile *(adj.)* ჩვილი *Cvili*
infantry *(n.)* ქვეითი *qveiTi*
infatuate *(v.)* მომაკვდავი *momakvdavi*
infatuation *(n.)* დაუფიქრებელი ვნება *daufiqrebeli vneba*
infect *(v.)* ინფიცირება *inficireba*
infection *(n.)* ინფექცია *infeqcia*
infectious *(adj.)* ინფექციური *infeqciuri*
infer *(v.)* დასკვნის გაკეთება *daskvnis gakeTeba*
inference *(n.)* დასკვნა *daskvna*
inferior *(adj.)* ქვედა *qveda*
inferiority *(n.)* დაბალი ხარისხის *dabali xarisxis*
infernal *(adj.)* არაადამიანური *araadamianuri*
infertile *(adj.)* უნაყოფო *unayofo*
infest *(v.)* შეურაცხყოფა *Seuracxyofa*
infinite *(adj.)* უსასრულო *usasrulo*
infinity *(n.)* უსასრულობა *usasruloba*
infirm *(adj.)* უსუსური *ususuri*
infirmity *(n.)* სისუსტე *sisuste*
inflame *(v.)* აალება *aaleba*
inflammable *(adj.)* აალებადი *aalebadi*
inflammation *(n.)* ანთება *anTeba*
inflammatory *(adj.)* ანთებითი *anTebiTi*
inflation *(n.)* ინფლაცია *inflacia*
inflexible *(adj.)* მოუქნელი *mouqneli*
inflict *(v.)* დარტყმა *dartyma*

influence *(v.)* გავლენა *gavlena*
influential *(adj.)* გავლენიანი *gavleniani*
influenza *(n.)* გრიპი *gripi*
influx *(n.)* შემოდინება *Semodineba*
inform *(v.)* ინფორმირება *informireba*
informal *(adj.)* არაფორმალური *araformaluri*
information *(n.)* ინფორმაცია *informacia*
informative *(adj.)* ინფორმაციული *informaciuli*
informer *(n.)* ინფორმატორი *informatori*
infringe *(v.)* დარღვევა *darRveva*
infringement *(n.)* დარღვევა *darRveva*
infuriate *(v.)* აღშფოთებული *aRSfoTebuli*
infuse *(v.)* ინფუზია *infuzia*
infusion *(n.)* ინფუზია *infuzia*
ingrained *(adj.)* ინგრედირებული *ingredirebuli*
ingratitude *(n.)* უმადურობა *umaduroba*
ingredient *(n.)* ინგრედიენტი *ingredienti*
inhabit *(v.)* ცხოვრება *cxovreba*
inhabitable *(adj.)* საცხოვრებელი *sacxovrebeli*
inhabitant *(n.)* საცხოვრებელი *sacxovrebeli*
inhale *(v.)* ჩასუნთქვა *CasunTqva*
inherent *(adj.)* თანდაყოლილი *Tandayolili*
inherit *(v.)* მემკვიდრეობა *memkvidreoba*
inheritance *(n.)* მემკვიდრეობა *memkvidreoba*
inhibit *(v.)* დათრგუნვა *daTrgunva*
inhibition *(n.)* ინჰიბიცია *inhibicia*
inhospitable *(adj.)* არაოფიციალური *araoficialuri*
inhuman *(adj.)* არაადამიანური *araadamianuri*
inimical *(adj.)* არაპირდაპირი *arapirdapiri*
inimitable *(adj.)* განუმეორებელი *ganumeorebeli*
initial *(adj.)* საწყისი *sawyisi*
initial *(v.)* საწყისი *sawyisi*
initiate *(v.)* წამოწყება *wamowyeba*
initiative *(n.)* ინიციატივა *iniciativa*
inject *(v.)* ინექცია *ineqcia*
injection *(n.)* ინექცია *ineqcia*
injudicious *(adj.)* შემზარავი *Semzaravi*
injunction *(n.)* განკარგულება *gankarguleba*
injure *(v.)* დაშავება *daSaveba*
injurious *(adj.)* საზიანო *saziano*
injury *(n.)* დაზიანება *dazianeba*
injustice *(n.)* უსამართლობა *usamarTloba*
ink *(n.)* მელანი *melani*
inkling *(n.)* მელნის *melnis*
inland *(adv.)* შიდა *Sida*
inland *(adj.)* შინაგანი *Sinagani*
in-laws *(n.)* კანონები *kanonebi*
inmate *(n.)* პატიმარი *patimari*
inmost *(adj.)* ძირითადად *ZiriTadad*
inn *(n.)* ში *Si*
innate *(adj.)* თანდაყოლილი *Tandayolili*
inner *(adj.)* შინაგანი *Sinagani*
innermost *(adj.)* ყველაზე საიდუმლო *yvelaze saidumlo*
innings *(n.)* ინერვაცია *inervacia*
innocence *(n.)* უდანაშაულობა *udanaSauloba*
innocent *(adj.)* უდანაშაულო *udanaSaulo*
innovate *(v.)* ინოვაცია *inovacia*
innovation *(n.)* ინოვაცია *inovacia*

innovator *(n.)* ინოვატორი *inovatori*
innumerable *(adj.)* უთვალავი *uTvalavi*
inoculate *(v.)* ინოკულაცია *inokulacia*
inoculation *(n.)* ინოკულაცია *inokulacia*
inoperative *(adj.)* არაოპერაციული *araoperaciuli*
inopportune *(adj.)* შეუსაბამო *Seusabamo*
input *(n.)* შეყვანა *Seyvana*
inquest *(n.)* გამოძიება *gamoZieba*
inquire *(v.)* გამოკითხვა *gamokiTxva*
inquiry *(n.)* გამოძიება *gamoZieba*
inquisition *(n.)* ინკვიზიცია *inkvizicia*
inquisitive *(adj.)* ცნობისმოყვარე *cnobismoyvare*
insane *(adj.)* შეშლილი *SeSlili*
insanity *(n.)* სიგიჟე *sigiJe*
insatiable *(adj.)* გაუმაძღარი *gaumaZRari*
inscribe *(v.)* დარეგისტრირება *daregistrireba*
inscription *(n.)* რეგისტრაცია *registracia*
insect *(n.)* მწერი *mweri*
insecticide *(n.)* ინსექტიციდი *inseqticidi*
insecure *(adj.)* არასაიმედო *arasaimedo*
insecurity *(n.)* დაუცველობა *daucveloba*
insensibility *(n.)* დაუცველობა *daucveloba*
insensible *(adj.)* უგრძნობელი *ugrZnobeli*
insensitive *(adj.)* უგრძნობელი *ugrZnobeli*
inseparable *(adj.)* განუყოფელი *ganuyofeli*
insert *(v.)* ჩასმა *Casma*
insertion *(n.)* ჩასმა *Casma*
inside *(adv.)* შიგნით *SigniT*
inside *(adj.)* შიდა ნაწილი *Sida nawili*
inside *(n.)* შინაგანი *Sinagani*
insight *(n.)* ინტუიცია *intuicia*
insignificance *(n.)* უმნიშვნელობა *umniSvneloba*
insignificant *(adj.)* უმნიშვნელო *umniSvnelo*
insincere *(adj.)* დაჟინებული *daJinebuli*
insincerity *(n.)* გულწრფელობა *gulwrfeloba*
insinuate *(v.)* გადაკვრით თქმა *gadakvriT Tqma*
insinuation *(n.)* ჩაჩურჩულება *CaCurCuleba*
insipid *(adj.)* მოსაწყენი *mosawyeni*
insipidity *(n.)* სისუსტე *sisuste*
insist *(v.)* მოთხოვნა *moTxovna*
insistence *(n.)* დაჟინება *daJineba*
insistent *(adj.)* ჟინიანი *Jiniani*
insolence *(n.)* თავხედობა *Tavxedoba*
insolent *(adj.)* თავხედური *Tavxeduri*
insoluble *(n.)* უხსნადი *uxsnadi*
insolvency *(n.)* გადახდისუუნარობა *gadaxdisuunaroba*
insolvent *(adj.)* გადახდისუუნარო *gadaxdisuunaro*
inspect *(v.)* შემოწმება *Semowmeba*
inspection *(n.)* შემოწმება *Semowmeba*
inspector *(n.)* ინსპექტორი *inspeqtori*
inspiration *(n.)* შთაგონება *STagoneba*
inspire *(v.)* შთაგონება *STagoneba*
instability *(n.)* არასტაბილურობა *arastabiluroba*
install *(v.)* დაინსტალირება *dainstalireba*
installation *(n.)* ინსტალაცია *instalacia*
instalment *(n.)* შენატანი *Senatani*
instance *(n.)* მაგალითი *magaliTi*

instant *(adj.)* მიმდინარე *mimdinare*
instant *(n.)* მყისიერი *myisieri*
instantaneous *(adj.)* მყისიერი *myisieri*
instantly *(adv.)* მყისიერად *myisierad*
instigate *(v.)* ინსტიქტირება *instiqtireba*
instigation *(n.)* წაქეზება *waqezeba*
instil *(v.)* ჩაწვდომა *Cawvdoma*
instinct *(n.)* ინსტინქტი *instinqti*
instinctive *(adj.)* ინსტინქტური *instinqturi*
institute *(n.)* ინსტიტუტი *instituti*
institution *(n.)* ინსტიტუტი *instituti*
instruct *(v.)* სწავლება *swavleba*
instruction *(n.)* ინსტრუქცია *instruqcia*
instructor *(n.)* ინსტრუქტორი *instruqtori*
instrument *(n.)* ინსტრუმენტი *instrumenti*
instrumental *(adj.)* ინსტრუმენტული *instrumentuli*
instrumentalist *(n.)* ინსტრუმენტალისტი *instrumentalisti*
insubordinate *(adj.)* დაუმორჩილებელი *daumorCilebeli*
insubordination *(n.)* დაუმორჩილებლობა *daumorCilebloba*
insufficient *(adj.)* არასაკმარისი *arasakmarisi*
insular *(adj.)* კუნძული *kunZuli*
insularity *(n.)* იზოლაცია *izolacia*
insulate *(v.)* იზოლირება *izolireba*
insulation *(n.)* იზოლაცია *izolacia*
insulator *(n.)* იზოლატორი *izolatori*
insult *(v.)* შეურაცხყოფა *Seuracxyofa*
insupportable *(adj.)* გაუსაძლისი *gausaZlisi*
insurance *(n.)* დაზღვევა *dazRveva*
insure *(v.)* დაზღვევა *dazRveva*
insurgent *(n.)* მეამბოხე *meamboxe*
insurgent *(adj.)* მეამბოხე *meamboxe*
insurmountable *(adj.)* დაუძლეველი *dauZleveli*
insurrection *(n.)* აჯანყება *ajanyeba*
intact *(adj.)* ხელუხლებელი *xeluxlebeli*
intangible *(adj.)* არამატერიალური *aramaterialuri*
integral *(adj.)* ინტეგრალური *integraluri*
integrate *(v.)* ინტეგრირება *integrireba*
integrity *(n.)* მთლიანობა *mTlianoba*
intellect *(n.)* ინტელექტი *inteleqti*
intellectual *(adj.)* ინტელექტუალური *inteleqtualuri*
intellectual *(n.)* ინტელექტუალი *inteleqtuali*
intelligence *(n.)* ინტელექტი *inteleqti*
intelligent *(adj.)* ინტელექტუალური *inteleqtualuri*
intelligentsia *(n.)* ინტელიგენცია *inteligencia*
intelligible *(adj.)* გასაგები *gasagebi*
intend *(v.)* განზრახვა *ganzraxva*
intense *(adj.)* ინტენსიური *intensiuri*
intensify *(v.)* ინტენსიური *intensiuri*
intensity *(n.)* ინტენსივობა *intensivoba*
intensive *(adj.)* ინტენსიური *intensiuri*
intent *(n.)* განზრახვა *ganzraxva*
intent *(adj.)* განზრახული *ganzraxva*
intention *(n.)* მიზანი *mizani*
intentional *(adj.)* განზრახული *ganzraxuli*
interactive *(adj.)* ინტერაქტიული *interaqtiuli*

intercept *(v.)* მოსმენა *mosmena*
interception *(n.)* ჩარევა *Careva*
interchange *(v.)* გაცვლა *gacvla*
intercourse *(n.)* ურთიერთობა *urTierToba*
interdependence *(n.)* ურთიერთდამოკიდებულება *urTierTdamokidebuleba*
interdependent *(adj.)* ურთიერთდამოკიდებულებული *urTierTdamokidebulebuli*
interest *(n.)* ინტერესი *interesi*
interested *(adj.)* დაინტერესებული *dainteresebuli*
interesting *(adj.)* საინტერესო *saintereso*
interfere *(v.)* ჩარევა *Careva*
interference *(n.)* დაბრკოლება *dabrkoleba*
interim *(n.)* შუალედური *Sualeduri*
interior *(adj.)* ინტერიერი *interieri*
interjection *(n.)* ინტერჟექცია *interJeqcia*
interlock *(v.)* ჩაკეტვა *Caketva*
interlude *(n.)* ჩარევა *Careva*
intermediary *(n.)* შუამავალი *Suamavali*
intermediate *(adj.)* შუალედური *Sualeduri*
interminable *(adj.)* გაუთავებელი *gauTavebeli*
intermingle *(v.)* შერევა *Sereva*
intern *(n.)* სტაჟიორი *staJiori*
internal *(adj.)* შინაგანი *Sinagani*
international *(adj.)* საერთაშორისო *saerTaSoriso*
internet *(n.)* ინტერნეტი *interneti*
interplay *(n.)* ურთიერთქმედება *urTierTqmedeba*
interpret *(v.)* თარჯიმნობა *Tarjimnoba*
interpreter *(n.)* თარჯიმანი *Tarjimani*
interrogate *(v.)* დაკითხვა *dakiTxva*
interrogation *(n.)* დაკითხვა *dakiTxva*
interrogative *(n.)* დაკითხვა *dakiTxva*
interrogative *(adj.)* დასაკითხი *dasakiTxi*
interrupt *(v.)* შეწყვეტა *Sewyveta*
interruption *(n.)* შეფერხება *Seferxeba*
intersect *(v.)* გადაკვეთა *gadakveTa*
intersection *(n.)* გადაკვეთა *gadakveTa*
interval *(n.)* ინტერვალი *intervali*
intervene *(v.)* ჩარევა *Careva*
intervention *(n.)* ინტერვენცია *intervencia*
interview *(v.)* ინტერვიუ *interviu*
intestinal *(adj.)* ნაწლავური *nawlavuri*
intestine *(n.)* ნაწლავი *nawlavi*
intimacy *(n.)* ინტიმური ურთიერთობა *intimuri urTierToba*
intimate *(adj.)* ინტიმური *intimuri*
intimation *(n.)* მითითება *miTiTeba*
intimidate *(v.)* დაშინება *daSineba*
intimidation *(n.)* დაშინება *daSineba*
into *(prep.)* ში *Si*
intolerable *(adj.)* აუტანელი *autaneli*
intolerance *(n.)* შეუწყნარებლობა *Seuwynarebloba*
intolerant *(adj.)* არაშემწყნარებელი *araSemwynarebeli*
intoxicant *(n.)* ინტოქსიკაცია *intoqsikacia*
intoxicate *(v.)* ინტოქსიკაცია *intoqsikacia*
intoxication *(n.)* ინტოქსიკაცია *intoqsikacia*
intransitive *(adj. (verb))* გადაუდებელი *gadaudebeli*
intrepid *(adj.)* ინერტული *inertuli*
intrepidity *(n.)* შეუცვლელობა *Seucvleloba*

intricate *(adj.)* დახლართული *daxlarTuli*
intrigue *(v.)* ინტრიგა *intriga*
intrinsic *(adj.)* დამახასიათებელი *damaxasiaTebeli*
introduce *(v.)* დანერგვა *danergva*
introduction *(n.)* შესავალი *Sesavali*
introductory *(adj.)* შესავალი *Sesavali*
introspect *(v.)* ინტროსპექტივა *introspeqtiva*
introspection *(n.)* თვითანალიზი *TviTanalizi*
introvert *(n.)* ინტროვერტი *introverti*
intrude *(v.)* შეჭრა *SeWra*
intrusion *(n.)* შეჭრა *SeWra*
intuition *(n.)* ინტუიცია *intuicia*
intuitive *(adj.)* ინტუიციური *intuiciuri*
invade *(v.)* შეჭრა *SeWra*
invalid *(adj.)* ძალადაკარგული *Zaladakarguli*
invalid *(n.)* ავადმყოფი *avadmyofi*
invalidate *(v.)* ბათილად ცნობა *baTilad cnoba*
invaluable *(adj.)* ფასდაუდებელი *fasdaudebeli*
invasion *(n.)* შეჭრა *SeWra*
invective *(n.)* ინვექტური *inveqturi*
invent *(v.)* გამოგონება *gamogoneba*
invention *(n.)* გამოგონება *gamogoneba*
inventive *(adj.)* გამომგონებელი *gamomgonebeli*
inventor *(n.)* გამომგონებელი *gamomgonebeli*
invert *(v.)* ინვერსიული *inversiuli*
invest *(v.)* ინვესტიცია *investicia*
investigate *(v.)* გამოძიება *gamoZieba*
investigation *(n.)* გამოძიება *gamoZieba*
investment *(n.)* ინვესტიცია *investicia*
invigilate *(v.)* კონტროლირება *kontrolireba*
invigilation *(n.)* განდევნა *gandevna*
invigilator *(n.)* ხელმძღვანელი *xelmZRvaneli*
invincible *(adj.)* დაუმარცხებელი *daumarcxebeli*
inviolable *(adj.)* ხელშეუხებელი *xelSeuxebeli*
invisible *(adj.)* უხილავი *uxilavi*
invitation *(n.)* მოსაწვევი *mosawvevi*
invite *(v.)* მოწვევა *mowveva*
invocation *(n.)* გამოძახება *gamoZaxeba*
invoice *(n.)* ინვოისი *invoisi*
invoke *(v.)* გამოძახება *gamoZaxeba*
involve *(v.)* ჩართვა *CarTva*
inward *(adj.)* შინაგანი *Sinagani*
inwards *(adv.)* შინაგანად *Sinaganad*
irate *(adj.)* გაღიზიანება *gaRizianeba*
ire *(n.)* დადება *dadeba*
Irish *(adj.)* ირლანდიური *irlandieli*
Irish *(n.)* ირლანდიელი *irlandieli*
irk *(v.)* გაღიზიანება *gaRizianeba*
irksome *(adj.)* მორცხვი *morcxvi*
iron *(v.)* დაუთავება *dauTaveba*
iron *(n.)* რკინა *rkina*
ironic *(adj.)* ირონიული *ironiuli*
ironical *(adj.)* ირონიული *ironiuli*
irony *(n.)* ირონია *ironia*
irradiate *(v.)* დასხივება *dasxiveba*
irrational *(adj.)* ირაციონალური *iracionaluri*
irreconcilable *(adj.)* შეურიგებელი *Seurigebeli*
irrecoverable *(adj.)* შეუქცევადი *Seuqcevadi*
irrefutable *(adj.)* შეუსაბამო *Seusabamo*
irregular *(adj.)* არარეგულარული *araregularuli*

irregularity *(n.)* არარეგულარულობა *araregularuloba*
irrelevant *(adj.)* შეუსაბამო *Seusabamo*
irresistible *(adj.)* დაუძლეველი *dauZleveli*
irrespective *(adj.)* განურჩევლად *ganurCevlad*
irresponsible *(adj.)* უპასუხისმგებლო *upasuxismgeblo*
irrigate *(v.)* მორწყვა *morwyva*
irrigation *(n.)* მორწყვა *morwyva*
irritable *(adj.)* გამაღიზიანებელი *gamaRizianebeli*
irritant *(adj.)* გამაღიზიანებელი *gamaRizianebeli*
irritate *(v.)* გაღიზიანება *gaRizianeba*
irritation *(n.)* გაღიზიანება *gaRizianeba*
irruption *(n.)* შეფერხება *Seferxeba*
island *(n.)* კუნძული *kunZuli*
isle *(n.)* კუნძული *kunZuli*
isobar *(n.)* იზობარი *izobari*
isolate *(v.)* იზოლირება *izolireba*
isolation *(n.)* იზოლაცია *izolacia*
issue *(v.)* პრობლემა *problema*
it *(pron.)* ის *is*
Italian *(adj.)* იტალიური *italiuri*
Italian *(n.)* იტალიური *italiuri*
italic *(adj.)* კურსით *kursiT*
italics *(n.)* კურსივით *kursiviT*
itch *(n.)* მუნი *muni*
itch *(v.)* ქავილი *qavili*
item *(n.)* ნივთი *nivTi*
itinerary *(n.)* მარშრუტი *marSruti*
ivory *(n.)* სპილოს ძვლისფერი *spilos Zvlisferi*
ivy *(n.)* სურო *suro*

J

jab *(v.)* ვაქცინაცია *vaqcinacia*
jabber *(v.)* ყბედობა *ybedoba*
jack *(n.)* ჯეკი *jeki*
jackal *(n.)* ტურა *tura*
jacket *(n.)* ქურთუკი *qurTuki*
jackpot *(n.)* ჯეკპოტი *jekpoti*
jade *(n.)* ნეფრიტი *nefriti*
jail *(n.)* ციხე *cixe*
jail *(v.)* ციხეში *cixeSi*
jailer *(n.)* პატიმარი *patimari*
jam *(v.)* რთული მდგომარეობა *rTuli mdgomareoba*
jam *(n.)* ჯემი *jemi*
jam-packed *(adj.)* ჯემი შეფუთული *jemi SefuTuli*
janitor *(n.)* მეეზოვე *meezove*
January *(n.)* იანვარი *ianvari*
jar *(n.)* ქილა *qila*
jargon *(n.)* ჟარგონი *Jargoni*
jasmine, jessamine *(n.)* ჟასმინი, ჟესამინი *Jasmini, Jesamini*
jaundice *(n.)* სიყვითლე *siyviTle*
javelin *(n.)* ჯაველინი *javelini*
jaw *(n.)* ყბა *yba*
jay *(n.)* ყბედი *ybedi*
jealous *(adj.)* ეჭვიანი *eWviani*
jealousy *(n.)* ეჭვიანობა *eWvianoba*
jean *(n.)* ჯინსი *jinsi*
jeer *(v.)* დრო *dro*
jelly *(n.)* ჟელე *Jele*
jeopardize *(v.)* საფრთხეს უქმნის *safrTxes uqmnis*
jeopardy *(n.)* საშიშროება *saSiSroeba*
jerk *(n.)* სულელი *suleli*
jerkin *(n.)* უსახელო პულოვერი *usaxelo puloveri*

jerky *(adj.)* კუთხოვანი *kuTxovani*
jersey *(n.)* ჯერსი *jersi*
jest *(v.)* არის *aris*
jet *(n.)* თვითმფრინავი *TviTmfrinavi*
jet engine *(n.)* რეაქტიული ძრავა *reaqtiuli Zrava*
jew *(n.)* იუდეველი *iudeveli*
jewel *(v.)* ქვის ჩასმა *qvis Casma*
jewel *(n.)* ძვირფასი ქვა *Zvirfasi qva*
jeweller *(n.)* იუველირი *iuveliri*
jewellery *(n.)* ძვირფასეულობა *Zvirfaseuloba*
jiggle *(v.)* შენჯღრევა *SenjRreva*
jigsaw *(n.)* თავსატეხი *Tavsatexi*
jingle *(v.)* დარეკვა *darekva*
jingle *(n.)* ზარი *zari*
job *(n.)* სამსახური *samsaxuri*
jobber *(n.)* სამუშაო *samuSao*
jobbery *(n.)* სპეკულაცია *spekulacia*
jobless *(adj.)* უმუშევარი *umuSevari*
jockey *(n.)* ჟოკეი *Jokei*
jocular *(adj.)* მხიარული *mxiaruli*
jog *(v.)* სირბილი *sirbili*
join *(v.)* შემოუერთება *SemouerTeba*
joiner *(n.)* სადურგლო *sadurglo*
joint *(adj.)* ერთობლივი *erToblivi*
joint effort *(n.)* ერთობლივი ძალისხმევა *erToblivi Zalisxmeva*
jointly *(adv.)* ერთობლივად *erToblivad*
joke *(v.)* ხუმრობა *xumroba*
joker *(n.)* ხუმარა *xumara*
jollity *(n.)* მხიარული *mxiaruli*
jolly *(adj.)* მხიარული *mxiaruli*
jolt *(v.)* შენჯღრევა *SenjRreva*
jostle *(v.)* ხელის კვრა *xelis kvra*
jot *(n.)* იოტა *iota*
jot *(v.)* იოტა *iota*
journal *(n.)* ჟურნალი *Jurnali*

journalism *(n.)* ჟურნალისტიკა *Jurnalistika*
journalist *(n.)* ჟურნალისტი *Jurnalisti*
journey *(v.)* მოგზაურობა *mogzauroba*
jovial *(adj.)* იუმორისტული *iumoristuli*
joviality *(n.)* მხიარულება *mxiaruleba*
joy *(n.)* მხიარულება *mxiaruleba*
joyful *(adj.)* მხიარული *mxiaruli*
joyous *(n.)* მხიარული *mxiaruli*
jubilant *(adj.)* იუბილარი *iubilari*
jubilation *(n.)* საიუბილეო *saiubileo*
jubilee *(n.)* საიუბილეო *saiubileo*
judge *(n.)* მოსამართლე *mosamarTle*
judgement *(n.)* განაჩენი *ganaCeni*
judicature *(n.)* სასამართლო სისტემა *sasamarTlo sistema*
judicial *(adj.)* სასამართლო *sasamarTlo*
judiciary *(n.)* სასამართლო სისტემა *sasamarTlo sistema*
judicious *(adj.)* განსჯადი *gansjadi*
jug *(n.)* ქილა *qila*
juggle *(v.)* ჟანგლიორობა *Janglioroba*
juggler *(n.)* ჟანგლიორი *Jangliori*
juice *(n.)* წვენი *wveni*
juicy *(adj.)* წვნიანი *wvniani*
jukebox *(n.)* რადიოლა *radiola*
jumble *(n.)* შერევა *Sereva*
jumble *(v.)* შერევა *Sereva*
jump *(v.)* ახტომა *axtoma*
jump *(n.)* ხტომა *xtoma*
junction *(n.)* შეერთება *SeerTeba*
juncture *(n.)* შეერთება *SeerTeba*
jungle *(n.)* ჯუნგლები *junglebi*
junior *(adj.)* უმცროსი *umcrosi*
junk *(n.)* უსარგებლო *usargeblo*
jupiter *(n.)* იუპიტერი *iupiteri*

jurisdiction *(n.)* იურისდიქცია *iurisdiqcia*
jurisprudence *(n.)* იურისპრუდენსია *iurisprudensia*
jurist *(n.)* იურისტი *iuristi*
juror *(n.)* ნაფიცი მსაჯული *nafici msajuli*
jury *(n.)* ჟიური *Jiuri*
juryman *(n.)* ნაფიც მსაჯულთა სასამართლო *nafic msajulTa sasamarTlo*
just *(adj.)* ეს ეს არის *es es aris*
justice *(n.)* სამართლიანობა *samarTlianoba*
justifiable *(adj.)* დასაბუთებული *dasabuTebuli*
justification *(n.)* დასაბუთება *dasabuTeba*
justified *(adj.)* გამართლებულია *gamarTlebulia*
justify *(v.)* გამართლება *gamarTleba*
justly *(adv.)* სამართლიანი *samarTliani*
jute *(n.)* ჯუთი *juTi*
juvenile *(adj.)* არასრულწლოვანი *arasrulwlovani*
juxtapose *(v.)* გადახურვა *gadaxurva*
juxtaposed *(adj.)* ერთმანეთის გვერდით *erTmaneTis gverdiT*
juxtaposition *(n.)* შერწყმა *Serwyma*

K

kaffir *(n.)* კაფირი *kafiri*
kaki *(n.)* ფეხები *fexebi*
kaleidoscope *(n.)* კალეიდოსკოპი *kaleidoskopi*
kamikaze *(n.)* კამიკაძე *kamikaZe*
kangaroo *(n.)* კენგურუ *kenguru*
karat *(n.)* კარატი *karati*
keen *(adj.)* ძლიერი *Zlieri*
keenness *(n.)* ენთუზიაზმი *enTuziazmi*
keep *(v.)* შენარჩუნება *SenarCuneba*
keeper *(n.)* შემნახველი *Semnaxveli*
keepsake *(n.)* სამახსოვრო საჩუქარი *samaxsovro saCuqari*
kennel *(n.)* საძაღლე *saZaRle*
kerchief *(n.)* ცხვირსახოცი *cxvirsaxoci*
kernel *(n.)* კერნელი *kerneli*
kerosene *(n.)* ნავთი *navTi*
ketchup *(n.)* კეტჩუპი *ketCupi*
kettle *(n.)* ჩაიდანი *Caidani*
key *(n.)* გასაღები *gasaRebi*
key *(v.)* გაღება *gaReba*
key *(adj.)* ძირითადი *ZiriTadi*
keyboard *(n.)* კლავიატურა *klaviatura*
keyhole *(n.)* გასაღების ჭუჭრუტანა *gasaRebis WuWrutana*
keypad *(n.)* კლავიატურა *klaviatura*
keysmith *(n.)* გასაღების ხელოსანი *gasaRebis xelosani*
keystone *(n.)* ციხესიმაგრის გასაღები *cixesimagris gasaRebi*
keyword *(n.)* საკვანძო სიტყვა *sakvanZo sityva*
kick *(v.)* დარტყმა *dartyma*
kick-start *(v.)* დარტყმის დაწყება *dartymis dawyeba*
kid *(n.)* ბავშვი *bavSvi*
kidnap *(v.)* ბავშვის გატაცება *bavSvis gataceba*
kidney *(n.)* თირკმელი *Tirkmeli*
kill *(v.)* მოკვლა *mokvla*
kiln *(n.)* გამოსაწვავი ღუმელი *gamosawvavi Rumeli*
kilo *(n.)* კილოგრამი *kilogrami*
kilogram *(n.)* კილოგრამი *kilogrami*
kilt *(n.)* პლისიანი ქვედაბოლო *plisiani qvedabolo*

kin *(n.)* ნათესავები *naTesavebi*
kind *(adj.)* კეთილი *keTili*
kindergarten *(n.)* საბავშვო ბაღი *sabavSvo baRi*
kind-hearted *(adj.)* გულკეთილი *gulkeTili*
kindle *(v.)* ანთება *anTeba*
kindly *(adv.)* თავაზიანად *Tavazianad*
kindness *(n.)* მეგობრული *megobruli*
kinetic *(adj.)* კინეტიკური *kinetikuri*
king *(n.)* მეფე *mefe*
kingdom *(n.)* სამეფო *samefo*
kinship *(n.)* ნათესაობა *naTesaoba*
kiosk *(n.)* კიოსკი *kioski*
kiss *(v.)* კოცნა *kocna*
kit *(n.)* ნაკრები *nakrebi*
kitchen *(n.)* სამზარეულო *samzareulo*
kite *(n.)* ფრანი *frani*
kith *(n.)* ნაცნობი *nacnobi*
kitten *(n.)* კნუტი *knuti*
knave *(n.)* ბიჭი *biWi*
knavery *(n.)* ჯომარდობა *jomardoba*
knead *(v.)* დაზელვა *dazelva*
knee *(n.)* მუხლი *muxli*
kneel *(v.)* დაჩოქება *daCoqeba*
knife *(n.)* დანა *dana*
knight *(n.)* რაინდი *raindi*
knit *(v.)* ქსოვა *qsova*
knock *(v.)* დაკაკუნება *dakakuneba*
knockout *(n.)* ნოკაუტი *nokauti*
knot *(n.)* კვანძი *kvanZi*
knot *(v.)* კვანძი *kvanZi*
know *(v.)* ცოდნა *codna*
knowledge *(n.)* ცოდნა *codna*
knowledgeable *(adj.)* მცოდნე *mcodne*
knuckle *(n.)* სახსარი *saxsari*
koala *(n.)* კოალა *koala*
koi *(n.)* ნებისმიერი *nebismieri*
krill *(n.)* კრილი *krili*

L

label *(n.)* იარლიყი *iarliyi*
labial *(adj.)* ტუჩის *tuCis*
laboratory *(n.)* ლაბორატორია *laboratoria*
laborious *(adj.)* ლაბორატორიული *laboratoriuli*
labour *(v.)* შრომა *Sroma*
labour *(n.)* შრომა *Sroma*
laboured *(adj.)* რთული *rTuli*
labourer *(n.)* მშრომელი *mSromeli*
labyrinth *(n.)* ლაბირინთი *labirinTi*
lac, lakh *(n.)* ტბა, ლაქი *tba, laqi*
lace *(v.)* ზონარი *zonari*
lace *(n.)* ზონარი *zonari*
lacerate *(v.)* დახევა *daxeva*
lachrymose *(adj.)* ცრემლიანი *cremliani*
lack *(n.)* ნაკლებობა *nakleboba*
lack *(v.)* უქონლობა *uqonloba*
lackey *(n.)* ლაქია *laqia*
lacklustre *(adj.)* ჩამქრალი *Camqrali*
laconic *(adj.)* ლაკონიური *lakoniuri*
lactate *(v.)* ლაქტატი *laqtati*
lactic *(adj.)* რძის *rZis*
lactometer *(n.)* ლაქტომეტრი *laqtometri*
lactose *(n.)* რძის შაქარი *rZis Saqari*
lacuna *(n.)* ხარვეზი *xarvezi*
lacy *(adj.)* მაქმანის *maqmanis*
lad *(n.)* ბიჭი *biWi*
ladder *(n.)* კიბე *kibe*
lade *(v.)* დატვირთვა *datvirTva*
ladle *(n.)* დიდი კოვზი *didi kovzi*
ladle *(v.)* გადასხმა *gadasxma*
lady *(n.)* ქალბატონი *qalbatoni*
lag *(v.)* დაგვიანება *dagvianeba*

laggard *(n.)* ზანტი *zanti*
lagoon *(n.)* ლაგუნა *laguna*
laid-back *(adj.)* უკან ასახვა *ukan asaxva*
lair *(n.)* ბუნაგი *bunagi*
lake *(n.)* ტბა *tba*
lakefront *(n.)* ტბისპირა *tbispira*
lama *(n.)* ლამა *lama*
lamb *(n.)* კრავი *kravi*
lambaste *(v.)* დარტყმა *dartyma*
lambkin *(n.)* კრავი *kravi*
lame *(v.)* დაშავება *daSaveba*
lame *(adj.)* უხეირო *uxeiro*
lament *(n.)* გოდება *godeba*
lament *(v.)* წუწუნი *wuwuni*
lamentable *(adj.)* სამწუხარო *samwuxaro*
lamentation *(n.)* ჩივილი *Civili*
laminate *(v.)* გახლეჩა *gaxleCa*
lamp *(n.)* ლამმპა *lammpa*
lampoon *(n.)* ბოროტი სატირა *boroti satira*
lampoon *(v.)* პასკვილების წერა *paskvilebis wera*
lance *(n.)* შუბი *Subi*
lance *(v.)* შუბით განგმირვა *SubiT gangmirva*
lancer *(n.)* ულანი *ulani*
lancet *(adj.)* ლანცეტური *lanceturi*
land *(n.)* მიწა *miwa*
land *(v.)* ნაპირზე გადმოსხმა *napirze gadmosxma*
landing *(n.)* გადმოსხმის ადგილი *gadmosxmis adgili*
landline *(n.)* ხმელეთის ხაზი *xmeleTis xazi*
landlord *(n.)* მიწათმფლობელი *miwaTmflobeli*
landmark *(n.)* ორიენტირი *orientiri*
landscape *(n.)* ლანდშაფტი *landSafti*
lane *(n.)* ბილიკი *biliki*
language *(n.)* ენა *ena*
languish *(v.)* ჭკნობა *Wknoba*
languor *(n.)* მოდუნებულობა *modunebuloba*
lank *(adj.)* გამხდარი *gamxdari*
lantern *(n.)* ფარანი *farani*
lanugo *(n.)* ლანუგო *lanugo*
lap *(n.)* კალთა *kalTa*
lapse *(n.)* დაუდევრობა *daudevroba*
lapse *(v.)* ჩავარდნა *Cavardna*
laptop *(n.)* ლეპტოპი *leptopi*
lard *(n.)* ღორის ქონი *Roris qoni*
large *(adj.)* დიდი *didi*
largesse *(n.)* სიუხვე *siuxve*
lark *(n.)* ტოროლა *torola*
lascivious *(adj.)* ავხორცი *avxorci*
lash *(v.)* გამათრახება *gamaTraxeba*
lash *(n.)* მათრახი *maTraxi*
lass *(n.)* ქალიშვილი *qaliSvili*
last *(adv.)* უკანასკნელად *ukanasknelad*
last *(adj.)* უკანასკნელი *ukanaskneli*
last *(n.)* ამტანობა *amtanoba*
last *(v.)* გაგრძელება *gagrZeleba*
lasting *(adj.)* ხანგრძლივი *xangrZlivi*
lastly *(adv.)* საბოლოოდ *sabolood*
latch *(n.)* ურდული *urduli*
late *(adv.)* გვიან *gvian*
late *(adj.)* გვიანი *gviani*
lately *(adv.)* ახლახან *axlaxan*
latent *(adj.)* გულჩათხრობილი *gulCaTxrobili*
lath *(n.)* თამასა *Tamasa*
lathe *(n.)* სახარატო ჩარხი *saxarato Carxi*
lather *(n.)* საპნის ქაფი *sapnis qafi*
latitude *(n.)* განედი *ganedi*
latrine *(n.)* საჭირო ოთახი *saWiro oTaxi*
latter *(adj.)* არადიდიხნის *aradidixnis*

lattice *(n.)* გისოსი *gisosi*
laud *(n.)* ქება *qeba*
laud *(v.)* შექება *Seqeba*
laudable *(adj.)* საქები *saqebi*
laugh *(v.)* დაცინვა *dacinva*
laugh *(n.)* სიცილი *sicili*
laughable *(adj.)* სასაცილო *sasacilo*
laughter *(n.)* ხარხარი *xarxari*
launch *(v.)* ამუშავება *amuSaveba*
launch *(n.)* გემის წყალში გაშვება *gemis wyalSi gaSveba*
launder *(v.)* რეცხვა *recxva*
laundress *(n.)* მრეცხავი *mrecxavi*
laundry *(n.)* თეთრეული *TeTreuli*
laureate *(n.)* ლაურეატი *laureati*
laurel *(n.)* დაფნა *dafna*
lava *(n.)* ლავა *lava*
lavatory *(n.)* საპირფარეშო *sapirfareSo*
lavender *(n.)* ლავანდა *lavanda*
lavish *(adj.)* გულუხვი *guluxvi*
lavish *(v.)* გაფლანგვა *gaflangva*
law *(n.)* კანონი *kanoni*
lawful *(adj.)* კანონიერი *kanonieri*
lawless *(adj.)* უკანონო *ukanono*
lawn *(n.)* ბატისტი *batisti*
lawyer *(n.)* ადვოკატი *advokati*
lax *(adj.)* მოდუნებული *modunebuli*
laxative *(n.)* საფაღარათო საშუალება *safaRaraTo saSualeba*
laxative *(adj.)* საფაღარათო *safaRaraTo*
laxity *(n.)* მოდუნებულობა *modunebuloba*
lay *(n.)* განლაგება *ganlageba*
lay *(v.)* დადება *dadeba*
lay *(adj.)* საერო *saero*
layer *(n.)* ფენა *fena*
layman *(n.)* ერისკაცი *eriskaci*

lay-off *(n.)* წარმოების შეჩერება *warmoebis SeCereba*
layout *(n.)* გეგმა *gegma*
laze *(v.)* ზარმაცობა *zarmacoba*
laziness *(n.)* სიზარმაცე *sizarmace*
lazy *(adj.)* ზარმაცი *zarmaci*
lea *(n.)* ველი *veli*
leach *(v.)* გამოტუტვა *gamotutva*
lead *(n.)* ხელმძღვანელობა *xelmZRvaneloba*
lead *(v.)* გაძღოლა *gaZRola*
leaden *(adj.)* მძიმე *mZime*
leader *(n.)* ხელმძღვანელი *xelmZRvaneli*
leadership *(n.)* ხელმძღვანელობა *xelmZRvaneloba*
leaf *(n.)* ფოთოლი *foToli*
leaflet *(n.)* ფურცელი *furceli*
leafy *(adj.)* ფოთლოვანი *foTlovani*
league *(n.)* ლიგა *liga*
leak *(v.)* გამოჟონვა *gamoJonva*
leak *(n.)* დენა *dena*
leakage *(n.)* ნაჟონი *naJoni*
lean *(v.)* გადახრა *gadaxra*
lean *(n.)* დახრა *daxra*
leap *(n.)* ნახტომი *naxtomi*
leap *(v.)* ხტომა *xtoma*
learn *(v.)* სწავლა *swavla*
learned *(adj.)* სწავლული *swavluli*
learner *(n.)* მოსწავლე *moswavle*
learning *(n.)* სწავლა *swavla*
lease *(n.)* იჯარა *ijara*
lease *(v.)* იჯარით გაცემა *ijariT gacema*
least *(adv.)* უმცირესად *umciresad*
least *(adj.)* უმცირესი *umciresi*
leather *(n.)* ტყავი *tyavi*
leave *(n.)* ნების დართვა *nebis darTva*
leave *(v.)* წასვლა *wasvla*
lecture *(n.)* ლექცია *leqcia*

lecture *(v.)* ლექციის კითხვა *leqciis kiTxva*
lecturer *(n.)* ლექტორი *leqtori*
ledger *(n.)* თავდავთარი *TavdavTari*
lee *(n.)* საქარე მხარე *saqare mxare*
leech *(n.)* წურბელა *wurbela*
leek *(n.)* პრასა *prasa*
left *(adj.)* მარცხენა *marcxena*
left *(n.)* მარცხენა მხარე *marcxena mxare*
leftist *(n.)* მემარცხენე *memarcxene*
leftover *(n.)* ნარჩენი *narCeni*
leg *(n.)* ფეხი *fexi*
legacy *(n.)* მემკვიდრეობა *memkvidreoba*
legal *(adj.)* კანონიერი *kanonieri*
legal action *(n.)* კანონიერი ქმედება *kanonieri qmedeba*
legality *(n.)* კანონიერება *kanoniereba*
legalize *(v.)* დაკანონება *dakanoneba*
legend *(n.)* ლეგენდა *legenda*
legendary *(adj.)* ლეგენდარული *legendaruli*
leghorn *(n.)* იტალიური ქუდი *italiuri qudi*
legible *(adj.)* გარკვეული *garkveuli*
legibly *(adv.)* კანონიერად *kanonierad*
legion *(n.)* ლეგიონი *legioni*
legionary *(n.)* ლეგიონერი *legioneri*
legislate *(v.)* კანონის გამოცემა *kanonis gamocema*
legislation *(n.)* კანონმდებლობა *kanonmdebloba*
legislative *(adj.)* საკანონმდებლო *sakanonmdeblo*
legislator *(n.)* კანონმდებელი *kanonmdebeli*
legislature *(n.)* საკანონმდებლო ხელისუფლება *sakanonmdeblo xelisufleba*

legitimacy *(n.)* სამართლიანობა *samarTlianoba*
legitimate *(adj.)* კანონიერი *kanonieri*
leisure *(n.)* მოცლა *mocla*
leisurely *(adj.)* აუჩქარებელი *auCqarebeli*
leisurely *(adv.)* აუჩქარებლად *auCqareblad*
lemon *(n.)* ლიმონი *limoni*
lemonade *(n.)* ლიმონათი *limonaTi*
lend *(v.)* სესხად მიცემა *sesxad micema*
length *(n.)* სიგრძე *sigrZe*
lengthen *(v.)* დაგრძელება *dagrZeleba*
lengthy *(adj.)* მეტისმეტად გრძელი *metismetad grZeli*
lenience *(n.)* სირბილე *sirbile*
leniency *(n.)* შემწყნარებლობა *Semwynarebloba*
lenient *(adj.)* რბილი *rbili*
lens *(n.)* ლინზა *linza*
lentil *(n.)* ოსპი *ospi*
Leo *(n.)* ლომი *lomi*
leonine *(adj.)* ლომის *lomis*
leopard *(n.)* ლეოპარდი *leopardi*
leper *(n.)* კეთროვანი *keTrovani*
leprosy *(n.)* კეთრი *keTri*
leprous *(adj.)* კეთროვანი *keTrovani*
less *(prep.)* აკლია *aklia*
less *(adv.)* ნაკლებ *nakleb*
less *(adj.)* ნაკლები *naklebi*
less *(n.)* ნაკლები რაოდენობა *naklebi raodenoba*
lessee *(n.)* დამქირავებელი *damqiravebeli*
lessen *(v.)* შემცირება *Semcireba*
lesser *(adj.)* მომცრო *momcro*
lesson *(n.)* გაკვეთილი *gakveTili*
lest *(conj.)* რათა *raTa*
let *(v.)* ნების დართვა *nebis darTva*
lethal *(adj.)* სასიკვდილო *sasikvdilo*

lethargic *(adj.)* ლეთალგიური *leTalgiuri*
lethargy *(n.)* ლეთარგია *leTargia*
let-out *(n.)* გამოსვლა *gamosvla*
letter *(n.)* წერილი *werili*
letterhead *(n.)* ბეჭდური სათაური *beWduri saTauri*
level *(n.)* დონე *done*
level *(v.)* მოსწორება *mosworeba*
level *(adj.)* სწორი *swori*
lever *(n.)* ბერკეტი *berketi*
lever *(v.)* ბერკეტით აწევა *berketiT aweva*
leverage *(n.)* ბერკეტების სისტემა *berketebis sistema*
levity *(n.)* არასერიოზულობა *araseriozuloba*
levy *(n.)* გადასახადის აკრეფვა *gadasaxadis akrefva*
levy *(v.)* გადახდევინება *gadaxdevineba*
lewd *(adj.)* უშვერი *uSveri*
lexicography *(n.)* ლექსიკოგრაფია *leqsikografia*
lexicon *(n.)* ლექსიკონი *leqsikoni*
liability *(n.)* პასუხისმგებლობა *pasuxismgebloba*
liable *(adj.)* ვალდებული *valdebuli*
liaison *(n.)* სამიჯნურო *samijnuro*
liar *(n.)* მატყუარა *matyuara*
libel *(n.)* ცილი *cili*
libel *(v.)* ცილისწამება *ciliswameba*
liberal *(adj.)* ლიბერალური *liberaluri*
liberalism *(n.)* ლიბერალიზმი *liberalizmi*
liberality *(n.)* გულუხვობა *guluxvoba*
liberate *(v.)* განთავისუფლება *ganTavisufleba*
liberation *(n.)* გამოყოფა *gamoyofa*
liberator *(n.)* განმათავისუფლებელი *ganmaTavisuflebeli*
libertine *(n.)* გარყვნილი *garyvnili*
liberty *(n.)* თავისუფლება *Tavisufleba*
librarian *(n.)* ბიბლიოთეკარი *biblioTekari*
library *(n.)* ბიბლიოთეკა *biblioTeka*
licence *(n.)* ლიცენზია *licenzia*
license *(v.)* ნების დართვა *nebis darTva*
licensee *(n.)* უფლება *ufleba*
licentious *(adj.)* გარყვნილი *garyvnili*
lick *(v.)* ლოკვა *lokva*
lick *(n.)* გალოკვა *galokva*
lid *(n.)* ხუფი *xufi*
lie *(n.)* ტყუილი *tyuili*
lie *(v.)* ტყუილის თქმა *tyuilis Tqma*
lien *(n.)* გირაო *girao*
lieu *(n.)* მაგივრად *magivrad*
lieutenant *(n.)* ლეიტენანტი *leitenanti*
life *(n.)* სიცოცხლე *sicocxle*
life jacket *(n.)* საშველი ჟაკეტი *saSveli Jaketi*
life support *(n.)* სიცოცხლის დახმარება *sicocxlis daxmareba*
lifeless *(adj.)* უსიცოცხლო *usicocxlo*
lifelong *(adj.)* სამუდამო *samudamo*
lifestyle *(n.)* სიცოცხლის სტილი *sicocxlis stili*
lift *(v.)* აღება *aReba*
lift *(n.)* აწევა *aweva*
ligament *(n.)* იოგი *iogi*
light *(v.)* განათება *ganaTeba*
light *(adj.)* ნათელი *naTeli*
light *(n.)* სინათლე *sinaTle*
lighten *(v.)* გაშუქება *gaSuqeba*
lightening *(n.)* ელვა *elva*
lighter *(n.)* სანთებელა *sanTebela*

lightly *(adv.)* ოდნავ *odnav*
lignite *(n.)* მურა ნახშირი *mura naxSiri*
like *(v.)* მოწონება *mowoneba*
like *(prep.)* ამის მსგავსად *amis msgavsad*
like *(n.)* თანასწორი *Tanaswori*
like *(adj.)* მსგავსი *msgavsi*
likelihood *(n.)* ალბათობა *albaToba*
likely *(adj.)* შესაძლებელი *SesaZlebeli*
liken *(v.)* შედარება *Sedareba*
likeness *(n.)* მსგავსება *msgavseba*
likewise *(adv.)* მსგავსად *msgavsad*
liking *(n.)* განწყობილება *ganwyobileba*
lilac *(n.)* იასამანი *iasamani*
lily *(n.)* შროშანი *SroSani*
limb *(n.)* კიდური *kiduri*
limber *(adj.)* მარდი *mardi*
limber *(n.)* მოქნილი *moqnili*
limber *(v.)* მოქნილობის ქონა *moqnilobis qona*
lime *(n.)* კირი *kiri*
lime *(v.)* კირით შეთეთრება *kiriT SeTeTreba*
limelight *(n.)* თვალწინ *Tvalwin*
limit *(n.)* ზღვარი *zRvari*
limit *(v.)* შეზღუდვა *SezRudva*
limitation *(n.)* შემოსაზღვრა *SemosazRvra*
limited *(adj.)* შეზღუდული *SezRuduli*
limitless *(adj.)* უსაზღვრო *usazRvro*
line *(n.)* ხაზი *xazi*
line *(v.)* ხაზის გავლება *xazis gavleba*
lineage *(n.)* წარმოშობა *warmoSoba*
linen *(n.)* ტილო *tilo*
linger *(v.)* შეჩერება *SeCereba*
lingo *(n.)* უცხოური ენა *ucxouri ena*
lingual *(adj.)* ენისმიერი *enismieri*
linguist *(n.)* ენათმეცნიერი *enaTmecnieri*
linguistic *(adj.)* ენათმეცნიერული *enaTmecnieruli*
linguistics *(n.)* ენათმეცნიერება *enaTmecniereba*
lining *(n.)* სარჩული *sarCuli*
link *(n.)* კავშირი *kavSiri*
link *(v.)* შეერთება *SeerTeba*
linseed *(n.)* სელის თესლი *selis Tesli*
lintel *(n.)* ფანჯრის ზღუდარი *fanjris zRudari*
lion *(n.)* ლომი *lomi*
lioness *(n.)* მუ ლომი *Zu lomi*
lip *(n.)* ტუჩი *tuCi*
liquefy *(v.)* გათხევადება *gaTxevadeba*
liquid *(adj.)* თხელი *Txeli*
liquid *(n.)* სითხე *siTxe*
liquidate *(v.)* გაუქმება *gauqmeba*
liquidation *(n.)* ლიკვიდაცია *likvidacia*
liquor *(n.)* სასმელი *sasmeli*
lisp *(n.)* ენაჩლიფინობა *enaClifinoba*
lisp *(v.)* ჩლიფინი *Clifini*
list *(n.)* სია *sia*
list *(v.)* ჩაწერა *Cawera*
listen *(v.)* მოსმენა *mosmena*
listener *(n.)* მსმენელი *msmeneli*
listless *(adj.)* გულგრილი *gulgrili*
literacy *(n.)* წიგნიერება *wigniereba*
literal *(adj.)* პირდაპირი *pirdapiri*
literary *(adj.)* ლიტერატურული *literaturuli*
literate *(adj.)* წიგნიერი *wignieri*
literature *(n.)* ლიტერატურა *literatura*
litigant *(n.)* მხარე *mxare*
litigate *(v.)* სასამართლოში ჩივილი *sasamarTloSi Civili*
litigation *(n.)* დავა *dava*
litre *(n.)* ლიტრი *litri*
litter *(v.)* ფანტვა *fantva*

litter *(n.)* ნაგავი nagavi
litterateur *(n.)* ლიტრატორი litratori
little *(n.)* პატარა patara
little *(adj.)* მცირე mcire
little *(adv.)* ცოტა cota
littoral *(adj.)* სანაპირო sanapiro
liturgical *(adj.)* საეკლესიო saeklesio
live *(adv.)* პირდაპირი pirdapiri
live *(adj.)* ცოცხალი cocxali
live *(v.)* ცხოვრება cxovreba
livelihood *(n.)* საარსებო წყარო saarsebo wyaro
lively *(adj.)* სიცოცხლით სავსე sicocxliT savse
liver *(n.)* ღვიძლი RviZli
livery *(n.)* ლივრია livria
living *(adj.)* ცოცხალი cocxali
living *(n.)* ცხოვრება cxovreba
lizard *(n.)* ხვლიკი xvliki
load *(v.)* დატვირთვა datvirTva
load *(n.)* ტვირთი tvirTi
loadstar *(n.)* პოლარული ვარსკვლავი polaruli varskvlavi
loadstone *(n.)* ტვირთის ქვა tvirTis qva
loaf *(n.)* უსაქმოდ ყოფნა usaqmod yofna
loaf *(v.)* უსაქმურობა usaqmuroba
loafer *(n.)* უსაქმური usaqmuri
loan *(v.)* სესხება sesxeba
loan *(n.)* სესხი sesxi
loath *(adj.)* არამსურველი aramsurveli
loathe *(v.)* ზიზღის გრძნობა zizRis grZnoba
loathsome *(adj.)* საზიზღარი sazizRari
lobby *(n.)* კორიდორი koridori
lobe *(n.)* ყურის ბიბილო yuris bibilo
lobster *(n.)* ასთაკვი asTakvi
local *(adj.)* ადგილობრივი adgilobrivi
locale *(n.)* ადგილი adgili

locality *(n.)* ადგილმდებარეობა adgilmdebareoba
localize *(v.)* ლოკალიზება lokalizeba
locate *(v.)* განლაგება ganlageba
location *(n.)* ადგილმდებარეობა adgilmdebareoba
lock *(n.)* კლიტე klite
lock *(v.)* ჩაკეტვა Caketva
locker *(n.)* საკეტი saketi
locket *(n.)* მედალიონი medalioni
locomotive *(n.)* ლოკომოტივი lokomotivi
locus *(n.)* ლოქუსი loqusi
locust *(n.)* ცრუ აკაცია cru akacia
locution *(n.)* კონსტრუქცია konstruqcia
lodge *(n.)* სადარაჯო ჯიხური sadarajo jixuri
lodge *(v.)* მოთავსება moTavseba
lodging *(n.)* საცხოვრებელი sacxovrebeli
loft *(n.)* სხვენი sxveni
lofty *(adj.)* დიადი diadi
log *(n.)* მორი mori
log *(v.)* ჩეხა Cexa
logarithm *(n.)* ლოგარითმი logariTmi
loggerhead *(n.)* არაპროპორციული დიდი თავი araproporciuli didi Tavi
logic *(n.)* ლოგიკა logika
logical *(adj.)* ლოგიკური logikuri
logician *(n.)* ლოგისტიკოსი logistikosi
logout *(n.)* გამოსვლა gamosvla
loin *(n.)* წელი weli
loiter *(v.)* უსაქმოდ ხეტიალი usaqmod xetiali
loll *(v.)* გაჭიმული ჯდომა gaWimuli jdoma
lollipop *(n.)* შაქარყინული Saqaryinuli
lone *(adj.)* მარტოხელა martoxela
loneliness *(n.)* მარტოობა martooba

lonely *(adj.)* ეული *euli*
lonesome *(adj.)* სევდიანი *sevdiani*
long *(v.)* გაგიჟებით ნდომა *gagiJebiT ndoma*
long *(adv.)* ხანგრძლივი *xangrZlivi*
long *(adj.)* გრძელი *grZeli*
longevity *(n.)* ხანგრძლივობა *xangrZlivoba*
longing *(n.)* ძლიერი სურვილი *Zlieri survili*
longitude *(n.)* გრძედი *grZedi*
long-term *(adj.)* გრძელვადიანი *grZelvadiani*
look *(v.)* ყურება *yureba*
look *(n.)* შეხედვა *Sexedva*
loom *(v.)* ბუნდოვნად გამოჩენა *bundovnad gamoCena*
loom *(n.)* საქსოვი დაზგა *saqsovi dazga*
loop *(n.)* მარყუჟი *maryuJi*
loop-hole *(n.)* საძრომი *saZromi*
loose *(adj.)* თავისუფალი *Tavisufali*
loose end *(n.)* უფასო დასასრული *ufaso dasasruli*
loosen *(v.)* მოშვება *moSveba*
loot *(n.)* ნადავლი *nadavli*
loot *(v.)* ძარცვა *Zarcva*
lop *(n.)* რტო *rto*
lop *(v.)* ჩამოკიდება *Camokideba*
lord *(n.)* ლორდი *lordi*
lordly *(adj.)* ქედმაღალი *qedmaRali*
lordship *(n.)* ძალაუფლება *Zalaufleba*
lore *(n.)* ცოდნა *codna*
lorry *(n.)* საბარგული *sabarguli*
lose *(v.)* წაგება *wageba*
loss *(n.)* დანაკარგი *danakargi*
lost *(v.)* დაკარგვა *dakargva*
lot *(n.)* წილი *wili*
lotion *(n.)* სველსაფენი *svelsafeni*
lottery *(n.)* ლატარია *lataria*

lotus *(n.)* ლოტოსი *lotosi*
loud *(adj.)* ხმამაღალი *xmamaRali*
lounge *(n.)* დასასვენებელი ოთახი *dasasvenebeli oTaxi*
lounge *(v.)* დასვენება *dasveneba*
louse *(n.)* მკბენარი *mkbenari*
lovable *(adj.)* საყვარელი *sayvareli*
love *(n.)* სიყვარული *siyvaruli*
love *(v.)* ტრფობა *trfoba*
lovely *(adj.)* მომხიბლავი *momxiblavi*
lover *(n.)* მიჯნური *mijnuri*
loving *(adj.)* მოსიყვარულე *mosiyvarule*
low *(adv.)* დაბლა *dabla*
low *(v.)* ბღავილი *bRavili*
low *(adj.)* დაწეული *daweuli*
low *(n.)* სუსტი *susti*
lower *(v.)* დაწევა *daweva*
low-fat *(adj.)* ცხიმის დაკლება *cximis dakleba*
lowliness *(n.)* თავმდაბლობა *tavmdabloba*
lowly *(adj.)* თავმდაბალი *Tavmdabali*
loyal *(adj.)* ერთგული *erTguli*
loyalist *(n.)* ლოიალისტი *loialisti*
loyalty *(n.)* ერთგულება *erTguleba*
lubricant *(n.)* საპოხი მასალა *sapoxi masala*
lubricate *(v.)* წასმა *wasma*
lubrication *(n.)* წაცხება *wacxeba*
lucent *(adj.)* კაშკაშა *kaSkaSa*
lucerne *(n.)* იონჯა *ionja*
lucid *(adj.)* ნათელი *naTeli*
lucidity *(n.)* სიცხადე *sicxade*
luck *(n.)* იღბალი *iRbali*
luckily *(adv.)* საბედნიეროდ *sabednierod*
luckless *(adj.)* უბედური *ubeduri*
lucky *(adj.)* იღბლიანი *iRbliani*

lucrative *(adj.)* მომგებიანი *momgebiani*
lucre *(n.)* მოგება *mogeba*
luggage *(n.)* ბაგაჟი *bagaJi*
lukewarm *(adj.)* ნელთბილი *nelTbili*
lull *(v.)* დაძინება *daZineba*
lull *(n.)* მყუდროება *myudroeba*
lullaby *(n.)* იავნანა *iavnana*
luminary *(n.)* მნათობი *mnaTobi*
luminous *(adj.)* ნათელი *naTeli*
lump *(n.)* გუნდა *gunda*
lump *(v.)* შერევა *Sereva*
lump sum *(n.)* ერთჯერადი თანხა *erTjeradi Tanxa*
lunacy *(n.)* სიგიჟე *sigiJe*
lunar *(adj.)* მთვარის *mTvaris*
lunatic *(adj.)* სულელი *suleli*
lunatic *(n.)* სულელური *suleluri*
lunch *(v.)* საუზმობა *sauzmoba*
lunch *(n.)* საუზმე *sauzme*
lung *(n.)* ფილტვი *filtvi*
lunge *(v.)* გამოხდომა *gamoxdoma*
lurch *(v.)* გვერდზე დახრა *gverdze daxra*
lurch *(n.)* დახრილობა *daxriloba*
lure *(v.)* შეტყუება *Setyueba*
lure *(n.)* ცდუნება *cduneba*
lurk *(v.)* დადარაჯება *dadarajeba*
luscious *(adj.)* წვნიანი *wvniani*
lush *(adj.)* წტლიანი *wtliani*
lust *(n.)* გულისთქმა *gulisTqma*
lustful *(adj.)* ავხორცი *avxorci*
lustre *(n.)* ბრწყინვა *brwyinva*
lustrous *(adj.)* ბრწყინვალე *brwyinvale*
lusty *(adj.)* ძლიერი *Zlieri*
lute *(n.)* ბარბითი *barbiTi*
luxuriance *(n.)* სიუხვე *siuxve*
luxuriant *(adj.)* მდიდარი *mdidari*
luxurious *(adj.)* მდიდრული *mdidruli*
luxury *(n.)* ფუფუნება *fufuneba*
lynch *(v.)* თვითგასამართლება *TviTgasamarTleba*
lyre *(n.)* ქნარი *qnari*
lyric *(n.)* ლირიკა *lirika*
lyric *(adj.)* ლირიკული *lirikuli*
lyrical *(adj.)* ემოციური *emociuri*
lyricist *(n.)* ლირიკოსი *lirikosi*

M

macadamia *(n.)* მაკადამია *makadamia*
macaroon *(n.)* ნუში *nuSi*
mace *(n.)* ბუნიკიანი კვერთხი *bunikiani kverTxi*
mace *(v.)* ხის ჩაქუჩი *xis CaquCi*
machinate *(v.)* ინტრიგნობა *intrignoba*
machination *(n.)* მაქინაცია *maqinacia*
machine *(n.)* მანქანა *manqana*
machine-made *(adj.)* მანქანური *manqanuri*
machinery *(n.)* მანქანები *manqanebi*
machinist *(n.)* მემანქანე *memanqane*
mack *(n.)* მაკი *maki*
mack *(v.)* წყალგაუმტარი პალტო *cyalgaumtari palto*
macro *(adj.)* მცირე *mcire*
macro *(n.)* მცირე რაოდენობის *mcire raodenobis*
macrobiotic *(adj.)* მაკრობიოტიკური *makrobiotikuri*
macrocephaly *(n.)* მაკროცეფალია *makrocefalia*
macrofibre *(n.)* მაკროფიბრი *makrofibri*
macrosphere *(n.)* მაკროსფერო *makrosfero*
maculate *(adj.)* ლაქებით დაფარული *laqebiT dafaruli*

mad *(adj.)* გადარეული *gadareuli*
mad *(adv.)* შეშლა *SeSla*
madam *(n.)* ქალბატონი *qalbatoni*
madden *(v.)* გაგიჟება *gagiJeba*
maddening *(adj.)* გამაგიჟებელი *gamagiJebeli*
madhouse *(n.)* საგიჟეთი *sagiJeTi*
madness *(n.)* სიგიჟე *sigiJe*
mafia *(n.)* მაფია *mafia*
magazine *(n.)* ჟურნალი *Jurnali*
mage *(n.)* გრძნეული *grZneuli*
maggot *(n.)* მატლი *matli*
magic *(n.)* მაგია *magia*
magical *(adj.)* მაგიური *magiuri*
magician *(n.)* ჯადოქარი *jadoqari*
magisterial *(adj.)* სასამართლო *sasamarTlo*
magistracy *(n.)* მაგისტრატურა *magistratura*
magistrate *(n.)* მოსამართლე *mosamarTle*
magistrature *(n.)* მოსამართლის თანამდებობა *mosamarTlis Tanamdeboba*
magma *(n.)* მაგმა *magma*
magnanimity *(n.)* სულგრძელობა *sulgrZeloba*
magnanimous *(adj.)* სულგრძელი *sulgrZeli*
magnate *(n.)* მაგნატი *magnati*
magnet *(n.)* მაგნიტი *magniti*
magnetic *(adj.)* მაგნიტური *magnituri*
magnetism *(n.)* მაგნეტიზმი *magnetizmi*
magnificent *(adj.)* საუცხოო *saucxoo*
magnify *(v.)* გადიდება *gadideba*
magnitude *(n.)* მნიშვნელობა *mniSvneloba*
magpie *(n.)* ყბედი *ybedi*
mahogany *(n.)* წითელი ხე *wiTeli xe*
mahout *(n.)* მაჰუთი *mahuTi*
maid *(n.)* მოახლე *moaxle*
maiden *(adj.)* უმანკო *umanko*
maiden *(n.)* შინაბერა *Sinabera*
mail *(n.)* ფოსტა *fosta*
mail *(v.)* ფოსტით გაგზავნა *fostiT gagzavna*
main *(adj.)* მთავარი *mTavari*
main *(n.)* ძირითადი *ZiriTadi*
mainly *(adv.)* უმთავრესად *umTavresad*
mainstay *(n.)* საყრდენი *sayrdeni*
maintain *(v.)* ხელის მოკიდება *xelis mokideba*
maintenance *(n.)* წაშველება *waSveleba*
maize *(n.)* ყვითელი ფერი *yviTeli feri*
majestic *(adj.)* დიდებული *didebuli*
majesty *(n.)* სიდიადე *sidiade*
major *(adj.)* მთავარი *mTavari*
major *(n.)* სრულწლოვანი *srulwlovani*
majority *(n.)* უმრავლესობა *umravlesoba*
make *(v.)* გაკეთება *gakeTeba*
make *(n.)* სტილი *stili*
makeover *(n.)* მაკიაჟი *makiaJi*
maker *(n.)* შემქმნელი *Semqmneli*
make-up *(n.)* გრიმი *grimi*
maladjustment *(n.)* ცუდად მოქმედება *cudad moqmedeba*
maladministration *(n.)* ცუდი ადმინისტრირება *cudi administrireba*
maladroit *(adj.)* მალადროიტი *maladroiti*
malady *(n.)* სენი *seni*
malaise *(n.)* სიბრალული *sibraluli*
malaria *(n.)* მალარია *malaria*
malcontent *(adj.)* უკმაყოფილო *ukmayofilo*
malcontent *(n.)* უკმაყოფილობა *ukmayofiloba*

male *(n.)* მამაკაცი *mamakaci*
male *(adj.)* მამაკაცური *mamakacuri*
malediction *(n.)* წყევლა *wyevla*
malefactor *(n.)* კანონის დამრღვევი *kanonis damrRvevi*
maleficent *(adj.)* ბოროტი *boroti*
malfunction *(v.)* გაუმართაობა *gaumarTaoba*
malice *(n.)* საჭმელები *saWmelebi*
malicious *(adj.)* მავნე *mavne*
malign *(adj.)* ავთვისებიანი *avTvisebiani*
malignancy *(n.)* ავთვისებიანი *avTvisebiani*
malignant *(adj.)* ავთვისებიანი *avTvisebiani*
malignity *(n.)* ავთვისებიანი *avTvisebiani*
malleable *(adj.)* დამთმობი *damTmobi*
malmsey *(n.)* მალვაზია *malvazia*
malnourished *(adj.)* გაუმაძღარი *gaumaZRari*
malnutrition *(n.)* გამაძღრობა *gamaZRroba*
malpractice *(n.)* ბოროტად გამოყენება *borotad gamoyeneba*
malt *(n.)* ალაოს სასმელი *alaos sasmeli*
mal-treatment *(n.)* ცუდი მკურნალობა *cudi mkurnaloba*
mamma *(n.)* დედა *deda*
mammal *(n.)* ძუძუმწოვარი *ZuZumwovari*
mammary *(adj.)* ძუძუმწოვარი *ZuZumwovari*
mammon *(n.)* მამონტი *mamonti*
mammoth *(n.)* მამონტი *mamonti*
mammoth *(adj.)* მამონტური *mamonturi*
man *(n.)* კაცი *kaci*
manage *(v.)* მართვა *marTva*

manageable *(adj.)* მართვადი *marTvadi*
management *(n.)* მენეჯმენტი *menejmenti*
manager *(n.)* მენეჯერი *menejeri*
managerial *(adj.)* მენეჯერული *menejeruli*
mandate *(n.)* მანდატი *mandati*
mandatory *(adj.)* სავალდებულო *savaldebulo*
mane *(n.)* ფაფარი *fafari*
manes *(n.)* ფაფარი *fafari*
manful *(adj.)* მამაცი *mamaci*
manganese *(n.)* მანგანუმი *manganumi*
manger *(n.)* ჭამა *Wama*
mangle *(v.)* დაკარგული *dakarguli*
mango *(n.)* მანგო *mango*
manhandle *(v.)* ცემა *cema*
manhole *(n.)* კისერი *kiseri*
manhood *(n.)* კაცობრიობა *kacobrioba*
mania *(n.)* მანია *mania*
maniac *(n.)* მანიაკი *maniaki*
manicure *(n.)* მანიკური *manikuri*
manifest *(v.)* მანიფესტაცია *manifestacia*
manifestation *(n.)* ღონისძიება *RonisZieba*
manifesto *(n.)* მანიფესტი *manifesti*
manifold *(adj.)* მრავალფუნქციური *mravalfunqciuri*
manipulate *(v.)* მანიპულირება *manipulireba*
manipulation *(n.)* მანიპულირება *manipulireba*
mankind *(n.)* კაცობრიობა *kacobrioba*
manlike *(adj.)* მამრობითი *mamrobiTi*
manliness *(n.)* კაცობრიობა *kacobrioba*
manly *(adj.)* მამაცი *mamaci*
manna *(n.)* ხალხი *xalxi*
mannequin *(n.)* მანეკენი *manekeni*

manner *(n.)* ხერხი *xerxi*
mannerism *(n.)* ქცევიზმი *qcevizmi*
mannerly *(adj.)* აღზრდილი *aRzrdili*
manoeuvre *(v.)* მანევრი *manevri*
manor *(n.)* სამკვიდრო *samkvidro*
manorial *(adj.)* მონუმენტური *monumenturi*
mansion *(n.)* სასახლე *sasaxle*
mantel *(n.)* პალტო *palto*
mantle *(n.)* მანტია *mantia*
manual *(n.)* სახელმძღვანელო *saxelmZRvanelo*
manufacture *(v.)* წარმოება *warmoeba*
manufacture *(n.)* საწარმო *sawarmo*
manufacturer *(n.)* მწარმოებელი *mwarmoebeli*
manumission *(n.)* მონობიდან გათავისუფლება *monobidan gaTavisufleba*
manumit *(v.)* მონობის გაუქმება *monobis gauqmeba*
manure *(v.)* მიწის ნაკელით გაპატივება *miwis nakeliT gapativeba*
manure *(n.)* ნაკელი *nakeli*
manuscript *(n.)* ხელნაწერი *xelnaweri*
many *(adj.)* ბევრი *bevri*
map *(v.)* დაგეგმვა *dagegmva*
map *(n.)* რუკა *ruka*
mar *(v.)* გაფუჭება *gafuWeba*
marathon *(n.)* მარათონი *maraToni*
maraud *(v.)* თარეში *TareSi*
marauder *(n.)* მოთარეშე *moTareSe*
marble *(n.)* მარმარილო *marmarilo*
March *(n.)* მარტი *marti*
march *(n.)* მარში *marSi*
march *(v.)* მარშით სვლა *marSiT svla*
mare *(n.)* ფაშატი *faSati*
margarine *(n.)* მარგარინი *margarini*
margin *(n.)* მინდორი *mindori*
marginal *(adj.)* განაპირა *ganapira*

marigold *(n.)* გულყვითელა *gulyviTela*
marine *(adj.)* საზღვაო *sazRvao*
mariner *(n.)* მეზღვაური *mezRvauri*
marionette *(n.)* მარიონეტი *marioneti*
marital *(adj.)* ცოლქმრული *colqmruli*
maritime *(adj.)* ზღვის *zRvis*
mark *(n.)* ნიშანი *niSani*
mark *(v.)* ნიშნის დასმა *niSnis dasma*
marker *(n.)* მარკერი *markeri*
market *(n.)* ბაზარი *bazari*
market *(v.)* გაყიდვა *gayidva*
market research *(n.)* ბაზრის კვლევა *bazris kvleva*
market share *(n.)* ბაზრის წილი *bazris wili*
marketable *(adj.)* გასავლიანი *gasavliani*
marksman *(n.)* სნაიპერი *snaiperi*
marl *(n.)* მერგელი *mergeli*
marmalade *(n.)* მარმელადი *marmeladi*
maroon *(v.)* უსაქმურობა *usaqmuroba*
maroon *(adj.)* ღია ყავისფერი *Ria yavisferi*
maroon *(n.)* წაბლის ფერი *wablis feri*
marriage *(n.)* ქორწინება *qorwineba*
marriageable *(adj.)* დასაქორწინებელი *dasaqorwinebeli*
marrow *(n.)* ძვლის ტვინი *Zvlis tvini*
marry *(v.)* შეუღლება *SeuRleba*
Mars *(n.)* მარსი *marsi*
marsh *(n.)* ჭაობი *Waobi*
marshal *(n.)* მარშალი *marSali*
marshal *(v.)* მოწესრიგება *mowesrigeba*
marshy *(adj.)* ჭაობიანი *Waobiani*
marsupial *(n.)* ჩანთოსანი ცხოველი *CanTosani cxoveli*
mart *(n.)* სავაჭრო ცენტრი *savaWro centri*

marten *(n.)* კვერნა *kverna*
martial *(adj.)* სამხედრო *samxedro*
martinet *(n.)* მარტინეტი *martineti*
martyr *(n.)* წამებული *wamebuli*
martyrdom *(n.)* მოწამეობა *mowameoba*
marvel *(v.)* გაოცება *gaoceba*
marvel *(n.)* სასწაული *saswauli*
marvellous *(adj.)* სასწაულებრივი *saswaulebrivi*
mascot *(n.)* თილისმა *Tilisma*
masculine *(adj.)* კაცური *kacuri*
mash *(v.)* გაჭყლეტა *gaWyleta*
mash *(n.)* ბადაგი *badagi*
mask *(n.)* ნიღაბი *niRabi*
mask *(v.)* შენიღბვა *SeniRbva*
mason *(n.)* მასონი *masoni*
masonry *(n.)* აგურის წყობა *aguris wyoba*
masquerade *(n.)* მასკარადი *maskaradi*
mass *(n.)* მასა *masa*
mass *(v.)* მოგროვება *mogroveba*
massacre *(n.)* ხოცვა-ჟლეტა *xocva-Jleta*
massacre *(v.)* ხოცვა-ჟლეტის მოწყობა *xocva-Jletis mowyoba*
massage *(v.)* დაზელა *dazela*
massage *(n.)* მასაჟი *masaJi*
masseur *(n.)* მასაჟისტი *masaJisti*
massive *(adj.)* მასიური *masiuri*
massy *(adj.)* მძიმე *mZime*
mast *(n.)* ანძა *anZa*
master *(v.)* დამორჩილება *damorCileba*
master *(n.)* მეპატრონე *mepatrone*
master class *(n.)* მასტერკლასი *masterklasi*
master copy *(n.)* სამაგისტრო ასლი *samagistro asli*
masterly *(adj.)* ოსტატური *ostaturi*
masterpiece *(n.)* შედევრი *Sedevri*
mastery *(n.)* ბატონობა *batonoba*
masticate *(v.)* ღეჭვა *ReWva*
masturbate *(v.)* მასტურბაცია *masturbacia*
mat *(n.)* ჭილობი *Wilobi*
matador *(n.)* მატადორი *matadori*
match *(v.)* წყვილის შერჩევა *wyvilis SerCeva*
match *(n.)* მატჩი *matCi*
matchless *(adj.)* შეუდარებელი *Seudarebeli*
matchmaker *(n.)* მაჭანკალი *maWankali*
mate *(n.)* ამხანაგი *amxanagi*
mate *(v.)* შეუღლება *SeuRleba*
material *(n.)* მასალა *masala*
material *(adj.)* მატერიალური *materialuri*
materialism *(n.)* მატერიალიზმი *materializmi*
materialize *(v.)* მატერიალიზება *materializeba*
maternal *(adj.)* დედობრივი *dedobrivi*
maternity *(n.)* დედობა *dedoba*
mathematical *(adj.)* მათემატიკური *maTematikuri*
mathematician *(n.)* მათემატიკოსი *maTematikosi*
mathematics *(n.)* მათემატიკა *maTematika*
matinee *(n.)* დღის სპექტაკლი *dRis speqtakli*
matriarch *(n.)* მატრიარქი *matriarqi*
matricidal *(adj.)* მატრიციდური *matriciduri*
matricide *(n.)* დედის მკვლელობა *dedis mkvleloba*

matriculate *(v.)* უმაღლეს სასწავლებელში მიღება umaRles saswavlebelSi miReba
matriculation *(n.)* ჩარიცხვა Caricxva
matrimonial *(adj.)* ცოლქმრის colqmris
matrimony *(n.)* ცოლქმრობა colqmroba
matrix *(n.)* მატრიცა matrica
matron *(n.)* გათხოვილი gaTxovili
matter *(v.)* მნიშვნელობის ქონა mniSvnelobis qona
matter *(n.)* საქმე saqme
mattock *(n.)* თოხი Toxi
mattress *(n.)* ლეიბი leibi
mature *(v.)* დამწიფება damwifeba
mature *(adj.)* მწიფე mwife
maturity *(n.)* სიმწიფე simwife
maudlin *(adj.)* მტირალა mtirala
maul *(v.)* დასახიჩრება dasaxiCreba
maul *(n.)* ხის ჩაქუჩი xis CaquCi
maulstick *(n.)* მაყვალი mayvali
maunder *(v.)* ბუტბუტი butbuti
mausoleum *(n.)* მავზოლეუმი mavzoleumi
mawkish *(adj.)* უსიამოვნო გემოს usiamovno gemos
maxilla *(n.)* ზედა ყბა zeda yba
maxim *(n.)* პრინციპი principi
maximize *(v.)* მაქსიმიზაცია maqsimizacia
maximum *(n.)* მაქსიმუმი maqsimumi
maximum *(adj.)* მაქსიმალური maqsimaluri
May *(n.)* მაისი maisi
may *(v.)* შეძლება SeZleba
mayor *(n.)* ქალაქის მერი qalaqis meri
maze *(n.)* ლაბირინთი labirinTi
me *(pron.)* მე me
mead *(n.)* თაფლუჭი TafluWi

meadow *(n.)* მდელობი mdelobi
meagre *(adj.)* გამხდარი gamxdari
meal *(n.)* საჭმელი saWmeli
mealy *(adj.)* ფქვილიანი fqviliani
mean *(v.)* მნიშვნელობის ქონა mniSvnelobis qona
mean *(n.)* შუა Sua
mean *(adj.)* საშუალო saSualo
meander *(v.)* ხვეულები xveulebi
meaning *(n.)* მნიშვნელობა mniSvneloba
meaningful *(adj.)* მნიშვნელოვანი mniSvnelovani
meaningless *(adj.)* უაზრო uazro
meanness *(n.)* სულმდაბლობა sulmdabloba
means *(n.)* ნიშნავს niSnavs
meanwhile *(adv.)* ამასობაში amasobaSi
measles *(n.)* წითელა wiTela
measurable *(adj.)* ზომადი zomadi
measure *(v.)* გაზომვა gazomva
measure *(n.)* საზომი sazomi
measureless *(adj.)* განუზომელი ganuzomeli
measurement *(n.)* გაზომვა gazomva
meat *(n.)* ხორცი xorci
mechanic *(n.)* მექანიკოსი meqanikosi
mechanic *(adj.)* ხელოსანი xelosani
mechanical *(adj.)* მექანიკური meqanikuri
mechanics *(n.)* მექანიკა meqanika
mechanism *(n.)* მექანიზმი meqanizmi
medal *(n.)* მედალი medali
medallist *(n.)* მედალოსანი medalosani
meddle *(v.)* სხვის საქმეში ჩარევა sxvis saqmeSi Careva
median *(adj.)* შუა Sua
mediate *(v.)* კავშირად kavSirad

mediation *(n.)* შუამავლობა *Suamavloba*
mediator *(n.)* შუაკაცი *Suakaci*
medic *(n.)* მედიკი *mediki*
medical *(adj.)* სამედიცინო *samedicino*
medicament *(n.)* წამალი *wamali*
medicinal *(adj.)* სამკურნალო *samkurnalo*
medicine *(n.)* მედიცინა *medicina*
medieval *(adj.)* შუა საუკუნეების *Sua saukuneebis*
mediocre *(adj.)* საშუალო *saSualo*
mediocrity *(n.)* საშუალობა *saSualoba*
meditate *(v.)* ფიქრი *fiqri*
meditation *(n.)* ჩაფიქრება *Cafiqreba*
meditative *(adj.)* ჩაფიქრებული *Cafiqrebuli*
medium *(n.)* საშუალება *saSualeba*
medium *(adj.)* საშუალო *saSualo*
meek *(adj.)* მშვიდი *mSvidi*
meet *(v.)* შეხვედრა *Sexvedra*
meet *(n.)* შეხვედრის *Sexvedris*
meeting *(n.)* კრება *kreba*
megalith *(n.)* მეგალიტი *megaliti*
megalithic *(adj.)* მეგალიტური *megalituri*
megaphone *(n.)* მეგაფონი *megafoni*
megastore *(n.)* მეგამარკეტი *megamarketi*
melancholia *(n.)* მელანქოლია *melanqolia*
melancholic *(adj.)* მელანქოლიური *melanqoliuri*
melancholy *(n.)* სევდა *sevda*
melancholy *(adj.)* სევდიანი *sevdiani*
melee *(n.)* შეტაკება *Setakeba*
meliorate *(v.)* გაუმჯობესება *gaumjobeseba*
mellow *(adj.)* მწიფე *mwife*
melodious *(adj.)* მელოდიური *melodiuri*
melodrama *(n.)* მელოდრამა *melodrama*
melodramatic *(adj.)* მელოდრამული *melodramuli*
melody *(n.)* მელოდია *melodia*
melon *(n.)* ნესვი *nesvi*
melt *(v.)* დნობა *dnoba*
member *(n.)* წევრი *wevri*
membership *(n.)* წევრობა *wevroba*
membrane *(n.)* გარსი *garsi*
memento *(n.)* მოგონება *mogoneba*
memoir *(n.)* მემუარები *memuarebi*
memorable *(adj.)* სამახსოვრო *samaxsovro*
memorandum *(n.)* შენიშვნა *SeniSvna*
memorial *(n.)* მემორიალი *memoriali*
memorial *(adj.)* სამახსოვრო *samaxsovro*
memory *(n.)* მეხსიერება *mexsiereba*
menace *(v.)* დამუქრება *damuqreba*
menace *(n.)* მუქარა *muqara*
mend *(v.)* კემსვა *kemsva*
mendacious *(adj.)* მატყუარა *matyuara*
menial *(n.)* მსახური *msaxuri*
menial *(adj.)* უხეში *uxeSi*
meningitis *(n.)* მენინგიტი *meningiti*
menopause *(n.)* მენოპაუზა *menopauza*
menses *(n.)* მენსტრები *menstrebi*
menstrual *(adj.)* მენსტრუალური *menstrualuri*
menstruation *(n.)* მენსტრუაცია *menstruacia*
mental *(adj.)* გონებრივი *gonebrivi*
mentality *(n.)* აზროვნების უნარი *azrovnebis unari*
mention *(v.)* მოხსენიება *moxsenieba*
mention *(n.)* ხსენება *xseneba*

mentor *(n.)* მენტორი *mentori*
menu *(n.)* მენიუ *meniu*
mercantile *(adj.)* კომერციული *komerciuli*
mercenary *(adj.)* დაქირავებული *daqiravebuli*
mercerise *(v.)* წყალობა *wyaloba*
merchandise *(n.)* საქონელი *saqoneli*
merchant *(n.)* კომერსანტი *komersanti*
merciful *(adj.)* გულმოწყალე *gulmowyale*
merciless *(adj.)* შეუბრალებელი *Seubralebeli*
mercurial *(adj.)* ვერცხლისწყლის *vercxliswylis*
mercury *(n.)* ვერცხლისწყალი *vercxliswyali*
mercy *(n.)* წყალობა *wyaloba*
mere *(adj.)* არსებული *arsebuli*
merge *(v.)* შთანთქმა *STanTqma*
merger *(n.)* მშთანთქმელი *mSTanTqmeli*
meridian *(n.)* მერიდიანი *meridiani*
merit *(v.)* დამსახურება *damsaxureba*
merit *(n.)* ღირსება *Rirseba*
meritorious *(adj.)* საქები *saqebi*
mermaid *(n.)* სირინოზი *sirinozi*
merman *(n.)* წყლის კაცი *wylis kaci*
merriment *(n.)* მხიარულება *mxiaruleba*
merry *(adj.)* მხიარული *mxiaruli*
mesh *(v.)* ბადით დაჭერა *badiT daWera*
mesh *(n.)* მარყუჟი *maryuji*
mesmerism *(n.)* ჰიპნოზი *hipnoJi*
mesmerize *(v.)* დაჰიპნოზება *dahipnozeba*
mess *(v.)* დასვრა *dasvra*
mess *(n.)* უწესრიგობა *uwesrigoba*
message *(n.)* შეტყობინება *Setyobineba*

messenger *(n.)* შიკრიკი *Sikriki*
messiah *(n.)* მესია *mesia*
Messrs *(n.)* ბატონები *batonebi*
metabolism *(n.)* ნივთიერებათა ცვლა *nivTierebaTa cvla*
metal *(n.)* ლითონი *liToni*
metallic *(adj.)* ლითონური *liTonuri*
metallurgy *(n.)* მეტალურგია *metalurgia*
metamorphosis *(n.)* მეტამორფოზა *metamorfoza*
metaphor *(n.)* მეტაფორა *metafora*
metaphysical *(adj.)* მეტაფიზიკური *metafizikuri*
metaphysics *(n.)* მეტაფოზიკა *metafozika*
mete *(v.)* გაყოფა *gayofa*
meteor *(n.)* მეტეორი *meteori*
meteoric *(adj.)* მეტეორული *meteoruli*
meteorologist *(n.)* მეტეოროლოგი *meteorologi*
meteorology *(n.)* მეტეოროლოგია *meteorologia*
meter *(n.)* მთვლელი *mTvleli*
method *(n.)* მეთოდი *meTodi*
methodical *(adj.)* მეთოდური *meToduri*
meticulous *(adj.)* წვრილმანი *wvrilmani*
metre *(n.)* მეტრი *metri*
metric *(adj.)* მეტრული *metruli*
metrical *(adj.)* მეტრის *metris*
metro *(n.)* მეტრო *metro*
metropolis *(n.)* დედაქალაქი *dedaqalaqi*
metropolitan *(adj.)* დედაქალაქის *dedaqalaqis*
metropolitan *(n.)* მიტროპოლიტი *mitropoliti*
mettle *(n.)* ხასიათი *xasiaTi*

mettlesome *(adj.)* გაბედული *gabeduli*
mew *(n.)* თოლია *Tolia*
mew *(v.)* მოთავსება *moTavseba*
mezzanine *(n.)* ანტრესოლი *antresoli*
mica *(n.)* ქარსი *qarsi*
microbrewery *(n.)* ლუდსახარში *ludsaxarSi*
microfilm *(n.)* მიკროფირი *mikrofiri*
micrology *(n.)* მიკროლოგია *mikrologia*
micrometer *(n.)* მიკრომეტრი *mikrometri*
microphone *(n.)* მიკროფონი *mikrofoni*
microprint *(n.)* მიკროპრინტი *mikroprinti*
microprocessor *(n.)* მიკროპროცესორი *mikroprocesori*
microscope *(n.)* მიკროსკოპი *mikroskopi*
microscopic *(adj.)* მიკროსკოპიული *mikroskopiuli*
microwave *(n.)* მიკროტალღური *mikrotalRuri*
mid *(adj.)* შუა *Sua*
midday *(n.)* შუადღე *SuadRe*
middle *(n.)* შუაგული *Suaguli*
middle *(adj.)* საშუალო *saSualo*
middleman *(n.)* შუამავალი *Suamavali*
middling *(adj.)* საშუალო *saSualo*
midget *(n.)* ნამცეცა *namceca*
midland *(n.)* ქვეყნის შიდა *qveynis Sida*
midnight *(n.)* შუაღამე *SuaRame*
mid-off *(n.)* შუა ღამე *Sua game*
mid-on *(n.)* შუაში *SuaSi*
midriff *(n.)* დიაფრაგმა *diafragma*
midst *(n.)* შუაგული *Suaguli*
midsummer *(n.)* შუა ზაფხული *Sua zafxuli*
midwife *(n.)* მეანი ქალი *meani qali*
miffed *(adj.)* გაბრაზებული *gabrazebuli*
might *(n.)* ძალა *Zala*
mighty *(adj.)* ღონიერი *Ronieri*
migraine *(n.)* შაკიკი *Sakiki*
migrant *(n.)* მიგრანტი *migranti*
migrate *(v.)* გადასახლება *gadasaxleba*
migration *(n.)* მიგრაცია *migracia*
milch *(adj.)* რძე *rZe*
mild *(adj.)* რბილი *rbili*
mildew *(n.)* ჭრაქი *Wraqi*
mile *(n.)* მილი *mili*
mileage *(n.)* გარბენი *garbeni*
milestone *(n.)* ეტაპი *etapi*
milieu *(n.)* საშუალო *saSualo*
militant *(n.)* მებრძოლი *mebrZoli*
military *(adj.)* სამხედრო *samxedro*
military *(n.)* სამხედრო ძალა *samxedro Zala*
militate *(v.)* შებრძოლება *SebrZoleba*
militia *(n.)* მილიცია *milicia*
milk *(v.)* წველა *wvela*
milk *(n.)* რძე *rZe*
milk powder *(n.)* რძის ფხვნილი *rZis fxvnili*
milky *(adj.)* რძიანი *rZiani*
mill *(v.)* დაფქვა *dafqva*
mill *(n.)* ქარხანა *qarxana*
millennium *(n.)* მილენიუმი *mileniumi*
miller *(n.)* მეწისქვილე *mewisqvile*
millet *(n.)* ფეტვი *fetvi*
milliner *(n.)* მკერავი *mkeravi*
millinery *(n.)* ქალების შლაპების სამკერვალო *qalebis Slapebis samkervalo*
million *(n.)* მილიონი *milioni*
millionaire *(n.)* მილიონერი *milioneri*

millipede *(n.)* მრავალფეხა *mravalfexa*
mime *(v.)* იმიტირება *imitireba*
mime *(n.)* მიმი *mimi*
mimesis *(n.)* იმიტაცია *imitacia*
mimic *(v.)* მიმიკა *mimika*
mimic *(adj.)* მიმიკური *mimikuri*
mimicry *(n.)* იმიტაციური *imitaciuri*
minaret *(n.)* მინარეთი *minareTi*
mince *(v.)* მოჭრა *moWra*
mind *(v.)* აზროვნება *azrovneba*
mind *(n.)* გონება *goneba*
mind-blowing *(adj.)* ამაღელვებელი *amaRelvebeli*
mindful *(adj.)* გონებაგახსნილი *gonebagaxsnili*
mindless *(adj.)* უაზრო *uazro*
mindset *(n.)* აზროვნება *azrovneba*
mine *(n.)* ნაღმი *naRmi*
mine *(pron.)* ჩემი *Cemi*
miner *(n.)* მაღაროელი *maRaroeli*
mineral *(adj.)* მინერალური *mineraluri*
mineral *(n.)* მინერალური *mineraluri*
mineralogist *(n.)* მინერალოლოგი *mineralologi*
mineralogy *(n.)* მინერალოგია *mineralogia*
mingle *(v.)* შერევა *Sereva*
miniature *(adj.)* მინიატურული *miniaturuli*
miniature *(n.)* მინიატურა *miniatura*
minim *(n.)* მინიმალური *minimaluri*
minimal *(adj.)* მინიმალური *minimaluri*
minimize *(v.)* შემცირება *Semcireba*
minimum *(adj.)* მინიმუმი *minimumi*
minimum *(n.)* მინიმუმი *minimumi*
minion *(n.)* საყვარელი *sayvareli*
minister *(v.)* მინისტრი *ministri*
minister *(n.)* მინისტრი *ministri*

ministrant *(adj.)* სამინისტრო *saministro*
ministry *(n.)* სამინისტრო *saministro*
mink *(n.)* ბეწვი *bewvi*
minor *(n.)* უმნიშვნელო *umniSvnelo*
minor *(adj.)* უმნიშვნელო *umniSvnelo*
minority *(n.)* უმცირესობა *umciresoba*
minster *(n.)* მინისტრი *ministri*
mint *(n.)* პიტნა *pitna*
minus *(n.)* მინუსი *minusi*
minus *(prep.)* მინუსი *minusi*
minuscule *(adj.)* მინუსკულატი *minuskulati*
minute *(adj.)* წვრილი *wvrili*
minute *(n.)* წუთი *wuTi*
minutely *(adv.)* წუთიერი *wuTieri*
minx *(n.)* მინქსი *minqsi*
miracle *(n.)* სასწაული *saswauli*
miraculous *(adj.)* სასწაულებრივი *saswaulebrivi*
mirage *(n.)* მირაჟი *miraJi*
mire *(v.)* სამყარო *samyaro*
mire *(n.)* სამყარო *samyaro*
mirror *(v.)* სარკე *sarke*
mirror *(n.)* სარკე *sarke*
mirror image *(n.)* სარკის გამოსახულება *sarkis gamosaxuleba*
mirth *(n.)* მხიარული *mxiaruli*
mirthful *(adj.)* მშვენიერი *mSvenieri*
misadventure *(n.)* უბედურება *ubedureba*
misalliance *(n.)* არათანაბარი ქორწინება *araTanabari qorwineba*
misanthrope *(n.)* მიზანთროპი *mizanTropi*
misapplication *(n.)* არასწორად გამოყენება *arasworad gamoyeneba*
misapprehend *(v.)* არასწორად გაგება *arasworad gageba*

misapprehension *(n.)* გაუგებრობა *gaugebroba*
misappropriate *(v.)* არასათანადო *arasaTanado*
misappropriation *(n.)* მითვისება *miTviseba*
misbehave *(v.)* არასწორად მოქცევა *arasworad moqceva*
misbehaviour *(n.)* არასათანადო საქციელი *arasaTanado saqcieli*
misbelief *(n.)* ურწმუნოება *urwmunoeba*
miscalculate *(v.)* დაანგარიშება *daangariSeba*
miscalculation *(n.)* გაანგარიშება *gaangariSeba*
miscall *(v.)* არასწორი ზარი *araswori zari*
miscarriage *(n.)* გადმოგდებული *gadmogdebuli*
miscarry *(v.)* გადაგდება *gadagdeba*
miscellaneous *(adj.)* სხვადასხვა *sxvadasxva*
miscellany *(n.)* ალმანახი *almanaxi*
mischance *(n.)* უბედურება *ubedureba*
mischief *(n.)* ბოროტება *boroteba*
mischievous *(adj.)* ცბიერი *cbieri*
misconceive *(v.)* მცდარი *mcdari*
misconception *(n.)* მცდარი წარმოდგენა *mcdari warmodgena*
misconduct *(n.)* არასწორი ქმედება *araswori qmedeba*
misconstrue *(v.)* არასწორად ინტერპრეტაცია *arasworad interpretacia*
miscreant *(n.)* არასწორედ *araswored*
misdeed *(n.)* არასწორი ქმედება *araswori qmedeba*
misdemeanour *(n.)* დანაშაული *danaSauli*

misdiagnose *(v.)* არასწორი დიაგნოზი *araswori diagnozi*
misdirect *(v.)* არასწორად მითითება *arasworad miTiTeba*
misdirection *(n.)* არასწორად მითითება *arasworad miTiTeba*
miser *(n.)* უბედური *ubeduri*
miserable *(adj.)* უბედური *ubeduri*
miserly *(adj.)* ძუნწი *Zunwi*
misery *(n.)* სატანჯველი *satanjveli*
misfire *(v.)* მოუსვენრობა *mousvenroba*
misfit *(n.)* დამარცხებული *damarcxebuli*
misfortune *(n.)* უბედურება *ubedureba*
misgive *(v.)* არასწორი *araswori*
misgiving *(n.)* შეშფოთება *SeSfoTeba*
misguide *(v.)* შეცდომაში შეყვანა *SecdomaSi Seyvana*
mishap *(n.)* შეცბუნება *Secbuneba*
misjudge *(v.)* არასწორად დასჯა *arasworad dasja*
mislead *(v.)* შეცდომაში შეიყვანა *SecdomaSi Seiyvana*
mismanagement *(n.)* არასათანადო მართვა *arasaTanado marTva*
mismatch *(v.)* შეუსაბამობა *Seusabamoba*
misnomer *(n.)* არასწორი *araswori*
misperception *(n.)* არასწორად აღქმა *arasworad aRqma*
misplace *(v.)* არასწორად აღქმა *arasworad aRqma*
misprint *(n.)* არასწორი ანაბეჭდი *araswori anabeWdi*
misrepresent *(v.)* არასწორი წარმოდგენა *araswori warmodgena*
misrepsentation *(n.)* არასწორად წარმოდგენა *arasworad warmodgena*

misrule *(n.)* ცუდი მენეჯმენტი *cudi menejmenti*
miss *(v.)* მონატრება *monatreba*
miss *(n.)* მისს *miss*
missile *(n.)* რაკეტა *raketa*
missing *(adj.)* დაკარგული *dakarguli*
mission *(n.)* მისია *misia*
missionary *(n.)* მისიონერი *misioneri*
missis, missus *(n.)* მისის,მისუს *misis,misus*
missive *(n.)* სროლა *srola*
mist *(n.)* ნისლი *nisli*
mistake *(v.)* შეცდომა *Secdoma*
mistake *(n.)* შეცდომა *Secdoma*
mister *(n.)* ბატონი *batoni*
mistletoe *(n.)* ფითრი *fiTri*
mistreat *(v.)* არასათანადო მოპყრობა *arasaTanado mopyroba*
mistress *(n.)* შეყვარებული *Seyvarebuli*
mistrust *(v.)* უნდობლობა *undobloba*
mistrust *(n.)* უნდობლობა *undobloba*
misty *(adj.)* დანისლული *danisluli*
misunderstand *(v.)* გაუგებრობა *gaugebroba*
misunderstanding *(n.)* გაუგებრობა *gaugebroba*
misuse *(v.)* ბოროტად გამოყენება *borotad gamoyeneba*
mite *(n.)* ტიკი *tiki*
mithridate *(n.)* მითრიდატი *miTridati*
mitigate *(v.)* შემსუბუქება *Semsubuqeba*
mitigation *(n.)* შერბილება *Serbileba*
mitre *(n.)* მიტრა *mitra*
mitten *(n.)* ხელთათმანი *xelTaTmani*
mix *(v.)* შერევა *Sereva*
mixture *(n.)* ნარევი *narevi*
mnemonic *(adj.)* მნემონიკური *mnemonikuri*
mnemonization *(n.)* მნემონიზაცია *mnemonizacia*
moan *(n.)* მუნჯი *munji*
moat *(n.)* თხრილი *Txrili*
mob *(n.)* ნაკეთობა *nakeToba*
mob *(v.)* კეთება *keteba*
mobile *(adj.)* მობილური *mobiluri*
mobility *(n.)* მობილურობა *mobiluroba*
mobilize *(v.)* მობილიზება *mobilizeba*
mock *(v.)* დაცინვა *dacinva*
mock *(adj.)* დამცინავი *damcinavi*
mockery *(n.)* დაცინვა *dacinva*
mocktail *(n.)* იმიტირებული *imitirebuli*
modality *(n.)* მოდალობა *modaloba*
mode *(n.)* რეჟიმი *reJimi*
model *(v.)* მოდელი *modeli*
model *(n.)* მოდელი *modeli*
moderate *(adj.)* ზომიერება *zomiereba*
moderate *(v.)* ზომიერი *zomieri*
moderation *(n.)* ზომიერება *zomiereba*
modern *(adj.)* თანამედროვე *Tanamedrove*
modernity *(n.)* თანამედროვეობა *Tanamedroveoba*
modernization *(n.)* მოდერნიზაცია *modernizacia*
modernize *(v.)* მოდერნიზება *modernizeba*
modest *(adj.)* მოკრძალებული *mokrZalebuli*
modesty *(n.)* მოკრძალება *mokrZaleba*
modicum *(n.)* ცოტათი *cotaTi*
modification *(n.)* მოდიფიკაცია *modifikacia*
modify *(v.)* შეცვლა *Secvla*
modular *(adj.)* მოდულარული *modularuli*

modulate *(v.)* მოდულაცია *modulacia*
module *(n.)* მოდული *moduli*
moil *(v.)* სატანჯველი *satanjveli*
moist *(adj.)* ტენიანი *teniani*
moisten *(v.)* დატენიანება *datenianeba*
moisture *(n.)* ტენიანობა *tenianoba*
molar *(adj.)* ტენიანობა *tenianoba*
molar *(n.)* ტენიანობა *tenianoba*
molasses *(n.)* თეთრი *TeTri*
mole *(n.)* თხუნელა *Txunela*
molecular *(adj.)* მოლეკულური *molekuluri*
molecule *(n.)* მოლეკულა *molekula*
molest *(v.)* გაღიზიანება *gaRizianeba*
molestation *(n.)* მორჩილება *morCileba*
mollusc *(n.)* მოლუსკი *moluski*
molluscous *(adj.)* მოლუსკური *moluskuri*
molten *(adj.)* დამდნარი *damdnari*
moment *(n.)* მომენტი *momenti*
momentary *(adj.)* მომენტალური *momentaluri*
momentous *(adj.)* მნიშვნელოვანი *mniSvnelovani*
momentum *(n.)* იმპულსი *impulsi*
monarch *(n.)* მონარქი *monarqi*
monarchy *(n.)* მონარქია *monarqia*
monastery *(n.)* მონასტერი *monasteri*
monasticism *(n.)* მონასტიციზმი *monasticism*
Monday *(n.)* ორშაბათი *orSabaTi*
monetary *(adj.)* ფულადი *fuladi*
money *(n.)* ფული *fuli*
money laundering *(n.)* ფულის გათეთრება *fulis gaTeTreba*
monger *(n.)* ვაჭარი *vaWari*
mongoose *(n.)* მონგოზი *mongozi*
mongrel *(n.)* მეგრული *megruli*
monitor *(n.)* მონიტორი *monitori*

monitor *(v.)* მონიტორინგი *monitoringi*
monitory *(adj.)* გაფრთხილება *gafrTxileba*
monk *(n.)* ბერი *beri*
monkey *(n.)* მაიმუნი *maimuni*
monochromatic *(adj.)* მონოქრომული *monoqromuli*
monocle *(n.)* მონოკლი *monokli*
monocular *(adj.)* მონოკულარული *monokularuli*
monody *(n.)* მონოდი *monodi*
monoestrous *(adj.)* მონოესტრული *monoestruli*
monogamy *(n.)* მონოგრამი *monogrami*
monogram *(n.)* მონოგრამი *monogrami*
monograph *(n.)* მონოგრაფი *monografi*
monogynous *(adj.)* ერთფეროვანი *erTferovani*
monolatry *(n.)* მონოლატრია *monolatria*
monolith *(n.)* მონოლითი *monoliTi*
monologue *(n.)* მონოლოგი *monologi*
monopolist *(n.)* მონოპოლისტი *monopolisti*
monopolize *(v.)* მონოპოლიზება *monopolizeba*
monopoly *(n.)* მონოპოლია *monopolia*
monorail *(n.)* მონორილე *monorile*
monosyllabic *(adj.)* მონოსულური *monosuluri*
monosyllable *(n.)* ერთფეროვანია *erTferovania*
monotheism *(n.)* მონოთეიზმი *monoTeizmi*
monotheist *(n.)* მონოთეისტი *monoTeisti*
monotonous *(adj.)* ერთფეროვანი *erTferovani*

monotony *(n.)* ერთფეროვნება *erTferovneba*
monsoon *(n.)* მისონი *misoni*
monster *(n.)* მონსტრი *monstri*
monstrous *(adj.)* ამაზრზენი *amazrzeni*
month *(n.)* თვე *Tve*
monthly *(adv.)* ყოველთვიური *yovelTviuri*
monthly *(n.)* ყოველთვიურად *yovelTviurad*
monument *(n.)* მონუმენტი *monumenti*
monumental *(adj.)* მონუმენტალური *monumentaluri*
moo *(v.)* დაცინვა *dacinva*
mood *(n.)* განწყობა *ganwyoba*
moody *(adj.)* განწყობილი *ganwyobili*
moon *(n.)* მთვარე *mTvare*
moonlight *(n.)* მთვარის შუქი *mTvaris Suqi*
moor *(n.)* მური *muri*
moorings *(n.)* სამოვრების ხაზები *saZovrebis xazebi*
moot *(n.)* მოსაწყენი *mosawyeni*
mop *(v.)* ჩვარი *Cvari*
mop *(n.)* ჩვარი *Cvari*
mope *(v.)* დამჟავება *damJaveba*
moral *(n.)* მორალი *morali*
moral *(adj.)* ზნეობრივი *zneobrivi*
morale *(n.)* მორალი *morali*
moralist *(n.)* მორალისტი *moralisti*
morality *(n.)* ზნეობრიობა *zneobrioba*
moralize *(v.)* მორალიზება *moralizeba*
morbid *(adj.)* პათოლოგიური *paTologiuri*
morbidity *(n.)* ავადობა *avadoba*
more *(adv.)* მეტი *meti*
more *(adj.)* მეტი *meti*
moreover *(adv.)* უფრო მეტიც *ufro metic*
morganatic *(adj.)* მორგანული *morganuli*
morgue *(n.)* მორგი *morgi*
moribund *(adj.)* მომაკვდავი *momakvdavi*
morning *(n.)* დილა *dila*
moron *(n.)* დებილი *debili*
morose *(adj.)* განწყობილი *ganwyobili*
morph *(n.)* მორფი *morfi*
morphia *(n.)* მორფინი *morfini*
morphine *(n.)* მორფინი *morfini*
morphology *(n.)* მორფოლოგია *morfologia*
morrow *(n.)* ხვალინდელი დღე *xvalindeli dRe*
morse *(n.)* ნავმისადგომი *navmisadgomi*
morsel *(n.)* ნაჭერი *naWeri*
mortal *(n.)* მოკვდავი *mokvdavi*
mortal *(adj.)* მოკვდავი *mokvdavi*
mortality *(n.)* სიკვდილიანობა *sikvdilianoba*
mortar *(v.)* სამშენებლო ხსნარი *samSeneblo xsnari*
mortgage *(v.)* იპოთეკა *ipoTeka*
mortgage *(n.)* იპოთეკა *ipoTeka*
mortgagee *(n.)* გირაოს მფლობელი *giraos mflobeli*
mortgagor *(n.)* მოგირავნე *mogiravne*
mortify *(v.)* თავმდაბალი *Tavmdabali*
mortuary *(n.)* მოკვდავი *mokvdavi*
mosaic *(n.)* მოზაიკა *mozaika*
mosque *(n.)* მეჩეთი *meCeTi*
mosquito *(n.)* კოღო *koRo*
moss *(n.)* ხავსი *xavsi*
most *(adj.)* უმეტესობა *umetesoba*
most *(adv.)* ყველაზე მეტი *yvelaze meti*
mostly *(adv.)* უმეტესად *umetesad*
mote *(n.)* მოდა *moda*
motel *(n.)* მოტელი *moteli*

moth *(n.)* ჩრჩილი *CrCili*
mother *(v.)* დედობა *dedoba*
mother *(n.)* დედა *deda*
motherhood *(n.)* დედობა *dedoba*
motherlike *(adj.)* დედობრივი *dedobrivi*
motherly *(adj.)* დედობრივად *dedobrivad*
motif *(n.)* მოტივი *motivi*
motion *(v.)* შუამდგომლობა *Suamdgomloba*
motion *(n.)* მოძრაობა *moZraoba*
motionless *(adj.)* უმოძრაო *umoZrao*
motivate *(v.)* მოტივაცია *motivacia*
motivation *(n.)* მოტივაცია *motivacia*
motive *(n.)* მოტივი *motivi*
motley *(adj.)* მრავალფერი *mravalferi*
motor *(v.)* ძრავი *Zravi*
motor *(n.)* საავტომობილო *saavtomobilo*
motorist *(n.)* ავტომობილისტი *avtomobilisti*
mottle *(n.)* ლაქა *laqa*
motto *(n.)* დევიზი *devizi*
mould *(v.)* ძერწვა *Zerwva*
mould *(n.)* ობი *obi*
mouldy *(adj.)* დაობებული *daobebuli*
moult *(v.)* მოლური *moluri*
mound *(n.)* ნაზად *nazad*
mount *(v.)* მთა *mTa*
mount *(n.)* მთა *mTa*
mountain *(n.)* მთა *mTa*
mountaineer *(n.)* მთამსვლელი *mTamsvleli*
mountainous *(adj.)* მთიანი *mTiani*
mourn *(v.)* გლოვა *glova*
mourner *(n.)* დაკრძალვაზე დასწრება *dakrZalvaze daswreba*
mournful *(n.)* სამგლოვიარო *samgloviaro*

mourning *(n.)* გლოვა *glova*
mouse *(n.)* თაგვი *Tagvi*
moustache *(n.)* ულვაში *ulvaSi*
mouth *(v.)* პირი *piri*
mouth *(n.)* პირი *piri*
mouthful *(n.)* პირსავსე *pirsavse*
movable *(adj.)* მოძრავი *moZravi*
movables *(n.)* მოძრავი *moZravi*
move *(v.)* გადაადგილება *gadaadgileba*
movement *(n.)* მოძრაობა *moZraoba*
mover *(n.)* მოძრავი *moZravi*
movies *(n.)* ფილმები *filmebi*
mow *(v.)* თიბვა *Tibva*
much *(adv.)* ბევრი *bevri*
much *(adj.)* ბევრი *bevri*
mucilage *(n.)* წებოვანი ნივთიერება *webovani nivTiereba*
muck *(n.)* ნაგავი *nagavi*
mucous *(adj.)* ლორწოვანი *lorwovani*
mucus *(n.)* ლორწო *lorwo*
mud *(n.)* ტალახი *talaxi*
muddle *(v.)* ჩაბნელება *Cabneleba*
muddle *(n.)* ჩაბნელება *Cabneleba*
muffle *(v.)* მუწუკები *muwukebi*
muffler *(n.)* მაყუჩი *mayuCi*
mug *(n.)* დოქი *doqi*
muggy *(adj.)* ნესტიანი *nestiani*
mulatto *(n.)* მულატი *mulati*
mulberry *(n.)* თუთა *TuTa*
mule *(n.)* ჯორი *jori*
mulish *(adj.)* ჯიუტი *jiuti*
mull *(v.)* დაბნეულობა *dabneuloba*
mullah *(n.)* მოლა *mola*
mullion *(n.)* შუამავალი *Suamavali*
multifarious *(adj.)* მრავალფეროვანი *mravalferovani*
multiform *(n.)* მრავალფეროვანი *mravalferovani*

multilateral *(adj.)* მრავალმხრივი mravalmxrivi
multilingual *(adj.)* მულტილინგვური multilingvuri
multiparous *(adj.)* მრავალფეროვანი mravalferovani
multiped *(n.)* მრავალფეხა mravalfexa
multiple *(n.)* მრავალჯერადი mravaljeradi
multiple *(adj.)* მრავალჯერადი mravaljeradi
multiplex *(adj.)* მულტიპლექსი multipleqsi
multiplicand *(n.)* მრავლობითი mravlobiTi
multiplication *(n.)* გამრავლება gamravleba
multiplicity *(n.)* მრავლობითი mravlobiTi
multiply *(v.)* გამრავლება gamravleba
multitude *(n.)* სიმრავლე simravle
mum *(n.)* დედა deda
mumble *(v.)* მომაკვდავი momakvdavi
mummer *(n.)* მუმია mumia
mummy *(n.)* მუმია mumia
mumps *(n.)* ყბაყურა ybayura
munch *(v.)* ღეჭვა ReWva
mundane *(adj.)* შეძლეს SeZles
municipal *(adj.)* მუნიციპალური municipaluri
municipality *(n.)* მუნიციპალიტეტი municipaliteti
munificent *(adj.)* უჩვეულოდ დიდსულოვანი uCveulod didsulovani
munitions *(n.)* საბრძოლო მასალები sabrZolo masalebi
mural *(n.)* ფრესკა freska
mural *(adj.)* ფრესკა freska
murder *(n.)* მკვლელობა mkvleloba
murder *(v.)* მოკვლა mokvla
murderer *(n.)* მკვლელი mkvleli

murderous *(adj.)* მკვლელობა mkvleloba
murmur *(v.)* მუმია mumia
murmur *(n.)* მუმია mumia
muscle *(n.)* კუნთი kunTi
muscovite *(n.)* მუსკოვიტი muskoviti
muscular *(adj.)* კუნთოვანი kunTovani
muse *(v.)* მუზა muza
museum *(n.)* მუზეუმი muzeumi
mush *(n.)* სოკო soko
mushroom *(n.)* სოკო soko
music *(n.)* მუსიკა musika
musical *(adj.)* მუსიკალური musikaluri
musician *(n.)* მუსიკოსი musikosi
musk *(n.)* მუსიკა musika
musket *(n.)* მუშკეტი muSketi
musketeer *(n.)* მუშკეტერი muSketeri
muslim *(adj.)* მუსლიმი muslimi
muslin *(n.)* მუსლინი muslini
must *(v.)* უნდა unda
mustache *(n.)* ულვაში ulvaSi
mustang *(n.)* მუსტანგი mustangi
mustard *(n.)* მდოგვი mdogvi
muster *(n.)* შემოწმება Semowmeba
muster *(v.)* შეკრებილი Sekrebili
musty *(adj.)* აყროლებული ayrolebuli
mutation *(n.)* მუტაცია mutacia
mutative *(adj.)* მუტაციური mutaciuri
mute *(adj.)* მუნჯური munjuri
mute *(n.)* მუნჯი munji
mutidisciplinary *(adj.)* მულტიდისციპლინარული multidisciplinaruli
mutilate *(v.)* დასახიჩრება dasaxiCreba
mutilation *(n.)* დამახინჯება damaxinjeba
mutinous *(adj.)* მეამბოხე meamboxe
mutiny *(v.)* ამბოხება amboxeba
mutiny *(n.)* ამბოხება amboxeba

mutter *(v.)* დედა *deda*
mutton *(n.)* ცხვარი *cxvari*
mutual *(adj.)* ორმხრივი *ormxrivi*
muzzle *(v.)* სახე *saxe*
muzzle *(n.)* სახე *saxe*
my *(adj.)* ჩემი *Cemi*
myalgia *(n.)* მიალგია *mialgia*
myopia *(n.)* მიოპია *miopia*
myopic *(adj.)* მიოპიური *miopiuri*
myosis *(n.)* მიოზი *miozi*
myriad *(adj.)* მრავალრიცხოვანი *mravalricxovani*
myriad *(n.)* მრავალრიცხოვანი *mravalricxovani*
myrrh *(n.)* მითიური *miTiuri*
myrtle *(n.)* მითი *miTi*
myself *(pron.)* მე თვითონ *me TviTon*
mysterious *(adj.)* საიდუმლო *saidumlo*
mystery *(n.)* საიდუმლო *saidumlo*
mystic *(n.)* მისტიური *mistiuri*
mystic *(adj.)* მისტიური *mistiuri*
mysticism *(n.)* მისტიციზმი *misticizmi*
mystify *(v.)* მისტიფიკაცია *mistifikacia*
mystique *(n.)* მისტიკური *mistikuri*
mythical *(n.)* მითი *miTi*
mythical *(adj.)* მითიური *miTiuri*
mythological *(adj.)* მითოლოგიური *miTologiuri*
mythology *(n.)* მითოლოგია *miTologia*

N

n. *()* რიცხვითი *ricxviTi*
nab *(v.)* დაკავება *dakaveba*
nabob *(n.)* ნაბობი *nabobi*
nacho *(n.)* ნაჩო *naCo*
nack *(v.)* ნაკი *naki*
nacre *(n.)* პერლამუტრი *perlamutri*
nadger *(n.)* ნადერი *naderi*
nadir *(n.)* უკიდურესი ვარდნა *ukiduresi vardna*
nag *(v.)* ხერხვა *xerxva*
nag *(n.)* ხერხვა *xerxva*
nagging *(adj.)* ყვირილი *yvirili*
nail *(v.)* ლურსმანი *lursmani*
nail *(n.)* ლურსმანი *lursmani*
naive *(adj.)* გულუბრყვილო *gulubryvilo*
naivete *(n.)* გულუბრყვილო *gulubryvilo*
naivety *(n.)* გულუბრყვილობა *gulubryviloba*
naked *(adj.)* შიშველი *SiSveli*
name *(n.)* სახელი *saxeli*
namely *(adv.)* კერძოდ *kerZod*
nameplate *(n.)* სახელწოდება *saxelwodeba*
namesake *(n.)* მოსახელე *mosaxele*
nanism *(n.)* ნანიზმი *nanizmi*
nanite *(n.)* ნანიტი *naniti*
nanny *(n.)* ძიძა *ZiZa*
nano *(n.)* ნანო *nano*
nanobiology *(n.)* ნანობიოლოგია *nanobiologia*
nanobot *(n.)* ნანობოტი *nanoboti*
nanochip *(n.)* ნანოჩიპი *nanoCipi*
nanocircuitry *(n.)* ნანოსქემა *nanosqema*

nanocomponent *(n.)* ნანოკომპონენტი *nanokomponenti*
nanocomputer *(n.)* ნანოკომპიუტერი *nanokompiuteri*
nanoengineer *(n.)* ნანოინჟინერი *nanoinJineri*
nanohertz *(n.)* ნანოჰერცი *nanoherci*
nanomechanics *(n.)* ნანომექანიკა *nanomeqanika*
nanoparticle *(n.)* ნანონაწილაკი *nanonawilaki*
nanoplasma *(n.)* ნანოპლაზმა *nanoplazma*
nanotransistor *(n.)* ნანოტრანსისტორი *nanotransistori*
nap *(v.)* თვლემა *Tvlema*
nape *(n.)* კეფა *kefa*
naphthalene *(n.)* ნაფტალინი *naftalini*
napkin *(n.)* ხელსახოცი *xelsaxoci*
narcissism *(n.)* ნარცისიზმი *narcisizmi*
narcissus *(n.)* ნარცისი *narcisi*
narcosis *(n.)* ნარკოზი *narkozi*
narcotic *(n.)* ნარკოტიკი *narkotiki*
narrate *(v.)* მოყოლა *moyola*
narration *(n.)* მოყოლა *moyola*
narrative *(adj.)* ნარატივი *narativi*
narrative *(n.)* ნარატივი *narativi*
narrator *(n.)* ნარატორი *naratori*
narrow *(v.)* ვიწრო *viwro*
narrow *(adj.)* ვიწრო *viwro*
nasal *(adj.)* ცხვირის *cxviris*
nascent *(adj.)* ახალშობილი *axalSobili*
nasty *(adj.)* საზიზღარი *sazizRari*
natal *(adj.)* ნატალური *nataluri*
natant *(adj.)* მცურავი *mcuravi*
nation *(n.)* ერი *eri*
national *(adj.)* ნაციონალური *nacionaluri*
nationalism *(n.)* ნაციონალიზმი *nacionalizmi*
nationalist *(n.)* ნაციონალისტი *nacionalisti*
nationality *(n.)* ეროვნება *erovneba*
nationalization *(n.)* ნაციონალიზაცია *nacionalizacia*
nationalize *(v.)* ნაციონალიზაცია *nacionalizacia*
native *(n.)* მშობლიური *mSobliuri*
native *(adj.)* მშობლიური *mSobliuri*
nativity *(n.)* დაბადება *dabadeba*
natural *(adj.)* ნატურალური *naturaluri*
naturalist *(n.)* ნატურალისტი *naturalisti*
naturalize *(v.)* ნატურალიზაცია *naturalizacia*
naturally *(adv.)* ბუნებრიობა *bunebrioba*
nature *(n.)* ბუნება *buneba*
naughty *(adj.)* გაუგონარი *gaugonari*
nausea *(n.)* გულისრევა *gulisreva*
nautic(al) *(adj.)* საზღვაო *sazRvao*
naval *(adj.)* საზღვაო *sazRvao*
nave *(n.)* გემი *gemi*
navigable *(adj.)* ნავიგაციური *navigaciuri*
navigate *(v.)* ნავიგაცია *navigacia*
navigation *(n.)* ნავიგაცია *navigacia*
navigator *(n.)* ნავიგატორი *navigatori*
navy *(n.)* საზღვაო *sazRvao*
nay *(adv.)* არა *ara*
neap *(adj.)* მოკვლა *mokvla*
near *(prep.)* ახლოს *axlos*
near *(adj.)* ახლოს *axlos*
nearly *(adv.)* თითქმის *TiTqmis*
neat *(adj.)* სისუფთავე *sisufTave*
nebula *(n.)* ნისლეული *nisleuli*
necessary *(adj.)* აუცილებელი *aucilebeli*
necessary *(n.)* აუცილებელი *aucilebeli*

necessitate *(v.)* აუცილებლობა aucilebloba
necessity *(n.)* აუცილებლობა aucilebloba
neck *(n.)* კისერი kiseri
necklace *(n.)* ყელსაბამი yelsabami
necklet *(n.)* ყელსაბამი yelsabami
necromancer *(n.)* ნეკრომაქსი nekromaqsi
necropolis *(n.)* ნეკროპოლისი nekropolisi
nectar *(n.)* ნექტარი neqtari
need *(v.)* საჭიროა saWiroa
need *(n.)* საჭიროა saWiroa
needful *(adj.)* საჭირო saWiro
needle *(n.)* ნემსი nemsi
needless *(adj.)* უაზრო uazro
needs *(adv.)* საჭიროება saWiroeba
needy *(adj.)* გაჭირვებული gaWirvebuli
nefarious *(adj.)* უსინდისო usindiso
negate *(v.)* უარყოფითი uaryofiTi
negation *(n.)* უარყოფითობა uaryofiToba
negative *(n.)* უარყოფითი uaryofiTi
negative *(adj.)* ნეგატიური negatiuri
neglect *(v.)* უგულებელყოფა ugulebelyofa
negligence *(n.)* დაუდევრობა daudevroba
negligent *(adj.)* დაუდევარი daudevari
negligible *(adj.)* უმნიშვნელო umniSvnelo
negotiable *(adj.)* მოლაპარაკებადი molaparakebadi
negotiate *(v.)* მოლაპარაკება molaparakeba
negotiation *(n.)* მოლაპარაკება molaparakeba

negotiator *(n.)* მომლაპარაკებელი momlaparakebeli
negress *(n.)* ნეგრი ქალი negri qali
negro *(n.)* ნეგრი negri
neigh *(n.)* ხარხარი xarxari
neigh *(v.)* ხარხარი xarxari
neighbour *(n.)* მეზობელი mezobeli
neighbourhood *(n.)* სამეზობლო samezoblo
neighbourly *(adj.)* მეზობლური mezobluri
neither *(conj.)* არცერთი arcerTi
nemesis *(n.)* ნემესიზი nemesizi
neolithic *(adj.)* ნეოლითური neoliTuri
neon *(n.)* ნეონი neoni
nephew *(n.)* ძმისშვილი ZmisSvili
nepotism *(n.)* ნეპოტიზმი nepotizmi
Neptune *(n.)* ნეპტუნი neptuni
nerve *(n.)* ნერვი nervi
nerveless *(adj.)* ძალა გამოცლილი Zala gamoclili
nervous *(adj.)* ნერვიული nerviuli
nescience *(n.)* უმეცრება umecreba
nest *(n.)* ბუდე bude
nest *(v.)* ბუდის მოწყობა budis mocyoba
nestle *(v.)* დაფარვა dafarva
nestling *(n.)* დაბუდება dabudeba
net *(v.)* ბადეში გაბმა badshi gabma
net *(n.)* ბადე bade
nether *(adj.)* ქვედა qveda
netizen *(n.)* ქსელის მომხმარებელი qselis momxmarebeli
nettle *(n.)* ჭინჭარი WinWari
nettle *(v.)* ჭინჭრით დასუსხვა WinWriT dasusxva
network *(n.)* ქსელი qseli
neurologist *(n.)* ნევროლოგი nevrologi
neurology *(n.)* ნევროლოგია nevrologia

neurosis *(n.)* ნევროზი *nevrozi*
neuter *(adj.)* ნეიტრალური *neitraluri*
neuter *(n.)* ნეიტრალი *neitrali*
neutral *(adj.)* ნეიტრალური *neitraluri*
neutralize *(v.)* განეიტრალება *ganeitraleba*
neutron *(n.)* ნეიტრონი *neitroni*
never *(adv.)* არასოდეს *arasodes*
never-ending *(adj.)* არასოდეს მთავრდება *arasodes mTavrdeba*
nevertheless *(conj.)* მიუხედავად ამისა *miuxedavad amisa*
new *(adj.)* ახალი *axali*
newborn *(adj.)* ახალშობილი *axalSobili*
news *(n.)* ახალი ამბები *axali ambebi*
newspaper *(n.)* გაზეთი *gazeTi*
next *(adv.)* შემდეგი *Semdegi*
next *(adj.)* შემდეგი *Semdegi*
nib *(n.)* ბუმბული *bumbuli*
nibble *(n.)* თევზის ნაკბენი *Tevzis nakbeni*
nibble *(v.)* თევზის ნაკბენი *Tevzis nakbeni*
nice *(adj.)* მშვენიერი *mSvenieri*
nicely *(adv.)* ლამაზად *lamazad*
nicety *(n.)* დახვეწილობა *daxvewiloba*
niche *(n.)* ნიშა *niSa*
nick *(n.)* მაღალი დონის *maRali donis*
nickel *(n.)* ნიკელი *nikeli*
nickname *(v.)* მეტსახელი *metsaxeli*
nickname *(n.)* მეტსახელი *metsaxeli*
nicotine *(n.)* ნიკოტინი *nikotini*
niece *(n.)* დისშვილი *disSvili*
niggard *(n.)* ძუნწი *Zunwi*
niggardly *(adj.)* ძუნწი *Zunwi*
nigger *(n.)* ნეგრი *negri*
nigh *(adv.)* თითქმის *TiTqmis*
night *(n.)* ღამე *Rame*

night shelter *(n.)* ღამის თავშესაფარი *Ramis TavSesafari*
nightie *(n.)* ღამე *Rame*
nightingale *(n.)* ბულბული *bulbuli*
nightly *(adv.* ბულბული *bulbuli*
nightmare *(n.)* კოშმარი *koSmari*
nihilism *(n.)* ნიჰილიზმი *nihilizmi*
nil *(n.)* ნული *nuli*
nimble *(adj.)* მოხერხებული *moxerxebuli*
nimbus *(n.)* ნიმბუსი *nimbusi*
nine *(n.)* ცხრა *cxra*
nineteen *(n.)* ცხრამეტი *cxrameti*
nineteenth *(adj.)* მეცხრამეტე *mecxramete*
ninetieth *(adj.)* ოთხმოცდამეათე *oTxmocdameaTe*
ninety *(n.)* ოთხმოცდაათი *oTxmocdaaTi*
ninth *(adj.)* მეცხრე *mecxre*
nip *(v.)* უფსკრული *ufskruli*
nipple *(n.)* ძუძუს თავი *ZuZus Tavi*
nitrogen *(n.)* აზოტი *azoti*
no *(adj.)* არა *ara*
nobility *(n.)* ცოდნა *codna*
noble *(n.)* კეთილშობილური *keTilSobiluri*
nobleman *(n.)* დიდგვაროვანი *didgvarovani*
nobly *(adv.)* კეთილშობილურად *keTilSobilurad*
nobody *(pron.)* არავინ *aravin*
nocturnal *(adj.)* ღამის *Ramis*
nod *(v.)* თავის დაქნევა *Tavis daqneva*
nod *(n.)* კვანძი *kvanZi*
noddle *(v)* თავის დაქნევა *Tavis daqneva*
node *(n.)* კვანძი *kvanZi*
noise *(n.)* ხმაური *xmauri*
noiseless *(adj.)* უხმაურო *uxmauro*

noisy *(adj.)* ხმაურიანი *xmauriani*
nomad *(n.)* მომთაბარე *momTabare*
nomadic *(adj.)* მომთაბარე *momTabare*
nomenclature *(n.)* ნომენკლატურა *nomenklatura*
nominal *(adj.)* ნომინალური *nominaluri*
nominate *(v.)* კანდიდატურის დასახელება *kandidaturis dasaxeleba*
nomination *(n.)* ნომინაცია *nominacia*
nominee *(n.)* ნომინანტი *nominanti*
non-alcoholic *(adj.)* არა ალკოჰოლური *ara alkoholuri*
non-alignment *(n.)* არათანაბარი *araTanabari*
nonchalance *(n.)* მოუთმენლობა *mouTmenloba*
nonchalant *(adj.)* არაჩვეულებრივი *araCveulebrivi*
non-disclosure *(n.)* გაუმჟღავნებლობა *gaumJRavnebloba*
none *(adv.)* არცერთი *arcerTi*
none *(pron.)* არცერთი *arcerTi*
nonentity *(n.)* არარაობა *araraoba*
nonetheless *(adv.)* ამის მიუხედავად *amis miuxedavad*
nonpareil *(n.)* შეუდარებელი *Seudarebeli*
nonpareil *(adj.)* შეუდარებელი *Seudarebeli*
nonplus *(v.)* რთული მდგომარეობა *rTuli mdgomareoba*
non-profit *(adj.)* არაკომერციული *arakomerciuli*
nonsense *(n.)* უაზრობა *uazroba*
nonsensical *(adj.)* სისულელე *sisulele*
non-stick *(adj.)* არაწებვადი *arawebvadi*
non-stop *(adj.)* უწყვეტი *uwyveti*
noodle *(n.)* მაკარონი *makaroni*

nook *(n.)* ნახშირი *naxSiri*
noon *(n.)* შუადღე *SuadRe*
noose *(n.)* მარყუჟი *maryuJi*
noose *(v.)* ჩამოკიდება *Camokideba*
nor *(conj.)* არა *ara*
Nordic *(adj.)* ნორდიული *nordiuli*
norm *(n.)* ნორმა *norma*
normal *(adj.)* ნორმალური *normaluri*
normalcy *(n.)* ნორმალურობა *normaluroba*
normalization *(n.)* ნორმალიზაცია *normalizacia*
normalize *(v.)* ნორმალიზება *normalizeba*
north *(adv.)* ჩრდილოეთი *CrdiloeTi*
north *(n.)* ჩრდილოეთი *CrdiloeTi*
northerly *(adv.)* ჩრდილოეთით *CrdiloeTiT*
northerly *(adj.)* ჩრდილოეთით *CrdiloeTiT*
northern *(adj.)* ჩრდილოეთით *CrdiloeTiT*
nose *(v.)* ყნოსვა *ynosva*
nose *(n.)* ცხვირი *cxviri*
nosegay *(n.)* ყვავილის ბუკეტი *yvavilis buketi*
nosey *(adj.)* არომატული *aromatuli*
nostalgia *(n.)* ნოსტალგია *nostalgia*
nostril *(n.)* ნესტო *nesto*
nostrum *(n.)* ჩვენი *Cveni*
nosy *(adj.)* ცნობისმოყვარე *cnobismoyvare*
not *(adv.)* არა *ara*
notability *(n.)* შესამჩნევი *SesamCnevi*
notable *(adj.)* გამოჩენილი *gamoCenili*
notary *(n.)* ნოტარიუსი *notariusi*
notation *(n.)* ნოტაცია *notacia*
notch *(n.)* სანიშნი *saniSni*
note *(v.)* ჩანიშვნა *CaniSvna*
note *(n.)* ჩანაწერი *Canaweri*

noteworthy *(adj.)* საყურადღებო sayuradRebo
nothing *(adv.)* არაფერი araferi
nothing *(n.)* არაფერი araferi
notice *(v.)* შემჩნევა SemCneva
notice *(n.)* ყურადღება yuradReba
notification *(n.)* შეტყობინება Setyobineba
notify *(v.)* შეტყობინება Setyobineba
notion *(n.)* ცნება cneba
notional *(adj.)* ნაციონალური nacionaluri
notoriety *(n.)* ცნობიერება cnobiereba
notorious *(adj.)* ცნობილი cnobili
notwithstanding *(conj.)* ამის მიუხედავად amis miuxedavad
nought *(n.)* ნული nuli
noun *(n.)* არსებითი სახელი arsebiTi saxeli
nourish *(v.)* კვება kveba
nourishment *(n.)* მკვებავი mkvebavi
novel *(adj.)* ამოუცნობი amoucnobi
novel *(n.)* რომანი romani
novelette *(n.)* ნოველა novela
novelist *(n.)* ნოველისტი novelisti
novelty *(n.)* სიახლე siaxle
November *(n.)* ნოემბერი noemberi
novice *(n.)* ახალბედა axalbeda
now *(conj.)* ახლა axla
now *(adv.)* ახლა axla
nowhere *(adv.)* არსად arsad
noxious *(adj.)* საზიზღარი sazizRari
nozzle *(n.)* საქშენი saqSeni
nuance *(n.)* ნიუანსი niuansi
nubile *(adj.)* ქორწინება qorwineba
nuclear *(adj.)* ბირთვული birTvuli
nuclear family *(n.)* ბირთვული ოჯახი birTvuli ojaxi
nucleus *(n.)* ნუკლეოზური nukleozuri
nude *(n.)* შიშველი SiSveli
nudge *(v.)* შიშველი SiSveli
nudity *(n.)* სიშიშვლე siSiSvle
nugget *(n.)* თვითნაბადი ოქრო TviTnabadi oqro
nuisance *(n.)* უსიამოვნო usiamovno
null *(adj.)* გაბათილებული gabaTilebuli
nullification *(n.)* გაუქმება gauqmeba
nullify *(v.)* ანულირება anulireba
numb *(adj.)* დამუნჯებული damunjebuli
number *(v.)* დანომვრა danomvra
number *(n.)* რიცხვი ricxvi
numberless *(adj.)* ურიცხვი uricxvi
numeral *(n.)* რიცხვითი სახელი ricxviTi saxeli
numerator *(n.)* მრიცხველი mricxveli
numerical *(adj.)* რიცხვითი ricxviTi
numerous *(adj.)* მრავალრიცხოვანი mravalricxovani
nun *(n.)* მონაზონი monazoni
nunnery *(n.)* დედათა მონასტერი dedaTa monasteri
nuptial *(adj.)* ქორწინების qorwinebis
nuptials *(n.)* ქორწილი qorwili
nurse *(v.)* მოვლა movla
nurse *(n.)* ძიძა ZiZa
nursery *(n.)* საბავშვო sabavSvo
nurture *(v.)* სწავლება swavleba
nurture *(n.)* აღზრდა aRzrda
nut *(n.)* კაკალი kakali
nut *(v.)* ტვინის გატოკება tvinis gatokeba
nutcase *(n.)* შეშლილი SeSlili
nuthouse *(n.)* საგიჟეთი sagiJeTi
nutmeg *(n.)* ჯავზი javzi
nutrient *(n.)* ნოყიერი noyieri
nutrition *(n.)* კვება kveba
nutritious *(adj.)* ნოყიერი noyieri

nutritive *(adj.)* მასაზრდოებელი *masazrdoebeli*
nutty *(adj.)* გემრიელი *gemrieli*
nuzzle *(v.)* ყნოსვა *ynosva*
nylon *(n.)* ნეილონი *neiloni*
nymph *(n.)* ნიმფა *nimfa*
nymphet *(n.)* ფერია *feria*
nymphomaniac *(n.)* ნიმფომანიაკი *nimfomaniaki*

O

oaf *(n.)* მახინჯი *maxinji*
oafish *(adj.)* სულელი *suleli*
oak *(n.)* მუხა *muxa*
oaktree *(n.)* მუხის ხე *muxis xe*
oar *(n.)* ნიჩაბი *niCabi*
oarsman *(n.)* მენიჩბე *meniCbe*
oasis *(n.)* ოაზისი *oazisi*
oat *(n.)* შვრია *Svria*
oath *(n.)* ფიცი *fici*
oathbreaker *(n.)* ფიცის გატეხვა *ficis gatexva*
oathbreaking *(adj.)* ფიცის გამტეხველი *ficis gamtexveli*
oatmeal *(n.)* ქუმელი *qumeli*
oatmeal *(adj.)* შვრიის ფაფა *Svriis fafa*
obduct *(v.)* გადასვლა *gadasvla*
obduction *(n.)* გადასასვლელი *gadasasvleli*
obduracy *(n.)* უგულობა *uguloba*
obdurate *(adj.)* გულქვა *gulqva*
obedience *(n.)* დამჯერობა *damjeroba*
obedient *(adj.)* დამჯერი *damjeri*
obeisance *(n.)* პატივი *pativi*
obese *(adj.)* მსუქანი *msuqani*
obesity *(n.)* სისმსუქნე *sismsuqne*
obey *(v.)* დამორჩილება *damorCileba*
obituary *(adj.)* ნეკროლოგი *nekrologi*
object *(n.)* საგანი *sagani*
object *(v.)* შეპასუხება *Sepasuxeba*
objection *(n.)* შეპასუხება *Sepasuxeba*
objectionable *(adj.)* არასასურველი *arasasurveli*
objective *(n.)* მიზანი *mizani*
objective *(adj.)* ობიექტური *obieqturi*
oblation *(n.)* მსხვერპლი *msxverpli*
obligation *(n.)* ვალდებულება *valdebuleba*
obligatory *(adj.)* სავალდებულო *savaldebulo*
oblige *(v.)* დავალება *davaleba*
oblique *(adj.)* დახრილი *daxrili*
obliterate *(v.)* წაშლა *waSla*
obliteration *(n.)* მოსპობა *mospoba*
oblivion *(n.)* დავიწყება *daviwyeba*
oblivious *(adj.)* გულმავიწყი *gulmaviwyi*
oblong *(n.)* გრძელი *grZeli*
oblong *(adj.)* მოგრძო *mogrZo*
obnoxious *(adj.)* საზიზღარი *sazizRari*
obscene *(adj.)* უშვერი *uSveri*
obscenity *(n.)* უშვერობა *uSveroba*
obscure *(v.)* დაბნელება *dabneleba*
obscure *(adj.)* ბნელი *bneli*
obscurity *(n.)* წყვდიადი *wyvdiadi*
observance *(n.)* დაცვა *dacva*
observant *(adj.)* დაკვირვებული *dakvirvebuli*
observation *(n.)* დაკვირვება *dakvirveba*
observatory *(n.)* ობსერვატორია *observatoria*
observe *(v.)* დაკვირვება *dakvirveba*
obsess *(v.)* შიშით შეპყრობა *SiSiT Sepyroba*
obsession *(n.)* აკვიატებული აზრი *akviatebuli azri*

obsessive *(adj.)* აკვიატებული akviatebuli
obsolete *(adj.)* მოძველებული moZvelebuli
obstacle *(n.)* დაბრკოლება dabrkoleba
obstetric *(adj.)* დაბრკოლებითი dabrkolebiTi
obstetrician *(n.)* მეანი meani
obstinacy *(n.)* სიჯიუტე sijiute
obstinate *(adj.)* ჯიუტი jiuti
obstruct *(v.)* გზის გადაღობვა gzis gadaRobva
obstruction *(n.)* ღობურა Robura
obstructive *(adj.)* შემფერხებელი Semferxebeli
obtain *(v.)* მიღება miReba
obtainable *(adj.)* მისაღწევი misaRwevi
obtuse *(adj.)* ჩლუნგი Clungi
obvious *(adj.)* აშკარა aSkara
obviously *(adv.)* აშკარად aSkarad
occasion *(v.)* გამოწვევა gamowveva
occasion *(n.)* შემთხვევა SemTxveva
occasional *(adj.)* შემთხვევითი SemTxveviTi
occasionally *(adv.)* შემთხვევით SemTxveviT
occident *(n.)* დასავლეთი dasavleTi
occidental *(adj.)* დასავლური dasavluri
occipital *(n.)* კეფა kefa
occipital *(adj.)* კეფის kefis
occlude *(v.)* დაცობა dacoba
occlusive *(adj.)* ოკლუზიური okluziuri
occult *(v.)* დამალვა damalva
occult *(n.)* საიდუმლო saidumlo
occult *(adj.)* ფარული faruli
occupancy *(n.)* დაპატრონება dapatroneba
occupant *(n.)* ოკუპანტი okupanti

occupation *(n.)* საქმიანობა saqmianoba
occupied *(adj.)* დაკავებული dakavebuli
occupier *(n.)* დროებითი მფლობელი droebiTi mflobeli
occupy *(v.)* დაპატრონება dapatroneba
occur *(v.)* ადგილის ქონა adgilis qona
occurrence *(n.)* შემთხვევა SemTxveva
ocean *(n.)* ოკეანე okeane
oceanfront *(adj.)* ოკეანის ნაპირა okeanis napira
oceanfront *(n.)* ოკეანის ნაპირი okeanis napiri
oceanic *(adj.)* ოკეანის okeanis
oceanographer *(n.)* ოკეონოგრაფი okeonografi
oceanographic *(adj.)* ოკეონოგრაფიული okeonografiuli
oceanologist *(n.)* ოკეანოლოგი okeanologi
oceanology *(n.)* ოკეანოლოგია okeanologia
octagon *(n.)* რვაკუთხედი rvakuTxedi
octane *(n.)* ოკტანი oktani
octangular *(adj.)* ოკტანგური oktanguri
octave *(n.)* ოქტავა oqtava
October *(n.)* ოქტომბერი oqtomberi
octogenarian *(adj.)* ოთხმოცი წლის oTxmoci wlis
octogenarian *(n.)* ოთხმოცი წლის ადამიანი oTxmoci wlis adamiani
octonionics *(n.)* ოქტონიონიკა oqtonionika
octopede *(n.)* რვაფეხა rvafexa
octopus *(n.)* რვაფეხა rvafexa
octopussy *(n.)* რვაფეხა rvafexa
octuple *(v.)* რვაფეხა rvafexa
octuplicate *(n.)* გარვავება garvaveba
octyne *(n.)* ოქტინი oqtini

ocular *(adj.)* თვალის Tvalis
oculist *(n.)* თვალის ექიმი Tvalis eqimi
odd *(adj.)* კენტი kenti
oddity *(n.)* უცნაურობა ucnauroba
odds *(n.)* სხვაობა sxvaoba
ode *(n.)* ხოტბა xotba
odious *(adj.)* საძულველი saZulveli
odium *(n.)* მძულვარება mZulvareba
odometer *(n.)* ოდომეტრი odometri
odontologist *(n.)* ოდონტოლოგი odontologi
odontology *(n.)* ოდონტოლოგია odontologia
odorous *(adj.)* სურნელოვანი surnelovani
odour *(n.)* არომატი aromati
of *(prep.)* მთლიანის ნაწილს mTlianis nawils
off *(prep.)* გამორთული gamorTuli
off balance *(adj.)* უბალანსო ubalanso
offbeat *(adj.)* ბითს აცდენილი biTs acdenili
offence *(n.)* შეურაცხყოფა Seuracxyofa
offend *(v.)* წყენინება wyenineba
offender *(n.)* მწყენინებელი mwyeninebeli
offensive *(n.)* იერიში ieriSi
offensive *(adj.)* შეურაცხმყოფელი Seuracxmyofeli
offer *(n.)* მიწოდება miwodeba
offer *(v.)* შეთავაზება SeTavazeba
offering *(n.)* მიტანა mitana
office *(n.)* ოფისი ofisi
officer *(n.)* თანამდებობის პირი Tanamdebobis piri
official *(n.)* ჩინოვნიკი Cinovniki
official *(adj.)* ოფიციალური oficialuri
officially *(adv.)* ოფიციალურად oficialurad

officiate *(v.)* მოვალეობის შესრულება movaleobis Sesruleba
officious *(adj.)* მლიქვნელი mliqvneli
offing *(n.)* ზღვის ნაპირი zRvis napiri
offline *(adj.)* ხაზგარეშე xazgareSe
off-road *(adv.)* გზის დასასრული gzis dasasruli
offset *(n.)* ანაზღაურება anazRaureba
offset *(v.)* კომპენსირება kompensireba
offshoot *(n.)* ყლორტი ylorti
offspring *(n.)* შთამომავლობა STamomavloba
oft *(adv.)* ხშირად xSirad
often *(adv.)* ხშირად xSirad
ogle *(n.)* გამოხედვა gamoxedva
ogle *(v.)* თვალებით თამაში TvalebiT TamaSi
oil *(n.)* ზეთი zeTi
oil *(v.)* წასმა wasma
oil paint *(n.)* ზეთის საღებავი zeTis saRebavi
oil rig *(n.)* ნავთობის ჭაბურღილი navTobis WaburRili
oily *(adj.)* ზეთიანი zeTiani
oink *(v.)* დაღრუტუნება daRrutuneba
oink *(n.)* ღრუტუნი Rrutuni
oinker *(n.)* ოინკერი oinkeri
ointment *(n.)* საცხი sacxi
okay *(v.)* დათანხმება daTanxmeba
okay *(adv.)* დიახ diax
okay *(adj.)* კარგი kargi
okay *(int.)* მოწონება mowoneba
okayish *(adj.)* დათანხმებადი daTanxmebadi
okra *(n.)* ოკრა okra
old *(adj.)* მოხუცი moxuci
old *(n.)* ძველი Zveli
old age *(n.)* დიდი ასაკის didi asakis
oleaceous *(adj.)* ცხიმიანი cximiani

oleaginous *(adj.)* ცხიმიანი *cximiani*
oleochemical *(n.)* ოლეოქიმიური *oleoqimiuri*
olfactic *(adj.)* არომატული *aromatuli*
olfactics *(n.)* არომატები *aromatebi*
olfactory *(adj.)* სუნიანი *suniani*
olfaltive *(adj.)* არომატიანი *aromatiani*
oligarch *(n.)* ოლიგარქი *oligarqi*
oligarchal *(adj.)* ოლიგარქიული *oligarqiuli*
oligarchy *(n.)* ოლიგარქია *oligarqia*
olive *(n.)* ზეთის ხილი *zeTis xili*
olympiad *(n.)* ოლიმპიადა *olimpiada*
omega *(n.)* ომეგა *omega*
omelette *(n.)* ომლეტი *omleti*
omen *(n.)* ნიშანი *niSani*
ominous *(adj.)* ავბედი *avbedi*
omission *(n.)* გამოტოვება *gamotoveba*
omit *(v.)* გაცდენა *gacdena*
omittance *(n.)* ხელიდან გაშვება *xelidan gaSveba*
omitter *(n.)* ხელიდან გამშვები *xelidan gamSvebi*
omnibenevolence *(n.)* ყოვლისშემძლეობა *yovlisSemZleoba*
omnibenevolent *(adj.)* ყოვლისშემძლე *yovlisSemZle*
omnibus *(n.)* ავტობუსი *avtobusi*
omnicompetence *(n.)* ყოვლისმომცველობა *yovlismomcveloba*
omnicompetent *(adj.)* ყოვლისმომცველი *yovlismomcveli*
omnidirectional *(adj.)* ყოვლისმომცველი *yovlismomcveli*
omnidirectionality *(n.)* ყოვლისმომცველობა *yovlismomcveloba*
omniform *(adj.)* მთლიანი ფორმა *mtliani forma*
omniformity *(n.)* ყოვლისშემძლეობა *yovlisSemZleoba*
omnilingual *(adj.)* ყოველენოვანი *yovelenovani*
omnipotence *(n.)* ყველლაფრის შეძლება *yvellafris SeZleba*
omnipotent *(adj.)* ყოვლადშემძლე *yovladSemZle*
omnipresence *(n.)* ყველგან ყოფნა *yvelgan yofna*
omnipresent *(adj.)* ყველგან მყოფი *yvelgan myofi*
omniscience *(n.)* ყველაფრის ცოდნა *yvelafris codna*
omniscient *(adj.)* ყოვლისმცოდნე *yovlismcodne*
omnivore *(n.)* ყველაფრის ჭამა *yvelafris Wama*
omnivorous *(adj.)* ყველაფრის მჭამელი *yvelafris mWameli*
omophagia *(n.)* ომოფაგია *omofagia*
on *(adv.)* გაგრძელება *gagrZeleba*
on *(adj.)* ზე *ze*
once *(adv.)* ერთხელ *erTxel*
oncogene *(n.)* ონკოგენი *onkogeni*
oncogenic *(adj.)* ონკოგენური *onkogenuri*
oncologist *(n.)* ონკოლოგი *onkologi*
oncology *(n.)* ონკოლოგია *onkologia*
one *(pron.)* ვიღაც *viRac*
one *(adj.)* ერთი *erTi*
oneness *(n.)* ერთიანობა *erTianoba*
onerous *(adj.)* მძიმე *mZime*
one-sided *(adj.)* ცალმხრივი *calmxrivi*
one-way *(adj.)* ცალმხრივი *calmxrivi*
ongoing *(adj.)* მიმდინარე *mimdinare*
onion *(n.)* ხახვი *xaxvi*
online *(adj.)* დაკავშირებული *dakavSirebuli*
on-looker *(n.)* მაყურებელი *mayurebeli*

only *(adv.)* ერთადერთი *erTaderTi*
only *(conj.)* მაგრამ *magram*
only *(adj.)* მხოლოდ *mxolod*
onology *(n.)* ონოლოგია *onologia*
onomancy *(n.)* ონომანობა *onomanoba*
onomast *(n)* ონომასტი *onomasti*
onomastic *(adj.)* ონომასტიკური *onomastikuri*
onomatologist *(n.)* ნომენკლატურა *nomenklatura*
onomatology *(n.)* ონომატოლოგია *onomatologia*
onomatope *(n.)* ონომატოპეია *onomatopeia*
onomatopoeia *(n.)* ონომატოპეა *onomatopea*
on-road *(adj.)* გზაზე *gzaze*
onrush *(n.)* იერიში *ieriSi*
on-screen *(adj.)* ეკრანზე *ekranze*
onset *(n.)* შეტევა *Seteva*
onslaught *(n.)* თავდასხმა *Tavdasxma*
ontogenic *(adj.)* ონტოგენური *ontogenuri*
ontogeny *(n.)* ონტოგენი *ontogeni*
ontologic *(adj.)* ონტოლოგიური *ontologiuri*
ontological *(adj.)* ონტოლოგიური *ontologiuri*
ontologism *(n.)* ონტოლოგიზმი *ontologizmi*
ontologist *(n.)* ონტოლოგიზმი *ontologizmi*
ontology *(n.)* ონტოლოგია *ontologia*
onus *(n.)* ტვირთი *tvirTi*
onward *(adj.)* დაწინაურებული *dawinaurebuli*
onwards *(adv.)* შემდეგში *SemdegSi*
ooze *(v.)* ჟონვა *Jonva*
ooze *(n.)* შლამი *Slami*
opacity *(n.)* გაუმჭვირობა *gaumWviroba*
opal *(n.)* ოპალი *opali*
opaque *(adj.)* გაუმჭვირი *gaumWviri*
open *(v.)* გაღება *gaReba*
open *(adj.)* ღია *Ria*
opening *(n.)* დასაწყისი *dasawyisi*
openly *(adv.)* ცხადად *cxadad*
opera *(n.)* ოპერა *opera*
operability *(n.)* ოპერატიულობა *operatiuloba*
operable *(adj.)* ოპერული *operuli*
operate *(v.)* მოქმედება *moqmedeba*
operation *(n.)* ოპერაცია *operacia*
operative *(adj.)* მოქმედი *moqmedi*
operator *(n.)* ქირურგი *qirurgi*
operetta *(n.)* ოპერეტა *opereta*
ophtalmic *(adj.)* ოფთალმოლოგიური *ofTalmologiuri*
ophtalmologic *(adj.)* ოფთალმოლოგიური *ofTalmologiuri*
ophtalmologist *(n.)* ოფთალმოლოგი *ofTalmologi*
ophtalmology *(n.)* ოფთალმოლოგია *ofTalmologia*
ophtalmoscope *(n.)* ოფთალმოსკოპი *ofTalmoskopi*
opiate *(n.)* ოპიატი *opiati*
opiate *(v.)* ოპიატის მიღება *opiatis miReba*
opiate *(adj.)* ოპიატური *opiaturi*
opinator *(n.)* ოპინატორი *opinatori*
opine *(v.)* ფიქრი *fiqri*
opinion *(n.)* აზრი *azri*
opinionate *(v.)* აზროვნება *azrovneba*
opinionated *(adj.)* თავდაჯერებული *Tavdajerebuli*
opinionless *(adj.)* უაზრო *uazro*
opinionnaire *(n.)* ოპინიონერი *opinioneri*
opium *(n.)* ოპიუმი *opiumi*
opponent *(n.)* მოწინააღმდეგე *mowinaaRmdege*

opportune *(adj.)* ხელსაყრელი *xelsayreli*
opportunism *(n.)* შეთანხმებლობა *SeTanxmebloba*
opportunity *(n.)* შესაძლებლობა *SesaZlebloba*
oppose *(v.)* წინააღმდეგობა *winaaRmdegoba*
opposite *(adj.)* საწინააღმდეგო *sawinaaRmdego*
opposition *(n.)* წინაღობა *winaRoba*
oppress *(v.)* ჩაგვრა *Cagvra*
oppression *(n.)* შევიწროვება *Seviwroveba*
oppressive *(adj.)* მკაცრი *mkacri*
oppressor *(n.)* მჩაგვრელი *mCagvreli*
opt *(v.)* არჩევა *arCeva*
optic *(adj.)* მხედველობის *mxedvelobis*
optician *(n.)* ოპტიკოსი *optikosi*
optimism *(n.)* ოპტიმიზმი *optimizmi*
optimist *(n.)* ოპტიმისტი *optimisti*
optimistic *(adj.)* ოპტიმისტური *optimisturi*
optimum *(adj.)* ხელსაყრელი *xelsayreli*
optimum *(n.)* ოპტიმუმი *optimumi*
option *(n.)* არჩევა *arCeva*
optional *(adj.)* არასავალდებულო *arasavaldebulo*
opulence *(n.)* შეძლებულობა *SeZlebuloba*
opulent *(adj.)* შეძლებული *SeZlebuli*
oracle *(n.)* წინასწარმეტყველი *winaswarmetyveli*
oracular *(adj.)* წინასწარმეტყველის *winaswarmetyvelis*
oral *(n.)* ზეპირი გამოცდა *zepiri gamocda*
oral *(adj.)* პირის *piris*
orally *(adv.)* ზეპირად *zepirad*

orange *(adj.)* ნარინჯისფერი *narinjisferi*
orange *(n.)* ფორთოხალი *forToxali*
oration *(n.)* სიტყვა *sityva*
orator *(n.)* ორატორი *oratori*
oratorical *(adj.)* ორატორული *oratoruli*
oratory *(n.)* სამლოცველო *samlocvelo*
orb *(n.)* სფერო *sfero*
orbit *(n.)* ორბიტი *orbiti*
orbital *(n.)* ორბიტული *orbituli*
orbituary *(n.)* ორბიტალური *orbitaluri*
orca *(n.)* ორკა *orka*
orchard *(n.)* ხილნარი *xilnari*
orchestra *(n.)* ორკესტრი *orkestri*
orchestral *(adj.)* საორკესტრო *saorkestro*
ordain *(v.)* სასულიერო წოდებად კურთხევა *sasuliero wodebad kurTxeva*
ordained *(adj.)* ნაკურთხი *nakurTxi*
ordeal *(n.)* მძიმე განსაცდელი *mZime gansacdeli*
order *(v.)* ბრძანება *brZaneba*
order *(n.)* წესრიგი *wesrigi*
orderly *(n.)* შიკრიკი *Sikriki*
orderly *(adj.)* აკურატული *akuratuli*
ordinance *(n.)* ბრძანებულება *brZanebuleba*
ordinarily *(adv.)* ჩვეულებრივი *Cveulebrivi*
ordinary *(adj.)* ჩვეული *Cveuli*
ordnance *(n.)* არტილერია *artileria*
ore *(n.)* მადანი *madani*
organ *(n.)* ორგანო *organo*
organic *(adj.)* ორგანული *organuli*
organism *(n.)* ორგანიზმი *organizmi*
organization *(n.)* ორგანიზაცია *organizacia*
organize *(v.)* ორგანიზება *organizeba*

organography *(n.)* ორგანოგრაფია *organografia*
organza *(n.)* ორგანზა *organza*
orgasm *(n.)* ორგაზმი *orgazmi*
orgasmic *(adj.)* ორგაზმული *orgazmuli*
orgy *(n.)* ორგია *orgia*
orient *(v.)* ორიენტირება *orientireba*
orient *(n.)* აღმოსავლეთი *aRmosavleTi*
oriental *(n.)* აღმოსავლეთის მცხოვრები *aRmosavleTis mcxovrebi*
oriental *(adj.)* აღმოსავლეთის *aRmosavleTis*
orientate *(v.)* ორიენტირება *orientireba*
orientational *(adj.)* ორიენტაციული *orientaciuli*
oriented *(adj.)* ორიენტირებული *orientirebuli*
orifice *(n.)* შესართავი *SesarTavi*
orificial *(adj.)* შესართავული *SesarTavuli*
origami *(n.)* ორიგამი *origami*
origin *(n.)* დასაწყისი *dasawyisi*
original *(n.)* ორიგინალი *originali*
original *(adj.)* პირველადი *pirveladi*
originality *(n.)* ნამდვილობა *namdviloba*
originate *(v.)* წარმოშობა *warmoSoba*
originator *(n.)* შემქმნელი *Semqmneli*
orl *(n.)* ორლ *orl*
orn *(v.)* ორნ *orn*
ornament *(v.)* შემკობა *Semkoba*
ornament *(n.)* ჩუქურთმა *CuqurTma*
ornamental *(adj.)* დამამშვენებელი *damamSvenebeli*
ornamentation *(n.)* მორთვა *morTva*
ornithologist *(n.)* ორნიტოლოგი *ornitologi*
ornithology *(n.)* ორნიტოლოგია *ornitologia*
ornithoscopy *(n.)* ორნიტოსკოპი *ornitoskopi*
orogen *(n.)* ოროგენი *orogeni*
orogenic *(adj.)* ოროგენული *orogenuli*
orologist *(n.)* ოროგოლისტი *orogolisti*
orphan *(v.)* დაობლება *daobleba*
orphan *(n.)* ობოლი *oboli*
orphanage *(n.)* ობლობა *obloba*
orthodox *(adj.)* ორთოდოქსალური *orTodoqsaluri*
orthodoxy *(n.)* ორთოდოქსალობა *orTodoqsaloba*
orthograph *(n.)* ორთოგრაფია *orTografia*
orthographer *(n.)* ორთოგრაფი *orTografi*
orthographic *(adj.)* ორთოგრაფიული *orTografiuli*
orthopaedia *(n.)* ორთოპედია *orTopedia*
orthopaedical *(adj.)* ორთოპედიული *orTopediuli*
orthopaedics *(n.)* ორთოპედები *orTopedebi*
oscillate *(v.)* რხევა *rxeva*
oscillation *(n.)* რწევა *rweva*
oscillograph *(n.)* ოსცილოგრაფი *oscilografi*
oscillometric *(adj.)* ოსცილომეტრული *oscilometruli*
oscilloscope *(n.)* ოსცილოსკოპი *osciloskopi*
osculant *(adj.)* ოსკულანტური *oskulanturi*
oscular *(adj.)* კოცნითი *kocniTi*
osculate *(v.)* კოცნა *kocna*
osmobiosis *(n.)* ოსმობიოზი *osmobiozi*
osmobiotic *(adj.)* ოსმობიოტიკური *osmobiotikuri*

osmose *(v.)* ოსმოსი *osmosi*
osmosis *(n.)* ოსმოსი *osmosi*
ossify *(v.)* გაძვალება *gaZvaleba*
ostensibility *(n.)* სიყალბე *siyalbe*
ostensible *(adj.)* ყალბი *yalbi*
ostensibly *(adv.)* ყალბობა *yalboba*
ostension *(n.)* მონაკვეთი *monakveti*
ostentation *(n.)* გაძევება *gaZeveba*
ostentatious *(adj.)* განდევნითი *gandevniTi*
ostracize *(v.)* განდევნა *gandevna*
ostrich *(n.)* სირაქლემა *siraqlema*
other *(pron.)* მეორე *meore*
other *(adj.)* სხვა *sxva*
otherwise *(conj.)* სხვაგვარად *sxvagvarad*
otherwise *(adv.)* სხვანაირად *sxvanairad*
otherworld *(n.)* სხვა სამყარო *sxva samyaro*
otherworldliness *(n.)* სხვა სამყარო *sxva samyaro*
otoscope *(n.)* ოტოსკოპი *otoskopi*
otoscopis *(adj.)* ოტოსკოპირი *otoskopiri*
otoscopy *(n.)* ოტოსკოპია *otoskopia*
otter *(n.)* წავი *wavi*
ottoman *(n.)* დივანი *divani*
ouch *(n.)* ტკენა *tkena*
ouch *(int.)* ტკივილის გამოხატვა *tkivilis gamoxatva*
ought *(v.)* ვალად დება *valad deba*
ounce *(n.)* უნცია *uncia*
our *(pron.)* ჩვენი *Cveni*
oust *(v.)* გამოგდება *gamogdeba*
out *(adv.)* გარეთ *gareT*
out *(adj.)* გარეთა *gareTa*
out *(prep.)* დან *dan*
outage *(n.)* გაცდენა *gacdena*

outback *(n.)* უკან გამოსვლა *ukan gamosvla*
out-balance *(v.)* გადაწონა *gadawona*
outbid *(v.)* უფრო მაღალი ფასის შეძლევა *ufro maRali fasis SeZleva*
outbound *(adj.)* წამსვლელი *wamsvleli*
outbreak *(n.)* აჯანყება *ajanyeba*
outburst *(n.)* აფეთქება *afeTqeba*
outcast *(adj.)* განდევნილი *gandevnili*
outcast *(n.)* გაძევებული *gaZevebuli*
outcome *(n.)* შედეგი *Sedegi*
outcry *(adj.)* კივილი *kivili*
outdated *(adj.)* მოძველებული *moZvelebuli*
outdo *(v.)* დაძლევა *daZleva*
outdoor *(adj.)* სახლგარეთ *saxlgareT*
outer *(adj.)* გარეთა *gareTa*
outfit *(n.)* არჭურვილობა *arWurviloba*
outfit *(v.)* გამზადება *gamzadeba*
outgrow *(v.)* ზრდაში გასწრება *zrdaSi gaswreba*
outhouse *(n.)* ფლიგელი *fligeli*
outing *(n.)* ქალაქგარეთ გასეირნება *qalaqgareT gaseirneba*
outlandish *(adj.)* საკვირველი *sakvirveli*
outlaw *(v.)* განდევნა *gandevna*
outlaw *(n.)* გაძევებული *gaZevebuli*
outlet *(n.)* გამოსასვლელი *gamosasvleli*
outline *(v.)* შემოხაზვა *Semoxazva*
outline *(n.)* მოხაზულობა *moxazuloba*
outlive *(v.)* ვინმეზე დიდხანს სიცოცხლე *vinmeze didxans sicocxle*
outlook *(n.)* შესახედაობა *Sesaxedaoba*
outmoded *(adj.)* მოდას ჩამორჩენილი *modas CamorCenili*
outnumber *(v.)* რიცხვით აღმატება *ricxviT aRmateba*

outpatient *(n.)* ამბულატორიის ავადმყოფი *ambulatoriis avadmyofi*
outpost *(n.)* საგუშაგო *saguSago*
output *(n.)* ნაწარმი *nawarmi*
outrage *(v.)* შებღალვა *SebRalva*
outrage *(n.)* ძალდატანება *Zaldataneba*
outright *(adj.)* სრულყოფილი *srulyofili*
outright *(adv.)* სრული *sruli*
outrun *(v.)* გაქცევა *gaqceva*
outset *(n.)* გამგზავრება *gamgzavreba*
outshine *(v.)* დაბნელება *dabneleba*
outside *(n.)* გარეგანი მხარე *giregani mxare*
outside *(adv.)* გარეგნული *garegnuli*
outside *(prep.)* გარეთ *gareT*
outside *(adj.)* გარეშე *gareSe*
outsider *(n.)* გარეშე პირი *gareSe piri*
outsize *(adj.)* ჩვეულებრივ ზომაზე დიდი *Cveulebriv zomaze didi*
outskirts *(n.)* გარეუბანი *gareubani*
outspoken *(adj.)* გულახდილი *gulaxdili*
outstanding *(adj.)* გამოჩენილი *gamoCenili*
outward *(adv.)* გარეშე *gareSe*
outward *(adj.)* გარეგანი *garegani*
outwardly *(adv.)* გარეგნულად *garegnulad*
outwards *(adv.)* გარეთ *gareT*
outweigh *(v.)* მეტი წონის ქონა *meti wonis qona*
outwit *(v.)* ჭკუაში მოტყუება *WkuaSi motyueba*
outworld *(n.)* გარე სამყარო *gare samyaro*
ouzo *(n.)* ოუზო *ouzo*
oval *(n.)* ოვალური *ovaluri*
oval *(adj.)* ოვალური *ovaluri*
ovary *(n.)* საკვერცხე *sakvercxe*
ovation *(n.)* ოვაცია *ovacia*
oven *(n.)* ღუმელი *Rumeli*
over *(adv.)* ზედა *zeda*
over *(n.)* ზედმეტი *zedmeti*
over *(prep.)* ზემოთ *zemoT*
overact *(v.)* გადაჭარბება *gadaWarbeba*
overall *(adj.)* საერთო *saerTo*
overall *(n.)* სპეც.ტანსაცმელი *spec.tansacmeli*
overawe *(v.)* მოკრძალებული *mokrZalebuli*
overboard *(adv.)* გემიდან ზღვაში *gemidan zRvaSi*
overburden *(v.)* გადატვირთვა *gadatvirTva*
overcast *(adj.)* მოღრუბლული *moRrubluli*
overcharge *(n.)* მეტისმეტად მაღალი ფასი *metismetad maRali fasi*
overcharge *(v.)* ძვირად დაფასება *Zvirad dafaseba*
overcoat *(n.)* პალტო *palto*
overcome *(v.)* დაძლევა *daZleva*
overcrowd *(v.)* გაჭედვა *gaWedva*
overdo *(v.)* გადამლაშება *gadamlaSeba*
overdose *(v.)* მეტისმეტად დიდი დოზის მიცემა *metismetad didi dozis micema*
overdose *(n.)* მეტისმეტად დიდი დოზა *metismetad didi doza*
overdraft *(n.)* ოვერდრაფტი *overdrafti*
overdraw *(v.)* გადამლაშება *gadamlaSeba*
overdue *(adj.)* დაგვიანებული *dagvianebuli*
overhaul *(n.)* გულმოდგინედ *gulmodgined*

overhaul *(v.)* გულმოდგინედ *gulmodgined*
overhear *(v.)* მიყურადება *miyuradeba*
overjoyed *(adj.)* ძალიან კმაყოფილი *Zalian kmayofili*
overlap *(n.)* ნაწილობრივ გადახურვა *nawilobriv gadaxurva*
overlap *(v.)* ხეახლა გადახურვა *xeaxla gadaxurva*
overleaf *(adv.)* ფურცლის მეორე გვერდზე *furclis meore gverdze*
overload *(n.)* ზედმეტად დატვირთვა *zedmetad datvirTva*
overload *(v.)* ზედმეტად დატვირთვა *zedmetad datvirTva*
overlook *(v.)* აღმართვა *aRmarTva*
overnight *(adj.)* წინაღამით *winaRamiT*
overnight *(adv.)* წინა ღამით *wina RamiT*
overpower *(v.)* ჩახშობა *CaxSoba*
overrate *(v.)* გადამეტფასება *gadametfaseba*
overrule *(v.)* ბატონობა *batonoba*
overrun *(v.)* გადმოღვრა *gadmoRvra*
oversee *(v.)* ზედამხედველობა *zedamxedveloba*
overseer *(n.)* ზედამხედველი *zedamxedveli*
overshadow *(v.)* დაბნელება *dabneleba*
oversight *(n.)* უყურადღებოდ მიტოვება *uyuradRebod mitoveba*
oversleep *(v.)* დიდხანს ძილი *didxans Zili*
overt *(adj.)* აშკარა *aSkara*
overtake *(v.)* დაწევა *daweva*
overthrow *(n.)* ჩამოგდება *Camogdeba*
overthrow *(v.)* დამხობა *damxoba*
overtime *(n.)* ზედმეტი საათები *zedmeti saaTebi*
overtime *(adv.)* ზედმეტ საათებში *zedmet saaTebSi*
overture *(n.)* მოლაპარაკების დაწყება *molaparakebis dawyeba*
overweight *(adj.)* ზედმეტი წონა *zedmeti wona*
overwhelm *(v.)* წალეკვა *walekva*
overwork *(n.)* გადატვირთვა *gadatvirTva*
overwork *(v.)* ზედმეტი საათების სამუშაო *zedmeti saaTebis samuSao*
oviferous *(adj.)* ცეცხლოვანი *cecxlovani*
ovular *(adj.)* ოვულარული *ovularuli*
ovulate *(v.)* ოვულაცია *ovulacia*
ovum *(n.)* კვერცხუჯრედი *kvercxujredi*
owe *(v.)* ვალდებულად ყოფნა *valdebulad yofna*
owl *(n.)* ბუ *bu*
owlery *(n.)* ბუების სახლი *buebis saxli*
owly *(adj.)* ვალდებული *valdebuli*
own *(v.)* ქონა *qona*
own *(adj.)* საკუთარი *sakuTari*
owner *(n.)* მფლობელი *mflobeli*
ownership *(n.)* საკუთრება *sakuTreba*
ox *(n.)* ხარი *xari*
oxbird *(n.)* ოქსბირდი *oqsbirdi*
oxcart *(n.)* ოქსქარდი *oqsqardi*
oxidant *(n.)* ოქსიდანტი *oqsidanti*
oxidate *(v.)* ოქსიდატი *oqsidati*
oxidation *(n.)* დაჟანგვა *daJangva*
oxide *(n.)* ჟანგი *Jangi*
oxidization *(n.)* ჟანგვა *Jangva*
oxyacid *(n.)* ოქსიაციდი *oqsiacidi*
oxygen *(n.)* ოქსიგენი *oqsigeni*
oxygenate *(v.)* ჟანგბადი *Jangbadi*
oxygenated *(adj.)* ჟანგბადი *Jangbadi*
oxygenation *(n.)* ჟანგბადი *Jangbadi*
oyster *(v.)* მუნჯი *munji*

oyster *(adj.)* ხამანწკა *xamanwka*
oysterling *(n.)* სურო *suro*
oysterman *(n.)* ოსტმენი *ostmeni*
ozonate *(v.)* ოზონატი *ozonati*
ozonation *(n.)* ოზონაცია *ozonacia*
ozone *(n.)* ოზონი *ozoni*
ozone layer *(n.)* ოზონის ფენა *ozonis fena*

P

pace *(v.)* ნაბიჯით სვლა *nabijiT svla*
pace *(n.)* ნაბიჯი *nabiji*
pacemaker *(n.)* კარდიოსტიმულატორი *kardiostimulatori*
pachidermatous *(adj.)* სქელკანიანი *sqelkaniani*
pachyderm *(n.)* სქელკანიანი ცხოველი *sqelkaniani cxoveli*
pacific *(adj.)* მშვიდი *mSvidi*
pacifier *(n.)* დამამშვიდებელი *damamSvidebeli*
pacifism *(n.)* პაციფიზმი *pacifizmi*
pacifist *(n.)* პაციფისტი *pacifisti*
pacify *(v.)* დამშვიდება *damSvideba*
pack *(n.)* შეკვრა *Sekv ra*
pack *(v.)* შეფუთვა *SefuTva*
package *(n.)* ამანათი *amanaTi*
packet *(n.)* პაკეტი *paketi*
packing *(n.)* ჩალაგება *Calageba*
pact *(n.)* ხელშეკრულება *xelSekruleba*
pad *(v.)* ბამბის დადება *bambis dadeba*
pad *(n.)* რბილი შუასადები *rbili Suasadebi*

padding *(n.)* დასატენი მასალა *dasateni masala*
paddle *(n.)* ბნიჩაბი *bniCabi*
paddle *(v.)* წყალში ტყაპუნი *wyalSi tyapuni*
paddy *(n.)* ბრინჯი *brinji*
paediatric *(adj.)* პედიატრიული *pediatriuli*
paedologist *(n.)* პედიოლოგი *pediologi*
paedology *(n.)* პედიოლოგია *pediologia*
paedophile *(n.)* პედოფილია *pedofilia*
paedophilia *(n.)* პედოფილია *pedofilia*
paedophiliac *(adj.)* პედოფილიუსი *pedofiliusi*
pagan *(n.)* წარმართი *warmarTi*
pagan *(adj.)* წარმართული *warmarTuli*
paganism *(n.)* წარმართობა *warmarToba*
paganistic *(adj.)* წარმართული *warmarTuli*
page *(v.)* მსახური ბიჭი *msaxuri biWi*
page *(n.)* გვერდი *gverdi*
pageant *(n.)* ინსცენირება *inscenireba*
pageantry *(n.)* ბრწყინვა *brwyinva*
pagoda *(n.)* მსუბუქი კონსტრუქცია *msubuqi konstruqcia*
pail *(n.)* ვედრო *vedro*
pain *(v.)* ტკივილი *tkivili*
pain *(n.)* ტკივილი *tkivili*
pain relief *(n.)* ტკივილის შემსუბუქება *tkivilis Semsubuqeba*
painful *(adj.)* მტკივნეული *mtkivneuli*
painstaking *(adj.)* თვალწარმტაცი *Tvalwarmtaci*
paint *(v.)* შეღებვა *SeRebva*
paint *(n.)* საღებავი *saRebavi*
paintbrush *(n.)* ფუნჯი *funji*
painter *(n.)* მხატვარი *mxatvari*
painting *(n.)* ფერწერა *ferwera*

pair *(v.)* დაწყვილება *dawyvileba*
pair *(n.)* წყვილი *wyvili*
pal *(n.)* ამხანაგი *amxanagi*
palace *(n.)* სასახლე *sasaxle*
palanquin *(n.)* ტახტრევანი *taxtrevani*
palatable *(adj.)* გემრიელი *gemrieli*
palatal *(adj.)* პალატალური *palataluri*
palate *(n.)* სასა *sasa*
palatial *(adj.)* მდიდრული *mdidruli*
pale *(v.)* გაფითრება *gafiTreba*
pale *(adj.)* ფერმიხდილი *fermixdili*
pale *(n.)* გალავანი *galavani*
paleness *(n.)* სიმკრთალე *simkrTale*
paleobiological *(adj.)* პალეობიოლოგიური *paleobiologiuri*
paleobiologist *(n.)* პალეობიოლოგი *paleobiologi*
paleobiology *(n.)* პალეობიოლოგია *paleobiologia*
paleoecologist *(n.)* პალეოეკოლოგი *paleoekologi*
paleoecology *(n.)* პალეოეკოლოგია *paleoekologia*
paleolithic *(n.)* პალეოლითური *paleoliTuri*
paleontologist *(n.)* პალეონტოლოგი *paleontologi*
paleontology *(n.)* პალეონტოლოგია *paleontologia*
palette *(n.)* პალიტრა *palitra*
palm *(v.)* პალმა *palma*
palmist *(n.)* ქირომანტი *qiromanti*
palmistry *(n.)* ქირომანტია *qiromantia*
palpable *(adj.)* საგრძნობი *sagrZnobi*
palpitate *(v.)* გულის ცემა *gulis cema*
palpitation *(n.)* პულსაცია *pulsacia*
palsy *(n.)* დამბლა *dambla*
paltry *(adj.)* წვრილმანი *wvrilmani*
pamper *(v.)* განებივრება *ganebivreba*
pamphlet *(n.)* ბროშურა *broSura*

pamphleteer *(n.)* პამფლეტერი *pamfleteri*
panacea *(n.)* უნივერსალური საშუალება *universaluri saSualeba*
pandemonium *(n.)* პანდემონიუმი *pandemoniumi*
pane *(n.)* ფანჯრის მინა *fanjris mina*
panegyric *(n.)* ქება *qeba*
panel *(v.)* პანელის შემოვლება *panelis Semovleba*
panel *(n.)* პანელი *paneli*
pang *(n.)* მწვავე ტკივილი *mwvave tkivili*
panic *(v.)* დაფეთება *dafeTeba*
panic *(n.)* პანიკა *panika*
panorama *(n.)* პანორამა *panorama*
pant *(n.)* მძიმე *mZime*
pant *(v.)* მძიმედ სუნთქვა *mZimed sunTqva*
pantaloon *(n.)* რეიტუზი *reituzi*
pantheism *(n.)* პანთეიზმი *panTeizmi*
pantheist *(n.)* პანთეისტი *panTeisti*
panther *(n.)* პანტერა *pantera*
panting *(adj.)* სულის შეხუთვა *sulis SexuTva*
pantomime *(n.)* პანტომიმა *pantomima*
pantry *(n.)* საკუჭნაო *sakuWnao*
papacy *(n.)* პაპობა *papoba*
papal *(adj.)* პაპის *papis*
paper *(n.)* ქაღალდი *qaRaldi*
paper bag *(n.)* ქაღალდის პარკი *qaRaldis parki*
par *(n.)* პარაგრაფი *paragrafi*
parable *(n.)* იგავი *igavi*
parachute *(n.)* პარაშუტი *paraSuti*
parachutist *(n.)* პარაშუტისტი *paraSutisti*
parade *(v.)* დაწყობა *dawyoba*
parade *(n.)* სამხედრო აღლუმი *samxedro aRlumi*

paradise *(n.)* სამოთხე *samoTxe*
paradox *(n.)* პარადოქსი *paradoqsi*
paradoxical *(adj.)* პარადოქსული *paradoqsuli*
paraffin *(n.)* პარაფინი *parafini*
paragon *(n.)* ნიმუში *nimuSi*
paragraph *(n.)* პარაგრაფი *paragrafi*
parallel *(v.)* პარალელი *paraleli*
parallel *(adj.)* პარალელური *paraleluri*
parallelism *(n.)* პარალელიზმი *paralelizmi*
parallelogram *(n.)* პარალელოგრამი *paralelogrami*
paralyse *(v.)* დამბლის დაცემა *damblis dacema*
paralysis *(n.)* დამბლა *dambla*
paralytic *(adj.)* დამბლადაცემული *dambladacemuli*
paramount *(adj.)* უმარლესი *umarlesi*
paramour *(n.)* საყვარელი *sayvareli*
paraphernalia *(n. pl)* მიკუთვნებულობა *mikuTvnebuloba*
paraphrase *(v.)* პარაფრაზი *parafrazi*
paraphrase *(n.)* პარაფრაზი *parafrazi*
parasite *(n.)* პარაზიტი *paraziti*
parcel *(v.)* დანაწევრება *danawevreba*
parcel *(n.)* ამანათი *amanaTi*
parch *(v.)* გაშრობა *gaSroba*
pardon *(n.)* შეწყალება *Sewyaleba*
pardon *(v.)* შეწყალება *Sewyaleba*
pardonable *(adj.)* შემწყნარებელი *Semwynarebeli*
parent *(n.)* მშობლები *mSoblebi*
parentage *(n.)* წარმოშობა *warmoSoba*
parental *(adj.)* მშობლიური *mSobliuri*
parenthesis *(n.)* ფრჩხილებში *frCxilebSi*
parish *(n.)* საეკლესიო მრევლი *saeklesio mrevli*
parity *(n.)* თანასწორობა *Tanasworoba*

park *(n.)* პარკი *parki*
park *(v.)* პარკის გაშენება *parkis gaSeneba*
parking ticket *(n.)* პარკირების ბილეთი *parkirebis bileTi*
parlance *(n.)* თქმის მანერა *Tqmis manera*
parley *(v.)* მორიგება *morigeba*
parley *(n.)* სანაძლეო *sanaZleo*
parliament *(n.)* პარლამენტი *parlamenti*
parliamentarian *(n.)* პარლამენტარი *parlamentari*
parliamentary *(adj.)* საპარლამენტო *saparlamento*
parlour *(n.)* სასტუმრო *sastumro*
parody *(v.)* მიბაძვა *mibaZva*
parody *(n.)* პაროდია *parodia*
parole *(v.)* პატიოსანი სიტყვის მიცემა *patiosani sityvis micema*
parole *(n.)* პატიოსანი სიტყვა *patiosani sityva*
parricide *(n.)* მამის მკვლელი *mamis mkvleli*
parrot *(n.)* თუთიყუში *TuTiyuSi*
parry *(n.)* მოგერიება *mogerieba*
parry *(v.)* უკუგდება *ukugdeba*
parsley *(n.)* ოხრახუში *oxraxuSi*
parson *(n.)* მღვდელი *mRvdeli*
part *(v.)* ნაწილი *nawili*
part *(n.)* ნაწილი *nawili*
partake *(v.)* მონაწილეობის მიღება *monawileobis miReba*
partial *(adj.)* ნაწილობრივი *nawilobrivi*
partiality *(n.)* მიკერძოება *mikerZoeba*
participant *(n.)* მონაწილე *monawile*
participate *(v.)* მონაწილეობა *monawileoba*
participation *(n.)* თანამონაწილეობა *Tanamonawileoba*

particle *(n.)* ნაწილაკი *nawilaki*
particular *(n.)* დეტალი *detali*
particular *(adj.)* განსაკუთრებული *gansakuTrebuli*
particularly *(adv.)* ძლიერ *Zlier*
partisan *(adj.)* პარტიზანული *partizanuli*
partisan *(n.)* პარტიზანი *partizani*
partition *(v.)* დანაწევრება *danawevreba*
partition *(n.)* დანაწევრება *danawevreba*
partner *(n.)* მონაწილე *monawile*
partnership *(n.)* მონაწილეობა *monawileoba*
party *(n.)* კომპანია *kompania*
pass *(n.)* გასასვლელი *gasasvleli*
pass *(v.)* გასასვლელი *gasasvleli*
passage *(n.)* გასასვლელი *gasasvleli*
passenger *(n.)* მგზავრი *mgzavri*
passion *(n.)* ძლიერი გრძნობა *Zlieri grZnoba*
passionate *(adj.)* მგზნებარე *mgznebare*
passive *(adj.)* ვნებითი *vnebiTi*
passport *(n.)* პასპორტი *pasporti*
past *(prep.)* მეტი *meti*
past *(n.)* წარსული *warsuli*
past *(adj.)* წარსული *warsuli*
paste *(v.)* დაწებება *dawebeba*
paste *(n.)* ცომი *comi*
pastel *(n.)* პასტელი *pasteli*
pastime *(n.)* გართობა *garToba*
pastoral *(adj.)* მწყემსის *mwyemsis*
pastry *(n.)* საკონდიტრო ნაწარმი *sakonditro nawarmi*
pasture *(v.)* საბალახოდ ყოფნა *sabalaxod yofna*
pasture *(n.)* საბალახო *sabalaxo*
pat *(adv.)* სწორედ *swored*
pat *(n.)* ხელის დარტყმა *xelis dartyma*

pat *(v.)* ხელის თათუნი *xelis TaTuni*
patch *(n.)* საკერებელი *sakerebeli*
patch *(v.)* დაკერება *dakereba*
patch test *(n.)* პატჩ ტესტი *patC testi*
patent *(n.)* პატენტი *patenti*
patent *(v.)* პატენტის მიღება *patentis miReba*
patent *(adj.)* ცხადი *cxadi*
paternal *(adj.)* მამობრივი *mamobrivi*
path *(n.)* ბილიკი *biliki*
pathetic *(adj.)* პათეთიკური *paTeTikuri*
pathology *(n.)* პათოლოგია *paTologia*
pathos *(n.)* პათოსი *paTosi*
patience *(n.)* მოთმინება *moTmineba*
patient *(n.)* პაციენტი *pacienti*
patient *(adj.)* მომთმენი *momTmeni*
patricide *(n.)* მამისმკვლელი *mamismkvleli*
patrimony *(n.)* საგვარეულო მამული *sagvareulo mamuli*
patriot *(n.)* პატრიოტი *patrioti*
patriotic *(adj.)* პატრიოტული *patriotuli*
patriotism *(n.)* პატრიოტიზმი *patriotizmi*
patrol *(n.)* პატრულირება *patrulireba*
patrol *(v.)* ბადრაგობა *badragoba*
patron *(n.)* მფარველი *mfarveli*
patronage *(n.)* მფარველობა *mfarveloba*
patronize *(v.)* მეურვეობა *meurveoba*
pattern *(n.)* ნიმუში *nimuSi*
paucity *(n.)* მცირერიცხოვნობა *mcirericxovnoba*
pauper *(n.)* ღარიბი *Raribi*
pause *(v.)* შესვენება *Sesveneba*
pause *(n.)* შესვენება *Sesveneba*
pave *(v.)* დაგება *dageba*
pavement *(n.)* ტროტუარი *trotuari*

pavilion *(n.)* პავილიონი *pavilioni*
paw *(v.)* თათით შეხება *TaTiT Sexeba*
paw *(n.)* თათი *TaTi*
pay *(n.)* ხელფასი *xelfasi*
pay *(v.)* გადახდა *gadaxda*
payable *(adj.)* გადასახდელი *gadasaxdeli*
payee *(n.)* ფულის მიმღები *fulis mimRebi*
payment *(n.)* ფულის გადახდა *fulis gadaxda*
payout *(n.)* გადახდა *gadaxda*
pea *(n.)* ბარდა *barda*
peace *(n.)* მშვიდობა *mSvidoba*
peaceable *(adj.)* მშვიდი *mSvidi*
peaceful *(adj.)* მშვიდი *mSvidi*
peach *(n.)* ატამი *atami*
peacock *(n.)* ფარშევანგი *farSevangi*
peahen *(n.)* დედალი ფარშევანგი *dedali farSevangi*
peak *(n.)* მწვერვალი *mwvervali*
pear *(n.)* მსხალი *msxali*
pearl *(n.)* მარგალიტი *margaliti*
peasant *(n.)* გლეხი *glexi*
peasantry *(n.)* გლეხობა *glexoba*
pebble *(n.)* კენჭი *kenWi*
peck *(v.)* კენკვა *kenkva*
peck *(n.)* მრავალი *mravali*
peculiar *(adj.)* ინდივიდუალური *individualuri*
peculiarity *(n.)* თავისებურება *Tavisebureba*
pecuniary *(adj.)* საფულე *safule*
pedagogue *(n.)* პედაგოგი *pedagogi*
pedagogy *(n.)* პედაგოგი *pedagogi*
pedal *(n.)* პედალი *pedali*
pedal *(v.)* პედალის დაჭერა *pedalis daWera*
pedant *(n.)* პედანტი *pedanti*
pedantic *(n.)* პედანტური *pedanturi*

pedantry *(n.)* პპედანტიზმი *ppedantizmi*
pedestal *(n.)* კვარცხლბეკი *kvarcxlbeki*
pedestrian *(n.)* ქვეითი *qveiTi*
pedigree *(n.)* საგვარეულო *sagvareulo*
peel *(n.)* სქელი კანი *sqeli kani*
peel *(v.)* გარსის გაცლა *garsis gacla*
peep *(n.)* მალულად შეხედვა *malulad Sexedva*
peep *(v.)* თვალთვალი *TvalTvali*
peer *(n.)* ტოლი *toli*
peerless *(adj.)* თანატოლი *Tanatoli*
peg *(v.)* ჩარჭობა *CarWoba*
peg *(n.)* პატარა პალო *patara palo*
pelf *(n.)* სიმდიდრე *simdidre*
pell-mell *(adv.)* უწესრიგობა *uwesrigoba*
pen *(v.)* შერეკვა *Serekva*
pen *(n.)* კალამი *kalami*
penal *(adj.)* კატორღული *katorRuli*
penalize *(v.)* დასჯა *dasja*
penalty *(n.)* სასჯელი *sasjeli*
pencil *(v.)* ფანქრით წერა *fanqriT wera*
pencil *(n.)* ფანქარი *fanqari*
pending *(adj.)* გადაუწყვეტელი *gadauwyveteli*
pending *(prep.)* მოლოდინში *molodinSi*
pendulum *(n.)* ქანქარა *qanqara*
penetrate *(v.)* შეღწევა *SeRweva*
penetration *(n.)* შეღწევა *SeRweva*
penis *(n.)* პენისი *penisi*
penniless *(adj.)* უფულო *ufulo*
penny *(n.)* პენსი *pensi*
pension *(v.)* პენსიის დანიშვნა *pensiis daniSvna*
pension *(n.)* პენსია *pensia*
pensioner *(n.)* პენსიონერი *pensioneri*

pensive *(adj.)* ჩაფიქრებული *Cafiqrebuli*
pentagon *(n.)* პენტაგონი *pentagoni*
pentatonic *(adj.)* პენტატონიური *pentatoniuri*
penthouse *(n.)* პენტჰაუსი *penthausi*
peon *(n.)* მოჯამაგირე *mojamagire*
people *(v.)* დასახლება *dasaxleba*
people *(n.)* ხალხი *xalxi*
pepper *(v.)* პილპილის მოყრა *pilpilis moyra*
pepper *(n.)* წიწაკა *wiwaka*
pepper-and-salt *(adj.)* წინწკლებიანი *winwklebiani*
per *(prep.)* მეშვეობით *meSveobiT*
per annum *(adv.)* წელიწადში *weliwadSi*
per cent *(adv.)* პროცენტი *procenti*
perambulator *(n.)* ბავშვის ეტლი *bavSvis etli*
perceive *(v.)* შეგნება *Segneba*
percentage *(n.)* პროცენტი *procenti*
perceptible *(adj.)* შესამჩნევი *SesamCnevi*
perception *(n.)* აღქმა *aRqma*
perceptive *(adj.)* შემცნობი *Semcnobi*
perch *(v.)* ტოტზე დაჯდომა *totze dajdoma*
perch *(n.)* ქანდარა *qandara*
percussion *(n.)* დარტყმა *dartyma*
perennial *(n.)* მწავალწლოვანი მცენარე *mwavalwlovani mcenare*
perennial *(adj.)* მთელი წლის *mTeli wlis*
perfect *(v.)* სრულყოფა *srulyofa*
perfect *(adj.)* სრულყოფილი *srulyofili*
perfection *(n.)* სრულყოფა *srulyofa*
perfidy *(n.)* გამცემლობა *gamcemloba*
perforate *(v.)* გაბურღვა *gaburRva*
perforce *(adv.)* ძალაუნებურად *Zalauneburad*
perform *(v.)* შესრულება *Sesruleba*
performance *(n.)* შესრულება *Sesruleba*
performer *(n.)* შემსრულებელი *Semsrulebeli*
perfume *(n.)* არომატი *aromati*
perfume *(v.)* სურნელის დაპკურება *surnelis dapkureba*
perhaps *(adv.)* შესაძლოა *SesaZloa*
peril *(v.)* განსაცდელში ჩაყენება *gansacdelSi Cayeneba*
peril *(n.)* საშიშროება *saSiSroeba*
perilous *(adj.)* საშიში *saSiSi*
period *(n.)* პერიოდი *periodi*
periodical *(adj.)* პერიოდული *perioduli*
periodical *(n.)* პერიოდული გამოცემა *perioduli gamocema*
periphery *(n.)* პერიფერია *periferia*
perish *(v.)* დაღუპვა *daRupva*
perishable *(adj.)* ხრწნადი *xrwnadi*
perjure *(v.)* ცრუ ჩვენების მიცემა *cru Cvenebis micema*
perjury *(n.)* ფიცის გატეხა *ficis gatexa*
perk *(v.)* ცხვირის აზზევა *cxviris abzekva*
permanence *(n.)* მუდმივობა *mudmivoba*
permanent *(adj.)* მუდმივი *mudmivi*
permissible *(adj.)* ნებადართული *nebadarTuli*
permission *(n.)* ნების დართვა *nebis darTva*
permit *(n.)* ნებართვა *nebarTva*
permutation *(n.)* ცვლილება *cvlileba*
pernicious *(adj.)* მავნებელი *mavnebeli*
perpendicular *(n.)* პერპენდიკულარი *perpendikulari*

perpendicular *(adj.)* პერპენდიკულარული *perpendikularuli*
perpetual *(adj.)* საუკუნო *saukuno*
perpetuate *(v.)* უკვდავყოფა *ukvdavyofa*
perplex *(v.)* გაცბუნება *gacbuneba*
perplexity *(n.)* დაბნეულობა *dabneuloba*
persecute *(v.)* დევნა *devna*
persecution *(n.)* დევნა *devna*
perseverance *(n.)* შეუპოვრობა *Seupovroba*
persevere *(v.)* დაჟინებით მოთხოვნა *daJinebiT moTxovna*
persist *(v.)* შეუპოვრობა *Seupovroba*
persistence *(n.)* შეუპოვრობა *Seupovroba*
persistent *(adj.)* შეუპოვარი *Seupovari*
person *(n.)* ადამიანი *adamiani*
personage *(n.)* გამოჩენილი პიროვნება *gamoCenili pirovneba*
personal *(adj.)* პიროვნული *pirovnuli*
personality *(n.)* პიროვნება *pirovneba*
personification *(n.)* განხორციელება *ganxorcieleba*
personify *(v.)* განსახიერება *gansaxiereba*
personnel *(n.)* პირადი შემადგენლობა *piradi Semadgenloba*
perspective *(n.)* პერსპექტივა *perspeqtiva*
perspiration *(n.)* გაოფლიანება *gaoflianeba*
perspire *(v.)* ოფლის დენა *oflis dena*
persuade *(v.)* დარწმუნება *darwmuneba*
persuasion *(n.)* დარწმუნება *darwmuneba*
pertain *(v.)* მოპყრობა *mopyroba*
pertinent *(adj.)* შესაფერი *Sesaferi*
perturb *(v.)* შეწუხება *Sewuxeba*
perusal *(n.)* ყურადღებით კითხვა *yuradRebiT kiTxva*
peruse *(v.)* ყურადღებით კითხვა *yuradRebiT kiTxva*
pervade *(v.)* გაჟღენთა *gaJRenTa*
perverse *(adj.)* თანვნება *Tanvneba*
perversion *(n.)* დამახინჯება *damaxinjeba*
perversity *(n.)* თავნებობა *Tavneboba*
pervert *(v.)* შეცდენა *Secdena*
pessimism *(n.)* პესიმიზმი *pesimizmi*
pessimist *(n.)* პესიმისტი *pesimisti*
pessimistic *(adj.)* პესიმისტური *pesimisturi*
pest *(n.)* წყლული *wyluli*
pesticide *(n.)* პესტიციდი *pesticidi*
pestilence *(n.)* ეპიდემია *epidemia*
pet *(v.)* განებივრება *ganebivreba*
pet *(n.)* საყვარელი *sayvareli*
petal *(n.)* ყვავილის ფურცელი *yvavilis furceli*
petite *(adj.)* წვრილმანი *wvrilmani*
petition *(v.)* თხოვნა *Txovna*
petition *(n.)* პეტიცია *peticia*
petitioner *(n.)* მთხოვნელი *mTxovneli*
petrify *(v.)* გაქვავება *gaqvaveba*
petrol *(n.)* ბენზინი *benzini*
petroleum *(n.)* ნავთობი *navTobi*
petticoat *(n.)* ქვედატანი *qvedatani*
petty *(adj.)* წვრილი *wvrili*
petulance *(n.)* გულფიცხობა *gulficxoba*
petulant *(adj.)* გულფიცხი *gulficxi*
phagic *(adj.)* ფაგური *faguri*
phalange *(n.)* ფალანგი *falangi*
phalanx *(n.)* ფალანგი *falangi*
phallic *(adj.)* ფალიური *faliuri*
phallocentric *(adj.)* ფალოცენტრიული *falocentriuli*

phallus *(n.)* ფალოსი *falosi*
phantasmagoria *(n.)* ფანტაზმაგორია *fantazmagoria*
phantasmal *(adj.)* ფანტაზმული *fantazmuli*
phantom *(n.)* ფანტომი *fantomi*
pharmaceutic *(adj.)* ფარმაცევტული *farmacevtuli*
pharmaceutical *(adj.)* ფარმაცევტული *farmacevtuli*
pharmaceutist *(n.)* ფარმაცევტი *farmacevti*
pharmacist *(n.)* ფარმაცევტი *farmacevti*
pharmacy *(n.)* აფთიაქი *afTiaqi*
phase *(n.)* ფაზა *faza*
phenomenal *(adj.)* ფენომენალური *fenomenaluri*
phenomenon *(n.)* ფენნომენი *fennomeni*
phial *(n.)* წამლის შუშა *wamlis SuSa*
philalethist *(n.)* ფილალეისტი *filaleisti*
philander *(v.)* არშიყი *arSiyi*
philander *(n.)* ფლირტაობა *flirtaoba*
philanderer *(n.)* არშიყი *arSiyi*
philandry *(n.)* ფილანტრია *filantria*
philanthropy *(n.)* ფილანტროფია *filantrofia*
philological *(adj.)* ენათმეცნიერული *enaTmecnieruli*
philologist *(n.)* ენათმეცნიერი *enaTmecnieri*
philology *(n.)* ფილოლოგი *filologi*
philosopher *(n.)* გილოსოფოსი *gilosofosi*
philosophical *(adj.)* ფილოსოფიური *filosofiuri*
philosophy *(n.)* ფილოსოფია *filosofia*
phone *(n.)* ტელეფონი *telefoni*
phonetic *(adj.)* ფონეტიკური *fonetikuri*
phonetics *(n.)* ფონეტიკა *fonetika*
phosphate *(n.)* ფოსფატი *fosfati*
phosphorus *(n.)* ფოსფოროვანი *fosforovani*
photo *(n.)* ფოტო *foto*
photocopy *(n.)* ფოტოკოპია *fotokopia*
photogenic *(adj.)* ფოტოგენური *fotogenuri*
photograph *(n.)* ფოტოგრაფი *fotografi*
photograph *(v.)* ფოტო სურათის გადაღება *foto suraTis gadaReba*
photographer *(n.)* ფოტოგრაფი *fotografi*
photographic *(adj.)* ფოტოგრაფიული *fotografiuli*
photography *(n.)* ფოტოგრაფია *fotografia*
phrase *(v.)* გამოთქმა *gamoTqma*
phrase *(n.)* გამოთქმა *gamoTqma*
phraseology *(n.)* ფრაზეოლოგია *frazeologia*
physic *(v.)* მკურნალობა *mkurnaloba*
physic *(n.)* მედიცინა *medicina*
physical *(adj.)* ფიზიკური *fizikuri*
physician *(n.)* ექიმი *eqimi*
physicist *(n.)* ფიზიკოსი *fizikosi*
physics *(n.)* ფიზიკა *fizika*
physiognomy *(n.)* ფიზიოლოგია *fiziologia*
physique *(n.)* გარეგნობა *garegnoba*
pianist *(n.)* პიანისტი *pianisti*
piano *(n.)* ფორტეპიანო *fortepiano*
pick *(n.)* ამორჩევა *amorCeva*
pick *(v.)* ამორჩევა *amorCeva*
picket *(v.)* შემოღობვა *SemoRobva*
picket *(n.)* სარი *sari*
pickle *(v.)* დამწნილება *damwnileba*
pickle *(n.)* მარილწყალი *marilwyali*

picnic *(v.)* პიკნიკი *pikniki*
picnic *(n.)* პიკნიკი *pikniki*
pictorial *(adj.)* ილუსტრირებული *ilustrirebuli*
picture *(v.)* ხატვა *xatva*
picture *(n.)* სურათი *suraTi*
picturesque *(adj.)* ნმშვენიერი *nmSvenieri*
piece *(v.)* დაკერება *dakereba*
piece *(n.)* ნაჭერი *naWeri*
pier *(n.)* ნავმისადგომი *navmisadgomi*
pierce *(v.)* განგმირვა *gangmirva*
piercing *(adj.)* მკივანა *mkivana*
piercing *(n.)* მწვავე *mwvave*
piety *(n.)* ღვთისმოსაობა *RvTismosaoba*
pig *(n.)* ღორი *Rori*
pigeon *(n.)* მტრედი *mtredi*
piggy bank *(n.)* ყულაბა *yulaba*
pigment *(n.)* პიგმენტი *pigmenti*
pigmy *(n.)* ჯუჯა *juja*
pile *(v.)* დაგროვება *dagroveba*
pile *(n.)* ხროვა *xrova*
piles *(n.)* ხიმინჯები *ximinjebi*
pilfer *(v.)* მოპარვა *moparva*
pilgrim *(n.)* მლოცვარე *mlocvare*
pilgrimage *(n.)* სალოცავად სიარული *salocavad siaruli*
pill *(n.)* ტაბლეტი *tableti*
pillar *(n.)* ბოძი *boZi*
pillow *(v.)* ბალიში *baliSi*
pillow *(n.)* ბალიში *baliSi*
pilot *(v.)* წაყვანა *wayvana*
pilot *(n.)* პილოტი *piloti*
pimple *(n.)* მუწუკი *muwuki*
pin *(v.)* მიბნევა *mibneva*
pin *(n.)* ქინძისთავი *qinZisTavi*
pinch *(n.)* ჩქმეტა *Cqmeta*
pinch *(v.)* ჩქმეტა *Cqmeta*
pine *(v.)* ფიჭვი *fiWvi*

pine *(n.)* ფიჭვი *fiWvi*
pineapple *(n.)* ანანასი *ananasi*
pink *(adj.)* ვარდისფერი *vardisferi*
pink *(n.)* ვარდისფერი *vardisferi*
pinkish *(adj.)* მოვარდისფრო *movardisfro*
pinnacle *(n.)* წვეტი *wveti*
pioneer *(v.)* გზის გაკაფვა *gzis gakafva*
pioneer *(n.)* პიონერი *pioneri*
pious *(adj.)* ღვთისმოსავი *RvTismosavi*
pipe *(n.)* მილსადენი *milsadeni*
pipe *(v.)* სტვირის დაკვრა *stviris dakvra*
piquant *(adj.)* პიკანტური *pikanturi*
piracy *(n.)* მეკობრეობა *mekobreoba*
pirate *(v.)* მეკობრეობა *mekobreoba*
pirate *(n.)* მეკობრე *mekobre*
pistol *(n.)* პისტოლეტი *pistoleti*
piston *(n.)* ფისტონი *fistoni*
pit *(v.)* ორმოს ამოთხრა *ormos amoTxra*
pit *(n.)* ორმო *ormo*
pitch *(v.)* გაფისვა *gafisva*
pitch *(n.)* სიმაღლე *simaRle*
pitcher *(n.)* დოქი *doqi*
piteous *(adj.)* საცოდავი *sacodavi*
pitfall *(n.)* ხაფანგი *xafangi*
pitiable *(adj.)* საცოდავი *sacodavi*
pitiful *(adj.)* საცოდავი *sacodavi*
pitiless *(adj.)* შეუბრალებელი *Seubralebeli*
pitman *(n.)* მეშახტე *meSaxte*
pittance *(n.)* პატარა ხელფასი *patara xelfasi*
pity *(v.)* შებრალება *Sebraleba*
pity *(n.)* სიბრალული *sibraluli*
pivot *(n.)* საყრდენი წერტილი *sayrdeni wertili*
pivot *(v.)* ღერძზე ბრუნვა *RerZze brunva*

pixel *(n.)* პიქსელი *piqseli*
pixelate *(v.)* პიქსელი *piqseli*
pizza *(n.)* პიცა *pica*
pizzeria *(n.)* პიცერია *piceria*
placable *(adj.)* მშვიდი *mSvidi*
placard *(n.)* პლაკატი *plakati*
placate *(v.)* დამშვიდება *damSvideba*
placative *(adj.)* პლაკატივი *plakativi*
placatory *(adj.)* პლაკატორი *plakatori*
place *(v.)* მოთავსება *moTavseba*
place *(n.)* ადგილი *adgili*
placebic *(adj.)* პლაცებური *placeburi*
placebo *(n.)* პლაცებო *placebo*
placement *(n.)* განთავსება *ganTavseba*
placenta *(n.)* პლაცენტა *placenta*
placid *(adj.)* წყნარი *wynari*
plague *(v.)* უბედურება *ubedureba*
plague *(adj.)* უბედური *ubeduri*
plain *(n.)* დაბლობი *dablobi*
plain *(adj.)* ნათელი *naTeli*
plaintiff *(n.)* მოსარჩლე *mosarCle*
plan *(v.)* დაგეგმვა *dagegmva*
plan *(n.)* გეგმა *gegma*
plane *(adj.)* ბრტყელი *brtyeli*
plane *(v.)* სრიალი *sriali*
plane *(n.)* თვითმფრინავი *TviTmfrinavi*
planet *(n.)* პლანეტა *planeta*
planetary *(adj.)* პლანეტის *planetis*
plank *(v.)* შემოფიცვრა *Semoficvra*
plank *(n.)* ფიცარი *ficari*
plant *(v.)* დარგვა *dargva*
plant *(n.)* მცენარე *mcenare*
plantain *(n.)* მრავალძარღვა *mravalZarRva*
plantation *(n.)* პლანტაცია *plantacia*
plaster *(v.)* მობათქაშება *mobaTqaSeba*
plaster *(n.)* ბათქაში *baTqaSi*
plastic *(adj.)* პლასტიკური *plastikuri*
plastic *(n.)* პლასტმასი *plastmasi*
plate *(n.)* თეფში *TefSi*
plate *(v.)* შეჯავშნა *SejavSna*
plateau *(n.)* პლატო *plato*
platform *(n.)* პლაატფორმა *plaatforma*
platinum *(n.)* პლატინა *platina*
platinum *(adj.)* პლატინის *platinis*
platonic *(adj.)* პლატონური *platonuri*
platoon *(n.)* ოცეული *oceuli*
play *(v.)* თამაში *TamaSi*
play *(n.)* თამაში *TamaSi*
playback *(n.)* დაკვრა *dakvra*
playcard *(n.)* სათამაშო კარტი *saTamaSo karti*
playdate *(n.)* თამაშის დრო *TamaSis dro*
player *(n.)* მოთამაშე *moTamaSe*
playfield *(n.)* სათამაშო მოედანი *saTamaSo moedani*
playful *(adj.)* სათამაშო *saTamaSo*
playground *(n.)* სათამაშო მოედანი *saTamaSo moedani*
playhouse *(n.)* სათამაშო სახლი *saTamaSo saxli*
plea *(n.)* გამართლება *gamarTleba*
plead *(v.)* თხოვნით მიმართვა *TxovniT mimarTva*
pleader *(n.)* დამცველი *damcveli*
pleasant *(adj.)* სასიამოვნო *sasiamovno*
pleasantry *(n.)* უწყინარი *uwyinari*
please *(v.)* მოწონება *mowoneba*
please *(adv.)* სასიამოვნო *sasiamovno*
pleasure *(n.)* სიამოვნება *siamovneba*
plebiscite *(n.)* პლებისციტი *plebisciti*
pledge *(v.)* დაგირავება *dagiraveba*
pledge *(n.)* გირაო *girao*
plenty *(n.)* სიუხვე *siuxve*

plight *(n.)* გაჭირვებული მდგომარეობა *gaWirvebuli mdgomareoba*
plod *(v.)* მძიმე შრომა *mZime Sroma*
plot *(v.)* შეთქმულება *SeTqmuleba*
plot *(n.)* მიწის ნაკვეთი *miwis nakveTi*
plough *(v.)* ხვნა *xvna*
plough *(n.)* გუთანი *guTani*
ploughman *(n.)* მხვნელი *mxvneli*
pluck *(n.)* ძრობა *Zroba*
pluck *(v.)* კრეფა *krefa*
plug *(v.)* საცობი *sacobi*
plug *(n.)* საცობი *sacobi*
plum *(n.)* ქლიავი *qliavi*
plumber *(n.)* წყალსადენის ოსტატი *wyalsadenis ostati*
plunder *(n.)* ძარცვა *Zarcva*
plunder *(v.)* ჩაძირვა *CaZirva*
plunge *(n.)* ჩაშვება *CaSveba*
plunge *(v.)* ჩაძირვა *CaZirva*
plural *(adj.)* მრავლობითი რიცხვი *mravlobiTi ricxvi*
plurality *(n.)* სიმრავლე *simravle*
plus *(adj.)* დამატებითი *damatebiTi*
plus *(n.)* პლუსი *plusi*
plush *(n.)* პლუში *pluSi*
plutocrat *(adj.)* პლუტოკრატი *plutokrati*
plutonic *(adj.)* პლუტონური *plutonuri*
plutonium *(n.)* პლუტონიუმი *plutoniumi*
pluvial *(n.)* პლევალური *plevaluri*
pluviometer *(n.)* წვიმასაზომი *wvimasazomi*
ply *(n.)* ნაკეცი *nakeci*
ply *(v.)* გულმოდგინედ მუშაობა *gulmodgined muSaoba*
plyer *(n.)* პლიერი *plieri*
plywood *(n.)* ფანერა *fanera*

pneudraulics *(n.)* პნევდრავლიკური *pnevdravlikuri*
pneuma *(n.)* პნევმა *pnevma*
pneumatic *(adj.)* პნევმატური *pnevmaturi*
pneumatic *(n.)* პნევმატური სალტე *pnevmaturi salte*
pneumatological *(adj.)* პნევმატოლოგიური *pnevmatologiuri*
pneumatology *(n.)* პნევმატოლოგია *pnevmatologia*
pneumogastric *(adj.)* პნევმოგესტრიკი *pnevmogestriki*
pneumology *(n.)* პნევმოლოგია *pnevmologia*
pneumonia *(n.)* პნევმონია *pnevmonia*
pneumoniac *(n.)* პნევმონიკი *pnevmoniki*
pneumonic *(adj.)* პნევმონიკური *pnevmonikuri*
pneumotherapy *(n.)* პნევმთერაპია *pnevmTerapia*
poach *(v.)* კვერცხის ხარშვა *kvercxis xarSva*
poached *(adj.)* ბრაკონიერი *brakonieri*
poacher *(n.)* ბრაკონიერი *brakonieri*
pocket *(v.)* ჯიბეში ჩადება *jibeSi Cadeba*
pocket *(n.)* ჯიბე *jibe*
pod *(v.)* გამომარცვლა *gamomarcvla*
pod *(n.)* ჭოტი *Woti*
podcast *(v.)* პოდკასტი *podkasti*
podcaster *(n.)* პოდკასტერი *podkasteri*
podge *(n.)* დაბალი და სქელი *dabali da sqeli*
podgy *(adj.)* დაბალი და სქელი *dabali da sqeli*
podiatric *(adj.)* პედიატრიული *pediatriuli*
podiatrist *(n.)* პედიატრი *pediatri*

podium *(v.)* პოდიუმზე გამოსვლა *podimze gamosvla*
podium *(n.)* პოდიუმი *podiumi*
poem *(n.)* პოემა *poema*
poesy *(n.)* პოეზია *poezia*
poet *(n.)* პოეტი *poeti*
poetaster *(n.)* ძალად მოლექსე *Zalad moleqse*
poetess *(n.)* პოეტესა ქალი *poetesa qali*
poetic *(adj.)* პოეტური *poeturi*
poetics *(n.)* პოეტიკა *poetika*
poetry *(n.)* პოეზია *poezia*
poignacy *(n.)* ენამახვილობა *enamaxviloba*
poignant *(adj.)* ენამახვილი *enamaxvili*
point *(v.)* დანახვება *danaxveba*
point *(n.)* წერტილი *wertili*
point blank *(adv.)* გაბედული *gabeduli*
pointed *(adj.)* წვეტიანი *wvetiani*
pointedly *(adv.)* მკვეთრად *mkveTrad*
pointedness *(n)* სიმკვეთრე *simkveTre*
pointerless *(adj.)* გონებაჩლუნგი *gonebaClungi*
pointful *(adj.)* მიზანმიმართული *mizanmimarTuli*
pointillism *(n.)* პონტილიზმი *pontilizmi*
pointillist *(n.)* პოინტილისტი *pointilisti*
pointless *(adj.)* გონებაჩლუნგი *gonebaClungi*
pointwork *(n.)* პოინტვორქი *pointvorqi*
poise *(n.)* წონასწორობა *wonasworoba*
poise *(v.)* ბალანსირება *balansireba*
poison *(v.)* მოწამვლა *mowamvla*
poison *(n.)* შხამი *Sxami*
poisonous *(adj.)* შხამიანი *Sxamiani*
poke *(n.)* ხელის კვრა *xelis kvra*
poke *(v.)* ჩვენება *Cveneba*
poker *(n.)* ცეცხლის საჩხრეკი *cecxlis saCxreki*
polar *(adj.)* პოლარული *polaruli*
polarazing *(adj.)* პოლარიზებული *polarizebuli*
polarity *(n.)* პოლარულობა *polaruloba*
polarize *(v.)* პოლარიზაცია *polarizacia*
polaroid *(n.)* პოლაროიდი *polaroidi*
polary *(adj.)* პოლარული *polaruli*
pole *(v.)* ბოძზე დაყენება *boZze dayeneba*
pole *(n.)* ბოძი *boZi*
pole dancer *(n.)* პოლარული მოცეკვავე *polaruli mocekvave*
polearm *(n.)* ბოძი *boZi*
polecat *(n.)* ბორანი *borani*
polemic *(n.)* პოლემიკა *polemika*
polemic *(adj.)* პოლემიკური *polemikuri*
polenta *(n.)* პოლენტა *polenta*
police *(n.)* პოლიცია *policia*
police *(v.)* წესრიგის დაცვა *wesrigis dacva*
police beat *(n.)* პოლიციამ სცემა *policiam scema*
policeboat *(n.)* პოლიციის ნავი *policiis navi*
policeless *(adj.)* უპატრონო *upatrono*
policeman *(n.)* პოლიციელი *policieli*
policy *(n.)* პოლიტიკა *politika*
polish *(n.)* პოლონური *polonuri*
polish *(v.)* პოლონური *polonuri*
polite *(adj.)* თავაზიანი *Tavaziani*
politeness *(n.)* თავაზიანობა *Tavazianoba*
politic *(adj.)* პოლიტიკური *politikuri*
political *(adj.)* პოლიტიკური *politikuri*
politician *(n.)* პოლიტიკოსი *politikosi*
politics *(n.)* პოლიტიკა *politika*

polity *(n.)* მთავრობის სტრუქტურა *mTavrobis struqtura*
poll *(v.)* ხმების დათვლა *xmebis daTvla*
poll *(n.)* თუთიყუში *TuTiyuSi*
pollen *(n.)* ყვავილის მტვერი *yvavilis mtveri*
pollute *(v.)* წაბილწვა *wabilwva*
pollution *(n.)* შებღალვა *SebRalva*
polo *(n.)* ცხენბურთი *cxenburTi*
polyacetylene *(n.)* პოლიაცეტილენი *poliacetileni*
polyander *(n.)* პოლიანდერი *polianderi*
polyandrianism *(n.)* პოლიანდრიანიზმი *poliandrianizmi*
polyandry *(n.)* პოლიანდრიული *poliandriuli*
polybutene *(n.)* პოლიბუტენი *polibuteni*
polybutylene *(n.)* პოლიბუტილინი *polibutilini*
polycarbonate *(n.)* პოლიკარბონატი *polikarbonati*
polycentric *(adj.)* პოლიცენტრული *policentruli*
polycentrism *(n.)* პოლიცენტრიზმი *policentrizmi*
polychrome *(adj.)* პოლიქრომული *poliqromuli*
polycracy *(n.)* პოლიკრატია *polikratia*
polyene *(n.)* პოლიენი *polieni*
polyform *(n.)* პოლიფორმი *poliformi*
polygamous *(adj.)* მრავალქორწინება *mravalqorwineba*
polygamy *(n.)* მრავალქორწინება *mravalqorwineba*
polyglot *(adj.)* პოლიგლოტი *poligloti*
polyloquent *(adj.)* პოლილოკანტი *polilokanti*
polymath *(n.)* ერუდიტი *eruditi*
polymer *(n.)* პოლიმერი *polimeri*

polymerize *(v.)* პოლიმერიზაცია *polimerizacia*
polymetallic *(adj.)* პოლიმეტალიკური *polimetalikuri*
polymethine *(n.)* პოლიმეთინი *polimeTini*
polymethylene *(n.)* პოლიმეთილენი *polimeTileni*
polymicrobial *(adj.)* პოლიმიკრობული *polimikrobuli*
polymiotic *(adj.)* პოლიმიოტიკური *polimiotikuri*
polymolecular *(adj.)* პოლიმელექტრული *polimeleqtruli*
polymorph *(n.)* პოლიმორფი *polimorfi*
polymorphic *(adj.)* პოლიმორფული *polimorfuli*
polymorphism *(n.)* პოლიმორფიზმი *polimorfizmi*
polymorphosis *(n.)* პოლიმორფოზი *polimorfozi*
polynucleate *(adj.)* პოლინუკლეატი *polinukleati*
polypharmacal *(adj.)* პოლიფარკული *polifarkuli*
polypropylene *(n.)* პოლიპროპილენი *polipropileni*
polyprotein *(n.)* პოლიპროტეინი *poliproteini*
polysemia *(n.)* პოლისემია *polisemia*
polytechnic *(n.)* პოლიტექნიკური *politeqnikuri*
polytheism *(n.)* პოლითეიზმი *poliTeizmi*
polytheist *(n.)* პოლითეისტი *poliTeisti*
polytheistic *(adj.)* პოლითეისტური *poliTeisturi*
pomp *(n.)* ზეიმი *zeimi*
pomposity *(n.)* პომპეზობა *pompezoba*

pompous *(adj.)* პომპეზური pompezuri
pond *(n.)* გუბურა gubura
ponder *(v.)* ფიქრი fiqri
pony *(n.)* პონი poni
poor *(adj.)* ღარიბი Raribi
pop *(v.)* დარტყმა dartyma
pop *(n.)* სროლა srola
pope *(n.)* რომის პაპი romis papi
poplar *(n.)* ალვის ხე alvis xe
poplin *(n.)* პოპლინი(ქსოვილი) poplini(qsovili)
populace *(n.)* უბრალო ხალხი ubralo xalxi
popular *(adj.)* სახალხო saxalxo
popularity *(n.)* პოპულარობა popularoba
popularize *(v.)* პოპულარიზება popularizeba
populate *(v.)* დასახლება dasaxleba
population *(n.)* მოსახლეობა mosaxleoba
populous *(adj.)* ხალხმრავალი xalxmravali
porcelain *(n.)* ფაიფური faifuri
porch *(n.)* გადახურული გალერეა gadaxuruli galerea
pore *(n.)* სვრეტი svreti
pork *(n.)* ღორის ხორცი Roris xorci
porridge *(n.)* შვრიის ფაფა Svriis fafa
port *(n.)* ნავსადგური navsadguri
portable *(adj.)* პორტატიული portatiuli
portage *(n.)* გადაზიდვა gadazidva
portal *(n.)* კარიბჭე karibWe
portend *(v.)* წინასწარმეტყველება winaswarmetyveleba
porter *(n.)* მებარგული mebarguli
portfolio *(n.)* საქაღალდე saqaRalde
portico *(n.)* დახურული გალერეა daxuruli galerea
portion *(v.)* ნაწილებად დაყოფა nawilebad dayofa
portion *(n.)* ნაწილი nawili
portrait *(n.)* პორტრეტი portreti
portraiture *(n.)* პორტრეტები portretebi
portray *(v.)* პორტრეტის დახატვა portretis daxatva
portrayal *(n.)* ხატვა xatva
pose *(v.)* პოზა poza
pose *(n.)* პოზების მიღება pozebis miReba
position *(v.)* დადგმა dadgma
position *(n.)* მდებარეობა mdebareoba
positive *(adj.)* პოზიტიური pozitiuri
possess *(v.)* ფლობა floba
possession *(n.)* ფლობა floba
possibility *(n.)* შესაძლებლობა SesaZlebloba
possible *(adj.)* შესაძლებელი SesaZlebeli
post *(n.)* ბოძი boZi
post *(v.)* გამოცხადება gamocxadeba
post *(adv.)* სასწრაფოდ saswrafod
postage *(n.)* საფოსტო გზავნილის ღირებულება safosto gzavnilis Rirebuleba
postal *(adj.)* საფოსტო safosto
post-date *(v.)* თარიღის შემდეგ TariRis Semdeg
poster *(n.)* ფოსტის ცხენი fostis cxeni
posterity *(n.)* შთამომავლობა STamomavloba
postgraduate *(adj.)* ასპირანტი aspiranti
posthumous *(adj.)* სიკვდილშემდგომი sikvdilSemdgomi
postman *(n.)* ფოსტალიონი fostalioni
postmaster *(n.)* ფოსტის უფროსი fostis ufrosi

post-mortem *(n.)* გაკვეთა(გვამისა) *gakveTa(gvamisa)*
post-mortem *(adj.)* სიკვდილშემდგომი *sikvdilSemdgomi*
post-office *(n.)* ფოსტა *fosta*
postpone *(v.)* გადადება *gadadeba*
postponement *(n.)* ვადის გაგრძელება *vadis gagrZeleba*
postscript *(n.)* პოსკრიპტუმი *poskriptumi*
posture *(n.)* მდებარეობა *mdebareoba*
pot *(n.)* ქოთანი *qoTani*
pot *(v.)* ხარშვა *xarSva*
potash *(n.)* კალაქვა *kalaqva*
potassium *(n.)* კალიუმი *kaliumi*
potato *(n.)* კარტოფილი *kartofili*
potency *(n.)* ძალა *Zala*
potent *(adj.)* ძლევამოსილი *Zlevamosili*
potential *(n.)* პოტენციალი *potenciali*
potential *(adj.)* შესაძლებელი *SesaZlebeli*
potentiality *(n.)* შესაძლებლობა *SesaZlebloba*
potter *(n.)* მეთუთუნე *meTuTune*
pottery *(n.)* თიხის ჭურჭელი *Tixis WurWeli*
pouch *(n.)* პარკი *parki*
poultry *(n.)* შინაური ფრინველი *Sinauri frinveli*
pounce *(n.)* მოულოდნელი თავდასხმა *moulodneli Tavdasxma*
pounce *(v.)* დაქროლვა *daqrolva*
pound *(n.)* გოირვანქა *goirvanqa*
pound *(v.)* დარტყმა *dartyma*
pour *(v.)* დაქცევა *daqceva*
poverty *(n.)* სიღარიბე *siRaribe*
powder *(v.)* დაფხვნა *dafxvna*
powder *(n.)* ფხვნილი *fxvnili*
power *(n.)* ძალა *Zala*

powerful *(adj.)* ღონიერი *Ronieri*
practicability *(n.)* მიზანშეწონილობა *mizanSewoniloba*
practicable *(adj.)* რეალური *realuri*
practical *(adj.)* პრაქტიკული *praqtikuli*
practically *(adv.)* პრაქტიკულად *praqtikulad*
practice *(n.)* პრაქტიკა *praqtika*
practise *(v.)* ვარჯიში *varjiSi*
practitioner *(n.)* პრაქტიკის მქონე *praqtikis mqone*
pragmatic *(adj.)* პრაგმატული *pragmatuli*
pragmatism *(n.)* პრაგმატიზმი *pragmatizmi*
praise *(v.)* ქება *qeba*
praiseworthy *(adj.)* ქების ღირსი *qebis Rirsi*
pram *(n.)* ბრტყელძირიანი გემი *brtyelZiriani gemi*
prank *(n.)* ეშმაკობა *eSmakoba*
prattle *(n.)* ტიკტიკი *tiktiki*
prattle *(v.)* ტიტინი *titini*
pray *(v.)* ლოცვა *locva*
prayer *(n.)* ლოცვა *locva*
preach *(v.)* ქადაგება *qadageba*
preacher *(n.)* მქადაგებელი *mqadagebeli*
preamble *(n.)* პრეამბული *preambuli*
precaution *(n.)* სიფრთხილე *sifrTxile*
precautionary *(adj.)* გამაფრრთხილებელი *gamafrrTxilebeli*
precede *(v.)* წინ ძღოლა *win ZRola*
precedence *(n.)* წინძღოლა *winZRola*
precedent *(n.)* პრეცედენტი *precedenti*
precept *(n.)* წესი *wesi*
preceptor *(n.)* მოძღვარი *moZRvari*
precious *(adj.)* ძვირფასი *Zvirfasi*

precis *(n.)* კონსპექტი *konspeqti*
precise *(adj.)* ზუსტი *zusti*
precision *(n.)* სიზუსტე *sizuste*
preclude *(v.)* მოცილება *mocileba*
precursor *(n.)* წინამორბედი *winamorbedi*
predator *(n.)* მტაცებელი *mtacebeli*
predecessor *(n.)* წინამორბედი *winamorbedi*
predestination *(n.)* წინასწარ განსაზღვრა *winaswar gansazRvra*
predetermine *(v.)* წინასწარ განსაზღვრა *winaswar gansazRvra*
predicament *(n.)* არასასიამოვნო მდგომარეობა *arasasiamovno mdgomareoba*
predicate *(n.)* შემასმენელი *Semasmeneli*
predict *(v.)* წინასწარმეტყველება *winaswarmetyveleba*
prediction *(n.)* წინასწარმეტყველება *winaswarmetyveleba*
predominance *(n.)* ფლობა *floba*
predominant *(adj.)* მფლობელი *mflobeli*
predominate *(v.)* ფლობა *floba*
pre-eminence *(n.)* უპირატესობა *upiratesoba*
pre-eminent *(adj.)* გამოჩენილი *gamoCenili*
preemptive *(adj.)* წინამორბედი *winamorbedi*
preen *(n.)* კოპწიაობა *kopwiaoba*
preen *(v.)* ნისკარტით ფრთის გაწმენდა *niskartiT frTis gawmenda*
preexistence *(n.)* არსებობა *arseboba*
preface *(n.)* წინასიტყვაობა *winasityvaoba*
preface *(v.)* წინასიტყვაობის დაწერა *winasityvaobis dawera*
prefect *(n.)* პრეფექტი *prefeqti*

prefer *(v.)* მჯობინება *mjobineba*
preference *(n.)* უპირატესობის მიცემა *upiratesobis micema*
preferential *(adj.)* უპირატესობის მქონე *upiratesobis mqone*
prefix *(n.)* პრეფიქსი *prefiqsi*
prefix *(v.)* წამძღვარება *wamZRvareba*
pregnancy *(n.)* ორსულობა *orsuloba*
pregnant *(adj.)* ორსული *orsuli*
prehistoric *(adj.)* ისტორიამდელი *istoriamdeli*
prejudice *(n.)* ცრუ რწმენა *cru rwmena*
prelate *(n.)* მღვდელი *mRvdeli*
preliminary *(n.)* მოსამზადებელი ღონისძიება *mosamzadebeli RonisZieba*
preliminary *(adj.)* წინასწარი *winaswari*
prelude *(n.)* შესავალი *Sesavali*
prelude *(v.)* შესავლად *Sesavlad*
premarital *(adj.)* ქორწინებამდელი *qorwinebamdeli*
premature *(adj.)* ნაადრევი *naadrevi*
premeditate *(v.)* წინასწარ განზრახული *winaswar ganzraxuli*
premeditation *(n.)* წინასწარ განზრახულობა *winaswar ganzraxuloba*
premier *(adj.)* პრემიერ მინისტრი *premier ministri*
premier *(n.)* პრემიერი *premieri*
premiere *(n.)* პრემიერა *premiera*
premium *(n.)* ჯილდო *jildo*
premonition *(n.)* გაფრთხილება *gafrTxileba*
preoccupation *(n.)* ადგილის დაკავება *adgilis dakaveba*
preoccupy *(v.)* სხვაზე ადრე დაკავება *sxvaze adre dakaveba*
preparation *(n.)* მზადება *mzadeba*

preparatory *(adj.)* მოსამზადებელი სკოლა *mosamzadebeli skola*
prepare *(v.)* მომზადება *momzadeba*
preponderance *(n.)* უპირატესობა *upiratesoba*
preponderate *(v.)* გადაწონა *gadawona*
preposition *(n.)* წინდებული *windebuli*
prerequisite *(n.)* წინაპირობა *winapiroba*
prerogative *(n.)* პრეროგატივა *prerogativa*
prescience *(n.)* განჭვრეტა *ganWvreta*
prescribe *(v.)* გამოწერა *gamowera*
prescription *(n.)* რეცეპტი *recepti*
presence *(n.)* დასწრება *daswreba*
present *(adj.)* დამსწრე *damswre*
present *(n.)* საჩუქარი *saCuqari*
present *(v.)* ჩუქება *Cuqeba*
presentation *(n.)* პრეზენტაცია *prezentacia*
presently *(adv.)* ახლავე *axlave*
preservation *(n.)* შენახვა *Senaxva*
preservative *(adj.)* დამცველი *damcveli*
preservative *(n.)* დამცველი საშუალება *damcveli saSualeba*
preserve *(n.)* დაკონსერვება *dakonserveba*
preserve *(v.)* შენახვა *Senaxva*
preside *(v.)* თავმჯდომარეობა *Tavmjdomareoba*
president *(n.)* პრეზიდენტი *prezidenti*
presidential *(adj.)* საპრეზიდენტო *saprezidento*
press *(v.)* მოჭერა *moWera*
press *(n.)* პრესა *presa*
pressure *(n.)* წნევა *wneva*
pressurize *(v.)* ჰერმეტული *hermetuli*
prestige *(n.)* პრესტიჟი *prestiJi*
prestigious *(adj.)* პრესტიჟული *prestiJuli*
presume *(v.)* ვარაუდი *varaudi*
presumption *(n.)* განზრახვა *ganzraxva*
presuppose *(v.)* ვარაუდი *varaudi*
presupposition *(n.)* ვარაუდი *varaudi*
pretence *(n.)* თვალთმაქცობა *TvalTmaqcoba*
pretend *(v.)* თავის მოკატუნება *Tavis mokatuneba*
pretension *(n.)* პრეტენზია *pretenzia*
pretentious *(adj.)* პრეტენზიული *pretenziuli*
pretext *(n.)* საბაბი *sababi*
prettiness *(n.)* სიმშვენიერე *simSveniere*
pretty *(adj.)* მიმზიდველი *mimzidveli*
pretty *(adv.)* სრულიად *sruliad*
prevail *(v.)* ჭარბობა *Warboba*
prevalence *(n.)* გავრცელება *gavrceleba*
prevalent *(adj.)* ყველაზე მიღებული *yvelaze miRebuli*
prevent *(v.)* არიდება *arideba*
prevention *(n.)* არიდება *arideba*
preventive *(adj.)* წინასწარი ზომა *winaswari zoma*
preview *(v.)* წინასწარ გასინჯვა *winaswar gasinjva*
previous *(adj.)* წინამავალი *winamavali*
prey *(n.)* ნადავლი *nadavli*
prey *(v.)* ნადირობა *nadiroba*
price *(v.)* დაფასება *dafaseba*
price *(n.)* ფასი *fasi*
price list *(n.)* პრეისკურანტი *preiskuranti*
priceless *(adj.)* ფასდაუდებელი *fasdaudebeli*
prick *(v.)* ჩხვლეტა *Cxvleta*

prick *(n.)* წვეტი *wveti*
pride *(v.)* ამპარტავნება *ampartavneba*
pride *(n.)* სიამაყე *siamaye*
priest *(n.)* მღვდელი *mRvdeli*
priestess *(n.)* მღვდელი *mRvdeli*
priesthood *(n.)* სამღვდელოება *samRvdeloeba*
prima facie *(adv.)* პირველობა *pirveloba*
primarily *(adv.)* პირველ რიგში *pirvel rigSi*
primary *(adj.)* პირველადი *pirveladi*
prime *(v.)* ამფეთქებლის ჩადება *amfeTqeblis Cadeba*
prime *(n.)* აყვავება *ayvaveba*
prime *(adj.)* უმნიშვნელოვანესი *umniSvnelovanesi*
primer *(n.)* ანბანი *anbani*
primeval *(adj.)* პირველყოფილი *pirvelyofili*
primitive *(adj.)* პრიმიტიული *primitiuli*
prince *(n.)* პრინცი *princi*
princely *(adj.)* საუცხოო *saucxoo*
princess *(n.)* პრინცესა *princesa*
principal *(adj.)* მთავარი *mTavari*
principal *(n.)* პრინციპული *principuli*
principle *(n.)* მეთაური *meTauri*
print *(n.)* ანაბეჭდი *anabeWdi*
print *(v.)* ბეჭდვა *beWdva*
printer *(n.)* მბეჭდავი *mbeWdavi*
printout *(n.)* ამობეჭდვა *amobeWdva*
prior *(adj.)* წინამავალი *winamavali*
prior *(n.)* წინამძღვარი *winamZRvari*
prioress *(n.)* პრიორიტეტი *prioriteti*
priority *(n.)* პრიორიტეტი *prioriteti*
prison *(n.)* საპატიმრო *sapatimro*
prisoner *(n.)* პატიმარი *patimari*
privacy *(n.)* განმარტოება *ganmartoeba*

private *(adj.)* კერძო *kerZo*
privation *(n.)* ხელმოკლეობა *xelmokleoba*
privilege *(n.)* პრივილეგია *privilegia*
prize *(v.)* დაჯილდოვება *dajildoveba*
prize *(n.)* ჯილდო *jildo*
prize money *(n.)* საპრიზო ფული *saprizo fuli*
pro forma *(adj.)* პრო ფორმა *pro forma*
probability *(n.)* ალბათობა *albaToba*
probable *(adj.)* ალბათობა *albaToba*
probably *(adv.)* ალბათ *albaT*
probation *(n.)* გამოცდა *gamocda*
probationer *(n.)* გამოსაცდელი *gamosacdeli*
probe *(n.)* გამოკვლევა *gamokvleva*
problem *(n.)* პრობლემა *problema*
problematic *(adj.)* პრობლემატური *problematuri*
procedure *(n.)* პროცედურა *procedura*
proceed *(v.)* განგრძობა *gangrZoba*
proceeding *(n.)* საქციელი *saqcieli*
proceeds *(n.)* ნავაჭრი *navaWri*
process *(n.)* პროცესი *procesi*
procession *(n.)* პროცესია *procesia*
processor *(n.)* პროცესორი *procesori*
proclaim *(v.)* გამოცხადება *gamocxadeba*
proclamation *(n.)* გამოცხადება *gamocxadeba*
proclivity *(n.)* მიდრეკილება *midrekileba*
procrastinate *(v.)* გადადება *gadadeba*
procrastination *(n.)* დაგვიანება *dagvianeba*
proctor *(v.)* პროქტორი *proqtori*
procure *(v.)* უზრუნველყოფა *uzrunvelyofa*
procurement *(n.)* შესყიდვა *Sesyidva*

prodigal *(adj.)* ხელგაშლილი xelgaSlili
prodigality *(n.)* მფლანგველი mflangveli
prodigy *(n.)* სასწაული saswauli
produce *(n.)* პროდუქტი produqti
produce *(v.)* წარმოება warmoeba
product *(n.)* პროდუქტი produqti
production *(n.)* წარმოება warmoeba
productive *(adj.)* ნაყოფიერი nayofieri
productivity *(n.)* ნაყოფიერება nayofiereba
profane *(v.)* წაბილწვა wabilwva
profane *(adj.)* საერო saero
profess *(v.)* გამოთქმა gamoTqma
profession *(n.)* პროფესია profesia
professional *(adj.)* პროფესიონალი profesionali
professor *(n.)* პროფესორი profesori
proficiency *(n.)* გამოცდილება gamocdileba
proficient *(adj.)* გამოცდილი gamocdili
profile *(v.)* გამოხატვა gamoxatva
profile *(n.)* პროფილი profili
profit *(v.)* სარგებლის ნახვა sargeblis naxva
profit *(n.)* სარგებლობა sargebloba
profitable *(adj.)* სარგებლიანი sargebliani
profiteer *(n.)* სპეკულანტი spekulanti
profiteer *(v.)* სპეკულაციის გაწევა spekulaciis gaweva
profligacy *(n.)* გარყვნილება garyvnileba
profligate *(adj.)* გარყვნილი garyvnili
profound *(adj.)* ღრმა Rrma
profundity *(n.)* სიღრმე siRrme
profuse *(adj.)* უხვი uxvi
profusion *(n.)* სიუხვე siuxve

progeny *(n.)* შთამომავალი STamomavali
programme *(v.)* პროგრამა programa
progress *(v.)* პროგრესი progresi
progressive *(adj.)* პროგრესული progresuli
prohibit *(v.)* აკრძალვა akrZalva
prohibition *(n.)* აკრძალვა akrZalva
prohibitive *(adj.)* ამკრძალავი amkrZalavi
prohibitory *(adj.)* ამკრძალავი amkrZalavi
project *(v.)* პროექტი proeqti
projectile *(adj.)* სასროლი sasroli
projectile *(n.)* ყუმბარა yumbara
projection *(n.)* დაპროექტება daproeqteba
projector *(n.)* პროექტის შემდგენელი proeqtis Semdgeneli
proliferate *(v.)* პროლეტარიატი proletariati
proliferation *(n.)* პროლიტერაცია proliteracia
prolific *(adj.)* ნაყოფიერი nayofieri
prologue *(n.)* პროლოგი prologi
prolong *(v.)* გაგრძელება gagrZeleba
prolongation *(n.)* გაგრძელება gagrZeleba
prominence *(n.)* დიდი მნიშვნელობა didi mniSvneloba
prominent *(adj.)* გამოჩენილი gamoCenili
promise *(v.)* დაპირება dapireba
promise *(n.)* დაპირება dapireba
promising *(adj.)* იმედის მიცემა imedis micema
promissory *(adj.)* პირობის შემცველი pirobis Semcveli
promote *(v.)* ამაღლება amaRleba
promotion *(n.)* ჩინის მინიჭება Cinis miniWeba

prompt *(v.)* ბიძგის მიცემა *biZgis micema*
prompt *(adj.)* სწრაფი *swrafi*
prompter *(n.)* მოკარნახე *mokarnaxe*
prone *(adj.)* გაშხლართული *gaSxlarTuli*
pronoun *(n.)* ნაცვალსახელი *nacvalsaxeli*
pronounce *(v.)* წარმოთქმა *warmoTqma*
pronunciation *(n.)* წარმოთქმა *warmoTqma*
proof *(n.)* მტკიცება *mtkiceba*
proof *(adj.)* შეუღწევი *SeuRwevi*
prop *(v.)* ბოძის შედგმა *boZis Sedgma*
prop *(n.)* საბრჯენი *sabrjeni*
propaganda *(n.)* პროპაგანდა *propaganda*
propagandist *(n.)* პროპაგანდისტი *propagandisti*
propagate *(v.)* გამრავლება *gamravleba*
propagation *(n.)* გამრვალება *gamrvaleba*
propel *(v.)* წინ წაწევა *win waweva*
proper *(adj.)* ჩვეული *Cveuli*
properly *(adv.)* სათანადოდ *saTanadod*
property *(n.)* საკუთრება *sakuTreba*
prophecy *(n.)* წინასწარმეტყველება *winaswarmetyveleba*
prophesy *(v.)* დაბედება *dabedeba*
prophet *(n.)* წინასწარმეტყველება *winaswarmetyveleba*
prophetic *(adj.)* წინასწარმეტყველური *winaswarmetyveluri*
proportion *(n.)* პროპორცია *proporcia*
proportion *(v.)* შეფარდება *Sefardeba*
proportional *(adj.)* პროპორციული *proporciuli*

proportionate *(adj.)* თანაზომიერი *Tanazomieri*
proposal *(n.)* წინადადება *winadadeba*
propose *(v.)* შეთავაზება *SeTavazeba*
proposition *(n.)* მტკიცება *mtkiceba*
propound *(v.)* წამოყენება *wamoyeneba*
proprietary *(adj.)* მესაკუთრეს *mesakuTres*
proprietor *(n.)* მფლობელი *mflobeli*
propriety *(n.)* წესიერება *wesiereba*
prorogue *(v.)* ვადის გადადება *vadis gadadeba*
prosaic *(adj.)* პროზაული *prozauli*
prose *(n.)* პროზა *proza*
prosecute *(v.)* გამოძიების წარმოება *gamoZiebis warmoeba*
prosecution *(n.)* ვაჭრობა *vaWroba*
prosecutor *(n.)* ბრალმდებელი *bralmdebeli*
prosody *(n.)* პროსოდია *prosodia*
prospect *(n.)* პანორამა *panorama*
prospective *(adj.)* მოსალოდნელი *mosalodneli*
prospectus *(n.)* პროსპექტი *prospeqti*
prosper *(v.)* აყვავება *ayvaveba*
prosperity *(n.)* გაფურჩქნა *gafurCqna*
prosperous *(adj.)* აყვავებული *ayvavebuli*
prosthetic *(adj.)* პროთეზული *proTezuli*
prostitute *(n.)* მეძავი *meZavi*
prostitute *(v.)* მეძაობა *meZaoba*
prostitution *(n.)* პროსტიტუცია *prostitucia*
prostrate *(v.)* გაშხლართვა *gaSxlarTva*
prostrate *(adj.)* გაშხლართული *gaSxlarTuli*
prostration *(n.)* პროსტრაცია *prostracia*

protagonist *(n.)* მთავარი გმირი *mTavari gmiri*
protect *(v.)* დაცვა *dacva*
protection *(n.)* თავდაცვა *Tavdacva*
protective *(adj.)* დამცავი *damcavi*
protector *(n.)* დამცველი *damcveli*
protein *(n.)* პროტეინი *proteini*
protest *(n.)* პროტესტი *protesti*
protest *(v.)* პროტესტის განცხადება *protestis gancxadeba*
protestation *(n.)* შეპასუხება *Sepasuxeba*
protocol *(n.)* ოქმი *oqmi*
prototype *(n.)* პროტოტიპი *prototipi*
proud *(adj.)* ამაყი *amayi*
prove *(v.)* დამტკიცება *damtkiceba*
proverb *(n.)* ანდაზა *andaza*
proverbial *(adj.)* ანდაზური *andazuri*
provide *(v.)* უზრუნველყოფა *uzrunvelyofa*
providence *(n.)* წინდახედულობა *windaxeduloba*
provident *(adj.)* წინდახედული *windaxeduli*
providential *(adj.)* ბედნიერი *bednieri*
province *(n.)* პროვინცია *provincia*
provincial *(adj.)* პროვინციული *provinciuli*
provincialism *(n.)* პროვინციალიზმი *provincializmi*
provision *(n.)* დამზადება *damzadeba*
provisional *(adj.)* დროებითი *droebiTi*
proviso *(n.)* პირობა *piroba*
provocation *(n.)* გამოწვევა *gamowveva*
provocative *(adj.)* გამომწვევი *gamomwvevi*
provoke *(v.)* გაღიზიანება *gaRizianeba*
prowess *(n.)* მამაცობა *mamacoba*
proximate *(adj.)* უახლოესი *uaxloesi*
proximity *(n.)* სიახლოვე *siaxlove*
proxy *(n.)* მინდობილობა *mindobiloba*
prude *(n.)* პრანჭია *pranWia*
prudence *(n.)* სიფრთხილე *sifrTxile*
prudent *(adj.)* ფრთხილი *frTxili*
prudential *(adj.)* წინდახედული *windaxeduli*
prune *(v.)* წაჭრა *waWra*
pry *(v.)* ცქერა *cqera*
psalm *(n.)* ფსალმუნი *fsalmuni*
pseudonym *(n.)* ფსევდონიმი *fsevdonimi*
psyche *(n.)* ფსიქიკა *fsiqika*
psychiatrist *(n.)* ფსიქიატრი *fsiqiatri*
psychiatry *(n.)* ფსიქიატრია *fsiqiatria*
psychic *(adj.)* ფსიქიკური *fsiqikuri*
psychological *(adj.)* ფსიქოლოგიური *fsiqologiuri*
psychologist *(n.)* ფსიქოლოგი *fsiqologi*
psychology *(n.)* ფსიქოლოგია *fsiqologia*
psychopath *(n.)* ფსიქოფატი *fsiqofati*
psychosis *(n.)* ფსიქოზი *fsiqozi*
psychotherapy *(n.)* ფსიქოტერაპია *fsiqoterapia*
puberty *(n.)* სქესობრივი სიმწიფე *sqesobrivi simwife*
public *(n.)* საზოგადოება *sazogadoeba*
public *(adj.)* საზოგადოებრივი *sazogadoebrivi*
public transport *(n.)* საზოგადოებრივი ტრანსპორტი *sazogadoebrivi transporti*
publication *(n.)* გამოქვეყნება *gamoqveyneba*
publicity *(n.)* საჯაროობა *sajarooba*
publicize *(v.)* რეკლამირება *reklamireba*
publish *(v.)* გამოქვეყნება *gamoqveyneba*

publisher *(n.)* გამომცემელი *gamomcemeli*
pudding *(n.)* პუდინგი *pudingi*
puddle *(n.)* გუბე *gube*
puddle *(v.)* წყლის ამღვრევა *wylis amRvreva*
puerile *(adj.)* ბავშვური *bavSvuri*
puff *(n.)* ნიავი *niavi*
puff *(v.)* ნიავის ქროლა *niavis qrola*
pull *(v.)* ზიდვა *zidva*
pull *(n.)* წევა *weva*
pulley *(n.)* ბორბალი *borbali*
pullover *(n.)* გადატანა *gadatana*
pulp *(v.)* გარდაქმნა *gardaqmna*
pulp *(n.)* ხორცი *xorci*
pulpit *(adj.)* მქადაგებლური *mqadagebluri*
pulpy *(adj.)* ხორციანი *xorciani*
pulsate *(v.)* გულის ცემა *gulis cema*
pulsation *(n.)* ფეთქვა *feTqva*
pulse *(v.)* არტერიის ცემა *arteriis cema*
pulse *(n.)* პულსი *pulsi*
pump *(v.)* ტუმბვა *tumbva*
pump *(n.)* ტუმბო *tumbo*
pumpkin *(n.)* გოგრა *gogra*
pun *(n.)* სიტყვების თამაში *sityvebis TamaSi*
pun *(v.)* შეთხზვა *SeTxzva*
punch *(v.)* გახვრეტა *gaxvreta*
punch *(n.)* მუშტის დარტყმა *muStis dartyma*
punctual *(adj.)* ზუსტი *zusti*
punctuality *(n.)* სიზუსტე *sizuste*
punctuate *(v.)* შეწყვეტა *Sewyveta*
punctuation *(n.)* პუნქტუაცია *punqtuacia*
puncture *(v.)* გაჩხვლეტა *gaCxvleta*
puncture *(n.)* გახვრეტა *gaxvreta*
pungency *(n.)* სიმწვავე *simwvave*
pungent *(adj.)* მწვავე *mwvave*
punish *(v.)* დასჯა *dasja*
punishment *(n.)* სასჯელი *sasjeli*
punitive *(adj.)* დასჯის *dasjis*
puny *(adj.)* პატარა *patara*
pupil *(n.)* მოსწავლე *moswavle*
puppet *(n.)* თოჯინა *Tojina*
puppy *(n.)* ლეკვი *lekvi*
purblind *(n.)* ბრუტიანი *brutiani*
purchase *(v.)* ყიდვა *yidva*
purchase *(n.)* ნავაჭრი *navaWri*
pure *(adj.)* სუფთა *sufTa*
purgation *(n.)* გამწმენდი *gamwmendi*
purgative *(adj.)* საფაღარათო *safaRaraTo*
purgative *(n.)* საფაღარათო წამალი *safaRaraTo wamali*
purgatory *(n.)* სალხინებელი *salxinebeli*
purge *(v.)* გაწმენდა *gawmenda*
purification *(n.)* გასუფთავება *gasufTaveba*
purify *(v.)* გაწმენდა *gawmenda*
purist *(n.)* პურისტი *puristi*
puritan *(n.)* ფარისეველი *fariseveli*
puritanical *(adj.)* ფარისევლური *farisevluri*
purity *(n.)* სიწმინდე *siwminde*
purple *(adj./n.)* იისფერი *iisferi*
purport *(n.)* აზრი *azri*
purport *(v.)* დამოწმება *damowmeba*
purpose *(v.)* განზრახვა *ganzraxva*
purpose *(n.)* მიზანი *mizani*
purposely *(adv.)* განზრახ *ganzrax*
purr *(n.)* კვრინვა *kvrinva*
purr *(v.)* კრუტუნი *krutuni*
purse *(v.)* კოპების შეკვრა *kopebis Sekvra*
purse *(n.)* საფულე *safule*
pursuance *(n.)* შესრულება *Sesruleba*

pursue *(v.)* დევნა *devna*
pursuit *(n.)* დადევნება *dadevneba*
purview *(n.)* არე *are*
pus *(n.)* ჩირქი *Cirqi*
push *(v.)* მიწოლა *miwola*
push *(n.)* ხელის კვრა *xelis kvra*
put *(v.)* დადება *dadeba*
put *(n.)* ჩასმა *Casma*
puzzle *(n.)* დაბნეულობა *dabneuloba*
puzzle *(v.)* საგონებელში ჩავარდნა *sagonebelSi Cavardna*
pygmy *(n.)* ქონდრის კაცი *qondris kaci*
pyorrhoea *(n.)* პიორეა *piorea*
pyramid *(n.)* პირამიდა *piramida*
pyre *(n.)* სამგლოვიარო კოცონი *samgloviaro koconi*
pyromantic *(n.)* ცეცხლიანი *cecxliani*
pyromantic *(adj.)* ცეცხლოვანი *cecxlovani*
python *(n.)* პითონი *piToni*

Q

quack *(n.)* ყიყინი *yiyini*
quack *(v.)* ყბედობა *ybedoba*
quackery *(n.)* თაღლითობა *TaRliToba*
quadrangle *(n.)* ოთკუთხედი *oTkuTxedi*
quadrangular *(adj.)* ოთკუთხედური *oTkuTxeduri*
quadrilateral *(n.)* ოთკუთხედი *oTkuTxedi*
quadrilateral *(adj.)* ოთხგვერდა *oTxgverda*
quadruped *(n.)* ოთხფეხი *oTxfexi*
quadruple *(v.)* გაოთხკეცება *gaoTxkeceba*
quadruple *(adj.)* გაოთხკეცებული *gaoTxkecebuli*
quail *(n.)* მწყერი *mwyeri*
quaint *(adj.)* მიმზიდველი *mimzidveli*
quake *(n.)* თრთოლა *TrTola*
quake *(v.)* კანკალი *kankali*
qualification *(n.)* კვალიფიკაცია *kvalifikacia*
qualify *(v.)* მზადება *mzadeba*
qualitative *(adj.)* თვისებრივი *Tvisebrivi*
quality *(n.)* ხარისხი *xarisxi*
quandary *(n.)* სამძიმო *samZimo*
quantitative *(adj.)* ოდენობითი *odenobiTi*
quantity *(n.)* რაოდენობა *raodenoba*
quantum *(n.)* ოდენობა *odenoba*
quarrel *(v.)* კამათი *kamaTi*
quarrel *(n.)* ჩხუბი *Cxubi*
quarrelsome *(adj.)* უაზრი *uazri*
quarry *(v.)* ქვის მოპოვება *qvis mopoveba*
quarry *(n.)* ქვის სამტეხლო *qvis samtexlo*
quarter *(v.)* ოთხად გაყოფა *oTxad gayofa*
quarter *(n.)* მეოთხედი *meoTxedi*
quarterly *(adj.)* კვარტალურად *kvartalurad*
queen *(n.)* დედოფალი *dedofali*
queer *(adj.)* უცნაური *ucnauri*
queer *(n.)* უცნაურობა *ucnauroba*
queer *(v.)* წახდენა *waxdena*
quell *(v.)* ჩახშობა *CaxSoba*
quench *(v.)* გაქრობა *gaqroba*
query *(v.)* კითხვა *kiTxva*
query *(n.)* შეკითხვა *SekiTxva*
quest *(v.)* მოძებნა *moZebna*
quest *(n.)* ძებნა *Zebna*
question *(v.)* კითხვის დასმა *kiTxvis dasma*

question *(n.)* საკითხი *sakiTxi*
questionable *(adj.)* საეჭვო *saeWvo*
questionnaire *(n.)* კითხვარი *kiTxvari*
queue *(n.)* რიგი *rigi*
queue *(v.)* რიგში დგომა *rigSi dgoma*
quibble *(v.)* საკითხისგან თავის არიდება *sakiTxisgan Tavis arideba*
quibble *(n.)* სიტყვების თამაში *sityvebis TamaSi*
quick *(n.)* მგრძნობიარე ადგილი *mgrZnobiare adgili*
quick *(adj.)* სწრაფი *swrafi*
quick fix *(n.)* სწრაფი შეკეთება *swrafi SekeTeba*
quickly *(adv.)* სწრაფად *swrafad*
quicksand *(n.)* ფხვიერი მიწა *fxvieri miwa*
quicksilver *(n.)* ვერცხლისწყალი *vercxliswyali*
quiet *(v.)* გაჩუმება *gaCumeba*
quiet *(n.)* სიმშვიდე *simSvide*
quiet *(adj.)* ჩუმი *Cumi*
quilt *(n.)* დალიანდაგებული საბანი *daliandagebuli sabani*
quinine *(n.)* ქინაქინი *qinaqini*
quintessence *(n.)* არსი *arsi*
quintessential *(adj.)* არსობრივი *arsobrivi*
quirky *(adj.)* კალამბური *kalamburi*
quit *(v.)* შეწყვეტა *Sewyveta*
quite *(adv.)* სავსებით *savsebiT*
quiver *(v.)* ცახცახი *caxcaxi*
quiver *(n.)* საისრე *saisre*
quixotic *(adj.)* ქიქოზური *qiqozuri*
quiz *(v.)* ცოდნის შემოწმება *codnis Semowmeba*
quiz *(n.)* გამოკითხვა *gamokiTxva*
quorum *(n.)* კვორუმი *kvorumi*
quota *(n.)* ნაწილი *nawili*
quotation *(n.)* ციტატი *citati*
quote *(v.)* ციტირება *citireba*
quotient *(n.)* განაყოფი *ganayofi*

R

rabbi *(n.)* რაბინი *rabini*
rabbit *(n.)* ბოცვერი *bocveri*
rabble *(n.)* ბრბო *brbo*
rabies *(n.)* ცოფი *cofi*
race *(v.)* სისწრაფეში შეჯიბრება *siswrafeSi Sejibreba*
race *(n.)* რასა *rasa*
racial *(adj.)* რასობრივი *rasobrivi*
racialism *(n.)* რასიზმი *rasizmi*
racism *(n.)* რასიზმი *rasizmi*
racist *(adj.)* რასისტი *rasisti*
rack *(n.)* ბაგა *baga*
rack *(v.)* ბადეში ჩადება *badeSi Cadeba*
racket *(n.)* ჩოგანი *Cogani*
radiance *(n.)* კაშკაში *kaSkaSi*
radiant *(adj.)* სხივოსანი *sxivosani*
radiate *(v.)* გამოსხივება *gamosxiveba*
radiation *(n.)* რადიაცია *radiacia*
radical *(adj.)* ძირეული *Zireuli*
radio *(n.)* რადიო *radio*
radio *(v.)* რადიოთი გადაცემა *radioTi gadacema*
radioactive *(adj.)* რადიოაქტიური *radioaqtiuri*
radiogram *(n.)* რადიოგრამა *radiograma*
radiography *(n.)* რადიოგრაფია *radiografia*
radiolocation *(n.)* რადიოლოკაცია *radiolokacia*
radiology *(n.)* რადიოლოგია *radiologia*

radiomercury *(n.)* რადიომერკური *radiomerkuri*
radiommunology *(n.)* რადიოიმუნოლოგი *radioimunologi*
radion *(n.)* რადიუსი *radiusi*
radiophone *(n.)* რადიოფონი *radiofoni*
radioscan *(n.)* რადიოსკანერი *radioskaneri*
radiotelegraphy *(n.)* რადიოტელეგრაფია *radiotelegrafia*
radious *(adj.)* რადიუსული *radiusuli*
radish *(n.)* თვის ბოლოკი *Tvis boloki*
radium *(n.)* რადიუმი *radiumi*
radius *(n.)* რადიუსი *radiusi*
rag *(v.)* გაჯავრება *gajavreba*
rag *(n.)* ჩვარი *Cvari*
rage *(v.)* გაცოფება *gacofeba*
rage *(n.)* გაშმაგება *gaSmageba*
raid *(v.)* თავდასხმა *Tavdasxma*
raid *(n.)* იერიში *ieriSi*
rail *(v.)* ლანძღვა *lanZRva*
rail *(n.)* მოაჯირი *moajiri*
railing *(n.)* ზღუდე *zRude*
raillery *(n.)* დაცინვა *dacinva*
railway *(n.)* რკინიგზა *rkinigza*
rain *(n.)* წვიმა *wvima*
rain *(v.)* წვიმა მოდის *wvima modis*
rainbow *(n.)* ცისარტყელა *cisartyela*
rainy *(adj.)* წვიმიანი *wvimiani*
raise *(v.)* აღმართვა *aRmarTva*
raisin *(n.)* ქიშმიში *qiSmiSi*
rally *(n.)* გაერთიანება *gaerTianeba*
rally *(v.)* შემჭიდროვება *SemWidroveba*
ram *(v.)* დაჯახება *dajaxeba*
ram *(n.)* ცხვარი *cxvari*
ramble *(n.)* გასეირნება *gaseirneba*
ramble *(v.)* ხეტიალი *xetiali*
rampage *(n.)* გაშმაგება *gaSmageba*
rampage *(v.)* მძვინვარება *mZvinvareba*
rampant *(adj.)* გაცოფებული *gacofebuli*
rampart *(n.)* ციხის სანგარი *cixis sangari*
ranch *(n.)* რანჩო *ranCo*
ranch *(v.)* ფერმაში ცხოვრება *fermaSi cxovreba*
rancid *(adj.)* მძაღე *mZaRe*
rancidify *(v.)* რანჟირება *ranJireba*
rancour *(n.)* მტრობა *mtroba*
random *(adj.)* შემთხვევითი *SemTxveviTi*
randomise *(v.)* შემთხვევითობა *SemTxveviToba*
range *(n.)* გავრცელების ადგილი *gavrcelebis adgili*
range *(v.)* ჩამწკრივება *Camwkriveba*
ranger *(n.)* მაწანწალა *mawanwala*
rank *(v.)* მწკრივში მოწყობა *mwkrivSi mowyoba*
rank *(adj.)* საუცხოო *saucxoo*
rank *(n.)* წოდება *wodeba*
ransack *(v.)* ძებნა *Zebna*
ransom *(v.)* დახსნა *daxsna*
ransom *(n.)* გამოსყიდვა *gamosyidva*
rape *(v.)* გაუპატიურება *gaupatiureba*
rape *(n.)* მოტაცება *motaceba*
rapid *(adj.)* სწრაფი *swrafi*
rapidity *(n.)* სიჩქარე *siCqare*
rapier *(n.)* რაპირა *rapira*
rapport *(n.)* მოხსენება *moxseneba*
rapt *(adj.)* აღტაცებული *aRtacebuli*
rapture *(n.)* აღტაცება *aRtaceba*
rare *(adj.)* იშვიათი *iSviaTi*
rarefy *(v.)* გამეჩხერება *gameCxereba*
rarely *(adv.)* იშვიათად *iSviaTad*
rareness *(n.)* იშვიათობა *iSviaToba*
rarity *(n.)* იშვიათი მოვლენა *iSviaTi movlena*

rascal *(n.)* გაიძვერა *gaiZvera*
rash *(adj.)* გამალებული *gamalebuli*
rash *(n.)* გამონაყარი *gamonayari*
rasp *(n.)* ზრიალი *zriali*
rasp *(v.)* ხეხვა *xexva*
raspberry *(n.)* ჟოლო *Jolo*
raspberry *(adj.)* ჟოლოს *Jolos*
raspy *(adj.)* ჟოლოს *Jolos*
rasta *(n.)* რასტაფარი *rastafari*
rasure *(n.)* ამოშლა *amoSla*
rat *(n.)* ვირთხა *virTxa*
rat *(v.)* მოსპობა *mospoba*
rate *(n.)* ტარიფი *tarifi*
rate *(v.)* შეფასება *Sefaseba*
rather *(adv.)* უკეთ *ukeT*
ratify *(v.)* ხელის მოწერა *xelis mowera*
ratio *(n.)* ფარდობა *fardoba*
ration *(n.)* ულუფა *ulufa*
rational *(adj.)* გონიერი *gonieri*
rationale *(n.)* გონიერება *goniereba*
rationality *(n.)* გონივრულობა *gonivruloba*
rationalize *(v.)* რაციონალიზება *racionalizeba*
rattle *(n.)* ტკაცანი *tkacani*
rattle *(v.)* ტკაცუნი *tkacuni*
raucous *(adj.)* ხმაურიანი *xmauriani*
ravage *(v.)* განადგურება *ganadgureba*
ravage *(n.)* აოხრება *aoxreba*
rave *(v.)* ბოდვა *bodva*
raven *(n.)* ყორანი *yorani*
ravine *(n.)* ღრმა ხეობა *Rrma xeoba*
raw *(adj.)* უმი *umi*
ray *(n.)* სხივი *sxivi*
raze *(v.)* მიწასთან გასწორება *miwasTan gasworeba*
razor *(n.)* სამართებელი *samarTebeli*
reabsorb *(v.)* ხელახლა შეწოვა *xelaxla Sewova*
reabsorption *(n.)* რეაბსორბცია *reabsorbcia*
reaccept *(v.)* ხელახლა დათანხმება *xelaxla daTanxmeba*
reach *(v.)* გაწელვა *gawelva*
reach *(n.)* გაწვდომა *gawvdoma*
reachable *(adj.)* მისაწვდომი *misawvdomi*
react *(v.)* რეაგირება *reagireba*
reaction *(n.)* რეაქვია *reaqvia*
reactionary *(adj.)* რეაქციული *reaqciuli*
reactionist *(n.)* რეაქციონერი *reaqcioneri*
reactivate *(v.)* რეაგირების მოხდენა *reagirebis moxdena*
reactivation *(n.)* რეაქტივაცია *reaqtivacia*
reactive *(adj.)* რეაქტიული *reaqtiuli*
reactor *(n.)* რეაქტორი *reaqtori*
read *(v.)* კითხვა *kiTxva*
reader *(n.)* მკითხველი *mkiTxveli*
readily *(adv.)* ხალისით *xalisiT*
readiness *(n.)* მზადყოფნა *mzadyofna*
readjust *(v.)* გადაკეთება *gadakeTeba*
ready *(adj.)* მზა *mza*
ready-made *(adj.)* სტანდარტული *standartuli*
reak *(n.)* რეკა *reka*
real *(adj.)* ნამდვილი *namdvili*
realism *(n.)* რეალიზმი *realizmi*
realist *(n.)* რეალისტი *realisti*
realistic *(adj.)* რეალისტური *realisturi*
reality *(n.)* რეალობა *realoba*
realization *(n.)* განხორციელება *ganxorcieleba*
realize *(v.)* გაგება *gageba*
reallocate *(v.)* რელოკაცია *relokacia*
reallocation *(n.)* რელოკაცია *relokacia*
really *(int.)* მართლაც *marTlac*
really *(adv.)* ნამდვილად *namdvilad*

realm *(n.)* სამყარო *samyaro*
realtor *(n.)* რეალტორი *realtori*
realty *(n.)* უძრავი ქონება *uZravi qoneba*
ream *(v.)* გაბურღვა *gaburRva*
ream *(n.)* ოზმა *ozma*
reamer *(n.)* საფართი *safarTi*
reamplify *(v.)* ხელახლა ახსნა *xelaxla axsna*
reamputation *(n.)* ხელახლა ამპუტაცია *xelaxla amputacia*
reanimate *(v.)* გაცოცხლება *gacocxleba*
reanimate *(adj.)* გაცოცხლებული *gacocxlebuli*
reanimation *(n.)* რეანიმაცია *reanimacia*
reannex *(v.)* ხელახლა ანექსია *xelaxla aneqsia*
reannexation *(n.)* რეანექსაცია *reaneqsacia*
reap *(v.)* მკა *mka*
reap *(n.)* მოსავლის აღება *mosavlis aReba*
reaper *(n.)* მომკელი *momkeli*
reappear *(v.)* გამოცხადება *gamocxadeba*
reappearance *(n.)* ხელახალი გამოჩენა *xelaxali gamoCena*
reapplication *(n.)* რეპლიკაცია *replikacia*
reapply *(v.)* გამეორება *gameoreba*
reappoint *(v.)* ხელახლა დანიშვნა *xelaxla daniSvna*
reappraisal *(n.)* გადაფასება *gadafaseba*
reappraise *(v.)* ხელახალი შეფასება *xelaxali Sefaseba*
reapproach *(v.)* განმეორება *ganmeoreba*
reappropriate *(v.)* შეუსაბამობა *Seusabamoba*

reapproval *(n.)* ხელახალი მიღება *xelaxali miReba*
rear *(v.)* აღმართვა *aRmarTva*
rear *(adv.)* უკანა *ukana*
rear *(n.)* ზურგი *zurgi*
rear *(adj.)* ზურგის *zurgis*
rearrange *(v.)* ხელახლა მოწყობა *xelaxla mowyoba*
rearticulate *(v.)* გადაკეთება *gadakeTeba*
rearview *(adj.)* უკანა ხედვა *ukana xedva*
reason *(v.)* მსჯელობა *msjeloba*
reason *(n.)* მიზეზი *mizezi*
reasonable *(adj.)* ზომიერი *zomieri*
reassign *(v.)* ხელახლა დანიშვნა *xelaxla daniSvna*
reassume *(v.)* ხელახლა მიღება *xelaxla miReba*
reassure *(v.)* დარწმუნება *darwmuneba*
reattach *(v.)* ხელახლა მიმაგრება *xelaxla mimagreba*
rebate *(n.)* ფასჩამოკლება *fasCamokleba*
rebel *(v.)* აჯანყება *ajanyeba*
rebel *(n.)* მეამბოხე *meamboxe*
rebellion *(n.)* წინააღმდეგობა *winaaRmdegoba*
rebellious *(adj.)* მეამბოხური *meamboxuri*
rebirth *(n.)* აღდგენა *aRdgena*
rebound *(v.)* ასხლეტა *asxleta*
rebound *(n.)* უკუცემა *ukucema*
rebuff *(v.)* იერიშის უკუგდება *ieriSis ukugdeba*
rebuff *(n.)* მოგერიება *mogerieba*
rebuild *(v.)* ხელახლა აგება *xelaxla ageba*
rebuke *(n.)* საყვედური *sayveduri*

rebuke *(v.)* საუვედურის მიცემა *sauveduris micema*
recall *(n.)* უკან გაწევა *ukan gaweva*
recall *(v.)* გახმობა *gaxmoba*
recede *(v.)* დაშორება *daSoreba*
receipt *(n.)* მიღება *miReba*
receive *(v.)* ათვისება *aTviseba*
receiver *(n.)* მიმღები *mimRebi*
recent *(adj.)* ახლახან მომხდარი *axlaxan momxdari*
recently *(adv.)* ახლახან *axlaxan*
reception *(n.)* შეგებება *Segebeba*
receptive *(adj.)* რეცეპტული *receptuli*
recess *(n.)* გაღრმავება *gaRrmaveba*
recession *(n.)* მოცილება *mocileba*
recipe *(n.)* რეცეპტი *recepti*
recipient *(n.)* მიმღები *mimRebi*
reciprocal *(adj.)* ურთიერთ *urTierT*
reciprocate *(v.)* სამაგიეროს გადახდა *samagieros gadaxda*
recital *(n.)* აღწერა *aRwera*
recitation *(n.)* ზეპირი პასუხი *zepiri pasuxi*
recite *(v.)* მოთხრობა *moTxroba*
reckless *(adj.)* განუსჯელი *ganusjeli*
reckon *(v.)* ჩათვლა *CaTvla*
reclaim *(v.)* აღდგენა *aRdgena*
reclamation *(n.)* გამოსწორება *gamosworeba*
recluse *(n.)* განდეგილი *gandegili*
recognition *(n.)* გამოცნობა *gamocnoba*
recognize *(v.)* ცნობა *cnoba*
recoil *(v.)* გახტომა *gaxtoma*
recoil *(n.)* უკუდაკვრა *ukudakvra*
recollect *(v.)* ხელახლა შეკრება *xelaxla Sekreba*
recollection *(n.)* მოგონება *mogoneba*
recommend *(v.)* რჩევა *rCeva*
recommendation *(n.)* რეკომენდაცია *rekomendacia*
recompense *(n.)* ჯილდო *jildo*
recompense *(v.)* დაჯილდოება *dajildoeba*
reconcile *(v.)* მორიგება *morigeba*
reconciliation *(n.)* შერიგება *Serigeba*
recondensation *(n.)* რეანიმაცია *reanimacia*
recondense *(v.)* დაბრუნება *dabruneba*
recondition *(v.)* გარდაქმნა *gardaqmna*
reconductor *(n.)* გარდამქმნელი *gardamqmneli*
reconfigurate *(v.)* რეკონფიგურირება *rekonfigurireba*
reconfiguration *(n.)* რეკონფიგურაცია *rekonfiguracia*
reconquer *(v.)* ხელახლა დაპყრობა *xelaxla dapyroba*
reconsider *(v.)* გადასინჯვა *gadasinjva*
reconsolidate *(v.)* რეკონსტრუქცია *rekonstruqcia*
record *(n.)* ჩანაწერი *Canaweri*
record *(v.)* ჩაწერა *Cawera*
recorder *(n.)* რეგისტრატორი *registratori*
recount *(v.)* თხრობა *Txroba*
recoup *(v.)* ანაზღაურება *anazRaureba*
recourse *(n.)* დახმარებისათვის მიმართვა *daxmarebisaTvis mimarTva*
recover *(v.)* კვლავ შეძენა *kvlav SeZena*
recovery *(n.)* მორჩენა *morCena*
recreation *(n.)* შესვენება *Sesveneba*
recreational *(adj.)* შესვენებითი *SesvenebiTi*
recreative *(adj.)* გამაცოცხლებელი *gamacocxlebeli*
recriminate *(v.)* გადამისამართება *gadamisamarTeba*
recrimination *(n.)* ბრალდება *braldeba*

recrudency *(n.)* რეციდივი *recidivi*
recruit *(v.)* გაწვევა *gawveva*
recruit *(n.)* ახალწვეული *axalwveuli*
rectangle *(n.)* მართკუთხედი *marTkuTxedi*
rectangular *(adj.)* მართკუთხა *marTkuTxa*
rectification *(n.)* გამოსწორება *gamosworeba*
rectify *(v.)* გასწორება *gasworeba*
rectum *(n.)* სწორი ნაწლავი *swori nawlavi*
recuperate *(v.)* ძალ-ღონის აღდგენა *Zal-Ronis aRdgena*
recur *(v.)* დაბრუნება *dabruneba*
recurrence *(n.)* გამეორება *gameoreba*
recurrent *(adj.)* გამეორებადი *gameorebadi*
recycle *(v.)* გადამუშავება *gadamuSaveba*
red *(n.)* წითელი ფერი *wiTeli feri*
red *(adj.)* წითელი *wiTeli*
redden *(v.)* წითლად შეღებვა *wiTlad SeRebva*
reddish *(adj.)* მოწითალო *mowiTalo*
redeem *(v.)* გამოსყიდვა *gamosyidva*
redemption *(n.)* გამოსასყიდი *gamosasyidi*
redouble *(v.)* გაორმაგება *gaormageba*
redress *(n.)* გასწორება *gasworeba*
redress *(v.)* აღდგენა *aRdgena*
reduce *(v.)* შემცირება *Semcireba*
reduction *(n.)* დაკლება *dakleba*
redundance *(n.)* ნამეტი *nameti*
redundant *(adj.)* ზედმეტი *zedmeti*
reel *(v.)* დახვევა *daxveva*
reel *(n.)* კოჭი *koWi*
refer *(v.)* გაგზავნა *gagzavna*
referee *(n.)* მოხსენიება *moxsenieba*
reference *(n.)* დამოწმება *damowmeba*
referendum *(n.)* რეფერენდუმი *referendumi*
refine *(v.)* გაწმენდა *gawmenda*
refinement *(n.)* დაწმენდა *dawmenda*
refinery *(n.)* საწმენდი ქარხანა *sawmendi qarxana*
reflect *(v.)* არეკვლა *arekvla*
reflection *(n.)* ანარეკლი *anarekli*
reflective *(adj.)* ამრეკლავი *amreklavi*
reflector *(n.)* რეფლექტორი *refleqtori*
reflex *(adj.)* რეფლექსური *refleqsuri*
reflex *(n.)* რეფლექსი *refleqsi*
reflexive *(adj.)* უკუქცევითი *ukuqceviTi*
reform *(n.)* რეფორმა *reforma*
reform *(v.)* გარდაქმნა *gardaqmna*
reformation *(n.)* გადახალისება *gadaxaliseba*
reformatory *(n.)* ინტერნატი *internati*
reformatory *(adj.)* გამოსასწორებელი *gamosasworebeli*
reformer *(n.)* გარდამქმნელი *gardamqmneli*
refrain *(n.)* მისამღერი *misamReri*
refrain *(v.)* შეკავება *Sekaveba*
refresh *(v.)* გაგრილება *gagrileba*
refreshment *(n.)* გამაგრება *gamagreba*
refrigerate *(v.)* გაცივება *gaciveba*
refrigeration *(n.)* გაცივება *gaciveba*
refrigerator *(n.)* მაცივარი *macivari*
refuel *(v.)* საწვავით ავსება *sawvaviT avseba*
refuge *(n.)* თავშესაფარი *TavSesafari*
refugee *(n.)* ლტოლვილი *ltolvili*
refulgence *(n.)* კაშკაში *kaSkaSi*
refulgent *(adj.)* ბრწყინვალე *brwyinvale*
refund *(v.)* ფულის დაბრუნება *fulis dabruneba*

refund *(n.)* ხარჯის ანაზღაურება xarjis anazRaureba
refurbish *(v.)* განახლება ganaxleba
refusal *(n.)* უარი uari
refuse *(n.)* ნარჩენები narCenebi
refuse *(v.)* უარის თქმა uaris Tqma
refutation *(n.)* უარყოფა uaryofa
refute *(v.)* უკუგდება ukugdeba
regal *(adj.)* მეფის mefis
regard *(n.)* შეხედვა Sexedva
regard *(v.)* ყურება yureba
regenerate *(v.)* აღორძინებული aRorZinebuli
regeneration *(n.)* აღორძინება aRorZineba
regicide *(n.)* მეფის მკვლელი mefis mkvleli
regime *(n.)* რეჟიმი reJimi
regiment *(n.)* პოლკი polki
regiment *(v.)* პოლკის შექმნა polkis Seqmna
region *(n.)* მხარე mxare
regional *(adj.)* საოლქო saolqo
register *(n.)* ჟურნალი Jurnali
register *(v.)* ჩაწერა Cawera
registrar *(n.)* რეგისტრატორი registratori
registration *(n.)* რეგისტრაცია registracia
registry *(n.)* რეგისტრატურა registratura
regret *(n.)* სინანული sinanuli
regret *(v.)* დანანება dananeba
regular *(adj.)* რეგულარული regularuli
regularity *(n.)* სისწორე siswore
regulate *(v.)* რეგულირება regulireba
regulation *(n.)* მოწესრიგება mowesrigeba
regulator *(n.)* მომწესრიგებელი momwesrigebeli

rehabilitate *(v.)* რეაბილიტირება reabilitireba
rehabilitation *(n.)* რეაბილიტაცია reabilitacia
rehearsal *(n.)* რეპეტივია repetivia
rehearse *(v.)* გამეორება gameoreba
reign *(v.)* ბატონობა batonoba
reign *(n.)* მეფობა mefoba
reimburse *(v.)* ანაზღაურება anazRaureba
reimbursement *(n.)* ანაზღაურება anazRaureba
rein *(v.)* მართვა marTva
rein *(n.)* სადავე sadave
reinforce *(v.)* გამაგრება gamagreba
reinforcement *(n.)* გაძლიერება gaZliereba
reinstate *(v.)* წესრიგის აღდგენა wesrigis aRdgena
reinstatement *(n.)* აღდგენა aRdgena
reiterate *(v.)* გამეორება gameoreba
reiteration *(n.)* გადამღერება gadamRereba
reject *(v.)* დაწუნება dawuneba
rejection *(n.)* უარი uari
rejoice *(v.)* გახარება gaxareba
rejoin *(v.)* შეპასუხება Sepasuxeba
rejoinder *(n.)* პასუხი pasuxi
rejuvenate *(v.)* გაახალგაზრდავება gaaxalgazrdaveba
rejuvenation *(n.)* ჯანმრთელობის აღდგენა janmrTelobis aRdgena
relapse *(n.)* გამეორება gameoreba
relapse *(v.)* ხელახლა ჩავარდნა xelaxla Cavardna
relate *(v.)* მოყოლა moyola
relation *(n.)* ურთიერთობა urTierToba
relative *(n.)* ნათესავი naTesavi
relative *(adj.)* ფარდობითი fardobiTi
relax *(v.)* მოდუნება moduneba

relaxation *(n.)* შესუსტება *Sesusteba*
relay *(v.)* გამოცვლა *gamocvla*
relay *(n.)* ცვლა *cvla*
release *(n.)* გათავისუფლება *gaTavisufleba*
release *(v.)* გამოქვეყნება *gamoqveyneba*
relent *(v.)* გულის მოლბობა *gulis molboba*
relentless *(adj.)* ულმობელი *ulmobeli*
relevance *(n.)* დროულობა *drouloba*
relevant *(adj.)* მართებული *marTebuli*
reliable *(adj.)* საიმედო *saimedo*
reliance *(n.)* ნდობა *ndoba*
relic *(n.)* კვალი *kvali*
relief *(n.)* შემსუბუქება *Semsubuqeba*
relieve *(v.)* შვება *Sveba*
religion *(n.)* რელიგია *religia*
religious *(adj.)* რელიგიური *religiuri*
relinquish *(v.)* იმედის გადაწყვეტა *imedis gadawyveta*
relish *(n.)* გემო *gemo*
relish *(v.)* შეკაზმვა *Sekazmva*
reluctance *(n.)* უხალისობა *uxalisoba*
reluctant *(adj.)* უხალისო *uxaliso*
rely *(v.)* მინდობა *mindoba*
remain *(v.)* დარჩენა *darCena*
remainder *(n.)* ნარჩენი *narCeni*
remains *(n.)* ინა *ina*
remand *(n.)* ნაშთი *naSTi*
remand *(v.)* სიიდან ამოშლა *siidan amoSla*
remark *(v.)* აღნიშვნა *aRniSvna*
remark *(n.)* შენიშვნა *SeniSvna*
remarkable *(adj.)* შესანიშნავი *SesaniSnavi*
remedial *(adj.)* სამკურნალო *samkurnalo*
remedy *(v.)* განკურნება *gankurneba*
remedy *(n.)* წამალი *wamali*

remember *(v.)* გახსენება *gaxseneba*
remembrance *(n.)* მოგონება *mogoneba*
remind *(v.)* გახსენება *gaxseneba*
reminder *(n.)* შეხსენება *Sexseneba*
reminiscence *(n.)* მოგონებები *mogonebebi*
reminiscent *(adj.)* გამხსენებელი *gamxsenebeli*
remission *(n.)* პატიება *patieba*
remit *(n.)* გადადება *gadadeba*
remit *(v.)* პატიება *patieba*
remittance *(n.)* ფულადი გზავნილი *fuladi gzavnili*
remorse *(n.)* სინდისის ქენჯნა *sindisis qenjna*
remote *(adj.)* შორი *Sori*
remould *(v.)* მოხსნა *moxsna*
removable *(adj.)* მოსახსნელი *mosaxsneli*
removal *(n.)* მოშორება *moSoreba*
remove *(v.)* წაღება *waReba*
remunerate *(v.)* დაჯილდოება *dajildoeba*
remuneration *(n.)* ანაზღაურება *anazRaureba*
remunerative *(adj.)* დამჯილდოებელი *damjildoebeli*
renaissance *(n.)* აღდგენა *aRdgena*
render *(v.)* მიცემა *micema*
rendezvous *(n.)* პაემანი *paemani*
renew *(v.)* გაახლება *gaaxleba*
renewal *(n.)* აღორძინება *aRorZineba*
renounce *(v.)* უარის თქმა *uaris Tqma*
renovate *(v.)* შესწორება *Sesworeba*
renovation *(n.)* გაახლება *gaaxleba*
renown *(n.)* დიდება *dideba*
renowned *(adj.)* სახელოვანი *saxelovani*
rent *(v.)* დაქირავება *daqiraveba*
rent *(n.)* ბინის ქირა *binis qira*

renunciation *(n.)* უარის თქმა *uaris Tqma*
repair *(n.)* რემონტი *remonti*
repair *(v.)* შეკეთება *SekeTeba*
repairable *(adj.)* შესაკეთებლად კარგი *SesakeTeblad kargi*
repartee *(n.)* ენამოსწრებული პასუხი *enamoswrebuli pasuxi*
repatriate *(n.)* რეპატრიირება *repatriireba*
repatriate *(v.)* სამშობლოში დაბრუნება *samSobloSi dabruneba*
repatriation *(n.)* რეპატრიაცია *repatriacia*
repay *(v.)* გადახდა *gadaxda*
repayment *(n.)* ანაზღაურება *anazRaureba*
repeal *(n.)* ანულირება *anulireba*
repeal *(v.)* გაუქმება *gauqmeba*
repeat *(v.)* გამეორება *gameoreba*
repel *(v.)* განდევნა *gandevna*
repellent *(n.)* საძაგელი *saZageli*
repellent *(adj.)* საზიზღარი *sazizRari*
repent *(v.)* სინანული *sinanuli*
repentance *(n.)* მონანიება *monanieba*
repentant *(adj.)* მომნანიებელი *momnaniebeli*
repercussion *(n.)* უკუცემა *ukucema*
repertoire *(n.)* რეპერტუარი *repertuari*
repetition *(n.)* რეპეტიცია *repeticia*
replace *(v.)* შეცვლა *Secvla*
replacement *(n.)* შენაცვლება *Senacvleba*
replay *(v.)* გამეორება *gameoreba*
replenish *(v.)* შეავსებს *Seavsebs*
replete *(adj.)* შევსებული *Sevsebuli*
replica *(n.)* რეპლიკა *replika*
reply *(n.)* პასუხი *pasuxi*

reply *(v.)* პასუხის გაცემა *pasuxis gacema*
report *(n.)* ანგარიში *angariSi*
report *(v.)* შეტყობინება *Setyobineba*
reporter *(n.)* რეპორტიორი *reportiori*
repose *(v.)* დასვენება *dasveneba*
repose *(n.)* სიმშვიდე *simSvide*
repository *(n.)* საწყობი *sawyobi*
represent *(v.)* წარმოდგენა *warmodgena*
representation *(n.)* გამოსახვა *gamosaxva*
representative *(adj.)* გამომსახველი *gamomsaxveli*
representative *(n.)* წარმომადგენელი *warmomadgeneli*
repress *(v.)* ჩახშობა *CaxSoba*
repression *(n.)* რეპრესია *represia*
reprimand *(v.)* საყვედურის გამოცხადება *sayveduris gamocxadeba*
reprimand *(n.)* საყვედური *sayveduri*
reprint *(n.)* ახალი გამოცემა *axali gamocema*
reprint *(v.)* გადაბეჭვდა *gadabeWvda*
reproach *(n.)* ყვედრება *yvedreba*
reproach *(v.)* გამტყუნება *gamtyuneba*
reproduce *(v.)* ასლის გადაღება *aslis gadaReba*
reproduction *(n.)* გამრავლება *gamravleba*
reproductive *(adj.)* აღწარმოებითი *aRwarmoebiTi*
reproof *(n.)* საყვედური *sayveduri*
reptile *(n.)* ქვეწარმავალი *qvewarmavali*
republic *(n.)* რესპუბლიკა *respublika*
republican *(n.)* რესპუბლიკელი *respublikeli*
republican *(adj.)* რესპუბლიკური *respublikuri*

repudiate *(v.)* უარის თქმა *uaris Tqma*
repudiation *(n.)* უარი *uari*
repugnance *(n.)* ზიზღი *zizRi*
repugnant *(adj.)* საზიზღარი *sazizRari*
repulse *(n.)* მოგერიება *mogerieba*
repulse *(v.)* მოგერიება *mogerieba*
repulsion *(n.)* ზიზღი *zizRi*
repulsive *(adj.)* საძაგელი *saZageli*
reputation *(n.)* რეპუტაცია *reputacia*
repute *(n.)* საერთო აზრი *saerTo azri*
repute *(v.)* ჩათვლა *CaTvla*
request *(n.)* თხოვნა *Txovna*
request *(v.)* მოთხოვნა *moTxovna*
requiem *(n.)* რეკვიემი *rekviemi*
require *(v.)* მოთხოვნა *moTxovna*
requirement *(n.)* საჭიროება *saWiroeba*
requisite *(n.)* აუცილებელი *aucilebeli*
requisite *(adj.)* საჭირო *saWiro*
requisition *(n.)* განაცხადი *ganacxadi*
requisition *(v.)* რეკვიზიციის მოთხოვნა *rekviziciis moTxovna*
requite *(v.)* მიზღვა *mizRva*
reschedule *(v.)* გადაკეთება *gadakeTeba*
rescue *(n.)* დახსნა *daxsna*
rescue *(v.)* ხსნა *xsna*
research *(v.)* გამოკვლევა *gamokvleva*
research *(n.)* გამოძებნა *gamoZebna*
resemblance *(n.)* მსგავსება *msgavseba*
resemble *(v.)* მსგავსება *msgavseba*
resent *(v.)* აღშფოთება *aRSfoTeba*
resentment *(n.)* აღშფოთება *aRSfoTeba*
reservation *(n.)* დამატებითი შენიშვნა *damatebiTi SeniSvna*
reserve *(v.)* მომარაგება *momarageba*
reservoir *(n.)* რეზერვუარი *rezervuari*
reside *(v.)* ბინადრობა *binadroba*

residence *(n.)* ადგილსამყოფელი *adgilsamyofeli*
resident *(adj.)* მუდმივი *mudmivi*
resident *(n.)* რეზიდენტი *rezidenti*
residual *(adj.)* დარჩენილი *darCenili*
residue *(n.)* ნარჩენი *narCeni*
resign *(v.)* უარის თქმა *uaris Tqma*
resignation *(n.)* სამსახურიდან წასვლა *samsaxuridan wasvla*
resist *(v.)* წინააღმდეგობა *winaaRmdegoba*
resistance *(n.)* წინაღობა *winaRoba*
resistant *(adj.)* მტკიცე *mtkice*
resolute *(adj.)* გაბედული *gabeduli*
resolution *(n.)* გადაწყვეტილება *gadawyvetileba*
resolve *(v.)* გადაწყვეტა *gadawyveta*
resonance *(n.)* რეზონანსი *rezonansi*
resonant *(adj.)* მჟღერი *mJReri*
resort *(n.)* გამოყენება *gamoyeneba*
resort *(v.)* მიმართვა *mimarTva*
resound *(v.)* ჟღერა *JRera*
resource *(n.)* საშუალებები *saSualebebi*
resourceful *(adj.)* საზრიანი *sazriani*
respect *(v.)* თაყვანისცემა *Tayvaniscema*
respect *(n.)* პატივისცემა *pativiscema*
respectful *(adj.)* მოწიწებული *mowiwebuli*
respective *(adj.)* შესაბამისი *Sesabamisi*
respiration *(n.)* სუნთქვა *sunTqva*
respire *(v.)* სულის მოთქმა *sulis moTqma*
resplendent *(adj.)* ბრწყინვალე *brwyinvale*
respond *(v.)* პასუხის გაცემა *pasuxis gacema*
respondent *(n.)* მოპასუხე *mopasuxe*
response *(n.)* პასუხი *pasuxi*

responsibility *(n.)* პასუხისმგებლობა *pasuxismgebloba*
responsible *(adj.)* პასუხისმგებელი *pasuxismgebeli*
rest *(v.)* დასვენება *dasveneba*
rest *(n.)* ნარჩენი *narCeni*
restaurant *(n.)* რესტორანი *restorani*
restive *(adj.)* თავნება *Tavneba*
restoration *(n.)* აღდგენა *aRdgena*
restore *(v.)* განახლება *ganaxleba*
restrain *(v.)* შეკავება *Sekaveba*
restrict *(v.)* შეზღუდვა *SezRudva*
restriction *(n.)* შეზღუდვა *SezRudva*
restrictive *(adj.)* შემზღუდველი *SemzRudveli*
result *(n.)* შედეგი *Sedegi*
result *(v.)* წარმოქმნა *warmoqmna*
resume *(n.)* გაგრძელება *gagrZeleba*
resume *(v.)* განახლება *ganaxleba*
resumption *(n.)* აღდგენა *aRdgena*
resurgence *(n.)* გამოცოცხლება *gamococxleba*
resurgent *(adj.)* გამოცოცხლებული *gamococxlebuli*
retail *(v.)* მოთხრობა *moTxroba*
retail *(n.)* საცალო გაყიდვა *sacalo gayidva*
retail *(adv.)* ცალობით *calobiT*
retail *(adj.)* ცალობითი *calobiTi*
retailer *(n.)* ცალობით მოვაჭრე *calobiT movaWre*
retain *(v.)* შეკავება *Sekaveba*
retaliate *(v.)* სამაგიეროს გადახდა *samagieros gadaxda*
retaliation *(n.)* მიზღვა *mizRva*
retard *(v.)* შენელება *Seneleba*
retardation *(n.)* დაყოვნება *dayovneba*
retention *(n.)* შეკავება *Sekaveba*
retentive *(adj.)* კარგად შემნახველი *kargad Semnaxveli*
reticence *(n.)* თავდაჭერილობა *TavdaWeriloba*
reticent *(adj.)* თავდაჭერილი *TavdaWerili*
retina *(n.)* ბადურა *badura*
retinue *(n.)* ამალა *amala*
retire *(v.)* წასვლა *wasvla*
retirement *(n.)* განცალკევება *gancalkeveba*
retort *(n.)* შეკამათება *SekamaTeba*
retort *(v.)* შეპასუხება *Sepasuxeba*
retouch *(v.)* რეტუშირება *retuSireba*
retrace *(v.)* კვალდაკვალ მიყოლა *kvaldakval miyola*
retread *(n.)* სათადარიგო საბურავი *saTadarigo saburavi*
retread *(v.)* უკან წასვლა *ukan wasvla*
retreat *(v.)* უკან დახევა *ukan daxeva*
retrench *(v.)* შემოკლება *Semokleba*
retrenchment *(n.)* ხარჯების შემცირება *xarjebis Semcireba*
retrieve *(v.)* დაბრუნება *dabruneba*
retrospect *(n.)* წარსულისკენ მიმართვა *warsulisken mimarTva*
retrospection *(n.)* რეტროსპექცია *retrospeqcia*
retrospective *(adj.)* რეტროსპიქტული *retrospiqtuli*
return *(n.)* დაბრუნება *dabruneba*
return *(v.)* უკან წასვლა *ukan wasvla*
reuse *(v.)* ხელახლა გამოყენება *xelaxla gamoyeneba*
revaluation *(n.)* რევალუტირება *revalutireba*
revamp *(v.)* შეკეთება *SekeTeba*
reveal *(v.)* ჩვენება *Cveneba*
revel *(n.)* ლხინი *lxini*
revel *(v.)* ნადიმი *nadimi*
revelation *(n.)* გახსნა *gaxsna*
reveller *(n.)* გამხსნელი *gamxsneli*
revelry *(n.)* ღრეობა *Rreoba*

revenge *(n.)* შურისგება Surisgeba
revenge *(v.)* შურისძიება SurisZieba
revengeful *(adj.)* შურისმაძიებული SurismaZiebuli
revenue *(n.)* შემოსავალი Semosavali
revere *(v.)* პატივისცემა pativiscema
reverence *(n.)* პატივი pativi
reverend *(adj.)* საპატიო sapatio
reverent *(adj.)* მოკრძალებული mokrZalebuli
reverential *(adj.)* მოწიწებული mowiwebuli
reverie *(n.)* ოცნება ocneba
reversal *(n.)* შეცვლა Secvla
reverse *(n.)* საწინააღმდეგო sawinaaRmdego
reverse *(adj.)* უკანა ukana
reverse *(v.)* უკანა სვლით წასვლა ukana svliT wasvla
reversible *(adj.)* შექცევადი Seqcevadi
revert *(v.)* დაბრუნება dabruneba
review *(n.)* განხილვა ganxilva
review *(v.)* მიმოხილვა mimoxilva
revise *(v.)* შემოწმება Semowmeba
revision *(n.)* გადასინჯვა gadasinjva
revisit *(v.)* გადახედვა gadaxedva
revival *(n.)* აღორძინება aRorZineba
revoke *(v.)* გაუქმება gauqmeba
revolt *(v.)* აჯანყება ajanyeba
revolt *(n.)* ჯანყი janyi
revolution *(n.)* რევოლუცია revolucia
revolutionary *(adj.)* რევოლუციური revoluciuri
revolve *(v.)* დატრიალება datrialeba
revolver *(n.)* რევოლვერი revolveri
reward *(n.)* ჯილდო jildo
reward *(v.)* ჯილდოს მიღება jildos miReba
rewrite *(v.)* გადაწერა gadawera
rhetoric *(n.)* რიტორიკა ritorika

rhetorical *(adj.)* რიტორიკული ritorikuli
rheumatic *(adj.)* რევმატიული revmatiuli
rheumatism *(n.)* რევმატიზმი revmatizmi
rhinoceros *(n.)* მარტორქა martorqa
rhyme *(n.)* რითმა ritma
rhyme *(v.)* გარითმვა gariTmva
rhymester *(n.)* რითმატორი riTmatori
rhythm *(n.)* რიტმი ritmi
rhythmic *(adj.)* რიტმული ritmuli
rib *(n.)* ნეკნი nekni
ribbon *(n.)* ლენტი lenti
rice *(n.)* ბრინჯი brinji
rich *(adj.)* მდიდარი mdidari
riches *(n.)* სიმდიდრე simdidre
richness *(adj.)* სიმდიდრე simdidre
rick *(n.)* რიკი riki
rickets *(n.)* რაქიტები raqitebi
rickety *(adj.)* მორყეული moryeuli
rickshaw *(n.)* რიკშა rikSa
rid *(v.)* მოშორება moSoreba
riddle *(v.)* გადაკვრით ლაპარაკი gadakvriT laparaki
riddle *(n.)* გამოცანა gamocana
ride *(n.)* სეირნობა seirnoba
ride *(v.)* ტარება tareba
rider *(n.)* მხედარი mxedari
ridge *(n.)* ქედი qedi
ridicule *(n.)* დაცინვა dacinva
ridicule *(v.)* სასაცილოდ აგდება sasacilod agdeba
ridiculous *(adj.)* სასაცილო sasacilo
rifle *(n.)* შაშხანა SaSxana
rifle *(v.)* შაშხანის გასროლა SaSxanis gasrola
rift *(n.)* ბზარი bzari
right *(v.)* გასწორება gasworeba
right *(adj.)* მარჯვენა marjvena

right *(adv.)* სწორად sworad
right *(n.)* უფლება ufleba
righteous *(adj.)* სამართლიანი samarTliani
rigid *(adj.)* მტკიცე mtkice
rigorous *(adj.)* მკაცრი mkacri
rigour *(n.)* სიმკაცრე simkacre
rim *(n.)* რგოლი rgoli
ring *(n.)* ბეჭედი beWedi
ring *(v.)* რეკვა rekva
ringlet *(n.)* პატარა ბეჭედი patara beWedi
ringworm *(n.)* მკრეჭელი ლიქენი mkreWeli liqeni
rinse *(v.)* გამორეცხვა gamorecxva
riot *(n.)* ამბოხი amboxi
riot *(v.)* ბუნტი bunti
rip *(v.)* დაგლეჯვა daglejva
ripe *(adj.)* მწიფე mwife
ripen *(v.)* დამწიფება damwifeba
ripple *(v.)* რაკრაკი rakraki
ripple *(n.)* ჭავლი Wavli
rise *(n.)* ადგომა adgoma
rise *(v.)* აღზევება aRzeveba
risk *(v.)* რისკზე წასვლა riskze wasvla
risk *(n.)* რისკი riski
risky *(adj.)* რისკიანი riskiani
rite *(n.)* წესჩვეულება wesCveuleba
ritual *(n.)* რიტუალი rituali
ritual *(adj.)* რიტუალის ritualis
rival *(n.)* მეტოქე metoqe
rival *(v.)* მეტოქეობა metoqeoba
rivalry *(n.)* მოცილეობა mocileoba
river *(n.)* მდინარე mdinare
rivet *(v.)* დამოქლონვა damoqlonva
rivet *(n.)* მოქლონი moqloni
rivulet *(n.)* ნაკადული nakaduli
roach *(n.)* ტარაკანა tarakana
road *(n.)* გზა gza
road race *(n.)* რბოლა rbola
road rage *(n.)* გზის სიგიჟე gzis sigiJe
roadblock *(n.)* გზის ბლოკი gzis bloki
roadblock *(v.)* გზის დაბლოკვა gzis dablokva
roadhouse *(n.)* სასტუმრო sastumro
roadkill *(n.)* საგზაო ქარხანა sagzao qarxana
roadrunner *(n.)* გზის პირა gzispira
roadshow *(n.)* საგზაო შოუ sagzao Sou
roadster *(n.)* როდსტერი rodsteri
roam *(v.)* ხეტიალი xetiali
roar *(n.)* მოგზაურობა mogzauroba
roar *(v.)* ღრიალი Rriali
roast *(n.)* მოხრაკული moxrakuli
roast *(adj.)* შემწვარი Semwvari
roast *(v.)* შეწვა Sewva
rob *(v.)* გაქურდვა gaqurdva
robber *(n.)* მძარცველი mZarcveli
robbery *(n.)* ძარცვა Zarcva
robe *(n.)* მანტია mantia
robe *(v.)* ჩაცმა Cacma
robot *(n.)* რობოტი roboti
robust *(adj.)* ბრგე brge
rock *(n.)* კლდე klde
rock *(v.)* რყევა ryeva
rock climber *(n.)* მთამსვლელი mTamsvleli
rock-bottom *(v.)* ყველაზე დაბლა yvelaze dabla
rocker *(n.)* სარწეველა sarwevela
rocket *(n.)* რაკეტა raketa
rocket scientist *(n.)* სარაკეტო მეცნიერი saraketo mecnieri
rocketeer *(n.)* როკეტერი roketeri
rocketman *(n.)* სარაკეტო კაცი saraketo kaci
rockfall *(n.)* მეწყერი mewyeri
rockfish *(n.)* ზღვის ოკუნი zRvis okuni
rocking *(adj.)* ნაზი nazi
rod *(n.)* წკეპლა wkepla

rodent *(n.)* მღრღნელი *mRrRneli*
roe *(n.)* შველი *Sveli*
rogue *(n.)* გაიძვერა *gaiZvera*
roguery *(n.)* გაიძვერობა *gaiZveroba*
roguish *(adj.)* მოთაღლითო *moTaRliTo*
role *(n.)* როლი *roli*
role model *(n.)* მოდელი *modeli*
roll *(v.)* გორვა *gorva*
roll *(n.)* გრაგნილი *gragnili*
roll-call *(n.)* გამახება *gaZaxeba*
roller *(n.)* გორგოლაჭი *gorgolaWi*
rollicking *(adj.)* უზრუნველი *uzrunveli*
romance *(n.)* პოემა *poema*
romantic *(adj.)* რომანტიკული *romantikuli*
romp *(n.)* ცელქი *celqi*
romp *(v.)* წვალება *wvaleba*
rood *(n.)* აკრის მეოთხედი *akris meoTxedi*
roof *(v.)* გადახურვა *gadaxurva*
roof *(n.)* სახურავი *saxuravi*
rook *(n.)* თაღლითი *TaRliTi*
rook *(v.)* თაღლითობა *TaRliToba*
room *(n.)* ოთახი *oTaxi*
room-mate *(n.)* თანამცხოვრები *Tanamcxovrebi*
roomy *(adj.)* თავისუფალი *Tavisufali*
roost *(n.)* ქანდარა *qandara*
roost *(v.)* ქანდარაზე დაჯდომა *qandaraze dajdoma*
root *(v.)* დანერგვა *danergva*
root *(n.)* ფესვი *fesvi*
rope *(v.)* დამაგრება *damagreba*
rope *(n.)* თოკი *Toki*
rosary *(n.)* კრიალოსანი *krialosani*
rose *(n.)* ვარდი *vardi*
roseate *(adj.)* ვარდისფერი *vardisferi*
rostrum *(n.)* ტრიბუნა *tribuna*
rosy *(adj.)* აყვავებული *ayvavebuli*
rot *(n.)* ლპობა *lpoba*
rot *(v.)* ხრწნა *xrwna*
rotary *(adj.)* ბრუნვითი *brunviTi*
rotate *(v.)* ბრუნვა *brunva*
rotation *(n.)* ტრიალი *triali*
rote *(n.)* ზეპირად *zepirad*
rotten *(adj.)* დამპალი *dampali*
rouble *(n.)* მანეთი *maneTi*
rough *(adj.)* უხეში *uxeSi*
round *(adv.)* გარშემო *garSemo*
round *(v.)* დამრგვალება *damrgvaleba*
round *(adj.)* მრგვალი *mrgvali*
round *(n.)* წრე *wre*
rouse *(v.)* გაღვიძება *gaRviZeba*
rout *(n.)* გაცამტვერება *gacamtvereba*
rout *(v.)* მტრის განადგურება *mtris ganadgureba*
route *(n.)* მარშრუტი *marSruti*
routine *(n.)* დადგენილი წესი *dadgenili wesi*
routine *(adj.)* რუტინი *rutini*
rove *(v.)* ხეტიალი *xetiali*
rover *(n.)* მოხეტიალე *moxetiale*
row *(v.)* ნიჩბის მოსმა *niCbis mosma*
row *(n.)* რიგი *rigi*
rowdy *(adj.)* უკმეხი *ukmexi*
royal *(adj.)* სამეფო *samefo*
royalist *(n.)* როიალისტი *roialisti*
royalty *(n.)* დიადობა *diadoba*
rub *(v.)* ხეხვა *xexva*
rubber *(n.)* საშლელი *saSleli*
rubber bullet *(n.)* რეზინის ტყვია *rezinis tyvia*
rubber duck *(n.)* რეზინის იხვი *rezinis ixvi*
rubber tree *(n.)* კაუჩუკის ხე *kauCukis xe*
rubberneck *(v.)* კისრის წაგრძელება *kisris wagrZeleba*

rubberneck *(n.)* ცნობისმოყვარე ადამიანი *cnobismoyvare adamiani*
rubbing *(n.)* ხახუნი *xaxuni*
rubbish *(n.)* ნაგავი *nagavi*
rubble *(n.)* ყორე *yore*
rubblework *(n.)* ყორექვა *yoreqva*
rubeola *(n.)* რუბეოლა *rubeola*
rubian *(n.)* რუბიანი *rubiani*
rubican *(adj.)* რუბიკა *rubika*
rubicon *(n.)* რუბიკონი *rubikoni*
rubify *(v.)* რუბრიკირება *rubrikireba*
rubric *(n.)* რუბრიკა *rubrika*
rubricate *(v.)* დასათაურება *dasaTaureba*
ruby *(n.)* ლალი *lali*
ruck *(v.)* დანაოჭება *danaoWeba*
ruck *(n.)* ნაკეცი *nakeci*
rucksack *(n.)* ზურგჩანთა *zurgCanTa*
ruckus *(n.)* რაკუსი *rakusi*
rudder *(n.)* საჭე *saWe*
rudderpost *(n.)* საჭის ღერძი *saWis RerZi*
ruddy *(adj.)* წითელი *wiTeli*
rude *(adj.)* უხეში *uxeSi*
rudiment *(n.)* საწყისი *sawyisi*
rudimentary *(adj.)* ელემენტარული *elementaruli*
rue *(v.)* სინანული *sinanuli*
rue *(n.)* ტეგანი *tegani*
rueful *(adj.)* მწუხარე *mwuxare*
ruffian *(n.)* ხულიგანი *xuligani*
ruffle *(v.)* დანაკეცება *danakeceba*
ruffle *(n.)* ჭავლი *Wavli*
rug *(n.)* ხალიჩა *xaliCa*
rugged *(adj.)* უსწორმასწორო *uswormasworo*
ruin *(n.)* განადგურება *ganadgureba*
ruin *(v.)* დანგრევა *dangreva*
rule *(v.)* მართვა *marTva*
rule *(n.)* წესი *wesi*

rulebook *(n.)* წესების წიგნაკი *wesebis wignaki*
rulebound *(adj.)* წესიანი *wesiani*
rulebraker *(n.)* წესის დამრღვევი *wesis damrRvevi*
rulebreaking *(n.)* წესის დარღვევა *wesis darRveva*
ruler *(n.)* სახაზავი *saxazavi*
ruling *(n.)* სამმართველო *sammarTvelo*
rum *(n.)* რომი *romi*
rum *(adj.)* უცნაური *ucnauri*
rumble *(v.)* გრიალი *griali*
rumble *(n.)* გრუხუნი *gruxuni*
ruminant *(adj.)* მცოხნავი *mcoxnavi*
ruminant *(n.)* მცოხნავი ცხოველი *mcoxnavi cxoveli*
ruminate *(v.)* ცოხვნა *coxvna*
rumination *(n.)* ღეჭვა *ReWva*
rummage *(v.)* ჩიჩქნა *CiCqna*
rummage *(n.)* ჩხრეკა *Cxreka*
rummy *(n.)* რომი *romi*
rumour *(n.)* ხმები *xmebi*
rumour *(v.)* ხმების გავრცელება *xmebis gavrceleba*
run *(v.)* გაქცევა *gaqceva*
run *(n.)* სირბილი *sirbili*
runabout *(n.)* მაწანწალა *mawanwala*
runaway *(n.)* გაქცეული *gaqceuli*
runback *(n.)* გამოტოვება *gamotoveba*
runcation *(n.)* დუნე *dune*
rundown *(n.)* გარჩევა *garCeva*
rune *(n.)* რუნა *runa*
rung *(n.)* საფეხური *safexuri*
runner *(n.)* მორბენალი *morbenali*
runs *(n.)* გაქცევები *gaqcevebi*
rupee *(n.)* რუპია *rupia*
rupture *(v.)* გახევა *gaxeva*
rupture *(n.)* მოტეხილობა *motexiloba*

rural *(adj.)* სოფლის *soflis*
ruse *(n.)* ხრიკი *xriki*
rush *(v.)* მივარდნა *mivardna*
rush *(n.)* შეტევა *Seteva*
rust *(v.)* ჟანგვა *Jangva*
rust *(n.)* ჟანგი *Jangi*
rustic *(adj.)* სასოფლო *sasoflo*
rustic *(n.)* სოფლელი *sofleli*
rusticate *(v.)* სოფელში ცხოვრება *sofelSi cxovreba*
rustication *(n.)* სოფელში წასვლა *sofelSi wasvla*
rusticity *(n.)* სიმარტივე *simartive*
rustle *(v.)* შრიალი *Sriali*
rusty *(adj.)* ჟანგიანი *Jangiani*
rut *(n.)* კვალი *kvali*
rut *(adj.)* ნაურმალი *naurmali*
ruthless *(adj.)* შეუბრალებელი *Seubralebeli*
rye *(n.)* ჭვავი *Wvavi*

S

sabbath *(n.)* ებრაელების დასვენების დღე *ebraelebis dasvenebis dRe*
sabotage *(n.)* საბოტაჟი *sabotaJi*
sabotage *(v.)* საბოტაჟის მოწყობა *sabotaJis mowyoba*
sabre *(n.)* ხმალი *xmali*
sabre *(v.)* ხმლით ჩეხა *xmliT Cexa*
saccharin *(n.)* საქარინი *saqarini*
saccharine *(adj.)* შაქრის *Saqris*
sachet *(n.)* ტომარა *tomara*
sack *(n.)* ტომარა *tomara*
sack *(v.)* ტომარაში ჩაყრა *tomaraSi Cayra*

sacrament *(n.)* საიდუმლოება *saidumloeba*
sacred *(adj.)* საღმრთო *saRmrTo*
sacrifice *(n.)* მსხვერპლი *msxverpli*
sacrifice *(v.)* შეწირვა *Sewirva*
sacrificial *(adj.)* სამსხვერპლო *samsxverplo*
sacrilege *(n.)* მკრეხელობა *mkrexeloba*
sacrilegious *(adj.)* სამსხვერპლო *samsxverplo*
sacrosanct *(adj.)* საკრანკრეფი *sakrankrefi*
sad *(adj.)* სევდიანი *sevdiani*
sadden *(v.)* დაღონება *daRoneba*
saddle *(n.)* უნაგირი *unagiri*
saddle *(v.)* შეკაზმა *Sekazma*
sadism *(n.)* მწუხარება *mwuxareba*
sadist *(n.)* სევდიანი *sevdiani*
sadness *(n.)* სევდა *sevda*
safari *(n.)* საფარი *safari*
safe *(n.)* სეიფი *seifi*
safe *(adj.)* უვნებელი *uvnebeli*
safe harbour *(n.)* უსაფრთხო ნავსადგური *usafrTxo navsadguri*
safebox *(n.)* უსაფრთხო ყუთი *usafrTxo yuTi*
safebraker *(n.)* სეიფების გამტეხი *seifebis gamtexi*
safe-conduct *(n.)* საშვები *saSvebi*
safecracker *(n.)* სეიფების მტეხავი *seifebis mtexavi*
safe-deposit *(n.)* უსაფრთხო დეპოზიტი *usafrTxo depoziti*
safeguard *(n.)* დაცვა *dacva*
safeguard *(v.)* უზრუნველყოფა *uzrunvelyofa*
safehouse *(n.)* თავშესაფარი *TavSesafari*
safekeeping *(n.)* დაცვა *dacva*
safely *(adv.)* უშიშრად *uSiSrad*

safety *(n.)* უსაფრთხოება *usafrTxoeba*
saffron *(n.)* ზაფრანა *zafrana*
saffron *(adj.)* ზაფრანული *zafranuli*
sag *(n.)* დავარდნა *davardna*
sag *(v.)* ჩაზნექა *Cazneqa*
saga *(n.)* საგა *saga*
sagacious *(adj.)* გამჭრიახი *gamWriaxi*
sagacity *(n.)* გამჭრიახობა *gamWriaxoba*
sage *(n.)* ბრძენი *brZeni*
sage *(adj.)* ბრძნული *brZnuli*
sagebush *(n.)* შალფეის ბუჩქი *Salfeis buCqi*
sage-green *(n.)* სალბი-მწვანე *salbi-mwvane*
sageness *(n.)* ბრძენობა *brZenoba*
saggy *(adj.)* ჩამოკიდებული *Camokidebuli*
sagittary *(n.)* მშვილდოსანი *mSvildosani*
sahib *(n.)* საიბი *saibi*
sail *(v.)* ცურვა *curva*
sail *(n.)* აფრა *afra*
sailboard *(v.)* დაფით ცურაობა *dafiT curaoba*
sailboard *(n.)* საცურაო დაფა *sacurao dafa*
sailboarder *(n.)* დაფით მცურავი *dafiT mcuravi*
sailboat *(n.)* იალქნიანი გემი *ialqniani gemi*
sailboater *(n.)* მეზღვაური *mezRvauri*
sailboating *(n.)* მცურავი *mcuravi*
sailcraft *(n.)* მეზღვაური *mezRvauri*
sailing *(adj.)* აფრიანი *afriani*
sailing *(n.)* აფრით ცურვა *afriT curva*
sailor *(n.)* მეზღვაური *mezRvauri*
saint *(n.)* წმინდა *wminda*
saintly *(adj.)* წმინდად *wmindad*
sake *(n.)* თვის *Tvis*
salable *(adj.)* გასავლიანი *gasavliani*

salad *(n.)* სალათა *salaTa*
salamander *(n.)* სალამანდრა *salamandra*
salamander *(v.)* სალამანდრი *salamandri*
salary *(n.)* ხელფასი *xelfasi*
sale *(n.)* გაყიდვა *gayidva*
salebrosity *(n.)* გაყიდვა *gayidva*
salesforce *(n.)* გაყიდვების ძალა *gayidvebis Zala*
salesman *(n.)* გამყიდველი *gamyidveli*
salient *(adj.)* გამოჩენილი *gamoCenili*
saline *(adj.)* მლაშე *mlaSe*
salinity *(n.)* სიმლაშე *simlaSe*
saliva *(n.)* ნერწყვი *nerwyvi*
sally *(n.)* გამოხტომა *gamoxtoma*
sally *(v.)* სასეირნოდ წასვლა *saseirnod wasvla*
Salon *(n.)* სალონი *saloni*
saloon *(n.)* დარბაზი *darbazi*
salt *(v.)* დამარილება *damarileba*
salt *(n.)* მარილი *marili*
salty *(adj.)* მარილიანი *mariliani*
salutary *(adj.)* მარგებელი *margebeli*
salute *(v.)* მისალმება *misalmeba*
salute *(n.)* სალამი *salami*
salvage *(n.)* ტროფეი *trofei*
salvage *(v.)* ქონების გადარჩენა *qonebis gadarCena*
salvation *(n.)* გადარჩენა *gadarCena*
samaritan *(n.)* სამარიტელი *samariteli*
samba *(n.)* სამბა *samba*
samba *(v.)* სამბას ცეკვა *sambas cekva*
sambuca *(n.)* სამბუკა *sambuka*
same *(adj.)* იგივე *igive*
samely *(adv.)* მსგავსად *msgavsad*
samite *(n.)* საამიტი *saamiti*
samovar *(n.)* სამოვარი *samovari*
sample *(n.)* ნიმუში *nimuSi*
sample *(v.)* სინჯის აღება *sinjis aReba*

sampler *(n.)* მოდელი *modeli*
sampling *(n.)* შერჩევა *SerCeva*
samsonite *(n.)* სამსონიტი *samsoniti*
samurai *(n.)* სამურაი *samurai*
sanability *(n.)* სიკეთე *sikeTe*
sanatorium *(n.)* სანატორიუმი *sanatoriumi*
sanctification *(n.)* განწმენდა *ganwmenda*
sanctify *(v.)* კურთხევა *kurTxeva*
sanction *(v.)* დამტკიცება *damtkiceba*
sanction *(n.)* სანქცია *sanqcia*
sanctity *(n.)* სიწმინდე *siwminde*
sanctuary *(n.)* ტაძარი *taZari*
sand *(n.)* ქვიშა *qviSa*
sand *(adj.)* ქვიშიანი *qviSiani*
sand *(v.)* ქვიშის მოყრა *qviSis moyra*
sandal *(n.)* სანდალი *sandali*
sandalwood *(n.)* სანდლის ხე *sandlis xe*
sandbank *(n.)* ქვიშის ბანკი *qviSis banki*
sandboard *(n.)* ქვიშის დაფა *qviSis dafa*
sandbox *(n.)* ქვიშის ყუთი *qviSis yuTi*
sandcastle *(n.)* ქვიშის კოშკი *qviSis koSki*
sandfish *(n.)* ქვიშის თევზი *qviSis Tevzi*
sandglass *(n.)* ქვიშის საათი *qviSis saaTi*
sandhill *(n.)* სანდჰილი *sandhili*
sandpaper *(v.)* გახეხვა *gaxexva*
sandpaper *(n.)* ქვიშის ქაღალდი *qviSis qaRaldi*
sandpit *(n.)* ქვიშის ორმო *qviSis ormo*
sandscape *(n.)* პეიზაჟი *peizaJi*
sandstone *(n.)* ქვიშაქვა *qviSaqva*
sandstorm *(n.)* ქარიშხალი *qariSxali*
sandwich *(n.)* სენდვიჩი *sendviCi*
sandy *(adj.)* ქვიშიანი *qviSiani*
sane *(adj.)* კეთილგონიერი *keTilgonieri*
sanely *(adv.)* ჭკვიანურად *Wkvianurad*
sanguine *(adj.)* სვანური *svanuri*
sanitary *(adj.)* სანიტარული *sanitaruli*
sanity *(n.)* საღი აზროვნება *saRi azrovneba*
sap *(n.)* წვენი *wveni*
sap *(v.)* შერყევა *Seryeva*
sapidity *(n.)* სიწმინდე *siwminde*
sapience *(n.)* სისწრაფე *siswrafe*
sapiens *(n.)* ჭკვიანური *Wkvianuri*
sapient *(adj.)* ფილოსოფიური *filosofiuri*
sapling *(n.)* ნერგი *nergi*
sapphire *(n.)* საფირონი *safironi*
sarcasm *(n.)* სარკაზმი *sarkazmi*
sarcastic *(adj.)* სარკასტული *sarkastuli*
sardonic *(adj.)* სარდონიული *sardoniuli*
satan *(n.)* სატანა *satana*
satanic *(adj.)* სატანური *satanuri*
satanically *(adv.)* სატანისტი *satanisti*
satchel *(n.)* ჩანთა *CanTa*
satellite *(n.)* სატელიტი *sateliti*
satiable *(adj.)* გაჯერებული *gajerebuli*
satiate *(v.)* მოჯადოებული *mojadoebuli*
satiety *(n.)* სიბრალული *sibraluli*
satin *(n.)* ატლასი *atlasi*
satin *(adj.)* ატლასის *atlasis*
satire *(n.)* სატირა *satira*
satirical *(adj.)* სატირული *satiruli*
satirist *(n.)* სატირული *satiruli*
satirize *(v.)* სატირიზაცია *satirizacia*
satisfaction *(n.)* კმაყოფილება *kmayofileba*

satisfactory *(adj.)* დამაკმაყოფილებელი *damakmayofilebeli*
satisfy *(v.)* დაკმაყოფილება *dakmayofileba*
saturate *(v.)* გაჯერებული *gajerebuli*
saturation *(n.)* გაჯერება *gajereba*
Saturday *(n.)* შაბათი *SabaTi*
sauce *(n.)* სოუსი *sousi*
sauce *(v.)* სოუსირება *sousireba*
saucer *(n.)* სასოუსე *sasouse*
saucy *(adj.)* მოდური *moduri*
sauna *(v.)* საუნა *sauna*
saunter *(v.)* გასეირნება *gaseirneba*
saunter *(n.)* სეირნობა *seirnoba*
saunterer *(n.)* მოსეირნე *moseirne*
sausage *(n.)* ძეხვი *Zexvi*
saute *(v.)* საუტი *sauti*
savable *(adj.)* შესაძლებელია გადარჩენა *SesaZlebelia gadarCena*
savage *(adj.)* ველური *veluri*
savagely *(adv.)* ველურად *velurad*
savagery *(n.)* ველურობა *veluroba*
savant *(n.)* საზრიანი *sazriani*
save *(prep.)* დაზოგვა *dazogva*
save *(v.)* შენახვა *Senaxva*
savour *(v.)* ხსნა *xsna*
savour *(n.)* მხსნელი *mxsneli*
savoury *(adj.)* მარილიანი *mariliani*
saw *(v.)* ხერხვა *xerxva*
saw *(n.)* ხერხი *xerxi*
saw pit *(n.)* ნახერხის ორმო *naxerxis ormo*
sawbench *(n.)* ნახერხი *naxerxi*
sawbill *(n.)* ხერხი *xerxi*
sawbones *(n.)* ხერხემალი *xerxemali*
sawbuck *(n.)* ხერხის სადგამი *xerxis sadgami*
sawdust *(n.)* ნახერხი *naxerxi*
sawfish *(n.)* ნახერხის თევზი *naxerxis Tevzi*
sawgrass *(n.)* მცენარე *mcenare*
sawhorse *(n.)* ხერხის სადგამი *xerxis sadgami*
sawmill *(n.)* სახერხი *saxerxi*
sawtooth *(n.)* ხერხის კბილები *xerxis kbilebi*
sawyer *(n.)* მხერხავი *mxerxavi*
saxophone *(n.)* საქსოფონი *saqsofoni*
saxophonist *(n.)* საქსოფონისტი *saqsofonisti*
say *(v.)* თქმა *Tqma*
say *(adv.)* ნათქვამი *naTqvami*
scab *(n.)* ქერქი *qerqi*
scabbard *(n.)* ქერქიანი *qerqiani*
scabies *(n.)* მუნი *muni*
scaffold *(n.)* ხარაჩო *xaraCo*
scale *(n.)* მასშტაბი *masStabi*
scale *(v.)* მასშტაბირება *masStabireba*
scalp *(n.)* სკალპი *skalpi*
scambling *(n.)* ჩხუბი *Cxubi*
scamper *(v.)* თაღლითობა *TaRliToba*
scan *(v.)* სკანირება *skanireba*
scandal *(n.)* სკანდალი *skandali*
scandalize *(v.)* სკანდალიზება *skandalizeba*
scandalous *(adj.)* სკანდალური *skandaluri*
scandalously *(adv.)* სკანდალურად *skandalurad*
scanner *(n.)* სკანერი *skaneri*
scant *(n.)* მწირი *mwiri*
scant *(v.)* ღარიბი *Raribi*
scant *(adj.)* ღარიბული *Raribuli*
scanty *(adj.)* ღარიბული *Raribuli*
scape *(n.)* ღერო *Rero*
scapegoat *(v.)* აურზაური *aurzauri*
scapeless *(adj.)* უპატრონო *upatrono*
scapula *(n.)* მხრის დანა *mxris dana*

scapular *(n.)* მხრის პირები *mxris pirebi*
scar *(n.)* ნაწიბური *nawiburi*
scarab *(n.)* ნაწიბური *nawiburi*
scarce *(adj.)* დეფიციტური *deficituri*
scarcely *(adv.)* ძლივს *Zlivs*
scarcity *(n.)* ნაკლებობა *nakleboba*
scare *(v.)* შეშინება *SeSineba*
scarf *(n.)* შარფი *Sarfi*
scary *(adj.)* საშინელი *saSineli*
scatter *(v.)* გაფანტვა *gafantva*
scatterbrain *(n.)* მომაკვდინებელი *momakvdinebeli*
scatterbrained *(adj.)* მომაკვდინებელი *momakvdinebeli*
scattered *(adj.)* გაფანტული *gafantuli*
scattergun *(n.)* საფანტის თოფი *safantis Tofi*
scatteringly *(adv.)* გაფანტულად *gafantulad*
scattery *(adj.)* გაფანტვა *gafantva*
scatty *(adj.)* სასწორი *saswori*
scavenge *(v.)* ნაგვის სატვირთო მანქანა *nagvis satvirTo manqana*
scavenger *(n.)* საძვალე *saZvale*
scenario *(n.)* სცენარი *scenari*
scenarist *(n.)* სცენარისტი *scenaristi*
scene *(v.)* სცენაზე გამოსვლა *scenaze gamosvla*
scene *(n.)* სცენა *scena*
scenery *(n.)* სცენარი *scenari*
scenic *(adj.)* სცენური *scenuri*
scent *(n.)* სუნი *suni*
sceptic *(n.)* სკეპტიკოსი *skeptikosi*
sceptical *(adj.)* სკეპტიკური *skeptikuri*
scepticism *(n.)* სკეპტიციზმი *skepticizmi*
sceptre *(n.)* კვერთხი *kverTxi*
schedule *(n.)* გრაფიკი *grafiki*
schematic *(adj.)* სქემატური *sqematuri*
schematically *(adv.)* სქემატურად *sqematurad*
schematist *(n.)* სქემატისტი *sqematisti*
scheme *(n.)* სქემა *sqema*
schemer *(n.)* სქემერი *sqemeri*
schism *(n.)* გაყოფილი *gayofili*
schizophrenia *(n.)* შიზოფრენია *Sizofrenia*
schizophreniac *(adj.)* შიზოფრენიული *Sizofreniuli*
scholar *(n.)* მეცნიერი *mecnieri*
scholarly *(adj.)* მეცნიერულად *mecnierulad*
scholarship *(n.)* სტიპენდია *stipendia*
scholastic *(adj.)* სქოლასტიკური *sqolastikuri*
school *(n.)* სკოლა *skola*
schoolfellow *(n.)* კლასელი *klaseli*
schoolhouse *(n.)* სკოლის შენობა *skolis Senoba*
schoolmaster *(n.)* სკოლის დამრიგებელი *skolis damrigebeli*
schoolmate *(n.)* კლასელი *klaseli*
schoolteacher *(n.)* სკოლის მასწავლებელი *skolis maswavlebeli*
schoolyard *(n.)* სკოლის ეზო *skolis ezo*
schooner *(n.)* შუნერი *Suneri*
sciatic *(adj.)* საჯდომი ნერვი *sajdomi nervi*
sciatica *(n.)* საჯინიბო *sajinibo*
science *(n.)* მეცნიერება *mecniereba*
scientific *(adj.)* სამეცნიერო *samecniero*
scientist *(n.)* მეცნიერი *mecnieri*
scintillate *(v.)* კაშკაში *kaSkaSi*
scintillation *(n.)* კაშკაში *kaSkaSi*
scissors *(n.)* მაკრატელი *makrateli*
scoff *(v.)* სასაცილო *sasacilo*
scold *(v.)* საძაგელი *saZageli*
scooter *(n.)* სკუტერი *skuteri*

scope *(n.)* ღია სივრცე *Ria sivrce*
scorch *(n.)* დაწვა *dawva*
score *(v.)* ანგარიში *angariSi*
scoreboard *(n.)* ანგარიში *angariSi*
scorebook *(n.)* ქულების წიგნი *qulebis wigni*
scorebox *(n.)* ქულების ყუთი *qulebis yuTi*
scorecard *(n.)* ქულების მოწმობა *qulebis mowmoba*
scorekeeper *(n.)* მდივანი *mdivani*
scorekeeping *(n.)* ბუღალტრული აღრიცხვა *buRaltruli aRricxva*
scorepad *(n.)* ქულა *qula*
scorer *(n.)* მარკერი *markeri*
scorn *(v.)* ზიზღი *zizRi*
scorpion *(n.)* მორიელი *morieli*
scot *(n.)* პირუტყვი *pirutyvi*
Scot *(n.)* შოტლანდია *Sotlandia*
scotch *(adj.)* შოტლანდიური *Sotlandiuri*
scotch *(n.)* შოტლანდიელები *Sotlandielebi*
scot-free *(adj.)* დაუსჯელი *dausjeli*
scoundrel *(n.)* ბოროტი *boroti*
scourge *(n.)* აურზაური *aurzauri*
scourge *(v.)* უბედურება *ubedureba*
scout *(n.)* სკაუტი *skauti*
scowl *(v.)* იმედგაცრუება *imedgacrueba*
scowl *(n.)* იმედგაცრუებული *imedgacruebuli*
scragged *(adj.)* გაფანტული *gafantuli*
scraggy *(adj.)* სასწორი *saswori*
scramble *(n.)* ნაგავსაყრელი *nagavsayreli*
scramble *(v.)* ჩხუბი *Cxubi*
scrambled *(adj.)* გაწითლებული *gawiTlebuli*
scrap *(n.)* ჯართი *jarTi*
scrapbook *(n.)* ჩანაწერი *Canaweri*
scrape *(n.)* ჯართი *jarTi*
scraper *(n.)* მაკრატელი *makrateli*
scratch *(n.)* ნაფხაჭნი *nafxaWni*
scratch *(v.)* გაკაწრვა *gakawvra*
scratch *(adj.)* ნაკაწრი *nakawri*
scratchboard *(n.)* ეკლიანი დაფა *ekliani dafa*
scratchbush *(n.)* ეკლიანი ბუჩქი *ekliani buCqi*
scratched *(adj.)* დაკაწრული *dakawruli*
scratchpad *(n.)* ბლოკნოტი *bloknoti*
scratchy *(adj.)* მოუხერხებელი *mouxerxebeli*
scrawl *(n.)* ჭკუა *Wkua*
scrawl *(v.)* დაუდევარი ხელწერა *daudevari xelwera*
scream *(n.)* ყვირილი *yvirili*
scream *(v.)* ყვირილი *yvirili*
screen *(v.)* ეკრანი *ekrani*
screen *(n.)* ეკრანი *ekrani*
screen name *(n.)* ეკრანის სახელი *ekranis saxeli*
screenable *(adj.)* ეკრანული *ekranuli*
screencast *(n.)* ეკრანიზაცია *ekranizacia*
screendoor *(n.)* ეკრანდური *ekranduri*
screenprint *(n.)* ეკრანის ანაბეჭდი *ekranis anabeWdi*
screensaver *(n.)* ეკრანმზოგი *ekranmzogi*
screenshot *(n.)* სქრინშოთი *sqrinSoTi*
screenwork *(n.)* ეკრანიზაცია *ekranizacia*
screw *(v.)* სახრახნისი *saxraxnisi*
screw *(n.)* სახრახნისი *saxraxnisi*
scribble *(n.)* მწიგნობარი *mwignobari*
scribble *(v.)* მწიგნობარი *mwignobari*
script *(n.)* სკრიპტი *skripti*
scripture *(n.)* წმინდა წერილი *wminda werili*

scroll *(n.)* ხელნაწერი *xelnaweri*
scrooge *(n.)* უბედური *ubeduri*
scrotum *(n.)* უბედურება *ubedureba*
scrub *(v.)* პილინგი *pilingi*
scrub *(adj.)* სკრაბი *skrabi*
scrubby *(adj.)* შემცირებული *Semcirebuli*
scruff *(n.)* უხეში *uxeSi*
scruff *(v.)* ჭუჭყიანი *WuWyiani*
scruffiness *(n.)* სისქე *sisqe*
scrumble *(n.)* სისქე *sisqe*
scrump *(v.)* ნაგავი *nagavi*
scrumptious *(adj.)* საეჭვო *saeWvo*
scruple *(n.)* მარცვლეული *marcvleuli*
scruple *(v.)* მორცხვი *morcxvi*
scrupleless *(adj.)* უაზროდ *uazrod*
scrupulous *(adj.)* სკრუპულოზური *skrupulozuri*
scrupulously *(adv.)* სკრუპულოზურად *skrupulozurad*
scrutinize *(v.)* შემოწმება *Semowmeba*
scrutiny *(n.)* შემოწმება *Semowmeba*
scuffle *(v.)* ჩხუბი *Cxubi*
scuffle *(n.)* ჩხუბი *Cxubi*
sculpt *(v.)* ქანდაკება *qandakeba*
sculptor *(n.)* მოქანდაკე *moqandake*
sculptural *(adj.)* სკულპტურული *skulpturuli*
sculpture *(n.)* ქანდაკება *qandakeba*
sculpturist *(n.)* სკულპტურისტი *skulpturisti*
scum *(n.)* ბოროტი *boroti*
scum *(v.)* სიბოროტე *siborote*
scumbag *(n.)* საძეგელი *saZegeli*
scurry *(v.)* სწრაფი მოძრაობა *swrafi moZraoba*
scutllebutt *(n.)* საკუთლის კონდახი *sakuTlis kondaxi*
scuttle *(v.)* გაქცევა *gaqceva*
scuttle *(n.)* წყალდიდობა *wyaldidoba*
scythe *(v.)* თიბვა *Tibva*
scythe *(n.)* სათიბი *saTibi*
sea *(n.)* ზღვა *zRva*
sea bass *(n.)* ზღვის ბასი *zRvis basi*
sea boat *(n.)* ზღვის ნავი *zRvis navi*
sea dog *(n.)* ზღვის ძაღლი *zRvis ZaRli*
seabeach *(n.)* ზღვის ნაპირი *zRvis napiri*
seabird *(n.)* ზღვის ფრინველები *zRvis frinvelebi*
seaborne *(adj.)* ზღვით გადაზიდვა *zRviT gadazidva*
seacliff *(n.)* სეიკლიფი *seiklifi*
seafarer *(n.)* მეზღვაური *mezRvauri*
seafloor *(n.)* ფსკერი *fskeri*
seafoam *(n.)* ზღვის ქაფი *zRvis qafi*
seafood *(n.)* ზღვის პროდუქტები *zRvis produqtebi*
seagull *(n.)* თოლია *Tolia*
seahorse *(n.)* მეზღვაურები *mezRvaurebi*
seajack *(n.)* ზღვის ჯეკი *zRvis jeki*
seajacker *(n.)* მეზღვაური *mezRvauri*
seajacking *(n.)* მეზღვაური *mezRvauri*
seak *(n.)* სეირნობა *seirnoba*
seakeeping *(n.)* ზღვის სიხშირე *zRvis sixSire*
seal *(v.)* ბეჭედი *beWedi*
seal *(n.)* ბეჭედი *beWedi*
sealab *(n.)* წყალქვეშა ლაბორატორია *wyalqveSa laboratoria*
sealability *(n.)* შედუღება *SeduReba*
sealant *(n.)* დალუქვა *daluqva*
sealed *(adj.)* დალუქული *daluquli*
sealion *(n.)* ზღვის ლომი *zRvis lomi*
sealskin *(n.)* ბეწვის ბეჭედი *bewvis beWedi*
seam *(v.)* ფენა *fena*
seam *(n.)* ფენა *fena*
seamless *(adj.)* უწყვეტი *uwyveti*

seamy *(adj.)* მზაკვრული *mzakvruli*
sear *(v.)* გაშრობა *gaSroba*
search *(v.)* ძებნა *Zebna*
search *(n.)* ძებნა *Zebna*
search warrant *(n.)* ძებნის ორდერი *Zebnis orderi*
searching *(n.)* ძებნა *Zebna*
searchlight *(n.)* შუქურა *Suqura*
seared *(adj.)* დამწვარი *damwvari*
seashore *(n.)* ზღვის სანაპირო *zRvis sanapiro*
season *(v.)* სეზონი *sezoni*
season *(n.)* სეზონი *sezoni*
seasonable *(adj.)* სეზონური *sezonuri*
seasonal *(adj.)* სეზონური *sezonuri*
seat *(v.)* ადგილდმებარეობა *adgildmebareoba*
seat *(n.)* ადგილი *adgili*
seaweed *(n.)* ზღვის მცენარეები *zRvis mcenareebi*
secede *(v.)* უკან დახევა *ukan daxeva*
secession *(n.)* გასასვლელი *gasasvleli*
secessionist *(n.)* განდგომილი *gandgomili*
seclude *(v.)* საიდუმლოდ *saidumlod*
secluded *(adj.)* განმარტოებული *ganmartoebuli*
seclusion *(n.)* იზოლაცია *izolacia*
second *(adj.)* მეორე *meore*
secondary *(adj.)* მეორეხარისხოვანი *meorexarisxovani*
seconder *(n.)* მეორადი *meoradi*
second-hand *(adj.)* მეორადი *meoradi*
secondly *(adv.)* მეორეც *meorec*
secrecy *(n.)* საიდუმლოება *saidumloeba*
secret *(n.)* საიდუმლო *saidumlo*
secret *(adj.)* საიდუმლო *saidumlo*
secretariat *(n.)* სამდივნო *samdivno*
secretary *(n.)* მდივანი *mdivani*
secrete *(v.)* სეკრეტი *sekreti*
secretion *(n.)* სეკრეცია *sekrecia*
secretive *(adj.)* საიდუმლო *saidumlo*
sect *(n.)* სექტა *seqta*
sectarian *(adj.)* სექტანტი *seqtanti*
section *(n.)* განყოფილება *ganyofileba*
sector *(n.)* სექტორი *seqtori*
secularism *(n.)* სეკულარიზმი *sekularizmi*
secure *(adj.)* უსაფრთხო *usafrTxo*
security *(n.)* დაცვა *dacva*
sedan *(n.)* სედანი *sedani*
sedate *(v.)* მშვიდად *mSvidad*
sedate *(adj.)* დაბალანსებული *dabalansebuli*
sedative *(n.)* სედატიური *sedatiuri*
sedative *(adj.)* სედატიური *sedatiuri*
sedentary *(adj.)* მჯდომარე *mjdomare*
sediment *(n.)* ნალექი *naleqi*
sedition *(n.)* შეჩერება *SeCereba*
seditious *(adj.)* მეამბოხე *meamboxe*
seduce *(v.)* მაცდური *macduri*
seduction *(n.)* მაცდური *macduri*
seductive *(adj.)* მაცდუნებელი *macdunebeli*
see *(v.)* დანახვა *danaxva*
seed *(n.)* თესლი *Tesli*
seed *(v.)* სათესი *saTesi*
seek *(v.)* ძებნა *Zebna*
seem *(v.)* როგორც ჩანს *rogorc Cans*
seemly *(adj.)* როგორც ჩანს *rogorc Cans*
seep *(v.)* გადინება *gadineba*
seer *(n.)* მნახველი *mnaxveli*
seethe *(v.)* ადუღება *aduReba*
segment *(v.)* სეგმენტი *segmenti*
segment *(n.)* სეგმენტი *segmenti*
segregate *(v.)* ცალკეული *calkeuli*
segregation *(n.)* სეგრეგაცია *segregacia*

seismic *(adj.)* სეისმური *seismuri*
seismicity *(n.)* სეისმურობა *seismuroba*
seismogram *(n.)* სეისმოგრამა *seismograma*
seismograph *(n.)* სეისმოგრაფი *seismografi*
seismography *(n.)* სეისმოგრაფია *seismografia*
seismologist *(n.)* სეისმოლოგი *seismologi*
seismology *(n.)* სეისმოლოგია *seismologia*
seismoscope *(n.)* სეისმოსკოპი *seismoskopi*
seize *(v.)* წართმევა *warTmeva*
seizure *(n.)* დაყადაღება *dayadaReba*
seldom *(adv.)* იშვიათად *isviaTad*
select *(adj.)* შერჩევა *SerCeva*
select *(v.)* შერჩევა *SerCeva*
selection *(n.)* შერჩევა *SerCeva*
selective *(adj.)* შერჩევითი *SerCeviTi*
self *(n.)* თავისთავად *TavisTavad*
self-abuse *(n.)* თსაკუთარი ტავის შეურაცხყოფა *TsakuTari tavis Seuracxyofa*
self-appointed *(adj.)* თვითგამოცხადებული *TviTgamocxadebuli*
self-awareness *(n.)* თვითცნობიერება *TviTcnobiereba*
self-centered *(adj.)* ეგოცენტრული *egocentruli*
self-confident *(adj.)* თვითდაჯერებული *TviTdajerebuli*
self-conscious *(adj.)* თვითშეგნებული *TviTSegnebuli*
self-control *(n.)* თვითკონტროლი *TviTkontroli*
self-destruct *(v.)* თვითგანადგურება *TviTganadgureba*

self-doubt *(n.)* გაურკვევლობა *gaurkvevloba*
self-employed *(adj.)* თვითდასაქმებული *TviTdasaqmebuli*
self-esteem *(n.)* თვითშეფასება *TviTSefaseba*
selfie *(n.)* სელფი *selfi*
self-imposed *(adj.)* ნებაყოფლობითი *nebayoflobiTi*
selfish *(adj.)* ეგოისტური *egoisturi*
selfless *(adj.)* გულგატეხილი *gulgatexili*
self-proclaimed *(adj.)* თვითგამოცხადებული *TviTgamocxadebuli*
self-service *(adj.)* თვითმომსახურება *TviTmomsaxureba*
sell *(v.)* გაყიდვა *gayidva*
seller *(n.)* გამყიდველი *gamyidveli*
sell-out *(n.)* გაყიდვა *gayidva*
semblance *(n.)* შესახედაობა *Sesaxedaoba*
semen *(n.)* თესლი *Tesli*
semester *(n.)* სემესტრი *semestri*
semi-amusing *(adj.)* სასაცილო *sasacilo*
semi-finalist *(n.)* ნახევარფინალისტი *naxevarfinalisti*
semi-formal *(adj.)* ნახევრად ოფიციალური *naxevrad oficialuri*
seminal *(adj.)* ნაყოფიერი *nayofieri*
seminar *(n.)* სემინარი *seminari*
senate *(n.)* სენატი *senati*
senator *(n.)* სენატორი *senatori*
senatorial *(adj.)* სენატორული *senatoruli*
send *(v.)* გაგზავნა *gagzavna*
senile *(adj.)* დაშლილი *daSlili*
senility *(n.)* სიბერე *sibere*
senior *(n.)* სენიორი *seniori*

senior *(adj.)* სენიორი *seniori*
seniority *(n.)* მოხუცი *moxuci*
sensation *(n.)* სენსაცია *sensacia*
sensational *(adj.)* სენსაციური *sensaciuri*
sense *(v.)* გრძნობა *grZnoba*
sense *(n.)* გრძნობა *grZnoba*
senseless *(adj.)* უაზრო *uazro*
sensibility *(n.)* მგრძნობელობა *mgrZnobeloba*
sensible *(adj.)* გონივრული *gonivruli*
sensitive *(adj.)* მგრძნობიარე *mgrZnobiare*
sensitivity *(n.)* მგრძნობელობა *mgrZnobeloba*
sensual *(adj.)* მგრძნობიარე *mgrZnobiare*
sensualist *(n.)* სენსუალისტი *sensualisti*
sensuality *(n.)* სენსუალობა *sensualoba*
sensuous *(adj.)* მგრძნობიარე *mgrZnobiare*
sentence *(v.)* წინადადება *winadadeba*
sentence *(n.)* წინადადება *winadadeba*
sentience *(n.)* წინადადება *winadadeba*
sentient *(adj.)* სენტიმენტალური *sentimentaluri*
sentiment *(n.)* განწყობა *ganwyoba*
sentimental *(adj.)* სენტიმენტალური *sentimentaluri*
sentinel *(n.)* მეურვე *meurve*
sentry *(n.)* მცველი *mcveli*
separable *(adj.)* განცალკევებული *gancalkevebuli*
separate *(v.)* ცალკე *calke*
separate *(adj.)* ცალკეული *calkeuli*
separation *(n.)* განცალკევება *gancalkeveba*

sepsis *(n.)* სეფსისი *sefsisi*
September *(n.)* სექტემბერი *seqtemberi*
septic *(adj.)* სეპტიური *septiuri*
sepulchre *(n.)* საფლავი *saflavi*
sepulture *(n.)* დაკრძალვა *dakrZalva*
sequel *(n.)* გაგრძელება *gagrZeleba*
sequence *(n.)* თანმიმდევრობა *Tanmimdevroba*
sequester *(v.)* დაყადაღება *dayadaReba*
serendipitous *(adj.)* ბედნიერი დამთხვევა *bednieri damTxveva*
serendipity *(n.)* სიდიადე *sidiade*
serene *(adj.)* მშვიდად *mSvidad*
serenity *(n.)* სიმშვიდე *simSvide*
serf *(n.)* მონა *mona*
serge *(n.)* ბილიკი *biliki*
sergeant *(n.)* სერჟანტი *serJanti*
serial *(n.)* სერიალი *seriali*
serial *(adj.)* სერიალი *seriali*
series *(n.)* სერიები *seriebi*
serious *(adj.)* სერიოზული *seriozuli*
sermon *(n.)* ქადაგება *qadageba*
sermonize *(v.)* ქადაგება *qadageba*
serpent *(n.)* გველი *gveli*
serpentine *(n.)* საგველე *sagvele*
servant *(n.)* მსახური *msaxuri*
serve *(n.)* ემსახურება *emsaxureba*
serve *(v.)* ემსახურება *emsaxureba*
service *(v.)* მომსახურება *momsaxureba*
service *(n.)* მომსახურება *momsaxureba*
serviceable *(adj.)* სერვისული *servisuli*
servile *(adj.)* სერვისული *servisuli*
servility *(n.)* სერვისულობა *servisuloba*
servitude *(n.)* სერვიტუდი *servitudi*

sesame *(n.)* სეზამი *sezami*
sesamin *(n.)* სეზამინი *sezamini*
session *(n.)* სხდომა *sxdoma*
sessional *(n.)* სესიური *sesiuri*
sessionless *(adj.)* უსიტყვოდ *usityvod*
set *(adj.)* ნაკრები *nakrebi*
set *(v.)* დაყენება *dayeneba*
setback *(n.)* უკუქცევა *ukuqceva*
setlist *(n.)* სია *sia*
settee *(n.)* დივანი *divani*
settle *(v.)* მოგვარება *mogvareba*
settlement *(n.)* გაანგარიშება *gaangariSeba*
settler *(n.)* დამკვიდრებული *damkvidrebuli*
seven *(adj.)* შვიდი *Svidi*
seven *(n.)* შვიდი *Svidi*
seventeen *(n.)* ჩვიდმეტი *Cvidmeti*
seventeenth *(adj.)* მეჩვიდმეტე *meCvidmete*
seventh *(adj.)* მეშვიდე *meSvide*
seventieth *(adj.)* სამოცდამეათე *samocdameaTe*
seventy *(n.)* სამოცდაათი *samocdaaTi*
sever *(v.)* ჩრდილოეთით *CrdiloeTiT*
several *(adj.)* რამდენიმე *ramdenime*
severance *(n.)* გამოყოფა *gamoyofa*
severe *(adj.)* მძიმე *mZime*
severity *(n.)* სიმძიმე *simZime*
sew *(v.)* კერვა *kerva*
sewage *(n.)* კანალიზაცია *kanalizacia*
sewer *(n.)* კანალიზაცია *kanalizacia*
sewerage *(n.)* კანალიზაცია *kanalizacia*
sex *(v.)* სექსი *seqsi*
sexily *(adv.)* სექსუალური *seqsualuri*
sexual *(adj.)* სექსუალური *seqsualuri*
sexuality *(n.)* სექსუალობა *seqsualoba*
sexy *(adj.)* სექსუალური *seqsualuri*
shabby *(adj.)* ნახმარი *naxmari*

shack *(n.)* შლაკი *Slaki*
shackle *(v.)* გადაბრუნება *gadabruneba*
shackle *(n.)* მშვილდი *mSvildi*
shade *(v.)* ჩრდილი *Crdili*
shade *(n.)* ჩრდილი *Crdili*
shadow *(v.)* ჩრდილი *Crdili*
shadow *(n.)* ჩრდილი *Crdili*
shadowy *(adj.)* ბუნდოვანი *bundovani*
shaft *(n.)* ლილვი *lilvi*
shake *(n.)* შერყევა *Seryeva*
shake *(v.)* შენჯღრევა *SenjRreva*
shaky *(adj.)* შენჯღრეული *SenjRreuli*
shallow *(adj.)* ზედაპირული *zedapiruli*
sham *(adj.)* მორცხვი *morcxvi*
sham *(n.)* ყალბი *yalbi*
sham *(v.)* პრეტენზია *pretenzia*
shaman *(n.)* შამანი *Samani*
shamble *(v.)* ხოხვა *xoxva*
shambles *(n.)* უწესრიგო *uwesrigo*
shambolic *(adj.)* მოუწესრიგებელი *mouwesrigebeli*
shame *(v.)* სირცხვილი *sircxvili*
shame *(n.)* სირცხვილი *sircxvili*
shameful *(adj.)* სამარცხვინო *samarcxvino*
shameless *(adj.)* უსინდისო *usindiso*
shampoo *(v.)* შამპუნი *Sampuni*
shampoo *(n.)* შამპუნი *Sampuni*
shanty *(adj.)* შანთი *SanTi*
shape *(v.)* ფორმა *forma*
shape *(n.)* ფორმა *forma*
shape up *(v.)* ჩამოყალიბება *Camoyalibeba*
shapeless *(adj.)* უსირცხვილო *usircxvilo*
shapely *(adj.)* გამხდარი *gamxdari*
shapeshift *(v.)* ფორმის ცვლა *formis cvla*

shard *(n)* ელიტრა *elitra*
shard *(v.)* ნარჩენი *narCeni*
share *(n.)* გაზიარება *gaziareba*
share *(v.)* გაზიარება *gaziareba*
share market *(n.)* აქციების ბაზარი *aqciebis bazari*
sharebeam *(n.)* წილი *wili*
sharecrop *(n.)* ბევრი შრომა *bevri Sroma*
shareholder *(n.)* აქციონერი *aqcioneri*
shareholding *(adj.)* აქციონირება *aqcionireba*
shark *(n.)* ზვიგენი *zvigeni*
sharp *(adv.)* მკვეთრი *mkveTri*
sharp *(adj.)* მკვეთრი *mkveTri*
sharpen *(v.)* მკვეთრი *mkveTri*
sharpener *(n.)* სათლელი *saTleli*
sharper *(n.)* გაიძვერა *gaiZvera*
shatter *(v.)* დამტვრევა *damtvreva*
shave *(n.)* პარსვა *parsva*
shave *(v.)* გაპარსვა *gaparsva*
shaven *(adj.)* გაპარსული *gaparsuli*
shaving *(n.)* ნაქლიბი *naqlibi*
shavings *(n.)* პარსვა *parsva*
shawarma *(n.)* შაურმა *Saurma*
shawl *(n.)* შალი *Sali*
she *(pron.)* ის *is*
sheading *(n.)* გარეთა *gareta*
sheaf *(n.)* კონა *kona*
shear *(v.)* ჭრა *Wra*
shears *(n.)* მაკრატელი *makrateli*
shearwall *(n.)* კარკასი *karkasi*
sheat *(n.)* გარსი *garsi*
sheath *(n.)* ქარქაში *qarqaSi*
sheath *(v.)* შემოსვა *Semosva*
sheathe *(v.)* ქარქაშში ჩაგება *qarqaSSi Cageba*
shed *(n.)* ფარდული *farduli*
shed *(v.)* ღვრა *Rvra*
sheep *(n.)* ცხვარი *cxvari*

sheepish *(adj.)* მორცხვი *morcxvi*
sheer *(adj.)* აშკარა *aSkara*
sheet *(v.)* გადაფარება *gadafareba*
sheet *(n.)* ზეწარი *zewari*
shelf *(n.)* თარო *Taro*
shell *(v.)* გამომარცვლა *gamomarcvla*
shell *(n.)* ნიჟარა *niJara*
shelter *(v.)* დაფარვა *dafarva*
shelter *(n.)* თავშესაფარი *TavSesafari*
shelve *(v.)* თაროზე წიგნების დაწყობა *Taroze wignebis dawyoba*
shepherd *(n.)* მწყემსი *mwyemsi*
shide *(n.)* შაიდი *Saidi*
shield *(v.)* დაცვა *dacva*
shield *(n.)* ფარი *fari*
shift *(n.)* გადადგმა *gadadgma*
shift *(v.)* ადგილის გადანაცვლება *adgilis gadanacvleba*
shifty *(adj.)* საზრიანი *sazriani*
shilly-shally *(v.)* ყოყმანი *yoymani*
shilly-shally *(n.)* გაუბედაობა *gaubedaoba*
shin *(n.)* წვივი *wvivi*
shine *(n.)* კაშკაში *kaSkaSi*
shine *(v.)* ნათება *naTeba*
shiny *(adj.)* მზიანი *mziani*
ship *(v.)* გადაზიდვა *gadazidva*
ship *(n.)* გემი *gemi*
shipboard *(n.)* გემზე ასვლა *gemze asvla*
shipboard *(adj.)* გემის ქიმი *gemis qimi*
shipborne *(adj.)* გემით გადასაზიდი *gemiT gadasazidi*
shipbuilder *(n.)* გემთშენებელი *gemTSenebeli*
shiplap *(n.)* გემის წრე *gemis wre*
shipload *(n.)* გემის ტვირთი *gemis tvirTi*
shipmaster *(n.)* გემის კაპიტანი *gemis kapitani*

shipmate *(n.)* ამხანაგი გემზე *amxanagi gemze*
shipment *(n.)* ტვირთი *tvirTi*
shipowner *(n.)* გემის პატრონი *gemis patroni*
shipped *(adj.)* გადაზიდული *gadaziduli*
shipping *(n.)* სავაჭრო გემები *savaWro gemebi*
shipshape *(adj.)* სრულ წესრიგში *srul wesrigSi*
shipwreck *(v.)* გემის დაღუპვა *gemis daRupva*
shipyard *(n.)* ნავსაშენი *navsaSeni*
shire *(n.)* პოლიტიკური ოლქი *politikuri olqi*
shirk *(v.)* საბოტაჟის მოწყობა *sabotaJis mowyoba*
shirker *(n.)* საბოტაჟის მომწყობი *sabotaJis momwyobi*
shirt *(n.)* მამაკაცის პერანგი *mamakacis perangi*
shive *(n.)* ხანძარი *xanZari*
shiver *(v.)* ძაგძაგი *ZagZagi*
shoal *(n.)* წყალნაკლებობა *wyalnakleboba*
shock *(v.)* მოქნევა *moqneva*
shock *(n.)* შოკი *Soki*
shoe *(v.)* ფეხზე ჩავმევა *fexze Cavmeva*
shoe *(n.)* ფეხსაცმელი *fexsacmeli*
shoot *(n.)* ყლორტი *ylorti*
shoot *(v.)* სროლა *srola*
shooting *(n.)* სროლა *srola*
shop *(v.)* საუიდლების ყიდვა *sauidlebis yidva*
shop *(n.)* მაღაზია *maRazia*
shopaholic *(n.)* შოპინგის მოყვარული *Sopingis moyvaruli*
shopaholism *(n.)* შოპაჰოლიზმი *Sopaholizmi*
shopbook *(n.)* მაღაზია *maRazia*
shopfloor *(n.)* მაღაზიის სართული *maRaziis sarTuli*
shopfront *(n.)* მაღაზიის შესასვლელი *maRaziis Sesasvleli*
shopkeep *(n.)* მაღაზიის შენახვა *maRaziis Senaxva*
shopkeeper *(n.)* მაღაზიის მეპატრონე *maRaziis mepatrone*
shoplift *(v.)* მალულად მოპარვა *malulad moparva*
shoplifter *(n.)* ქურდი *qurdi*
shopowner *(n.)* მაღაზიის მფლობელი *maRaziis mflobeli*
shopping *(n.)* საყიდლებზე წასვლა *sayidlebze wasvla*
shopping cart *(n.)* საყიდლების კალათა *sayidlebis kalaTa*
shopping centre *(n.)* საყიდლების ცენტრი *sayidlebis centri*
shopping list *(n.)* საყიდლების სია *sayidlebis sia*
shore *(v.)* გაჭრა *gaWra*
shore *(n.)* ზღვის ნაპირი *zRvis napiri*
shorefront *(n.)* სანაპირო *sanapiro*
shoreline *(n.)* სანაპირო ხაზი *sanapiro xazi*
shoreward *(adv.)* სანაპიროს მიმართულებით *sanapiros mimarTulebiT*
shoreward *(adj.)* სანაპირული *sanapiruli*
shoreweed *(n.)* ნაპირი *napiri*
short *(adv.)* უცებ *uceb*
short *(n.)* დაბალი *dabali*
short *(adj.)* მოკლე *mokle*
shortbread *(n.)* ფხვიერი ნამცხვარი *fxvieri namcxvari*
shortcake *(n.)* ნამცხვარი *namcxvari*
shortcoming *(n.)* ნაკლი *nakli*
shortcut *(n.)* მოკლე გზა *mokle gza*
shorten *(v.)* შემოკლება *Semokleba*

shortening *(n.)* შემცირება *Semcireba*
shortfall *(n.)* დეფიციტი *deficiti*
shorthand *(n.)* სტენოგრაფია *stenografia*
shortish *(adj.)* ოდნავ მოკლე *odnav mokle*
shortlist *(v.)* მოკლე სია *mokle sia*
shortlisted *(adj.)* სიაში შეყვანილი *siaSi Seyvanili*
shortly *(adv.)* მალე *male*
shorts *(n. pl.)* შორტები *Sortebi*
short-term *(adj.)* მოკლევადიანი *moklevadiani*
shot *(int.)* კადრი *kadri*
shot *(adj.)* საფანტი *safanti*
shot *(n.)* სროლა *srola*
shotgun *(n.)* სანადირო თოფი *sanadiro Tofi*
shotproof *(adj.)* ტყვია გაუმტარი *tyvia gaumtari*
shottie *(n.)* საფანტიანი იარაღი *safantiani iaraRi*
should *(v.)* უნდა *unda*
shoulder *(v.)* მხრებზე აკიდება *mxrebze akideba*
shoulder *(n.)* მხარი *mxari*
shout *(v.)* ყვირილი *yvirili*
shout *(n.)* წამოძახილი *wamoZaxili*
shove *(n.)* ჩასობა *Casoba*
shove *(v.)* ჩაჩრა *CaCra*
shovel *(v.)* ჩაბღაუჭება *CabRauWeba*
shovel *(n.)* ნიჩაბი *niCabi*
show *(n.)* ჩვენება *Cveneba*
show *(v.)* წარდგენა *wardgena*
showcase *(n.)* ვიტრინა *vitrina*
showdown *(n.)* ბანქოს გაშლა *banqos gaSla*
shower *(v.)* კოკისპირული წვიმა *kokispiruli wvima*
shower *(n.)* შხაპი *Sxapi*
showerhead *(n.)* საშხაპე *saSxape*
showerless *(adj.)* შხაპის გარეშე *Sxapis gareSe*
showerproof *(adj.)* წყალგამძლე *wyalgamZle*
showery *(adj.)* წვიმიანი *wvimiani*
showpiece *(n.)* ექსპონანტი *eqsponanti*
showroom *(n.)* გამოფენის დარბაზი *gamofenis darbazi*
showstopper *(n.)* მუშაობის შეჩერება *muSaobis SeCereba*
showup *(n.)* გამოფენა *gamofena*
shrapnel *(n.)* შრაპნელი *Srapneli*
shred *(v.)* დაქუცმაცება *daqucmaceba*
shred *(n.)* ჩვარი *Cvari*
shredder *(n.)* შრედერი *Srederi*
shrew *(n.)* ჭირვეული *Wirveuli*
shrewd *(adj.)* შორსმჭვრეტელი *SorsmWvreteli*
shriek *(v.)* ყვირილი *yvirili*
shriek *(n.)* დაყვირება *dayvireba*
shrill *(adj.)* გამგმირავი *gamgmiravi*
shrine *(n.)* აკლდამა *akldama*
shrink *(v.)* შედგომა *Sedgoma*
shrinkage *(n.)* კუმშვა *kumSva*
shroud *(v.)* დამალვა *damalva*
shroud *(n.)* სუდარა *sudara*
shrub *(n.)* ბუჩქი *buCqi*
shrug *(n.)* მხრების აჩეჩვა *mxrebis aCėCva*
shrug *(v.)* მხრების აჩეჩვა *mxrebis aCeCva*
shudder *(n.)* ძრწოლა *Zrwola*
shudder *(v.)* გაჟრჟოლება *gaJrJoleba*
shuffle *(n.)* არევა *areva*
shuffle *(v.)* თავიდან აცილება *Tavidan acileba*
shun *(v.)* არიდება *arideba*
shunt *(v.)* შეხვევა *Sexveva*
shut *(v.)* დახურვა *daxurva*
shutter *(n.)* დარაბა *daraba*

shuttle *(v.)* წინ და უკან მოძრაობა *win da ukan moZraoba*

shuttle *(n.)* საგარეუბნო მატარებელი *sagareubno matarebeli*

shuttlecock *(n.)* ჩამკეტავი *Camketavi*

shy *(v.)* სროლა *srola*

shy *(n.)* გაზნე გახტომა *gazne gaxtoma*

siamese *(adj.)* სიამის *siamis*

sibilant *(adj.)* შიშინა *SiSina*

sibilate *(v.)* სისინი *sisini*

sibilating *(n.)* შიშინი *SiSini*

sibling *(n.)* დედმამიშვილი *dedmamiSvili*

sich *(n.)* თავი *Tavi*

sick *(adj.)* ავადმყოფი *avadmyofi*

sickbag *(n.)* ავადმყოფი *avadmyofi*

sickbay *(n.)* ავადმყოფთა ადგილი *avadmyofTa adgili*

sickbed *(n.)* ავადმყოფის ლოგინი *avadmyofis logini*

sicken *(v.)* ავადმყოფობა *avadmyofoba*

sickened *(adj.)* დაავადებული *daavadebuli*

sickle *(n.)* ნამგალი *namgali*

sickly *(adj.)* ავადმყოფური *avadmyofuri*

sickness *(n.)* სნეულება *sneuleba*

side *(v.)* ვინმეს მხარეს გადასვლა *vinmes mxares gadasvla*

side *(n.)* მხარე *mxare*

sidearm *(adj.)* ხელით ნასროლი *xeliT nasroli*

sidearm *(v.)* ხელით სროლა *xeliT srola*

sidearm *(n.)* ხელსასროლი იარაღი *xelsasroli iaraRi*

sideband *(n.)* ბენდი *bendi*

sidebar *(n.)* ქვესათაური *qvesaTauri*

sideboard *(n.)* ბუფეტი *bufeti*

sidebox *(n.)* გვერდითი ყუთი *gverdiTi yuTi*

sideburn *(n.)* გვერდითი წვა *gverdiTi wva*

sideburns *(n.)* ბაკები *bakebi*

sidecar *(n.)* მისაბმელიანი მანქანა *misabmeliani manqana*

sideline *(n.)* ზღვარი *zRvari*

sideline *(v.)* ზღვარის გავლება *zRvaris gavleba*

sidereal *(adj.)* ვარსკვლავური *varskvlavuri*

side-saddle *(n.)* უნაგირი *unagiri*

sideshow *(n.)* ბერკეტი *berketi*

side-stream *(n.)* გვერდითი ნაკადი *gverdiTi nakadi*

sidestroke *(n.)* ტროტუარი *trotuari*

sidetrack *(v.)* სათადარიგო გზა *saTadarigo gza*

sidetrack *(n.)* ტროტუარი *trotuari*

sidewalk *(n.)* ტროტუარი *trotuari*

sidewall *(n.)* გვერდითი კედელი *gverdiTi kedeli*

sideway *(n.)* ქვეთის გზა *qveTis gza*

sidewind *(n.)* გვერდითი ქარი *gverdiTi qari*

siege *(n.)* ალყა *alya*

siege *(v.)* ალყის შემორტყმა *alyis Semortyma*

siesta *(n.)* სიესტა *siesta*

sieve *(v.)* ალყის შემორტყმა *alyis Semortyma*

sieve *(n.)* ალყა *alya*

sift *(v.)* სარეველა *sarevela*

sigh *(v.)* ამოსუნთქვა *amosunTqva*

sigh *(n.)* ამოსუნთქვა *amosunTqva*

sight *(v.)* მხედველობა *mxedveloba*

sight *(n.)* მხედველობა *mxedveloba*

sightly *(adj.)* ლამაზი *lamazi*

sign *(v.)* ნიშანი *niSani*

sign *(n.)* ნიშანი *niSani*

signal *(v.)* სიგნალი *signali*

signal *(n.)* სიგნალი *signali*

signatory *(n.)* ხელმომწერი xelmomweri
signature *(n.)* ხელმოწერა xelmowera
significance *(n.)* მნიშვნელობა mniSvneloba
significant *(adj.)* მნიშვნელოვანი mniSvnelovani
signification *(n.)* მნიშვნელობა mniSvneloba
signify *(v.)* ნიშნავს niSnavs
signing *(n.)* ხელმოწერა xelmowera
silence *(v.)* სიჩუმე siCume
silence *(n.)* სიჩუმე siCume
silencer *(n.)* დუმილი dumili
silent *(adj.)* ჩუმად Cumad
silently *(adv.)* ჩუმად Cumad
silhouette *(n.)* სილუეტი silueti
silica *(n.)* სილიციუმის დიოქსიდი siliciumis dioqsidi
silicene *(n.)* სილიციუმი siliciumi
silicon *(n.)* სილიკონი silikoni
silk *(n.)* აბრეშუმი abreSumi
silken *(adj.)* აბრეშუმი abreSumi
silky *(adj.)* აბრეშუმისებრი abreSumisebri
silly *(adj.)* სულელური suleluri
silt *(n.)* ნალექი naleqi
silver *(n.)* ვერცხლი vercxli
similar *(adj.)* მსგავსი msgavsi
similarity *(n.)* მსგავსება msgavseba
simile *(n.)* მიბაძვა mibaZva
similitude *(n.)* სიმსუბუქე simsubuqe
simmer *(v.)* ზუზუნა zuzuna
simple *(adj.)* მარტივი martivi
simpleton *(n.)* უბრალო ubralo
simplicity *(n.)* სიმარტივე simartive
simplification *(n.)* გამარტივება gamartiveba
simplify *(v.)* გამარტივება gamartiveba

simultaneous *(adj.)* ერთდროულად erTdroulad
sin *(v.)* ცოდვა codva
sin *(n.)* ცოდვა codva
since *(conj.)* მას შემდეგ mas Semdeg
since *(prep.)* დაწყებული dawyebuli
sincere *(adj.)* გულწრფელი gulwrfeli
sincerity *(n.)* გულწრფელობა gulwrfeloba
sinful *(adj.)* ცოდვილი codvili
sing *(v.)* სიმღერა simRera
singe *(n.)* ცოდვა codva
singe *(v.)* შეშინება SeSineba
singer *(n.)* მომღერალი momRerali
single *(v.)* ამორჩევა amorCeva
single *(n.)* ერთი erTi
single *(adj.)* განმარტოებული ganmartoebuli
single-handedly *(adv.)* ცალი ხელით cali xeliT
singular *(adj.)* არაჩვეულებრივი araCveulebrivi
singularity *(n.)* თავისებურება Tavisebureba
singularly *(adv.)* თავისებურად Taviseburad
sinister *(adj.)* ავბედი avbedi
sink *(n.)* ჩასადენი მილი Casadeni mili
sink *(v.)* ჩაძირვა CaZirva
sinner *(n.)* ცოდვილი codvili
sinuous *(adj.)* ხვეული xveuli
sip *(n.)* პატარა ყლუპი patara ylupi
sip *(v.)* წრუპვა wrupva
sir *(n.)* ბატონი batoni
siren *(n.)* სირენა sirena
sister *(n.)* და da
sisterhood *(n.)* დობა doba
sisterly *(adj.)* დურად durad
sit *(v.)* ჯდომა jdoma
site *(n.)* ადგილი adgili

situation *(n.)* სიტუაცია *situacia*
six *(n.)* ექვსი *eqvsi*
sixteen *(n., adj.)* თექვსმეტი *Teqvsmeti*
sixteenth *(adj.)* მეთექვსმეტე *meTeqvsmete*
sixth *(adj.)* მეექვსე *meeqvse*
sixtieth *(adj.)* მესამოცე *mesamoce*
sixty *(n., adj.)* სამოცი *samoci*
sizable *(adj.)* მნიშვნელოვანი *mniSvnelovani*
size *(n.)* ზომა *zoma*
size *(v.)* ზომის განსაზღვრა *zomis gansazRvra*
sizzle *(n.)* შიშინი *SiSini*
sizzle *(v.)* შიშხინი *SiSxini*
skate *(n.)* ციგურები *cigurebi*
skate *(v.)* ციგურებით სრიალი *cigurebiT sriali*
skater *(n.)* მოციგურავე *mocigurave*
skein *(n.)* სკეინი *skeini*
skeleton *(n.)* ჩონჩხი *ConCxi*
sketch *(v.)* მონახაზების გაკეთება *monaxazebis gakeTeba*
sketch *(n.)* მონახაზი *monaxazi*
sketchy *(adj.)* არასრული *arasruli*
skid *(n.)* სრიალი *sriali*
skid *(v.)* ბუქსაობა *buqsaoba*
skilful *(adj.)* მარჯვე *marjve*
skill *(n.)* ოსტატობა *ostatoba*
skin *(v.)* გატყავება *gatyaveba*
skin *(n.)* ტყავი *tyavi*
skip *(n.)* ნახტომი *naxtomi*
skip *(v.)* შეხტომა *Sextoma*
skipper *(n.)* გუნდის კაპიტანი *gundis kapitani*
skirmish *(v.)* ბრძოლა *brZola*
skirmish *(n.)* შეტაკება *Setakeba*
skirt *(v.)* გარშემორტყმა *garSemortyma*
skirt *(n.)* ქვედაბოლო *qvedabolo*
skit *(n.)* სკეტჩი *sketCi*

skull *(n.)* თავის ქალა *Tavis qala*
sky *(v.)* აგდება *agdeba*
sky *(n.)* ცა *ca*
skyscraper *(n.)* ცათამბჯენი *caTambjeni*
slab *(n.)* ქვის ფილა *qvis fila*
slack *(adj.)* ზოზინა *zozina*
slacken *(v.)* შენელება *Seneleba*
slacks *(n.)* ნახშირის მტვერი *naxSiris mtveri*
slake *(v.)* წყურვილის მოკვლა *wyurvilis mokvla*
slam *(n.)* მიჯახუნება *mijaxuneba*
slam *(v.)* კარების მიჯახუნება *karebis mijaxuneba*
slander *(n.)* ცილისწამება *ciliswameba*
slander *(v.)* ჭორაობა *Woraoba*
slanderous *(adj.)* ცილისმწამებლური *cilismwamebluri*
slang *(n.)* ჟარგონი *Jargoni*
slant *(n.)* დახრა *daxra*
slant *(v.)* დაქანების ქონა *daqanebis qona*
slap *(v.)* ტყლაშუნი *tylaSuni*
slap *(n.)* მირტყმა *mirtyma*
slash *(n.)* მკვეთრი დარტყმა *mkveTri dartyma*
slash *(v.)* ხმლით ჩეხა *xmliT Cexa*
slate *(n.)* ფიქალი *fiqali*
slather *(v.)* შლატი *Slati*
slattern *(n.)* ფეთხუმი *feTxumi*
slatternly *(adj.)* უწესრიგო *uwesrigo*
slaughter *(v.)* ხოცვა-ჟლეტა *xocva-Jleta*
slaughter *(n.)* სისხლის ღვრა *sisxlis Rvra*
slave *(v.)* მონასავით მუშაობა *monasaviT muSaoba*
slave *(n.)* მონა *mona*
slavery *(n.)* მონობა *monoba*
slavish *(adj.)* მონური *monuri*

slay *(v.)* კვლა *kvla*
sleek *(adj.)* გლუვი *gluvi*
sleep *(n.)* ძილი *Zili*
sleep *(v.)* დაძინება *daZineba*
sleeper *(n.)* მძინარე *mZinare*
sleepy *(adj.)* მძინარა *mZinara*
sleeve *(n.)* სახელო *saxelo*
sleight *(n.)* ჭირვეულობა *Cirveuloba*
slender *(adj.)* ტანადი *tanadi*
slice *(v.)* ნაჭრებად დაჭრა *naWrebad daWra*
slice *(n.)* ნაჭერი *naWeri*
slick *(adj.)* გლუვი *gluvi*
slide *(n.)* სრიალი *sriali*
slide *(v.)* დაცურება *dacureba*
slight *(v.)* აბუჩად აგდება *abuCad agdeba*
slight *(n.)* უყურადღებობა *uyuradReboba*
slight *(adj.)* ცოტაოდენი *cotaodeni*
slim *(v.)* გახდომა *gaxdoma*
slim *(adj.)* გამხდარი *gamxdari*
slime *(n.)* ლორწო *lorwo*
slimy *(adj.)* ლორწოვანი *lorwovani*
sling *(n.)* ღვედი *Rvedi*
slip *(n.)* სხლეტა *sxleta*
slip *(v.)* დაცურება *dacureba*
slip road *(n.)* სასრიალო გზა *sasrialo gza*
slipper *(n.)* ფლოსტები *flostebi*
slippery *(adj.)* სრიალა *sriala*
slipshod *(adj.)* დაუდევარი *daudevari*
slit *(v.)* გაჭრა *gaWra*
slit *(n.)* განაჭერი *ganaWeri*
slogan *(n.)* ლოზუნგი *lozungi*
slope *(v.)* დაშვება *daSveba*
slope *(n.)* დაღმართი *daRmarTi*
slot *(n.)* განაჭერი *ganaWeri*
slot. *(v.)* დადება *dadeba*
sloth *(n.)* ზარმაცობა *zarmacoba*
slothful *(n.)* ზანტი *zanti*
slough *(v.)* ტყავის გამოცვლა *tyavis gamocvla*
slough *(n.)* ჭაობიანი გუბურა *Waobiani gubura*
slovenly *(adj.)* უსუფთაო *usufTao*
slow *(v.)* შენელება *Seneleba*
slow *(adj.)* ნელი *neli*
slow motion *(n.)* შენელებული კადრი *Senelebuli kadri*
slowly *(adv.)* ნელა *nela*
slowness *(n.)* სინელე *sinele*
sluggard *(n.)* ზარმაცი *zarmaci*
sluggish *(adj.)* ზოზინა *zozina*
sluice *(n.)* გარეცხვა *garecxva*
slum *(n.)* ჯურღმული *jurRmuli*
slumber *(n.)* ძილი *Zili*
slumber *(v.)* თვლემა *Tvlema*
slump *(v.)* მკვეთრად დაცემა *mkveTrad dacema*
slump *(n.)* კრიზისი *krizisi*
slur *(n.)* ბგერების ყლაპვა *bgerebis ylapva*
slush *(n.)* გამდნარი თოვლი *gamdnari Tovli*
slushy *(adj.)* ტალახიანი *talaxiani*
slut *(n.)* ფეთხუმი *feTxumi*
sly *(adj.)* ეშმაკი *eSmaki*
smack *(v.)* გემოს ქონა *gemos qona*
smack *(n.)* კოცნა *kocna*
small *(n.)* პატარა *patara*
small *(adj.)* მცირე *mcire*
smallness *(adv.)* პატარაობა *pataraoba*
smallpox *(n.)* ყვავილი *yvavili*
smart *(n.)* გონიერება *gonierebа*
smart *(v.)* ტკივილი *tkivili*
smart *(adj.)* ჭკვიანი *Wkviani*
smartly *(adv.)* ჭკვიანურად *Wkvianurad*
smash *(n.)* მსხვრევა *msxvreva*

smash *(v.)* დამტვრევა *damtvreva*
smear *(n.)* ლაქა *laqa*
smear *(v.)* გათხუპნა *gaTxupna*
smell *(v.)* ყნოსვა *ynosva*
smell *(n.)* სუნი *suni*
smelt *(v.)* გადნობა *gadnoba*
smile *(v.)* გაღიმება *gaRimeba*
smile *(n.)* ღიმილი *Rimili*
smith *(n.)* მჭედელი *mWedeli*
smock *(n.)* სამუშაო ხალათი *samuSao xalaTi*
smog *(n.)* სმოგი *smogi*
smoke *(v.)* ბოლვა *bolva*
smoke *(n.)* ბოლი *boli*
smoking *(n.)* მოწევა *moweva*
smoky *(adj.)* ბოლიანი *boliani*
smooth *(v.)* მოსწორება *mosworeba*
smooth *(adj.)* მწყობრი *mwyobri*
smoothie *(n.)* მწყობრი *mwyobri*
smother *(v.)* დახრჩობა *daxrCoba*
smoulder *(v.)* ბჟუტვა *bJutva*
smug *(adj.)* თვითკმაყოფილი *TviTkmayofili*
smuggle *(v.)* კონტრაბანდობა *kontrabandoba*
smuggler *(n.)* კონტრაბანდისტი *kontrabandisti*
snack *(n.)* მსუბუქი საუზმე *msubuqi sauzme*
snag *(n.)* ნუჟრი *nuJri*
snail *(n.)* ლოკოკინა *lokokina*
snake *(v.)* კლაკნა *klakna*
snake *(n.)* გველი *gveli*
snap *(adj.)* მოუფიქრებელი *moufiqrebeli*
snap *(n.)* ტკაცუნი *tkacuni*
snap *(v.)* გადამტვრევა *gadamtvreva*
snapshot *(n.)* მომენტალური ფოტოსურათი *momentaluri fotosuraTi*
snare *(v.)* დაჭერა *daWera*
snare *(n.)* მახე *maxe*
snarl *(v.)* ღრიალი *Rriali*
snarl *(n.)* ბრდღვინვა *brdRvinva*
snatch *(n.)* ნახტომი *naxtomi*
snatch *(v.)* ხელის წავლება *xelis wavleba*
sneak *(n.)* დამსმენი *damsmeni*
sneak *(v.)* დასმენა *dasmena*
sneer *(n.)* ჩაცინება *Cacineba*
sneer *(v.)* გამასხარავება *gamasxaraveba*
sneeze *(n.)* ცემინება *cemineba*
sneeze *(v.)* დაცემინება *dacemineba*
sniff *(n.)* ქშენა *qSena*
sniff *(v.)* შესუნთქვა *SesunTqva*
sniper *(n.)* სნაიპერი *snaiperi*
snob *(n.)* სნობი *snobi*
snobbery *(n.)* სნობიზმი *snobizmi*
snobbish *(v.)* ყბედობა *ybedoba*
snoop *(v.)* აცლა *acla*
snoot *(n.)* მოპარვა *moparva*
snooze *(v.)* ჩათვლემა *CaTvlema*
snore *(n.)* ხვრინვა *xvrinva*
snore *(v.)* ხვრინვა *xvrinva*
snort *(n.)* ფრუტუნი *frutuni*
snort *(v.)* ქშინვა *qSinva*
snout *(n.)* დრუნჩი *drunCi*
snow *(v.)* თოვა *Tova*
snow *(n.)* თოვლი *Tovli*
snow boot *(n.)* თოვლის ჩექმა *Tovlis Ceqma*
snowfall *(n.)* თოვლი *Tovli*
snowy *(adj.)* თოვლიანი *Tovliani*
snub *(adj.)* ჩაფლული *Cafluli*
snub *(v.)* ჩაფლული *Cafluli*
snuff *(n.)* მაყუჩი *mayuCi*
snug *(n.)* თოფი *Tofi*
so *(conj.)* ასე *ase*
so *(adv.)* ისე *ise*

soak *(n.)* გაჟღენთილი gaJRenTili
soak *(v.)* გაჟღენთა gaJRenTa
soap *(v.)* დაბანა dabana
soap *(n.)* საპონი saponi
soapy *(adj.)* საპნიანი sapniani
soar *(v.)* ამაღლება amaRleba
sob *(n.)* ტირილი tirili
sob *(v.)* ტირილი tirili
sober *(adj.)* ფხიზელი fxizeli
sobriety *(n.)* თავაზიანობა Tavazianoba
sociability *(n.)* კომუნიკაბელურობა komunikabeluroba
sociable *(adj.)* კომუნიკაბელური komunikabeluri
social *(n.)* სოციალური socialuri
socialism *(n.)* სოციალიზმი socializmi
socialist *(n.)* სოციალისტური socialisturi
socialite *(n.)* საზოგადოება sazogadoeba
society *(n.)* საზოგადოება sazogadoeba
sociology *(n.)* სოციოლოგია sociologia
sock *(n.)* წინდები windebi
socket *(n.)* შტეფსელის როზეტი Stefselis rozeti
sod *(n.)* ტურფა turfa
sodomite *(n.)* ჰომოსექსუალი homoseqsuali
sodomy *(n.)* ჰომოსექსუალობა homoseqsualoba
sofa *(n.)* დივანი divani
soft *(adj.)* რბილი rbili
soft copy *(n.)* მსუბუქი ასლი msubuqi asli
soften *(v.)* არბილებს arbilebs
softener *(n.)* დარბილებული darbilebuli
soggy *(adj.)* ნესტიანი nestiani

soil *(v.)* ნიადაგი niadagi
soil *(n.)* ნიადაგი niadagi
sojourn *(n.)* დროებითი ყოფნა droebiTi yofna
sojourn *(v.)* დროებითი ყოფნა droebiTi yofna
solace *(n.)* დამშვიდება damSvideba
solace *(v.)* ნუგეში nugeSi
solar *(adj.)* მზის mzis
solar panel *(n.)* მზის პანელი mzis paneli
solder *(v.)* გამაჯანსაღებელი gamajansaRebeli
solder *(n.)* გამაჯანსაღებელი gamajansaRebeli
soldier *(v.)* ჯარისკაცი jariskaci
soldier *(n.)* ჯარისკაცი jariskaci
sole *(adj.)* ერთადერთი erTaderTi
sole *(n.)* ერთადერთი erTaderTi
solemn *(adj.)* საზეიმო sazeimo
solemnity *(n.)* საზეიმო sazeimo
solemnize *(v.)* საზეიმოდ sazeimod
solicit *(v.)* შუამდგომლობა Suamdgomloba
solicitation *(n.)* შუამდგომლობა Suamdgomloba
solicitor *(n.)* ადვოკატი advokati
solicitous *(adj.)* მზრუნველი mzrunveli
solicitude *(n.)* მზრუნველობა mzrunveloba
solid *(n.)* მყარი myari
solid *(adj.)* მყარად myarad
solidarity *(n.)* სოლიდარობა solidaroba
solidify *(v.)* გამაგრება gamagreba
soliloquy *(n.)* მონოლოგი monologi
solitaire *(n.)* ტროტუარი trotuari
solitary *(adj.)* განმარტოებული ganmartoebuli
solitude *(n.)* მარტოობა martooba

solo *(adj.)* სოლო *solo*
solo *(n.)* სოლო *solo*
soloist *(n.)* სოლისტი *solisti*
solubility *(n.)* ხსნადობა *xsnadoba*
soluble *(adj.)* ხსნადი *xsnadi*
solution *(n.)* გამოსავალი *gamosavali*
solve *(v.)* გადაჭრა *gadaWra*
solvency *(n.)* გადახდისუნარიანობა *gadaxdisunarianoba*
solvent *(n.)* გამხსნელი *gamxsneli*
solvent *(adj.)* გამხსნელი *gamxsneli*
sombre *(adj.)* გამხსნელი *gamxsneli*
some *(pron.)* ზოგი *zogi*
some *(adj.)* ზოგი *zogi*
somebody *(n.)* ვიღაც *viRac*
somebody *(pron.)* ვიღაც *viRac*
somehow *(adv.)* რატომღაც *ratomRac*
someone *(pron.)* ვიღაც *viRac*
somersault *(v.)* საზრიანობა *sazrianoba*
somersault *(n.)* ზაზუნა *zazuna*
something *(adv.)* რაღაც *raRac*
something *(pron.)* რაღაც *raRac*
sometime *(adv.)* ხანდახან *xandaxan*
sometimes *(adv.)* ზოგჯერ *zogjer*
somewhat *(adv.)* გარკვეულწილად *garkveulwilad*
somewhere *(adv.)* სადღაც *sadRac*
somnambulism *(n.)* სომნამბულიზმი *somnambulizmi*
somnambulist *(n.)* სომნბულალისტი *somnbulalisti*
somnolence *(n.)* უძილობა *uZiloba*
somnolent *(adj.)* საძილე *saZile*
son *(n.)* შვილი *Svili*
song *(n.)* სიმღერა *simRera*
songster *(n.)* შემსრულებელი *Semsrulebeli*
sonic *(adj.)* ხმა *xma*
sonnet *(n.)* სონეტი *soneti*

sonography *(n.)* სონოგრაფია *sonografia*
sonority *(n.)* სონორიზმი *sonorizmi*
soon *(adv.)* მალე *male*
soot *(v.)* ბუნებრივი აირის ნამწვი *bunebrivi airis namwvi*
soot *(n.)* ბუნებრივი აირის ნამწვი *bunebrivi airis namwvi*
soothe *(v.)* დამამშვიდებლად *damamSvideblad*
sophism *(n.)* სოფიზმი *sofizmi*
sophist *(n.)* დახვეწილი *daxvewili*
sophisticate *(n.)* დახვეწილი *daxvewili*
sophisticated *(adj.)* რთული *rTuli*
sophistication *(n.)* დახვეწილობა *daxvewiloba*
sorcerer *(n.)* ჯადოქარი *jadoqari*
sorcery *(n.)* ჯადოქრობა *jadoqroba*
sordid *(adj.)* ბინძური *binZuri*
sore *(n.)* სატკივარი *satkivari*
sore *(adj.)* დაავადებული *daavadebuli*
sorrow *(v.)* მწუხარებ *mwuxareb*
sorrow *(n.)* მწუხარებ *mwuxareb*
sorry *(adj.)* ბოდიში *bodiSi*
sort *(n.)* დალაგება *dalageba*
sort *(v.)* სახეობა *saxeoba*
soul *(n.)* სული *suli*
sound *(v.)* ხმა *xma*
sound *(adj.)* ხმა *xma*
sound system *(n.)* ხმის სისტემა *xmis sistema*
soundproof *(adj.)* ხმაგაუმტარი *xmagaumtari*
soundtrack *(n.)* საუნდტრეკი *saundtreki*
soup *(n.)* სუპი *supi*
sour *(v.)* მაწონი *mawoni*
sour *(adj.)* მჟავე *mJave*
source *(n.)* წყარო *wyaro*
south *(adj.)* სამხრეთი *samxreTi*

southerly *(adj.)* სამხრეთით *samxreTiT*
southern *(adj.)* სამხრეთით *samxreTiT*
souvenir *(n.)* მეხსიერება *mexsiereba*
sovereign *(adj.)* სუვერენული *suverenuli*
sovereign *(n.)* სუვერენული *suverenuli*
sovereignty *(n.)* სუვერენიტეტი *suvereniteti*
sow *(v.)* დათესვა *daTesva*
space *(v.)* სივრცე *sivrce*
space *(n.)* სივრცე *sivrce*
spacecraft *(n.)* კოსმოსური ხომალდი *kosmosuri xomaldi*
spacious *(adj.)* ფართო *farTo*
spade *(v.)* ნიჩბით თხრა *niCbiT Txra*
spade *(n.)* ნიჩაბი *niCabi*
span *(v.)* დაჭერა *daWera*
span *(n.)* დაჭერა *daWera*
Spaniard *(n.)* ესპანელი *espaneli*
spaniel *(n.)* სპანიელი *spanieli*
Spanish *(n.)* ესპანური *espanuri*
Spanish *(adj.)* ესპანური *espanuri*
spanner *(n.)* ჩანგლის გასაღები *Canglis gasaRebi*
spare *(adj.)* სათადარიგო *saTadarigo*
spare *(v.)* სათადარიგო *saTadarigo*
spark *(v.)* ნაპერწკალი *naperwkali*
spark *(n.)* ნაპერწკალი *naperwkali*
sparkle *(n.)* კაშკაში *kaSkaSi*
sparkle *(v.)* ბრწყინავს *brwyinavs*
sparrow *(n.)* ბეღურა *beRura*
sparse *(adj.)* იშვიათი *iSviaTi*
spasm *(n.)* სპაზმი *spazmi*
spasmodic *(adj.)* სპაზმური *spazmuri*
spate *(n.)* ტალღა *talRa*
spatial *(adj.)* სივრცითი *sivrciTi*
spawn *(v.)* ქვირითობა *qviriToba*
spawn *(n.)* ქვირითობა *qviriToba*
speak *(v.)* საუბარი *saubari*
speaker *(n.)* სპიკერი *spikeri*
spear *(v.)* შუბი *Subi*
spear *(n.)* შუბი *Subi*
spearhead *(v.)* შუბის წერტილი *Subis wertili*
spearhead *(n.)* შუბის წერტილი *Subis wertili*
special *(adj.)* სპეციალური *specialuri*
specialist *(n.)* სპეციალისტი *specialisti*
speciality *(n.)* სპეციალობა *specialoba*
specialization *(n.)* სპეციალობა *specialoba*
specialize *(v.)* სპეციალიზაცია *specializacia*
species *(n.)* სახეობები *saxeobebi*
specific *(adj.)* სპეციფიკური *specifikuri*
specification *(n.)* სპეციფიკაცია *specifikacia*
specify *(v.)* დაზუსტება *dazusteba*
specimen *(n.)* ნიმუში *nimuSi*
speck *(n.)* ბეკონი *bekoni*
speckle *(n.)* ლაქა *laqa*
spectacle *(n.)* შოუ *Sou*
spectacular *(adj.)* სანახაობრივი *sanaxaobrivi*
spectator *(n.)* მაყურებელი *mayurebeli*
spectre *(n.)* სპექტრი *speqtri*
spectrum *(n.)* სპექტრი *speqtri*
speculate *(v.)* სპეკულირება *spekulireba*
speculation *(n.)* სპეკულაცია *spekulacia*
speech *(n.)* მეტყველება *metyveleba*
speed *(v.)* სიჩქარე *siCqare*
speed *(n.)* სიჩქარე *siCqare*
speedily *(adv.)* სწრაფად *swrafad*
speedy *(adj.)* ჩქარი *Cqari*

spell *(v.)* შელოცვა *Selocva*
spell *(n.)* შელოცვა *Selocva*
spelling *(n.)* მართლწერა *marTlwera*
spend *(v.)* დახარჯვა *daxarjva*
spendthrift *(n.)* დახარისხება *daxarisxeba*
sperm *(n.)* სპერმა *sperma*
sphere *(n.)* სფერო *sfero*
spherical *(adj.)* სფერული *sferuli*
spice *(v.)* სუნელი *suneli*
spice *(n.)* სუნელი *suneli*
spicy *(adj.)* არომატული *aromatuli*
spider *(n.)* ობობა *oboba*
spike *(v.)* სიჩქარე *siCqare*
spike *(n.)* შუბი *Subi*
spill *(n.)* ლაქა *laqa*
spill *(v.)* დაღვრა *daRvra*
spin *(n.)* დატრიალება *datrialeba*
spin *(v.)* დატრიალება *datrialeba*
spinach *(n.)* ისპანახი *ispanaxi*
spinal *(adj.)* ხერხემლის *xerxemlis*
spindle *(n.)* ღერძი *RerZi*
spine *(n.)* ხერხემალი *xerxemali*
spinner *(n.)* სპინერი *spineri*
spinster *(n.)* სპინსტერი *spinsteri*
spiral *(adj.)* სპირალი *spirali*
spiral *(n.)* სპირალი *spirali*
spirit *(n.)* სული *suli*
spirited *(adj.)* სპირტიანი *spirtiani*
spiritual *(adj.)* სულიერი *sulieri*
spiritualism *(n.)* სპირიტუალიზმი *spiritualizmi*
spiritualist *(n.)* სულიერი *sulieri*
spirituality *(n.)* სულიერება *suliereba*
spit *(n.)* შამფური *Samfuri*
spit *(v.)* შამფურზე *Samfurze*
spite *(n.)* ბოროტება *boroteba*
spittle *(n.)* შამფური *Samfuri*
spittoon *(n.)* დამნაშავეები *damnaSaveebi*
splash *(n.)* ნაპერწკალი *naperwkali*
splash *(v.)* ნაპერწკალი *naperwkali*
spleen *(n.)* ელენთა *elenTa*
splendid *(adj.)* ბრწყინვალე *brwyinvale*
splendour *(n.)* ბრწყინვალება *brwyinvaleba*
splinter *(v.)* ნამსხვრევი *namsxvrevi*
splinter *(n.)* სპლინტერი *splinteri*
split *(n.)* გაყოფილი *gayofili*
split *(v.)* გაყოფა *gayofa*
spoil *(v.)* გაძარცვა *gaZarcva*
spoil *(n.)* ნაგავსაყრელი *nagavsayreli*
spoke *(n.)* საუბარი *saubari*
spokesman *(n.)* სპიკერი *spikeri*
sponge *(v.)* ღრუბელი *Rrubeli*
sponge *(n.)* ღრუბელი *Rrubeli*
sponsor *(v.)* სპონსორი *sponsori*
sponsor *(n.)* სპონსორი *sponsori*
spontaneity *(n.)* სპონტანურობა *spontanuroba*
spontaneous *(adj.)* სპონტანური *spontanuri*
spoon *(n.)* კოვზი *kovzi*
spoonful *(n.)* კოვზით სავსე *kovziT savse*
sporadic *(adj.)* ერთეული *erTeuli*
sport *(v.)* სპორტი *sporti*
sport *(n.)* სპორტი *sporti*
sportive *(adj.)* სპორტული *sportuli*
sportsman *(n.)* სპორტსმენი *sportsmeni*
spot *(v.)* ლაქა *laqa*
spot *(n.)* ლაქა *laqa*
spotless *(adj.)* ლაქის გარეშე *laqis gareSe*
spotlight *(n.)* პროჟექტორი *proJeqtori*
spousal *(adj.)* მეუღლე *meuRle*
spouse *(n.)* მეუღლე *meuRle*
spout *(v.)* ნაპერწკალი *naperwkali*

spout *(n.)* ნაპერწკალი *naperwkali*
sprain *(v.)* ღრძობა *RrZoba*
spray *(v.)* შეშხეფება *SeSxefeba*
spray *(n.)* აეროზოლი *aerozoli*
spread *(n.)* გავრცელდა *gavrcelda*
spread *(v.)* გავრცელება *gavrceleba*
spree *(n.)* მხიარული *mxiaruli*
sprig *(n.)* ყლორტი *ylorti*
sprightly *(adj.)* მხიარული *mxiaruli*
spring *(n.)* გაზაფხული *gazafxuli*
spring *(v.)* გაზაფხული *gazafxuli*
sprinkle *(v.)* შუშხუნა *SuSxuna*
sprint *(n.)* სპრინტი *sprinti*
sprint *(v.)* სპრინტი *sprinti*
sprout *(n.)* ყლორტი *ylorti*
sprout *(v.)* გაქცევა *gaqceva*
spur *(v.)* დაყრდნობა *dayrdnoba*
spur *(n.)* დაყრდნობა *dayrdnoba*
spurious *(adj.)* მომაბეზრებელი *momabezrebeli*
spurn *(v.)* ბიძგება *biZgeba*
spurt *(n.)* ხუჭუჭა *xuWuWa*
spurt *(v.)* გადაყრა *gadayra*
sputnik *(n.)* სატელიტი *sateliti*
sputum *(n.)* ნახველი *naxveli*
spy *(v.)* ჯაშუშობა *jaSuSoba*
spy *(n.)* ჯაშუში *jaSuSi*
squad *(n.)* რაზმი *razmi*
squadron *(n.)* რაზმი *razmi*
squalid *(adj.)* ყუბედური *yubeduri*
squalor *(n.)* ჭუჭყიანი *WuWyiani*
squander *(v.)* გაპარტახება *gapartaxeba*
square *(adj.)* მოედანი *moedani*
square *(n.)* მოედანი *moedani*
squash *(n.)* ყაბაყი *yabayi*
squash *(v.)* ყაბაყი *yabayi*
squat *(v.)* მარაგი *maragi*
squeak *(n.)* ქერქი *qerqi*
squeak *(v.)* ყვირილი *yvirili*
squeeze *(v.)* შესუსტება *Sesusteba*
squint *(n.)* სიელმე *sielme*
squint *(v.)* სიელმე *sielme*
squire *(n.)* ციყვი *ciyvi*
squirrel *(n.)* ციყვი *ciyvi*
stab *(n.)* დანის დარტყმა *danis dartyma*
stab *(v.)* დანის დარტყმა *danis dartyma*
stability *(n.)* სტაბილურობა *stabiluroba*
stabilization *(n.)* სტაბილიზაცია *stabilizacia*
stabilize *(v.)* სტაბილიზაცია *stabilizacia*
stable *(n.)* სტაბილური *stabiluri*
stable *(adj.)* სტაბილური *stabiluri*
stadium *(n.)* სტადიონი *stadioni*
staff *(v.)* პერსონალი *personali*
staff *(n.)* პერსონალი *personali*
stag *(n.)* ირემი *iremi*
stage *(v.)* სცენა *scena*
stage *(n.)* სცენა *scena*
stagger *(n.)* გაოგნებული *gaognebuli*
stagger *(v.)* გაოგნებული *gaognebuli*
stagnant *(adj.)* გაჩერებული *gaCerebuli*
stagnate *(v.)* სტაგნაცია *stagnacia*
stagnation *(n.)* სტაგნაცია *stagnacia*
staid *(adj.)* ეტაპობრივი *etapobrivi*
stain *(v.)* ლაქა *laqa*
stain *(n.)* ლაქა *laqa*
stainless *(adj.)* უჟანგავი *uJangavi*
stair *(n.)* კიბე *kibe*
staircase *(n.)* კიბე *kibe*
stake *(v.)* წილი *wili*
stake *(n.)* წილი *wili*
stale *(v.)* დაძველებული *daZvelebuli*

stale *(adj.)* დაძველებული *daZvelebuli*
stalemate *(n.)* ჩიხი *Cixi*
stalk *(v.)* ღერო *Rero*
stalk *(n.)* ღერო *Rero*
stall *(v.)* შეფერხება *Seferxeba*
stall *(n.)* შეფერხება *Seferxeba*
stallion *(n.)* სადგამი *sadgami*
stalwart *(n.)* გადამწყვეტი *gadamwyveti*
stalwart *(adj.)* ერთგული *erTguli*
stamina *(n.)* გამძლეობა *gamZleoba*
stammer *(v.)* ენის ბორძიკი *enis borZiki*
stammer *(n.)* ნაკუწები *nakuwebi*
stamp *(v.)* შტამპი *Stampi*
stamp *(n.)* შტამპი *Stampi*
stampede *(v)* ფრენა *frena*
stampede *(n.)* პანიკური გაქცევა *panikuri gaqceva*
stand *(n.)* დგომა *dgoma*
stand *(v.)* დგომა *dgoma*
standard *(adj.)* სტანდარტული *standartuli*
standard *(n.)* სტანდარტული *standartuli*
standardization *(n.)* სტანდარტიზაცია *standartizacia*
standardize *(v.)* სტანდარტიზაცია *standartizacia*
standing *(n.)* დგომა *dgoma*
standpoint *(n.)* თვალსაზრისი *Tvalsazrisi*
standstill *(n.)* გაჩერება *gaCereba*
stanza *(n.)* სტროფი *strofi*
staple *(v.)* დაყრდნობა *dayrdnoba*
staple *(adj.)* მთავარი *mTavari*
staple *(n.)* მთავარი *mTavari*
star *(v.)* ვარსკვლავი *varskvlavi*
star *(n.)* ვარსკვლავი *varskvlavi*
starch *(v.)* სახამებელი *saxamebeli*
starch *(n.)* სახამებელი *saxamebeli*
stardom *(n.)* ვარსკვლავები *varskvlavebi*
stare *(n.)* გამოხედვა *gamoxedva*
stare *(v.)* იხედება *ixedeba*
stark *(adj.)* მკაცრი *mkacri*
stark *(adv.)* გაყინული *gayinuli*
starry *(adj.)* ვარსკვლავური *varskvlavuri*
start *(n.)* დაწყება *dawyeba*
start *(v.)* დაწყება *dawyeba*
startle *(v.)* შიში *SiSi*
starvation *(n.)* შიმშილი *SimSili*
starve *(v.)* შიმშილი *SimSili*
state *(v.)* სახელმწიფო *saxelmwifo*
state *(n.)* სახელმწიფო *saxelmwifo*
stateliness *(n.)* სიდიადე *sidiade*
stately *(adj.)* დიდებული *didebuli*
statement *(n.)* განცხადება *gancxadeba*
statesman *(n.)* სახელმწიფო მოხელე *saxelmwifo moxele*
statewide *(adj.)* ქვეყნის მასშტაბით *qveynis masStabiT*
static *(adj.)* სტატიკური *statikuri*
statics *(n.)* სტატიკური *statikuri*
station *(n.)* სადგური *sadguri*
stationary *(adj.)* სტაციონარული *stacionaruli*
stationer *(n.)* სტაციონერი *stacioneri*
stationery *(n.)* საკანცელარიო ნივთები *sakancelario nivTebi*
statistical *(adj.)* სტატისტიკური *statistikuri*
statistician *(n.)* სტატისტიკოსი *statistikosi*
statistics *(n.)* სტატისტიკა *statistika*
statue *(n.)* ქანდაკება *qandakeba*
stature *(n.)* სიმაღლე *simaRle*
status *(n.)* სტატუსი *statusi*

statute *(n.)* დაკანონება *dakanoneba*
statutory *(adj.)* დაკანონებული *dakanonebuli*
staunch *(adj.)* ერთგული *erTguli*
stay *(n.)* ყოფნა *yofna*
stay *(v.)* დარჩენა *darCena*
steadfast *(adj.)* მტკიცე *mtkice*
steadiness *(n.)* სიმტკიცე *simtkice*
steady *(v.)* სტაბილიზება *stabilizeba*
steady *(adj.)* გამძლე *gamZle*
steal *(v.)* მოპარვა *moparva*
stealthily *(adv.)* მალულად *malulad*
steam *(v.)* ორთქლად ქცევა *orTqlad qceva*
steam *(n.)* ორთქლი *orTqli*
steamer *(n.)* გემი *gemi*
steed *(n.)* რაში *raSi*
steel *(n.)* ფოლადი *foladi*
steep *(v.)* გაჟღენთა *gaJRenTa*
steep *(adj.)* ციცაბო *cicabo*
steeple *(n.)* სამრეკლო *samreklo*
steer *(v.)* მანქანის მართვა *manqanis marTva*
stellar *(adj.)* ვარსკვლავთა *varskvlavTa*
stem *(v.)* გაჩერება *gaCereba*
stem *(n.)* ღერო *Rero*
stench *(n.)* სიმყრალე *simyrale*
stencil *(v.)* შაბლონურად გაფერადება *Sablonurad gaferadeba*
stencil *(n.)* თარგი *Targi*
stenographer *(n.)* სტენოგრაფისტი *stenografisti*
stenography *(n.)* სტენოგრაფია *stenografia*
step *(v.)* ნაბიჯით სიარული *nabijiT siaruli*
step *(n.)* ნაბიჯი *nabiji*
steppe *(n.)* ველი *veli*
stereotype *(v.)* სტერეოტიპირება *stereotipireba*
stereotype *(n.)* სტერეოტიპი *stereotipi*
stereotyped *(adj.)* სტერეოტიპული *stereotipuli*
sterile *(adj.)* ბერწი *berwi*
sterility *(n.)* ბერწობა *berwoba*
sterilization *(n.)* სტერილიზაცია *sterilizacia*
sterilize *(v.)* სტერილიზაციის მოხდენა *sterilizaciis moxdena*
sterling *(n.)* სტერლინგი *sterlingi*
sterling *(adj.)* წონასრული *wonasruli*
stern *(n.)* კიჩო *kiCo*
stern *(adj.)* მკაცრი *mkacri*
steroid *(n.)* სტეროიდი *steroidi*
stethoscope *(n.)* სტეტოსკოპი *stetoskopi*
stew *(v.)* მოშუშვა *moSuSva*
stew *(n.)* მღელვარება *mRelvareba*
steward *(n.)* სტიურადი *stiuradi*
stick *(v.)* ჩასობა *Casoba*
stick *(n.)* ჯოხი *joxi*
sticker *(n.)* ეკალი *ekali*
stickler *(n.)* მოკამათე *mokamaTe*
sticky *(n.)* წებოვანი *webovani*
stiff *(n.)* დაჭიმული *daWimuli*
stiffen *(v.)* დაჭიმვა *daWimva*
stifle *(v.)* დახრჩობა *daxrCoba*
stigma *(n.)* ლაქა *laqa*
still *(v.)* დაწყნარება *dawynareba*
still *(n.)* სახდელი *saxdeli*
still *(adv.)* ჯერ კიდევ *jer kidev*
still *(adj.)* წყნარი *wynari*
stillness *(n.)* სიწყნარე *siwynare*
stilt *(n.)* ღერო *Rero*
stimulant *(n.)* ამგზნები საშუალება *amgznebi saSualeba*

stimulate *(v.)* სტიმულირება *stimulireba*
stimulus *(n.)* წამქეზებელი მიზეზი *wamqezebeli mizezi*
sting *(n.)* ნესტარი *nestari*
sting *(v.)* კბენა *kbena*
stingy *(adj.)* კრიჟანგი *kriJangi*
stink *(n.)* სიმყრალე *simyrale*
stink *(v.)* სუნის კვრა *sunis kvra*
stipend *(n.)* ჯამაგირი *jamagiri*
stipulate *(v.)* შეპირობება *Sepirobeba*
stipulation *(n.)* პირობა *piroba*
stir *(v.)* დაძვრა *daZvra*
stirrup *(n.)* უზანგი *uzangi*
stitch *(v.)* კერვა *kerva*
stitch *(n.)* ნაკერი *nakeri*
stock *(adj.)* მზა *mza*
stock *(v.)* მომარაგება *momarageba*
stock *(n.)* მარაგი *maragi*
stocking *(n.)* მარაგი *maragi*
stoic *(n.)* სტოიკოსი *stoikosi*
stoke *(v.)* საწვავის შეყრა *sawvavis Seyra*
stoker *(n.)* მეცეცხლური *mececxluri*
stomach *(v.)* მოთმენა *moTmena*
stomach *(n.)* კუჭი *kuWi*
stone *(v.)* დაგება *dageba*
stone *(n.)* ქვა *qva*
stony *(adj.)* ქვიანი *qviani*
stool *(n.)* ტაბურეტი *tabureti*
stoop *(n.)* წელში მოხრილობა *welSi moxriloba*
stoop *(v.)* დახრა *daxra*
stop *(n.)* გაჩერება *gaCereba*
stop *(v.)* შეჩერება *SeCereba*
stoppage *(n.)* დაყოვნება *dayovneba*
storage *(n.)* საწყობი *sawyobi*
store *(v.)* მომარაგება *momarageba*
store *(n.)* მარაგი *maragi*
storey *(n.)* სართული *sarTuli*
stork *(n.)* ყარყატი *yaryati*
storm *(v.)* მძვინვარება *mZvinvareba*
storm *(n.)* ქარიშხალი *qariSxali*
stormy *(adj.)* ქარბუქიანი *qarbuqiani*
story *(n.)* ნაამბობი *naambobi*
stout *(adj.)* სქელი *sqeli*
stove *(n.)* ღუმელი *Rumeli*
stow *(v.)* ჩალაგება *Calageba*
straggle *(v.)* უწესრიგოდ სვლა *uwesrigod svla*
straggler *(n.)* მაწანწალა *mawanwala*
straight *(adv.)* პირდაპირ *pirdapir*
straight *(adj.)* პირდაპირი *pirdapiri*
straighten *(v.)* გამართვა *gamarTva*
straightforward *(adj.)* პატიოსანი *patiosani*
straightway *(adv.)* მაშინვე *maSinve*
strain *(n.)* დაჭიმვა *daWimva*
strain *(v.)* დაძაბვა *daZabva*
strait *(n.)* ვიწრო სრუტე *viwro srute*
straiten *(v.)* შეზღუდვა *SezRudva*
strand *(n.)* ნაპირი *napiri*
strand *(v.)* ნაპირზე გამორიყვა *napirze gamoriyva*
strange *(adj.)* უცნაური *ucnauri*
stranger *(n.)* უცხო პირი *ucxo piri*
strangle *(v.)* დახრჩობა *daxrCoba*
strangulation *(n.)* გაგუდვა *gagudva*
strap *(v.)* თასმის მოჭერა *Tasmis moWera*
strap *(n.)* ღვედი *Rvedi*
stratagem *(n.)* სამხედრო ხერხი *samxedro xerxi*
strategic *(adj.)* სტრატეგიული *strategiuli*
strategist *(n.)* სტრატეგი *strategi*
strategy *(n.)* სტრატეგია *strategia*
stratum *(n.)* ფენა *fena*
straw *(n.)* ჩალა *Cala*
strawberry *(n.)* მარწყვი *marwyvi*

stray *(adj.)* გზააბნეული *gzaabneuli*
stray *(n.)* უპატრონო ბავშვი *upatrono bavSvi*
stray *(v.)* უგზო-უკვლოდ ხეტიალი *ugzo-ukvlod xetiali*
stream *(v.)* დინება *dineba*
stream *(n.)* მდინარე *mdinare*
streamer *(n.)* ვიწრო *viwro*
streamlet *(n.)* ნაკადული *nakaduli*
street *(n.)* ქუჩა *quCa*
strength *(n.)* ძალა *Zala*
strengthen *(v.)* გაძლიერება *gaZliereba*
strenuous *(adj.)* ძლიერი *Zlieri*
stress *(v.)* ხაზის გასმა *xazis gasma*
stress *(n.)* წნევა *wneva*
stretch *(n.)* გაჭიმვა *gaWimva*
stretch *(v.)* დაჭიმვა *daWimva*
stretcher *(n.)* ჯალამბერი *jalamberi*
strew *(v.)* მოყრა *moyra*
strict *(adj.)* მკაცრი *mkacri*
stricture *(n.)* კრიტიკული შენიშვნა *kritikuli SeniSvna*
stride *(n.)* ნაბიჯი *nabiji*
stride *(v.)* ნაბიჯით სვლა *nabijiT svla*
strident *(adj.)* მკვეთრი *mkveTri*
strife *(n.)* ბრძოლა *brZola*
strike *(n.)* გაფიცვა *gaficva*
strike *(v.)* დარტყმა *dartyma*
striker *(n.)* გაფიცული *gaficuli*
string *(v.)* შეკვრა *Sekvra*
string *(n.)* სიმი *simi*
stringency *(n.)* სიმკაცრე *simkacre*
stringent *(adj.)* მკაცრი *mkacri*
strip *(v.)* აძრობა *aZroba*
strip *(n.)* ვიწრო ზოლი *viwro zoli*
stripe *(v.)* გამათრახება *gamaTraxeba*
stripe *(n.)* ზოლი *zoli*
strive *(v.)* ცდა *cda*
stroke *(v.)* ხელის გადასმა *xelis gadasma*
stroke *(n.)* ჩარტყმა *Cartyma*
stroll *(n.)* გასეირნება *gaseirneba*
stroll *(v.)* სეირნობა *seirnoba*
strong *(adj.)* ძლიერი *Zlieri*
stronghold *(n.)* სიმაგრე *simagre*
structural *(adj.)* სტრუქტურული *struqturuli*
structure *(n.)* სტრუქტურა *struqtura*
struggle *(n.)* ბრძოლა *brZola*
struggle *(v.)* შებმა *Sebma*
strumpet *(n.)* მეძავი *meZavi*
strut *(n.)* მედიდური სვლა *mediduri svla*
strut *(v.)* ამაყად გამოსვლა *amayad gamosvla*
stub *(n.)* ჯირკი *jirki*
stubble *(n.)* ნაწვერალი *nawverali*
stubborn *(adj.)* ჯიუტი *jiuti*
stud *(v.)* ღილი *Rili*
stud *(n.)* შპილკა *Spilka*
student *(n.)* სტუდენტი *studenti*
studio *(n.)* სტუდიო *studio*
studious *(adj.)* მონდომებული *mondomebuli*
study *(n.)* სწავლა *swavla*
study *(v.)* სწავლა *swavla*
stuff *(v.)* პერსონალი *personali*
stuff *(n.)* პერსონალი *personali*
stuffy *(adj.)* მოსაწყენი *mosawyeni*
stumble *(n.)* დაბრკოლება *dabrkoleba*
stumble *(v.)* წაბორძიკება *waborZikeba*
stump *(v.)* ნაკბენი *nakbeni*
stump *(n.)* ნაკბენი *nakbeni*
stun *(v.)* გაოგნებული *gaognebuli*
stunt *(n.)* ტრიუკი *triuki*
stunt *(v.)* ფოკუსი *fokusi*
stupefy *(v.)* სულელური *suleluri*

stupendous *(adj.)* სულელური suleluri
stupid *(adj.)* სულელი suleli
stupidity *(n.)* სისულელე sisulele
sturdy *(adj.)* მტკიცე mtkice
sty *(n.)* იანვარი ianvari
stye *(n.)* საღორე saRore
style *(n.)* სტილი stili
stylish *(adj.)* თანამედროვე Tanamedrove
subculture *(n.)* სუბკულტურა subkultura
subdivide *(v.)* ქვედანაყოფი qvedanayofi
subdue *(v.)* დამორჩილება damorCileba
subject *(adj.)* საგანი sagani
subject *(n.)* საგანი sagani
subjection *(n.)* დაქვემდებარება daqvemdebareba
subjective *(adj.)* სუბიექტური subieqturi
subjudice *(adj.)* დამორჩილებული damorCilebuli
subjugate *(v.)* დამორჩილება damorCileba
subjugation *(n.)* დამორჩილება damorCileba
sublet *(v.)* ქვეთავი qveTavi
sublimate *(v.)* ამაღლებული amaRlebuli
sublime *(n.)* ამაღლებული amaRlebuli
sublime *(adj.)* ამაღლებული amaRlebuli
sublimity *(n.)* ამაღლება amaRleba
submarine *(adj.)* წყალქვეშა wyalqveSa
submarine *(n.)* წყალქვეშა wyalqveSa
submerge *(v.)* წყალდიდობა wyaldidoba
submission *(n.)* წარდგენა wardgena
submissive *(adj.)* მორჩილი morCili

submit *(v.)* დამორჩილება damorCileba
subordinate *(adj.)* დაქვემდებარებული daqvemdebarebuli
subordinate *(v.)* დაქვემდებარებული daqvemdebarebuli
subordination *(n.)* დაქვემდებარება daqvemdebareba
subscribe *(v.)* გამოწერა gamowera
subscription *(n.)* გამოწერა gamowera
subsequent *(adj.)* შემდგომი Semdgomi
subservience *(n.)* დამორჩილება damorCileba
subservient *(adj.)* დამორჩილებული damorCilebuli
subside *(v.)* ჩაცხრომა Cacxroma
subsidiary *(adj.)* შვილობილი კომპანია Svilobili kompania
subsidize *(v.)* სუბსიდირება subsidireba
subsidy *(n.)* სუბსიდია subsidia
subsist *(v.)* გამოკვება gamokveba
subsistence *(n.)* საარსებო saarsebo
substance *(n.)* ნივთიერება nivTiereba
substantial *(adj.)* არსებითი arsebiTi
substantially *(adv.)* არსებითად arsebiTad
substantiate *(v.)* დასაბუთება dasabuTeba
substantiation *(n.)* დასაბუთება dasabuTeba
substitute *(v.)* შემცვლელი Semcvleli
substitute *(n.)* შემცვლელი Semcvleli
substitution *(n.)* შემცვლელი Semcvleli
subterranean *(adj.)* მიწისქვეშა miwisqveSa
subtle *(adj.)* დახვეწილი daxvewili

subtlety *(n.)* დახვეწილობა *daxvewiloba*
subtract *(v.)* გამოკლება *gamokleba*
subtraction *(n.)* გამოკლება *gamokleba*
suburb *(n.)* გარეუბანი *gareubani*
suburban *(adj.)* გარეუბანი *gareubani*
subversion *(n.)* დივერსია *diversia*
subversive *(adj.)* დივერსიული *diversiuli*
subvert *(v.)* დამხობა *damxoba*
succeed *(v.)* წარმატება *warmateba*
success *(n.)* წარმატება *warmateba*
successful *(adj.)* წარმატებული *warmatebuli*
succession *(n.)* უწყვეტობა *uwyvetoba*
successive *(adj.)* თანმიმდევრული *Tanmimdevruli*
successor *(n.)* მემკვიდრე *memkvidre*
succour *(v.)* წარჩინებული *warCinebuli*
succour *(n.)* წარჩინებული *warCinebuli*
succumb *(v.)* წარდგენა *wardgena*
such *(pron.)* ასეთი *aseTi*
such *(adj.)* ასეთი *aseTi*
suck *(n.)* შეწოვა *Sewova*
suck *(v.)* შეწოვა *Sewova*
suckle *(v.)* შხამი *Sxami*
suckling *(n.)* ძუძუმწოვარი *ZuZumwovari*
sudden *(n.)* მოულოდნელი *moulodneli*
suddenly *(adv.)* მოულოდნელად *moulodnelad*
sue *(v.)* დევნა *devna*
suffer *(v.)* ტანჯვა *tanjva*
suffice *(v.)* საკმარისი *sakmarisi*
sufficiency *(n.)* საკმარისი *sakmarisi*
sufficient *(adj.)* საკმარისი *sakmarisi*
suffix *(v.)* სუფიქსი *sufiqsi*
suffix *(n.)* სუფიქსი *sufiqsi*
suffocate *(v.)* სულის შეხუთა *sulis SexuTa*
suffocation *(n.)* გაგუდვა *gagudva*
suffrage *(n.)* ხმის უფლება *xmis ufleba*
sugar *(v.)* შაქარი *Saqari*
sugar *(n.)* შაქარი *Saqari*
suggest *(v.)* ვარაუდი *varaudi*
suggestion *(n.)* წინადადება *winadadeba*
suggestive *(adj.)* დამაფიქრებელი *damafiqrebeli*
suicidal *(adj.)* თვითმკვლელობა *TviTmkvleloba*
suicide *(n.)* თვითკვლელობა *TviTkvleloba*
suit *(v.)* კოსტიუმი *kostiumi*
suit *(n.)* კოსტიუმი *kostiumi*
suitability *(n.)* ვარგისიანობა *vargisianoba*
suitable *(adj.)* შესაფერისი *Sesaferisi*
suite *(n.)* კომპლექტი *kompleqti*
suitor *(n.)* მთხოვნელი *mTxovneli*
sullen *(adj.)* სულელური *suleluri*
sulphur *(n.)* გოგირდი *gogirdi*
sulphuric *(adj.)* გოგირდოვანი *gogirdovani*
sultry *(adj.)* სულელური *suleluri*
sum *(v.)* თანხა *Tanxa*
sum *(n.)* თანხა *Tanxa*
summarily *(adv.)* უცერემონიოდ *uceremoniod*
summarize *(v.)* შეჯამება *Sejameba*
summary *(adj.)* შემაჯამებელი *Semajamebeli*
summary *(n.)* შემაჯამებელი *Semajamebeli*
summer *(n.)* ზაფხული *zafxuli*
summit *(n.)* მწვერვალი *mwvervali*
summon *(v.)* გამოძახება *gamoZaxeba*

summons *(n.)* გამოძახება *gamoZaxeba*
sumptuous *(adj.)* ყოვლისმომცველი *yovlismomcveli*
sun *(v.)* მზე *mze*
sun *(n.)* მზე *mze*
sunburn *(n.)* მზის დამწვრობა *mzis damwvroba*
sundae *(n.)* სანაყინე *sanayine*
Sunday *(n.)* კვირა *kvira*
sunder *(v.)* დაშორება *daSoreba*
sundry *(adj.)* განსხვავებული *gansxvavebuli*
sunlight *(n.)* მზის სხივი *mzis sxivi*
sunny *(adj.)* მზიანი *mziani*
sunrise *(n.)* მზის ამოსვლა *mzis amosvla*
sunset *(n.)* მზის ჩასვლა *mzis Casvla*
sup *(n.)* ვახშამი *vaxSami*
sup *(v.)* ვახშმობა *vaxSmoba*
superabundance *(n.)* ზედმეტი *zedmeti*
superabundant *(adj.)* ზედმეტი *zedmeti*
superb *(adj.)* შესანიშნავი *SesaniSnavi*
superficial *(adj.)* ზედაპირული *zedapiruli*
superficiality *(n.)* ზედაპირულობა *zedapiruloba*
superfine *(adj.)* სუპერ ნაზი *super nazi*
superfluity *(n.)* ზედმეტი *zedmeti*
superfluous *(adj.)* ზედმეტი *zedmeti*
superhuman *(adj.)* ზეადამიანური *zeadamianuri*
superintend *(v.)* შეშურება *SeSureba*
superintendence *(n.)* უზენაესობა *uzenaesoba*
superintendent *(n.)* ზედამხედველი *zedamxedveli*
superior *(adj.)* უკეთესი *ukeTesi*
superiority *(n.)* უპირატესობა *upiratesoba*
superlative *(adj.)* უბადლო *ubadlo*
superman *(n.)* სუპერმენი *supermeni*
supernatural *(adj.)* სებუნებრივი *sebunebrivi*
supersede *(v.)* ზემდგომი *zemdgomi*
supersonic *(adj.)* ზებგერითი *zebgeriTi*
superstition *(n.)* ცრურწმენა *crurwmena*
superstitious *(adj.)* ცრუმორწმუნეობა *crumorwmuneoba*
supertax *(n.)* სუპერტაქსი *supertaqsi*
supervise *(v.)* ზედამხედველობა *zedamxedveloba*
supervision *(n.)* ზედამხედველობა *zedamxedveloba*
supervisor *(n.)* ხელმძღვანელი *xelmZRvaneli*
supper *(n.)* ვახშამი *vaxSami*
supple *(adj.)* მოქნილი *moqnili*
supplement *(v.)* დანამატი *danamati*
supplementary *(adj.)* დამატებითი *damatebiTi*
supplier *(n.)* მომწოდებელი *momwodebeli*
supply *(v.)* მომარაგება *momarageba*
support *(v.)* მხარდაჭერა *mxardaWera*
suppose *(v.)* დაშვება *daSveba*
supposition *(n.)* ვარაუდი *varaudi*
suppress *(v.)* ჩახშობა *CaxSoba*
supremacy *(n.)* უზენაესობა *uzenaesoba*
supreme *(adj.)* უზენაესი *uzenaesi*
surcharge *(v.)* ზედმეტი *zedmeti*
sure *(adj.)* ნამდვილად *namdvilad*
surely *(adv.)* ნამდვილი *namdvili*
surf *(n.)* სერფინგი *serfingi*
surf *(v.)* სერფინგით სრიალი *serfingit sriali*

surface *(v.)* ზედაპირი *zedapiri*
surfeit *(n.)* ჭარბი *Warbi*
surge *(v.)* სიჩქარე *siCqare*
surge *(n.)* სიჩქარე *siCqare*
surgeon *(n.)* ქირურგი *qirurgi*
surgery *(n.)* ოპერაცია *operacia*
surmise *(v.)* გამოცანა *gamocana*
surmise *(n.)* გამოცანა *gamocana*
surmount *(v.)* გადალახვა *gadalaxva*
surname *(n.)* გვარი *gvari*
surpass *(v.)* გადაჭარბება *gadaWarbeba*
surplus *(n.)* ჭარბი *Warbi*
surprise *(v.)* სიურპრიზი *siurprizi*
surprise *(n.)* სიურპრიზი *siurprizi*
surrender *(n.)* დანებება *danebeba*
surrender *(v.)* დანებება *danebeba*
surround *(v.)* გარშემო *garSemo*
surroundings *(n.)* შემოგარენი *Semogareni*
surtax *(n.)* ზედმეტი გადასახადი *zedmeti gadasaxadi*
surveillance *(n.)* დაკვირვება *dakvirveba*
survey *(n.)* გამოკვლევა *gamokvleva*
survey *(v.)* გამოკითხვა *gamokiTxva*
survival *(n.)* გადარჩენა *gadarCena*
survive *(v.)* გადარჩენილი *gadarCenili*
suspect *(v.)* ეჭვის მიტანა *eWvis mitana*
suspect *(adj.)* ეჭვმიტანილი *eWvmitanili*
suspend *(v.)* შეჩერება *SeCereba*
suspense *(n.)* შეჩერება *SeCereba*
suspension *(n.)* შეჩერება *SeCereba*
suspicion *(n.)* ეჭვი *eWvi*
suspicious *(adj.)* საეჭვო *saeWvo*
sustain *(v.)* მდგრადობა *mdgradoba*
sustenance *(n.)* შენარჩუნება *SenarCuneba*

swab *(n.)* ტამპონი *tamponi*
swagger *(n.)* მნიშვნელოვანი ხედი *mniSvnelovani xedi*
swagger *(v.)* მნიშვნელოვანი ხედი *mniSvnelovani xedi*
swallow *(n.)* მერცხალი *mercxali*
swallow *(v.)* მერცხალი *mercxali*
swamp *(v.)* ჭაობიანი *Waobiani*
swamp *(n.)* ჭაობიანი *Waobiani*
swan *(n.)* გედი *gedi*
swarm *(v.)* ხმალი *xmali*
swarm *(n.)* ხმალი *xmali*
swarthy *(adj.)* მუქი *muqi*
sway *(n.)* რწევა *rweva*
sway *(v.)* რწევა *rweva*
swear *(v.)* დაფიცება *daficeba*
sweat *(v.)* ოფლი *ofli*
sweat *(n.)* ოფლი *ofli*
sweater *(n.)* სვიტერი *sviteri*
sweep *(n.)* ოფლი *ofli*
sweep *(v.)* ოფლი *ofli*
sweeper *(n.)* დამლაგებელი *damlagebeli*
sweet *(n.)* ტკბილი *tkbili*
sweet *(adj.)* ტკბილი *tkbili*
sweeten *(v.)* ტკბილი *tkbili*
sweetmeat *(n.)* ტკბილი ხილი *tkbili xili*
sweetness *(n.)* ტკბილი *tkbili*
swell *(n.)* შეშუპება *SeSupeba*
swell *(v.)* შეშუპება *SeSupeba*
swift *(adj.)* სწრაფი *swrafi*
swim *(n.)* ბანაობა *banaoba*
swim *(v.)* ბანაობა *banaoba*
swimmer *(n.)* მოცურავე *mocurave*
swindle *(n.)* თაღლითობა *TaRliToba*
swindle *(v.)* თაღლითობა *TaRliToba*
swindler *(n.)* თაღლითი *TaRliTi*
swine *(n.)* ღორი *Rori*
swing *(n.)* რწევა *rweva*

swing *(v.)* რწევა *rweva*
swipe *(v.)* მოპარვა *moparva*
swirl *(v.)* შტორმი *Stormi*
Swiss *(adj.)* შვეიცარიული *Sveicariuli*
Swiss *(n.)* შვეიცარიული *Sveicariuli*
switch *(v.)* გადართვა *gadarTva*
switch *(n.)* გადართვა *gadarTva*
swoon *(v.)* გულის წასვლა *gulis wasvla*
swoon *(n.)* გულის წასვლა *gulis wasvla*
swoop *(v.)* ჩახშობა *CaxSoba*
sword *(n.)* ხმალი *xmali*
sycamore *(n.)* სიკამორი *sikamori*
sycophancy *(n.)* სიკოფანტულობა *sikofantuloba*
sycophant *(n.)* სიკოფანტი *sikofanti*
syllabic *(adj.)* სილაბური *silaburi*
syllable *(n.)* სილაბური *silaburi*
syllabus *(n.)* სილაბუსი *silabusi*
sylph *(n.)* მოხდენილი *moxdenili*
sylviculturist *(n.)* მეტყევე *metyeve*
symbiosis *(n.)* სიმბიოზი *simbiozi*
symbiote *(n.)* სიმბიოტი *simbioti*
symbol *(n.)* სიმბოლო *simbolo*
symbolic *(adj.)* სიმბოლური *simboluri*
symbolism *(n.)* სიმბოლიზმი *simbolizmi*
symbolize *(v.)* სიმბოლურად *simbolurad*
symmetrical *(adj.)* სიმეტრიული *simetriuli*
symmetry *(n.)* სიმეტრია *simetria*
sympathetic *(adj.)* თანაგრძნობით *TanagrZnobiT*
sympathize *(v.)* თანაგრძნობა *TanagrZnoba*
sympathy *(n.)* თანაგრძნობა *TanagrZnoba*
symphony *(n.)* სიმფონია *simfonia*

symposium *(n.)* სიმპოზიუმი *simpoziumi*
symptom *(n.)* სიმპტომი *simptomi*
symptomatic *(adj.)* სიმპტომური *simptomuri*
synergy *(n.)* ურთიერთქმედება *urTierTqmedeba*
synonym *(n.)* სინონიმი *sinonimi*
synonymous *(adj.)* სინონიმი *sinonimi*
synopsis *(n.)* კონსპექტი *konspeqti*
syntax *(n.)* სინტაქსი *sintaqsi*
synthesis *(n.)* სინთეზი *sinTezi*
synthetic *(n.)* სინთეთიკური *sinTeTikuri*
synthetic *(adj.)* სინთეთიკური *sinTeTikuri*
syringe *(v.)* ნემსის გაკეთება *nemsis gakeTeba*
syringe *(n.)* შპრიცი *Sprici*
syrup *(n.)* სიროფი *sirofi*
system *(n.)* სისტემა *sistema*
systematic *(adj.)* სისტემატური *sistematuri*
systematize *(v.)* სისტემატიზაცია *sistematizacia*

T

table *(v.)* მაგიდა *magida*
table *(n.)* მაგიდა *magida*
tableau *(n.)* ნახატი *naxati*
tablet *(n.)* ტაბლეტი *tableti*
tabloid *(n.)* ტაბლოიდი *tabloidi*
taboo *(adj.)* ტაბუ *tabu*
taboo *(v.)* ტაბუს დადება *tabus dadeba*
taboo *(n.)* ტაბუ *tabu*
tabular *(adj.)* ცხრილი *cxrili*
tabulate *(v.)* ბრტყელი *brtyeli*

tabulation *(n.)* ტაბულაცია *tabulacia*
tabulator *(n.)* ტაბულატორი *tabulatori*
tacit *(adj.)* მშვიდი *mSvidi*
taciturn *(adj.)* მშვიდი *mSvidi*
tack *(n.)* ჭიკარტი *Wikarti*
tack *(v.)* ჭიკარტის შერჭობა *Wikartis SerWoba*
tackle *(v.)* გამკლავება *gamklaveba*
tackle *(n.)* გამკლავება *gamklaveba*
tact *(n.)* ტაქტი *taqti*
tactful *(adj.)* ტაქტიკური *taqtikuri*
tactician *(n.)* ტაქტიკოსი *taqtikosi*
tactics *(n.)* ტაქტიკა *taqtika*
tactile *(adj.)* ტაქტილური *taqtiluri*
tag *(n.)* ეტიკეტი *etiketi*
tag *(v.)* თეგი *Tegi*
tail *(n.)* კუდი *kudi*
tailor *(v.)* მკერავი *mkeravi*
tailor *(n.)* მკერავი *mkeravi*
taint *(v.)* საღებავი *saRebavi*
taint *(n.)* საღებავი *saRebavi*
take *(v.)* აღება *aReba*
takeable *(adj.)* მიღება *miReba*
takeaway *(adj.)* წაღებული *waRebuli*
takeaway *(n.)* წაღება *waReba*
taken *(adj.)* აღებული *aRebuli*
take-off *(n.)* აღება *aReba*
takeout *(adj.)* გატანა *gatana*
takeout *(n)* მოგება *mogeba*
takeover *(n.)* ხელში აყვანა *xelSi ayvana*
taker *(n.)* მიღება *miReba*
tala *(n.)* ტალა *tala*
talbot *(n.)* ტალბოტი *talboti*
talc *(n.)* ტალკი *talki*
tale *(n.)* ზღაპარი *zRapari*
talebear *(v.)* ზღაპარი *zRapari*
talebearer *(n.)* მეზღაპრე *mezRapre*
talebearing *(n.)* ზღაპარი *zRapari*
talebook *(n.)* ზღაპარი *zRapari*
talent *(n.)* ტალანტი *talanti*
talisman *(n.)* თალისმანი *Talismani*
talk *(n.)* საუბარი *saubari*
talk *(v.)* საუბარი *saubari*
talkative *(adj.)* მოლაპარაკე *molaparake*
talkatively *(adv.)* მოლაპარაკე *molaparake*
talkativeness *(n.)* ლაპარაკი *laparaki*
talkback *(n.)* პასუხი *pasuxi*
talkboard *(n.)* სასაუბრო მაგიდა *sasaubro magida*
tall *(adj.)* მაღალი *maRali*
tallow *(n.)* სიმაღლე *simaRle*
tally *(adj.)* რიცხვითი *ricxviTi*
tally *(n.)* რიცხვი *ricxvi*
talon *(n.)* ტალონი *taloni*
taloned *(adj.)* შერყეული *Seryeuli*
tamarind *(n.)* თამარინდი *Tamarindi*
tame *(v.)* მორცხვი *morcxvi*
tame *(adj.)* მორცხვი *morcxvi*
tamper *(n.)* საბოტაჟი *sabotaJi*
tamper *(v.)* ჩარევა *Careva*
tamperproof *(adj.)* დაუცველი *daucveli*
tampon *(n.)* ტამპონი *tamponi*
tampon *(v.)* ტამპონის გაკეთება *tamponis gakeTeba*
tan *(adj.)* გარუჯული *garujuli*
tan *(v.)* გარუჯვა *garujva*
tan *(n.)* რუჯი *ruji*
tanbark *(n.)* გარუჯვა *garujva*
tandem *(n.)* ტანდემი *tandemi*
tandem *(adj.)* ტანდემური *tandemuri*
tandoor *(n.)* ტანდირი *tandiri*
tang *(n.)* მკვეთრი სუნი *mkveTri suni*
tang *(v.)* მყნოსავი *mynosavi*
tanged *(adj.)* ჩახლართული *CaxlarTuli*
tangent *(n.)* ტანგესი *tangesi*

tangible *(adj.)* ხელშესახები *xelSesaxebi*
tangle *(v.)* აწეწა *awewa*
tangle *(n.)* არევ-დარევა *arev-dareva*
tango *(n.)* ტანგო *tango*
tango *(v.)* ტანგოს ცეკვა *tangos cekva*
tank *(n.)* ტანკი *tanki*
tankard *(n.)* დიდი ტოლჩა *didi tolCa*
tanker *(n.)* ტანკერი *tankeri*
tanner *(n.)* მთრიმლავი *mTrimlavi*
tannery *(n.)* ტყავის ქარხანა *tyavis qarxana*
tantalize *(v.)* ტანჯვა *tanjva*
tantamount *(v.)* ერთიანი ძალით *erTiani ZaliT*
tantamount *(adj.)* თანაბარფასიანი *Tanabarfasiani*
tantra *(n.)* ტანტრა *tantra*
tantric *(adj.)* ტანტრიკული *tantrikuli*
tap *(v.)* დაბრახუნება *dabraxuneba*
tap *(n.)* დაკაკუნება *dakakuneba*
tape *(v.)* ლენტის შემოხვევა *lentis Semoxveva*
tape *(n.)* ზონარი *zonari*
tape player *(n.)* ფირის გამშვები *firis gamSvebi*
tapeless *(adj.)* უფირო *ufiro*
tapeline *(n.)* რულეტი *ruleti*
taper *(n.)* წვრილი სანთელი *wvrili sanTeli*
taper *(v.)* დავიწროება *daviwroeba*
tapestry *(n.)* გობელენი *gobeleni*
tar *(v.)* გუდრონით დაფარვა *gudroniT dafarva*
tar *(n.)* კუპრი *kupri*
taramite *(n.)* ტარამიტი *taramiti*
tarantism *(n.)* ტარანტიზმი *tarantizmi*
tardiness *(n.)* დაგვიანება *dagvianeba*
tardy *(adj.)* დაგვიანებული *dagvianebuli*
target *(n.)* სამიზნე *samizne*
tariff *(n.)* ტარიფი *tarifi*
tarnish *(v.)* გამკრთალება *gamkrTaleba*
task *(v.)* დავალების მიცემა *davalebis micema*
task *(n.)* დავალება *davaleba*
taste *(v.)* დაგემოვნება *dagemovneba*
taste *(n.)* გემო *gemo*
taste bud *(n.)* გემოს რეცეპტორი *gemos receptori*
tasteful *(adj.)* გემოვნებით გაკეთებული *gemovnebiT gakeTebuli*
tasty *(adj.)* გემრიელი *gemrieli*
tatter *(v.)* გაცვეთა *gacveTa*
tatter *(n.)* ნაჭერი *naWeri*
tattoo *(v.)* ტატუირება *tatuireba*
tattoo *(n.)* ტატუ *tatu*
taunt *(n.)* დაცინვა *dacinva*
taunt *(v.)* მასხრად აგდება *masxrad agdeba*
taunter *(n.)* დამცინველი *damcinveli*
taunting *(adj.)* გესლიანი *gesliani*
tauntingly *(adv.)* გესლიანად *geslianad*
tauromachy *(n.)* ხარების ბრძოლა *xarebis brZola*
taut *(adj.)* მჭიდროდ მოჭერილი *mWidrod moWerili*
tautly *(adv.)* დაძაბულად *daZabulad*
tavern *(n.)* სამიკიტნო *samikitno*
taverner *(n.)* მომიკიტნე *momikitne*
tavernkeeper *(n.)* ტავერნის მფლობელი *tavernis mflobeli*
taw *(v.)* დამარილება *damarileba*
taw *(n.)* დიდი მარმარილო *didi marmarilo*
tawer *(n.)* დამმარილებელი *dammarilebeli*
tax *(v.)* დაბეგვრა *dabegvra*
tax *(n.)* გადასახადი *gadasaxadi*

tax return *(n.)* საგადასახადო დაბრუნების *sagadasaxado dabrunebis*
taxable *(adj.)* დასაბეგრავი *dasabegravi*
taxation *(n.)* დაბეგვრა *dabegvra*
tax-free *(adj.)* გადასახადიდან თავისუფალი *gadasaxadidan Tavisufali*
taxi *(v.)* ტაქსით მგზავრობა *taqsiT mgzavroba*
taxi *(n.)* ტაქსი *taqsi*
taxibus *(n.)* ტაქსი ავტობუსი *taqsi avtobusi*
taxicab *(n.)* ტაქსი *taqsi*
taxidermal *(adj.)* ფიტულიანი *fituliani*
taxidermic *(adj.)* ფიტულიანი *fituliani*
taxidermist *(n.)* ფიტულის გამტენი *fitulis gamteni*
taxidermy *(n.)* ფიტულის გაკეთება *fitulis gakeTeba*
taxpayer *(n.)* გადასახადის გადამხდელი *gadasaxadis gadamxdeli*
T-bone *(n.)* ტ-ძვალი *T- Zvali*
T-bone *(v.)* დაჯახება *dajaxeba*
tchick *(n.)* ჩხუბი *Cxubi*
tchick *(v.)* ჩხუბის დაწყება *Cxubis dacyeba*
tea *(n.)* ჩაი *Cai*
tea *(v.)* ჩაის გაკეთება *Cais gakeTeba*
tea maker *(n.)* ჩაის გამკეთებელი *Cais gamkeTebeli*
teabag *(n.)* ჩაის პაკეტი *Cais paketi*
teabox *(n.)* ჩაის ყუთი *Cais yuTi*
teacake *(n.)* ჩაის ნამცხვარი *Cais namcxvari*
teach *(v.)* სწავლა *swavla*
teacheable *(adj.)* სწავლებადი *swavlebadi*
teacher *(n.)* მასწავლებელი *maswavlebeli*
teacher centric *(adj.)* მასწავლებლების ცენტრული *maswavleblebis centruli*
teaching *(n.)* სწავლება *swavleba*
teacup *(n.)* ჩაის ფინჯანი *Cais finjani*
teagle *(n.)* ჩაიდანი *Caidani*
teahouse *(n.)* ჩაის სახლი *Cais saxli*
teak *(n.)* ტექტონა *teqtona*
team *(n.)* გუნდი *gundi*
team *(v.)* შებმა *Sebma*
team building *(n.)* გუნდის შენობა *gundis Senoba*
teamed *(adj.)* გუნდური *gunduri*
teammate *(n.)* გუნდელი *gundeli*
teamwise *(adv.)* ბრიგადულად *brigadulad*
teamwork *(n.)* გუნდური მუშაობა *gunduri muSaoba*
teapot *(n.)* ჩაიდანი *Caidani*
tear *(n.)* გახევა *gaxeva*
tear *(v.)* დაფხრეწა *dafxrewa*
tear *(n.)* წვეთი *wveTi*
tear gas *(n.)* ცრემლსადენი გაზი *cremlsadeni gazi*
teardrop *(n.)* ცრემლი *cremli*
tearful *(adj.)* ატირებული *atirebuli*
tease *(v.)* გაჯავრება *gajavreba*
tease *(n.)* ჭინჭყლი *WinWyli*
teaser *(n.)* აბეზარა *abezara*
teasing *(n.)* გამღიზიანებელი *gamRizianebeli*
teasingly *(adv.)* ჭინჭყლად *WinWylad*
teat *(n.)* დვრილი *dvrili*
technical *(adj.)* ტექნიკური *teqnikuri*
technicality *(n.)* ტექნიკური მხარე *teqnikuri mxare*
technician *(n.)* სპეციალისტი *specialisti*
technique *(n.)* ტექნიკა *teqnika*

technological *(adj.)* ტექნოლოგიური *teqnologiuri*
technologist *(n.)* ტექნოლოგისტი *teqnologisti*
technology *(n.)* ტექნოლოგია *teqnologia*
technomad *(n.)* ტექნიკა *teqnika*
technomania *(n.)* ტექნომანია *teqnomania*
technomusic *(n.)* ტექნო *teqno*
technophile *(n.)* ტექნოფილი *teqnofili*
technophobe *(n.)* ტექნოფობია *teqnofobia*
techy *(n.)* ოჩანი *oCani*
tect *(adj.)* იშვიათი *iSviaTi*
tect *(n.)* იშვიათობა *iSviaToba*
tectonic *(adj.)* სტრუქტურული *struqturuli*
tedious *(adj.)* მოსაწყენი *mosawyeni*
tedium *(n.)* მოწყენილობა *mowyeniloba*
teem *(v.)* ფუთფუთი *fuTfuTi*
teenager *(n.)* მოზარდი *mozardi*
teens *(n. pl.)* წლოვანება 13-19 წლამდე *wlovaneba 13-19 wlamde*
teethe *(v.)* კბილის ამოსვლა *kbilis amosvla*
teetotal *(adj.)* უალკოჰოლო *ualkoholo*
teetotaller *(n.)* არმსმელი *armsmeli*
telebanking *(n.)* ტელე ბანკინგი *tele bankingi*
telecast *(v.)* ტელევიზიით გადაცემა *televiziiT gadacema*
telecast *(n.)* ტელევიზიის გადაცემა *televiziis gadacema*
telecommunications *(n.)* ტელეკომუნიკაციები *telekomunikaciebi*
telecomputing *(n.)* სატელეკომუნიკაციო *satelekomunikacio*

teleconference *(n.)* ტელეკონფერენცია *telekonferencia*
telecopier *(n.)* ტელეფაქსი *telefaqsi*
telecourse *(n.)* სატელევიზიო კურსი *satelevizio kursi*
telefax *(n.)* ფაქსით გადაგზავნა *faqsiT gadagzavna*
telegram *(n.)* ტელეგრამი *telegrami*
telegraph *(v.)* დეპეშით ცნობება *depeSiT cnobeba*
telegraph *(n.)* ტელეგრაფი *telegrafi*
telegraphic *(adj.)* ტელეგრაფული *telegrafuli*
telegraphist *(n.)* ტელეგრაფისტი *telegrafisti*
telegraphy *(n.)* ტელეგრაფია *telegrafia*
teleguide *(n.)* მართვადი *marTvadi*
telejournalism *(n.)* ტელეჟურნალისტიკა *teleJurnalistika*
telekinesis *(n.)* ტელეკინეზი *telekinezi*
telekinetic *(adj.)* ტელეკინეტიკური *telekinetikuri*
telemark *(v.)* ტელემარკი *telemarki*
telemarket *(v.)* ტელემარკეტი *telemarketi*
telemarketing *(n.)* ტელემარკეტინგი *telemarketingi*
telematic *(adj.)* ტელემატიკური *telematikuri*
telemetry *(n.)* ტელემეტრია *telemetria*
teleologic *(adj.)* ტელეოლოგიური *teleologiuri*
teleologist *(n.)* ტელეოლოგი *teleologi*
teleology *(n.)* ტელეოლოგია *teleologia*
teleoperator *(n.)* ტელეოპერატორი *teleoperatori*
telepathic *(adj.)* ტელეპათიური *telepaTiuri*

telepathist *(n.)* ტელეპათისტი telepaTisti
telepathy *(n.)* ტელეპათია telepaTia
telephone *(v.)* დარეკვა darekva
telephone *(n.)* ტელეფონი telefoni
teleport *(n.)* ტელეპორტი teleporti
teleport *(v.)* ტელეპორტირება teleportireba
teleportation *(n.)* ტელეპორტაცია teleportacia
teleprint *(v.)* ტელეპრინტი teleprinti
teleprinter *(n.)* ტელეპრინტერი teleprinteri
teleprompter *(n.)* ტელეპროპტერი telepropteri
telescope *(n.)* ტელესკოპი teleskopi
telescopic *(adj.)* ტელესკოპური teleskopuri
telescopy *(n.)* ტელესკოპია teleskopia
teleshopper *(n.)* ტელეშოპერი teleSoperi
teleshopping *(n.)* ტელეშოპინგი teleSopingi
teletext *(n.)* ტელეტექსტი teleteqsti
televise *(v.)* ტელევიზიით გადაცემა televiziiT gadacema
television *(n.)* ტელევიზია televizia
tell *(v.)* თქმა Tqma
teller *(n.)* მთხრობელი mTxrobeli
telling *(adj.)* მნიშვნელოვანი mniSvnelovani
telling *(n.)* საფუძვლიანი safuZvliani
telling-off *(n.)* საყვედური sayveduri
telltale *(adj.)* გამცემლური gamcemluri
telltale *(n.)* მეჭორე meWore
tellural *(adj.)* ტელურალური teluraluri
telluric *(adj.)* ტელურიკული telurikuli
temeritous *(adj.)* მაცდური macduri

temerity *(n.)* აჩქარებულობა aCqarebuloba
temper *(v.)* დარბილება darbileba
temper *(n.)* ხასიათი xasiaTi
temperament *(n.)* ტემპერამენტი temperamenti
temperamental *(adj.)* ტემპერამენტიანი temperamentiani
temperance *(n.)* ზომიერება zomiereba
temperate *(adj.)* ზომიერი zomieri
temperate *(v.)* თავშეკავება TavSekaveba
temperature *(n.)* ტემპერატურა temperatura
tempest *(n.)* ქარიშხალი qariSxali
tempestuous *(adj.)* ქარბუქიანი qarbuqiani
templar *(n.)* ტამპლიერი tamplieri
template *(n.)* შაბლონი Sabloni
template *(v.)* შაბლონირება Sablonireba
temple *(n.)* ტაძარი taZari
temporal *(adj.)* დროებითი droebiTi
temporary *(adj.)* გარდამავალი gardamavali
tempt *(v.)* ცდუნება cduneba
temptation *(n.)* შეცდენა Secdena
tempter *(n.)* მაცდური macduri
ten *(n.)* ათი aTi
tenable *(adj.)* გამძლე gamZle
tenacious *(adj.)* ჯიუტი jiuti
tenacity *(n.)* ჯიუტობა jiutoba
tenancy *(n.)* არენდა arenda
tenant *(n.)* დამქირავებელი damqiravebeli
tend *(v.)* მიმართვა mimarTva
tendency *(n.)* ტენდენცია tendencia
tender *(adj.)* რბილი rbili
tender *(v.)* შეთავაზება SeTavazeba
tender *(n.)* განაცხადი ganacxadi

tenderfoot *(n.)* ახალბედა axalbeda
tender-hearted *(adj.)* გულჩვილი gulCvili
tenderize *(v.)* დარბილება darbileba
tenderizer *(n.)* დამრბილებელი damrbilebeli
tenderly *(adv.)* რბილად rbilad
tenderness *(n.)* სათუთობა saTuToba
tendinitis *(n.)* ტენდინიტი tendiniti
tendon *(n.)* მყესი myesi
tendril *(n.)* ულვაში ulvaSi
tenebrose *(adj.)* შავბნელი Savbneli
tenebrosity *(n.)* სიბნელე sibnele
tenebrous *(adj.)* ბნელი bneli
tenent *(n.)* პრინციპი principi
tenet *(n.)* დოგმა dogma
tenfold *(adv.)* ათჯერ aTjer
tenfold *(adj.)* ათჯერადი aTjeradi
tennis *(n.)* ჩოგბურთი CogburTi
tenor *(adj.)* მიმდინარე mimdinare
tenor *(n.)* მიმდინარეობა mimdinareoba
tense *(v.)* დაჭიმვა daWimva
tense *(adj.)* გაჭიმული gaWimuli
tense *(n.)* დრო dro
tensely *(adv.)* დაჭიმულად daWimulad
tensible *(adj.)* დაძაბული daZabuli
tensile *(adj.)* ჭიმვადი Wimvadi
tensility *(adj.)* დაძაბულობა daZabuloba
tension *(v.)* გაჭიმვა gaWimva
tension *(n.)* დაჭიმულობა daWimuloba
tensioned *(adj.)* დაჭიმული daWimuli
tensor *(n.)* ტენზორი tenzori
tensor *(adj.)* ტენზორული tenzoruli
tent *(n.)* კარავი karavi
tentative *(adj.)* სასინჯი sasinji
tentative *(n.)* ცდა cda

tentativeness *(n.)* ცდის გარეშე cdis gareSe
tenth *(adj.)* მეათე meaTe
tentmaker *(n.)* კარვის გამკეთებელი karvis gamkeTebeli
tentpole *(n.)* ღერძი RerZi
tenue *(n.)* ათეული aTeuli
tenuous *(adj.)* სუსტი susti
tenuously *(adv.)* სუსტად sustad
tenure *(n.)* მფლობელობა mflobeloba
tenure *(v.)* ყოფნა yofna
tepid *(adj.)* მოთბო moTbo
tepidity *(n.)* თბილი Tbili
tepidly *(adv.)* თბილად Tbilad
tequila *(n.)* ტეკილა tekila
terabase *(n.)* ტერაბაზა terabaza
terabit *(n.)* ტერაბიტი terabiti
terabyte *(n.)* ტერაბაიტი terabaiti
terajoule *(n.)* ტერაჯოული terajouli
term *(v.)* დასახელება dasaxeleba
term *(n.)* ვადა vada
terminable *(adj.)* ვადიანი vadiani
terminal *(n.)* საბოლოო პუნქტი saboloo punqti
terminal *(adj.)* საბოლოო saboloo
terminate *(v.)* ბოლოს მოღება bolos moReba
termination *(n.)* დასრულება dasruleba
terminological *(adj.)* ტერმინოლოგიური terminologiuri
terminology *(n.)* ტერმინოლოგია terminologia
terminus *(n.)* ბოლო სადგური bolo sadguri
termite *(n.)* ტერმიტი termiti
termiticide *(n.)* ტერმიტიციდი termiticidi
terp *(v.)* დამუნჯება damunjeba
terp *(n.)* სიმუნჯე simunje
terrace *(n.)* ტერასა terasa

terrace *(v.)* ტერასებით განლაგება terasebiT ganlageba
terracotta *(n.)* ტერაკოტა terakota
terracotta *(adj.)* ტერაკოტის terakotis
terraforming *(n.)* ტერორფორმირება terorformireba
terrain *(n.)* რელიეფი reliefi
terrestrial *(n.)* ამქვეყნიური amqveyniuri
terrestrial *(adj.)* დედამიწის dedamiwis
terrible *(adj.)* საშინელი saSineli
terrier *(n.)* ფოქსტერიერი foqsterieri
terrific *(adj.)* შემაძრწუნებელი SemaZrwunebeli
terrify *(v.)* ძლიერ დაშინება Zlier daSineba
territorial *(adj.)* ტერიტორიული teritoriuli
territory *(n.)* ტერიტორია teritoria
terror *(n.)* შიში SiSi
terrorism *(n.)* ტეტორიზმი tetorizmi
terrorist *(n.)* ტერორისტი teroristi
terrorize *(v.)* ტერორიზება terorizeba
terse *(adj.)* შეკვეცილი Sekvecili
tersely *(adv.)* შეკვეცილად Sekvecilad
tertian *(n.)* მალარია malaria
tertiary *(adj.)* მესამეული mesameuli
tertiary *(n.)* მალარიული malariuli
tesseract *(n.)* ტესერაქტი teseraqti
test *(n.)* შემოწმება Semowmeba
test *(v.)* გასინჯვა gasinjva
testament *(n.)* ანდერძი anderZi
testicle *(n.)* კვერცხი kvercxi
testify *(v.)* დამოწმება damowmeba
testimonial *(n.)* მოწმობა mowmoba
testimony *(n.)* მტკიცება mtkiceba
testosterone *(n.)* ტესტოსტერონი testosteroni
tete-a-tete *(n.)* კერძო საუბარი kerZo saubari

tether *(v.)* მიბმა mibma
tether *(n.)* საბამი sabami
tetra *(n.)* თეთრა TeTra
text *(n.)* ტექსტი teqsti
textbook *(adj.)* თვითმასწავლებელი TviTmaswavlebeli
textbook *(n.)* სახელმძღვანელო saxelmZRvanelo
textbookish *(adj.)* თვითმსწავლები TviTmswavlebi
textile *(n.)* ქსოვილები qsovilebi
textile *(adj.)* საფეიქრო safeiqro
textual *(adj.)* სატექსტო sateqsto
texture *(n.)* ქსოვილი qsovili
thank *(v.)* მადლობის თქმა madlobis Tqma
thankful *(adj.)* მადლობელი madlobeli
thankless *(adj.)* უმადური umaduri
thanks *(n.)* მადლობა madloba
that *(adv.)* ამდენად amdenad
that *(rel. pron.)* ის is
that *(dem. pron.)* ის რაც is rac
that *(conj.)* რომ rom
thatch *(v.)* ჩალით დახურვა CaliT daxurva
thatch *(n.)* ჩალის სახურავი Calis saxuravi
thaw *(v.)* დნობა dnoba
thaw *(n.)* დნობადობა dnobadoba
theatre *(n.)* თეატრი Teatri
theatrical *(adj.)* თეატრალური Teatraluri
theft *(n.)* ქურდობა qurdoba
their *(adj.)* მათი maTi
theirs *(pron.)* იმათი imaTi
theism *(n.)* თეიზმი Teizmi
theist *(n.)* თეისტი Teisti
them *(pron.)* მათ maT
thematic *(adj.)* თემატიკური Tematikuri

theme *(n.)* საგანი *sagani*
then *(adj.)* მაშინდელი *maSindeli*
then *(adv.)* მაშინ *maSin*
thence *(adv.)* აქედან *aqedan*
theocracy *(n.)* თეოკრატია *Teokratia*
theologian *(n.)* ღვთისმეტყველი *RvTismetyveli*
theological *(adj.)* ღვთისმეტყველური *RvTismetyveluri*
theology *(n.)* თეოლოგია *Teologia*
theorem *(n.)* თეორემა *Teorema*
theoretical *(adj.)* თეორიული *Teoriuli*
theorist *(n.)* თეორეტიკოსი *Teoretikosi*
theorize *(v.)* თეორიული მსჯელობა *Teoriuli msjeloba*
theory *(n.)* თეორია *Teoria*
therapist *(n.)* თერაპისტი *Terapisti*
therapy *(n.)* თერაპია *Terapia*
there *(adv.)* იქ *iq*
thereabouts *(adv.)* ახლობლად *axloblad*
thereafter *(adv.)* იმ დროიდან *im droidan*
thereby *(adv.)* ამის საშუალებით *amis saSualebiT*
therefore *(adv.)* ამიტომ *amitom*
thermal *(adj.)* თერმული *Termuli*
thermometer *(n.)* თერმომეტრი *Termometri*
thermos (flask) *(n.)* თერმოსი *Termosi*
thesis *(n.)* თეზისი *Tezisi*
thick *(adv.)* მჭიდროდ *mWidrod*
thick *(adj.)* სქელი *sqeli*
thick *(n.)* ტევრი *tevri*
thicken *(v.)* გასქელება *gasqeleba*
thicket *(n.)* უღრანი *uRrani*
thief *(n.)* ქურდი *qurdi*
thigh *(n.)* ბარძაყი *barZayi*
thimble *(n.)* სათითე *saTiTe*
thin *(v.)* დაწვრილება *dawvrileba*
thin *(adj.)* წვრილი *wvrili*
thing *(n.)* საგანი *sagani*
think *(v.)* ფიქრი *fiqri*
thinker *(n.)* მოაზროვნე *moazrovne*
third *(n.)* მესამედი ნაწილი *mesamedi nawili*
third *(adj.)* მესამე *mesame*
thirdly *(adv.)* მესამედ *mesamed*
thirst *(v.)* წყურვილის გრძნობა *wyurvilis grZnoba*
thirst *(n.)* წყურვილი *wyurvili*
thirsty *(adj.)* მწყურვალი *mwyurvali*
thirteen *(n.)* ცამეტი *cameti*
thirteenth *(adj.)* მეცამეტე *mecamete*
thirteenth *(n.)* მეცამეტე ნაწილი *mecamete nawili*
thirtieth *(n.)* ოცდამეათე ნაწილი *ocdameaTe nawili*
thirtieth *(adj.)* ოცდამეათე *ocdameaTe*
thirty *(n.)* ოცდაათი *ocdaaTi*
thistle *(n.)* ბრტყელეკალა *brtyelekala*
thither *(adv.)* იქით *iqiT*
thorax *(n.)* გულმკერდი *gulmkerdi*
thorn *(n.)* ეკალი *ekali*
thorny *(adj.)* ეკლიანი *ekliani*
thorough *(adj.)* სრული *sruli*
thoroughfare *(n.)* გასასვლელი *gasasvleli*
though *(adv.)* მაგრამ *magram*
though *(conj.)* თუმცა *Tumca*
thought *(n.)* აზრი *azri*
thoughtful *(adj.)* მოაზროვნე *moazrovne*
thousand *(n.)* ათასი *aTasi*
thousandth *(adj.)* მეათასე *meaTase*
thrall *(n.)* მონა *mona*
thralldom *(n.)* მონობა *monoba*
thrash *(v.)* გალეწვა *galewva*

thread *(v.)* ასხმა *asxma*
thread *(n.)* ძაფი *Zafi*
threadbare *(adj.)* გახეხილი *gaxexili*
threat *(n.)* მუქარა *muqara*
threaten *(v.)* დამუქრება *damuqreba*
three *(n.)* სამი *sami*
thresh *(v.)* დარტყმა *dartyma*
thresher *(n.)* მლეწველი *mlewveli*
threshold *(n.)* ზღურბლი *zRurbli*
thrice *(adv.)* სამჯერ *samjer*
thrift *(n.)* ეკონომიურობა *ekonomiuroba*
thrifty *(adj.)* ეკონომიური *ekonomiuri*
thrill *(v.)* აღელვება *aRelveba*
thrill *(n.)* თრთოლა *TrTola*
thriller *(n.)* სენსაციური *sensaciuri*
thrive *(v.)* აყვავება *ayvaveba*
throat *(n.)* ყელი *yeli*
throaty *(adj.)* ხორხის *xorxis*
throb *(n.)* ცემა *cema*
throb *(v.)* ძგერა *Zgera*
throe *(n.)* ტანჯვა *tanjva*
throne *(v.)* ტახტზე აყვანა *taxtze ayvana*
throne *(n.)* სამეფო ტახტი *samefo taxti*
throng *(n.)* ბრბო *brbo*
throng *(v.)* ტავის მოყრა *tavis moyra*
throttle *(v.)* დახრჩობა *daxrCoba*
throttle *(n.)* ხახა *xaxa*
through *(adv.)* გამჭოლ *gamWol*
through *(adj.)* პირდაპირი *pirdapiri*
through *(prep.)* იქით *iqiT*
throughout *(prep.)* გავლით *gavliT*
throughout *(adv.)* ყოველმხრივ *yovelmxriv*
throw *(n.)* სროლა *srola*
throw *(v.)* გადაგდება *gadagdeba*
thrust *(n.)* ბიძგი *biZgi*
thrust *(v.)* ხელის კვრა *xelis kvra*
thud *(v.)* უხმოდ დაცემა *uxmod dacema*
thud *(n.)* ყრუ ბგერა *yru bgera*
thug *(n.)* თავზე ხელაღებული *Tavze xelaRebuli*
thumb *(v.)* უშნოდ *uSnod*
thumb *(n.)* ცერა თითი *cera TiTi*
thumbprint *(n.)* ანაბეჭდი *anabeWdi*
thump *(v.)* ცემა *cema*
thump *(n.)* მძიმე დარტყმა *mZime dartyma*
thunder *(v.)* გრგვინვა *grgvinva*
thunder *(n.)* მეხი *mexi*
thunderous *(adj.)* ელვისებური *elviseburi*
thunderstorm *(n.)* ჭექა-ქუხილი *Weqa-quxili*
Thursday *(n.)* ხუთშაბათი *xuTSabaTi*
thus *(adv.)* ასე *ase*
thwart *(v.)* ურჩობა *urCoba*
tiara *(n.)* ტიარა *tiara*
tick *(v.)* ტაკატუკი *takatuki*
tick *(n.)* წიკწიკი *wikwiki*
ticket *(n.)* ბილეთი *bileTi*
tickle *(v.)* ღიტინი *Ritini*
ticklish *(adj.)* ფაქიზი *faqizi*
tidal *(adj.)* ზღვის მოქცევისას მოსული *zRvis moqcevisas mosuli*
tide *(n.)* ზღვის მოქცევა და უკუქცევა *zRvis moqceva da ukuqceva*
tidiness *(n.)* სისუფთავე *sisufTave*
tidings *(n. pl.)* ცნობა *cnoba*
tidy *(v.)* დალაგება *dalageba*
tidy *(adj.)* სუფთა *sufTa*
tie *(n.)* თოკი *Toki*
tie *(v.)* შეკვრა *Sekvra*
tier *(n.)* ავშვის წინსაფარი *avSvis winsafari*
tiger *(n.)* ვეფხვი *vefxvi*
tight *(adj.)* მჭიდრო *mWidro*

tighten *(v.)* შეკუმშვა *SekumSva*
tigress *(n.)* მუ ვეფხვი *Zu vefxvi*
tile *(v.)* კრამიტით დახურვა *kramitiT daxurva*
tile *(n.)* კრამიტი *kramiti*
till *(n.)* სალარო *salaro*
till *(conj.)* სანამ *sanam*
till *(v.)* ხვნა *xvna*
till *(prep.)* მდე *mde*
tilt *(v.)* დახრა *daxra*
tilt *(n.)* დახრილობა *daxriloba*
timber *(n.)* ხე-ტყე *xe-tye*
time *(v.)* დროის დანიშვნა *drois daniSvna*
time *(n.)* დრო *dro*
time limit *(n.)* დროის ლიმიტი *drois limiti*
timeline *(n.)* დროის ხაზი *drois xazi*
timely *(adj.)* დროული *drouli*
timid *(adj.)* მოკრძალებული *mokrZalebuli*
timidity *(n.)* მოკრძალება *mokrZaleba*
timorous *(adj.)* გაუბედავი *gaubedavi*
tin *(v.)* მოკალვა *mokalva*
tin *(n.)* კალა *kala*
tincture *(v.)* შეღებვა *SeRebva*
tincture *(n.)* ნაყენი *nayeni*
tinge *(v.)* შეფერადება *Seferadeba*
tinge *(n.)* ოდნავ შეღებვა *odnav SeRebva*
tinker *(n.)* მესპილენძე *mespilenZe*
tinsel *(n.)* ფოლგა *folga*
tint *(v.)* ოდნავ შეღებვა *odnav SeRebva*
tint *(n.)* ელფერი *elferi*
tiny *(adj.)* ძალიან პატარა *Zalian patara*
tip *(v.)* შეტყობინება *Setyobineba*
tip *(n.)* რჩევა-დარიგება *rCeva-darigeba*
tip-off *(v.)* გაფრთხილება *gafrTxileba*
tipsy *(adj.)* ნასვამი *nasvami*
tirade *(n.)* ტირადა *tirada*
tire *(v.)* დაღლა *daRla*
tire *(n.)* სალტე *salte*
tired *(adj.)* დაღლილი *daRlili*
tiresome *(adj.)* დამქანცავი *damqancavi*
tissue *(n.)* ქსოვილი *qsovili*
titanic *(adj.)* ტიტანური *titanuri*
tithe *(n.)* მეათედი ნაწილი *meaTedi nawili*
title *(v.)* დასათაურება *dasaTaureba*
title *(n.)* სათაური *saTauri*
titular *(adj.)* ტიტულოვანი *titulovani*
toad *(n.)* გომბეშო *gombeSo*
toast *(v.)* შებრაწვა *Sebrawva*
toast *(n.)* ტოსტი *tosti*
tobacco *(n.)* თამბაქო *Tambaqo*
today *(n.)* დღევანდელი დღე *dRevandeli dRe*
today *(adv.)* დღეს *dRes*
toe *(v.)* წინდების წაქსოვა *windebis waqsova*
toe *(n.)* ფეხის თითი *fexis TiTi*
toffee *(n.)* კამფეტი *kamfeti*
toga *(n.)* წამოსასხამი *wamosasxami*
together *(adv.)* ერთად *erTad*
toil *(v.)* შრომა *Sroma*
toil *(n.)* მძიმე შრომა *mZime Sroma*
toilet *(n.)* ტუალეტი *tualeti*
toils *(n. pl.)* ხაფანგი *xafangi*
token *(n.)* ჟეტონი *Jetoni*
tolerable *(adj.)* მოსათმენი *mosaTmeni*
tolerance *(n.)* შემწყნარებლობა *Semwynarebloba*
tolerant *(adj.)* მომთმენი *momTmeni*
tolerate *(v.)* ატანა *atana*
toleration *(n.)* შემწყნარებლობა *Semwynarebloba*
toll *(v.)* ზარის რეკვა *zaris rekva*

toll *(n.)* გადასახადი *gadasaxadi*
tomato *(n.)* პამიდორი *pamidori*
tomb *(n.)* საფლავი *saflavi*
tomboy *(n.)* ანცი *anci*
tomcat *(n.)* კატა *kata*
tome *(n.)* ტომი *tomi*
tomorrow *(adv.)* ხვალ *xval*
tomorrow *(n.)* ხვალინდელი დღე *xvalindeli dRe*
ton *(n.)* ტონა *tona*
tone *(n.)* ტონი *toni*
tone *(v.)* შეხმატკბილება *Sexmatkbileba*
toned *(adj.)* ტონირებული *tonirebuli*
tongs *(n. pl.)* მარწუხი *marwuxi*
tongue *(n.)* ენა *ena*
tonic *(n.)* გასამაგრებელი საშუალება *gasamagrebeli saSualeba*
tonic *(adj.)* მატონიზებელი *matonizebeli*
tonight *(adv.)* ამ ღამით *am RamiT*
tonight *(n.)* დღევანდელი საღამო *dRevandeli saRamo*
tonne *(n.)* ტონა *tona*
tonsil *(n.)* ნუშისებრი ჯირკვალი *nuSisebri jirkvali*
tonsure *(n.)* ტონზურა *tonzura*
too *(adv.)* მეტად *metad*
tool *(n.)* ხელსაწყო *xelsawyo*
toolkit *(n.)* სამუშაო იარაღი *samuSao iaraRi*
tooth *(n.)* კბილი *kbili*
toothache *(n.)* კბილის ტკივილი *kbilis tkivili*
toothsome *(adj.)* გემრიელი *gemrieli*
top *(v.)* ზემოდან დაფარვა *zemodan dafarva*
top *(n.)* კენწერო *kenwero*
topaz *(n.)* თოპაზი *Topazi*
topic *(n.)* თემა *Tema*

topical *(adj.)* საჭირბოროტო *saWirboroto*
topographer *(n.)* ტოპოგრაფი *topografi*
topographical *(adj.)* ტოპოგრაფიული *topografiuli*
topography *(n.)* ტოპოგრაფია *topografia*
topper *(n.)* ჩინებული ნივთი *Cinebuli nivTi*
topple *(v.)* ჩავარდნა *Cavardna*
topsy turvy *(adj.)* გადაბრუნებული *gadabrunebuli*
topsy turvy *(adv.)* პირქვე *pirqve*
torch *(n.)* ჩირაღდანი *CiraRdani*
torment *(n.)* ტანჯვა *tanjva*
torment *(v.)* წამება *wameba*
tornado *(n.)* ქარიშხალი *qariSxali*
torpedo *(v.)* აფეთქება *afeTqeba*
torpedo *(n.)* წყალქვეშა ნავი *wyalqveSa navi*
torrent *(n.)* ნიაღვარი *niaRvari*
torrential *(adj.)* დატბორილი *datborili*
torrid *(adj.)* ცხელი *cxeli*
tortoise *(n.)* კუ *ku*
tortuous *(adj.)* დაკლაკნილი *daklaknili*
torture *(v.)* წვალება *wvaleba*
torture *(n.)* წამება *wameba*
toss *(n.)* ტყორცნა *tyorcna*
toss *(v.)* გადაგდება *gadagdeba*
total *(n.)* მთელი *mTeli*
total *(v.)* შეჯამება *Sejameba*
total *(adj.)* მთლიანი *mTliani*
totalitarian *(adj.)* ტოტალიტარული *totalitaruli*
totality *(n.)* მთელი რაოდენობა *mTeli raodenoba*
touch *(n.)* ხელის შეხება *xelis Sexeba*
touch *(v.)* შეხება *Sexeba*

touchy *(adj.)* მეტად მგრძნობიარე metad mgrZnobiare
tough *(adj.)* მჭიდრო mWidro
toughen *(v.)* შემჭიდროება SemWidroeba
tour *(v.)* მგზავრობა mgzavroba
tour *(n.)* მოგზაურობა mogzauroba
tourism *(n.)* ტურიზმი turizmi
tourist *(n.)* ტურისტი turisti
tournament *(n.)* ტურნირი turniri
tout *(v.)* თავს მოხვევა Tavs moxveva
tow *(n.)* ბუქსირი buqsiri
tow *(v.)* ბუქსირით თრევა buqsiriT Treva
towards *(prep.)* აღნიშნავს მიმართულებას aRniSnavs mimarTulebas
towboat *(n.)* საბუქსირო გემი sabuqsiro gemi
towel *(v.)* პირსახოცით შემშრალება pirsaxociT SemSraleba
towel *(n.)* პირსახოცი pirsaxoci
tower *(v.)* ამართვა amarTva
tower *(n.)* კოშკი koSki
town *(n.)* ქალაქი qalaqi
township *(n.)* გარეუბანი gareubani
toxaemia *(n.)* სისხლის მოწამვლა sisxlis mowamvla
toxic *(adj.)* შხამიანი Sxamiani
toxicity *(n.)* ტოქსიკურობა toqsikuroba
toxicologist *(n.)* ტოქსიკოლოგი toqsikologi
toxicology *(n.)* ტოქსიკოლოგია toqsikologia
toxification *(n.)* ტოქსიკაცია toqsikacia
toxin *(n.)* ტოქსინი toqsini
toy *(v.)* თამაში TamaSi
toy *(n.)* სათამაშო saTamaSo
toyhouse *(n.)* სათამაშოების სახლი saTamaSoebis saxli

toymaker *(n.)* სათამაშოების გამკეთებელი saTamaSoebis gamkeTebeli
toyseller *(n.)* სათამაშოების გამყიდველი saTamaSoebis gamyidveli
toystore *(n.)* სათამაშოების მაღაზია saTamaSoebis maRazia
trace *(v.)* დანიშვნა daniSvna
trace *(n.)* კვალი kvali
traceable *(adj.)* კვალი kvali
trachea *(n.)* ტრაქეა traqea
tracheal *(adj.)* ტრაქეული traqeuli
tracheole *(n.)* ტრაქეოლა traqeola
tracheoscopy *(n.)* ტრაქეოსკოპია traqeoskopia
tracing *(n.)* ტრასის მიმართულების დასახვა trasis mimarTulebis dasaxva
track *(v.)* თვალის მიდევნება Tvalis midevneba
track *(n.)* კვალი kvali
trackable *(adj.)* კვალი kvali
trackback *(n.)* თვალყურის დევნება Tvalyuris devneba
trackball *(n.)* სამოძრაო ბურთლა samoZrao burTla
tracker *(n.)* ბურკლაკი burklaki
tracklist *(n.)* თვალთვალის სია TvalTvalis sia
tracksuit *(n.)* სპორტული ჟაკეტი sportuli Jaketi
tract *(n.)* ტრაქტატი traqtati
traction *(n.)* წევა weva
tractor *(n.)* ტრაქტორი traqtori
trade *(v.)* ვაჭრობა vaWroba
trade *(n.)* საქმიანობა saqmianoba
trademark *(n.)* ფაბრიკის ნიშანი fabrikis niSani
trader *(n.)* ვაჭარი vaWari
tradesman *(n.)* მოვაჭრე movaWre
tradition *(n.)* ტრადიცია tradicia

traditional *(adj.)* ტრადიციული tradiciuli
traffic *(v.)* ვაჭრობა vaWroba
traffic *(n.)* ტრანსპორტი transporti
traffic sign *(n.)* სატრანსპორტო ნიშანი satransporto niSani
tragedian *(n.)* ტრაგედიული მსახიობი tragediuli msaxiobi
tragedy *(n.)* ტრაგედია tragedia
tragic *(adj.)* ტრაგიკული tragikuli
trail *(v.)* კვალის მიგნება kvalis migneba
trail *(n.)* კვალი kvali
trailer *(n.)* მისაბმელი misabmeli
train *(v.)* სწავლება swavleba
train *(n.)* მატარებელი matarebeli
trainee *(n.)* შემსწავლელი Semswavleli
training *(n.)* მომზადება momzadeba
trait *(n.)* ხასიათის თვისება xasiaTis Tviseba
traitor *(n.)* მოღალატე moRalate
tram *(n.)* ტრამვაი tramvai
trample *(v.)* გათელვა gaTelva
trance *(n.)* ტრანსი transi
tranquil *(adj.)* წყნარი wynari
tranquility *(n.)* სიწყნარე siwynare
tranquillize *(v.)* დაწყნარება dawynareba
tranquillizer *(n.)* დამაწყნარებელი damawynarebeli
transact *(v.)* საქმის წარმოება saqmis warmoeba
transaction *(n.)* შესრულება Sesruleba
transborder *(adj.)* ტრანსსასაზღვრო transsasazRvro
transboundary *(adj.)* ტრანსსასაზღვროტრანსსასაზღვრო transsasazRvrotranssasazRvro
transceive *(v.)* მიღება-გადაცემა miReba-gadacema
transceiver *(n.)* მიმღებ-გადამცემი mimReb-gadamcemi
transcend *(v.)* საზღვარს გადასვლა sazRvars gadasvla
transcendent *(adj.)* ტრანსცენდენტული transcendentuli
transcendental *(adj.)* ტრანსცენდენტალური transcendentaluri
transcendentalize *(v.)* ტრანსცენდენტალიზმი transcendentalizmi
transcendentally *(adv.)* ტრანსცენდენტურად transcendenturad
transcendingly *(adv.)* აღმატებულად aRmatebulad
transcribe *(v.)* გადაწერა gadawera
transcriber *(n.)* გადამწერი gadamweri
transcription *(n.)* ტრანსკრიფცია transkrifcia
transfer *(v.)* გადაცემა gadacema
transfer *(n.)* გადატანა gadatana
transferable *(adj.)* გადასაცემი gadasacemi
transfiguration *(n.)* სახეცვალება saxecvaleba
transfigure *(v.)* შეცვლა Secvla
transform *(v.)* გარდაქმნა gardaqmna
transformation *(n.)* განახლება ganaxleba
transgress *(v.)* კანონის დარღვევა kanonis darRveva
transgression *(n.)* დანაშაული danaSauli
transit *(v.)* გადაზიდვა gadazidva
transit *(n.)* გატარება gatareba
transition *(n.)* გადაადგილება gadaadgileba
transitive *(adj.)* გარდამავალი gardamavali
transitory *(adj.)* წარმავალი warmavali

translate *(v.)* თარგმნა *Targmna*
translation *(n.)* თარგმანი *Targmani*
transmigration *(n.)* გადასახლება *gadasaxleba*
transmission *(n.)* ტრანსმისია *transmisia*
transmit *(v.)* გადაგზავნა *gadagzavna*
transmitter *(n.)* გადამცემი მექანიზმი *gadamcemi meqanizmi*
transparent *(adj.)* გამჭვირვალე *gamWvirvale*
transplant *(v.)* გადარგვა *gadargva*
transplant *(n.)* კანის გადანერგვა *kanis gadanergva*
transplantation *(n.)* ტრანსპლანტაცია *transplantacia*
transplantee *(n.)* ტრანსპლანტანტი *transplantanti*
transport *(n.)* ტრანსპორტი *transporti*
transport *(v.)* გადაზიდვა *gadazidva*
transportation *(n.)* გადატანა *gadatana*
trap *(v.)* მოკაზმვა *mokazmva*
trap *(n.)* მახე *maxe*
trapdoor *(n.)* საძვრენი *saZvreni*
trapeze *(v.)* ტრაპეზირება *trapezireba*
trapeze *(n.)* ტრაპეცია *trapecia*
trapezist *(n.)* ტრაპეზისტი *trapezisti*
trapezoid *(n.)* ტრაპეციული *trapeciuli*
trapline *(n.)* ტრაპლეტი *trapleti*
trash *(n.)* ნაგავი *nagavi*
trashed *(adj.)* დანაგვიანებული *danagvianebuli*
trauma *(n.)* ტრამვა *tramva*
traumatic *(adj.)* ტრამვული *tramvuli*
traumatism *(n.)* ტრამვატიზმი *tramvatizmi*
traumatology *(n.)* ტრამვატოლოგია *tramvatologia*
traunch *(v.)* კვალი *kvali*
travel *(v.)* მგზავრობა *mgzavroba*
travel *(n.)* მოგზაურობა *mogzauroba*
traveller *(n.)* მოგზაური *mogzauri*
travelogue *(n.)* ლექცია მგზავრობაზე *leqcia mgzavrobaze*
traveltime *(n.)* მოგზაურობის დრო *mogzaurobis dro*
traversable *(adj.)* დაბრკოლებული *dabrkolebuli*
traverse *(v.)* გადაჭრა *gadaWra*
traverse *(n.)* დაბრკოლება *dabrkoleba*
trawl *(n.)* გრუნტის ბადე *gruntis bade*
trawl *(v.)* ტრალით დაჭერა *traliT daWera*
trawlboat *(n.)* ტრალის გემი *tralis gemi*
tray *(n.)* ლანგარი *langari*
tray *(v.)* ლანგრით მიტანა *langriT mitana*
treacherous *(adj.)* გამცემლური *gamcemluri*
treachery *(n.)* გამცემლობა *gamcemloba*
tread *(n.)* სვლა *svla*
tread *(v.)* ნაბიჯის გადადგმა *nabijis gadadgma*
treader *(n.)* მოსიარულე *mosiarule*
treadmill *(n.)* სარბენი ბილიკი *sarbeni biliki*
treadplate *(n.)* რკინის სინი *rkinis sini*
treadwheel *(n.)* სარბენი ბილიკი *sarbeni biliki*
treason *(n.)* ღალატი *Ralati*
treasure *(v.)* დიდად დაფასება *didad dafaseba*
treasure *(n.)* განძი *ganZi*
treasurer *(n.)* ხაზინადარი *xazinadari*
treasury *(n.)* საგანძური *saganZuri*
treat *(v.)* მოპყრობა *mopyroba*
treat *(n.)* სიამოვნება *siamovneba*
treatise *(n.)* ტრაქტატი *traqtati*
treatment *(n.)* მიმართვა *mimarTva*

treaty *(n.)* ხელშეკრულება *xelSekruleba*
tree *(n.)* ხე *xe*
trek *(n.)* ლაშქრობა *laSqroba*
trek *(v.)* გადასახლება *gadasaxleba*
tremble *(v.)* თრთოლა *TrTola*
tremendous *(adj.)* საშინელი *saSineli*
tremor *(n.)* ჟრჟოლა *JrJola*
trench *(v.)* ბარვა *barva*
trench *(n.)* თხრილი *Txrili*
trend *(n.)* საერთო მიმართულება *saerTo mimarTuleba*
trespass *(n.)* საზღვრის დარღვევა *sazRvris darRveva*
trespass *(v.)* დანაშაულის ჩადენა *danaSaulis Cadena*
trial *(n.)* გამოცდილება *gamocdileba*
triangle *(n.)* სამკუთხედი *samkuTxedi*
triangular *(adj.)* სამკუთხა *samkuTxa*
tribal *(adj.)* ტომობრივი *tomobrivi*
tribe *(n.)* ტომი *tomi*
tribulation *(n.)* დარდი *dardi*
tribunal *(n.)* სასამართლო *sasamarTlo*
tributary *(n.)* მოხარკე *moxarke*
tributary *(adj.)* ხარკის გადამხდელი *xarkis gadamxdeli*
tribute *(n.)* ხარკი *xarki*
trick *(v.)* მოტყუება *motyueba*
trick *(n.)* ეშმაკობა *eSmakoba*
trickery *(n.)* თაღლითობა *TaRliToba*
trickle *(v.)* გაჟონვა *gaJonva*
trickle *(n.)* ნაკადი *nakadi*
trickster *(n.)* მატყუარა *matyuara*
tricky *(adj.)* ეშმაკი *eSmaki*
tricolour *(n.)* სამფერიანი დროშა *samferiani droSa*
tricolour *(adj.)* სამი ფერის *sami feris*
tricycle *(n.)* სამთვლიანი ველოსიპედი *samTvliani velosipedi*
trifle *(v.)* დაუფიქრებლად მოქცევა *daufiqreblad moqceva*
trifle *(n.)* უბრალო *ubralo*
trigger *(v.)* მოხდენა *moxdena*
trigger *(n.)* სასხლეტი მექანიზმი *sasxleti meqanizmi*
trim *(v.)* მოწესრიგება *mowesrigeba*
trim *(n.)* წესრიგი *wesrigi*
trim *(adj.)* მოწესრიგებული *mowesrigebuli*
trimester *(n.)* ტრიმესტრი *trimestri*
trinity *(n.)* სამება *sameba*
trio *(n.)* ტრიო *trio*
trip *(n.)* გასეირნება *gaseirneba*
trip *(v.)* წაბორძიკება *waborZikeba*
tripartite *(adj.)* სამი თავისაგან შემდგარი *sami Tavisagan Semdgari*
triple *(v.)* გასამკეცებული *gasamkecebuli*
triple *(adj.)* სამმაგი *sammagi*
triplicate *(v.)* გასამკეცება *gasamkeceba*
triplicate *(n.)* სამკეცი *samkeci*
triplicate *(adj.)* სამმაგი *sammagi*
triplication *(n.)* გასამმაგება *gasammageba*
tripod *(n.)* სამფეხი *samfexi*
triumph *(v.)* დღესასწაულობა *dResaswauloba*
triumph *(n.)* ტრიუმფი *triumfi*
triumphal *(adj.)* საზეიმო *sazeimo*
triumphant *(adj.)* მოზეიმე *mozeime*
trivial *(adj.)* ყოველდღიური *yoveldRiuri*
troop *(v.)* შეგროვება *Segroveba*
troop *(n.)* ლაშქარი *laSqari*
trooper *(n.)* მხედარი *mxedari*
trophy *(n.)* ნადავლი *nadavli*
tropic *(n.)* ტროპიკი *tropiki*
tropical *(adj.)* ტროპიკული *tropikuli*

trot *(n.)* ჩორთი *CorTi*
trot *(v.)* გაქცევა *gaqceva*
trouble *(v.)* ღელვა *Relva*
trouble *(n.)* შფოთვა *SfoTva*
troublesome *(adj.)* შემაწუხებელი *Semawuxebeli*
troupe *(n.)* დასი *dasi*
trousers *(n. pl.)* შარვალი *Sarvali*
trowel *(n.)* ნიჩაბი *niCabi*
truce *(n.)* დაზავება *dazaveba*
truck *(n.)* სატვირთო მანქანა *satvirTo manqana*
true *(adj.)* სწორი *swori*
trump *(v.)* გამოგონება *gamogoneba*
trump *(n.)* საყვირი *sayviri*
trumpet *(v.)* ბუკის კვრა *bukis kvra*
trumpet *(n.)* ბუკი *buki*
trunk *(n.)* ღერო *Rero*
trust *(v.)* მინდობა *mindoba*
trust *(n.)* ნდობა *ndoba*
trustee *(n.)* მზრუნველი *mzrunveli*
trustful *(adj.)* სანდო *sando*
trustworthy *(adj.)* ნდობის ღირსი *ndobis Rirsi*
trusty *(adj.)* ერთგული *erTguli*
truth *(n.)* სიმართლე *simarTle*
truthful *(adj.)* მართალი *marTali*
try *(n.)* სინჯვა *sinjva*
try *(v.)* ცდა *cda*
trying *(adj.)* ძნელი *Zneli*
tryst *(n.)* პაემანი *paemani*
tub *(n.)* გოვზა *govza*
tube *(n.)* მილი *mili*
tuberculosis *(n.)* ჭლექი *Wleqi*
tubular *(adj.)* მილიანი *miliani*
tug *(v.)* თრევა *Treva*
tuition *(n.)* სწავლება *swavleba*
tumble *(n.)* დაცემა *dacema*
tumble *(v.)* დავარდნა *davardna*
tumbler *(n.)* ბოკალი *bokali*
tumour *(n.)* სიმსივნე *simsivne*
tumult *(n.)* ხმაური *xmauri*
tumultuous *(adj.)* ხმაურიანი *xmauriani*
tune *(v.)* მომართვა *momarTva*
tune *(n.)* მელოდია *melodia*
tunnel *(v.)* გვირაბის გაყვანა *gvirabis gayvana*
tunnel *(n.)* გვირაბი *gvirabi*
turban *(n.)* ჩალმა *Calma*
turbine *(n.)* ტურბინი *turbini*
turbulence *(n.)* უწესრიგობა *uwesrigoba*
turbulent *(adj.)* მოუსვენარი *mousvenari*
turf *(n.)* კორდი *kordi*
turkey *(n.)* ინდაური *indauri*
turmeric *(n.)* ტურმერიკი *turmeriki*
turmoil *(n.)* ალიაქოთი *aliaqoTi*
turn *(n.)* ბრუნი *bruni*
turn *(v.)* ბრუნვა *brunva*
turner *(n.)* ხარატი *xarati*
turnip *(n.)* თალგამი *Talgami*
turn-off *(n.)* გამორთვა *gamorTva*
turnout *(n.)* შეკრება *Sekreba*
turpentine *(n.)* სკიპიდარი *skipidari*
turtle *(n.)* კუ *ku*
tusk *(n.)* ეშვი *eSvi*
tussle *(v.)* ბრძოლა *brZola*
tussle *(n.)* ჩხუბი *Cxubi*
tutor *(n.)* შინამასწავლებელი *Sinamaswavlebeli*
tutorial *(n.)* დარიგება *darigeba*
tutorial *(adj.)* დამრიგებლური *damrigebluri*
twelfth *(n.)* მეთორმეტე ნაწილი *meTormete nawili*
twelfth *(adj.)* მეთორმეტე *meTormete*
twelve *(n.)* თორმეტი *Tormeti*

twentieth *(n.)* მეოცე ნაწილი *meoce nawili*
twentieth *(adj.)* მეოცე *meoce*
twenty *(n.)* ოცი *oci*
twice *(adv.)* ორჯერ *orjer*
twig *(n.)* შტო *Sto*
twilight *(n.)* ბინდი *bindi*
twin *(adj.)* ორმაგი *ormagi*
twin *(n.)* ტყუპი *tyupi*
twinkle *(n.)* ელვარება *elvareba*
twinkle *(v.)* ციმციმი *cimcimi*
twist *(n.)* ხვეული *xveuli*
twist *(v.)* გრეხა *grexa*
twitter *(v.)* ჭიკჭიკი *WikWiki*
twitter *(n.)* ჟღურტული *JRurtuli*
two *(n.)* ორი *ori*
twofold *(adj.)* ორფა *orfa*
type *(v.)* მანქანაზე ბეჭვდა *manqanaze beWvda*
type *(n.)* ტიპი *tipi*
typhoid *(n.)* მუცლის ტიფი *muclis tifi*
typhoon *(n.)* ტაიფუნი *taifuni*
typhus *(n.)* პარტახტიანი ტიფი *partaxtiani tifi*
typical *(adj.)* ტიპობრივი *tipobrivi*
typify *(v.)* ნიმუშად მოყვანა *nimuSad moyvana*
typist *(n.)* მემანქანე *memanqane*
tyranny *(n.)* ტირანია *tirania*
tyrant *(n.)* ტირანი *tirani*
tyre *(n.)* ბორბალი *borbali*

U

uber *(adv.)* ზე *ze*
uber *(adj.)* ყველაზე *yvelaze*
ubergeek *(n.)* უბერგიკი *ubergiki*
uberous *(adj.)* უბერული *uberuli*
ubersexual *(adj.)* უბერსექსუალური *uberseqsualuri*
ubersexual *(n.)* უბერსექსუალი *uberseqsuali*
ubicity *(n.)* ყველგან მყოფი *yvelgan myofi*
ubiquitous *(adj.)* ყველგან მყოფი *yvelgan myofi*
ubiquity *(n.)* ყველგან მყოფი *yvelgan myofi*
udder *(n.)* ცური *curi*
ufo *(n.)* უფო *ufo*
ufologist *(n.)* უფოლოგისტი *ufologisti*
ufology *(n.)* უფოლოგია *ufologia*
uglify *(v.)* დამახინჯება *damaxinjeba*
ugliness *(n.)* სიმახინჯე *simaxinje*
ugly *(adj.)* მახინჯი *maxinji*
ukelele *(n.)* ჰავაური გიტარა *havauri gitara*
ukeleleist *(n.)* ჰავაური გიტარის დამკვრელი *havauri gitaris damkvreli*
ulcer *(n.)* წყლული *wyluli*
ulcerous *(adj.)* წყლულიანი *wyluliani*
ulterior *(adj.)* ფარული *faruli*
ultimate *(adj.)* საბოლოო *saboloo*
ultimately *(adv.)* საბოლოოდ *sabolood*
ultimatum *(n.)* ულტიმატუმი *ultimatumi*
ultra *(n.)* ფანატიკოსი *fanatikosi*
ultracasual *(adj.)* ულტრა შემთხვევითი *ultra SemTxveviTi*
ultracompact *(adj.)* ულტრა კომპაქტური *ultra kompaqturi*
ultraconservative *(n.)* ულტრა კონსერვატია *ultra konservatia*
ultraconservative *(adj.)* ულტრა კონსერვატიული *ultra konservatiuli*
ultrasecure *(adj.)* ულტრა დაცული *ultra daculi*

ultrasonic *(adj.)* ულტრა ტალღური *ultra talRuri*
ultrasonics *(n.)* ულტრა ტალღები *ultra talRebi*
ultrasound *(n.)* ულტრა ბგერა *ultra bgera*
ultraviolet *(adj.)* ულტრაიისფერი *ultraiisferi*
ululate *(v.)* ღმუილი *Rmuili*
ululation *(n.)* ღრიალი *Rriali*
umbrella *(n.)* ქოლგა *qolga*
umpire *(v.)* შუაკაცობა *Suakacoba*
umpire *(n.)* შუამავალი *Suamavali*
unabashed *(adj.)* შეუცბუნებელი *Seucbunebeli*
unabashedly *(adv.)* შეუცბუნებელად *Seucbunebelad*
unable *(adj.)* შეუძლებელი *SeuZlebeli*
unabridged *(adj.)* სრული *sruli*
unacceptable *(adj.)* მიუღებელი *miuRebeli*
unaccessible *(adj.)* მიუწვდომელი *miuwvdomeli*
unaccommodating *(adj.)* არაკომუნიკაციური *arakomunikaciuri*
unaccountable *(adj.)* აუხსნელი *auxsneli*
unaccurate *(adj.)* არაზუსტი *arazusti*
unachievable *(adj.)* მიუწვდომელი *miuwvdomeli*
unacquainted *(adj.)* უცნობი *ucnobi*
unadapted *(adj.)* აუთვისებელი *auTvisebeli*
unadjusted *(adj.)* დაუსაბუთებელი *dausabuTebeli*
unaffected *(adj.)* დაუფარავი *daufaravi*
unaffectionate *(adj.)* არაეფექტური *araefeqturi*
unaided *(adj.)* დაუსრულებლად *dausruleblad*
unambiguous *(adj.)* ერთმნიშვნელოვანი *erTmniSvnelovani*
unambivalence *(n.)* არაამბივალენტური *araambivalenturi*
unamused *(adj.)* არა სასაცილო *ara sasacilo*
unanimity *(n.)* ერთსულოვნება *erTsulovneba*
unanimous *(adj.)* ერთსულოვანი *erTsulovani*
unannounced *(adj.)* უცნობია *ucnobia*
unappealing *(adj.)* გაუჩინარება *gauCinareba*
unapproved *(adj.)* დაუმტკიცებელი *daumtkicebeli*
unarmed *(adj.)* შეუიარაღებელი *SeuiaraRebeli*
unauthorized *(adj.)* უნებართვო *unebarTvo*
unavoidable *(adj.)* გარდაუვალი *gardauvali*
unaware *(adj.)* გაუფრთხილებელი *gaufrTxilebeli*
unawares *(adv.)* გაკვირვება *gakvirveba*
unbearable *(adj.)* აუტანელი *autaneli*
unbeaten *(adj.)* დაუმარცხებელი *daumarcxebeli*
unbelievable *(adj.)* დაუჯერებელი *daujerebeli*
unburden *(v.)* გაუგონარი *gaugonari*
uncanny *(adj.)* უიღბლო *uiRblo*
uncertain *(adj.)* გაურკვეველი *gaurkveveli*
uncivilized *(adj.)* არაკვილიზებული *arakvilizebuli*
uncle *(n.)* ბიძა *biZa*
unclear *(adj.)* გაურკვეველი *gaurkveveli*

uncomfortable *(adj.)* არასასიამოვნო *arasasiamovno*
uncouth *(adj.)* უტყუარი *utyuari*
undecided *(adj.)* დაუდგენელი *daudgeneli*
undefeated *(adj.)* დაუმარცხებელი *daumarcxebeli*
under *(prep.)* ქვეშ *qveS*
undercurrent *(n.)* ქვეცნობიერი *qvecnobieri*
underdog *(n.)* ქვედანაყოფი *qvedanayofi*
undergo *(v.)* გავლა *gavla*
undergraduate *(n.)* ბაკალავრიატი *bakalavriati*
underhand *(adj.)* ქვეცნობიერად *qvecnobierad*
underline *(v.)* ხაზის გასმა *xazis gasma*
undermine *(v.)* ძირის გამოთხრა *Ziris gamoTxra*
underneath *(adj.)* უფრო დაბლა *ufro dabla*
underneath *(prep.)* ქვეშ *qveS*
underpriviledged *(adj.)* დაქვემდებარებული *daqvemdebarebuli*
understand *(v.)* გაგება *gageba*
undertake *(v.)* ვალდებულება *valdebuleba*
undertone *(n.)* ვალდებულება *valdebuleba*
underwear *(n.)* საცვალი *sacvali*
underworld *(n.)* ქვესკნელი *qveskneli*
undo *(v.)* გაუქმება *gauqmeba*
undue *(adj.)* დაუსაბუთებელი *dausabuTebeli*
undulate *(v.)* ტალღოვანი *talRovani*
undulation *(n.)* ტალღოვანი *talRovani*
unearth *(v.)* გაურკვეველი *gaurkveveli*
uneasy *(adj.)* მოუხერხებელი *mouxerxebeli*
uneducated *(adj.)* გაუნათლებელი *gaunaTlebeli*
uneven *(adj.)* არათანაბარი *araTanabari*
unfair *(adj.)* უსამართლო *usamarTlo*
unfold *(v.)* გაშლა *gaSla*
unfortunate *(adj.)* სამწუხარო *samwuxaro*
ungainly *(adj.)* ურჯულო *urjulo*
unhappy *(adj.)* უბედური *ubeduri*
unhealthy *(adj.)* არაჯანსაღი *arajansaRi*
unification *(n.)* გაერთიანება *gaerTianeba*
uninspired *(adj.)* გაურკვეველია *gaurkvevelia*
uninstall *(adj.)* დეინსტალირება *deinstalireba*
uninterrupted *(adj.)* უწყვეტი *uwyveti*
union *(n.)* კავშირი *kavSiri*
unionist *(n.)* კავშირის წევრი *kavSiris wevri*
unique *(adj.)* უნიკალური *unikaluri*
unison *(n.)* უნისონი *unisoni*
unit *(n.)* ერთეული *erTeuli*
unite *(v.)* ერთიანი *erTiani*
unity *(n.)* ერთიანობა *erTianoba*
universal *(adj.)* უნივერსალური *universaluri*
universality *(n.)* უნივერსალურობა *universaluroba*
universe *(n.)* სამყარო *samyaro*
university *(n.)* უნივერსიტეტი *universiteti*
unjust *(adj.)* უსამართლო *usamarTlo*
unknown *(adj.)* უცნობი *ucnobi*
unless *(conj.)* მანამდე *manamde*
unlike *(adj.)* განსხვავებული *gansxvavebuli*
unlike *(prep.)* განსხვავება *gansxvaveba*

unlikely *(adj.)* ნაკლებად სავარაუდო *naklebad savaraudo*
unmanned *(adj.)* უპილოტო *upiloto*
unmannerly *(adj.)* უანგარო *uangaro*
unnecessary *(adj.)* ზედმეტი *zedmeti*
unofficial *(adj.)* არაოფიციალური *araoficialuri*
unplanned *(adj.)* დაუგეგმავი *daugegmavi*
unprincipled *(adj.)* არაპრინციპული *araprincipuli*
unquote *(adj.)* დახურვის ციტატები *daxurvis citatebi*
unread *(adj.)* წაუკითხავი *waukiTxavi*
unreliable *(adj.)* არასანდო *arasando*
unrest *(n.)* არეულობა *areuloba*
unruly *(adj.)* ურჩი *urCi*
unsalted *(adj.)* უმარილო *umarilo*
unsettle *(v.)* მოუსვენრობა *mousvenroba*
unsheathe *(v.)* შიშველი *SiSveli*
unsold *(adj.)* გაუყიდავი *gauyidavi*
until *(prep.)* მდე *mde*
until *(conj.)* სანამ *sanam*
untoward *(adj.)* უნებლიე *uneblie*
unwanted *(adj.)* არასასურველი *arasasurveli*
unwell *(adj.)* ავადმყოფი *avadmyofi*
unwittingly *(adv.)* უნებურად *uneburad*
up *(prep.)* ზედმეტი *zedmeti*
up *(adv.)* მაღლა *maRla*
upbraid *(v.)* ჩხუბი *Cxubi*
upgrade *(v.)* განახლება *ganaxleba*
upheaval *(n.)* აჯანყება *ajanyeba*
uphold *(v.)* მხარის დაჭერა *mxaris daWera*
upkeep *(n.)* დაცვა *dacva*
uplift *(v.)* ამაღლება *amaRleba*
upload *(v.)* ატვირთვა *atvirTva*

upon *(prep.)* ზე *ze*
upper *(adj.)* საფუძველი *safuZveli*
upright *(adj.)* თავდაყირა *Tavdayira*
uprising *(n.)* აჯანყება *ajanyeba*
uproar *(n.)* აღშფოთება *aRSfoTeba*
uproarious *(adj.)* აღმაშფოთებელი *aRmaSfoTebeli*
uproot *(v.)* განადგურება *ganadgureba*
upset *(v.)* დამწუხრება *damwuxreba*
upshot *(n.)* უკან *ukan*
upstart *(n.)* მაღლა *maRla*
up-to-date *(adj.)* დღემდე *dRemde*
upward *(adj.)* ზემოთ *zemoT*
upwards *(adv.)* ზემოთ *zemoT*
urban *(adj.)* ურბანული *urbanuli*
urbane *(adj.)* ურბანული *urbanuli*
urbanity *(n.)* ურბანული *urbanuli*
urchin *(n.)* ბიჭუნა *biWuna*
urge *(n.)* განზრახვა *ganzraxva*
urge *(v.)* მოთხოვნა *moTxovna*
urgency *(n.)* გადაუდებელი *gadaudebeli*
urgent *(adj.)* გადაუდებელი *gadaudebeli*
urinal *(n.)* შარდი *Sardi*
urinary *(adj.)* შარდიანი *Sardiani*
urinate *(v.)* შარდვა *Sardva*
urination *(n.)* შარდვა *Sardva*
urine *(n.)* შარდი *Sardi*
urn *(n.)* ურნა *urna*
usable *(adj.)* გამოსაყენებელი *gamosayenebeli*
usage *(n.)* გამოყენება *gamoyeneba*
use *(n.)* გამოყენება *gamoyeneba*
used *(adj.)* გამოყენებული *gamoyenebuli*
useful *(adj.)* სასარგებლო *sasargeblo*
usher *(v.)* გატარება *gatareba*
usher *(n.)* შვეიცარი *Sveicari*
usual *(adj.)* ჩვეულებრივი *Cveulebrivi*

usually *(adv.)* ჩვეულებრივ *Cveulebriv*
usurer *(n.)* უსარგებლო *usargeblo*
usurp *(v.)* უზურპაცია *uzurpacia*
usurpation *(n.)* უზურპაცია *uzurpacia*
usury *(n.)* უსარგებლო *usargeblo*
utensil *(n.)* ჭურჭელი *WurWeli*
uterus *(n.)* საშვილოსნო *saSvilosno*
utilitarian *(adj.)* უტილიტარული *utilitaruli*
utility *(n.)* კომუნალური *komunaluri*
utilization *(n.)* ათვისება *aTviseba*
utilize *(v.)* გამოყენება *gamoyeneba*
utmost *(adj.)* მაქსიმალურად *maqsimalurad*
utopia *(n.)* უტოპია *utopia*
utopian *(adj.)* უტოპიური *utopiuri*
utter *(v.)* უტყუარი *utyuari*
utterance *(n.)* თქმულება *Tqmuleba*
utterly *(adv.)* სრულიად *sruliad*

V

vacancy *(n.)* ვაკანსია *vakansia*
vacant *(adj.)* ვაკანტური *vakanturi*
vacate *(v.)* არდადეგები *ardadegebi*
vacation *(n.)* შვებულება *Svebuleba*
vaccinate *(v.)* ვაქცინა *vaqcina*
vaccination *(n.)* ვაქცინაცია *vaqcinacia*
vaccinator *(n.)* ვაქცინატორი *vaqcinatori*
vaccine *(n.)* ვაქცინა *vaqcina*
vacillate *(v.)* ქანაობა *qanaoba*
vacuum *(n.)* ვაკუუმი *vakuumi*
vagabond *(adj.)* მათხოვრული *maTxovruli*
vagabond *(n.)* მათხოვარი *maTxovari*
vagary *(n.)* კაპრიზი *kaprizi*
vagina *(n.)* საშო *saSo*
vague *(adj.)* ბუნდოვანი *bundovani*
vagueness *(n.)* ბუნდოვნობა *bundovnoba*
vain *(adj.)* ამაო *amao*
vainglorious *(adj.)* ბაქია *baqia*
vainglory *(n.)* ვულგარული *vulgaruli*
vainly *(adv.)* ამაოდ *amaod*
vale *(n.)* ვალე *vale*
valet *(n.)* ვალეტი *valeti*
valiant *(adj.)* მამაცი *mamaci*
valid *(adj.)* ვალიდური *validuri*
validate *(v.)* დამოწმება *damowmeba*
validity *(n.)* რელევანტურობა *relevanturoba*
valley *(n.)* ხეობა *xeoba*
valour *(n.)* ღირსი *Rirsi*
valuable *(adj.)* ღირებული *Rirebuli*
valuation *(n.)* შეფასება *Sefaseba*
value *(v.)* მნიშვნელობა *mniSvneloba*
value *(n.)* მნიშვნელობა *mniSvneloba*
valve *(n.)* სარქველი *sarqveli*
van *(n.)* ფურგონი *furgoni*
vandalize *(v.)* ვანდალიზაცია *vandalizacia*
vanish *(v.)* გაქრობა *gaqroba*
vanity *(n.)* ამაოება *amaoeba*
vanquish *(v.)* უშედეგო *uSedego*
vaporize *(v.)* აორთქლება *aorTqleba*
vaporous *(adj.)* აორთქლებული *aorTqlebuli*
vapour *(n.)* ორთქლი *orTqli*
variable *(adj.)* ცვალებადი *cvalebadi*
variance *(n.)* ცვალებადობა *cvalebadoba*
variation *(n.)* ვარიაცია *variacia*
varied *(adj.)* მრავალფეროვანი *mravalferovani*
variety *(n.)* სხვადასხვაობა *sxvadasxvaoba*

various *(adj.)* სხვადასხვა *sxvadasxva*
varnish *(v.)* ლაქი *laqi*
varnish *(n.)* ლაქი *laqi*
vary *(v.)* შეცვლა *Secvla*
vase *(n.)* ვაზა *vaza*
vasectomy *(n.)* ვაზექტომია *vazeqtomia*
vaseline *(n.)* ვაზელინი *vazelini*
vast *(adj.)* ფართო *farTo*
vault *(v.)* ნახტომი *naxtomi*
vault *(n.)* საცავი *sacavi*
vector *(n.)* ვექტორი *veqtori*
vectorial *(adj.)* ვექტორული *veqtoruli*
vegan *(n.)* ვეგანი *vegani*
vegan *(adj.)* ვეგანური *veganuri*
vegetable *(adj.)* ბოსტნეული *bostneuli*
vegetable *(n.)* ბოსტნეული *bostneuli*
vegetarian *(n.)* ვეგეტარიანელი *vegetarianeli*
vegetarian *(adj.)* ვეგეტარიანული *vegetarianuli*
vegetation *(n.)* მცენარეულობა *mcenareuloba*
vehemence *(n.)* ვნება *vneba*
vehement *(adj.)* სასტიკი *sastiki*
vehicle *(n.)* მანქანა *manqana*
vehicular *(adj.)* საავტომობილო *saavtomobilo*
veil *(v.)* ვუალი *vuali*
veil *(n.)* ვუალი *vuali*
vein *(n.)* ვენა *vena*
velocity *(n.)* სიჩქარე *siCqare*
velvet *(n.)* ხავერდი *xaverdi*
velvety *(adj.)* ხავერდოვანი *xaverdovani*
venal *(adj.)* ვენური *venuri*
venality *(n.)* ბუნებრიობა *bunebrioba*
vendor *(n.)* გამყიდველი *gamyidveli*
venerable *(adj.)* მხცოვანი *mxcovani*
venerate *(v.)* პატივისცემა *pativiscema*
veneration *(n.)* პატივისცემა *pativiscema*
vengeance *(n.)* შურისძიება *SurisZieba*
venial *(adj.)* ვენური *venuri*
venom *(n.)* შხამი *Sxami*
venomous *(adj.)* შხამიანი *Sxamiani*
vent *(n.)* გამწოვი *gamwovi*
ventilate *(v.)* ვენტილაცია *ventilacia*
ventilation *(n.)* ვენტილაცია *ventilacia*
ventilator *(n.)* ვენტილატორი *ventilatori*
ventriloquism *(n.)* პარკუჭოვანი *parkuWovani*
ventriloquist *(n.)* პარკუჭოვანი *parkuWovani*
ventriloquistic *(adj.)* პარკუჭოვანი *parkuWovani*
ventriloquize *(v.)* პარკუჭები *parkuWebi*
venture *(v.)* საწარმო *sawarmo*
venture *(n.)* საწარმო *sawarmo*
venturesome *(adj.)* მეწარმეობა *mewarmeoba*
venturous *(adj.)* სარისკო *sarisko*
venue *(n.)* შეხვედრის ადგილი *Sexvedris adgili*
veracity *(n.)* სიწმინდე *siwminde*
veranda *(n.)* ვერანდა *veranda*
verb *(n.)* ზმნა *zmna*
verbal *(adj.)* სიტყვიერი *sityvieri*
verbally *(adv.)* სიტყვიერად *sityvierad*
verbatim *(adj.)* სიტყვიერი *sityvieri*
verbose *(adj.)* ზმნა *zmna*
verbosity *(n.)* სიტყვიერება *sityviereba*
verdant *(adj.)* გამწვანებული *gamwvanebuli*
verdict *(n.)* ვერდიქტი *verdiqti*
verge *(n.)* ზღვარზე *zRvarze*

verification *(n.)* ვერიფიკაცია *verifikacia*
verify *(v.)* გადამოწმება *gadamowmeba*
verisimilitude *(n.)* სიზუსტე *sizuste*
veritable *(adj.)* ნამდვილი *namdvili*
vermillion *(adj.)* ალისფერი *alisferi*
vermillion *(n.)* ვერმილიონი *vermilioni*
vernacular *(adj.)* ადგილობრივი *adgilobrivi*
vernacular *(n.)* საერთო *saerTo*
vernal *(adj.)* გაზაფხულის *gazafxulis*
versatile *(adj.)* მრავალმხრივი *mravalmxrivi*
versatility *(n.)* მრავალფეროვნება *mravalferovneba*
verse *(n.)* ლექსი *leqsi*
versed *(adj.)* გათვითცნობიერებული *gaTviTcnobierebuli*
versification *(n.)* ვერსიფიკაცია *versifikacia*
versify *(v.)* ცვალებადი *cvalebadi*
version *(n.)* ვერსია *versia*
versus *(prep.)* შედარებით *SedarebiT*
vertical *(adj.)* ვერტიკალური *vertikaluri*
verve *(n.)* შთაგონება *STagoneba*
very *(adj.)* ძალიან *Zalian*
vessel *(n.)* გემი *gemi*
vest *(v.)* ჟილეტი *Jileti*
vest *(n.)* ჟილეტი *Jileti*
vested *(adj.)* დაჯილდოებული *dajildoebuli*
vestige *(n.)* ნიშანი *niSani*
vestment *(n.)* ტანსაცმელი *tansacmeli*
veteran *(adj.)* ვეტერანული *veteranuli*
veteran *(n.)* ვეტერანი *veterani*
veterinary *(adj.)* ვეტერინარი *veterinari*
veto *(v.)* ვეტო *veto*
veto *(n.)* ვეტო *veto*
vex *(v.)* გაბრაზება *gabrazeba*
vexation *(n.)* გაღიზიანება *gaRizianeba*
via *(prep.)* მეშვეობით *meSveobiT*
viable *(adj.)* სიცოცხლისუნარიანი *sicocxlisunariani*
vial *(n.)* ბოთლი *boTli*
vibrate *(v.)* ვიბრაცია *vibracia*
vibration *(n.)* ვიბრაცია *vibracia*
vicar *(n.)* ვეზირი *veziri*
vicarious *(adj.)* შემცვლელი *Semcvleli*
vice *(n.)* მოადგილე *moadgile*
viceroy *(n.)* მეფის მფარველი *mefis mfarveli*
vice-versa *(adv.)* პირიქით *piriqiT*
vicinity *(n.)* სიახლოვე *siaxlove*
vicious *(adj.)* მანკიერი *mankieri*
vicissitude *(n.)* სიახლოვე *siaxlove*
victim *(n.)* მსხვერპლი *msxverpli*
victimize *(v.)* ძარცვა *Zarcva*
victor *(n.)* გამარჯვებული *gamarjvebuli*
victorious *(adj.)* გამარჯვებული *gamarjvebuli*
victory *(n.)* გამარჯვება *gamarjveba*
victuals *(n. pl)* გამარჯვებულები *gamarjvebulebi*
video *(n.)* ვიდეო *video*
videoblogger *(n.)* ვიდეო ბლოგერი *video blogeri*
videobook *(n.)* ვიდეო წიგნი *video wigni*
videocassette *(n.)* ვიდეო კასეტა *video kaseta*
videogaming *(n.)* ვიდეო თამაში *video TamaSi*
videotape *(n.)* ვიდეოჩანაწერი *videoCanaweri*

videotape *(v.)* ვიდეოს ჩაწერა *videos CaWera*
videotelephone *(n.)* ვიდეო ტელეფონი *video telefoni*
vie *(v.)* წამოდი *wamodi*
view *(n.)* შეხედულება *Sexeduleba*
view *(v.)* ხედი *xedi*
vigil *(n.)* ფხიზლად *fxizlad*
vigilance *(n.)* სიფხიზლე *sifxizle*
vigilant *(adj.)* ფხიზლად *fxizlad*
vigorous *(adj.)* ენერგიული *energiuli*
vile *(adj.)* ამაზრზენი *amazrzeni*
vilify *(v.)* ცილისწამება *ciliswameba*
villa *(n.)* ვილა *vila*
village *(n.)* სოფელი *sofeli*
villager *(n.)* სოფლელი *sofleli*
villain *(n.)* ბოროტი *boroti*
vindicate *(v.)* მნიშვნელობის დამტკიცება *mniSvnelobis damtkiceba*
vindication *(n.)* სმართლიანობა *smarTlianoba*
vine *(n.)* ვაზი *vazi*
vinegar *(n.)* ძმარი *Zmari*
vintage *(n.)* ვინტაჟური *vintaJuri*
violate *(v.)* დარღვევა *darRveva*
violation *(n.)* დარღვევა *darRveva*
violence *(n.)* ძალადობა *Zaladoba*
violent *(adj.)* ძალადობრივი *Zaladobrivi*
violet *(n.)* იისფერი *iisferi*
violin *(n.)* ვიოლინო *violino*
violinist *(n.)* მევიოლინე *mevioline*
viral *(adj.)* ვირუსული *virusuli*
virgin *(adj.)* ქალწული *qalwuli*
virgin *(n.)* ქალწული *qalwuli*
virginity *(n.)* ქალწულობა *qalwuloba*
virile *(adj.)* ქალწული *qalwuli*
virility *(n.)* ქალწულობა *qalwuloba*
virtual *(adj.)* ვირტუალური *virtualuri*
virtue *(n.)* სათნოება *saTnoeba*

virtuous *(adj.)* სათნო *saTno*
virulence *(n.)* ვირუსულობა *virusuloba*
virulent *(adj.)* ვირუსული *virusuli*
virus *(n.)* ვირუსი *virusi*
visage *(n.)* ვიზაჟი *vizaJi*
visibility *(n.)* ხილვადობა *xilvadoba*
visible *(adj.)* ხილული *xiluli*
vision *(n.)* ხედვა *xedva*
visionary *(n.)* მხედველობითი *mxedvelobiTi*
visionary *(adj.)* მხედველობითი *mxedvelobiTi*
visit *(v.)* ვიზიტი *viziti*
visitor *(n.)* ვიზიტორი *vizitori*
vista *(n.)* პერსპექტივა *perspeqtiva*
visual *(adj.)* ვიზუალური *vizualuri*
visualize *(v.)* ვიზუალიზაცია *vizualizacia*
vital *(adj.)* სასიცოცხლო *sasicocxlo*
vitality *(n.)* სიცოცხლისუნარიანობა *sicocxlisunarianoba*
vitalize *(v.)* აღორძინება *aRorZineba*
vitamin *(n.)* ვიტამინი *vitamini*
vitiate *(v.)* ცილისწამება *ciliswameba*
viva voce *(n.)* ვივა ხმა *viva xma*
viva voce *(adj.)* ზეპირი *zepiri*
vivacious *(adj.)* ცოცხალი *cocxali*
vivacity *(n.)* სიცოცხლისუნარიანობა *sicocxlisunarianoba*
vivid *(adj.)* ნათელი *naTeli*
vixen *(n.)* ვიქსენი *viqseni*
vocabulary *(n.)* ლექსიკა *leqsika*
vocal *(adj.)* ვოკალური *vokaluri*
vocalist *(n.)* ვოკალისტი *vokalisti*
vocation *(n.)* პროფესია *profesia*
vogue *(n.)* მოდა *moda*
voice *(v.)* ხმა *xma*
voice *(n.)* ხმა *xma*

void *(v.)* არასწორი *araswori*
void *(n.)* სიცარიელე *sicariele*
void *(adj.)* არასწორი *araswori*
volcanic *(adj.)* ვულკანური *vulkanuri*
volcano *(n.)* ვულკანი *vulkani*
volition *(n.)* ნებაყოფლობით *nebayoflobiT*
volley *(v.)* ვოლიერი *volieri*
volley *(n.)* ვოლიერი *volieri*
volt *(n.)* ვოლტი *volti*
voltage *(n.)* ძაბვა *Zabva*
volume *(n.)* მოცულობა *moculoba*
voluminous *(adj.)* მოცულობითი *moculobiTi*
voluntarily *(adv.)* ნებაყოფლობითი *nebayoflobiTi*
voluntary *(adj.)* ნებაყოფლობითი *nebayoflobiTi*
volunteer *(v.)* მოხალისე *moxalise*
volunteer *(n.)* მოხალისე *moxalise*
voluptuary *(n.)* გულჩათხრობილი *gulCaTxrobili*
voluptuous *(adj.)* გულჩათხრობილი *gulCaTxrobili*
vomit *(n.)* პირღებინება *pirRebineba*
vomit *(v.)* პირღებინება *pirRebineba*
voracious *(adj.)* ხარბი *xarbi*
vortex *(n.)* ბორბლიანი *borbliani*
votary *(n.)* ხმის მიცემა *xmis micema*
vote *(v.)* ხმის მიცემა *xmis micema*
vote *(n.)* ხმის მიცემა *xmis micema*
voter *(n.)* ხმის მიმცემი *xmis mimcemi*
vouch *(v.)* დავალება *davaleba*
voucher *(n.)* ვაუჩერი *vauCeri*
vouchsafe *(v.)* თავაზიანობა *Tavazianoba*
vow *(v.)* აღთქმა *aRTqma*
vow *(n.)* ფიცი *fici*
vowel *(n.)* ხმოვანი *xmovani*
voyage *(v.)* მოგზაურობა *mogzauroba*
voyage *(n.)* მოგზაურობა *mogzauroba*
voyager *(n.)* მეზღვაური *mezRvauri*
voyeur *(n.)* თალთვალი *TalTvali*
voyeurism *(n.)* ვოევრიზმი *voevrizmi*
vulgar *(adj.)* ვულგარული *vulgaruli*
vulgarity *(n.)* ვულგარულობა *vulgaruloba*
vulnerable *(adj.)* დაუცველი *daucveli*
vulture *(n.)* მტაცებელი *mtacebeli*

W

wabble *(v.)* ქანაობა *qanaoba*
wabbly *(adj.)* განსაცვიფრებელი *gansacvifrebeli*
wack *(adj.)* არანორმალური *aranormaluri*
wacko *(n.)* არანორმალურად *aranormalurad*
waddle *(v.)* ტალღოვანი *talRovani*
wade *(v.)* შეღწევა *SeRweva*
waft *(n.)* შთაგონება *STagoneba*
waft *(v.)* მიცემა *micema*
wag *(n.)* ხუმარა *xumara*
wag *(v.)* ხუმრობა *xumroba*
wage *(n.)* ხელფასი *xelfasi*
wage *(v.)* ხელფასი *xelfasi*
wager *(v.)* ფსონის დადება *fsonis dadeba*
wager *(n.)* ფსონი *fsoni*
wagon *(n.)* ვაგონი *vagoni*
wail *(n.)* ყვირილი *yvirili*
wail *(v.)* დაყვირება *dayvireba*
wain *(n.)* კალათა *kalaTa*
waist *(n.)* წელი *weli*
waistband *(n.)* ქამარი *qamari*
waistcoat *(n.)* ჟილეტი *Jileti*

wait *(n.)* ლოდინი *lodini*
wait *(v.)* დალოდება *dalodeba*
waiter *(n.)* მიმტანი(კაცი) *mimtani(kaci)*
waitress *(n.)* მიმტანი(ქალი) *mimtani(qali)*
waive *(v.)* მისი უარყოფა *misi uaryofa*
waiver *(n.)* უარყოფა *uaryofa*
wake *(n.)* სიფხიზლე *sifxizle*
wake *(v.)* გაღვიძება *gaRviZeba*
wakeful *(adj.)* გაღვიძებული *gaRviZebuli*
walk *(n.)* სეირნობა *seirnoba*
walk *(v.)* სეირნობა *seirnoba*
wall *(v.)* კედელი *kedeli*
wall *(n.)* კედელი *kedeli*
wallet *(n.)* საფულე *safule*
wallop *(v.)* ცემა *cema*
wallow *(v.)* ძირს გდება *Zirs gdeba*
walnut *(n.)* კაკალი *kakali*
walrus *(n.)* ნავმისადგომი *navmisadgomi*
wan *(adj.)* მტკივნეული *mtkivneuli*
wand *(n.)* ჯოხი *joxi*
wander *(v.)* მოხეტიალე *moxetiale*
wane *(n.)* დასუსტება *dasusteba*
wane *(v.)* დასუსტება *dasusteba*
want *(n.)* სურვილი *survili*
want *(v.)* სურვილი *survili*
wanton *(adj.)* უაზრო *uazro*
war *(v.)* ომი *omi*
war *(n.)* ომი *omi*
warble *(n.)* სიმღერა *simRera*
warble *(v.)* სიმღერა *simRera*
warbler *(n.)* მომღერალი ჩიტი *momRerali Citi*
ward *(v.)* მეურვეობა *meurveoba*
ward *(n.)* დარაჯი *daraji*
warden *(n.)* ზედამხედველი *zedamxedveli*
warder *(n.)* ზედამხედველი *zedamxedveli*
wardrobe *(n.)* კარადა *karada*
wardship *(n.)* მეურვეობა *meurveoba*
ware *(n.)* ჭურჭელი *WurWeli*
warehouse *(n.)* საწყობი *sawyobi*
warfare *(n.)* საომარი *saomari*
warlike *(adj.)* საომარი *saomari*
warm *(adj.)* თბილი *Tbili*
warmth *(n.)* სითბო *siTbo*
warn *(v.)* გაფრთხილება *gafrTxileba*
warning *(n.)* გაფრთხილება *gafrTxileba*
warrant *(v.)* მინდობილობა *mindobiloba*
warrant *(n.)* ორდერი *orderi*
warrantee *(n.)* გარანტია *garantia*
warrantor *(n.)* გარანტორი *garantori*
warranty *(n.)* გარანტია *garantia*
warren *(n.)* ლაბირინთი *labirinTi*
warrior *(n.)* მეომარი *meomari*
wart *(n.)* მეჭეჭი *meWeWi*
wary *(adj.)* ფრთხილი *frTxili*
wash *(n.)* დაბანა *dabana*
wash *(v.)* დაბანა *dabana*
washable *(adj.)* გარეცხილი *garecxili*
washer *(n.)* სარეცი მანქანა *sareci manqana*
wasp *(n.)* ჭაობი *Waobi*
waspish *(adj.)* გამაღიზიანებელი *gamaRizianebeli*
wassail *(n.)* აღფრთოვანებული *aRfrTovanebuli*
wastage *(n.)* ნარჩენები *narCenebi*
waste *(n.)* ნარჩენები *narCenebi*
waste *(adj.)* გაფლანგული *gaflanguli*
wasteful *(adj.)* მფლანგველი *mflangveli*
watch *(n.)* ყურება *yureba*
watch *(v.)* ყურება *yureba*

watchful *(adj.)* ფხიზელი *fxizeli*
watchword *(n.)* საკვანძო სიტყვა *sakvanZo sityva*
water *(v.)* მორწყვა *morwyva*
water *(n.)* წყალი *wyali*
waterfall *(n.)* ჩანჩქერი *CanCqeri*
water-melon *(n.)* საზამთრო *sazamTro*
waterproof *(n.)* წყალგაუმტარი *wyalgaumtari*
waterproof *(adj.)* წყალგაუმტარი *wyalgaumtari*
watertight *(adj.)* წყალგაუმტარი *wyalgaumtari*
watery *(adj.)* წყლიანი *wyliani*
watt *(n.)* ვატი *vati*
wave *(v.)* ტალღა *talRa*
wave *(n.)* ტალღა *talRa*
waver *(v.)* რწევა *rweva*
wavy *(adj.)* ტალღოვანი *talRovani*
wax *(v.)* ცვილი *cvili*
wax *(n.)* ცვილი *cvili*
way *(n.)* გზა *gza*
wayfarer *(n.)* მგზავრი *mgzavri*
waylay *(v.)* ჩარევა *Careva*
wayward *(adj.)* წინდახედული *windaxeduli*
weak *(adj.)* სუსტი *susti*
weaken *(v.)* დასუსტება *dasusteba*
weakling *(n.)* დასუსტება *dasusteba*
weakness *(n.)* სისუსტე *sisuste*
weal *(n.)* კეთილდღეობა *keTildReoba*
wealth *(n.)* სიმდიდრე *simdidre*
wealthy *(adj.)* მდიდარი *mdidari*
wean *(v.)* ჭკუა *Wkua*
weapon *(n.)* იარაღი *iaraRi*
wear *(v.)* ტარება *tareba*
weary *(adj.)* დამღლელი *damRleli*
weary *(v.)* დაღლილი *daRlili*
weather *(n.)* ამინდი *amindi*
weave *(v.)* ქსოვა *qsova*
weaver *(n.)* მქსოველი *mqsoveli*
web *(n.)* ქსელი *qseli*
web page *(n.)* ვეგ-გვერდი *veg-gverdi*
web store *(n.)* ვებ მაღაზია *veb maRazia*
webby *(adj.)* ობობის ქსელი *obobis qseli*
webcam *(n.)* ვებ კამერა *veb kamera*
webcasting *(n.)* ვებ კასტინგი *veb kastingi*
webinar *(n.)* ვებინარი *vebinari*
webisode *(n.)* ვებიზოდი *vebizodi*
webmaster *(n.)* ვებმასტერი *vebmasteri*
wed *(v.)* დაქორწინება *daqorwineba*
wedding *(n.)* ქორწილება *qorwileba*
wedge *(v.)* სოლი *soli*
wedge *(n.)* სოლი *soli*
wedlock *(n.)* ქორწინება *qorwineba*
Wednesday *(n.)* ოთხშაბათი *oTxSabaTi*
weed *(v.)* სარეველა *sarevela*
weed *(n.)* სარეველა *sarevela*
week *(n.)* კვირა *kvira*
weekly *(adv.)* ყოველკვირეული *yovelkvireuli*
weekly *(n.)* ყოველკვირეულად *yovelkvireulad*
weep *(v.)* ტირილი *tirili*
weevil *(n.)* გრძელცხვირა *grZelcxvira*
weigh *(v.)* აწონვა *awonva*
weight *(n.)* წონა *wona*
weightage *(n.)* წონა *wona*
weighty *(adj.)* მნიშვნელოვანი *mniSvnelovani*
weir *(n.)* კაშხალი *kaSxali*
weird *(adj.)* უცნაური *ucnauri*
welcome *(v.)* კეთილი იყოს თქვენი მობრძანება *keTili iyos Tqveni mobrZaneba*

welcome *(n.)* მოგესალმებით *mogesalmebiT*
welcome *(adj.)* კეთილი იყოს თქვენი მობრძანება *keTili iyos Tqveni mobrZaneba*
weld *(n.)* შედუღება *SeduReba*
weld *(v.)* შედუღება *SeduReba*
welfare *(n.)* კეთილდღეობა *keTildReoba*
well *(adv.)* კარგად *kargad*
well off *(adj.)* კარგად გამოვა *kargad gamova*
wellington *(n.)* ველინგტონი *velingtoni*
well-known *(adj.)* კარგად ცნობილი *kargad cnobili*
wellness *(n.)* ველნესი *velnesi*
well-read *(adj.)* კარგად-წაკითხული *kargad-wakiTxuli*
well-timed *(adj.)* დროულად *droulad*
well-to-do *(adj.)* კარგად გაკეთებული *kargad gakeTebuli*
welt *(n.)* შედუღება *SeduReba*
welter *(n.)* შემდუღებელი *SemduRebeli*
wen *(n.)* ცხიმგროვა *cximgrova*
wench *(n.)* გოგონა *gogona*
west *(adj.)* დასავლეთი *dasavleTi*
west *(n.)* დასავლეთი *dasavleTi*
westerly *(adv.)* დასავლური *dasavluri*
westerly *(adj.)* დასავლური *dasavluri*
western *(adj.)* დასავლეთი *dasavleTi*
wet *(v.)* სველი *sveli*
wet *(adj.)* სველი *sveli*
wetness *(n.)* სველი *sveli*
whack *(v.)* ძლიერი დარტყმა *Zlieri dartyma*
whale *(n.)* ვეშაპი *veSapi*
wharfage *(n.)* მრისხანება *mrisxaneba*
what *(adj.)* რა *ra*
whatever *(pron.)* სულ ერთი *sul erTi*
wheat *(n.)* ხორბალი *xorbali*
wheedle *(v.)* ბორბლებიანი *borblebiani*
wheel *(v.)* ბორბალი *borbali*
wheel *(n.)* ბორბალი *borbali*
whelm *(v.)* დასხმა *dasxma*
whelp *(n.)* დახმარება *daxmareba*
when *(conj.)* როდესაც *rodesac*
when *(adv.)* როდესაც *rodesac*
whence *(adv.)* საიდან *saidan*
whenever *(adv.)* როდესაც *rodesac*
where *(conj.)* სად *sad*
where *(adv.)* სად *sad*
whereabout *(n.)* ადგილსამყოფელი *adgilsamyofeli*
whereas *(conj.)* ხოლო *xolo*
whereat *(conj.)* რაც *rac*
wherein *(adv.)* სადაც *sadac*
whereupon *(conj.)* ამის შემდეგ *amis Semdeg*
wherever *(adv.)* სადაც არ უნდა იყოს *sadac ar unda iyos*
whet *(v.)* ხერხვა *xerxva*
whether *(conj.)* თუ არა *Tu ara*
which *(pron.)* რომელიც *romelic*
whichever *(pron.)* ვისგანაც *visganac*
whiff *(n.)* შებერვა *Seberva*
while *(conj.)* მანამდე *manamde*
while *(v.)* ხოლო *xolo*
while *(n.)* ხოლო *xolo*
whim *(n.)* ახირება *axireba*
whimper *(v.)* ჩურჩული *CurCuli*
whimsical *(adj.)* უცნაური *ucnauri*
whine *(n.)* ღმუილი *Rmuili*
whine *(v.)* ღმუილი *Rmuili*
whip *(n.)* ჩურჩული *CurCuli*
whip *(v.)* ჩურჩული *CurCuli*
whipcord *(n.)* ვილვეტის ნაჭერი *vilvetis naWeri*
whir *(n.)* ხმაური *xmauri*

whirl *(n.)* მორბენალი *morbenali*
whirl *(v.)* მორბენალი *morbenali*
whirligig *(n.)* მორბენალი *morbenali*
whirlpool *(n.)* მორევი *morevi*
whirlwind *(n.)* ქარბუქი *qarbuqi*
whisk *(n.)* ვისკი *viski*
whisk *(v.)* ვისკი *viski*
whisker *(n.)* ვისკი *viski*
whisky *(n.)* ვისკი *viski*
whisper *(n.)* ჩურჩული *CurCuli*
whisper *(v.)* ჩურჩული *CurCuli*
whistle *(n.)* სასტვენი *sastveni*
whistle *(v.)* დასტვენა *dastvena*
white *(n.)* თეთრი *TeTri*
white *(adj.)* თეთრი *TeTri*
whiten *(v.)* გათეთრება *gaTeTreba*
whitewash *(v.)* მოთეთრო *moTeTro*
whitewash *(n.)* მოთეთრო *moTeTro*
whither *(adv.)* სადაც *sadac*
whitish *(adj.)* მოთეთრო *moTeTro*
whittle *(v.)* ხერხი *xerxi*
whiz *(v.)* ყოჩაღი *yoCaRi*
who *(pron.)* ვინ *vin*
whoever *(pron.)* ვინც *vinc*
whole *(n.)* მთელი *mTeli*
whole *(adj.)* მთელი *mTeli*
whole-hearted *(adj.)* მთელი გულით *mTeli guliT*
wholesale *(adj.)* საბითუმო *sabiTumo*
wholesale *(n.)* საბითუმო *sabiTumo*
wholesaler *(n.)* საბითუმო გამყიდველი *sabiTumo gamyidveli*
wholesome *(adj.)* ჯანმრთელი *janmrTeli*
wholly *(adv.)* სრულად *srulad*
whom *(pron.)* ვის *vis*
whore *(n.)* ბოზი *bozi*
whose *(pron.)* ვისი *visi*
why *(adv.)* რატომ *ratom*
wick *(n.)* ფითილი *fiTili*
wicked *(adj.)* ბოროტი *boroti*
wicker *(n.)* კალათა *kalaTa*
wicket *(n.)* გასაწვეი ფანჯარა *gasawvei fanjara*
wide *(adv.)* განიერი *ganieri*
wide *(adj.)* განიერი *ganieri*
widen *(v.)* გაფართოება *gafarToeba*
widespread *(adj.)* ფართოდ გავრცელებული *farTod gavrcelebuli*
widow *(v.)* ქვრივი *qvrivi*
widow *(n.)* ქვრივი *qvrivi*
widower *(n.)* ქვრივი კაცი *qvrivi kaci*
width *(n.)* სიგანე *sigane*
wield *(v.)* იარაღი *iaraRi*
wife *(n.)* ცოლი *coli*
wig *(n.)* პარიკი *pariki*
wigwam *(n.)* პარიკი *pariki*
wild *(adj.)* გარეული *gareuli*
wilderness *(n.)* უდაბნო *udabno*
wildfire *(n.)* ხანძარი *xanZari*
wile *(n.)* შეტყუება *Setyueba*
will *(v.)* შეტყუება *Setyueba*
will *(n.)* სურვილი *survili*
willing *(adj.)* ანდერძი *anderZi*
willingness *(n.)* მონდომება *mondomeba*
willow *(n.)* ტირიფი *tirifi*
wily *(adj.)* ღალატი *Ralati*
wimble *(n.)* ჭრიჭინა *WriWina*
win *(n.)* გამარჯვება *gamarjveba*
win *(v.)* გამარჯვება *gamarjveba*
wince *(v.)* დანაოჭება *danaoWeba*
winch *(n.)* კარი *kari*
wind *(v.)* ქროლვა *qrolva*
wind *(n.)* ქარი *qari*
windbag *(n.)* მკერდი *mkerdi*
winder *(n.)* ქარი *qari*
windlass *(n.)* ქარი *qari*

windmill *(n.)* ქარის წისქვილი *qaris wisqvili*
window *(n.)* ფანჯარა *fanjara*
windscreen *(n.)* ქარსაფარი *qarsafari*
windy *(adj.)* ქარიანი *qariani*
wine *(n.)* ღვინო *Rvino*
wing *(n.)* ფრთა *frTa*
wink *(v.)* თვალის დახუჭვა *Tvalis daxuWva*
wink *(n.)* მოწევა *moweva*
winner *(n.)* გამარჯვებული *gamarjvebuli*
winnow *(v.)* გამარჯვება *gamarjveba*
winsome *(adj.)* გამარჯვებული *gamarjvebuli*
winter *(v.)* ზამთარი *zamTari*
winter *(n.)* ზამთარი *zamTari*
wintry *(adj.)* ზამთარი *zamTari*
wipe *(n.)* გაწურვა *gawurva*
wipe *(v.)* გაწურვა *gawurva*
wire *(v.)* მავთული *mavTuli*
wire *(n.)* მავთული *mavTuli*
wireless *(n.)* უკაბელო *ukabelo*
wireless *(adj.)* უკაბელო *ukabelo*
wiring *(n.)* გაყვანილობა *gayvaniloba*
wisdom *(n.)* სიბრძნე *sibrZne*
wisdom-tooth *(n.)* სიბრძნის კბილი *sibrZnis kbili*
wise *(adj.)* ბრძენი *brZeni*
wish *(v.)* სურვილი *survili*
wish *(n.)* სურვილი *survili*
wishful *(adj.)* სურვილისამებრ *survilisamebr*
wisp *(n.)* სახეხი *saxexi*
wistful *(adj.)* ჩაფიქრებული *Cafiqrebuli*
wit *(n.)* ჭკუა *Wkua*
witch *(n.)* ჯადოქარი *jadoqari*
witchcraft *(n.)* ჯადოქრობა *jadoqroba*
witchery *(n.)* ჯადოქრობა *jadoqroba*
with *(prep.)* ერთად *erTad*
withal *(adv.)* იმ დროს *im dros*
withdraw *(v.)* თანხის გატანა *Tanxis gatana*
withdrawal *(n.)* თანხის გატანა *Tanxis gatana*
withe *(n.)* ერთად *erTad*
wither *(v.)* გაქრობა *gaqroba*
withhold *(v.)* გაჩუმება *gaCumeba*
within *(adv.)* ში *Si*
within *(prep.)* ში *Si*
without *(adv.)* გარეშე *gareSe*
without *(prep.)* გარეშე *gareSe*
withstand *(v.)* გაძლება *gaZleba*
witless *(adj.)* უტვინო *utvino*
witness *(v.)* მოწმე *mowme*
witness *(n.)* მოწმე *mowme*
witticism *(n.)* მახვილი *maxvili*
witty *(adj.)* მახვილგონივრული *maxvilgonivruli*
wizard *(n.)* ჯადოქარი *jadoqari*
wobble *(v.)* რწევა *rweva*
woe *(n.)* დარდი *dardi*
woebegone *(adj.)* დარდისგან დაბეჩავებული *dardisgan dabeCavebuli*
woeful *(n.)* უღიმღამო *uRimRamo*
wolf *(n.)* მგელი *mgeli*
woman *(n.)* ქალი *qali*
womanhood *(n.)* ქალიშვილობა *qaliSviloba*
womanise *(v.)* ქალურობა *qaluroba*
womaniser *(n.)* მექალთანე *meqalTane*
womanish *(adj.)* ქალური *qaluri*
womb *(n.)* საშვილოსნო *saSvilosno*
wonder *(v.)* საოცარი *saocari*
wonder *(n.)* საოცარი *saocari*
wonderful *(adj.)* შესანიშნავი *SesaniSnavi*

wondrous *(adj.)* შესანიშნავი SesaniSnavi
wont *(n.)* ჩვევა Cveva
wont *(adj.)* ჩვევა Cveva
wonted *(adj.)* ახალ პირობებს მიჩვეული axal pirobebs miCveuli
woo *(v.)* ვაუ vau
wood *(n.)* ხე xe
wooden *(adj.)* ხის xis
woodland *(n.)* ტყე tye
woods *(n.)* ტყეები tyeebi
woof *(n.)* ვუუფ vuuf
wool *(n.)* მატყლი matyli
woollen *(n.)* მატყლის matylis
woollen *(adj.)* მატყლიანი matyliani
word *(v.)* სიტყვა sityva
word *(n.)* სიტყვა sityva
wordy *(adj.)* მრავლისმთქმელი mravlismTqmeli
work *(v.)* მუშაობა muSaoba
work *(n.)* მუშაობა muSaoba
workable *(adj.)* მშრომელი mSromeli
workaday *(adj.)* სამუშაო დღე samuSao dRe
worker *(n.)* მუშა muSa
workman *(n.)* მუშა muSa
workmanship *(n.)* სამუშაო samuSao
workshop *(n.)* სემინარი seminari
world *(n.)* მსოფლიო msoflio
worldling *(n.)* მსოფლიო ენა msoflio ena
worldly *(adj.)* ამქვეყნიური amqveyniuri
worm *(n.)* ჭია Wia
wormwood *(n.)* მატლი matli
worn *(adj.)* გაცვეთილი gacveTili
worry *(v.)* შეწუხება Sewuxeba
worry *(n.)* წუხილი wuxili
worsen *(v.)* გაუარესება gauareseba

worship *(v.)* თაყვანისცემა Tayvaniscema
worshipper *(n.)* თაყვანისმცემელი Tayvanismcemeli
worst *(n.)* ყველაზე უარესი yvelaze uaresi
worsted *(n.)* გაუარესება gauareseba
worth *(adj.)* ღირსი Rirsi
worth *(n.)* ღირსი Rirsi
worthless *(adj.)* უსარგებლო usargeblo
worthy *(adj.)* ღირსეული Rirseuli
would-be *(adj.)* იქნებოდა iqneboda
wound *(v.)* ჭრილობა Wriloba
wound *(n.)* ჭრილობა Wriloba
wrack *(n.)* შეფუთვა SefuTva
wraith *(n.)* მოჩვენება moCveneba
wrangle *(n.)* ჩხუბი Cxubi
wrangle *(v.)* ჩხუბი Cxubi
wrap *(n.)* გახვევა gaxveva
wrap *(v.)* გახვევა gaxveva
wrapper *(n.)* შეფუთვა SefuTva
wrath *(n.)* რისხვა risxva
wreath *(n.)* გვირგვინი gvirgvini
wreathe *(v.)* დაბინდვა dabindva
wreck *(v.)* ნგრევა ngreva
wreck *(n.)* ნგრევა ngreva
wreckage *(n.)* ნგრევა ngreva
wrecker *(n.)* მავნებელი mavnebeli
wren *(n.)* ქანჩი qanCi
wrench *(v.)* ქანჩი qanCi
wrench *(n.)* ქანჩი qanCi
wrest *(v.)* ჭიდაობა Widaoba
wrestle *(v.)* მძიმე ბრძოლა mZime brZola
wrestler *(n.)* მოჭიდავე moWidave
wretch *(n.)* უვარგისი uvargisi
wretched *(adj.)* უბედური ubeduri
wrick *(n.)* ნაოჭი naoWi
wriggle *(n.)* გაქცევა gaqceva

wriggle *(v.)* გაქცევა *gaqceva*
wring *(v.)* შეფუთვა *SefuTva*
wrinkle *(v.)* ნაოჭი *naoWi*
wrinkle *(n.)* ნაოჭი *naoWi*
wrist *(n.)* მაჯა *maja*
writ *(n.)* მწერლობა *mwerloba*
write *(v.)* წერა *wera*
writer *(n.)* მწერალი *mwerali*
writhe *(v.)* დაწერა *dawera*
wrong *(adv.)* არასწორი *araswori*
wrong *(v.)* არასწორობა *arasworoba*
wrong *(adj.)* არასწორი *araswori*
wrongful *(adj.)* არასწორი *araswori*
wry *(adj.)* უკეთესი *ukeTesi*

X

xenobiology *(n.)* ქსენობიოლოგია *qsenobiologia*
xenogenesis *(n.)* ქსენოგენეზი *qsenogenezi*
xenomania *(n.)* ქსენომანია *qsenomania*
xenomorph *(n.)* ქსენომორფი *qsenomorfi*
xenophile *(n.)* ქსენოფილი *qsenofili*
xenophobe *(n.)* ქსენოფობი *qsenofobi*
xenophobia *(n.)* ქსენოფობია *qsenofobia*
xerox *(n.)* ქსეროქსი *qseroqsi*
xerox *(v.)* ქსეროქსის გადაღება *qseroqsis gadaReba*
Xmas *(n.)* შობა *Soba*
x-ray *(n.)* რენტგენი *rentgeni*
x-ray *(v.)* რენტგენის გადაღება *rentgenis gadaReba*
xylophilous *(adj.)* ქსილოფილუსი *qsilofilusi*
xylophone *(n.)* ქსილოფონი *qsilofoni*

Y

yacht *(n.)* იახტა *iaxta*
yacht *(v.)* იახტით სეირნობა *iaxtiT seirnoba*
yak *(n.)* იაკი *iaki*
yap *(n.)* პირი *piri*
yap *(v.)* ყბედობა *ybedoba*
yard *(n.)* ეზო *ezo*
yarn *(n.)* ნართი *narTi*
yawn *(v.)* მთქნარება *mTqnareba*
year *(n.)* წელი *weli*
yearly *(adj.)* ყოველწლიურად *yovelwliurad*
yearn *(v.)* წყურვილი *wyurvili*
yearning *(n.)* ლტოლვა *ltolva*
yeast *(n.)* საფუარი *safuari*
yell *(v.)* ყვირილი *yvirili*
yellow *(adj.)* ყვითელი *yviTeli*
yellowish *(adj.)* მოყვითალო *moyviTalo*
Yen *(n.)* იენი *ieni*
yes *(adv.)* დიახ *diax*
yesterday *(n.)* გუშინ *guSin*
yet *(conj.)* ჯერ კიდევ *jer kidev*
yield *(n.)* სარგებელი *sargebeli*
yodel *(n.)* იოდელი *iodeli*
yoga *(n.)* იოგა *ioga*
yoghurt *(n.)* იოგურტი *iogurti*
yogi *(n.)* იოგა *ioga*
yoke *(n.)* უღელი *uReli*
yolk *(n.)* კვერცხის გული *kvercxis guli*
yonder *(adj.)* ის *is*
yonder *(n.)* იქ *iq*
You Tube *(v.)* იუთუბი *iuTubi*

young *(adj.)* ახალგაზრდული *axalgazrduli*
young *(n.)* ახალგაზრდა *axalgazrda*
youngster *(n.)* ყველაზე უმცროსი *yvelaze umcrosi*
yourself *(pr.)* თვითონ *TviTon*
youth *(n.)* ახალგაზრდა *axalgazrda*
youthful *(adj.)* ახალგაზრდობა *axalgazrdoba*

Z

zany *(adj.)* იდიოტური *idioturi*
zany *(n.)* სასაცილო *sasacilo*
zeal *(n.)* მოშურნეობა *moSurneoba*
zealot *(n.)* გულმოდგინე *gulmodgine*
zealous *(adj.)* გულმოდგინე *gulmodgine*
zeb *(v.)* ზებ *zeb*
zebra *(n.)* ზებრა *zebra*
zebra crossing *(n.)* გადასასვლელი ზებრა *gadasasvleli zebra*
zenith *(n.)* ზენიტი *zeniti*
zephyr *(n.)* ზეფირი *zefiri*
zero *(n.)* ნული *nuli*
zest *(n.)* ცედრა *cedra*
zesty *(adj)* პიკანტური *pikanturi*
zigzag *(n.)* ზიგზაგი *zigzagi*
zinc *(n.)* თუთია *TuTia*
zip *(v.)* ელვა [illegible]აკრავი *elva Sesakravi*
ziplock *(adj.)* ელვა შესაკრავი *elva Sesakravi*
zipper *(n.)* ელვა შესაკრავი *elva Sesakravi*
zodiac *(n.)* ზოდიაქო *zodiaqo*
zonal *(adj.)* ზონალური *zonaluri*
zone *(n.)* ზონა *zona*
zoo *(n.)* ზოოპარკი *zooparki*
zoological *(adj.)* ზოოლოგია *zoologia*
zoologist *(n.)* ზოოლოგი *zoologi*
zoology *(n.)* ზოოლოგია *zoologia*
zoom *(v.)* მასშტაბირება *masStabireba*
Zorb *(n.)* დიდი *didi*

Georgian-English

ა

აალება *aaleba* (v.) inflame
აალებადი *aalebadi* (adj.) inflammable
აბაზანა *abazana* (n.) bath
აბანოზის ხე *abanozis xe* (n.) ebony
აბატი *abati* (n.) abbot
აბდაუბდა *abdaubda* (n.) gibberish
აბეზარა *abezara* (n.) teaser
აბიოტიკური *abiotikuri* (adj.) abiotic
აბლაბუდა *ablabuda* (n.) cobweb
აბლატივი *ablativi* (adj.) ablative
აბლაქტაცია *ablaqtacia* (n.) ablactation
აბორტი *aborti* (v.) abort
აბორტის მკეთებელი *abortis mkeTebeli* (n.) abortionist
აბრევიატურა *abreviatura* (n.) abbreviation
აბრეშუმი *abreSumi* (adj.) silken
აბრეშუმისებრი *abreSumisebri* (adj.) silky
აბსოლუტიზმი *absolutizmi* (n.) absolutism
აბსოლუტური *absoluturi* (adv.) absolutely
აბსტრაქცია *abstraqcia* (n.) abstraction
აბსურდი *absurdi* (adj.) absurd
აბსურდული *absurduli* (adv.) absurdly
აბსურდულობა *absurduloba* (n.) absurdity
აბუჩად აგდება *abuCad agdeba* (v.) slight
აგარი *agari* (n.) agar
აგდება *agdeba* (v.) sky
აგდებული *agdebuli* (adj.) contemptuous
აგენტი *agenti* (n.) agent
აგვისტო *agvisto* (n.) August
აგზისტენციალური *agzistencialuri* (adj.) existential
აგზნება *agzneba* (v.) excite
აგნოსტიკიზმი *agnostikizmi* (n.) agnosticsm
აგნოსტიკოსტი *agnostikosti* (n.) agnostic
აგორაფობია *agorafobia* (n.) agoraphobia
აგრარული *agraruli* (adj.) agrarian
აგრეგაცია *agregacia* (n.) aggradation
აგრეთვე *agreTve* (adv.) also
აგრესიული *agresiuli* (adj.) bellicose
აგრესორი *agresori* (n.) aggressor
აგრო *agro* (adj.) agro
აგრო პროდუქტი *agro produqti* (n.) agriproduct
აგრო-ინდუსტრიული *agro-industriuli* (n.) agro-industry
აგროლოგია *agrologia* (n.) agrology
აგრონომი *agronomi* (n.) agriculturist
აგრონომია *agronomia* (n.) agronomy
აგროქიმიური *agroqimiuri* (n.) agrochemical
აგური *aguri* (n.) brick
აგურის წყობა *aguris wyoba* (n.) masonry
ადამიანები *adamianebi* (n.) folk
ადამიანი *adamiani* (n.) person
ადამიანის *adamianis* (adj.) human
ადამიანისებრი *adamianisebri* (adj.) anthropoid
ადამიანურად *adamianurad* (v.) humanize
ადაპტაცია *adaptacia* (n.) adaptation
ადაპტორი *adaptori* (n.) adaptor
ადგილდმებარეობა *adgildmebareoba* (v.) seat
ადგილზე შეტევა *adgilze Seteva* (n.) ground attack
ადგილი *adgili* (n.) site

ადგილის გადანაცვლება *adgilis gadanacvleba* (v.) shift
ადგილის დაკავება *adgilis dakaveba* (n.) preoccupation
ადგილის ქონა *adgilis qona* (v.) occur
ადგილმდებარეობა *adgilmdebareoba* (n.) location
ადგილობრივი *adgilobrivi* (adj.) vernacular
ადგილსამყოფელი *adgilsamyofeli* (n.) whereabout
ადგომა *adgoma* (n.) rise
ადვილად გამოსაყენებელი *advilad gamosayenebeli* (adj.) easy-to-use
ადვილად შეგუებული *advilad Seguebuli* (adj.) adaptable
ადვილი *advili* (adj.) facile
ადვოკატი *advokati* (n.) solicitor
ადიუტანტი *adiutanti* (n.) aide
ადმინისტრაცია *administracia* (n.) administration
ადმინისტრაციული *administraciuli* (adj.) administrative
ადმინისტრაციული რაიონი *administraciuli raioni* (n.) borough
ადმირალი *admirali* (n.) admiral
ადრე *adre* (adv.) hitherto
ადრესანტი *adresanti* (n.) addresser
ადრესატი *adresati* (n.) addressee
ადრიანი *adriani* (adv.) early
ადრინდელი დროის დატანა *adrindeli drois datana* (v.) backdate
ადუღება *aduReba* (v.) seethe
აერობიკა *aerobika* (n.) aerobics
აერობუსი *aerobusi* (n.) airbus
აეროდინამიკა *aerodinamika* (n.) aerodynamics
აეროდინამიკური *aerodinamikuri* (n) aerofoil
აეროდინამიკური მუხრუჭი *aerodinamikuri muxruWi* (n.) airbrake
აეროდრომი *aerodromi* (n.) airfield
აეროზოლი *aerozoli* (n.) spray
აეროსტატიკა *aerostatika* (n.) aerostatics
ავადმყოფთა ადგილი *avadmyofTa adgili* (n.) sickbay
ავადმყოფი *avadmyofi* (adj.) unwell
ავადმყოფის ლოგინი *avadmyofis logini* (n.) sickbed
ავადმყოფის მოვლა *avadmyofis movla* (n.) aftercare
ავადმყოფობა *avadmyofoba* (v.) sicken
ავადმყოფური *avadmyofuri* (adj.) sickly
ავადობა *avadoba* (n.) morbidity
ავარია *avaria* (v.) glitch
ავბედი *avbedi* (adj.) sinister
ავგაროზი *avgarozi* (n.) amulet
ავეჯი *aveji* (n.) furniture
ავთვისებიანი *avTvisebiani* (n.) malignity
ავიაკომპანია *aviakompania* (n.) airfare
ავიაცია *aviacia* (n.) aviation
ავოკადო *avokado* (n.) avocado
ავტობიოგრაფია *avtobiografia* (n.) autobiography
ავტობუსი *avtobusi* (n.) omnibus
ავტობუსის გაჩერება *avtobusis gaCereba* (n.) bus stop
ავტობუსის გრაფიკი *avtobusis grafiki* (n.) chartbuster
ავტობუსის თავშესაფარი *avtobusis TavSesafari* (n.) bus shelter
ავტოგრაფი *avtografi* (n.) autograph
ავტოკორექტირებული *avtokoreqtirebuli* (n.) autocorrect
ავტოკრატია *avtokratia* (n.) autocracy
ავტომანქანა *avtomanqana* (n.) car
ავტომატი *avtomati* (v.) automate
ავტომატიზაცია *avtomatizacia* (n.) automation

ავტომატურად *avtomaturad* (adv.) automatically

ავტომატური *avtomaturi* (adj.) automatic

ავტომობილი *avtomobili* (n.) automobile

ავტომობილის ფარი *avtomobilis fari* (n.) headlight

ავტომობილისტი *avtomobilisti* (n.) motorist

ავტონომიური *avtonomiuri* (adj.) autonomous

ავტოპილოტი *avtopiloti* (n.) autopilot

ავტორი *avtori* (n.) author

ავტორიტარული *avtoritaruli* (adj.) authoritative

ავტოფოკუსი *avtofokusi* (n.) autofocus

ავშვის წინსაფარი *avSvis winsafari* (n.) tier

ავხორცი *avxorci* (adj.) lustful

აზარტული თამაში *azartuli TamaSi* (n.) gamble

აზარტული მოთამაშე *azartuli moTamaSe* (n.) gambler

აზბესტი *azbesti* (n.) asbestos

აზომვა *azomva* (n.) dimension

აზოტი *azoti* (n.) nitrogen

აზრი *azri* (n.) thought

აზრის შეცვლა *azris Secvla* (n.) about-turn

აზროვნება *azrovneba* (v.) opinionate

აზროვნების უნარი *azrovnebis unari* (n.) mentality

ათასი *aTasi* (n.) thousand

ათეიზმი *aTeizmi* (n.) atheism

ათეისტი *aTeisti* (n.) atheist

ათეული *aTeuli* (n.) tenue

ათვისება *aTviseba* (n.) utilization

ათი *aTi* (n.) ten

ათლეტური *aTleturi* (adj.) athletic

ათობითი *aTobiTi* (adj.) decimal

ათობითი წერტილი *aTobiTi wertili* (n.) decimal point

ათწლეული *aTwleuli* (n.) decennary

ათჯერ *aTjer* (adv.) tenfold

ათჯერადი *aTjeradi* (adj.) tenfold

აივანი *aivani* (n.) balcony

აირბაგი *airbagi* (n.) airbag

აიროვანი *airovani* (adj.) gasesous

აირწინაღი *airwinaRi* (n.) gasmask

აისბერგი *aisbergi* (n.) iceberg

აიურვედა *aiurveda* (n.) Ayurveda

აკადემია *akademia* (n.) academy

აკადემიკოსი *akademikosi* (n.) academician

აკადემიურად *akademiurad* (adv.) academically

აკაზმულობა *akazmuloba* (n.) harness

აკაუზუალი *akauzuali* (adj.) acausal

აკაცია *akacia* (n.) acacia

აკვანი *akvani* (n.) cradle

აკვატორი *akvatori* (n.) equator

აკვედუკი *akveduki* (n.) aqueduct

აკვიატებული *akviatebuli* (adj.) obsessive

აკვიატებული აზრი *akviatebuli azri* (n.) obsession

აკინეზია *akinezia* (n.) akinesia

აკლდამა *akldama* (n.) shrine

აკლია *aklia* (prep.) less

აკლიმატიზაცია *aklimatizacia* (v.) acclimatise

აკნე *akne* (n.) acne

აკომპანისტი *akompanisti* (n.) accompanist

აკორდი *akordi* (n.) chord

აკრატიკი *akratiki* (adj.) acratic

აკრები(მიწის ფართობი) *akrebi(miwis farTobi)* (n.) acreage

აკრედიტებული *akreditebuli* (adj.) accredited

აკრი *akri* (n.) acre
აკრილატოვი *akrilatovi* (n.) acrylate
აკრილის *akrilis* (adj.) acrylic
აკრის მეოთხედი *akris meoTxedi* (n.) rood
აკრისტიქი *akristiqi* (n.) acrostic
აკრიტიკალური *akritikaluri* (adj.) acritical
აკრობატი *akrobati* (n.) acrobat
აკრობატიკა *akrobatika* (n.) acrobatics
აკრობატული *akrobatuli* (adj.) acrobat
აკრომატი *akromati* (n.) achromat
აკრომატიკი *akromatiki* (adj.) achromatic
აკრონიმი *akronimi* (n.) acronym
აკროპოლისი *akropolisi* (n.) acropolis
აკროფობია *akrofobia* (n.) acrophobia
აკრძალვა *akrZalva* (n.) prohibition
აკრძალული *akrZaluli* (adj.) forbidden
აკუმულატორი *akumulatori* (n.) battery
აკუპრესურა *akupresura* (n.) acupressure
აკუპუნქტურა *akupunqtura* (n.) acupuncture
აკუპუნქტურისტი *akupunqturisti* (n.) acupuncturist
აკურატული *akuratuli* (adj.) orderly
აკუსტიკა *akustika* (n.) acoustics
აკუსტიკური *akustikuri* (adj.) acoustic
ალაოს სასმელი *alaos sasmeli* (n.) malt
ალაყაფის კარები *alayafis karebi* (n.) gateway
ალბათ *albaT* (adv.) probably
ალბათობა *albaToba* (adj.) probable
ალბატროსი *albatrosi* (n.) albatross
ალბინოსი *albinosi* (n.) albino
ალბომი *albomi* (n.) album
ალბუმენი *albumeni* (n.) albumen

ალგებრა *algebra* (n.) algebra
ალგორითმი *algoriTmi* (n.) algorithm
ალეგორია *alegoria* (n.) allegory
ალერგია *alergia* (n.) allergy
ალერგიული *alergiuli* (adj.) allergic
ალერსი *alersi* (n.) fondling
ალერსიანი *alersiani* (adj.) benign
ალვის ხე *alvis xe* (n.) poplar
ალიაქოთი *aliaqoTi* (n.) turmoil
ალიბი *alibi* (n.) alibi
ალიგატორი *aligatori* (n.) alligator
ალიმენტი *alimenti* (n.) alimony
ალიონი *alioni* (n.) aurora
ალისფერი *alisferi* (adj.) vermillion
ალიტერატურა *aliteratura* (v.) alliterate
ალიტერაცია *aliteracia* (n.) alliteration
ალკოჰოლი *alkoholi* (n.) alcohol
ალკოჰოლიზმი *alkoholizmi* (n.) alcoholism
ალკოჰოლიკი *alkoholiki* (n.) alcoholic
ალმანახი *almanaxi* (n.) miscellany
ალმასი *almasi* (n.) diamond
ალმირა *almira* (n.) almirah
ალოე *aloe* (n.) aloe
ალპინისტი *alpinisti* (n.) climber
ალპური *alpuri* (adj.) alpine
ალტერნატივა *alternativa* (adj.) alternative
ალტერნატიული *alternatiuli* (adv.) alternatively
ალტიმეტრი *altimetri* (n.) altimeter
ალტრუიზმი *altruizmi* (n.) altruism
ალტრუისტი *altruisti* (n.) altruist
ალტრუისტული *altruistuli* (adj.) altruistic
ალუბალი *alubali* (n.) cherry
ალუმინი *alumini* (n.) aluminium
ალუმინის *aluminis* (v.) aluminate
ალფა *alfa* (n.) alpha

ალქიმია *alqimia* (n.) alchemy
ალქიმიკოსი *alqimikosi* (n.) alchemist
ალყა *alya* (n.) sieve
ალყაშემორტყმული *alyaSemortymuli* (adj.) beleaguered
ალყის შემორტყმა *alyis Semortyma* (v.) sieve
ალცჰეიმერის დაავადება *alcheimeris daavadeba* (n.) Alzheimer's disease
ამ ღამით *am RamiT* (adv.) tonight
ამაზრზენი *amazrzeni* (adj.) vile
ამალა *amala* (n.) retinue
ამანათი *amanaTi* (n.) parcel
ამაო *amao* (adj.) vain
ამაოდ *amaod* (adv.) vainly
ამაოება *amaoeba* (n.) vanity
ამართვა *amarTva* (v.) tower
ამასობაში *amasobaSi* (adv.) meanwhile
ამაღელვებელი *amaRelvebeli* (adj.) mind-blowing
ამაღლება *amaRleba* (v.) uplift
ამაღლებული *amaRlebuli* (adj.) sublime
ამაყად გამოსვლა *amayad gamosvla* (v.) strut
ამაყი *amayi* (adj.) proud
ამბერიტი *amberiti* (n.) amberite
ამბივალენტობა *ambivalentoba* (n.) ambivalence
ამბივალენტური *ambivalenturi* (adj.) ambivalent
ამბიცია *ambicia* (n.) ambition
ამბიციური *ambiciuri* (adj.) ambitious
ამბოხება *amboxeba* (v.) mutiny
ამბოხი *amboxi* (n.) riot
ამბულატორიის ავადმყოფი *ambulatoriis avadmyofi* (n.) outpatient
ამბულატორიული *ambulatoriuli* (adj.) ambulant

ამგზნები საშუალება *amgznebi saSualeba* (n.) stimulant
ამდენად *amdenad* (adv.) that
ამიაკი *amiaki* (n.) ammonia
ამიერიდან *amieridan* (adv.) henceforward
ამინდი *amindi* (n.) weather
ამის მიუხედავად *amis miuxedavad* (prep.) notwithstanding
ამის მსგავსად *amis msgavsad* (prep.) like
ამის საშუალებით *amis saSualebiT* (adv.) thereby
ამის შემდეგ *amis Semdeg* (conj.) whereupon
ამისთვის *amisTvis* (adj.) ad hoc
ამიტომ *amitom* (adv.) therefore
ამკრძალავი *amkrZalavi* (adj.) prohibitory
ამნეზია *amnezia* (n.) amnesia
ამნისტია *amnistia* (n.) amnesty
ამობეჭდვა *amobeWdva* (n.) printout
ამოგდება *amogdeba* (v.) eliminate
ამოზნექილობა *amozneqiloba* (n.) bulge
ამოთხრა *amoTxra* (n.) excavation
ამოკვეთა *amokveTa* (v.) hatch
ამოკვეთილი *amokveTili* (adj.) etched
ამომრჩეველი *amomrCeveli* (n.) electorate
ამომრჩევლები *amomrCevlebi* (n.) constituency
ამომჭმელი *amomWmeli* (adj.) erosive
ამონაჭერი *amonaWeri* (n.) cutting
ამორალური *amoraluri* (adj.) immoral
ამორიცხვა *amoricxva* (v.) exclude
ამორჩევა *amorCeva* (v.) single
ამოსვლა *amosvla* (v.) germinate
ამოსუნთქვა *amosunTqva* (v.) sigh
ამოტეხა *amotexa* (v.) hollow

ამოტივტივება *amotivtiveba* (v.) emerge
ამოტყორცნა *amotyorcna* (n.) eruption
ამოუცნობი *amoucnobi* (adj.) novel
ამოქაჩვა *amoqaCva* (n.) deflation
ამოღება *amoReba* (v.) delipidate
ამოღებული *amoRebuli* (adj.) delipidate
ამოშიფვრა *amoSifvra* (v.) decipher
ამოშლა *amoSla* (n.) rasure
ამოშრობა *amoSroba* (n.) drainage
ამოჭმა *amoWma* (v.) erode
ამოჭრა *amoWra* (v.) groove
ამპარტავნება *ampartavneba* (v.) pride
ამპერი *amperi* (n.) ampere
ამპუტაცია *amputacia* (n.) amputation
ამპუტირებული *amputirebuli* (n.) amputee
ამრეკლავი *amreklavi* (adj.) reflective
ამტანი *amtani* (adj.) hardy
ამტანობა *amtanoba* (n.) last
ამუშავება *amuSaveba* (v.) launch
ამფეთქებლის ჩადება *amfeTqeblis Cadeba* (v.) prime
ამფიბია *amfibia* (n.) amphibian
ამფითეატრი *amfiTeatri* (n.) amphitheatre
ამქვეყნიური *amqveyniuri* (adj.) worldly
ამწე *amwe* (n.) derrick
ამხანაგი *amxanagi* (n.) pal
ამხანაგი გემზე *amxanagi gemze* (n.) shipmate
ამხანაგობა *amxanagoba* (n.) fellowship
ანაბარი *anabari* (n.) deposit
ანაბეჭდი *anabeWdi* (n.) thumbprint
ანაბოლური *anaboluri* (n.) anabolic
ანაზღაურება *anazRaureba* (n.) repayment
ანალიზი *analizi* (n.) analysis
ანალიტიკოსი *analitikosi* (n.) analyst
ანალიტიკური *analitikuri* (adj.) analytical
ანალოგი *analogi* (n.) analogy
ანალოგიური *analogiuri* (adj.) analogous
ანალური *analuri* (adj.) anal
ანამორფოზი *anamorfozi* (adj.) anamorphosis
ანანასი *ananasi* (n.) pineapple
ანარეკლი *anarekli* (n.) reflection
ანარქია *anarqia* (n.) anarchy
ანარქიზმი *anarqizmi* (n.) anarchism
ანარქისტი *anarqisti* (n.) anarchist
ანატომია *anatomia* (n.) anatomy
ანაქრონიზმი *anaqronizmi* (n.) anachronism
ანბანი *anbani* (n.) primer
ანბანური *anbanuri* (adj.) alphabetical
ანგარიში *angariSi* (n.) scoreboard
ანგარიშსწორება *angariSsworeba* (n.) clearance
ანგელოზი *angelozi* (n.) angel
ანგინა *angina* (n.) angina
ანგიოგრამა *angiograma* (n.) angiogram
ანდაზა *andaza* (n.) proverb
ანდაზური *andazuri* (adj.) proverbial
ანდერძი *anderZi* (adj.) willing
ანდერძით დაკისრება *anderZiT dakisreba* (n.) bequest
ანდერძით დატოვება *anderZiT datoveba* (v.) bequeath
ანდერძით მისაკუთრება *anderZiT misakuTreba* (n.) beneficiary
ანდროიდი *androidi* (n.) android
ანეკდოტი *anekdoti* (n.) anecdote
ანემია *anemia* (n.) anaemia
ანემომეტრი *anemometri* (n.) anemometer
ანესთეზია *anesTezia* (n.) anaesthesia

ანექსია *aneqsia* (n.) annexation
ანთება *anTeba* (v.) kindle
ანთებითი *anTebiTi* (adj.) inflammatory
ანთებული *anTeba* (v.) flash
ანთოლოგია *anTologia* (n.) anthology
ანთროპოლოგია *anTropologia* (n.) anthropology
ანიმაცია *animacia* (v.) animate
ანიმაციური *animaciuri* (n.) animation
ანისი *anisi* (n.) aniseed
ანკარა *ankara* (n.) adder
ანკესით თევზაობა *ankesiT Tevzaoba* (v.) dap
ანომალია *anomalia* (adv.) abnormally
ანომალიური *anomaliuri* (n.) anomaly
ანონიმობა *anonimoba* (n.) anonymosity
ანონიმური *anonimuri* (adj.) anonymous
ანონიმურობა *anonimuroba* (n.) anonymity
ანორექსია *anoreqsia* (n.) anorexia
ანორექსიკი *anoreqsiki* (adj.) anorexic
ანოტაციის გაკეთება *anotaciis gakeTeba* (v.) annotate
ანსამბლი *ansambli* (n.) ensemble
ანტაგონიზმი *antagonizmi* (n.) antagonism
ანტაგონიზური *antagonizuri* (v.) antagonize
ანტაგონისტი *antagonisti* (n.) antagonist
ანტარქტიკა *antarqtika* (adj.) antarctic
ანტაციდი *antacidi* (adj.) antacid
ანტეკარდიუმი *antekardiumi* (n.) antecardium
ანტენა *antena* (n.) antenna
ანტენატალური *antenataluri* (adj.) antenatal
ანტიბაქტერიული *antibaqteriuli* (adj.) antibacterial
ანტიბიოტიკი *antibiotiki* (n.) antibiotic
ანტიგენი *antigeni* (n.) antigen
ანტიკვარი *antikvari* (n.) antiquary
ანტიკვარული *antikvaruli* (adj.) antiquated
ანტიკლიმაქსური *antiklimaqsuri* (n.) anticlimax
ანტიკური *antikuri* (adj.) antique
ანტიკური პრეცედენტი *antikuri precedenti* (n.) antecedent
ანტიკურობა *antikuroba* (n.) antiquity
ანტილოპა *antilopa* (n.) antelope
ანტინეზი *antinezi* (n.) antithesis
ანტინომია *antinomia* (n.) antinomy
ანტიოქსიდანტი *antioqsidanti* (n.) antioxidant
ანტიპატია *antipatia* (n.) antipathy
ანტიპოდები *antipodebi* (n.) antipodes
ანტისეპტიკი *antiseptiki* (n.) antiseptic
ანტისეპტიკური *antiseptiki* (adj.) antiseptic
ანტისოციალური *antisocialuri* (adj.) antisocial
ანტისხეულები *antisxeulebi* (n.) antibody
ანტიფონია *antifonia* (n.) antiphony
ანტიფრიზი *antifrizi* (n.) antifreeze
ანტონიმი *antonimi* (n.) antonym
ანტრესოლი *antresoli* (n.) mezzanine
ანულირება *anulireba* (n.) repeal
ანუსი *anusi* (n.) anus
ანცი *anci* (n.) tomboy
ანძა *anZa* (n.) mast
აორთქლება *aorTqleba* (v.) vaporize
აორთქლებული *aorTqlebuli* (adj.) vaporous
აორტა *aorta* (n.) aorta
აოხრება *aoxreba* (n.) ravage

აპათია *apaTia* (n.) apathy
აპარატი *aparati* (n.) apparatus
აპარტამენტი *apartamenti* (n.) apartment
აპარტეიდი *aparteidi* (n.) apartheid
აპენდიციტი *apendiciti* (n.) appendicitis
აპი *api* (n.) app
აპლიკაცია *aplikacia* (n.) application
აპნოე *apnoe* (n.) apnoea
აპოთეოზი *apoTeozi* (n.) apotheosis
აპოსტროფი *apostrofi* (n.) apostrophe
აპრილი *aprili* (n.) April
არ დაჯერება *ar dajereba* (v.) disbelieve
არა *ara* (adv.) not
არა ალკოჰოლური *ara alkoholuri* (adj.) non-alcoholic
არა სასაცილო *ara sasacilo* (adj.) unamused
არაადამიანური *araadamianuri* (adj.) inhuman
არაამბივალენტური *araambivalenturi* (n.) unambivalence
არაბი *arabi* (n.) Arab
არადიდიხნის *aradidixnis* (adj.) latter
არადისციპლინა *aradisciplina* (n.) indiscipline
არაეფექტური *araefeqturi* (adj.) unaffectionate
არავინ *aravin* (pron.) nobody
არაზუსტი *arazusti* (adj.) unaccurate
არათანაბარი *araTanabari* (adj.) uneven
არათანაბარი ქორწინება *araTanabari qorwineba* (n.) misalliance
არათანაზომიერება *araTanazomiereba* (n.) disproportion
არათანმიმდევრული *araTanmimdevruli* (adj.) incoherent
არაკეთილგონიერება *arakeTilgoniereba* (n.) imprudence
არაკეთილგონიერი *arakeTilgonieri* (adj.) imprudent
არაკეთილსინდისიერი *arakeTilsindisieri* (adj.) aberrant
არაკვილიზებული *arakvilizebuli* (adj.) uncivilized
არაკომერციული *arakomerciuli* (adj.) non-profit
არაკომპეტენტური *arakompetenturi* (adj.) incompetent
არაკომუნიკაციური *arakomunikaciuri* (adj.) unaccommodating
არალეგალური *aralegaluri* (adj.) illegible
არალეგიტიმური *aralegitimuri* (adj.) illegitimate
არალოგიკური *aralogikuri* (adj.) illogical
არალოიალური *araloialuri* (adj.) disloyal
არამართლზომიერი *aramarTlzomieri* (adj.) extrajudicial
არამატერიალური *aramaterialuri* (adj.) intangible
არამსგავსი *aramsgavsi* (adj.) dissimilar
არამსურველი *aramsurveli* (adj.) loath
არანორმალურად *aranormalurad* (n.) wacko
არანორმალური *aranormaluri* (adj.) wack
არაოპერაციული *araoperaciuli* (adj.) inoperative
არაოფიციალური *araoficialuri* (adj.) unofficial
არაპირდაპირი *arapirdapiri* (adj.) inimical
არაპრინციპული *araprincipuli* (adj.) unprincipled

არაპროპორციული დიდი თავი *araproporciuli didi Tavi* (n.) loggerhead
არარაობა *araraoba* (n.) nonentity
არარეგულარული *araregularuli* (adj.) irregular
არარეგულარულობა *araregularuloba* (n.) irregularity
არარსებული *ararsebuli* (adj.) fictitious
არასავალდებულო *arasavaldebulo* (adj.) optional
არასათანადო *arasaTanado* (v.) misappropriate
არასათანადო მართვა *arasaTanado marTva* (n.) mismanagement
არასათანადო მოპყრობა *arasaTanado mopyroba* (v.) mistreat
არასათანადო საქციელი *arasaTanado saqcieli* (n.) misbehaviour
არასაიმედო *arasaimedo* (adj.) insecure
არასაკმარისი *arasakmarisi* (adj.) insufficient
არასანდო *arasando* (adj.) unreliable
არასასიამოვნო *arasasiamovno* (adj.) uncomfortable
არასასიამოვნო მდგომარეობა *arasasiamovno mdgomareoba* (n.) predicament
არასასურველი *arasasurveli* (adj.) unwanted
არასერიოზული *araseriozuli* (adj.) frivolous
არასერიოზულობა *araseriozuloba* (n.) levity
არასოდეს *arasodes* (adv.) never
არასოდეს მთავრდება *arasodes mTavrdeba* (adj.) never-ending
არასრული *arasruli* (adj.) sketchy
არასრულყოფილება *arasrulyofileba* (n.) imperfection
არასრულყოფილი *arasrulyofili* (adj.) imperfect
არასრულწლოვანი *arasrulwlovani* (adj.) juvenile
არასტაბილურობა *arastabiluroba* (n.) instability
არასწორად აღქმა *arasworad aRqma* (v.) misplace
არასწორად გაგება *arasworad gageba* (v.) misapprehend
არასწორად გამოყენება *arasworad gamoyeneba* (n.) misapplication
არასწორად დასჯა *arasworad dasja* (v.) misjudge
არასწორად ინტერპრეტაცია *arasworad interpretacia* (v.) misconstrue
არასწორად მითითება *arasworad miTiTeba* (n.) misdirection
არასწორად მოქცევა *arasworad moqceva* (v.) misbehave
არასწორად წარმოდგენა *arasworad warmodgena* (n.) misrepsentation
არასწორედ *araswored* (n.) miscreant
არასწორი *araswori* (adj.) wrongful
არასწორი ანაბეჭდი *araswori anabeWdi* (n.) misprint
არასწორი დიაგნოზი *araswori diagnozi* (v.) misdiagnose
არასწორი ზარი *araswori zari* (v.) miscall
არასწორი ქმედება *araswori qmedeba* (n.) misdeed
არასწორი წარმოდგენა *araswori warmodgena* (v.) misrepresent
არასწორობა *arasworoba* (v.) wrong
არაფერი *araferi* (adv.) nothing
არაფორმალური *araformaluri* (adj.) informal
არაშემწყნარებელი *araSemwynarebeli* (adj.) intolerant

არაჩვეულებრივი *araCveulebrivi* (adj.) singular
არაწებვადი *arawebvadi* (adj.) non-stick
არახელსაყრელი *araxelsayreli* (adj.) inauspicious
არახელსაყრელი მდგომარეობა *araxelsayreli mdgomareoba* (n.) disadvantage
არაჯანსაღი *arajansaRi* (adj.) unhealthy
არბილებს *arbilebs* (v.) soften
არბიტრაჟი *arbitraJi* (n.) arbitration
არბიტრი *arbitri* (n.) arbitrator
არგუმენტი *argumenti* (n.) argument
არდადეგები *ardadegebi* (v.) vacate
არდაკმაყოფილება *ardakmayofileba* (v.) dissatisfy
არდასწრება *ardaswreba* (n.) absence
არე *are* (n.) purview
არევა *areva* (n.) shuffle
არევ-დარევა *arev-dareva* (n.) tangle
არეკვლა *arekvla* (v.) reflect
არეკლილი *areklili* (adj.) gleaming
არენა *arena* (n.) arena
არენდა *arenda* (n.) tenancy
არენდით გაცემა *arendiT gacema* (n.) demise
არეულობა *areuloba* (n.) unrest
არიდება *arideba* (v.) shun
არითმეთიკა *ariTmeTika* (n.) arithmetic
არის *aris* (v.) jest
არისტოკრატი *aristokrati* (n.) aristocrat
არისტოკრატია *aristokratia* (n.) aristocracy
არისტოკრატული ჩვევები *aristokratuli Cvevebi* (n.) gentility
არმადა *armada* (n.) armada
არმია *armia* (n.) army
არმსმელი *armsmeli* (n.) teetotaller
არმქონე *armqone* (adj.) bereft
არმყოფი *armyofi* (n.) absentee
არომათერაპია *aromaTerapia* (n.) aromatherapy
არომატები *aromatebi* (n.) olfactics
არომატი *aromati* (n.) perfume
არომატიანი *aromatiani* (adj.) olfaltive
არომატული *aromatuli* (adj.) spicy
არსად *arsad* (adv.) nowhere
არსება *arseba* (n.) being
არსებითად *arsebiTad* (adv.) substantially
არსებითი *arsebiTi* (adj.) substantial
არსებითი სახელი *arsebiTi saxeli* (n.) noun
არსებობა *arseboba* (n.) preexistence
არსებული *arsebuli* (adj.) mere
არსენალი *arsenali* (n.) arsenal
არსი *arsi* (n.) quintessence
არსობრივი *arsobrivi* (adj.) quintessential
არტეზიული *arteziuli* (adj.) artesian
არტერია *arteria* (n.) artery
არტერიის ცემა *arteriis cema* (v.) pulse
არტეფაქტი *artefaqti* (n.) artefact
არტილერია *artileria* (n.) ordnance
არტიშოკი *artiSoki* (n.) artichoke
არფა *arfa* (n.) harp
არქაული *arqauli* (adj.) archaic
არქეოლოგი *arqeologi* (n.) archaeologist
არქეოლოგია *arqeologia* (n.) archaeology
არქიეპისკოპოსი *arqiepiskoposi* (n.) archbishop
არქივი *arqivi* (n.) archive
არქიტექტორი *arqiteqtori* (n.) architect

არქიტექტურა *arqiteqtura* (n.) architecture
არქტიკა *arqtika* (adj.) Arctic
არღვევს *arRvevs* (n.) breaking
არყის სახდელი *aryis saxdeli* (n.) distillery
არყის ხე *aryis xe* (n.) birch
არყოფნა *aryofna* (adv.) away
არშიყი *arSiyi* (n.) philanderer
არშიყობა *arSiyoba* (n.) courtship
არჩევა *arCeva* (n.) option
არჩევნები *arCevnebi* (n.) election
არცერთი *arcerTi* (pron.) none
არწივი *arwivi* (n.) eagle
არჭურვილობა *arWurviloba* (n.) outfit
არხი *arxi* (n.) channel
ას გრადუსიანი *as gradusiani* (adj.) centigrade
ასაკი *asaki* (n.) age
ასაკის გარეშე *asakis gareSe* (adj.) ageless
ასაკისტიზმი *asakistizmi* (n.) ageism
ასაკოვანი *asakovani* (adj.) aged
ასაფეთქებელი *asafeTqebeli* (adj.) explosive
ასაფეთქებელი ნივთიერება *asafeTqebeli nivTiereba* (n.) explosive
ასაფოეტიდა *asafoetida* (n.) asafoetida
ასე *ase* (adv.) thus
ასე შემდეგ *ase Semdeg* (adv.) etcetera
ასეთი *aseTi* (adj.) such
ასეპტიკური *aseptikuri* (adj.) aseptic
ასერი *aseri* (n.) acer
ასექსუალური *aseqsualuri* (adj.) asexual
ასვლა *asvla* (n.) ascent
ასთაკვი *asTakvi* (n.) lobster
ასთმა *asTma* (n.) asthma
ასი *asi* (n.) hundred
ასიმეტრია *asimetria* (n.) asymmetry
ასიმეტრიული *asimetriuli* (adj.) asymmetrical
ასიმილაცია *asimilacia* (v.) assibilate
ასინინი *asinini* (adj.) asinine
ასკეტი *asketi* (n.) ascetic
ასკეტური *asketuri* (adj.) ascetic
ასლი *asli* (v.) copy
ასლის გადაღება *aslis gadaReba* (v.) reproduce
ასორტიმენტი *asortimenti* (n.) assortment
ასოციაცია *asociacia* (n.) association
ასპირანტი *aspiranti* (adj.) postgraduate
ასპირანტურა *aspirantura* (n.) aspiration
ასტერიზმი *asterizmi* (n.) asterism
ასტეროიდი *asteroidi* (v.) asteroid
ასტიგმატიზმი *astigmatizmi* (n.) astigmatism
ასტრალი *astrali* (adj.) astral
ასტროლაბი *astrolabi* (n.) astrolabe
ასტროლოგი *astrologi* (n.) astrologer
ასტროლოგია *astrologia* (n.) astrology
ასტრომონია *astromonia* (n.) astronomy
ასტრონავტი *astronavti* (n.) astronaut
ასტრონომი *astronomi* (n.) astronomer
ასტრონომიული *astronomiuli* (adj.) celestial
ასტურიული *asturiuli* (adj.) astatic
ასული *asuli* (n.) daughter
ასფიქსია *asfiqsia* (n.) asphyxia
ასწლოვანი *aswlovani* (n.) centenarian
ასხლეტა *asxleta* (v.) rebound
ასხმა *asxma* (v.) thread
ასჯერ *asjer* (adj.) centuple
ატამი *atami* (n.) peach
ატანა *atana* (v.) tolerate
ატაშე *ataSe* (n.) attache

ატვირთვა *atvirTva* (v.) upload
ატიპიური *atipiuri* (adj.) atypic
ატირებული *atirebuli* (adj.) tearful
ატლასი *atlasi* (n.) satin
ატლასის *atlasis* (adj.) satin
ატმოსფერო *atmosfero* (n.) atmosphere
ატმოსფეროს გარეშე *atmosferos gareSe* (n.) extraterrestrial
ატმოსფერული *atmosferuli* (adj.) atmospheric
ატოლი *atoli* (n.) atoll
ატომი *atomi* (n.) atom
ატომური *atomuri* (adj.) atomic
ატოპიური *atopiuri* (adj.) atopic
ატრიუმი *atriumi* (n.) atrium
ატროფია *atrofia* (v.) atrophy
აუდიო *audio* (n.) audio
აუდიოვიზუალური *audiovizualuri* (adj.) audiovisual
აუდიტი *auditi* (n.) audit
აუდიტორია *auditoria* (n.) auditorium
აუთენტური *auTenturi* (adj.) authentic
აუთვისებელი *auTvisebeli* (adj.) unadapted
აურზაური *aurzauri* (n.) scourge
აურზაურის ატეხა *aurzauris atexa* (v.) clutter
აურილავე *aurilave* (n.) aurilave
აურიფორმი *auriformi* (adj.) auriform
აუტანელი *autaneli* (adj.) unbearable
აუტიზმი *autizmi* (n.) autism
აუტისტური *autisturi* (adj.) autistic
აუქციონი *auqcioni* (n.) auction
აუჩქარებელი *auCqarebeli* (adj.) leisurely
აუჩქარებლად *auCqareblad* (adv.) leisurely
აუცილებელი *aucilebeli* (n.) requisite
აუცილებლობა *aucilebloba* (n.) necessity
აუხსნელი *auxsneli* (adj.) unaccountable
აფაზია *afazia* (n.) aphasia
აფეთქება *afeTqeba* (v.) torpedo
აფთარი *afTari* (n.) hyaena, hyena
აფთიაქარი *afTiaqari* (n.) druggist
აფთიაქი *afTiaqi* (n.) pharmacy
აფორიზმი *aforizmi* (n.) gnome
აფრა *afra* (n.) sail
აფრიანი *afriani* (adj.) sailing
აფრით ცურვა *afriT curva* (n.) sailing
აქ *aq* (adv.) here
აქატი *aqati* (n.) agate
აქაფება *aqafeba* (v.) foam
აქედან *aqedan* (adv.) thence
აქეთ *aqeT* (adv.) hither
აქერცვლა *aqercvla* (v.) exfoliate
აქვარიუმი *aqvariumi* (n.) aquarium
აქლემი *aqlemi* (n.) camel
აქსელერატორი *aqseleratori* (n.) accelerator
აქსელერაცია *aqseleracia* (n.) acceleration
აქსესუარი *aqsesuari* (n.) accessory
აქტივი *aqtivi* (n.) asset
აქტივისტი *aqtivisti* (n.) activist
აქტიურად *aqtiurad* (adv.) actively
აქტიური *aqtiuri* (adj.) active
აქცენტი *aqcenti* (v.) accent
აქცენტირება *aqcentireba* (v.) accend
აქცენტის გაკეთება *aqcentis gakeTeba* (v.) accentuate
აქცენტორი *aqcentori* (n.) accentor
აქციების ბაზარი *aqciebis bazari* (n.) share market
აქციზი *aqcizi* (n.) excise
აქციონერი *aqcioneri* (n.) shareholder

აქციონირება *aqcionireba* (adj.) shareholding
აღბეჭვდა *aRbeWvda* (v.) imprint
აღგზნებული *aRgznebuli* (adj.) agog
აღდგენა *aRdgena* (n.) resumption
აღდგომა *aRdgoma* (n.) easter
აღება *aReba* (n.) take-off
აღებული *aRebuli* (adj.) taken
აღელვება *aRelveba* (v.) thrill
აღელვებული *aRelvebuli* (adv.) aglow
აღვირი *aRviri* (v.) curb
აღზევება *aRzeveba* (v.) rise
აღზრდა *aRzrda* (n.) nurture
აღზრდილი *aRzrdili* (adj.) mannerly
აღთქმა *aRTqma* (v.) vow
აღიარება *aRiareba* (n.) confession
აღმართვა *aRmarTva* (v.) rear
აღმასრულებელი *aRmasrulebeli* (adj.) executive
აღმასრულებელი ხელისუფლება *aRmasrulebeli xelisufleba* (n.) executive
აღმატებულად *aRmatebulad* (adv.) transcendingly
აღმატებულება *aRmatebuleba* (n.) excellency
აღმაშფოთებელი *aRmaSfoTebeli* (adj.) uproarious
აღმზრდელი *aRmzrdeli* (n.) governess
აღმოსავლეთი *aRmosavleTi* (n.) orient
აღმოსავლეთის *aRmosavleTis* (adj.) oriental
აღმოსავლეთის მცხოვრები *aRmosavleTis mcxovrebi* (n.) oriental
აღმოსავლური *armosavluri* (adj.) east
აღმოსავლური ბაზარი *aRmosavluri bazari* (n.) bazaar
აღმოფხვრა *aRmofxvra* (v.) eradicate
აღმოჩენა *aRmoCena* (n.) discovery
აღმოცენება *aRmoceneba* (n.) germination
აღმძვრელი *aRmZvreli* (v.) inculcate
აღნიშვნა *aRniSvna* (v.) remark
აღნიშნავს მიმართულებას *aRniSnavs mimarTulebas* (prep.) towards
აღორძინება *aRorZineba* (v.) vitalize
აღორძინებული *aRorZinebuli* (v.) regenerate
აღრიცხვა *aRricxva* (n.) accounting
აღსავსე *aRsavse* (adj.) fraught
აღტავებული *aRtavebuli* (adj.) enthusiastic
აღტაცება *aRtaceba* (n.) rapture
აღტაცებული *aRtacebuli* (adj.) rapt
აღფრთოვანებული *aRfrTovanebuli* (n.) wassail
აღქმა *aRqma* (n.) perception
აღშფოთება *aRSfoTeba* (n.) uproar
აღშფოთებული *aRSfoTebuli* (v.) infuriate
აღძრა *aRZra* (v.) induce
აღწარმოებითი *aRwarmoebiTi* (adj.) reproductive
აღწერა *aRwera* (n.) recital
აღწერითი *aRweriTi* (adj.) descriptive
აღწერილი *aRwerili* (adj.) adscript
აღწერილობა *aRweriloba* (n.) description
აღჭურვა *aRWurva* (v.) accoutre
აღჭურვილობა *aRWurviloba* (n.) accoutrement
აყენება *ayeneba* (v.) hoist
აყვავება *ayvaveba* (v.) thrive
აყვავებული *ayvavebuli* (adj.) rosy
აყროლებული *ayrolebuli* (adj.) musty
აშენება *aSeneba* (v.) erect
აშკარა *aSkara* (adj.) sheer
აშკარად *aSkarad* (adv.) obviously
აჩემებული რამ *aCemebuli ram* (n.) hobby
აჩრდილი *aCrdili* (v.) fetch
აჩქარება *aCqareba* (v.) hurry

აჩქარებული *aCqarebuli* (adj.) hasty
აჩქარებულობა *aCqarebuloba* (n.) temerity
აცდენა *acdena* (n.) evasion
აცელულარული *acelularuli* (adj.) acellular
აცეტილენი *acetileni* (n.) acetylene
აცეტონი *acetoni* (n.) acetone
აცლა *acla* (v.) snoop
აცოცება *acoceba* (v.) clamber
აძრობა *aZroba* (v.) strip
აძრომა *aZroma* (v.) climb
აწევა *aweva* (n.) lift
აწეწა *awewa* (v.) tangle
აწონვა *awonva* (v.) weigh
აჭრა(რძის) *aWra(rZis)* (v.) curdle
ახალ პირობებს მიჩვეული *axal pirobebs miCveuli* (adj.) wonted
ახალბედა *axalbeda* (n.) tenderfoot
ახალგაზრდა *axalgazrda* (n.) youth
ახალგაზრდობა *axalgazrdoba* (adj.) youthful
ახალგაზრდული *axalgazrduli* (adj.) young
ახალგზარდა *axalgzarda* (n.) adult
ახალი *axali* (adj.) new
ახალი ამბები *axali ambebi* (n.) news
ახალი გამოცემა *axali gamocema* (n.) reprint
ახალშობილი *axalSobili* (adj.) newborn
ახალწვეული *axalwveuli* (n.) recruit
ახირება *axireba* (n.) whim
ახირებული *axirebuli* (adj.) freak
ახირებულობა *axirebuloba* (n.) extravagance
ახლა *axla* (adv.) now
ახლავე *axlave* (adv.) presently
ახლახან *axlaxan* (adv.) recently
ახლახან მომხდარი *axlaxan momxdari* (adj.) recent
ახლო *axlo* (adj.) close
ახლო მეგობარი *axlo megobari* (n.) buddy
ახლობელი *axlobeli* (adj.) familiar
ახლობლად *axloblad* (adv.) thereabouts
ახლოს *axlos* (prep.) near
ახოვანი *axovani* (adj.) hale
ახსნა *axsna* (n.) explanation
ახტომა *axtoma* (v.) jump
აჯანყება *ajanyeba* (n.) uprising

ბ

ბაბტისტი *babtisti* (n.) babtist
ბაბუაწვერა *babuawvera* (n.) dandelion
ბაბუინი *babuini* (n.) baboon
ბაგა *baga* (n.) rack
ბაგაჟი *bagaJi* (n.) luggage
ბაგელი *bageli* (n.) bagel
ბაგვეტი *bagveti* (n.) baguette
ბადაგი *badagi* (n.) mash
ბადე *bade* (n.) net
ბადეში გაბმა *badshi gabma* (v.) net
ბადეში ჩადება *badeSi Cadeba* (v.) rack
ბადით დაჭერა *badiT daWera* (v.) mesh
ბადმინტონი *badmintoni* (n.) badminton
ბადრაგი *badragi* (n.) escort
ბადრაგის თანხლება *badragis Tanxleba* (v.) escort
ბადრაგობა *badragoba* (v.) patrol
ბადრიჯანი *badrijani* (n.) brinjal
ბადურა *badura* (n.) retina
ბავშვთა მოვლა *bavSvTa movla* (n.) childcare
ბავშვი *bavSvi* (n.) kid

ბავშვის გადამოწმება *bavSvis gadamowmeba* (adj.) babyproof
ბავშვის გატაცება *bavSvis gataceba* (v.) kidnap
ბავშვის დაბადება *bavSvis dabadaba* (n.) childbirth
ბავშვის ეტლი *bavSvis etli* (n.) perambulator
ბავშვის მოვლა *bavSvis movla* (v.) babysit
ბავშვის მუცელი *bavSvis muceli* (n.) baby bump
ბავშვის პატარა საწოლი *bavSvis patara sawoli* (n.) crib
ბავშვის სახე *bavSvis saxe* (n.) babyface
ბავშვობა *bavSvoba* (n.) childhood
ბავშვური *bavSvuri* (adj.) puerile
ბაზა *baza* (n.) base
ბაზარი *bazari* (n.) market
ბაზრის კვლევა *bazris kvleva* (n.) market research
ბაზრის წილი *bazris wili* (n.) market share
ბაზრობა *bazroba* (n.) fair
ბაზრობის მოედანი *bazrobis moedani* (n.) fairground
ბაზუკა *bazuka* (n.) bazooka
ბათილად ცნობა *baTilad cnoba* (v.) invalidate
ბათქაში *baTqaSi* (n.) plaster
ბაი პასი *bai pasi* (n.) bypass
ბაიტი *baiti* (n.) byte
ბაკალავრიატი *bakalavriati* (n.) undergraduate
ბაკები *bakebi* (n.) sideburns
ბალადა *balada* (n.) ballad
ბალანსირება *balansireba* (v.) poise
ბალანსის ფურცელი *balansis furceli* (n.) balance sheet
ბალაფონი *balafoni* (n.) balafon
ბალახი *balaxi* (n.) herb
ბალერინა *balerina* (n.) ballerina
ბალეტი *baleti* (n.) ballet
ბალზამი *balzami* (n.) balsam
ბალთა *balTa* (n.) buckle
ბალისტიკა *balistika* (n.) ballistics
ბალიში *baliSi* (n.) pillow
ბამბის დადება *bambis dadeba* (v.) pad
ბამბუკი *bambuki* (n.) bamboo
ბამპერი *bamperi* (n.) bumper
ბანაკი *banaki* (n.) camp
ბანაკის აყრა *banakis ayra* (v.) decamp
ბანალური *banaluri* (adj.) commonplace
ბანანი *banani* (n.) banana
ბანაობა *banaoba* (v.) swim
ბანდა *banda* (n.) band
ბანდიტი *banditi* (n.) bandit
ბანიანი *baniani* (n.) banyan
ბანკეტი *banketi* (n.) banquet
ბანკირი *bankiri* (n.) banker
ბანკნოტი *banknoti* (n.) banknote
ბანქოს გაშლა *banqos gaSla* (n.) showdown
ბანჯო *banjo* (n.) banjo
ბაპტიზმი *baptizmi* (n.) baptism
ბარათის მკითხველი *baraTis mkiTxveli* (n.) card reader
ბარათის მფლობელი *baraTis mflobeli* (n.) cardholder
ბარაქა *baraqa* (n.) abundance
ბარაქიანად *baraqianad* (adj.) aplenty
ბარაქიანი *baraqiani* (adj.) copious
ბარბაროსი *barbarosi* (n.) barbarian
ბარბაროსობა *barbarosoba* (n.) barbarism
ბარბაროსული *barbarosuli* (adj.) barbaric
ბარბითი *barbiTi* (n.) lute
ბარდა *barda* (n.) pea
ბარვა *barva* (v.) trench

ბარი *bari* (n.) dale
ბარიკადა *barikada* (n.) barricade
ბარიტონი *baritoni* (n.) baritone
ბარიუმი *bariumi* (n.) barium
ბარმენი *barmeni* (n.) bartender
ბაროკო *baroko* (adj.) baroque
ბარომეტრი *barometri* (n.) barometer
ბარონესა *baronesa* (n.) baroness
ბარონი *baroni* (n.) baron
ბარუშე *baruSe* (n.) barouche
ბარძაყი *barZayi* (n.) thigh
ბასი *basi* (n.) bass
ბასრი *basri* (adj.) acute
ბასრი ნივთი *basri nivTi* (n.) blade
ბასტიონი *bastioni* (n.) bulwark
ბატალიონი *batalioni* (n.) battalion
ბატი *bati* (n.) goose
ბატისტი *batisti* (n.) lawn
ბატონები *batonebi* (n.) Messrs
ბატონი *batoni* (n.) sir
ბატონობა *batonoba* (v.) reign
ბაუნსერი *baunseri* (n.) bouncer
ბაქია *baqia* (adj.) vainglorious
ბაქტერია *baqteria* (n.) bacteria
ბაღი *baRi* (n.) garden
ბაყალი *bayali* (n.) grocer
ბაყაყი *bayayi* (n.) frog
ბგერების ყლაპვა *bgerebis ylapva* (n.) slur
ბებერა *bebera* (n.) blister
ბედი *bedi* (n.) fate
ბედნიერება *bedniereba* (n.) happiness
ბედნიერი *bednieri* (adj.) providential
ბედნიერი დამთხვევა *bednieri damTxveva* (adj.) serendipitous
ბევრი *bevri* (adj.) much
ბევრი მგზავრობის მონაწილე *bevri mgzavrobis monawile* (n.) globetrotter
ბევრი შრომა *bevri Sroma* (n.) sharecrop
ბეკონი *bekoni* (n.) speck
ბელვედერი *belvederi* (n.) belvedere
ბენდენა *bendena* (n.) bandana
ბენდი *bendi* (n.) sideband
ბენზინი *benzini* (n.) petrol
ბენზოლი *benzoli* (n.) benzene
ბერვა *berva* (v.) blow
ბერი *beri* (n.) monk
ბერიკაცი *berikaci* (n.) gaffe
ბერკეტების სისტემა *berketebis sistema* (n.) leverage
ბერკეტი *berketi* (n.) sideshow
ბერკეტით აწევა *berketiT aweva* (v.) lever
ბერძენი *berZeni* (n.) Greek
ბერძნული *berZnuli* (adj.) Greek
ბერწი *berwi* (adj.) sterile
ბერწობა *berwoba* (n.) sterility
ბესერკერი *beserkeri* (n.) beserker
ბესერკი *beserki* (adj.) beserk
ბესთსელერი *besTseleri* (n.) bestseller
ბეტონი *betoni* (n.) concrete
ბეღელი *beReli* (n.) granary
ბეღურა *beRura* (n.) sparrow
ბეწვი *bewvi* (n.) mink
ბეწვის ბეჭედი *bewvis beWedi* (n.) sealskin
ბეჭდვა *beWdva* (v.) print
ბეჭდური სათაური *beWduri saTauri* (n.) letterhead
ბეჭედი *beWedi* (n.) seal
ბეჯითობა *bejiToba* (n.) diligence
ბზარი *bzari* (n.) rift
ბზუილი *bzuili* (v.) hum
ბიბილო *bibilo* (n.) crest
ბიბლია *biblia* (n.) bible
ბიბლიოგრაფი *bibliografi* (n.) bibliographer
ბიბლიოგრაფია *bibliografia* (n.) bibliography

ბიბლიოთეკა *biblioTeka* (n.) library
ბიბლიოთეკარი *biblioTekari* (n.) librarian
ბიდე *bide* (n.) bidet
ბიზნეს ბარათი *biznes baraTi* (n.) business card
ბიზნეს გეგმა *biznes gegma* (n.) business plan
ბიზნეს კლასი *biznes klasi* (n.) business class
ბიზნესი *biznesi* (n.) business
ბიზნესმენი *biznesmeni* (n.) businessman
ბიზონი *bizoni* (n.) bison
ბითიფიკაცია *biTifikacia* (n.) beatification
ბითს აცდენილი *biTs acdenili* (adj.) offbeat
ბიკინი *bikini* (n.) bikini
ბილეთების გამყიდველი *bileTebis gamyidveli* (n.) bookie
ბილეთი *bileTi* (n.) ticket
ბილეთის ღირებულება *bileTis Rirebuleba* (n.) fare
ბილიარდი *biliardi* (n.) billiards
ბილიარდის მაგიდა *biliardis magida* (n.) billiard table
ბილიკი *biliki* (n.) serge
ბინა *bina* (n.) flat
ბინადრობა *binadroba* (v.) reside
ბინგო *bingo* (n.) bingo
ბინდი *bindi* (n.) twilight
ბინის საწოლი *binis sawoli* (n.) flatbed
ბინის სქრინი *binis sqrini* (n.) flat screen
ბინის ქირა *binis qira* (n.) rent
ბინოკლი *binokli* (n.) binoculars
ბინტი *binti* (n.) bandage
ბინძური *binZuri* (adj.) sordid
ბიოაგენტი *bioagenti* (n.) bioagent
ბიოაქტიურობა *bioaqtiuroba* (n.) bioactivity
ბიოგრაფი *biografi* (n.) biographer
ბიოგრაფია *biografia* (n.) biography
ბიოდეგრადირება *biodegradireba* (n.) biodegradation
ბიოინჟინერია *bioinJineria* (n.) bioengineering
ბიოკლიმატი *bioklimati* (n.) bioclimate
ბიოლოგი *biologi* (n.) biologist
ბიოლოგია *biologia* (n.) biology
ბიოლოგიურად *biologiurad* (adv.) biologically
ბიოლოგიური *biologiuri* (adj.) biological
ბიოლოგიური გაზი *biologiuri gazi* (n.) biogas
ბიოლოგიური საწვავი *biologiuri sawvavi* (n.) biofuel
ბიომასა *biomasa* (n.) biomass
ბიომეტრიკული *biometrikuli* (adj.) biometric
ბიონიკური *bionikuri* (adj.) bionic
ბიოპიური *biopiuri* (n.) biopic
ბიორიტმი *bioritmi* (n.) biorhythm
ბიოსკოპი *bioskopi* (n.) bioscope
ბიოსკოპია *bioskopia* (n.) bioscopy
ბიოფსია *biofsia* (n.) biopsy
ბიოქიმია *bioqimia* (n.) biochemistry
ბიოქიმიური *bioqimiuri* (adj.) biochemical
ბიპოლარული *bipolaruli* (adj.) bipolar
ბირაციული *biraciuli* (adj.) biracial
ბირთვული *birTvuli* (adj.) nuclear
ბირთვული ოჯახი *birTvuli ojaxi* (n.) nuclear family
ბისექსუალი *biseqsuali* (adj.) bisexual
ბისკი *biski* (n.) bisque
ბიტკოინი *bitkoini* (n.) bitcoin
ბიულეტინი *biuletini* (n.) bulletin
ბიურო *biuro* (n.) bureau

ბიუროკრატი biurokrati (n.) bureaucrat
ბიუროკრატია biurokratia (n.) bureacuracy
ბიუჯეტი biujeti (n.) budget
ბიფოკალი bifokali (adj.) bifocal
ბიცეფსი bicefsi (n.) biceps
ბიცოლა bicola (n.) aunt
ბიძა biZa (n.) uncle
ბიძაშვილი biZaSvili (n.) cousin
ბიძგება biZgeba (v.) spurn
ბიძგი biZgi (n.) thrust
ბიძგის მიცემა biZgis micema (v.) prompt
ბიჭი biWi (n.) lad
ბიჭუნა biWuna (n.) urchin
ბიჭური biWuri (adj.) boyish
ბლაგვი blagvi (adj.) blunt
ბლენდერი blenderi (n.) blender
ბლოგერი blogeri (n.) blogger
ბლოგი blogi (n.) blog
ბლოგინგი blogingi (v.) blogging
ბლოკბასტერი blokbasteri (n.) blockbuster
ბლოკის სქემა blokis sqema (n.) flow chart
ბლოკნოტი bloknoti (n.) scratchpad
ბლუზა bluza (n.) blouse
ბლუთუზი bluTuzi (n.) bluetooth
ბნელი bneli (adj.) tenebrous
ბნიჩაბი bniCabi (n.) paddle
ბოდვა bodva (v.) rave
ბოდვითი bodviTi (adj.) delusional
ბოდიში bodiSi (adj.) sorry
ბოდიშის მოხდა bodiSis moxda (v.) apologize
ბოზი bozi (n.) whore
ბოთლი boTli (n.) vial
ბოიკოტი boikoti (v.) boycott
ბოილერი boileri (n.) boiler
ბოკალი bokali (n.) tumbler
ბოლერო bolero (n.) bolero
ბოლვა bolva (v.) smoke
ბოლი boli (n.) smoke
ბოლიანი boliani (adj.) smoky
ბოლო სადგური bolo sadguri (n.) terminus
ბოლოს მოღება bolos moReba (v.) terminate
ბოლქვისებრი bolqvisebri (adj.) bulbous
ბომბარდირი bombardiri (n.) bombardier
ბომბდამშენი bombdamSeni (n.) bomber
ბომბი bombi (n.) bomb
ბონუსი bonusi (n.) bonus
ბორანი borani (n.) polecat
ბორბალი borbali (n.) wheel
ბორბლებიანი borblebiani (v.) wheedle
ბორბლიანი borbliani (n.) vortex
ბორკილი borkili (n.) fetter
ბორკილის დადება borkilis dadeba (v.) fetter
ბოროტად გამოყენება borotad gamoyeneba (v.) misuse
ბოროტება boroteba (n.) spite
ბოროტი boroti (adj.) wicked
ბოროტი სატირა boroti satira (n.) lampoon
ბორტზე bortze (n.) airborne
ბორცვი borcvi (n.) hill
ბოსელი boseli (n.) byre
ბოსტნეული bostneuli (n.) vegetable
ბოტანიკა botanika (n.) botany
ბოტანიკური botanikuri (adj.) botanical
ბოქსი boqsi (n.) boxing
ბოქსიორი boqsiori (n) boxer
ბოყინი boyini (v.) burp

ბოშური boSuri (adj.) bohemian
ბოცვერი bocveri (n.) rabbit
ბოცმანი bocmani (n.) batsman
ბოძზე დაყენება boZze dayeneba (v.) pole
ბოძი boZi (n.) post
ბოძის შედგმა boZis Sedgma (v.) prop
ბოჭკო boWko (n.) fibre
ბოჭკოვანი boWkovani (adj.) fibrous
ბჟუტვა bJutva (v.) smoulder
ბრაილი braili (n.) braille
ბრაკონიერი brakonieri (n.) poacher
ბრალდება braldeba (n.) recrimination
ბრალდების წაყენება braldebis wayeneba (v.) arraign
ბრალდებული braldebuli (n.) accused
ბრალი brali (n.) guilt
ბრალის დადება bralis dadeba (n.) denunciation
ბრალმდებელი bralmdebeli (n.) prosecutor
ბრასლეტი brasleti (n.) bangle
ბრაქენი(მცენარის სახელი) braqeni(mcenaris saxeli) (n.) bracken
ბრბო brbo (n.) throng
ბრგე brge (adj.) robust
ბრდღვინვა brdRvinva (n.) snarl
ბრევიარი breviari (n.) breviary
ბრეიზინგი breizingi (v.) braise
ბრეკეტი breketi (n.) breech
ბრენდი brendi (n.) brandy
ბრიგადა brigada (n.) brigade
ბრიგადის გენერალი brigadis generali (n.) brigadier
ბრიგადულად brigadulad (adv.) teamwise
ბრინჯაო brinjao (n.) bronze
ბრინჯი brinji (n.) rice
ბრიტანელი britaneli (adj.) british
ბრმა brma (adj.) blind

ბროდვეი brodvei (n.) broadway
ბროკერი brokeri (n.) broker
ბროკერის აღნიშვნა brokeris aRniSvna (n.) brokerage
ბროკოლი brokoli (n.) broccoli
ბრომი bromi (n.) bromide
ბრონქიტი bronqiti (n.) bronchitis
ბრონქული bronquli (adj.) bronchial
ბროში broSi (n.) brooch
ბროშურა broSura (n.) pamphlet
ბრტყელეკალა brtyelekala (n.) thistle
ბრტყელი brtyeli (v.) tabulate
ბრტყელტერფიანობა brtyelterfianoba (n.) flatfoot
ბრტყელძირიანი გემი brtyelZiriani gemi (n.) pram
ბრუნვა brunva (v.) turn
ბრუნვითი brunviTi (adj.) rotary
ბრუნი bruni (n.) turn
ბრუტიანი brutiani (n.) purblind
ბრძანება brZaneba (v.) order
ბრძანების მიწერა brZanebis miwera (v.) enact
ბრძანებულება brZanebuleba (n.) ordinance
ბრძენი brZeni (adj.) wise
ბრძენობა brZenoba (n.) sageness
ბრძნული brZnuli (adj.) sage
ბრძოლა brZola (v.) tussle
ბრძოლის ველი brZolis veli (n.) battlefield
ბრძოლის ფრონტი brZolis fronti (n.) battlefront
ბრწინვა brwinva (v.) glitter
ბრწყინავს brwyinavs (v.) sparkle
ბრწყინვა brwyinva (n.) pageantry
ბრწყინვალე brwyinvale (adj.) splendid
ბრწყინვალება brwyinvaleba (n.) splendour

ბრწყინვალების დაკარგვა *brwyinvalebis dakargva* (n.) eclipsis
ბრჭყალი *brWyali* (n.) claw
ბრჭყვიალა *brWyviala* (adj.) beady
ბუ *bu* (n.) owl
ბუდე *bude* (n.) nest
ბუდის მოწყობა *budis mocyoba* (v.) nest
ბუდობა *budoba* (n.) brood
ბუების სახლი *buebis saxli* (n.) owlery
ბუზი *buzi* (n.) fly
ბუზღუნი *buzRuni* (v.) grunt
ბუკი *buki* (n.) trumpet
ბუკის კვრა *bukis kvra* (v.) trumpet
ბუკლეტი *bukleti* (n.) booklet
ბუკმეკერი *bukmekeri* (n.) bookmaker
ბულბული *bulbuli* (adv.) nightly
ბულდოგი *buldogi* (n.) bulldog
ბულდოზერი *buldozeri* (n.) bulldozer
ბულვარი *bulvari* (n.) boulevard
ბულიონი *bulioni* (n.) bullion
ბუმბული *bumbuli* (n.) nib
ბუმბულისებრი ღრუბლები *bumbulisebri Rrublebi* (n.) cirrus
ბუნაგი *bunagi* (n.) lair
ბუნგალო *bungalo* (n.) bungalow
ბუნდოვანი *bundovani* (adj.) vague
ბუნდოვანობა *bundovanoba* (n.) dimness
ბუნდოვნად გამოჩენა *bundovnad gamoCena* (v.) loom
ბუნდოვნობა *bundovnoba* (n.) vagueness
ბუნება *buneba* (n.) nature
ბუნებრივი *bunebrivi* (adj.) artless
ბუნებრივი აირის ნამწვი *bunebrivi airis namwvi* (n.) soot
ბუნებრიობა *bunebrioba* (n.) venality
ბუნიკიანი კვერთხი *bunikiani kverTxi* (n.) mace
ბუნიობა *bunioba* (n.) equinox
ბუნკერი *bunkeri* (n.) bunker
ბუნტი *bunti* (v.) riot
ბურგერი *burgeri* (n.) burger
ბურთი *burTi* (n.) globe
ბურთულა *burTula* (n.) bubble
ბურკლაკი *burklaki* (n.) tracker
ბურლესკი *burleski* (n.) burlesque
ბურჟუაზია *burJuazia* (n.) bourgeoise
ბურჟუაზიული *burJuaziuli* (adj.) bourgeois
ბურუსი *burusi* (n.) burrow
ბურღვა *burRva* (v.) bore
ბურღი *burRi* (n.) auger
ბუს ყვირილი *bus yvirili* (v.) hoot
ბუტბუტი *butbuti* (v.) maunder
ბუტიკი *butiki* (n.) boutique
ბუტკო *butko* (n.) carpel
ბუფერული *buferuli* (n.) buffer
ბუფერული ზონა *buferuli zona* (n.) buffer zone
ბუფეტი *bufeti* (n.) sideboard
ბუქსაობა *buqsaoba* (v.) skid
ბუქსირი *buqsiri* (n.) tow
ბუქსირით თრევა *buqsiriT Treva* (v.) tow
ბუღალტერი *buRalteri* (n.) book-keeper
ბუღალტერია *buRalteria* (n.) accountancy
ბუღალტრული აღრიცხვა *buRaltruli aRricxva* (n.) scorekeeping
ბუშტი *buSti* (n.) balloon
ბუჩქი *buCqi* (n.) shrub
ბუხარი *buxari* (n.) firepit
ბღავილი *bRavili* (v.) low

გ

გაადვილება *gaadvileba* (n.) facilitation
გაანალიზება *gaanalizeba* (v.) analyse
გაანგარიშება *gaangariSeba* (n.) settlement
გააფთრება *gaafTreba* (n.) fury
გააფთრებული *gaafTrebuli* (adj.) furious
გააფრთხილება *gaafrTxileba* (v.) forewarn
გააქტიურება *gaaqtiureba* (v.) activate
გააქტიურებული *gaaqtiurebuli* (n.) activation
გაახალგაზრდავება *gaaxalgazrdaveba* (v.) rejuvenate
გაახლება *gaaxleba* (n.) renovation
გაბათილებული *gabaTilebuli* (adj.) null
გაბატონებული *gabatonebuli* (adj.) dominant
გაბედვა *gabedva* (v.) dare
გაბედულად *gabedulad* (adv.) boldly
გაბედულება *gabeduleba* (n.) hardihood
გაბედული *gabeduli* (adj.) resolute
გაბედულობა *gabeduloba* (n.) daring
გაბერვა *gaberva* (v.) bloat
გაბრაზება *gabrazeba* (v.) vex
გაბრაზებული *gabrazebuli* (adj.) miffed
გაბრტყელება *gabrtyeleba* (n.) flatland
გაბრუებული *gabruebuli* (adj.) doped
გაბურღვა *gaburRva* (v.) ream
გაბუჩქული *gabuCquli* (adj.) bushy
გაგება *gageba* (v.) understand
გაგებული *gagebuli* (adj.) comprehensive
გაგზავნა *gagzavna* (v.) send
გაგიჟება *gagiJeba* (v.) madden
გაგიჟებით ნდომა *gagiJebiT ndoma* (v.) long
გაგიჟებული *gagiJebuli* (adj.) distraught
გაგრილება *gagrileba* (v.) refresh
გაგრძელება *gagrZeleba* (n.) sequel
გაგუდვა *gagudva* (n.) suffocation
გადაადგილება *gadaadgileba* (n.) transition
გადაბეჭვდა *gadabeWvda* (v.) reprint
გადაბმა *gadabma* (n.) cohesion
გადაბრუნება *gadabruneba* (v.) shackle
გადაბრუნებული *gadabrunebuli* (adj.) topsy turvy
გადაგდება *gadagdeba* (v.) toss
გადაგვარება *gadagvareba* (v.) degenerate
გადაგზავნა *gadagzavna* (v.) transmit
გადადგმა *gadadgma* (n.) shift
გადადგომა *gadadgoma* (n.) abdication
გადადება *gadadeba* (n.) remit
გადავადება *gadavadeba* (n.) adjournment
გადაზიდვა *gadazidva* (v.) transport
გადაზიდული *gadaziduli* (adj.) shipped
გადაკეთება *gadakeTeba* (v.) reschedule
გადაკვეთა *gadakveTa* (n.) intersection
გადაკვრით თქმა *gadakvriT Tqma* (v.) insinuate
გადაკვრით ლაპარაკი *gadakvriT laparaki* (v.) riddle
გადაკრული სიტყვა *gadakruli sityva* (n.) hint
გადალახვა *gadalaxva* (v.) surmount
გადამდები *gadamdebi* (adj.) contagious
გადამეტება *gadameteba* (v.) exceed

გადამეტფასება gadametfaseba (v.) overrate
გადამისამართება gadamisamarTeba (v.) recriminate
გადამლაშება gadamlaSeba (v.) overdraw
გადამოწმება gadamowmeba (v.) verify
გადამტვრევა gadamtvreva (v.) snap
გადამუშავება gadamuSaveba (v.) recycle
გადამღერება gadamRereba (n.) reiteration
გადამცემი მექანიზმი gadamcemi meqanizmi (n.) transmitter
გადამწერი gadamweri (n.) transcriber
გადამწყვეტი gadamwyveti (n.) stalwart
გადამწყვეტი ქულა gadamwyveti qula (n.) break point
გადანაცვლება gadanacvleba (v.) displace
გადარგვა gadargva (v.) transplant
გადარეული gadareuli (adj.) mad
გადართვა gadarTva (v.) switch
გადარჩენა gadarCena (n.) survival
გადარჩენილი gadarCenili (v.) survive
გადარწმუნება gadarwmuneba (v.) dissuade
გადასასვლელი gadasasvleli (n.) obduction
გადასასვლელი ზებრა gadasasvleli zebra (n.) zebra crossing
გადასაფარებელი gadasafarebeli (n.) coverlet
გადასაცემი gadasacemi (adj.) transferable
გადასახადი gadasaxadi (n.) toll
გადასახადიდან თავისუფალი gadasaxadidan Tavisufali (adj.) tax-free
გადასახადის აკრეფვა gadasaxadis akrefva (n.) levy

გადასახადის გადამხდელი gadasaxadis gadamxdeli (n.) taxpayer
გადასახდელი gadasaxdeli (adj.) payable
გადასახლება gadasaxleba (v.) trek
გადასვლა gadasvla (v.) obduct
გადასინჯვა gadasinjva (n.) revision
გადასხმა gadasxma (v.) ladle
გადატანა gadatana (n.) transportation
გადატვირთვა gadatvirTva (n.) overwork
გადაუდებელი gadaudebeli (adj.) urgent
გადაუწყვეტელი gadauwyveteli (adj.) pending
გადაფარება gadafareba (v.) sheet
გადაფასება gadafaseba (n.) reappraisal
გადაყენება gadayeneba (v.) depose
გადაყვანა gadayvana (n.) conveyance
გადაყლაპვა gadaylapva (v.) gulp
გადაყრა gadayra (v.) spurt
გადაშენება gadaSeneba (v.) depauperate
გადაშენების პირას მყოფი gadaSenebis piras myofi (adj.) endangered
გადაცემა gadacema (v.) transfer
გადაცემათა კოლოფი gadacemaTa kolofi (n.) gearbox
გადაძრომა gadaZroma (v.) gap
გადაწერა gadawera (v.) transcribe
გადაწონა gadawona (v.) preponderate
გადაწყვეტა gadawyveta (v.) resolve
გადაწყვეტილება gadawyvetileba (n.) resolution
გადაწყვეტილი gadawyvetili (adj.) decided

გადაჭარბება *gadaWarbeba* (v.) surpass

გადაჭარბებული ბარგი *gadaWarbebuli bargi* (n.) excess baggage

გადაჭრა *gadaWra* (v.) traverse

გადახალისება *gadaxaliseba* (n.) reformation

გადახდა *gadaxda* (v.) repay

გადახდევინება *gadaxdevineba* (v.) levy

გადახდისუნარიანობა *gadaxdisunarianoba* (n.) solvency

გადახდისუუნარო *gadaxdisuunaro* (adj.) insolvent

გადახდისუუნარობა *gadaxdisuunaroba* (n.) insolvency

გადახედვა *gadaxedva* (v.) revisit

გადახრა *gadaxra* (v.) lean

გადახურვა *gadaxurva* (v.) roof

გადახურული გალერეა *gadaxuruli galerea* (n.) porch

გადიან *gadian* (v.) exit

გადიდება *gadideba* (v.) magnify

გადინება *gadineba* (v.) seep

გადმოგდებული *gadmogdebuli* (n.) miscarriage

გადმოვარდნა *gadmovardna* (n.) dropout

გადმოსხმის ადგილი *gadmosxmis adgili* (n.) landing

გადმოტვირთვა *gadmotvirTva* (v.) dump

გადმოღვრა *gadmoRvra* (v.) overrun

გადმოცემა *gadmocema* (v.) impart

გადნობა *gadnoba* (v.) smelt

გაერთიანება *gaerTianeba* (n.) unification

გაერთიანებული *gaerTianebuli* (v.) amalgamate

გავლა *gavla* (v.) undergo

გავლენა *gavlena* (v.) influence

გავლენიანი *gavleniani* (adj.) influential

გავლით *gavliT* (prep.) throughout

გავრცელდა *gavrcelda* (n.) spread

გავრცელება *gavrceleba* (v.) spread

გავრცელების ადგილი *gavrcelebis adgili* (n.) range

გავსება *gavseba* (v.) cram

გავსებული *gavsebuli* (adj.) crowded

გაზავებული *gazavebuli* (v.) dilute

გაზაფხული *gazafxuli* (n.) spring

გაზაფხულის *gazafxulis* (adj.) vernal

გაზების გამომწვევი *gazebis gamomwvevi* (adj.) flatulent

გაზეთი *gazeTi* (n.) newspaper

გაზეთის ამონაჭერი *gazeTis amonaWeri* (n.) clipping

გაზვიადება *gazviadeba* (v.) exaggerate

გაზი *gazi* (n.) gas

გაზიარება *gaziareba* (v.) share

გაზილიონი *gazilioni* (n.) gazillion

გაზირება *gazireba* (v.) carbonize

გაზისებრი *gazisebri* (adj.) gassy

გაზიფიკაცია *gazifikacia* (n.) gasification

გაზიფიცირება *gazificireba* (v.) gasify

გაზიფიცირებული *gazificirebuli* (adj.) gasified

გაზკეტი *gazketi* (n.) gasket

გაზნე გახტომა *gazne gaxtoma* (n.) shy

გაზომვა *gazomva* (n.) measurement

გაზრდა *gazrda* (v.) increase

გათავისუფლება *gaTavisufleba* (n.) release

გათანაბრება *gaTanabreba* (v.) equalize

გათანასწორება *gaTanasworeba* (v.) even

გათბობა *gaTboba* (v.) heat

გათეთრება *gaTeTreba* (v.) whiten
გათელვა *gaTelva* (v.) trample
გათენება *gaTeneba* (v.) dawn
გათვალისწინება *gaTvaliswineba* (v.) envisage
გათვითცნობიერებული *gaTviTcnobierebuli* (adj.) versed
გათიშვა *gaTiSva* (v.) deactivate
გათხევადება *gaTxevadeba* (v.) liquefy
გათხოვილი *gaTxovili* (n.) matron
გათხუპნა *gaTxupna* (v.) smear
გაიაფება *gaiafeba* (v.) cheapen
გაიდლაინი *gaidlaini* (n.) guideline
გაიძვერა *gaiZvera* (n.) sharper
გაიძვერობა *gaiZveroba* (n.) roguery
გაკაწვრა *gakawvra* (v.) scratch
გაკეთება *gakeTeba* (v.) make
გაკეთებული *gakeTebuli* (adj.) doable
გაკეთილშობილება *gakeTilSobileba* (v.) ennoble
გაკვეთა *gakveTa* (v.) dissect
გაკვეთა(გვამისა) *gakveTa(gvamisa)* (n.) post-mortem
გაკვეთილი *gakveTili* (n.) lesson
გაკვირვება *gakvirveba* (adv.) unawares
გაკვირვებული *gakvirvebuli* (adj.) agaze
გაკიცხვა *gakicxva* (v.) doom
გაკოტრება *gakotreba* (n.) bankruptcy
გაკოტრებული *gakotrebuli* (adj.) bankrupt
გაკრეჭა *gakreWa* (n.) clip
გაკრისტალება *gakristaleba* (v.) crystalize
გაკრიტიკება *gakritikeba* (v.) criticize
გალავანი *galavani* (n.) pale
გალამაზება *galamazeba* (v.) beautify
გალანძღვა *galanZRva* (v.) belabour
გალაქტიკა *galaqtika* (adj.) galactic
გალერეა *galerea* (n.) gallery
გალეწვა *galewva* (v.) thrash
გალვანიზება *galvanizeba* (v.) galvanize
გალვანომეტრი *galvanometri* (n.) galvanometer
გალვანოსკოპია *galvanoskopia* (n.) galvanoscope
გალია *galia* (n.) cage
გალობა *galoba* (n.) chant
გალოკვა *galokva* (n.) lick
გალონი *galoni* (n.) gallon
გამა *gama* (n.) gamma
გამაგიჟებელი *gamagiJebeli* (adj.) maddening
გამაგრება *gamagreba* (v.) solidify
გამაგრილებლ *gamagrilebl* (n.) coolant
გამათრახება *gamaTraxeba* (v.) stripe
გამალებული *gamalebuli* (adj.) rash
გამამხნევებელი *gamamxnevebeli* (adj.) bracing
გამანადგურებელი *gamanadgurebeli* (n.) destroyer
გამართვა *gamarTva* (v.) straighten
გამართლება *gamarTleba* (n.) plea
გამართლებულია *gamarTlebulia* (adj.) justified
გამარტივება *gamartiveba* (v.) simplify
გამარჯვება *gamarjveba* (v.) winnow
გამარჯვებულები *gamarjvebulebi* (n. pl) victuals
გამარჯვებული *gamarjvebuli* (adj.) winsome
გამასხარავება *gamasxaraveba* (v.) sneer
გამაფრრთხილებელი *gamafrrTxilebeli* (adj.) precautionary
გამაღიზიანებელი *gamaRizianebeli* (adj.) waspish
გამაყრუებელი *gamayruebeli* (adj.) deafening

გამაცოცხლებელი *gamacocxlebeli* (adj.) recreative
გამაძლიერებელი *gamaZlierebeli* (n.) booster
გამაძღრობა *gamaZRroba* (n.) malnutrition
გამაჯანსაღებელი *gamajansaRebeli* (v.) solder
გამბედაობა *gambedaoba* (n.) boldness
გამბიტი *gambiti* (n.) gambit
გამგზავრება *gamgzavreba* (n.) outset
გამგმირავი *gamgmiravi* (adj.) shrill
გამდიდრება *gamdidreba* (v.) enrich
გამდნარი თოვლი *gamdnari Tovli* (n.) slush
გამეორება *gameoreba* (v.) replay
გამეორებადი *gameorebadi* (adj.) recurrent
გამეჩხერება *gameCxereba* (v.) rarefy
გამზადება *gamzadeba* (v.) outfit
გამთენიისას *gamTeniisas* (n.) dawnlight
გამიჯვნა *gamijvna* (n.) demarcation
გამკლავება *gamklaveba* (v.) tackle
გამკრთალება *gamkrTaleba* (v.) tarnish
გამნოყიერება *gamnoyiereba* (v.) fertilize
გამოგდება *gamogdeba* (v.) oust
გამოგონება *gamogoneba* (v.) trump
გამოდევნება *gamodevneba* (v.) dog
გამოდენა *gamodena* (n.) emanation
გამოდნობა *gamodnoba* (n.) fuse
გამოვლენა *gamovlena* (v.) detect
გამოთვლა *gamoTvla* (v.) compute
გამოთქმა *gamoTqma* (v.) profess
გამოთხოვება *gamoTxoveba* (n.) farewell
გამოკეთება *gamokeTeba* (n.) amelioration
გამოკეტვა *gamoketva* (v.) encage
გამოკვება *gamokveba* (v.) subsist
გამოკვლევა *gamokvleva* (n.) survey
გამოკითხვა *gamokiTxva* (v.) survey
გამოკლება *gamokleba* (n.) subtraction
გამოლევა *gamoleva* (n.) depletion
გამოლეული *gamoleuli* (adj.) depleted
გამომარცვლა *gamomarcvla* (v.) shell
გამომგონებელი *gamomgonebeli* (n.) inventor
გამომეტყველებითი *gamometyvelebiTi* (adj.) expressive
გამომეტყველი *gamometyveli* (adj.) emphatic
გამომსახველი *gamomsaxveli* (adj.) representative
გამომსხივებელი *gamomsxivebeli* (n.) eradicator
გამომუშავება *gamomuSaveba* (v.) earn
გამომშვიდობება *gamomSvidobeba* (exclam.) adieu
გამომშრალი *gamomSrali* (adj.) dried
გამომცდელი *gamomcdeli* (n.) examiner
გამომცემელი *gamomcemeli* (n.) publisher
გამომძიებელი *gamomZiebeli* (n.) evictor
გამომწვევი *gamomwvevi* (adj.) provocative
გამონადნობი *gamonadnobi* (n.) fusion
გამონათქვამი *gamonaTqvami* (n.) dictum
გამონაკლისი *gamonaklisi* (n.) exception
გამონანგრევი *gamonangrevi* (n.) gap
გამონაყარი *gamonayari* (n.) rash
გამოჟონვა *gamoJonva* (v.) leak
გამორეცხვა *gamorecxva* (v.) rinse
გამორთვა *gamorTva* (n.) turn-off
გამორთული *gamorTuli* (prep.) off
გამორიცხვა *gamoricxva* (v.) except
გამოსადეგი *gamosadegi* (adj.) fit

გამოსავალი gamosavali (n.) solution
გამოსასვლელი gamosasvleli (n.) outlet
გამოსასყიდი gamosasyidi (n.) redemption
გამოსასწორებელი gamosasworebeli (adj.) reformatory
გამოსაყენებელი gamosayenebeli (adj.) usable
გამოსაშვები ცერემონია gamosaSvebi ceremonia (n.) graduation ceremony
გამოსაცდელი gamosacdeli (n.) probationer
გამოსაწვავი ღუმელი gamosawvavi Rumeli (n.) kiln
გამოსახვა gamosaxva (n.) representation
გამოსახლება gamosaxleba (n.) eviction
გამოსახულება gamosaxuleba (n.) image
გამოსახულებები gamosaxulebebi (n.) imagery
გამოსვლა gamosvla (n.) logout
გამოსყიდვა gamosyidva (v.) redeem
გამოსწორება gamosworeba (n.) rectification
გამოსხივება gamosxiveba (v.) radiate
გამოტოვება gamotoveba (n.) runback
გამოტუტვა gamotutva (v.) leach
გამოუვალი მდგომარეობა gamouvali mdgomareoba (n.) deadlock
გამოუყენებელი gamouyenebeli (adj.) inapplicable
გამოუცდელი gamoucdeli (n.) inexperience
გამოუცნობელი gamoucnobeli (adj.) enigmatical
გამოუცნობი gamoucnobi (adj.) enigmatic
გამოუწვავი აგური gamouwvavi aguri (n.) adobe
გამოფენა gamofena (n.) showup
გამოფენის დარბაზი gamofenis darbazi (n.) showroom
გამოქვაბული gamoqvabuli (n.) cave
გამოქვეყნება gamoqveyneba (v.) release
გამოღვიძება gamoRviZeba (n.) awakening
გამოყენება gamoyeneba (v.) utilize
გამოყენებითი gamoyenebiTi (adj.) applied
გამოყენებული gamoyenebuli (adj.) used
გამოყოფა gamoyofa (n.) severance
გამოშვება gamoSveba (v.) exhaust
გამოჩენა gamoCena (v.) exhibit
გამოჩენილი gamoCenili (adj.) salient
გამოჩენილი პიროვნება gamoCenili pirovneba (n.) personage
გამოცანა gamocana (n.) surmise
გამოცდა gamocda (n.) probation
გამოცდილება gamocdileba (n.) trial
გამოცდილი gamocdili (adj.) proficient
გამოცემა gamocema (n.) emittance
გამოცვლა gamocvla (v.) relay
გამოცნობა gamocnoba (n.) recognition
გამოცოცხლება gamococxleba (n.) resurgence
გამოცოცხლებული gamococxlebuli (adj.) resurgent
გამოცხადება gamocxadeba (v.) reappear
გამოცხობა gamocxoba (v.) bake
გამოძალვა gamoZalva (n.) extortion
გამოძახება gamoZaxeba (n.) summons
გამოძებნა gamoZebna (n.) research

გამოძიება *gamoZieba* (n.) investigation
გამოძიების წარმოება *gamoZiebis warmoeba* (v.) prosecute
გამოწერა *gamowera* (n.) subscription
გამოწვა *gamowva* (v.) decrepitate
გამოწვევა *gamowveva* (n.) provocation
გამოწვეული *gamowveuli* (v.) evocate
გამოწურვა *gamowurva* (v.) extract
გამოხატვა *gamoxatva* (v.) profile
გამოხატული სიტყვები *gamoxatuli sityvebi* (adj.) effable
გამოხდა *gamoxda* (v.) distil
გამოხდომა *gamoxdoma* (v.) lunge
გამოხედვა *gamoxedva* (n.) stare
გამოხმობა *gamoxmoba* (v.) evoke
გამოხსნა *gamoxsna* (v.) extricate
გამოხტომა *gamoxtoma* (n.) sally
გამრავალფეროვნება *gamravalferovneba* (v.) diversify
გამრავლება *gamravleba* (n.) reproduction
გამრვალება *gamrvaleba* (n.) propagation
გამრიგებელი *gamrigebeli* (n.) dealmaker
გამსაჩივრებელი *gamsaCivrebeli* (n.) appellant
გამტარობა *gamtaroba* (n.) conduction
გამტყუნება *gamtyuneba* (v.) reproach
გამქრალი *gamqrali* (adj.) extinct
გამღიზიანებელი *gamRizianebeli* (n.) teasing
გამყიდველი *gamyidveli* (n.) vendor
გამშვები *gamSvebi* (n.) checker
გამშიფვრელი *gamSifvreli* (n.) decoder
გამშრალება *gamSraleba* (v.) dry-clean
გამცემლობა *gamcemloba* (n.) treachery
გამცემლური *gamcemluri* (adj.) treacherous
გამძლე *gamZle* (adj.) tenable
გამძლეობა *gamZleoba* (n.) stamina
გამწვავება *gamwvaveba* (v.) embitter
გამწვანებული *gamwvanebuli* (adj.) verdant
გამწმენდი *gamwmendi* (n.) purgation
გამწოვი *gamwovi* (n.) vent
გამჭვირვალე *gamWvirvale* (adj.) transparent
გამჭოლ *gamWol* (adv.) through
გამჭრიახი *gamWriaxi* (adj.) sagacious
გამჭრიახობა *gamWriaxoba* (n.) sagacity
გამხდარი *gamxdari* (adj.) slim
გამხეცება *gamxeceba* (v.) brutalize
გამხნევება *gamxneveba* (v.) encourage
გამხსენებელი *gamxsenebeli* (adj.) reminiscent
გამხსნელი *gamxsneli* (adj.) sombre
განადგურება *ganadgureba* (v.) uproot
განავალი *ganavali* (n.) feces
განათება *ganaTeba* (v.) light
განათლება *ganaTleba* (n.) education
განაპირა *ganapira* (adj.) marginal
განასახიერება *ganasaxiereba* (n.) impersonation
განაყოფი *ganayofi* (n.) quotient
განაჩენი *ganaCeni* (n.) judgement
განაცხადი *ganacxadi* (n.) tender
განაწილება *ganawileba* (n.) distribution
განაჭერი *ganaWeri* (n.) slot
განახლება *ganaxleba* (v.) upgrade
განგაში *gangaSi* (adj.) alert
განგმირვა *gangmirva* (v.) pierce
განგრენა *gangrena* (n.) gangrene
განგრძობა *gangrZoba* (v.) proceed
განგსტერი *gangsteri* (n.) gangster

განდგომილი *gandgomili* (n.) secessionist
განდეგილი *gandegili* (n.) recluse
განდევნა *gandevna* (v.) repel
განდევნითი *gandevniTi* (adj.) ostentatious
განდევნილი *gandevnili* (adj.) outcast
განდიდება *gandideba* (v.) extol
განებივრება *ganebivreba* (v.) pet
განედი *ganedi* (n.) latitude
განეიტრალება *ganeitraleba* (v.) neutralize
განვითარება *ganviTareba* (v.) evolve
განზრახ *ganzrax* (adv.) purposely
განზრახვა *ganzraxva* (n.) urge
განზრახული *ganzraxuli* (adj.) intentional
განთავისუფლება *ganTavisufleba* (v.) liberate
განთავსება *ganTavseba* (n.) placement
განთიადი *ganTiadi* (n.) dawn
განიავება *ganiaveba* (v.) aerate
განიარაღება *ganiaraReba* (n.) disarmament
განიერი *ganieri* (adj.) wide
განივი *ganivi* (n.) crossbar
განკარგულება *gankarguleba* (n.) injunction
განკითხვის დღე *gankiTxvis dRe* (adj.) doomsday
განკურნება *gankurneba* (v.) remedy
განლაგება *ganlageba* (v.) locate
განმავლობაში *ganmavlobaSi* (prep.) during
განმათავისუფლებელი *ganmaTavisuflebeli* (n.) liberator
განმარტება *ganmarteba* (v.) construe
განმარტოება *ganmartoeba* (n.) privacy
განმარტოებული *ganmartoebuli* (adj.) solitary
განმარტოებული ბინა *ganmartoebuli bina* (n.) hermitage
განმეორება *ganmeoreba* (v.) reapproach
განმმარტებელი *ganmmartebeli* (n.) exponent
განმუხტვა *ganmuxtva* (v.) defuse
განოყიერება *ganoyiereba* (n.) enrichment
განპიროვნება *ganpirovneba* (v.) impersonate
განსაზღვრა *gansazRvra* (n.) determination
განსაზღვრული *gansazRvruli* (adj.) finite
განსაზღრვრა *gansazRrvra* (n.) appreciation
განსაკუთრებით *gansakuTrebiT* (adv.) especially
განსაკუთრებული *gansakuTrebuli* (adj.) particular
განსაკურნებელი *gansakurnebeli* (adj.) curable
განსაცდელში ჩაყენება *gansacdelSi Cayeneba* (v.) peril
განსაცვიფრებელი *gansacvifrebeli* (adj.) wabbly
განსახიერება *gansaxiereba* (v.) personify
განსხვავება *gansxvaveba* (prep.) unlike
განსხვავებული *gansxvavebuli* (adj.) unlike
განსჯადი *gansjadi* (adj.) judicious
განტვირთვა *gantvirTva* (v.) discharge
განუზომელი *ganuzomeli* (adj.) measureless
განუკურნებელი *ganukurnebeli* (adj.) incurable
განუმეორებელი *ganumeorebeli* (adj.) inimitable

განურჩეველი *ganurCeveli* (adj.) indistinct
განურჩევლად *ganurCevlad* (adj.) irrespective
განურჩევლობა *ganurCevloba* (n.) indecision
განუსაზღვრელი *ganusazRvreli* (adj.) indefinite
განუსაზღვრელი არტიკლი *ganusazRvreli artikli* (art.) an
განუსჯელი *ganusjeli* (adj.) reckless
განუყოფელი *ganuyofeli* (adj.) inseparable
განუყრელობა *ganuyreloba* (adj.) essential
განუხორციელებელი *ganuxorcielebeli* (adj.) impracticable
განუხორციელებლობა *ganuxorcielebloba* (n.) impracticability
განქორწინება *ganqorwineba* (v.) divorce
განყოფილება *ganyofileba* (n.) section
განცალკევება *gancalkeveba* (n.) separation
განცალკევებული *gancalkevebuli* (adj.) separable
განცვიფრება *gancvifreba* (v.) flabbergast
განცვიფრებული *gancvifrebuli* (adj.) dumbfounded
განცხადება *gancxadeba* (n.) statement
განძი *ganZi* (n.) treasure
განძრევა *ganZreva* (v.) budge
განწირული *ganwiruli* (adj.) doomed
განწირულობა *ganwiruloba* (n.) fatality
განწმენდა *ganwmenda* (n.) sanctification
განწყობა *ganwyoba* (n.) sentiment
განწყობილება *ganwyobileba* (n.) liking
განწყობილების შექმნა *ganwyobilebis Seqmna* (v.) elate
განწყობილი *ganwyobili* (adj.) morose
განჭვრეტა *ganWvreta* (n.) prescience
განჭვრიტა *ganWvrita* (v.) foresee
განხილვა *ganxilva* (n.) review
განხორციელება *ganxorcieleba* (n.) realization
გაოგნებული *gaognebuli* (v.) stun
გაოთხკეცება *gaoTxkeceba* (v.) quadruple
გაოთხკეცებული *gaoTxkecebuli* (adj.) quadruple
გაორკეცება *gaorkeceba* (v.) double
გაორმაგება *gaormageba* (v.) redouble
გაორმაგებული *gaormagebuli* (adj.) geminate
გაოფლიანება *gaoflianeba* (n.) perspiration
გაოცება *gaoceba* (v.) marvel
გაოხრება *gaoxreba* (v.) devastate
გაპარვა *gaparva* (v.) abscond
გაპარსვა *gaparsva* (v.) shave
გაპარსვის შემდეგ *gaparsvis Semdeg* (n.) aftershave
გაპარსული *gaparsuli* (adj.) shaven
გაპარტახება *gapartaxeba* (v.) squander
გაპარტახებული *gapartaxebuli* (v.) desolvate
გაპობა *gapoba* (v.) hack
გაჟონვა *gaJonva* (v.) trickle
გაჟრჟოლება *gaJrJoleba* (v.) shudder
გაჟღენთა *gaJRenTa* (v.) steep
გაჟღენთილი *gaJRenTili* (n.) soak
გარანტია *garantia* (n.) warranty
გარანტიის მიცემა *garantiis micema* (v.) guarantee
გარანტორი *garantori* (n.) warrantor

გარაჟი *garaJi* (n.) garage
გარბენი *garbeni* (n.) mileage
გარგარი *gargari* (n.) apricot
გარდა *garda* (prep.) except
გარდამავალი *gardamavali* (adj.) transitive
გარდამქმნელი *gardamqmneli* (n.) reformer
გარდატეხა *gardatexa* (n.) deflection
გარდაუვალი *gardauvali* (adj.) unavoidable
გარდაუვალია *gardauvalia* (adj.) inevitable
გარდაქმნა *gardaqmna* (v.) transform
გარდაცვალება *gardacvaleba* (v.) die
გარდაცვლილი *gardacvlili* (adj.) deceased
გარდერობი *garderobi* (n.) cloakroom
გარდიგარდმო *gardigardmo* (adj.) cross
გარე სამყარო *gare samyaro* (n.) outworld
გარეგანი *taregani* (adj.) outward
გარეგანი მხარე *garegani mxare* (n.) outside
გარეგნობა *garegnoba* (n.) physique
გარეგნულად *garegnulad* (adv.) outwardly
გარეგნული *garegnuli* (adv.) outside
გარეთ *gareT* (adv.) outwards
გარეთა *gareta* (n.) sheading
გარემო *garemo* (n.) ambience
გარემოს დამცველი *garemos damcveli* (n.) environmentalist
გარემოს დაცვა *garemos dacva* (n.) environmentalism
გარემოსდაცვითი *garemosdacviTi* (adj.) environmental
გარემოცვა *garemocva* (n.) environment
გარეტიანებული *garetianebuli* (adj.) dopey
გარეუბანი *gareubani* (n.) township
გარეული *gareuli* (adj.) wild
გარეშე *gareSe* (prep.) without
გარეშე პირი *gareSe piri* (n.) outsider
გარეცხვა *garecxva* (n.) sluice
გარეცხილი *garecxili* (adj.) washable
გარვავება *garvaveba* (n.) octuplicate
გართობა *garToba* (n.) pastime
გართულება *garTuleba* (v.) complicate
გარიგება *garigeba* (n.) deal
გარიგებები *garigebebi* (n.) dealings
გარითმვა *gariTmva* (v.) rhyme
გარიჟრაჟი *gariJraJi* (n.) daybreak
გარიცხვა *garicxva* (n.) elimination
გარიცხული *garicxuli* (adj.) eliminatory
გარკვევა *garkveva* (v.) clarify
გარკვეული *garkveuli* (adj.) legible
გარკვეულობა *garkveuloba* (n.) clarity
გარკვეულწილად *garkveulwilad* (adv.) somewhat
გარნიზონი *garnizoni* (n.) garisson
გაროზგვა *garozgva* (v.) flog
გარსაცმები *garsacmebi* (n.) casing
გარსი *garsi* (n.) sheat
გარსის გაცლა *garsis gacla* (v.) peel
გარუჯვა *garujva* (n.) tanbark
გარუჯული *garujuli* (adj.) tan
გარღვევა *garRveva* (n.) deturpation
გარყვნილება *garyvnileba* (n.) profligacy
გარყვნილი *garyvnili* (adj.) profligate
გარშემო *garSemo* (v.) surround
გარშემორტყმა *garSemortyma* (v.) skirt
გარშემორტყმული *garSemortymuli* (adj.) ambient
გარშემოხვევა *garSemoxveva* (v.) encompass
გარჩევა *garCeva* (n.) rundown

გასაბერი საწოლი *gasaberi sawoli* (n.) airbed
გასაგები *gasagebi* (adj.) intelligible
გასავლიანი *gasavliani* (adj.) salable
გასამაგრებელი საშუალება *gasamagrebeli saSualeba* (n.) tonic
გასამკეცება *gasamkeceba* (v.) triplicate
გასამკეცებული *gasamkecebuli* (v.) triple
გასამმაგება *gasammageba* (n.) triplication
გასართობი *gasarTobi* (n) drool
გასასვლელი *gasasvleli* (n.) thoroughfare
გასასინჯი ოთახი *gasasinji oTaxi* (n.) fitting room
გასაქანი *gasaqani* (v.) butt
გასაღები *gasaRebi* (n.) key
გასაღების ჭუჭრუტანა *gasaRebis WuWrutana* (n.) keyhole
გასაღების ხელოსანი *gasaRebis xelosani* (n.) keysmith
გასაყოფი *gasayofi* (n.) dividend
გასაწევი ფანჯარა *gasawvei fanjara* (n.) wicket
გასაჭირი *gasaWiri* (n.) adversity
გასახსნელი ხიდი *gasaxsneli xidi* (n.) drawbridge
გასეირნება *gaseirneba* (n.) trip
გასვლა *gasvla* (n.) expiry
გასვლის შესაძლებლობა *gasvlis SesaZlebloba* (adj.) escapable
გასინჯვა *gasinjva* (v.) test
გასტრონომია *gastronomia* (n.) gastronomy
გასული *gasuli* (adj.) bygone
გასულელება *gasuseleba* (v.) fool
გასუფთავება *gasufTaveba* (n.) purification
გასქელება *gasqeleba* (v.) thicken
გასწორება *gasworeba* (v.) right
გატანა *gatana* (adj.) takeout
გატარება *gatareba* (v.) usher
გატაცებული *gatacebuli* (n.) abductee
გატეხვა *gatexva* (v.) break
გატყავება *gatyaveba* (v.) skin
გაუაზრებელი *gauazrebeli* (adj.) immature
გაუარესდება *gauaresdeba* (v.) deteriorate
გაუარესება *gauareseba* (n.) worsted
გაუბედავი *gaubedavi* (adj.) timorous
გაუბედაობა *gaubedaoba* (n.) shilly-shally
გაუგებარი *gaugebari* (adj.) incorruptible
გაუგებარი მეტყველება *gaugebari metyveleba* (adj.) gibberish
გაუგებრობა *gaugebroba* (n.) misunderstanding
გაუგონარი *gaugonari* (v.) unburden
გაუდა *gauda* (n.) gouda
გაუვალი *gauvali* (adj.) impassable
გაუთავებელი *gauTavebeli* (adj.) interminable
გაუთლელი *gauTleli* (n.) boor
გაუმართაობა *gaumarTaoba* (v.) malfunction
გაუმაძღარი *gaumaZRari* (adj.) malnourished
გაუმაძღრობა *gaumaZRroba* (n.) bulimia
გაუმჟღავნებლობა *gaumJRavnebloba* (n.) non-disclosure
გაუმჭვირი *gaumWviri* (adj.) opaque
გაუმჭვირობა *gaumWviroba* (n.) opacity
გაუმჯობესება *gaumjobeseba* (v.) meliorate
გაუნათლებელი *gaunaTlebeli* (adj.) uneducated

გაუნათლებლობა *gaunaTlebloba* (n.) illiteracy
გაუპატიურება *gaupatiureba* (v.) rape
გაურკვეველი *gaurkveveli* (v.) unearth
გაურკვეველია *gaurkvevelia* (adj.) uninspired
გაურკვევლობა *gaurkvevloba* (n.) self-doubt
გაუსაძლისი *gausaZlisi* (adj.) insupportable
გაუფასურება *gaufasureba* (v.) devalue
გაუფასურებული *gaufasurebuli* (adj.) depreciatory
გაუფერულება *gauferuleba* (v.) discolour
გაუფრთხილებელი *gaufrTxilebeli* (adj.) unaware
გაუქმება *gauqmeba* (v.) undo
გაუყიდავი *gauyidavi* (adj.) unsold
გაუჩინარება *gauCinareba* (adj.) unappealing
გაუცხოება *gaucxoeba* (v.) alienate
გაუწყლოება *gauwyloeba* (v.) dehydrate
გაფანტვა *gafantva* (adj.) scattery
გაფანტულად *gafantulad* (adv.) scatteringly
გაფანტული *gafantuli* (adj.) scragged
გაფართოება *gafarToeba* (v.) widen
გაფითრება *gafiTreba* (v.) pale
გაფისვა *gafisva* (v.) pitch
გაფიცვა *gaficva* (n.) strike
გაფიცული *gaficuli* (n.) striker
გაფლანგვა *gaflangva* (v.) lavish
გაფლანგული *gaflanguli* (adj.) waste
გაფრთხილება *gafrTxileba* (n.) warning
გაფურჩქნა *gafurCqna* (n.) prosperity
გაფუჭება *gafuWeba* (v.) mar
გაფუჭებული *gafuWebuli* (adj.) addled
გაფქასვა *gafqasva* (v.) fax

გაქანება *gaqaneba* (v.) dash
გაქვავება *gaqvaveba* (v.) petrify
გაქონიანება *gaqonianeba* (v.) grease
გაქრობა *gaqroba* (v.) wither
გაქურდვა *gaqurdva* (v.) rob
გაქცევა *gaqceva* (v.) wriggle
გაქცევები *gaqcevebi* (n.) runs
გაქცეული *gaqceuli* (n.) runaway
გაღარიბება *gaRaribeba* (v.) impoverish
გაღება *gaReba* (v.) open
გაღვიძება *gaRviZeba* (v.) wake
გაღვიძებული *gaRviZebuli* (adj.) wakeful
გაღიზიანება *gaRizianeba* (n.) vexation
გაღიმება *gaRimeba* (v.) smile
გაღმა *gaRma* (prep.& adj.) beyond
გაღმერთება *gaRmerTeba* (v.) deify
გაღრმავება *gaRrmaveba* (n.) recess
გაღუნვა *gaRunva* (v.) crouch
გაყალბება *gayalbeba* (v.) forge
გაყვანილობა *gayvaniloba* (n.) wiring
გაყიდვა *gayidva* (n.) sell-out
გაყიდვების ძალა *gayidvebis Zala* (n.) salesforce
გაყიდვის შემდეგ *gayidvis Semdeg* (adj.) aftersales
გაყინვა *gayinva* (v.) ice
გაყინული *gayinuli* (adv.) stark
გაყოლა *gayola* (v.) ensue
გაყოფა *gayofa* (v.) split
გაყოფილი *gayofili* (n.) split
გაყრა *gayra* (n.) divorce
გაყრუება *gayrueba* (v.) deafen
გაშვება *gaSveba* (v.) dismiss
გაშიფვრა *gaSifvra* (n.) decryption
გაშიშვლება *gaSiSvleba* (v.) denude
გაშლა *gaSla* (v.) unfold
გაშმაგება *gaSmageba* (n.) rampage
გაშმაგებული *gaSmagebuli* (adj.) frantic

გაშრობა *gaSroba* (v.) sear
გაშუქება *gaSuqeba* (v.) lighten
გაშხლართვა *gaSxlarTva* (v.) prostrate
გაშხლართული *gaSxlarTuli* (adj.) prostrate
გაჩერება *gaCereba* (n.) stop
გაჩერებული *gaCerebuli* (adj.) stagnant
გაჩეხვა *gaCexva* (v.) deforest
გაჩუმება *gaCumeba* (v.) withhold
გაჩხვლეტა *gaCxvleta* (v.) puncture
გაცამტვერება *gacamtvereba* (n.) rout
გაცბუნება *gacbuneba* (v.) perplex
გაცდენა *gacdena* (n.) outage
გაცემა *gacema* (v.) betray
გაცვეთა *gacveTa* (v.) tatter
გაცვეთილი *gacveTili* (adj.) worn
გაცვლა *gacvla* (v.) interchange
გაცვლის კურსი *gacvlis kursi* (n.) exchange rate
გაციება *gaciveba* (n.) refrigeration
გაციებული *gacivebuli* (adj.) chilly
გაცნობა *gacnoba* (v.) acquaint
გაცნობილი *gacnobili* (adj.) conversant
გაცოფება *gacofeba* (v.) rage
გაცოფებული *gacofebuli* (adj.) rampant
გაცოცხლება *gacocxleba* (v.) reanimate
გაცოცხლებული *gacocxlebuli* (adj.) reanimate
გაძარცვა *gaZarcva* (v.) spoil
გაძახება *gaZaxeba* (n.) roll-call
გაძევება *gaZeveba* (n.) ostentation
გაძევებული *gaZevebuli* (n.) outlaw
გაძვალება *gaZvaleba* (v.) ossify
გაძლება *gaZleba* (v.) withstand
გაძლიერება *gaZliereba* (v.) strengthen
გაძნელება *gaZneleba* (v.) encumber
გაძნელებული სუნთქვა *gaZnelebuli sunTqva* (n.) gasp
გაძღოლა *gaZRola* (v.) lead
გაძღომა *gaZRoma* (v.) glut
გაწელვა *gawelva* (v.) reach
გაწვდომა *gawvdoma* (n.) reach
გაწვევა *gawveva* (v.) recruit
გაწითლება *gawiTleba* (v.) blush
გაწითლებული *gawiTlebuli* (adj.) scrambled
გაწმენდა *gawmenda* (v.) refine
გაწურვა *gawurva* (v.) wipe
გაწუწვა *gawuwva* (v.) dabble
გაწყვეტა *gawyveta* (n.) break-off
გაჭედვა *gaWedva* (v.) overcrowd
გაჭიმვა *gaWimva* (v.) tension
გაჭიმული *gaWimuli* (adj.) tense
გაჭიმული ჯდომა *gaWimuli jdoma* (v.) loll
გაჭირვება *gaWirveba* (n.) hardship
გაჭირვებული *gaWirvebuli* (adj.) needy
გაჭირვებული მდგომარეობა *gaWirvebuli mdgomareoba* (n.) plight
გაჭრა *gaWra* (v.) slit
გაჭყლეტა *gaWyleta* (v.) mash
გახარება *gaxareba* (v.) rejoice
გახარებული *gaxarebuli* (adv.) gloatingly
გახდომა *gaxdoma* (v.) slim
გახევა *gaxeva* (n.) tear
გახეხვა *gaxexva* (v.) sandpaper
გახეხილი *gaxexili* (adj.) threadbare
გახვევა *gaxveva* (v.) wrap
გახვრეტა *gaxvreta* (n.) puncture
გახლეჩა *gaxleCa* (v.) laminate
გახმაურება *gaxmaureba* (v.) divulge
გახმობა *gaxmoba* (v.) recall
გახრწნა *gaxrwna* (v.) deflesh
გახსენება *gaxseneba* (v.) remind
გახსნა *gaxsna* (n.) revelation
გახტომა *gaxtoma* (v.) recoil

გაჯავრება *gajavreba* (v.) tease
გაჯავრებული *gajavrebuli* (adj.) disgruntled
გაჯერება *gajereba* (n.) saturation
გაჯერებული *gajerebuli* (v.) saturate
გეგმა *gegma* (n.) plan
გედი *gedi* (n.) swan
გეიმ ფოინტი *geim fointi* (n.) game point
გეიმ ჩეინჯერი *geim Ceinjeri* (n.) game changer
გეიმპადი *geimpadi* (n.) gamepad
გეიშა *geiSa* (n.) geisha
გეკსვილე *geksvile* (n.) geeksville
გემბანზე *gembanze* (interj.) ahoy
გემბანი *gembani* (n.) deck
გემზე ან თვითმფრინავზე ასვლა *gemze an TviTmfrinavze asvla* (n.) boarding
გემზე ასვლა *gemze asvla* (n.) shipboard
გემთშენებელი *gemTSenebeli* (n.) shipbuilder
გემი *gemi* (n.) vessel
გემიდან ზღვაში *gemidan zRvaSi* (adv.) overboard
გემით გადასაზიდი *gemiT gadasazidi* (adj.) shipborne
გემის დაღუპვა *gemis daRupva* (v.) shipwreck
გემის ეკიპაჟი *gemis ekipaJi* (n.) crew
გემის კაპიტანი *gemis kapitani* (n.) shipmaster
გემის კიჩოზე *gemis kiCoze* (n.) aft
გემის პატრონი *gemis patroni* (n.) shipowner
გემის ტვირთი *gemis tvirTi* (n.) shipload
გემის ქიმი *gemis qimi* (adj.) shipboard
გემის წრე *gemis wre* (n.) shiplap
გემის წყალში გაშვება *gemis wyalSi gaSveba* (n.) launch
გემო *gemo* (n.) taste
გემოგლობინი *gemoglobini* (n.) haemoglobin
გემოვნებით გაკეთებული *gemovnebiT gakeTebuli* (adj.) tasteful
გემოლოგია *gemologia* (n.) gemmology
გემოს რეცეპტორი *gemos receptori* (n.) taste bud
გემოს ქონა *gemos qona* (v.) smack
გემრიელი *gemrieli* (adj.) toothsome
გენერატორი *generatori* (n.) generator
გენეტიკური *genetikuri* (adj.) genetic
გენეტიცისტიკური *geneticistikuri* (n.) geneticist
გენი *geni* (n.) gene
გენიალოგია *genialogia* (n.) genealogy
გენიალოგიური *genialogiuri* (adj.) genealogical
გენიალური *genialuri* (adj.) genial
გენიტალია *genitalia* (n.) genitalia
გენომი *genomi* (n.) genome
გენოციდი *genocidi* (n.) genocide
გეოგრაფი *geografi* (n.) geographer
გეოგრაფია *geografia* (n.) geography
გეოგრაფიული *geografiuli* (adj.) geographical
გეოთერმული *ge*ᴗ*Termuli* (adj.) geothermal
გეოლოგი *geologi* (n.) geologist
გეოლოგია *geologia* (n.) geology
გეოლოგიური *geologiuri* (adj.) geological
გეოლოგიური პერიოდი *geologiuri periodi* (n.) aeon
გეომეტრია *geometria* (n.) geometry
გეომეტრიული *geometriuli* (adj.) geometrical

გეოპოლიტიკური *geopolitikuri* (adj.) geopolitical
გეპარდი *gepardi* (n.) cheetah
გერმიციდი *germicidi* (n.) germicide
გერუნდივი(გრამატიკული) *gerundivi(gramatikuli)* (n.) gerund
გესლი *gesli* (n.) bile
გესლიანად *geslianad* (adv.) tauntingly
გესლიანი *gesliani* (adj.) taunting
გესლიანობა *geslianoba* (n.) acrimony
გეტო *geto* (n.) ghetto
გვალვა *gvalva* (n.) drought
გვამი *gvami* (n.) corpse
გვამის გაკვეთა *gvamis gakveTa* (n.) autopsy
გვამური *gvamuri* (adj.) cadaverous
გვარი *gvari* (n.) surname
გვაროვნული *gvarovnuli* (adj.) ancestral
გველთევზა *gvelTevza* (n.) eel
გველი *gveli* (n.) snake
გვერდზე *gverdze* (adv.) aside
გვერდზე გადგომა *gverdze gadgoma* (v.) eschew
გვერდზე დახრა *gverdze daxra* (v.) lurch
გვერდი *gverdi* (n.) page
გვერდით *gverdiT* (prep.) beside
გვერდითი კედელი *gverdiTi kedeli* (n.) sidewall
გვერდითი ნაკადი *gverdiTi nakadi* (n.) side-stream
გვერდითი ქარი *gverdiTi qari* (n.) sidewind
გვერდითი ყუთი *gverdiTi yuTi* (n.) sidebox
გვერდითი წვა *gverdiTi wva* (n.) sideburn
გვიან *gvian* (adv.) late
გვიანი *gviani* (adj.) late
გვიმრა *gvimra* (n.) fern
გვირაბი *gvirabi* (n.) tunnel
გვირაბის გაყვანა *gvirabis gayvana* (v.) tunnel
გვირგვინი *gvirgvini* (n.) wreath
გვირგვინით მორთვა *gvirgviniT morTva* (v.) garland
გზა *gza* (n.) way
გზააბნეული *gzaabneuli* (adj.) stray
გზად *gzad* (n.) byway
გზაზე *gzaze* (adj.) on-road
გზატკეცილი *gzatkecili* (n.) highway
გზაჯვარედინი *gzajvaredini* (n.) crossroads
გზის ბლოკი *gzis bloki* (n.) roadblock
გზის გადაღობვა *gzis gadaRobva* (v.) obstruct
გზის გაკაფვა *gzis gakafva* (v.) pioneer
გზის დაბლოკვა *gzis dablokva* (v.) roadblock
გზის დაკარგვა *gzis dakargva* (adv.) astray
გზის დასასრული *gzis dasasruli* (adv.) off-road
გზის მაჩვენებელი *gzis maCvenebeli* (n.) guide
გზის პირა *gzispira* (n.) roadrunner
გზის სიგიჟე *gzis sigiJe* (n.) road rage
გიბონი *giboni* (n.) gibbon
გიგაბაიტი *gigabaiti* (n.) gigabyte
გიგაბიტი *gigabiti* (n.) gigabit
გიგანტი *giganti* (n.) giant
გიგანტური *gigantui* (adj.) gigantic
გილოსოფოსი *gilosofosi* (n.) philosopher
გიმნაზია *gimnazia* (n.) gymnasium
გიმნასტი *gimnasti* (n.) gymnast
გიმნასტიკა *gimnastika* (n.) gymnastics
გიმნასტიკური *gimnastikuri* (adj.) gymnastic
გინება *gineba* (v.) abuse
გიჟი *giJi* (adj.) demented

გირაო *girao* (n.) pledge
გირაოს მფლობელი *giraos mflobeli* (n.) mortgagee
გირჩა *girCa* (n.) cone
გისოსი *gisosi* (n.) lattice
გისოსით გადაღობვა *gisosiT gadaRobva* (v.) grate
გიტარა *gitara* (n.) guitar
გლადიატორი *gladiatori* (n.) gladiator
გლადიატორული *gladiatoruli* (adj.) gladiatorial
გლამური *glamuri* (n.) glamour
გლამურული *glamuruli* (adj.) glam
გლაუკომა *glaukoma* (n.) glaucoma
გლახაკნი *glaxakni* (adj.) down and out
გლეხი *glexi* (n.) peasant
გლეხობა *glexoba* (n.) peasantry
გლეხუჭა *glexuWa* (n.) bumpkin
გლიცერინი *glicerini* (n.) glycerine
გლობალური *globaluri* (adv.) globally
გლობალური სითბო *globaluri siTbo* (n.) global warming
გლოვა *glova* (n.) mourning
გლუვი *gluvi* (adj.) slick
გლუკოზა *glukoza* (n.) glucose
გლუტენის გარეშე *glutenis gareSe* (adj.) gluten-free
გმირი *gmiri* (n.) hero
გმირობა *gmiroba* (n.) heroism
გმირული *gmiruli* (adj.) heroic
გოანა *goana* (n.) goanna
გობელენი *gobeleni* (n.) tapestry
გოგირდი *gogirdi* (n.) sulphur
გოგირდოვანი *gogirdovani* (adj.) sulphuric
გოგონა *gogona* (n.) wench
გოგრა *gogra* (n.) pumpkin
გოდება *godeba* (n.) lament
გოვზა *govza* (n.) tub
გოთიკი *goTiki* (n.) gothic
გოთიკური *goTikuri* (adj.) gothic
გოინი *goini* (n.) gooney
გოირვანქა *goirvanqa* (n.) pound
გოლის გატანა *golis gatana* (n.) goalscoring
გოლფი *golfi* (n.) golf
გოლფის კალათი *golfis kalaTi* (n.) golf cart
გოლფის მოედანი *golfis moedani* (n.) golf course
გომბეშო *gombeSo* (n.) toad
გონადები *gonadebi* (n.) gonads
გონგი *gongi* (n.) gong
გონდოლა *gondola* (n.) gondola
გონება *goneba* (n.) mind
გონებაგახსნილი *gonebagaxsnili* (adj.) mindful
გონებაჩლუნგი *gonebaClungi* (adj.) pointless
გონების დახშობა *gonebis daxSoba* (n.) brainstorm
გონებრივი *gonebrivi* (adj.) mental
გონიერება *goniereba* (n.) smart
გონიერი *gonieri* (adj.) rational
გონივრული *gonivruli* (adj.) sensible
გონივრულობა *gonivruloba* (n.) rationality
გორგალი *gorgali* (n.) clew
გორგოლაჭი *gorgolaWi* (n.) roller
გორვა *gorva* (v.) roll
გორილა *gorila* (n.) gorilla
გრაგნილი *gragnili* (n.) roll
გრავირება *gravireba* (adj.) etching
გრამატიკა *gramatika* (n.) grammar
გრამატიკული *gramatikuli* (n.) grammarian
გრამაფონი *gramafoni* (n.) gramophone
გრამი *grami* (n.) gramme
გრანატა *granata* (n.) grenade

გრანდიოზული ფინალი *grandiozuli finali* (n.) grand finale
გრაფიკი *grafiki* (n.) schedule
გრაფიკული *grafikuli* (adj.) graphic
გრაფინირება *grafinireba* (n.) crowfunding
გრაფის ცოლი *grafis coli* (n.) countess
გრაფიტი *grafiti* (v.) graffiti
გრაციოზული *graciozuli* (adj.) graceful
გრგვინვა *grgvinva* (v.) thunder
გრდემლი *grdemli* (n.) anvil
გრეხა *grexa* (v.) twist
გრიალი *griali* (v.) rumble
გრიგალი *grigali* (n.) hurricane
გრილი *grili* (adj.) cool
გრიმი *grimi* (n.) make-up
გრიპი *gripi* (n.) influenza
გროვა *grova* (n.) heap
გროვად დაყრა *grovad dayra* (v.) heap
გრუნტის ბადე *gruntis bade* (n.) trawl
გრუხუნი *gruxuni* (n.) rumble
გრძედი *grZedi* (n.) longitude
გრძელვადიანი *grZelvadiani* (adj.) long-term
გრძელი *grZeli* (n.) oblong
გრძელცხვირა *grZelcxvira* (n.) weevil
გრძნეული *grZneuli* (n.) mage
გრძნობა *grZnoba* (v.) sense
გუავა *guava* (n.) guava
გუბე *gube* (n.) puddle
გუბურა *gubura* (n.) pond
გუგლი *gugli* (v.) google
გუგული *guguli* (n.) cuckoo
გუგუნი *guguni* (n.) boom
გუდრონით დაფარვა *gudroniT dafarva* (v.) tar
გუთანი *guTani* (n.) plough
გულადი *guladi* (adj.) gallant
გულადობა *guladoba* (n.) gallantry

გულახდილი *gulaxdili* (adj.) outspoken
გულახდილობა *gulaxdiloba* (n.) candour
გულგამგმირავი *gulgamgmiravi* (n.) heartbreak
გულგატეხილი *gulgatexili* (adj.) selfless
გულგრილად *gulgrilad* (v.) indulge
გულგრილი *gulgrili* (adj.) listless
გულგრილობა *gulgriloba* (n.) indifference
გული *guli* (n.) heart
გულითადი *guliTadi* (adj.) amicable
გულითადობა *guliTadoba* (n.) amiability
გულითდობა *guliTdoba* (n.) geniality
გულის აცრუება *gulis acrueba* (v.) discourage
გულის გატეხა *gulis gatexa* (v.) disillusion
გულის მოლბობა *gulis molboba* (v.) relent
გულის ტკენა *gulis tkena* (v.) grieve
გულის ცემა *gulis cema* (v.) pulsate
გულის წამალი *gulis wamali* (adj.) cordial
გულის წასვლა *gulis wasvla* (v.) swoon
გულისა *gulisa* (adj.) cardiac
გულისთქმა *gulisTqma* (n.) lust
გულისრევა *gulisreva* (n.) nausea
გულისხმობა *gulisxmoba* (v.) imply
გულკეთილი *gulkeTili* (adj.) kind-hearted
გულკეთილობა *gulkeTiloba* (n.) goodness
გულმავიწყი *gulmaviwyi* (adj.) oblivious
გულმკერდი *gulmkerdi* (n.) thorax
გულმოდგინე *gulmodgine* (adj.) zealous

გულმოდგინება *gulmodgineba* (n.) ardour

გულმოდგინედ *gulmodgined* (n.) overhaul

გულმოდგინედ დამუშავება *gulmodgined damuSaveba* (v.) elaborate

გულმოდგინედ დამუშავებული *gulmodgined damuSavebuli* (adj.) elaborate

გულმოდგინედ მუშაობა *gulmodgined muSaoba* (v.) ply

გულმოწყალე *gulmowyale* (adj.) merciful

გულმხიარული *gulmxiaruli* (adj.) buoyant

გულსაფარი *gulsafari* (n.) bib

გულუბრყვილო *gulubryvilo* (n.) naivete

გულუბრყვილობა *gulubryviloba* (n.) naivety

გულუხვი *guluxvi* (adj.) lavish

გულუხვობა *guluxvoba* (n.) liberality

გულფიცხი *gulficxi* (adj.) petulant

გულფიცხობა *gulficxoba* (n.) petulance

გულქვა *gulqva* (adj.) obdurate

გულყვითელა *gulyviTela* (n.) marigold

გულშემატკივარი *gulSematkivari* (n.) cheerleader

გულჩათხრობილი *gulCaTxrobili* (adj.) voluptuous

გულჩვილი *gulCvili* (adj.) tender-hearted

გულწრფელად *gulwrfelad* (adv.) heartily

გულწრფელი *gulwrfeli* (adj.) sincere

გულწრფელობა *gulwrfeloba* (n.) sincerity

გუმბათი *gumbaTi* (n.) dome

გუნდა *gunda* (n.) lump

გუნდელი *gundeli* (n.) teammate

გუნდი *gundi* (n.) team

გუნდის კაპიტანი *gundis kapitani* (n.) skipper

გუნდის შენობა *gundis Senoba* (n.) team building

გუნდური *gunduri* (adj.) teamed

გუნდური მუშაობა *gunduri muSaoba* (n.) teamwork

გუნება *guneba* (n.) goodwill

გურმანი *gurmani* (n.) epicure

გუშინ *guSin* (n.) yesterday

დ

და *da* (n.) sister

დაავადებული *daavadebuli* (adj.) sore

დაანგარიშება *daangariSeba* (v.) miscalculate

დაანგარიშებული *daangariSebuli* (adj.) incalculable

დაანება *daaneba* (v.) grudge

დაარსება *daarseba* (v.) establish

დაასკვნა *daaskvna* (v.) conclude

დაახლოებითი *daaxloebiTi* (adj.) approximate

დაბადება *dabadeba* (n.) nativity

დაბადების დღე *dabadebis dRe* (n.) birthday

დაბადების თარიღი *dabadebis TariRi* (n.) birthdate

დაბალანსებული *dabalansebuli* (adj.) sedate

დაბალი *dabali* (n.) short

დაბალი და სქელი *dabali da sqeli* (adj.) podgy

დაბალი ხარისხის *dabali xarisxis* (n.) inferiority

დაბანა *dabana* (v.) wash

დაბეგვრა dabegvra (n.) taxation
დაბედება dabedeba (v.) prophesy
დაბერება dabereba (n.) ageing
დაბერების საწინააღმდეგო daberebis sawinaaRmdego (adj.) anti-ageing
დაბინდვა dabindva (v.) wreathe
დაბინდული dabinduli (adj.) bleary
დაბლა dabla (adv.) low
დაბლობი dablobi (n.) plain
დაბნელება dabneleba (v.) overshadow
დაბნეულობა dabneuloba (n.) puzzle
დაბომბვა dabombva (v.) cannonade
დაბრახუნება dabraxuneba (v.) tap
დაბრკოლება dabrkoleba (n.) traverse
დაბრკოლებითი dabrkolebiTi (adj.) obstetric
დაბრკოლებული dabrkolebuli (adj.) traversable
დაბრმავება dabrmaveba (v.) dazzle
დაბრუნება dabruneba (v.) revert
დაბუდება dabudeba (n.) nestling
დაგაზიანება dagazianeba (n.) carbonate
დაგება dageba (v.) stone
დაგეგმვა dagegmva (v.) plan
დაგეგმილი dagegmili (adj.) concerted
დაგემოვნება dagemovneba (v.) taste
დაგვიანება dagvianeba (n.) tardiness
დაგვიანებული dagvianebuli (adj.) tardy
დაგვიანებული აზრი dagvianebuli azri (n.) afterthought
დაგვირგვინებული dagvirgvinebuli (adj.) crowned
დაგირავება dagiraveba (v.) pledge
დაგლეჯვა daglejva (v.) rip
დაგმობა dagmoba (v.) deprecate
დაგროვება dagroveba (v.) pile

დაგროვილი dagrovili (n.) accumulation
დაგროვილი სამუშაო dagrovili samuSao (n.) backlog
დაგრძელება dagrZeleba (v.) lengthen
დადანაშაულება dadanaSauleba (v.) blame
დადარაჯება dadarajeba (v.) lurk
დადარდიანება dadardianeba (v.) dishearten
დადასტურება dadastureba (v.) endorse
დადგენა dadgena (n.) establishment
დადგენილი dadgenili (n.) fixture
დადგენილი წესი dadgenili wesi (n.) routine
დადგმა dadgma (v.) position
დადება dadeba (v.) slot.
დადებითი dadebiTi (adj.) assertive
დადევნება dadevneba (n.) pursuit
დაეჭვება daeWveba (v.) doubt
დავა dava (n.) litigation
დავალება davaleba (v.) vouch
დავალების მიცემა davalebis micema (v.) task
დავალიანება davalianeba (adj.) indebted
დავალიანების გარეშე davalianebis gareSe (adj.) debt-free
დავარდნა davardna (v.) tumble
დავიწროება daviwroeba (v.) taper
დავიწყება daviwyeba (n.) oblivion
დაზავება dazaveba (n.) truce
დაზამთრება dazamTreba (n.) hibernation
დაზელა dazela (v.) massage
დაზელვა dazelva (v.) knead
დაზიანება dazianeba (n.) injury
დაზიანებული dazianebuli (adj.) affected
დაზოგვა dazogva (prep.) save

დაზუსტება *dazusteba* (v.) specify
დაზღვევა *dazRveva* (v.) insure
დათანხმება *daTanxmeba* (v.) okay
დათანხმებადი *daTanxmebadi* (adj.) okayish
დათარიღება *daTariReba* (v.) date
დათარიღებული *daTariRebuli* (adj.) dated
დათესვა *daTesva* (v.) sow
დათვი *daTvi* (n.) bear
დათვლა *daTvla* (v.) count
დათმობა *daTmoba* (n.) concession
დათრგუნვა *daTrgunva* (v.) inhibit
დათხოვნა *daTxovna* (n.) dismissal
დაიგნორება *daignoreba* (v.) ignore
დაინსტალირება *dainstalireba* (v.) install
დაინტერესება *daintereseba* (v.) concern
დაინტერესებული *dainteresebuli* (adj.) interested
დაკავება *dakaveba* (v.) nab
დაკავებული *dakavebuli* (adj.) occupied
დაკავშირებული *dakavSirebuli* (adj.) online
დაკაკუნება *dakakuneba* (n.) tap
დაკალიბრება *dakalibreba* (v.) calibrate
დაკანონება *dakanoneba* (n.) statute
დაკანონებული *dakanonebuli* (adj.) statutory
დაკარგვა *dakargva* (v.) lost
დაკარგული *dakarguli* (adj.) missing
დაკაწრული *dakawruli* (adj.) scratched
დაკერება *dakereba* (v.) piece
დაკეცვა *dakecva* (v.) furl
დაკეცილი *dakecili* (adj.) foldup
დაკვირვება *dakvirveba* (n.) surveillance
დაკვირვებული *dakvirvebuli* (adj.) observant
დაკვრა *dakvra* (n.) playback
დაკითხვა *dakiTxva* (n.) interrogative
დაკისრება *dakisreba* (v.) entrust
დაკლაკნილი *daklaknili* (adj.) tortuous
დაკლება *dakleba* (n.) reduction
დაკმაყოფილება *dakmayofileba* (v.) satisfy
დაკოდვილი *dakodvili* (n.) emasculation
დაკონსერვება *dakonserveba* (n.) preserve
დაკრძალვა *dakrZalva* (n.) sepulture
დაკრძალვაზე დასწრება *dakrZalvaze daswreba* (n.) mourner
დაკუნთული *dakunTuli* (adj.) beefy
დალაგება *dalageba* (v.) tidy
დალაქავებული *dalaqavebuli* (adj.) blotted
დალაქი *dalaqi* (n.) barber
დალევა *daleva* (adj.) drunk
დალეწვა *dalewva* (n.) batter
დალიანდაგებული საბანი *daliandagebuli sabani* (n.) quilt
დალოდება *dalodeba* (v.) wait
დალოცვა *dalocva* (n.) benediction
დალტონიზმით დაავადებული *daltonizmiT daavadebuli* (adj.) colour-blind
დალურჯებული ადგილი *dalurjebuli adgili* (n.) bruise
დალუქვა *daluqva* (n.) sealant
დალუქული *daluquli* (adj.) sealed
დამაბრმავებელი *damabrmavebeli* (adj.) dazzling
დამაგრება *damagreba* (v.) rope
დამაზიანებელი *damazianebeli* (adj.) damaging

დამაკავშირებელი *damakavSirebeli* (n.) conjunctivitis
დამაკმაყოფილებელი *damakmayofilebeli* (adj.) satisfactory
დამალვა *damalva* (v.) shroud
დამამშვენებელი *damamSvenebeli* (adj.) ornamental
დამამშვიდებელი *damamSvidebeli* (n.) pacifier
დამამშვიდებლად *damamSvideblad* (v.) soothe
დამამცირებელი *damamcirebeli* (n.) depravation
დამარილება *damarileba* (v.) taw
დამარცხება *damarcxeba* (v.) defeat
დამარცხებული *damarcxebuli* (n.) misfit
დამასუსტებელი *damasustebeli* (adj.) debilitating
დამატება *damateba* (n.) complement
დამატებითი *damatebiTi* (adj.) supplementary
დამატებითი მნიშვნელობის ქონა *damatebiTi mniSvnelobis qona* (v.) connote
დამატებითი შენიშვნა *damatebiTi SeniSvna* (n.) reservation
დამაფიქრებელი *damafiqrebeli* (adj.) suggestive
დამაწყნარებელი *damawynarebeli* (n.) tranquillizer
დამახასიათებელი *damaxasiaTebeli* (adj.) intrinsic
დამახასიათებელი ნიშანი *damaxasiaTebeli niSani* (n.) hallmark
დამახინჯება *damaxinjeba* (v.) uglify
დამაჯერებელი *damajerebeli* (adj.) cogent
დამბლა *dambla* (n.) paralysis
დამბლადაცემული *dambladacemuli* (adj.) paralytic
დამბლის დაცემა *damblis dacema* (v.) paralyse
დამდაბლება *damdableba* (v.) demean
დამდნარი *damdnari* (adj.) molten
დამეგობრება *damegobreba* (v.) befriend
დამზადება *damzadeba* (n.) provision
დამზადებული სასმელი *damzadebuli sasmeli* (n.) beverage
დამთავრება *damTavreba* (v.) finish
დამთავრებული *damTavrebuli* (adj.) accomplished
დამთმობი *damTmobi* (adj.) malleable
დამთხვევა *damTxveva* (n.) convergence
დამთხვეული *damTxveuli* (adj.) convergent
დამკვიდრებული *damkvidrebuli* (n.) settler
დამლაგებელი *damlagebeli* (n.) sweeper
დამმალავი *dammalavi* (n.) concealer
დამმარილებელი *dammarilebeli* (n.) tawer
დამნაშავე *damnaSave* (adj.) guilty
დამნაშავეები *damnaSaveebi* (n.) spittoon
დამოკიდებულება *damokidebuleba* (v.) depend
დამოკიდებული *damokidebuli* (adj.) dependent
დამონება *damoneba* (v.) enslave
დამორჩილება *damorCileba* (n.) subservience
დამორჩილებული *damorCilebuli* (adj.) subservient
დამოუკიდებელი *damoukidebeli* (adj.) independent
დამოუკიდებლობა *damoukidebloba* (n.) independence
დამოქლონვა *damoqlonva* (v.) rivet

დამოწმება *damowmeba* (v.) validate
დამპალი *dampali* (adj.) rotten
დამპყრობელი *dampyrobeli* (n.) conquerer
დამჟავება *damJaveba* (v.) mope
დამრბილებელი *damrbilebeli* (n.) tenderizer
დამრგვალება *damrgvaleba* (v.) round
დამრეკავი *damrekavi* (n.) caller
დამრიგებლური *damrigebluri* (adj.) tutorial
დამსახურება *damsaxureba* (v.) merit
დამსგავსება *damsgavseba* (n.) assimilation
დამსვენებელი *damsvenebeli* (n.) camper
დამსმენი *damsmeni* (n.) sneak
დამსწრე *damswre* (adj.) present
დამსხვრევა *damsxvreva* (n.) breakup
დამტარებელი *damtarebeli* (n.) hawker
დამტენი *damteni* (n.) charger
დამტვრევა *damtvreva* (v.) smash
დამტკიცება *damtkiceba* (v.) sanction
დამტკიცებული *damtkicebuli* (adj.) corroborative
დამუნჯება *damunjeba* (v.) terp
დამუნჯებული *damunjebuli* (adj.) numb
დამუქრება *damuqreba* (v.) threaten
დამუშავება *damuSaveba* (n.) cultivation
დამუხრუჭება *damuxruWeba* (v.) brake
დამფუძნებელი *damfuZnebeli* (n.) founder
დამქანცავი *damqancavi* (adj.) tiresome
დამქირავებელი *damqiravebeli* (n.) tenant
დამღლელი *damRleli* (adj.) weary
დამყნობა *damynoba* (v.) graft
დამშვიდება *damSvideba* (n.) solace
დამცავი *damcavi* (adj.) protective
დამცველი *damcveli* (n.) protector
დამცველი საშუალება *damcveli saSualeba* (n.) preservative
დამცინავი *damcinavi* (adj.) mock
დამცინველი *damcinveli* (n.) taunter
დამცირება *damcireba* (n.) humiliation
დამძიმება *damZimeba* (v.) aggravate
დამწვარი *damwvari* (adj.) seared
დამწვრობა *damwvroba* (n.) burner
დამწიფება *damwifeba* (v.) ripen
დამწნილება *damwnileba* (v.) pickle
დამწუხრება *damwuxreba* (v.) upset
დამწყები *damwyebi* (n.) beginner
დამხმარე *damxmare* (n.) contributor
დამხობა *damxoba* (v.) subvert
დამჯერი *damjeri* (adj.) obedient
დამჯერობა *damjeroba* (n.) obedience
დამჯილდოებელი *damjildoebeli* (adj.) remunerative
დან *dan* (prep.) out
დანა *dana* (n.) knife
დანაგვიანებული *danagvianebuli* (adj.) trashed
დანაკარგი *danakargi* (n.) loss
დანაკეცება *danakeceba* (v.) ruffle
დანამატი *danamati* (v.) supplement
დანანება *dananeba* (v.) regret
დანაოჭება *danaoWeba* (v.) wince
დანართი *danarTi* (n.) addendum
დანაღვლიანება *danaRvlianeba* (n.) affliction
დანაშაული *danaSauli* (n.) transgression
დანაშაულის ჩადენა *danaSaulis Cadena* (v.) trespass
დანა-ჩანგალი *dana-Cangali* (n.) cutlery

დანაწევრება *danawevreba* (v.) partition
დანაწევრებული *danawevrebuli* (adj.) articulate
დანახვა *danaxva* (v.) see
დანახვება *danaxveba* (v.) point
დანგრევა *dangreva* (v.) ruin
დანგრვეა *dangrvea* (v.) crumble
დანებება *danebeba* (v.) surrender
დანერგვა *danergva* (v.) root
დანესტიანება *danestianeba* (v.) dampen
დანის დარტყმა *danis dartyma* (v.) stab
დანისვლა *danisvla* (v.) film
დანისლული *danisluli* (adj.) misty
დანიშვნა *daniSvna* (v.) trace
დანიშნულების ადგილი *daniSnulebis adgili* (n.) destination
დანიშნული *daniSnuli* (adj.) designated
დანომვრა *danomvra* (v.) number
დაობებული *daobebuli* (adj.) mouldy
დაობლება *daobleba* (v.) orphan
დაპატიმრება *dapatimreba* (v.) imprison
დაპატრონება *dapatroneba* (v.) occupy
დაპირება *dapireba* (v.) promise
დაპირისპირება *dapirispireba* (n.) contrast
დაპროექტება *daproeqteba* (n.) projection
დაპყრობა *dapyroba* (n.) conquest
დაჟანგვა *daJangva* (n.) oxidation
დაჟინება *daJineba* (n.) insistence
დაჟინებით მოთხოვნა *daJinebiT moTxovna* (v.) persevere
დაჟინებით ცქერა *daJinebiT cqera* (v.) glare
დაჟინებული *daJinebuli* (adj.) insincere
დარაბა *daraba* (n.) shutter
დარაჯი *daraji* (n.) ward
დარბაზი *darbazi* (n.) saloon
დარბევა *darbeva* (v.) foray
დარბილება *darbileba* (v.) tenderize
დარბილებული *darbilebuli* (n.) softener
დარგვა *dargva* (v.) plant
დარდი *dardi* (n.) woe
დარდისგან დაბეჩავებული *dardisgan dabeCavebuli* (adj.) woebegone
დარდობა *dardoba* (v.) bewail
დარეგისტრირება *daregistrireba* (v.) inscribe
დარეკვა *darekva* (v.) telephone
დარეტიანებული *daretianebuli* (adj.) besotted
დართვა *darTva* (n.) add-in
დართსი *darTsi* (n.) dart
დართსის დაფა *darTsis dafa* (n.) dartboard
დარიგება *darigeba* (n.) tutorial
დარიშხანი *dariSxani* (n.) arsenic
დარიჩინი *dariCini* (n.) cinnamon
დარიცხვა *daricxva* (v.) accrue
დარტყმა *dartyma* (v.) thresh
დარტყმის დაწყება *dartymis dawyeba* (v.) kick-start
დარქმევა *darqmeva* (v.) denominate
დარღვევა *darRveva* (n.) violation
დარჩენა *darCena* (v.) stay
დარჩენილი *darCenili* (adj.) residual
დარცხვენილი *darcxvenili* (adj.) ashamed
დარწმუნება *darwmuneba* (v.) reassure
დარწმუნებით *darwmunebiT* (n.) certitude
დასაბეგრავი *dasabegravi* (adj.) taxable

დასაბუთება dasabuTeba (n.) substantiation
დასაბუთებული dasabuTebuli (adj.) justifiable
დასავლეთი dasavleTi (adj.) western
დასავლური dasavluri (adj.) westerly
დასათაურება dasaTaureba (v.) title
დასაკეცი dasakeci (adj.) folding
დასაკითხი dasakiTxi (adj.) interrogative
დასარტყამი dasartyami (n.) drumfish
დასასვენებელი ოთახი dasasvenebeli oTaxi (n.) lounge
დასასრული dasasruli (n.) finish
დასატენი მასალა dasateni masala (n.) padding
დასაფასებელი dasafasebeli (adj.) gainful
დასაფლავება dasaflaveba (v.) bury
დასაქორწინებელი dasaqorwinebeli (adj.) marriageable
დასაძრახი dasaZraxi (adj.) damnable
დასაწყისი dasawyisi (n.) origin
დასახელება dasaxeleba (v.) term
დასახიჩრება dasaxiCreba (v.) mutilate
დასახლება dasaxleba (v.) populate
დასახლებული dasaxlebuli (adj.) habitable
დასველება dasveleba (v.) dunk
დასვენება dasveneba (v.) rest
დასვრა dasvra (v.) mess
დასი dasi (n.) troupe
დასკვნა daskvna (n.) inference
დასკვნის გაკეთება daskvnis gakeTeba (v.) infer
დასმენა dasmena (v.) sneak
დასრულება dasruleba (n.) termination
დასტა dasta (n.) batch
დასტვენა dastvena (v.) whistle
დასუსტება dasusteba (n.) weakling

დასუსტებული dasustebuli (adj.) faint
დასწრება daswreba (n.) presence
დასხივება dasxiveba (v.) irradiate
დასხმა dasxma (v.) whelm
დასჯა dasja (v.) punish
დასჯის dasjis (adj.) punitive
დატაკება datakeba (v.) encounter
დატბორილი datborili (adj.) torrential
დატევა dateva (v.) contain
დატენვა datenva (v.) charge
დატენიანება datenianeba (v.) moisten
დატვირთვა datvirTva (v.) load
დატირება datireba (v.) deplore
დატრიალება datrialeba (v.) spin
დატუქსვა datuqsva (v.) berate
დატყვევება datyveveba (v.) enamour
დატყვევებული datyvevebuli (adj.) enamoured
დაუბეგრავი daubegravi (adj.) duty-free
დაუგეგმავი daugegmavi (adj.) unplanned
დაუდგენელი daudgeneli (adj.) undecided
დაუდევარი daudevari (adj.) slipshod
დაუდევარი ხელწერა daudevari xelwera (v.) scrawl
დაუდევრობა daudevroba (n.) negligence
დაუთავება dauTaveba (v.) iron
დაუკმაყოფილებლობა daukmayofilebloba (n.) dissatisfaction
დაუმარცხებელი daumarcxebeli (adj.) undefeated
დაუმორჩილებელი daumorCilebeli (adj.) insubordinate
დაუმორჩილებლობა daumorCilebloba (n.) insubordination
დაუმტკიცებელი daumtkicebeli (adj.) unapproved

დაუმუშავებელი *daumuSavebeli* (adj.) coarse
დაუმუშავებელი მიწა *daumuSavebeli miwa* (n.) fallow
დაუოკებელი *dauokebeli* (adj.) inexorable
დაუსაბუთებელი *dausabuTebeli* (adj.) undue
დაუსრულებლად *dausruleblad* (adj.) unaided
დაუსჯელი *dausjeli* (adj.) scot-free
დაუფარავი *daufaravi* (adj.) unaffected
დაუფიქრებელი ვნება *daufiqrebeli vneba* (n.) infatuation
დაუფიქრებლად მოქცევა *daufiqreblad moqceva* (v.) trifle
დაუღალავი *dauRalavi* (adj.) dauntless
დაუყოვნებლივ *dauyovnebliv* (adj.) immediate
დაუშვებელია *dauSvebelia* (adj.) incorrigible
დაუცველი *daucveli* (adj.) vulnerable
დაუცველობა *daucveloba* (n.) insensibility
დაუძლეველი *dauZleveli* (adj.) irresistible
დაუჯერებელი *daujerebeli* (adj.) unbelievable
დაფარვა *dafarva* (v.) shelter
დაფარული *dafaruli* (adj.) encrusted
დაფასება *dafaseba* (v.) price
დაფასებული *dafasebuli* (adj.) estimative
დაფეთება *dafeTeba* (v.) panic
დაფენა *dafena* (v.) dapple
დაფით მცურავი *dafiT mcuravi* (n.) sailboarder
დაფით ცურაობა *dafiT curaoba* (v.) sailboard
დაფინანსება *dafinanseba* (v.) finance
დაფიქრება *dafiqreba* (v.) conceive
დაფიქრებული *dafiqrebuli* (adj.) bemused
დაფიცება *daficeba* (v.) swear
დაფნა *dafna* (n.) laurel
დაფქვა *dafqva* (v.) mill
დაფხვნა *dafxvna* (v.) powder
დაფხრეწა *dafxrewa* (v.) tear
დაქანების ქონა *daqanebis qona* (v.) slant
დაქვემდებარება *daqvemdebareba* (n.) subordination
დაქვემდებარებული *daqvemdebarebuli* (adj.) underpriviledged
დაქირავება *daqiraveba* (v.) rent
დაქირავებული *daqiravebuli* (adj.) mercenary
დაქირავებული მტერი *daqiravebuli mteri* (n.) assassin
დაქნევა *daqneva* (n.) flapping
დაქნეული *daqneuli* (adj.) flapping
დაქორწინება *daqorwineba* (v.) wed
დაქროლვა *daqrolva* (v.) pounce
დაქუცმაცება *daqucmaceba* (v.) shred
დაქცევა *daqceva* (v.) pour
დაღამება *daRameba* (v.) benight
დაღვრა *daRvra* (v.) spill
დაღვრემილი *daRvremili* (adv.) downwards
დაღლა *daRla* (v.) tire
დაღლილი *daRlili* (v.) weary
დაღმავალი *daRmavali* (v.) descale
დაღმართი *daRmarTi* (n.) slope
დაღონება *daRoneba* (v.) sadden
დაღრუტუნება *daRrutuneba* (v.) oink
დაღუპვა *daRupva* (v.) perish
დაღუპული *daRupuli* (n.) dead
დაყადაღება *dayadaReba* (v.) sequester
დაყენება *dayeneba* (v.) set
დაყვირება *dayvireba* (v.) wail

დაყოვნება dayovneba (n.) stoppage
დაყოფა dayofa (n.) division
დაყოფილი dayofili (n.) bifurcation
დაყრდნობა dayrdnoba (v.) staple
დაშავება daSaveba (v.) lame
დაშვება daSveba (v.) suppose
დაშინება daSineba (n.) intimidation
დაშიფვრა daSifvra (v.) encrypt
დაშიფრული daSifruli (adj.) encrypted
დაშლა daSla (n.) drop-off
დაშლილი daSlili (adj.) senile
დაშორება daSoreba (v.) sunder
დაშორებული daSorebuli (adj.) far
დაშრობა daSroba (v.) dehumidify
დაჩიპვა daCipva (n.) chipping
დაჩირქება daCirqeba (v.) fester
დაჩლუნგება daClungeba (v.) dull
დაჩოქება daCoqeba (v.) kneel
დაჩქარება daCqareba (v.) hasten
დაცემა dacema (n.) tumble
დაცემინება dacemineba (v.) sneeze
დაცემული სული dacemuli suli (adj.) droopy
დაცვა dacva (n.) upkeep
დაცვითი dacviTi (adj.) defensive
დაცვის სიგნალიზაცია dacvis signalizacia (n.) burglar alarm
დაცინვა dacinva (n.) taunt
დაცლა dacla (v.) empty
დაცობა dacoba (v.) occlude
დაცურება dacureba (v.) slip
დაძაბვა daZabva (v.) strain
დაძაბულად daZabulad (adv.) tautly
დაძაბული daZabuli (adj.) tensible
დაძაბულობა daZabuloba (adj.) tensility
დაძახება daZaxeba (v.) call
დაძველებული daZvelebuli (adj.) stale
დაძველებულობა daZvelebuloba (n.) dilapidation

დაძვრა daZvra (v.) stir
დაძინება daZineba (v.) sleep
დაძლევა daZleva (v.) overcome
დაწებება dawebeba (v.) paste
დაწევა daweva (v.) overtake
დაწერა dawera (v.) writhe
დაწეული daweuli (adj.) low
დაწვა dawva (v.) scorch
დაწვრილება dawvrileba (v.) thin
დაწვრილებითი dawvrilebiTi (adj.) circumstantial
დაწინაურება dawinaureba (v.) advance
დაწინაურებული dawinaurebuli (adj.) onward
დაწმენდა dawmenda (n.) refinement
დაწრეტა dawreta (v.) drain
დაწუნება dawuneba (v.) reject
დაწყება dawyeba (v.) start
დაწყებითი dawyebiTi (adj.) elementary
დაწყებული dawyebuli (prep.) since
დაწყევლა dawyevla (v.) damn
დაწყევლილი dawyevlili (adj.) damned
დაწყვილება dawyvileba (v.) pair
დაწყნარება dawynareba (v.) tranquillize
დაწყობა dawyoba (v.) parade
დაჭერა daWera (v.) span
დაჭიმვა daWimva (v.) tense
დაჭიმულად daWimulad (adv.) tensely
დაჭიმული daWimuli (adj.) tensioned
დაჭიმულობა daWimuloba (n.) tension
დაჭმუჭვნა daWmuWvna (v.) crumple
დაჭრილი daWrili (n.) coir
დახარისხება daxarisxeba (n.) spendthrift
დახარისხებული daxarisxebuli (adj.) assorted

დახარჯვა daxarjva (v.) spend
დახევა daxeva (v.) lacerate
დახვევა daxveva (v.) reel
დახვეული daxveuli (adj.) curly
დახვეწილი daxvewili (adj.) subtle
დახვეწილობა daxvewiloba (n.) subtlety
დახლართული daxlarTuli (adj.) intricate
დახლი daxli (n.) counter
დახმარება daxmareba (n.) whelp
დახმარების გაცემა daxmarebis gacema (v.) dole
დახმარებისათვის მიმართვა daxmarebisaTvis mimarTva (n.) recourse
დახრა daxra (v.) tilt
დახრილი daxrili (adj.) oblique
დახრილობა daxriloba (n.) tilt
დახრჩობა daxrCoba (v.) throttle
დახსნა daxsna (n.) rescue
დახურვა daxurva (v.) shut
დახურვის ციტატები daxurvis citatebi (adj.) unquote
დახურული გალერეა daxuruli galerea (n.) portico
დახშობა daxSoba (n.) blockage
დაჯაბვნა dajabvna (v.) henpeck
დაჯარიმება dajarimeba (v.) fine
დაჯახება dajaxeba (v.) T-bone
დაჯგუფება dajgufeba (v.) group
დაჯილდოება dajildoeba (v.) remunerate
დაჯილდოებული dajildoebuli (adj.) vested
დაჯილდოვება dajildoveba (v.) prize
დაჯილდოვებული dajildovebuli (adj.) endowed
დაჰიპნოზება dahipnozeba (v.) mesmerize
დგომა dgoma (n.) standing

დეაქტივატორი deaqtivatori (n.) deactivator
დეაქტივაცია deaqtivacia (n.) deactivation
დებეტი debeti (n.) debit
დებილი debili (n.) moron
დებიუტანტი debiutanti (n.) debutante
დებიუტი debiuti (n.) debut
დებულება debuleba (n.) bylaw, bye-law
დეგლუტინაცია deglutinacia (n.) deglutination
დეგუსტაცია degustacia (n.) degustation
დედა deda (v.) mutter
დედაარსი dedaarsi (n.) gist
დედათა მონასტერი dedaTa monasteri (n.) nunnery
დედალი ფარშევანგი dedali farSevangi (n.) peahen
დედამიწა dedamiwa (n.) earth
დედამიწის dedamiwis (adj.) terrestrial
დედაქალაქი dedaqalaqi (n.) metropolis
დედაქალაქის dedaqalaqis (adj.) metropolitan
დედის მკვლელობა dedis mkvleloba (n.) matricide
დედმამიშვილი dedmamiSvili (n.) sibling
დედობა dedoba (n.) motherhood
დედობრივად dedobrivad (adj.) motherly
დედობრივი dedobrivi (adj.) motherlike
დედოფალა dedofala (n.) doll
დედოფალი dedofali (n.) queen
დეველოპერი developeri (n.) developer
დევიზი devizi (n.) motto

დევნა devna (v.) sue
დეზინფექცირება dezinfeqcireba (v.) disinfect
დეზოდორაცია dezodoracia (v.) deodrize
დეზორგანიზაცია dezorganizacia (v.) disorganize
დეიზმი deizmi (n.) deism
დეინსტალირება deinstalireba (adj.) uninstall
დეისტი deisti (n.) deist
დეკადენტური dekadenturi (adj.) decadent
დეკალციფიკაცია dekalcifikacia (n.) decalcification
დეკემბერი dekemberi (n.) december
დეკლარაცია deklaracia (n.) declaration
დეკლარაციული deklaraciuli (adj.) enunciatory
დეკლარირება deklarireba (v.) decalibrate
დეკოლონიზაცია dekolonizacia (v.) decolonize
დეკომპრესია dekompresia (n.) decompression
დეკონსტრუქცია dekonstruqcia (n.) deconstruction
დეკონსტრუქციულად dekonstruqciulad (adv.) deconstructively
დეკონტროლი dekontroli (v.) decontrol
დეკორაცია dekoracia (n.) decoration
დეკორაციული dekoraciuli (adj.) decorative
დეკორი dekori (n.) decor
დეკრეტი dekreti (n.) decree
დეკრეტირება dekretireba (v.) decree
დეკრიმინალიზაცია dekriminalizacia (v.) decriminalize

დელეგატი delegati (n.) delegator
დელეგაცია delegacia (n.) delegation
დელეგიზაცია delegizacia (v.) delegalize
დელეკატურობა delekaturoba (n.) delectability
დელიკატესი delikatesi (n.) delicatessen
დელიმიტაცია delimitacia (n.) delipidation
დელირიანტი delirianti (n.) deliriant
დელტა delta (n.) delta
დელტოიდი deltoidi (n.) deltoid
დელუქსი deluqsi (adj.) deluxe
დელფინი delfini (n.) dolphin
დემაგოგი demagogi (n.) demagogue
დემაგოგია demagogia (n.) demagogy
დემატერილიზაცია dematerilizacia (n.) dematerialisation
დემატერილიზება dematerilizeba (v.) dematerialize
დემენცია demencia (n.) dementia
დემილიტირიზებული demilitirizebuli (adj.) demilitarized
დემიტიფიკაცია demitifikacia (v.) demystify
დემობილიზაცია demobilizacia (n.) demobilization
დემობილიზაციის მოხდენა demobilizaciis moxdena (v.) demobilize
დემოგრაფიული demografiuli (adj.) demographic
დემოკრატი demokrati (n.) democrat
დემოკრატია demokratia (n.) democracy
დემოკრატიული demokratiuli (adj.) democratic
დემონეტიზაცია demonetizacia (v.) demonetize
დემონი demoni (n.) demon

დემონიზაცია *demonizacia* (v.) demonize
დემორალიზება *demoralizeba* (v.) demoralize
დენა *dena* (n.) leak
დენაციოლიზება *denaciolizeba* (v.) denationalize
დეოდორანტი *deodoranti* (n.) deodorant
დეონტოლოგია *deontologia* (n.) deontology
დეოქსიდაცია *deoqsidacia* (n.) deoxidation
დეპარტამენტალიზაცია *departamentalizacia* (n.) departmentalization
დეპეშით ცნობება *depeSiT cnobeba* (v.) telegraph
დეპოლარიზება *depolarizeba* (v.) depolarize
დეპრესია *depresia* (n.) depression
დეპუტაცია *deputacia* (n.) deputation
დერმაბრაზია *dermabrazia* (n.) dermabrasion
დერმატოლოგია *dermatologia* (n.) dermatology
დესალტი *desalti* (v.) desalt
დესერტი *deserti* (n.) dessert
დესოციალიზაცია *desocializacia* (n.) desocialization
დესპანი *despani* (n.) envoy
დესპოტი *despoti* (n.) despot
დესპოტური *despoturi* (adj.) autocratic
დესტაბილიზაცია *destabilizacia* (n.) destabilization
დესტაბილიზებური *destabilizeburi* (v.) destabilize
დეტალი *detali* (n.) particular
დეტექტივი *deteqtivi* (n.) detective
დეტოქსიკაცია *detoqsikacia* (n.) detoxication
დეფექტი *defeqti* (n.) blemish
დეფექტური *defeqturi* (adj.) defective
დეფიციტი *deficiti* (n.) shortfall
დეფიციტური *deficituri* (adj.) scarce
დეფრაგემენტაცია *defragementacia* (n.) defragmentation
დეფრაგმენტი *defragmenti* (v.) defragment
დეცენტრალიზაცია *decentralizacia* (v.) decentralize
დეციბელი *decibeli* (n.) decibel
დვრილი *dvrili* (n.) teat
დიაბეტი *diabeti* (n.) diabetes
დიაგნოზი *diagnozi* (n.) diagnosis
დიაგონალი *diagonali* (adj.) diagonal
დიაგრამა *diagrama* (n.) diagram
დიადემა *diadema* (n.) coronet
დიადი *diadi* (adj.) lofty
დიადობა *diadoba* (n.) royalty
დიაკონი *diakoni* (n.) deacon
დიალექტი *dialeqti* (n.) dialect
დიალიზი *dializi* (n.) dialysis
დიალოგი *dialogi* (n.) dialogue
დიამეტრი *diametri* (n.) diameter
დიასპორა *diaspora* (n.) diaspora
დიაფრაგმა *diafragma* (n.) midriff
დიახ *diax* (adv.) yes
დიგიტალიზებური *digitalizeburi* (v.) digitalize
დიგიტალური *digitaluri* (adj.) digital
დიდად დაფასება *didad dafaseba* (v.) treasure
დიდგვაროვანი *didgvarovani* (n.) nobleman
დიდება *dideba* (n.) renown
დიდებული *didebuli* (adj.) stately
დიდი *didi* (n.) Zorb
დიდი ასაკის *didi asakis* (n.) old age
დიდი კოვზი *didi kovzi* (n.) ladle

დიდი მარმარილო didi marmarilo (n.) taw
დიდი მნიშვნელობა didi mniSvneloba (n.) prominence
დიდი სიამოვნება didi siamovneba (n.) enjoyment
დიდი სურვილის ქონა didi survilis qona (v.) covet
დიდი ტოლჩა didi tolCa (n.) tankard
დიდი უხეშობა didi uxeSoba (n.) barbarity
დიდი ყლუპი didi ylupi (n.) gulp
დიდი ჯამი didi jami (n.) basin
დიდხანს ძილი didxans Zili (v.) oversleep
დიეტა dieta (v.) diet
დიეტური dieturi (n.) dietician
დივანი divani (n.) sofa
დივერსია diversia (n.) subversion
დივერსიული diversiuli (adj.) subversive
დიზაინერი dizaineri (n.) designer
დიზაინი dizaini (n.) design
დიზენტერია dizenteria (n.) dysentery
დილა dila (n.) morning
დილემა dilema (n.) fix
დინამიკა dinamika (n.) dynamics
დინამიკური dinamikuri (adj.) dynamic
დინამიტი dinamiti (n.) dynamite
დინამო dinamo (n.) dynamo
დინასტია dinastia (n.) dynasty
დინება dineba (v.) stream
დინების მიხედვით dinebis mixedviT (adj.) adrift
დინჯი dinji (adj.) demure
დიპლომატი diplomati (n.) diplomat
დიპლომატია diplomatia (n.) diplomacy
დიპლომატიური diplomatiuri (adj.) diplomatic
დიპლომი diplomi (n.) diploma

დირექტივა direqtiva (n.) directive
დირექტორი direqtori (n.) director
დისბალანსი disbalansi (n.) imbalance
დისკვალიფიკაცია diskvalifikacia (n.) disqualification
დისკვალიფიცირება diskvalificireba (v.) disqualify
დისკი diski (n.) disc
დისკომფორტი diskomforti (n.) discomfort
დისკოტეკა diskoteka (n.) discotheque
დისკრეტული diskretuli (adj.) descrete
დისკრიმინაცია diskriminacia (n.) discrimination
დისტოფია distofia (n.) dystopia
დისშვილი disSvili (n.) niece
დისციპლინა disciplina (n.) discipline
დიუნი diuni (n.) dune
დიქტატორი diqtatori (n.) dictator
დიქტორი diqtori (n.) announcer
დიქცია diqcia (n.) enunciation
დნობა dnoba (v.) thaw
დნობადობა dnobadoba (n.) thaw
დობა doba (n.) sisterhood
დოგმა dogma (n.) tenet
დოგმატური dogmaturi (adj.) dogmatic
დოზა doza (n.) dose
დოზირება dozireba (n.) dosage
დოკუმენტალური dokumentaluri (adj.) documentary
დოკუმენტი dokumenti (n.) document
დოკუმენტური ფილმი dokumenturi filmi (n.) documentary
დოლარი dolari (n.) dollar
დოლი doli (n.) drum
დოლის დაკვრა dolis dakvra (v.) drum
დოლომანი dolomani (n.) dolman
დოლომენი dolomeni (n.) dolmen

დომინო *domino* (n.) domino
დონე *done* (n.) level
დონორი *donori* (n.) donor
დოქი *doqi* (n.) pitcher
დოქტორი *doqtori* (n.) doc
დოქტორის ხარისხი *doqtoris xarisxi* (n.) doctorate
დოცენტი *docenti* (n.) docent
დრაკონი *drakoni* (n.) dragon
დრაკონული *drakonuli* (adj.) draconic
დრამა *drama* (n.) drama
დრამატული *dramatuli* (adj.) dramatic
დრამატურგი *dramaturgi* (n.) dramatist
დრამის მოწყობილობა *dramis mowyobiloba* (n.) drum kit
დრაქმა *draqma* (n.) dram
დრედები *dredebi* (n.) dreadlock
დრენაჟის არხი *drenaJis arxi* (n.) drain
დრო *dro* (n.) time
დროებითი *droebiTi* (adj.) temporal
დროებითი მფლობელი *droebiTi mflobeli* (n.) occupier
დროებითი ყოფნა *droebiTi yofna* (v.) sojourn
დროიდი *droidi* (n.) droid
დროის გარკვეული მონაკვეთი *drois garkveuli monakveTi* (n.) bout
დროის დანიშვნა *drois daniSvna* (v.) time
დროის ლიმიტი *drois limiti* (n.) time limit
დროის წელვა *drois welva* (v.) bide
დროის ხაზი *drois xazi* (n.) timeline
დროულად *droulad* (adj.) well-timed
დროული *drouli* (adj.) timely
დროულობა *drouloba* (n.) relevance
დროშა *droSa* (n.) flag
დრუიდი *druidi* (n.) druid
დრუნჩი *drunCi* (n.) snout
დუბლიკატი *dublikati* (n.) duplicate
დუბლირება *dublireba* (v.) duplicate
დუდუნი *duduni* (v.) babble
დუელი *dueli* (n.) duel
დუელში გამოწვევა *duelSi gamowveva* (v.) duel
დუეტი *dueti* (v.) dup
დუმბო *dumbo* (n.) dumbo
დუმილი *dumili* (n.) silencer
დუნდულო *dundulo* (n.) buttock
დუნე *dune* (n.) runcation
დუჟინი *duJini* (n.) dozen
დურად *durad* (adj.) sisterly
დურგალი *durgali* (n.) carpenter
დუფელის ტომარა *dufelis tomara* (n.) duffel bag
დუღილი *duRili* (n.) fermentation
დღე *dRe* (n.) day
დღევანდელი დღე *dRevandeli dRe* (n.) today
დღევანდელი საღამო *dRevandeli saRamo* (n.) tonight
დღემდე *dRemde* (adj.) up-to-date
დღეს *dRes* (adv.) today
დღესასწაული *dResaswauli* (n.) holiday
დღესასწაულობა *dResaswauloba* (v.) triumph
დღის სინათლე *dRis sinaTle* (n.) daylight
დღის სპექტაკლი *dRis speqtakli* (n.) matinee
დღის წესრიგი *dRis wesrigi* (n.) agenda
დღიური *dRiuri* (n.) diary

ე

ეაკულატორული *eakulatoruli* (adj.) ejaculatory
ებრაელების დასვენების დღე *ebraelebis dasvenebis dRe* (n.) sabbath
ეგზემა *egzema* (n.) eczema
ეგზისტენციალიზმი *egzistencializmi* (n.) existentialism
ეგზომუნიკაცია *egzomunikacia* (v.) excommunicate
ეგზოტიკური *egzotikuri* (adj.) exotic
ეგო *ego* (n.) ego
ეგოისტური *egoisturi* (adj.) selfish
ეგოტიზმი *egotizmi* (n.) egotism
ეგოცენტრიკული *egocentrikuli* (adj.) egocentric
ეგოცენტრული *egocentruli* (adj.) self-centered
ედსორბირება *edsorbireba* (n.) adsorb
ევაკუაცია *evakuacia* (n.) evacuation
ევანგელისტი *evangelisti* (n.) evangel
ევანგელისტური *evangelisturi* (adj.) evangelic
ევთანაზია *evTanazia* (v.) euthanize
ევკალიპტი *evkalipti* (n.) eucalypt
ევოლუციური *evoluciuri* (adv.) evolutionary
ევრიკა *evrika* (int.) eureka
ეზო *ezo* (n.) yard
ეზოთერიზმი *ezoTerizmi* (n.) esoterism
ეზოთერიკა *ezoTerika* (adj.) esoteric
ეთერი *eTeri* (n.) ether
ეთიკა *eTika* (n.) ethics
ეთიკური *eTikuri* (adj.) ethical
ეთნიკური *eTnikuri* (adj.) ethnic
ეთნიკურობა *eTnikuroba* (n.) ethnicity
ეთოსი *eTosi* (n.) ethos
ეიფორია *eiforia* (n.) euphoria
ეკალი *ekali* (n.) thorn
ეკიპაჟი *ekipaJi* (n.) carriage
ეკლამფსია *eklamfsia* (n.) eclampsia
ეკლესია *eklesia* (n.) church
ეკლექტიკა *ekleqtika* (n.) eclectic
ეკლექტიკური *ekleqtikuri* (adj.) eclectic
ეკლიანი *ekliani* (adj.) thorny
ეკლიანი ბუჩქი *ekliani buCqi* (n.) scratchbush
ეკლიანი დაფა *ekliani dafa* (n.) scratchboard
ეკლიანი ღობე *ekliani Robe* (n.) barbed wire
ეკოლოგია *ekologia* (n.) ecology
ეკოლოგისტი *ekologisti* (n.) ecologist
ეკოლოგიური *ekologiuri* (adj.) ecological
ეკონომიკა *ekonomika* (n.) economics
ეკონომიკური *ekonomikuri* (adj.) economical
ეკონომიური *ekonomiuri* (adj.) thrifty
ეკონომიურობა *ekonomiuroba* (n.) thrift
ეკოსისტემა *ekosistema* (n.) ecosystem
ეკოტერორიზმი *ekoterorizmi* (n.) ecoterrorism
ეკრანდური *ekranduri* (n.) screendoor
ეკრანზე *ekranze* (adj.) on-screen
ეკრანი *ekrani* (n.) screen
ეკრანიზაცია *ekranizacia* (n.) screenwork
ეკრანის ანაბეჭდი *ekranis anabeWdi* (n.) screenprint
ეკრანის სახელი *ekranis saxeli* (n.) screen name
ეკრანმზოგი *ekranmzogi* (n.) screensaver
ეკრანული *ekranuli* (adj.) screenable
ეკუმენიკა *ekumenika* (adj.) ecumenic

ეკუმენიკური *ekumenikuri* (adj.) ecumenical
ელასტიურობა *elastiuroba* (n.) elasticity
ელეგანტური *eleganturi* (adj.) elegant
ელეგია *elegia* (n.) elegy
ელემენტალური *elementaluri* (adj.) elemental
ელემენტარული *elementaruli* (adj.) rudimentary
ელემენტი *elementi* (n.) element
ელენთა *elenTa* (n.) spleen
ელექსირი *eleqsiri* (n.) elixir
ელექტრო *eleqtro* (adj.) electric
ელექტროდენით დასჯა *eleqtrodeniT dasja* (v.) electrocute
ელექტროენერგიის დანერგვა *eleqtroenergiis danergva* (v.) electrify
ელექტროლიტი *eleqtroliti* (n.) electrolyte
ელექტრონი *eleqtroni* (n.) electron
ელექტრონის სკამზე დსჯა *eleqtronis skamze dsja* (n.) electrocution
ელექტრონული *eleqtronuli* (adj.) enginous
ელექტრონული კომერცია *eleqtronuli komercia* (n.) e-commerce
ელექტრონული ფოსტა *eleqtronuli fosta* (n.) email
ელექტრონული წიგნი *eleqtronuli wigni* (n.) e-book
ელექტროობა *eleqtrooba* (n.) electricity
ელექტროტექნიკა *eleqtroteqnika* (n.) engineering
ელვა *elva* (n.) lightening
ელვა შესაკრავი *elva Sesakravi* (n.) zipper
ელვარება *elvareba* (n.) twinkle
ელვისებური *elviseburi* (adj.) thunderous
ელიზია *elizia* (n.) elision
ელიტა *elita* (n.) elite
ელიტიზმი *elitizmi* (n.) elitism
ელიტისტი *elitisti* (n.) elitist
ელიტრა *elitra* (n) shard
ელიფსი *elifsi* (n.) ellipse
ელიფსური *elifsuri* (adj.) elliptic
ელფერი *elferi* (n.) tint
ელფი *elfi* (n.) elf
ელჩი *elCi* (n.) ambassador
ემბარგო *embargo* (n.) embargo
ემბლემა *emblema* (n.) emblem
ემბრიონალური *embrionaluri* (adj.) fetal
ემბრიონი *embrioni* (n.) germ
ემიგრაცია *emigracia* (v.) immigrate
ემისარი *emisari* (n.) emissary
ემიჯნება *emijneba* (v.) bound
ემოცია *emocia* (n.) emotion
ემოციური *emociuri* (adj.) lyrical
ემოჯი *emoji* (n.) emoji
ემპათია *empaTia* (n.) empathy
ემპათიური *empaTiuri* (adj.) empathic
ემპირიკოსი *empirikosi* (n.) empiricist
ემპირიული *empiriuli* (adj.) empirical
ემპირიციზმი *empiricizmi* (n.) empiricism
ემსახურება *emsaxureba* (v.) serve
ემულგატორი *emulgatori* (n.) emulsifier
ემულსიფიკაცია *emulsifikacia* (v.) emulsify
ენა *ena* (n.) tongue
ენათმეცნიერება *enaTmecniereba* (n.) linguistics
ენათმეცნიერი *enaTmecnieri* (n.) philologist
ენათმეცნიერული *enaTmecnieruli* (adj.) philological
ენამახვილი *enamaxvili* (adj.) poignant

ენამახვილობა *enamaxviloba* (n.) poignacy
ენამოსწრებული პასუხი *enamoswrebuli pasuxi* (n.) repartee
ენაჩლიფინობა *enaClifinoba* (n.) lisp
ენდემოლოგია *endemologia* (n.) endemiology
ენდემური *endemuri* (adj.) endemic
ენდოსკოპია *endoskopia* (n.) endoscopy
ენდოსკოპიური *endoskopiuri* (adj.) endoscopic
ენერგია *energia* (n.) energy
ენერგიის მინიჭება *energiis miniWeba* (v.) energize
ენერგიული *energiuli* (adj.) vigorous
ენთუზიაზმი *enTuziazmi* (n.) keenness
ენის ბორძიკი *enis borZiki* (v.) stammer
ენის ტარტარი *enis tartari* (v.) blab
ენისმიერი *enismieri* (adj.) lingual
ენტომოლოგია *entomologia* (n.) entomology
ენტროპია *entropia* (n.) entropy
ენტროპიკული *entropikuli* (adj.) entropic
ენციკლოპედია *enciklopedia* (n.) encyclopedia
ეონი *eoni* (n.) eon
ეპარქია *eparqia* (n.) diocese
ეპიგლოტი *epigloti* (n.) epiglottis
ეპიგრამა *epigrama* (n.) epigram
ეპიდემია *epidemia* (n.) pestilence
ეპიდურალი *epidurali* (n.) epidural
ეპიზოდი *epizodi* (n.) episode
ეპიკურელი *epikureli* (n.) epicurean
ეპიკურეული *epikureuli* (adj.) epicurean
ეპიკური *epikuri* (adj.) epical
ეპილატორი *epilatori* (adj.) depilatory
ეპილაცია *epilacia* (v.) epilate
ეპილეპტიკა *epileptika* (n.) epileptic
ეპილეპტიკური *epileptikuri* (adj.) epileptic
ეპილეფსია *epilefsia* (n.) epilepsy
ეპილოგი *epilogi* (n.) epilogue
ეპისკოპოსი *episkoposi* (n.) bishop
ეპიტაფია *epitafia* (n.) epitaph
ეპიცენტრი *epicentri* (n.) epicentre
ეპოქა *epoqa* (n.) era
ეპოქსია *epoqsia* (n.) epoxy
ერექტიკული *erektikuli* (adj.) erectile
ერთად *erTad* (n.) withe
ერთად სმა *erTad sma* (v.) hobnob
ერთად სწავლება *erTad swavleba* (n.) co-education
ერთადერთი *erTaderTi* (adj.) sole
ერთგავეროვანი *erTgaverovani* (adj.) homogeneous
ერთგულად დარჩენა *erTgulad darCena* (v.) cleave
ერთგულება *erTguleba* (n.) loyalty
ერთგული *erTguli* (adj.) trusty
ერთდროულად *erTdroulad* (adj.) simultaneous
ერთეული *erTeuli* (n.) unit
ერთი *erTi* (n.) single
ერთი წლის ხარი *erTi wlis xari* (n.) bullock
ერთიანი *erTiani* (v.) unite
ერთიანი ძალით *erTiani ZaliT* (v.) tantamount
ერთიანობა *erTianoba* (n.) unity
ერთმანეთის გვერდით *erTmaneTis gverdiT* (adj.) juxtaposed
ერთმანეთის დაჯახება *erTmaneTis dajaxeba* (v.) collide
ერთმანეთში არევა *erTmaneTSi areva* (v.) blend
ერთმნიშვნელოვანი *erTmniSvnelovani* (adj.) unambiguous

ერთობლივად *erToblivad* (adv.) jointly
ერთობლივი *erToblivi* (adj.) joint
ერთობლივი ძალისხმევა *erToblivi Zalisxmeva* (n.) joint effort
ერთსულოვანი *erTsulovani* (adj.) unanimous
ერთსულოვნება *erTsulovneba* (n.) unanimity
ერთფეროვანი *erTferovani* (adj.) monotonous
ერთფეროვანია *erTferovania* (n.) monosyllable
ერთფეროვნება *erTferovneba* (n.) monotony
ერთხელ *erTxel* (adv.) once
ერთჯერადი თანხა *erTjeradi Tanxa* (n.) lump sum
ერი *eri* (n.) nation
ერისკაცი *eriskaci* (n.) layman
ეროვნება *erovneba* (n.) nationality
ეროზია *erozia* (n.) erosion
ეროტიზაცია *erotizacia* (v.) eroticize
ეროტიკა *erotika* (n.) erotica
ეროტიკული *erotikuli* (adj.) erotic
ეროტიციზმი *eroticizmi* (n.) eroticism
ეროურუტი *erouruti* (n.) arrowroot
ერუდიტი *eruditi* (n.) polymath
ეს ეს არის *es es aris* (adj.) just
ესაზღვრება *esazRvreba* (v.) flank
ესთეტი *esTeti* (n.) aesthete
ესთეტიკური *esTetikuri* (adj.) aesthetic
ესკაბიზმი *eskabizmi* (n.) escapism
ესკალატორი *eskalatori* (n.) escalator
ესკალაცია *eskalacia* (v.) escalate
ესკაფისტი *eskafisti* (n.) escapist
ესკაფოლოგია *eskafologia* (n.) escapology
ესკორტირება *eskortireba* (adj.) escorted
ესპანელი *espaneli* (n.) Spaniard
ესპანური *espanuri* (adj.) Spanish
ესტრაგონი *estragoni* (n.) estragon
ესტროგენი *estrogeni* (n.) estrogen
ეტაპი *etapi* (n.) milestone
ეტაპობრივი *etapobrivi* (adj.) staid
ეტიკეტი *etiketi* (n.) tag
ეტიმოლოგია *etimologia* (n.) etymology
ეტლი *etli* (n.) chariot
ეული *euli* (adj.) lonely
ეფემისტური *efemisturi* (adj.) euphemistic
ეფექტიანობა *efeqtianoba* (n.) efficacy
ეფექტური *efeqturi* (adj.) efficient
ეფექტურობა *efeqturoba* (n.) efficiency
ექვემდებარება *eqvemdebareba* (v.) incur
ექვსი *eqvsi* (n.) six
ექიმი *eqimi* (n.) physician
ექო *eqo* (n.) echo
ექოკარდიოგრამა *eqokardiograma* (n.) echocardiogram
ექსკურსია *eqskursia* (n.) excursion
ექსპედიცია *eqspedicia* (n.) expedition
ექსპლუატაცია *eqspluatacia* (n.) exploration
ექსპლუატირება *eqspluatireba* (v.) exploit
ექსპონანტი *eqsponanti* (n.) showpiece
ექსპორტი *eqsporti* (n.) export
ექსპორტირება *eqsportireba* (v.) export
ექსტაზი *eqstazi* (n.) ecstasy
ექსტრაპოლაცია *eqstrapolacia* (n.) extrapolation
ექსტრაპოლირება *eqstrapolireba* (v.) extrapolate
ექსტრაქტი *eqstraqti* (n.) extract
ექსტრემისტი *eqstremisti* (n.) extremist
ექტოპია *eqtopia* (n.) ectopia

ექტოპლაზმა eqtoplazma (n.) ectoplasm
ექტროვერტი eqtroverti (n.) extrovert
ეშვი eSvi (n.) tusk
ეშმაკი eSmaki (adj.) tricky
ეშმაკობა eSmakoba (n.) trick
ეცინიდი ecinidi (n.) echinid
ეჭვი eWvi (n.) suspicion
ეჭვიანი eWviani (adj.) jealous
ეჭვიანობა eWvianoba (n.) jealousy
ეჭვის მიტანა eWvis mitana (v.) suspect
ეჭვმიტანილი eWvmitanili (adj.) suspect

ვ

ვაგონი vagoni (n.) wagon
ვადა vada (n.) term
ვადიანი vadiani (adj.) terminable
ვადის გაგრძელება vadis gagrZeleba (n.) postponement
ვადის გადადება vadis gadadeba (v.) prorogue
ვაზა vaza (n.) vase
ვაზელინი vazelini (n.) vaseline
ვაზექტომია vazeqtomia (n.) vasectomy
ვაზი vazi (n.) vine
ვაკანსია vakansia (n.) vacancy
ვაკანტური vakanturi (adj.) vacant
ვაკუუმი vakuumi (n.) vacuum
ვალად დება valad deba (v.) ought
ვალდებულად ყოფნა valdebulad yofna (v.) owe
ვალდებულება valdebuleba (n.) undertone
ვალდებულების შეუსრულებლობა valdebulebis Seusrulebloba (n.) default
ვალდებული valdebuli (adj.) owly
ვალე vale (n.) vale
ვალეტი valeti (n.) valet
ვალი vali (n.) debt
ვალიდური validuri (adj.) valid
ვალის გადახდა valis gadaxda (v.) acquit
ვალუტა valuta (n.) currency
ვამპირი vampiri (n.) ghoul
ვამპირული vampiruli (adj.) ghoulish
ვანდალიზაცია vandalizacia (v.) vandalize
ვარაუდი varaudi (n.) supposition
ვარგისიანობა vargisianoba (n.) suitability
ვარდი vardi (n.) rose
ვარდისფერი vardisferi (adj.) roseate
ვარიაცია variacia (n.) variation
ვარსკვლავები varskvlavebi (n.) stardom
ვარსკვლავთა varskvlavTa (adj.) stellar
ვარსკვლავი varskvlavi (n.) star
ვარსკვლავური varskvlavuri (adj.) starry
ვარცხნილობა varcxniloba (n.) coiffure
ვარჯიში varjiSi (v.) practise
ვასალის ერთგულება vasalis erTguleba (n.) fealty
ვატი vati (n.) watt
ვაუ vau (v.) woo
ვაუჩერი vauCeri (n.) voucher
ვაქცინა vaqcina (n.) vaccine
ვაქცინატორი vaqcinatori (n.) vaccinator
ვაქცინაცია vaqcinacia (n.) vaccination
ვაშა vaSa (interj.) hurrah
ვაშლი vaSli (n.) apple
ვაჭარი vaWari (n.) trader
ვაჭრობა vaWroba (v.) traffic
ვახშამი vaxSami (n.) supper
ვახშმობა vaxSmoba (v.) sup

ვებ კამერა *veb kamera* (n.) webcam
ვებ კასტინგი *veb kastingi* (n.) webcasting
ვებ მაღაზია *veb maRazia* (n.) web store
ვებიზოდი *vebizodi* (n.) webisode
ვებინარი *vebinari* (n.) webinar
ვებმასტერი *vebmasteri* (n.) webmaster
ვეგანი *vegani* (n.) vegan
ვეგანური *veganuri* (adj.) vegan
ვებ-გვერდი *veg-gverdi* (n.) web page
ვეგეტარიანელი *vegetarianeli* (n.) vegetarian
ვეგეტარიანული *vegetarianuli* (adj.) vegetarian
ვედრება *vedreba* (v.) entreat
ვედრო *vedro* (n.) pail
ვეზირი *veziri* (n.) vicar
ველვეტი *velveti* (n.) corduroy
ველი *veli* (n.) steppe
ველინგტონი *velingtoni* (n.) wellington
ველნესი *velnesi* (n.) wellness
ველოსიპედი *velosipedi* (n.) cycle
ველოსიპედისტი *velosipedisti* (n.) cyclist
ველურად *velurad* (adv.) savagely
ველური *veluri* (adj.) savage
ველურობა *veluroba* (n.) savagery
ველურული *veluruli* (adj.) barbarous
ვენა *vena* (n.) vein
ვენტილატორი *ventilatori* (n.) ventilator
ვენტილაცია *ventilacia* (n.) ventilation
ვენური *venuri* (adj.) venial
ვერანდა *veranda* (n.) veranda
ვერდიქტი *verdiqti* (n.) verdict
ვერიფიკაცია *verifikacia* (n.) verification
ვერმილიონი *vermilioni* (n.) vermillion
ვერსია *versia* (n.) version
ვერსიფიკაცია *versifikacia* (n.) versification
ვერტიკალური *vertikaluri* (adj.) vertical
ვერცხლი *vercxli* (n.) silver
ვერცხლისწყალი *vercxliswyali* (n.) quicksilver
ვერცხლისწყლის *vercxliswylis* (adj.) mercurial
ვერძი *verZi* (n.) aries
ვეტერანი *veterani* (n.) veteran
ვეტერანული *veteranuli* (adj.) veteran
ვეტერინარი *veterinari* (adj.) veterinary
ვეტო *veto* (n.) veto
ვეფხვი *vefxvi* (n.) tiger
ვექტორი *veqtori* (n.) vector
ვექტორული *veqtoruli* (adj.) vectorial
ვეშაპი *veSapi* (n.) whale
ვიბრაცია *vibracia* (n.) vibration
ვიდეო *video* (n.) video
ვიდეო ბლოგერი *video blogeri* (n.) videoblogger
ვიდეო თამაში *video TamaSi* (n.) videogaming
ვიდეო კასეტა *video kaseta* (n.) videocassette
ვიდეო ტელეფონი *video telefoni* (n.) videotelephone
ვიდეო წიგნი *video wigni* (n.) videobook
ვიდეოს ჩაწერა *videos CaWera* (v.) videotape
ვიდეოჩანაწერი *videoCanaweri* (n.) videotape
ვივა ხმა *viva xma* (n.) viva voce
ვიზაჟი *vizaJi* (n.) visage
ვიზიტი *viziti* (v.) visit
ვიზიტორი *vizitori* (n.) visitor

ვიზუალიზაცია *vizualizacia* (v.) visualize
ვიზუალური *vizualuri* (adj.) visual
ვილა *vila* (n.) villa
ვილვეტის ნაჭერი *vilvetis naWeri* (n.) whipcord
ვინ *vin* (pron.) who
ვინმე *vinme* (pron.) anyone
ვინმეზე დიდხანს სიცოცხლე *vinmeze didxans sicocxle* (v.) outlive
ვინმეს მხარეს გადასვლა *vinmes mxares gadasvla* (v.) side
ვინტაჟური *vintaJuri* (n.) vintage
ვინც *vinc* (pron.) whoever
ვიოლინო *violino* (n.) violin
ვიოლონჩელო *violonCelo* (n.) cello
ვირთევზა *virTevza* (n.) cod
ვირთხა *virTxa* (n.) rat
ვირი *viri* (n.) donkey
ვირის ყროყინი *viris yroyini* (n.) bray
ვირტუალური *virtualuri* (adj.) virtual
ვირუსი *virusi* (n.) virus
ვირუსული *virusuli* (adj.) virulent
ვირუსულობა *virusuloba* (n.) virulence
ვის *vis* (pron.) whom
ვისგანაც *visganac* (pron.) whichever
ვისი *visi* (pron.) whose
ვისკი *viski* (n.) whisky
ვიტამინი *vitamini* (n.) vitamin
ვიტრინა *vitrina* (n.) showcase
ვიქსენი *viqseni* (n.) vixen
ვიღაც *viRac* (pron.) someone
ვიწრო *viwro* (n.) streamer
ვიწრო გასასვლელი *viwro gasasvleli* (n.) defile
ვიწრო ზოლი *viwro zoli* (n.) strip
ვიწრო სრუტე *viwro srute* (n.) strait
ვნება *vneba* (n.) vehemence
ვნებითი *vnebiTi* (adj.) passive
ვოევრიზმი *voevrizmi* (n.) voyeurism
ვოკალისტი *vokalisti* (n.) vocalist
ვოკალური *vokaluri* (adj.) vocal
ვოლიერი *volieri* (n.) volley
ვოლტი *volti* (n.) volt
ვუალი *vuali* (n.) veil
ვულგარული *vulgaruli* (adj.) vulgar
ვულგარულობა *vulgaruloba* (n.) vulgarity
ვულკანი *vulkani* (n.) volcano
ვულკანის ყელი *vulkanis yeli* (n.) crater
ვულკანური *vulkanuri* (adj.) volcanic
ვუუფ *vuuf* (n.) woof

ზ

ზაზუნა *zazuna* (n.) somersault
ზამთარი *zamTari* (adj.) wintry
ზანტად რაიმეს კეთება *zantad raimes keTeba* (v.) dally
ზანტი *zanti* (n.) slothful
ზარბაზანი *zarbazani* (n.) gun
ზარდახშა *zardaxSa* (n.) casket
ზარი *zari* (n.) jingle
ზარის რეკვა *zaris rekva* (v.) toll
ზარმაცი *zarmaci* (n.) sluggard
ზარმაცობა *zarmacoba* (n.) sloth
ზაფრანა *zafrana* (n.) saffron
ზაფრანული *zafranuli* (adj.) saffron
ზაფხული *zafxuli* (n.) summer
ზე *ze* (prep.) upon
ზეადამიანური *zeadamianuri* (adj.) superhuman
ზებ *zeb* (v.) zeb
ზებგერითი *zebgeriTi* (adj.) supersonic
ზებრა *zebra* (n.) zebra
ზებუნებრივი *zebunebrivi* (adj.) eerie

ზედა zeda (adv.) over
ზედა ფიქსატორი zeda fiqsatori (n.) fixer-upper
ზედა ყბა zeda yba (n.) maxilla
ზედამხედველი zedamxedveli (n.) warder
ზედამხედველობა zedamxedveloba (n.) supervision
ზედაპირი zedapiri (n.) surface
ზედაპირული zedapiruli (adj.) superficial
ზედაპირულობა zedapiruloba (n.) superficiality
ზედმეტ საათებში zedmet saaTebSi (adv.) overtime
ზედმეტად დატვირთვა zedmetad datvirTva (v.) overload
ზედმეტი zedmeti (prep.) up
ზედმეტი გადასახადი zedmeti gadasaxadi (n.) surtax
ზედმეტი საათები zedmeti saaTebi (n.) overtime
ზედმეტი საათების სამუშაო zedmeti saaTebis samuSao (v.) overwork
ზედმეტი წონა zedmeti wona (adj.) overweight
ზედსართავი სახელი zedsarTavi saxeli (n.) adjective
ზევით zeviT (adv.) aloft
ზეთი zeTi (n.) oil
ზეთიანი zeTiani (adj.) oily
ზეთის საღებავი zeTis saRebavi (n.) oil paint
ზეთის ხილი zeTis xili (n.) olive
ზეიმი zeimi (n.) pomp
ზემდგომი zemdgomi (v.) supersede
ზემოდან დაფარვა zemodan dafarva (v.) top
ზემოთ zemoT (adv.) upwards
ზემოქმედება zemoqmedeba (v.) affect

ზემოხსენებული zemoxsenebuli (adj.) aforementioned
ზენიტი zeniti (n.) zenith
ზეპირად zepirad (n.) rote
ზეპირი zepiri (adj.) viva voce
ზეპირი გამოცდა zepiri gamocda (n.) oral
ზეპირი პასუხი zepiri pasuxi (n.) recitation
ზერელე zerele (n.) cursor
ზეფირი zefiri (n.) zephyr
ზეცა zeca (n.) heaven
ზეწარი zewari (n.) sheet
ზვავი zvavi (n.) avalanche
ზვიგენი zvigeni (n.) shark
ზიანი ziani (n.) harm
ზიანის კონტროლი zianis kontroli (n.) damage control
ზიგზაგი zigzagi (n.) zigzag
ზიდვა zidva (v.) pull
ზიზილა zizila (n.) daisy
ზიზღი zizRi (v.) scorn
ზიზღის გრძნობა zizRis grZnoba (v.) loathe
ზმნა zmna (adj.) verbose
ზმნიზედა zmnizeda (adj.) adverbial
ზნეობრივი zneobrivi (adj.) moral
ზნეობრიობა zneobrioba (n.) morality
ზოგი zogi (pron.) some
ზოგჯერ zogjer (adv.) sometimes
ზოდიაქო zodiaqo (n.) zodiac
ზოზინა zozina (adj.) sluggish
ზოლი zoli (n.) stripe
ზომა zoma (n.) size
ზომადი zomadi (adj.) measurable
ზომიერება zomiereba (n.) temperance
ზომიერი zomieri (adj.) temperate
ზომის განსაზღვრა zomis gansazRvra (v.) size

ზონა *zona* (n.) zone
ზონალური *zonaluri* (adj.) zonal
ზონარი *zonari* (n.) tape
ზოოლოგი *zoologi* (n.) zoologist
ზოოლოგია *zoologia* (n.) zoology
ზოოპარკი *zooparki* (n.) zoo
ზორბა *zorba* (adj.) hefty
ზრდა *zrda* (n.) increment
ზრდაში გასწრება *zrdaSi gaswreba* (v.) outgrow
ზრდილობა *zrdiloba* (n.) decency
ზრდილობიანი *zrdilobiani* (adj.) genteel
ზრდისთვის ხელის შეშლა *zrdisTvis xelis SeSla* (v.) dwarf
ზრიალი *zriali* (n.) rasp
ზრუნვა *zrunva* (v.) care
ზუზუნა *zuzuna* (v.) simmer
ზუმერი *zumeri* (n.) buzzer
ზურგი *zurgi* (n.) rear
ზურგის *zurgis* (adj.) rear
ზურგსუკან ავად ხსენება *zurgsukan avad xseneba* (n.) backbiting
ზურგჩანთა *zurgCanTa* (n.) rucksack
ზურმუხტი *zurmuxti* (n.) emerald
ზუსტად *zustad* (adv.) full
ზუსტი *zusti* (adj.) punctual
ზღაპარი *zRapari* (n.) talebook
ზღვა *zRva* (n.) sea
ზღვარზე *zRvarze* (n.) verge
ზღვარი *zRvari* (n.) sideline
ზღვარის გავლება *zRvaris gavleba* (v.) sideline
ზღვარის დადება *zRvaris dadeba* (v.) delimitate
ზღვით გადაზიდვა *zRviT gadazidva* (adj.) seaborne
ზღვით მგზავრობა *zRviT mgzavroba* (v.) cruise
ზღვის *zRvis* (adj.) maritime
ზღვის ბასი *zRvis basi* (n.) sea bass
ზღვის ლომი *zRvis lomi* (n.) sealion
ზღვის მოქცევა და უკუქცევა *zRvis moqceva da ukuqceva* (n.) tide
ზღვის მოქცევისას მოსული *zRvis moqcevisas mosuli* (adj.) tidal
ზღვის მცენარეები *zRvis mcenareebi* (n.) seaweed
ზღვის ნავი *zRvis navi* (n.) sea boat
ზღვის ნაპირი *zRvis napiri* (n.) shore
ზღვის ოკუნი *zRvis okuni* (n.) rockfish
ზღვის პროდუქტები *zRvis produqtebi* (n.) seafood
ზღვის სანაპირო *zRvis sanapiro* (n.) seashore
ზღვის სიხშირე *zRvis sixSire* (n.) seakeeping
ზღვის ტოტი *zRvis toti* (n.) estuary
ზღვის ფრინველები *zRvis frinvelebi* (n.) seabird
ზღვის ქაფი *zRvis qafi* (n.) seafoam
ზღვის ძაღლი *zRvis ZaRli* (n.) sea dog
ზღვის ხშირი ნისლი *zRvis xSiri nisli* (n.) fogbank
ზღვის ჯეკი *zRvis jeki* (n.) seajack
ზღუდე *zRude* (n.) railing
ზღურბლი *zRurbli* (n.) threshold

თ

თაბაშირი *TabaSiri* (n.) alabaster
თაგვი *Tagvi* (n.) mouse
თავაზიანად *Tavazianad* (adv.) kindly
თავაზიანი *Tavaziani* (adj.) polite
თავაზიანობა *Tavazianoba* (v.) vouchsafe
თავბრუდამხვევი *Tavbrudamxvevi* (adj.) giddy

თავბრუსხვევა *Tavbrusxveva* (n.) daziness
თავგადასავალი *Tavgadasavali* (n.) adventure
თავდადება *Tavdadeba* (n.) allegiance
თავდავთარი *TavdavTari* (n.) ledger
თავდასხმა *Tavdasxma* (v.) raid
თავდაყირა *Tavdayira* (adj.) upright
თავდაცვა *Tavdacva* (n.) protection
თავდაჭერილი *TavdaWerili* (adj.) reticent
თავდაჭერილობა *TavdaWeriloba* (n.) reticence
თავდაჯერებული *Tavdajerebuli* (adj.) opinionated
თავზარი *Tavzari* (n.) horror
თავზე შემოსაკრავი *Tavze Semosakravi* (n.) headband
თავზე ხელაღებული *Tavze xelaRebuli* (n.) thug
თავზეხელაღებული *TavzexelaRebuli* (n.) daredevil
თავი *Tavi* (n.) sich
თავიდან აცილება *Tavidan acileba* (v.) shuffle
თავიდანვე *Tavidanve* (n.) inception
თავის არიდება *Tavis arideba* (n.) elusion
თავის გადადება *Tavis gadadeba* (adj.) addicted
თავის დაქნევა *Tavis daqneva* (v) noddle
თავის დაცვა *Tavis dacva* (v.) defend
თავის დახსნა *Tavis daxsna* (n.) deliverance
თავის მოკატუნება *Tavis mokatuneba* (v.) pretend
თავის მოკვეთა *Tavis mokveTa* (v.) decapitate
თავის ტკივილი *Tavis tkivili* (n.) headache
თავის ქალა *Tavis qala* (n.) skull
თავის შეკავება *Tavis Sekaveba* (n.) abstinence
თავისებურად *Taviseburad* (adv.) singularly
თავისებურება *Tavisebureba* (n.) singularity
თავისთავად *TavisTavad* (n.) self
თავისუფალი *Tavisufali* (adj.) roomy
თავისუფლება *Tavisufleba* (n.) liberty
თავკაცი *Tavkaci* (n.) chieftain
თავმდაბალი *Tavmdabali* (v.) mortify
თავმდაბლობა *tavmdabloba* (n.) lowliness
თავმოყრა *Tavmoyra* (n.) congregation
თავმჯდომარე *Tavmjdomare* (n.) commoner
თავმჯდომარეობა *Tavmjdomareoba* (v.) preside
თავნება *Tavneba* (adj.) restive
თავნებობა *Tavneboba* (n.) perversity
თავს მოხვევა *Tavs moxveva* (v.) tout
თავსატეხი *Tavsatexi* (n.) jigsaw
თავსახური *Tavsaxuri* (adj.) cosy
თავსხმა *Tavsxma* (n.) cloudburst
თავქარიანი *Tavqariani* (n.) gay
თავყრილობა *Tavyriloba* (n.) bevy
თავშეკავება *TavSekaveba* (v.) temperate
თავშესაფარი *TavSesafari* (n.) shelter
თავშეუკავებელი *TavSeukavebeli* (adj.) effusive
თავხედი *Tavxedi* (adj.) impertinent
თავხედობა *Tavxedoba* (n.) insolence
თავხედური *Tavxeduri* (adj.) insolent
თათი *TaTi* (n.) paw
თათით შეხება *TaTiT Sexeba* (v.) paw
თათმანი *TaTmani* (n.) gauntlet
თაიგულების სია *Taigulebis sia* (n.) bucket list

თაიგული Taiguli (n.) bouquet
თალგამი Talgami (n.) turnip
თალთვალი TalTvali (n.) voyeur
თალისმანი Talismani (n.) talisman
თამარინდი Tamarindi (n.) tamarind
თამასა Tamasa (n.) lath
თამაში TamaSi (v.) toy
თამაშის დრო TamaSis dro (n.) playdate
თამბაქო Tambaqo (n.) tobacco
თან Tan (prep.) by
თანაარსებობა Tanaarseboba (n.) coexistence
თანაბარი Tanabari (adj.) equal
თანაბარფასიანი Tanabarfasiani (adj.) tantamount
თანაბრად Tanabrad (adv.) evenly
თანაგრძნობა TanagrZnoba (n.) sympathy
თანაგრძნობით TanagrZnobiT (adj.) sympathetic
თანადროული Tanadrouli (adj.) cotemporal
თანავარსკვლავედი Tanavarskvlavedi (n.) constellation
თანაზომიერი Tanazomieri (adj.) proportionate
თანაკლასელი Tanaklaseli (n.) classmate
თანამდებობის პირი Tanamdebobis piri (n.) officer
თანამედროვე Tanamedrove (adj.) stylish
თანამედროვეობა Tanamedroveoba (n.) modernity
თანამონაწილეობა Tanamonawileoba (n.) participation
თანამშრომელი TanamSromeli (n.) co-worker
თანამშრომლობა TanamSromloba (v.) cooperate
თანამცხოვრები Tanamcxovrebi (n.) room-mate
თანასწორი Tanaswori (n.) like
თანასწორობა Tanasworoba (n.) parity
თანატოლი Tanatoli (adj.) peerless
თანაფარდობა Tanafardoba (n.) correlation
თანაშემწე TanaSemwe (n.) helpmate
თანაცხოვრება Tanacxovreba (v.) cohabit
თანდათანობა TandaTanoba (n.) gradation
თანდათანობით TandaTanobiT (adj.) gradual
თანდართვა TandarTva (v.) enclose
თანდაყოლილი Tandayolili (adj.) innate
თანვნება Tanvneba (adj.) perverse
თანმიმდევრობა Tanmimdevroba (n.) sequence
თანმიმდევრული Tanmimdevruli (adj.) successive
თანმხლები Tanmxlebi (n.) chaperone
თანხა Tanxa (n.) sum
თანხების შეგროვება Tanxebis Segroveba (v.) fundraise
თანხის გატანა Tanxis gatana (n.) withdrawal
თანხლება Tanxleba (n.) convoy
თანხმიანობა Tanxmianoba (n.) consonance
თანხმობა Tanxmoba (n.) consent
თანხმოვანი Tanxmovani (n.) consonant
თარგი Targi (n.) stencil
თარგმანი Targmani (n.) translation
თარგმნა Targmna (v.) translate
თარეში TareSi (v.) maraud
თარიღი TariRi (n.) date
თარიღის შემდეგ TariRis Semdeg (v.) post-date

თარო Taro (n.) shelf
თაროზე წიგნების დაწყობა Taroze wignebis dawyoba (v.) shelve
თარჯიმანი Tarjimani (n.) interpreter
თარჯიმნობა Tarjimnoba (v.) interpret
თასმის მოჭერა Tasmis moWera (v.) strap
თაფლი Tafli (n.) honey
თაფლობის თვე Taflobis Tve (n.) honeymoon
თაფლუჭი TafluWi (n.) mead
თაღი TaRi (n.) arch
თაღლითი TaRliTi (n.) swindler
თაღლითობა TaRliToba (n.) trickery
თაყვანისმცემელი Tayvanismcemeli (n.) worshipper
თაყვანისცემა Tayvaniscema (v.) worship
თახვი Taxvi (n.) beaver
თახვის ტყავი Taxvis tyavi (n.) beaverskin
თბილად Tbilad (adv.) tepidly
თბილი Tbili (adj.) warm
თეატრალური Teatraluri (adj.) theatrical
თეატრი Teatri (n.) theatre
თებერვალი Tebervali (n.) February
თეგი Tegi (v.) tag
თევზი Tevzi (n.) fish
თევზის ნაკბენი Tevzis nakbeni (v.) nibble
თევზის ჭერა Tevzis Wera (v.) fish
თეზისი Tezisi (n.) thesis
თეთრა TeTra (n.) tetra
თეთრეული TeTreuli (n.) laundry
თეთრი TeTri (adj.) white
თეთრი თიხა TeTri Tixa (n.) argil
თეიზმი Teizmi (n.) theism
თეისტი Teisti (n.) theist
თემა Tema (n.) topic

თემატიკური Tematikuri (adj.) thematic
თემი Temi (n.) community
თეოკრატია Teokratia (n.) theocracy
თეოლოგია Teologia (n.) theology
თეორემა Teorema (n.) theorem
თეორეტიკოსი Teoretikosi (n.) theorist
თეორია Teoria (n.) theory
თეორიული Teoriuli (adj.) theoretical
თეორიული მსჯელობა Teoriuli msjeloba (v.) theorize
თერაპია Terapia (n.) therapy
თერაპისტი Terapisti (n.) therapist
თერთმეტი TerTmeti (n.) eleven
თერმომეტრი Termometri (n.) thermometer
თერმოსი Termosi (n.) thermos (flask)
თერმული Termuli (adj.) thermal
თესლი Tesli (n.) semen
თეფში TefSi (n.) plate
თექვსმეტი Teqvsmeti (n., adj.) sixteen
თვალახვეული Tvalaxveuli (n.) blindfold
თვალდახუჭული TvaldaxuWuli (n.) calumny
თვალებით თამაში TvalebiT TamaSi (v.) ogle
თვალებით ჭამა TvalebiT Wama (v.) gloat
თვალების ახვევა Tvalebis axveva (v.) avert
თვალთვალი TvalTvali (v.) peep
თვალთვალის სია TvalTvalis sia (n.) tracklist
თვალთმაქცობა TvalTmaqcoba (n.) pretence
თვალი Tvali (n.) eye
თვალის Tvalis (adj.) ocular
თვალის ახვევა Tvalis axveva (v.) hoodwink

თვალის გადავლება Tvalis gadavleba (v.) glance
თვალის დახამხამება Tvalis daxamxameba (v.) blink
თვალის დახუჭვა Tvalis daxuWva (v.) wink
თვალის ექიმი Tvalis eqimi (n.) oculist
თვალის კაკალი Tvalis kakali (n.) eyeball
თვალის ლაინერი Tvalis laineri (n.) eyeliner
თვალის ლაქა Tvalis laqa (n.) eyespot
თვალის მიდევნება Tvalis midevneba (v.) track
თვალის მოკვრა Tvalis mokvra (v.) glimmer
თვალისმომჭრელი TvalismomWreli (adj.) eye-catching
თვალსაზრისი Tvalsazrisi (n.) standpoint
თვალსაფარი Tvalsafari (n.) goggles
თვალყურის დევნება Tvalyuris devneba (n.) trackback
თვალწარმტაცი Tvalwarmtaci (adj.) painstaking
თვალწინ Tvalwin (n.) limelight
თვე Tve (n.) month
თვითანალიზი TviTanalizi (n.) introspection
თვითგამოცხადებული TviTgamocxadebuli (adj.) self-proclaimed
თვითგანადგურება TviTganadgureba (v.) self-destruct
თვითგასამართლება TviTgasamarTleba (v.) lynch
თვითდასაქმებული TviTdasaqmebuli (adj.) self-employed
თვითდაჯერებული TviTdajerebuli (adj.) self-confident
თვითეული TviTeuli (adv.) either
თვითკვლელობა TviTkvleloba (n.) suicide
თვითკმაყოფილი TviTkmayofili (adj.) smug
თვითკონტროლი TviTkontroli (n.) self-control
თვითმარქვია TviTmarqvia (n.) impostor
თვითმასწავლებელი TviTmaswavlebeli (adj.) textbook
თვითმკვლელობა TviTmkvleloba (adj.) suicidal
თვითმომსახურება TviTmomsaxureba (adj.) self-service
თვითმპყრობელი TviTmpyrobeli (n.) autocrat
თვითმრინავის ეკიპაჟი TviTmrinavis ekipaJi (n.) aircrew
თვითმსწავლები TviTmswavlebi (adj.) textbookish
თვითმფრინავი TviTmfrinavi (n.) plane
თვითნაბადი TviTnabadi (adj.) born
თვითნაბადი ოქრო TviTnabadi oqro (n.) nugget
თვითნებური TviTneburi (adj.) arbitrary
თვითონ TviTon (pr.) yourself
თვითშეგნებული TviTSegnebuli (adj.) self-conscious
თვითშეფასება TviTSefaseba (n.) self-esteem
თვითცნობიერება TviTcnobiereba (n.) self-awareness
თვის Tvis (n.) sake
თვის ბოლოკი Tvis boloki (n.) radish
თვისება Tviseba (v.) attribute
თვისებრივი Tvisebrivi (adj.) qualitative
თვლემა Tvlema (v.) slumber
თვრამეტი Tvrameti (n.) eighteen

თიბვა *Tibva* (v.) scythe
თივა *Tiva* (n.) hay
თითბერი *TiTberi* (n.) brasserie
თითი *TiTi* (n.) finger
თითიდან *TiTidan* (n.) fingerstick
თითის მოხატვა *TiTis moxatva* (n.) fingerpaint
თითის პრინტი *TiTis printi* (n.) fingerprint
თითის ფრჩხილი *TiTis frCxili* (n.) fingernail
თითოეულისთვის *TiToeulisTvis* (adv.) apiece
თითქმის *TiTqmis* (adv.) nigh
თილისმა *Tilisma* (n.) mascot
თირკმელზედა ჯირკვალი *Tirkmelzeda jirkvali* (adj.) adrenal
თირკმელი *Tirkmeli* (n.) kidney
თიხა *Tixa* (n.) clay
თიხის *Tixis* (n.) earthenware
თიხის ჭურჭელი *Tixis WurWeli* (n.) pottery
თმა *Tma* (n.) hair
თმის საშრობი *Tmis saSrobi* (n.) hairdryer
თოვა *Tova* (v.) snow
თოვლი *Tovli* (n.) snowfall
თოვლიანი *Tovliani* (adj.) snowy
თოვლის ჩექმა *Tovlis Ceqma* (n.) snow boot
თოთო ბავშვი *ToTo bavSvi* (n.) babe
თოთხმეტი *ToTxmeti* (n.) fourteen
თოკი *Toki* (n.) tie
თოლია *Tolia* (n.) seagull
თოპაზი *Topazi* (n.) topaz
თორმეტი *Tormeti* (n.) twelve
თოფი *Tofi* (n.) snug
თოფის სროლის ჭექა *Tofis srolis Weqa* (v.) crackle
თოხი *Toxi* (n.) mattock
თოჯინა *Tojina* (n.) puppet
თრაში *TraSi* (n.) facet
თრევა *Treva* (v.) tug
თრთოლა *TrTola* (v.) tremble
თსაკუთარი ტავის შეურაცხყოფა *TsakuTari tavis Seuracxyofa* (n.) self-abuse
თუ *Tu* (conj.) if
თუ არა *Tu ara* (conj.) whether
თუთა *TuTa* (n.) mulberry
თუთია *TuTia* (n.) zinc
თუთიყუში *TuTiyuSi* (n.) poll
თუმცა *Tumca* (conj.) though
თურქული ბარდა *Turquli barda* (n.) chickpea
თქმა *Tqma* (v.) tell
თქმის მანერა *Tqmis manera* (n.) parlance
თქმულება *Tqmuleba* (n.) utterance
თხა *Txa* (n.) goat
თხელი *Txeli* (adj.) liquid
თხელი ნისლი *Txeli nisli* (n.) haze
თხზულება *Txzuleba* (n.) composition
თხის რქა *Txis rqa* (n.) capricorn
თხოვნა *Txovna* (n.) request
თხოვნით მიმართვა *TxovniT mimarTva* (v.) plead
თხრილი *Txrili* (n.) trench
თხრობა *Txroba* (v.) recount
თხუთმეტი *TxuTmeti* (n.) fifteen
თხუნელა *Txunela* (n.) mole

ი

იადონი *iadoni* (n.) canary
იავნანა *iavnana* (n.) lullaby
იაკი *iaki* (n.) yak
იალქნიანი გემი *ialqniani gemi* (n.) sailboat

იამბიკური *iambikuri* (adj.) iambic
იანვარი *ianvari* (n.) sty
იარაღი *iaraRi* (v.) wield
იარაღის საწყობი *iaraRis sawyobi* (n.) armoury
იარლიყი *iarliyi* (n.) label
იასამანი *iasamani* (n.) lilac
იატაკი *iataki* (n.) floor
იატაკის დაგება *iatakis dageba* (v.) floor
იატაკის ფიცრები *iatakis ficrebi* (n.) batten
იაფი *iafi* (v.) cheep
იაფია *iafia* (adj.) inexpensive
იახტა *iaxta* (n.) yacht
იახტით სეირნობა *iaxtiT seirnoba* (v.) yacht
იგავი *igavi* (n.) parable
იგივე *igive* (adj.) same
იგნორირება *ignorireba* (n.) ignorance
იდაყვი *idayvi* (n.) elbow
იდეა *idea* (n.) idea
იდეალი *ideali* (n.) ideal
იდეალიზებური *idealizeburi* (v.) idealize
იდეალიზმი *idealizmi* (n.) idealism
იდეალისტი *idealisti* (n.) idealist
იდეალისტური *idealisturi* (adj.) idealistic
იდეალური *idealuri* (adj.) ideal
იდენტიფიკაცია *identifikacia* (n.) identification
იდენტიფიცირება *identificireba* (v.) identify
იდენტური *identuri* (adj.) identical
იდენტურობა *identuroba* (n.) identity
იდიომატური *idiomaturi* (adj.) idiomatic
იდიომი *idiomi* (n.) idiom
იდიოტი *idioti* (n.) idiot
იდიოტიზმი *idiotizmi* (n.) idiocy
იდიოტური *idioturi* (adj.) zany
იდუმალი *idumali* (adj.) cryptic
იენი *ieni* (n.) Yen
იერარქია *ierarqia* (n.) hierarchy
იერიში *ieriSi* (n.) raid
იერიშის უკუგდება *ieriSis ukugdeba* (v.) rebuff
იზობარი *izobari* (n.) isobar
იზოლატორი *izolatori* (n.) insulator
იზოლაცია *izolacia* (n.) seclusion
იზოლირება *izolireba* (v.) isolate
იისფერი *iisferi* (n.) violet
იკონოკლასტიკური *ikonoklastikuri* (adj.) iconoclastic
იკონური *ikonuri* (adj.) iconic
ილუზია *iluzia* (n.) illusion
ილუსტრაცია *ilustracia* (n.) illustration
ილუსტრირებული *ilustrirebuli* (adj.) pictorial
იმ დროიდან *im droidan* (adv.) thereafter
იმ დროს *im dros* (adv.) withal
იმათი *imaTi* (pron.) theirs
იმედგაცრუება *imedgacrueba* (v.) scowl
იმედგაცრუებული *imedgacruebuli* (n.) scowl
იმედი *imedi* (n.) hope
იმედის გადაწყვეტა *imedis gadawyveta* (v.) relinquish
იმედის მიცემა *imedis micema* (adj.) promising
იმედის მომცემი *imedis momcemi* (adj.) budding
იმედის მქონე *imedis mqone* (adj.) hopeful
იმედის ქონა *imedis qona* (v.) hope
იმიგრანტი *imigranti* (n.) immigrant
იმიტატორი *imitatori* (n.) imitator

იმიტაცია *imitacia* (n.) mimesis
იმიტაციური *imitaciuri* (n.) mimicry
იმიტირება *imitireba* (v.) mime
იმიტირებული *imitirebuli* (n.) mocktail
იმპერატიული *imperatiuli* (adj.) imperative
იმპერატორი *imperatori* (n.) empress
იმპერია *imperia* (n.) empire
იმპერიალიზმი *imperializmi* (n.) imperialism
იმპერიული *imperiuli* (adj.) imperial
იმპიჩმენტი *impiCmenti* (n.) impeachment
იმპოტენტი *impotenti* (adj.) impotent
იმპოტენცია *impotencia* (n.) impotence
იმპულსი *impulsi* (n.) momentum
იმპულსური *impulsuri* (adj.) impulsive
იმუნიზაცია *imunizacia* (v.) immunize
იმუნიტეტი *imuniteti* (n.) immunity
იმუნური *imunuri* (adj.) immune
ინა *ina* (n.) remains
ინაუგურაციული *inauguraciuli* (adj.) inaugural
ინგლისური ენა *inglisuri ena* (n.) English
ინგრედიენტი *ingredienti* (n.) ingredient
ინგრედირებული *ingredirebuli* (adj.) ingrained
ინდაური *indauri* (n.) turkey
ინდექსი *indeqsi* (n.) index
ინდიგო *indigo* (n.) indigo
ინდივიდუალიზმი *individualizmi* (n.) individualism
ინდივიდუალური *individualuri* (adj.) peculiar
ინდივიდუალურობა *individualuroba* (n.) individuality

ინდულგენტი *indulgenti* (adj.) indulgent
ინდულგენცია *indulgencia* (n.) indulgence
ინდური *induri* (adj.) Indian
ინდუსტრია *industria* (n.) industry
ინდუსტრიული *industriuli* (adj.) industrial
ინდუქცია *induqcia* (n.) inducement
ინდუქციური *induqciuri* (n.) induct
ინერვაცია *inervacia* (n.) innings
ინერტული *inertuli* (adj.) intrepid
ინერცია *inercia* (n.) inertia
ინექცია *ineqcia* (n.) injection
ინვერსიული *inversiuli* (v.) invert
ინვესტიცია *investicia* (n.) investment
ინვექტური *inveqturi* (n.) invective
ინვოისი *invoisi* (n.) invoice
ინიციატივა *iniciativa* (n.) initiative
ინკარნაცია *inkarnacia* (n.) incarnation
ინკარნაციული *inkarnacia* (adj.) incarnate
ინკვიზიცია *inkvizicia* (n.) inquisition
ინკლუზიური *inkluziuri* (adj.) inclusive
ინკორპორაცია *inkorporacia* (n.) incorporation
ინკორპორაციული *inkorporaciuli* (adj.) incorporate
ინკრიმინირებული *inkriminirebuli* (v.) incriminate
ინკუბაცია *inkubacia* (v.) incubate
ინოვატორი *inovatori* (n.) innovator
ინოვაცია *inovacia* (n.) innovation
ინოკულაცია *inokulacia* (n.) inoculation
ინჟინერი *inJineri* (n.) engineer
ინსექტიციდი *inseqticidi* (n.) insecticide
ინსპექტორი *inspeqtori* (n.) inspector
ინსტალაცია *instalacia* (n.) installation

ინსტინქტი *instinqti* (n.) instinct
ინსტინქტური *instinqturi* (adj.) instinctive
ინსტიტუტი *instituti* (n.) institution
ინსტიქტირება *instiqtireba* (v.) instigate
ინსტრუმენტალისტი *instrumentalisti* (n.) instrumentalist
ინსტრუმენტი *instrumenti* (n.) instrument
ინსტრუმენტული *instrumentuli* (adj.) instrumental
ინსტრუქტაჟი *instruqtaJi* (n.) briefing
ინსტრუქტორი *instruqtori* (n.) instructor
ინსტრუქცია *instruqcia* (n.) instruction
ინსულტი *insulti* (n.) cardiac arrest
ინსცენირება *inscenireba* (n.) pageant
ინტეგრალური *integraluri* (adj.) integral
ინტეგრირება *integrireba* (v.) integrate
ინტეგრირებული მექანიზმი *integrirebuli meqanizmi* (n.) gearset
ინტელექტი *inteleqti* (n.) intelligence
ინტელექტუალი *inteleqtuali* (n.) intellectual
ინტელექტუალური *inteleqtualuri* (adj.) intelligent
ინტელიგენცია *inteligencia* (n.) intelligentsia
ინტენსივობა *intensivoba* (n.) intensity
ინტენსიური *intensiuri* (adj.) intensive
ინტერაქტიული *interaqtiuli* (adj.) interactive
ინტერესი *interesi* (n.) interest
ინტერვალი *intervali* (n.) interval
ინტერვენცია *intervencia* (n.) intervention
ინტერვიუ *interviu* (v.) interview
ინტერიერი *interieri* (adj.) interior
ინტერნატი *internati* (n.) reformatory
ინტერნეტი *interneti* (n.) internet
ინტერჟექცია *interJeqcia* (n.) interjection
ინტიმური *intimuri* (adj.) intimate
ინტიმური ურთიერთობა *intimuri urTierToba* (n.) intimacy
ინტოქსიკაცია *intoqsikacia* (n.) intoxication
ინტრიგა *intriga* (v.) intrigue
ინტრიგნობა *intrignoba* (v.) machinate
ინტროვერტი *introverti* (n.) introvert
ინტროსპექტივა *introspeqtiva* (v.) introspect
ინტუიცია *intuicia* (n.) intuition
ინტუიციური *intuiciuri* (adj.) intuitive
ინფანტილიდი *infantilidi* (n.) infanticide
ინფექცია *infeqcia* (n.) infection
ინფექციური *infeqciuri* (adj.) infectious
ინფიცირება *inficireba* (v.) infect
ინფლაცია *inflacia* (n.) inflation
ინფორმატორი *informatori* (n.) informer
ინფორმაცია *informacia* (n.) information
ინფორმაციის მძებნელი *informaciis mZebneli* (n.) browser
ინფორმაციის ძებნა *informaciis Zebna* (v.) browse
ინფორმაციული *informaciuli* (adj.) informative
ინფორმირება *informireba* (v.) inform
ინფუზია *infuzia* (n.) infusion
ინჩი *inCi* (n.) inch
ინციდენტი *incidenti* (n.) incident
ინჰიბიცია *inhibicia* (n.) inhibition
იოგა *ioga* (n.) yogi
იოგი *iogi* (n.) ligament
იოგურტი *iogurti* (n.) yoghurt
იოდელი *iodeli* (n.) yodel

იონჯა *ionja* (n.) lucerne
იორღა *iorRa* (v.) amble
იოტა *iota* (n.) jot
იპოთეკა *ipoTeka* (n.) mortgage
ირაციონალური *iracionaluri* (adj.) irrational
ირემი *iremi* (n.) stag
ირიბი *iribi* (n.) collateral
ირლანდიელი *irlandieli* (n.) Irish
ირლანდიური *irlandieli* (adj.) Irish
ირლანდიური აქცენტი *irlandiuri aqcenti* (n.) brouge
ირმის ნახტომი *irmis naxtomi* (n.) galaxy
ირმის რქა *irmis rqa* (n.) antler
ირმის ტყავი *irmis tyavi* (n.) doeskin
ირონია *ironia* (n.) irony
ირონიული *ironiuli* (adj.) ironical
ის *is* (adj.) yonder
ის რაც *is rac* (dem. pron.) that
ისარი *isari* (n.) arrow
ისე *ise* (adv.) so
ისე როგორც *ise rogorc* (adv.) as
ისევ *isev* (adv.) again
ისპანახი *ispanaxi* (n.) spinach
ისტერია *isteria* (n.) hysteria
ისტერიული *isteriuli* (adj.) hysterical
ისტორია *istoria* (n.) history
ისტორიამდელი *istoriamdeli* (adj.) prehistoric
ისტორიული *istoriuli* (adj.) historical
იტალიური *italiuri* (adj.) Italian
იტალიური ქუდი *italiuri qudi* (n.) leghorn
იუბილარი *iubilari* (adj.) jubilant
იუდეველი *iudeveli* (n.) jew
იუველირი *iuveliri* (n.) jeweller
იუთუბი *iuTubi* (v.) You Tube
იუმორი *iumori* (n.) humour
იუმორისტი *iumoristi* (n.) humorist
იუმორისტული *iumoristuli* (adj.) jovial
იუპიტერი *iupiteri* (n.) jupiter
იურისდიქცია *iurisdiqcia* (n.) jurisdiction
იურისპრუდენსია *iurisprudensia* (n.) jurisprudence
იურისტი *iuristi* (n.) jurist
იფნის *ifnis* (adj.) ashen
იქ *iq* (n.) yonder
იქით *iqiT* (prep.) through
იქნებოდა *iqneboda* (adj.) would-be
იღბალი *iRbali* (n.) luck
იღბლიანი *iRbliani* (adj.) lucky
იღლია *iRlia* (n.) armpit
იშვიათად *iSviaTad* (adv.) seldom
იშვიათი *iSviaTi* (adj.) tect
იშვიათი მოვლენა *iSviaTi movlena* (n.) rarity
იშვიათობა *iSviaToba* (n.) tect
იძულება *iZuleba* (v.) enforce
იძულებითი *iZulebiTi* (adj.) compulsory
იხედება *ixedeba* (v.) stare
იხვი *ixvi* (n.) duck
იჯარა *ijara* (n.) lease
იჯარით გაცემა *ijariT gacema* (v.) lease

კ

კაბარე *kabare* (n.) cabaret
კაბელი *kabeli* (n.) cable
კაბინა *kabina* (n.) cabin
კაბინეტი *kabineti* (n.) cabinet
კაბრიოლეტი *kabrioleti* (n.) gig
კადენსია *kadensia* (n.) cadence
კადეტი *kadeti* (n.) cadet
კადმიუმი *kadmiumi* (n.) cadmium

კადრი *kadri* (int.) shot
კავალერია *kavaleria* (n.) cavalry
კავერნა *kaverna* (n.) cavern
კაველი *kaveuli* (n.) hardware
კავი *kavi* (n.) hook
კავშირად *kavSirad* (v.) mediate
კავშირი *kavSiri* (n.) union
კავშირის წევრი *kavSiris wevri* (n.) unionist
კაზარმა *kazarma* (n.) casern
კაზინო *kazino* (n.) casino
კატალიზი *kaTalizi* (v.) catalyse
კათარზისი *kaTarzisi* (n.) catharsis
კათედრალი *kaTedrali* (n.) cathedral
კათოლიკე *kaToliki* (adj.) catholic
კათოლიციზმი *kaTolicizmi* (n.) catholicism
კათხი *kaTxi* (n.) goblet
კაკალი *kakali* (n.) walnut
კაკაო *kakao* (n.) cocoa
კაქტუსი *kaktusi* (n.) cactus
კალა *kala* (n.) tin
კალათა *kalaTa* (n.) wicker
კალათბურთი *kalaTburTi* (n.) basketball
კალათი *kalaTi* (n.) basket
კალამბური *kalamburi* (adj.) quirky
კალამი *kalami* (n.) pen
კალაქვა *kalaqva* (n.) potash
კალეიდოსკოპი *kaleidoskopi* (n.) kaleidoscope
კალენდარი *kalendari* (n.) calendar
კალთა *kalTa* (n.) lap
კალიბრაცია *kalibracia* (n.) calibration
კალიბრი *kalibri* (n.) calibre
კალიგრაფია *kaligrafia* (n.) calligraphy
კალიუმი *kaliumi* (n.) potassium
კალკულატორი *kalkulatori* (n.) calculator
კალკულაცია *kalkulacia* (v.) calculate
კალორია *kaloria* (n.) calorie
კალორიული *kaloriuli* (adj.) calorific
კალციუმი *kalciumi* (n.) calcium
კამა *kama* (n.) fennel
კამათი *kamaTi* (v.) quarrel
კამათლები *kamaTlebi* (n.) dice
კამათლის მოთამაშე *kamaTlis moTamaSe* (adj.) dicey
კამეა *kamea* (n.) cameo
კამერა *kamera* (n.) chamber
კამეჩი *kameCi* (n.) buffalo
კამეჩის ტყავი *kameCis tyavi* (n.) buff
კამიკაძე *kamikaZe* (n.) kamikaze
კამლეტი *kamleti* (n.) camlet
კამპანია *kampania* (n.) company
კამპუსი *kampusi* (n.) campus
კამფეტი *kamfeti* (n.) toffee
კამფორი *kamfori* (n.) camphor
კანაბისი *kanabisi* () cannabis
კანალიზაცია *kanalizacia* (n.) sewerage
კანარია *kanaria* (v.) canary
კანაფი *kanafi* (n.) hemp
კანდიდატი *kandidati* (n.) candidate
კანდიდატურა *kandidatura* (n.) candidacy
კანდიდატურის დასახელება *kandidaturis dasaxeleba* (v.) nominate
კანიბალი *kanibali* (n.) cannibal
კანიონი *kanioni* (n.) canyon
კანის გადანერგვა *kanis gadanergva* (n.) transplant
კანისტრი *kanistri* (n.) canister
კანკალი *kankali* (v.) quake
კანონები *kanonebi* (n.) in-laws
კანონი *kanoni* (n.) law
კანონიერად *kanonierad* (adv.) legibly
კანონიერება *kanoniereba* (n.) legality
კანონიერი *kanonieri* (adj.) legitimate

კანონიერი ქმედება kanonieri qmedeba (n.) legal action
კანონის გამოცემა kanonis gamocema (v.) legislate
კანონის დამრღვევი kanonis damrRvevi (n.) malefactor
კანონის დარღვევა kanonis darRveva (v.) transgress
კანონმდებელი kanonmdebeli (n.) legislator
კანონმდებლობა kanonmdebloba (n.) legislation
კანფეტი kanfeti (n.) comfit
კანცელარია kancelaria (n.) chancery
კანცლერი kancleri (n.) chancellor
კაპელანი kapelani (n.) chaplain
კაპილარი kapilari (n.) capillary
კაპიტალად ქცევა kapitalad qceva (v.) capitalize
კაპიტალი kapitali (n.) capital
კაპიტალიზმი kapitalizmi (n.) capitalism
კაპიტალისტი kapitalisti (n.) capitalist
კაპიტანი kapitani (n.) captain
კაპიტნის წოდება kapitnis wodeba (n.) captaincy
კაპიშონი kapiSoni (n.) hood
კაპოტი kapoti (n.) bonnet
კაპრიზი kaprizi (n.) vagary
კაპუჩინო kapuCino (n.) cappuccino
კაპჩა kapCa (n.) captcha
კარადა karada (n.) wardrobe
კარავი karavi (n.) tent
კარამელი karameli (n.) caramel
კარატი karati (n.) karat
კარაქი karaqi (n.) butter
კარბიდი karbidi (n.) carbide
კარბუნკული karbunkuli (n.) cabuncle
კარგად kargad (adv.) well
კარგად გაკეთებული kargad gakeTebuli (adj.) well-to-do
კარგად გამოვა kargad gamova (adj.) well off
კარგად შემნახველი kargad Semnaxveli (adj.) retentive
კარგად ცნობილი kargad cnobili (adj.) well-known
კარგად-წაკითხული kargad-wakiTxuli (adj.) well-read
კარგი kargi (adj.) okay
კარდამონი kardamoni (n.) cardamom
კარდინალი kardinali (n.) cardinal
კარდიოგრაფი kardiografi (n.) cardiograph
კარდიოლოგი kardiologi (n.) cardigan
კარდიოლოგია kardiologia (n.) cardiology
კარდიოსტიმულატორი kardiostimulatori (n.) pacemaker
კარების მიჯახუნება karebis mijaxuneba (v.) slam
კარვის გამკეთებელი karvis gamkeTebeli (n.) tentmaker
კარი kari (n.) winch
კარიბჭე karibWe (n.) portal
კარიერა kariera (n.) career
კარიესი kariesi (adj.) carious
კარიკატურა karikatura (n.) caricature
კარის ზარი karis zari (n.) doorbell
კარის ღილაკი karis Rilaki (n.) doorknob
კარისკაცი kariskaci (n.) courtier
კარკასი karkasi (n.) shearwall
კარნავალი karnavali (n.) carnival
კარნახი karnaxi (n.) dictation
კარტელი karteli (n.) cartel
კარტი karti (n.) card
კარტის ჩასვლა kartis Casvla (v.) discard
კარტოგრაფი kartografi (n.) cartographer
კარტოფილი kartofili (n.) potato

კარტრიჯი *kartriji* (n.) cartridge
კარუსელი *karuseli* (n.) carousel
კასეტა *kaseta* (n.) cassette
კასკადი *kaskadi* (n.) cascade
კასრი *kasri* (n.) cask
კასტა *kasta* (n.) caste
კასტელანი *kastelani* (n.) castellan
კასტერი *kasteri* (n.) caster
კასტორი *kastori* (n.) castor
კასტორის ზეთი *kastoris zeTi* (n.) castor oil
კასტრაცია *kastracia* (n.) gelding
კასტრირებული *kastrirebuli* (adj.) gelded
კატა *kata* (n.) tomcat
კატაკლიზმა *kataklizma* (n.) cataclysm
კატალიზატორი *katalizatori* (n.) catalyzer
კატალოგი *katalogi* (n.) catalogue
კატარაქტა *kataraqta* (n.) cataract
კატარღა *katarRa* (n.) cutter
კატასტროფა *katastrofa* (n.) catastrophe
კატასტროფული *katastrofuli* (adj.) catastrophic
კატების ბრძოლა *katebis brZola* (n.) catfight
კატეგორია *kategoria* (n.) category
კატეგორიზაცია *kategorizacia* (v.) catagorize
კატეგორიული *kategoriuli* (adj.) categorical
კატისებრი *katisebri* (adj.) feline
კატისებური *katiseburi* (n.) felinity
კატლეტი *katleti* (n.) cutlet
კატორღული *katorRuli* (adj.) penal
კაუდალური *kaudaluri* (adj.) caudal
კაუსტიკური *kaustikuri* (adj.) caustic
კაუჩუკის ხე *kauCukis xe* (n.) rubber tree
კაუციონი *kaucioni* (n.) caution
კაფე *kafe* (n.) cafe
კაფეტერია *kafeteria* (n.) cafeteria
კაფირი *kafiri* (n.) kaffir
კაფსულა *kafsula* (n.) capsule
კაფსულაში მოქცევა *kafsulaSi moqceva* (v.) encapsulate
კაფსულური *kafsuluri* (adj.) capsular
კაშკაშა *kaSkaSa* (adj.) lucent
კაშკაშა სინათლე *kaSkaSa sinaTle* (n.) glare
კაშკაში *kaSkaSi* (n.) sparkle
კაშხალი *kaSxali* (n.) weir
კაცი *kaci* (n.) man
კაცობრიობა *kacobrioba* (n.) manliness
კაცური *kacuri* (adj.) masculine
კბენა *kbena* (v.) sting
კბილანა-თვალი *kbilana-Tvali* (n.) gearwheel
კბილი *kbili* (n.) tooth
კბილის ამოსვლა *kbilis amosvla* (v.) teethe
კბილის ექიმი *kbilis eqimi* (n.) dentist
კბილის ტკივილი *kbilis tkivili* (n.) toothache
კედარი *kedari* (n.) cedar
კედელი *kedeli* (n.) wall
კეთება *keteba* (v.) mob
კეთილგანწყობა *keTilganwyoba* (n.) benevolence
კეთილგანწყობილება *keTilganwyobileba* (adj.) favourable
კეთილგანწყობილი *keTilganwyobili* (adj.) benevolent
კეთილგონიერება *keTilgoniereba* (n.) discretion
კეთილგონიერი *keTilgonieri* (adj.) sane
კეთილდღეობა *keTildReoba* (n.) welfare
კეთილი *keTili* (adj.) kind

კეთილი იყოს თქვენი მობრძანება *keTili iyos Tqveni mobrZaneba* (v.) welcome
კეთილმოსურნე *keTilmosurne* (n.) benefactor
კეთილსინდისიერი *keTilsindisieri* (adj.) bonafide
კეთილშობილი *keTilSobili* (adj.) honourable
კეთილშობილურად *keTilSobilurad* (adv.) nobly
კეთილშობილური *keTilSobiluri* (adj.) noble
კეთრი *keTri* (n.) leprosy
კეთროვანი *keTrovani* (adj.) leprous
კეკლუცი *kekluci* (n.) coquette
კემპინგი *kempingi* (n.) campsite
კემსვა *kemsva* (v.) mend
კენგურუ *kenguru* (n.) kangaroo
კენკვა *kenkva* (v.) peck
კენტავრი *kentavri* (n.) centaur
კენტი *kenti* (adj.) odd
კენწერო *kenwero* (n.) top
კენჭი *kenWi* (n.) pebble
კეპი *kepi* (n.) cap
კერა *kera* (n.) hearth
კერამიკა *keramika* (n.) ceramics
კერვა *kerva* (v.) stitch
კერნელი *kerneli* (n.) kernel
კერპთაყვანისმცემელი *kerpTayvanismcemeli* (n.) idolater
კერპი *kerpi* (n.) idol
კერძო *kerZo* (adj.) private
კერძო საუბარი *kerZo saubari* (n.) tete-a-tete
კერძოდ *kerZod* (adv.) namely
კეტჩუპი *ketCupi* (n.) ketchup
კეფა *kefa* (n.) occipital
კეფის *kefis* (adj.) occipital
კვალდაკვალ მიყოლა *kvaldakval miyola* (v.) retrace
კვალი *kvali* (v.) traunch
კვალის მიგნება *kvalis migneba* (v.) trail
კვალიფიკაცია *kvalifikacia* (n.) qualification
კვანძი *kvanZi* (n.) node
კვარტალურად *kvartalurad* (adj.) quarterly
კვარცხლბეკი *kvarcxlbeki* (n.) pedestal
კვება *kveba* (n.) nutrition
კვერთხი *kverTxi* (n.) sceptre
კვერნა *kverna* (n.) marten
კვერცხი *kvercxi* (n.) testicle
კვერცხის გული *kvercxis guli* (n.) yolk
კვერცხის ხარშვა *kvercxis xarSva* (v.) poach
კვერცხუჯრედი *kvercxujredi* (n.) ovum
კვეხნა *kvexna* (v.) boast
კვიპაროსი *kviparosi* (n.) dacoit
კვირა *kvira* (n.) week
კვირტის გამოტანა *kvirtis gamotana* (v.) burgeon
კვიცი *kvici* (n.) foal
კვიცის მოგება *kvicis mogeba* (v.) foal
კვლა *kvla* (v.) slay
კვლავ შეძენა *kvlav SeZena* (v.) recover
კვნესა *kvnesa* (v.) groan
კვორუმი *kvorumi* (n.) quorum
კვრინვა *kvrinva* (n.) purr
კიბე *kibe* (n.) staircase
კიბერ *kiber* (adj.) cyber
კიბერ ბულინგი *kiber bulingi* (n.) cyberbullying
კიბერდანაშაული *kiberdanaSauli* (n.) cybercrime
კიბერკაფე *kiberkafe* (n.) cybercafé
კიბერჩატი *kiberCati* (n.) cyberchat
კიბო *kibo* (n.) crayfish
კიბორჩხალა *kiborCxala* (n.) crab
კიდე *kide* (n.) extremity

კიდევ *kidev* (adj.) else
კიდეც *kidec* (adv.) even
კიდობანი *kidobani* (n.) ark
კიდური *kiduri* (n.) limb
კივილი *kivili* (adj.) outcry
კითხვა *kiTxva* (v.) read
კითხვარი *kiTxvari* (n.) questionnaire
კითხვის დასმა *kiTxvis dasma* (v.) question
კიკინი *kikini* (v.) bleat
კილოგრამი *kilogrami* (n.) kilogram
კინემაიკური *kinemaikuri* (adj.) cinematic
კინემატოგრაფია *kinematografia* (n.) cinematography
კინეტიკური *kinetikuri* (adj.) kinetic
კინკლაობა *kinklaoba* (v.) bicker
კინოთეატრი *kinoTeatri* (n.) cinema
კინოკომედია *kinokomedia* (n.) comic
კიოსკი *kioski* (n.) kiosk
კირი *kiri* (n.) lime
კირიანი ნივთიერების მოშორება *kiriani nivTierebis moSoreba* (v.) decalcifiy
კირით შეთეთრება *kiriT SeTeTreba* (v.) lime
კისერი *kiseri* (n.) neck
კისრის წაგრძელება *kisris wagrZeleba* (v.) rubberneck
კისტა *kista* (n.) cyst
კიტრი *kitri* (n.) cucumber
კიჩო *kiCo* (n.) stern
კლავიატურა *klaviatura* (n.) keypad
კლაკნა *klakna* (v.) snake
კლაკნი *klakni* (n.) bight
კლანი *klani* (n.) clan
კლარნეტი *klarneti* (n.) clarinet
კლასებად დაყოფა *klasebad dayofa* (v.) classify
კლასელი *klaseli* (n.) schoolmate
კლასი *klasi* (n.) class
კლასიკური *klasikuri* (adj.) classical
კლასიფიკაცია *klasifikacia* (n.) classification
კლასიფიცირებული *klasificirebuli* (adj.) classified
კლაუსტროფობია *klaustrofobia* (n.) claustrophobia
კლდე *klde* (n.) rock
კლდიდან თოკით ჩამოსვლა *kldidan TokiT Camosvla* (v.) abseil
კლემენტინი *klementini* (n.) clementine
კლიენტი *klienti* (n.) client
კლივე *klive* (v.) clive
კლინიკა *klinika* (n.) clinic
კლინიკური *klinikuri* (adj.) clinical
კლიპერი *kliperi* (n.) clipper
კლიტე *klite* (n.) lock
კლიშე *kliSe* (n.) cliché
კლონი *kloni* (n.) clone
კლოუნი *klouni* (n.) clown
კლოუნის ქუდი *klounis qudi* (n.) foolscap
კლუბი *klubi* (n.) club
კმაყოფილება *kmayofileba* (n.) satisfaction
კნუტი *knuti* (n.) kitten
კოალა *koala* (n.) koala
კოალიცია *koalicia* (n.) coalition
კოაქსიალური *koaqsialuri* (n.) coaxial
კობრა *kobra* (n.) cobra
კობრი *kobri* (n.) carp
კოდექსი *kodeqsi* (n.) code
კოდირება *kodireba* (n.) coding
კოდირებული ტექსტი *kodirebuli teqsti* (n.) decrypt
კოეფიციენტი *koeficienti* (adj.) constant
კოეფიცინეტი *koeficineti* (n.) coefficient
კოვზი *kovzi* (n.) spoon

კოვზით სავსე *kovziT savse* (n.) spoonful
კოკაინი *kokaini* (n.) cocaine
კოკარდა *kokarda* (n.) cockade
კოკისპირული წვიმა *kokispiruli wvima* (v.) shower
კოკორი *kokori* (n.) bud
კოლაგენი *kolageni* (n.) collagen
კოლაჟი *kolaJi* (n.) compilation
კოლეგა *kolega* (n.) colleague
კოლექტიური *koleqtiuri* (adj.) collective
კოლექცია *koleqcia* (n.) collection
კოლექციონერი *koleqcioneri* (n.) forager
კოლეჯი *koleji* (n.) college
კოლიკა *kolika* (n.) colic
კოლონია *kolonia* (n.) colony
კოლონიური *koloniuri* (adj.) colonial
კოლოსალური *kolosaluri* (adj.) colossal
კომა *koma* (n.) coma
კომატოზი *komatozi* (adj.) comatose
კომბალი *kombali* (n.) cudgel
კომბინაცია *kombinacia* (n.) combination
კომბოსტო *kombosto* (n.) cabbage
კომბოსტოს სალათი *kombostos salaTi* (n.) coleslaw
კომედია *komedia* (n.) comedy
კომენდანტი *komendanti* (n.) commandant
კომენდატის საათი *komendatis saaTi* (n.) curfew
კომენტარები *komentarebi* (n.) commentary
კომენტატორი *komentatori* (n.) commentator
კომერსანტი *komersanti* (n.) merchant
კომერციული *komerciuli* (adj.) mercantile
კომეტა *kometa* (n.) comet
კომიკოსი *komikosi* (n.) comedian
კომიკური *komikuri* (adj.) comic
კომისია *komisia* (n.) commissure
კომიტეტი *komiteti* (n.) committee
კომოდი *komodi* (n.) commode
კომპანია *kompania* (n.) party
კომპასი *kompasi* (n.) compass
კომპაქტური *kompaqturi* (adj.) compact
კომპენსაცია *kompensacia* (n.) compensation
კომპენსირება *kompensireba* (v.) offset
კომპეტენტური *kompetenturi* (adj.) competent
კომპიუტერი *kompiuteri* (n.) computer
კომპიუტერიზაცია *kompiuterizacia* (v.) computerize
კომპლექტი *kompleqti* (n.) suite
კომპლიმენტი *komplimenti* (n.) compliment
კომპოზიტორი *kompozitori* (n.) compositor
კომპონენტი *komponenti* (n.) deponent
კომპოსტი *komposti* (n.) compost
კომპრესორი *kompresori* (n.) compressor
კომპრომისი *kompromisi* (n.) compromise
კომუნალური *komunaluri* (n.) utility
კომუნიზმი *komunizmi* (n.) communism
კომუნიკაბელური *komunikabeluri* (adj.) sociable
კომუნიკაბელურობა *komunikabeluroba* (n.) sociability
კომუნისტი *komunisti* (n.) communist
კონა *kona* (n.) sheaf
კონგლომერატი *konglomerati* (n.) conglomerate
კონდესატი *kondesati* (n.) condensate

კონდიცირებული ჰაერი *kondicirebuli haeri* (n.) air conditioning
კონდორი *kondori* (n.) condor
კონვეიერი *konveieri* (n.) conveyor
კონვერტი *konverti* (n.) envelope
კონვექცია *konveqcia* (n.) convection
კონკურენტი *konkurenti* (n.) competitor
კონსენსუსი *konsensusi* (adj.) consensual
კონსერვატორი *konservatori* (adj.) conservative
კონსპექტი *konspeqti* (n.) synopsis
კონსტიტუცია *konstitucia* (n.) constitution
კონსტრუქცია *konstruqcia* (n.) locution
კონსული *konsuli* (n.) consul
კონსულის *konsulis* (adj.) consular
კონსულტანტი *konsultanti* (n.) consultant
კონსულტაცია *konsultacia* (n.) consultation
კონტაქტი *kontaqti* (v.) contact
კონტექსტი *konteqsti* (n.) context
კონტიგენტი *kontigenti* (n.) contingent
კონტინენტის მცხოვრები *kontinentis mcxovrebi* (adj.) continental
კონტრაბანდა *kontrabanda* (n.) contraband
კონტრაბანდისტი *kontrabandisti* (n.) smuggler
კონტრაბანდობა *kontrabandoba* (v.) smuggle
კონტრალტო *kontralto* (n.) alto
კონტრასტით გამოყოფა *kontrastiT gamoyofa* (v.) foil
კონტრაქტი *kontraqti* (n.) contract
კონტრაქტორი *kontraqtori* (n.) contractor
კონტრაცეპტივი *kontraceptivi* (n.) contraceptive
კონტრაცეფცია *kontracefcia* (n.) contraception
კონტრიერიში *kontrieriSi* (n.) counter-attack
კონტროლერი *kontroleri* (n.) controller
კონტროლირება *kontrolireba* (v.) invigilate
კონტუზია *kontuzia* (n.) contusion
კონტუზიით დაშავება *kontuziiT daSaveba* (v.) contuse
კონუსისებრი *konusisebri* (adj.) conical
კონფედერაცია *konfederacia* (n.) confederation
კონფერენცია *konferencia* (n.) conference
კონფიგურაცია *konfiguracia* (v.) configure
კონფიდენციალური *konfidencialuri* (adj.) confidential
კონფისკაცია *konfiskacia* (n.) forfeiture
კონფლიქტი *konfliqti* (n.) conflict
კონფორმისტი *konformisti* (n.) conformist
კონცენტრაცია *koncentracia* (n.) concentration
კონცენტრირება *koncentrireba* (v.) concentrate
კონცენტრული *koncentruli* (adj.) concentric
კონცერტი *koncerti* (n.) concert
კონცხი *koncxi* (n.) cape
კოოპერაცია *kooperacia* (n.) cooperation
კოოპერაციული *kooperaciuli* (adj.) cooperative
კოორდინაცია *koordinacia* (n.) coordination

კოპების შეკვრა kopebis Sekvra (v.) purse
კოპირება kopireba (n.) copier
კოპწია kopwia (n.) dandy
კოპწიაობა kopwiaoba (n.) preen
კორდი kordi (n.) turf
კორდონი kordoni (n.) cordon
კორესპონდენტი korespondenti (n.) correspondent
კორიდორი koridori (n.) lobby
კორნეტი korneti (n.) cornet
კორონაცია koronacia (n.) coronation
კორპი,საცობი korpi,sacobi (n.) cork
კორპორაცია korporacia (n.) corporation
კორპორაციული korporaciuli (adj.) corporate
კორტიზონი kortizoni (n.) cortisone
კორუმპირებული korumpirebuli (adj.) corrupt
კორუფცია korufcia (n.) corruption
კოსმეტიკა kosmetika (n.) cosmetic
კოსმეტიკური საშუალება kosmetikuri saSualeba (adj.) cosmetic
კოსმოპოლიტი kosmopoliti (adj.) cosmopolitan
კოსმოსი kosmosi (n.) cosmos
კოსმოსური kosmosuri (adj.) extraterrestrial
კოსმოსური ხომალდი kosmosuri xomaldi (n.) spacecraft
კოსტიუმი kostiumi (n.) suit
კოსტუმი kostumi (n.) costume
კოტეჯი koteji (n.) cottage
კოტონი kotoni (n.) cotton
კოფეინი kofeini (n.) caffeine
კოქსად ქცევა koqsad qceva (v.) coke
კოქტეილი koqteili (n.) cocktail
კოღო koRo (n.) mosquito
კოშკი koSki (n.) tower

კოშმარი koSmari (n.) nightmare
კოცნა kocna (n.) smack
კოცნითი kocniTi (adj.) oscular
კოცონი koconi (n.) bonfire
კოჭა koWa (n.) ginger
კოჭას თაფლაკვერი koWas Taflakveri (n.) gingerbread
კოჭი koWi (n.) reel
კოხტად ჩაცმული koxtad Cacmuli (adj.) dapper
კრავი kravi (n.) lambkin
კრაზანა krazana (n.) gadfly
კრამიტი kramiti (n.) tile
კრამიტით დახურვა kramitiT daxurva (v.) tile
კრება kreba (n.) meeting
კრების მომწვევი krebis momwvevi (n.) convener
კრედიტორი kreditori (n.) creditor
კრევეტი kreveti (n.) crevet
კრემატორიუმი krematoriumi (n.) crematorium
კრემაცია kremacia (n.) cremation
კრემირება kremireba (v.) cremate
კრეოლი kreoli (n.) creole
კრეპი krepi (n.) crepe
კრეტინი kretini (n.) cretin
კრეფა krefa (v.) pluck
კრიალი kriali (n.) gloss
კრიალოსანი krialosani (n.) rosary
კრიზისი krizisi (n.) slump
კრილი krili (n.) krill
კრიოგენეტიკა kriogenetika (n.) cryogenics
კრიპტოგრაფია kriptografia (n.) cryptography
კრიჟანგი kriJangi (adj.) stingy
კრისტალი kristali (n.) crystal
კრიტერიუმი kriteriumi (n.) criterion
კრიტიკა kritika (n.) critique

კრიტიკოსი *kritikosi* (n.) critic
კრიტიკული *kritikuli* (adj.) critical
კრიტიკული შენიშვნა *kritikuli SeniSvna* (n.) stricture
კრუასანი *kruasani* (n.) croissant
კრუნჩხვა *krunCxva* (n.) cramp
კრუტუნი *krutuni* (v.) purr
კუ *ku* (n.) turtle
კუბი *kubi* (n.) cube
კუბიტი *kubiti* (n.) cubit
კუბო *kubo* (n.) cullet
კუბური *kuburi* (adj.) cubical
კუდი *kudi* (n.) tail
კუდიანი *kudiani* (n.) crone
კუვეტე *kuvete* (n.) cuvette
კუზი *kuzi* (n.) hunch
კუთვნება *kuTvneba* (v.) belong
კუთვნილება *kuTvnileba* (n.) appliance
კუთვნილებანი *kuTvnilebani* (n.) belongings
კუთხე *kuTxe* (n.) corner
კუთხის *kuTxis* (adj.) angular
კუთხოვანი *kuTxovani* (adj.) jerky
კულისები *kulisebi* (adv.) backstage
კულმინაცია *kulminacia* (n.) acme
კულტი *kulti* (n.) cult
კულტურა *kultura* (n.) culture
კულტურული *kulturuli* (adj.) cultural
კულული *kululi* (v.) curl
კუმშვა *kumSva* (n.) shrinkage
კუნელი *kuneli* (n.) hawthorn
კუნთი *kunTi* (n.) muscle
კუნთოვანი *kunTovani* (adj.) muscular
კუნძული *kunZuli* (n.) isle
კუპიდონი *kupidoni* (n.) cupid
კუპლეტი *kupleti* (n.) couplet
კუპონი *kuponi* (n.) cupon
კუპრი *kupri* (n.) tar
კურდღელი *kurdReli* (n.) hare
კურთხევა *kurTxeva* (v.) sanctify
კურთხეული *kurTxeuli* (adj.) blessed
კურიერი *kurieri* (n.) courier
კურიოზი *kuriozi* (n.) curiosity
კურიოზული *kuriozuli* (adj.) curious
კურკუმინი *kurkumini* (n.) curcumin
კურსივით *kursiviT* (n.) italics
კურსით *kursiT* (adj.) italic
კურტიზანი *kurtizani* (n.) courtesan
კუტი *kuti* (n.) cripple
კუტიურე *kutiure* (n.) couture
კუჭი *kuWi* (n.) stomach
კუჭის *kuWis* (adj.) gastric

ლ

ლაბირინთი *labirinTi* (n.) warren
ლაბორატორია *laboratoria* (n.) laboratory
ლაბორატორიული *laboratoriuli* (adj.) laborious
ლაგამი *lagami* (n.) bridle
ლაგუნა *laguna* (n.) lagoon
ლავა *lava* (n.) lava
ლავანდა *lavanda* (n.) lavender
ლავაში *lavaSi* (n.) flatbread
ლავრა *lavra* (n.) chrysalis
ლაკონიური *lakoniuri* (adj.) laconic
ლაკონური *lakonuri* (adj.) concise
ლალი *lali* (n.) ruby
ლამა *lama* (n.) lama
ლამაზად *lamazad* (adv.) nicely
ლამაზი *lamazi* (adj.) sightly
ლამმპა *lammpa* (n.) lamp
ლანგარი *langari* (n.) tray
ლანგრით მიტანა *langriT mitana* (v.) tray
ლანდშაფტი *landSafti* (n.) landscape
ლანუგო *lanugo* (n.) lanugo

ლანცეტური *lanceturi* (adj.) lancet
ლანძღვა *lanZRva* (v.) rail
ლაპარაკი *laparaki* (n.) talkativeness
ლაჟვარდოვანი *laJvardovani* (n.) azure
ლატარია *lataria* (n.) lottery
ლაურეატი *laureati* (n.) laureate
ლაფსუსი *lafsusi* (n.) blunder
ლაქა *laqa* (n.) stigma
ლაქებით დაფარული *laqebiT dafaruli* (adj.) maculate
ლაქი *laqi* (n.) varnish
ლაქია *laqia* (n.) lackey
ლაქის გარეშე *laqis gareSe* (adj.) spotless
ლაქტატი *laqtati* (v.) lactate
ლაქტომეტრი *laqtometri* (n.) lactometer
ლაშქარი *laSqari* (n.) troop
ლაშქრობა *laSqroba* (n.) trek
ლეგენდა *legenda* (n.) legend
ლეგენდარული *legendaruli* (adj.) legendary
ლეგიონერი *legioneri* (n.) legionary
ლეგიონი *legioni* (n.) legion
ლეთალგიური *leTalgiuri* (adj.) lethargic
ლეთარგია *leTargia* (n.) lethargy
ლეიბი *leibi* (n.) mattress
ლეიტენანტი *leitenanti* (n.) lieutenant
ლეკვი *lekvi* (n.) puppy
ლენტი *lenti* (n.) ribbon
ლენტის შემოხვევა *lentis Semoxveva* (v.) tape
ლენჩი *lenCi* (v.) gawk
ლეოპარდი *leopardi* (n.) leopard
ლეპტოპი *leptopi* (n.) laptop
ლექსი *leqsi* (n.) verse
ლექსიკა *leqsika* (n.) vocabulary
ლექსიკოგრაფია *leqsikografia* (n.) lexicography
ლექსიკონი *leqsikoni* (n.) lexicon
ლექტორი *leqtori* (n.) lecturer
ლექცია *leqcia* (n.) lecture
ლექცია მგზავრობაზე *leqcia mgzavrobaze* (n.) travelogue
ლექციის კითხვა *leqciis kiTxva* (v.) lecture
ლეღვი *leRvi* (n.) fig
ლეში *leSi* (n.) caracass
ლიბერალიზმი *liberalizmi* (n.) liberalism
ლიბერალური *liberaluri* (adj.) liberal
ლიგა *liga* (n.) league
ლივლივი *livlivi* (v.) flaunt
ლივრია *livria* (n.) livery
ლითონი *liToni* (n.) metal
ლითონის საამქრო *liTonis saamqro* (n.) foundry
ლითონური *liTonuri* (adj.) metallic
ლიკვიდაცია *likvidacia* (n.) liquidation
ლილვი *lilvi* (n.) shaft
ლიმონათი *limonaTi* (n.) lemonade
ლიმონი *limoni* (n.) lemon
ლინზა *linza* (n.) lens
ლირიკა *lirika* (n.) lyric
ლირიკოსი *lirikosi* (n.) lyricist
ლირიკული *lirikuli* (adj.) lyric
ლიტერატურა *literatura* (n.) literature
ლიტერატურული *literaturuli* (adj.) literary
ლიტრატორი *litratori* (n.) litterateur
ლიტრი *litri* (n.) litre
ლიფი *lifi* (n.) bra
ლიფტი *lifti* (n.) elevator
ლიცენზია *licenzia* (n.) licence
ლობიო *lobio* (n.) bean
ლოგარითმი *logariTmi* (n.) logarithm
ლოგიკა *logika* (n.) logic
ლოგიკური *logikuri* (adj.) logical

ლოგინად ჩავარდნილი *loginad Cavardnili* (adj.) bedridden
ლოგინი *logini* (n.) bed
ლოგინის გადასაფარებელი *loginis gadasafarebeli* (n.) bedcover
ლოგინის თეთრეული *loginis TeTreuli* (n.) bedding
ლოგისტიკოსი *iogistikosi* (n.) logician
ლოდი *lodi* (n.) block
ლოდინი *lodini* (n.) wait
ლოზუნგი *lozungi* (n.) slogan
ლოთი *loTi* (n.) drunkard
ლოიალისტი *loialisti* (n.) loyalist
ლოკალიზება *lokalizeba* (v.) localize
ლოკვა *lokva* (v.) lick
ლოკოკინა *lokokina* (n.) snail
ლოკომოტივი *lokomotivi* (n.) locomotive
ლომი *lomi* (n.) lion
ლომის *lomis* (adj.) leonine
ლორდი *lordi* (n.) lord
ლორწო *lorwo* (n.) slime
ლორწოვანი *lorwovani* (adj.) slimy
ლოტოსი *lotosi* (n.) lotus
ლოქო *loqo* (n.) catfish
ლოქუსი *loqusi* (n.) locus
ლოყა *loya* (n.) cheek
ლოცვა *locva* (n.) prayer
ლოცვა-კურთხვა *locva-kurTxva* (n.) blessing
ლპობა *lpoba* (n.) rot
ლტოლვა *ltolva* (n.) yearning
ლტოლვილი *ltolvili* (n.) refugee
ლუდი *ludi* (n.) bier
ლუდის ქარხანა *ludis qarxana* (n.) brewery
ლუდსახარში *ludsaxarSi* (n.) microbrewery
ლურსმანი *lursmani* (n.) nail
ლურჯი *lurji* (n.) blue
ლურჯი საღებავი *lurji saRebavi* (n.) cobalt
ლუღლუღი *luRluRi* (v.) gibber
ლხენა *lxena* (v.) exult
ლხინი *lxini* (n.) revel

მ

მაგალითი *magaliTi* (n.) instance
მაგარი *magari* (adj.) hard
მაგია *magia* (n.) magic
მაგიდა *magida* (n.) table
მაგივრად *magivrad* (n.) lieu
მაგისტრატურა *magistratura* (n.) magistracy
მაგიური *magiuri* (adj.) magical
მაგმა *magma* (n.) magma
მაგნატი *magnati* (n.) magnate
მაგნეტიზმი *magnetizmi* (n.) magnetism
მაგნიტი *magniti* (n.) magnet
მაგნიტიზმის ჩახშობა *magnitizmis CaxSoba* (v.) demagnetize
მაგნიტური *magnituri* (adj.) magnetic
მაგრად *magrad* (adv.) fast
მაგრად მომუშავე *magrad momuSave* (adj.) hard-working
მაგრამ *magram* (adv.) though
მადა *mada* (n.) appetite
მადანი *madani* (n.) ore
მადის მომგვრელი *madis momgvreli* (n.) appetizer
მადლი *madli* (n.) benefaction
მადლიერი *madlieri* (adj.) grateful
მადლობა *madloba* (n.) thanks
მადლობელი *madlobeli* (adj.) thankful
მადლობის თქმა *madlobis Tqma* (v.) thank

მავზოლეუმი *mavzoleumi* (n.) mausoleum
მავთული *mavTuli* (n.) wire
მავნე *mavne* (adj.) malicious
მავნებელი *mavnebeli* (n.) wrecker
მათ *maT* (pron.) them
მათარა *maTara* (n.) flask
მათემატიკა *maTematika* (n.) mathematics
მათემატიკოსი *maTematikosi* (n.) mathematician
მათემატიკური *maTematikuri* (adj.) mathematical
მათი *maTi* (adj.) their
მათრახი *maTraxi* (n.) lash
მათხოვარი *maTxovari* (n.) vagabond
მათხოვრული *maTxovruli* (adj.) vagabond
მაიმუნი *maimuni* (n.) monkey
მაისი *maisi* (n.) May
მაკადამია *makadamia* (n.) macadamia
მაკარონი *makaroni* (n.) noodle
მაკი *maki* (n.) mack
მაკიაჟი *makiaJi* (n.) makeover
მაკრატელი *makrateli* (n.) shears
მაკრობიოტიკური *makrobiotikuri* (adj.) macrobiotic
მაკროსფერო *makrosfero* (n.) macrosphere
მაკროფიბრი *makrofibri* (n.) macrofibre
მაკროცეფალია *makrocefalia* (n.) macrocephaly
მალადროიტი *maladroiti* (adj.) maladroit
მალამო *malamo* (n.) balm
მალარია *malaria* (n.) tertian
მალარიული *malariuli* (n.) tertiary
მალე *male* (adv.) soon
მალვაზია *malvazia* (n.) malmsey
მალულად *malulad* (adv.) stealthily
მალულად მოპარვა *malulad moparva* (v.) shoplift
მალულად შეხედვა *malulad Sexedva* (n.) peep
მალული *maluli* (adj.) covert
მამა *mama* (n.) father
მამაკაცი *mamakaci* (n.) male
მამაკაცის პერანგი *mamakacis perangi* (n.) shirt
მამაკაცის სექსუალობის დაკარგვა *mamakacis seqsualobis dakargva* (n.) demasculinization
მამაკაცური *mamakacuri* (adj.) male
მამალი *mamali* (n.) cock
მამალი ბატი *mamali bati* (n.) gander
მამალი ფუტკარი *mamali futkari* (n.) drone
მამაცი *mamaci* (adj.) valiant
მამაცობა *mamacoba* (n.) prowess
მამის მკვლელი *mamis mkvleli* (n.) parricide
მამისმკვლელი *mamismkvleli* (n.) patricide
მამობრივი *mamobrivi* (adj.) paternal
მამონტი *mamonti* (n.) mammoth
მამონტური *mamonturi* (adj.) mammoth
მამრობითი *mamrobiTi* (adj.) manlike
მანამდე *manamde* (conj.) while
მანგანუმი *manganumi* (n.) manganese
მანგო *mango* (n.) mango
მანდატი *mandati* (n.) mandate
მანდილოსანი *mandilosani* (n.) dame
მანევრი *manevri* (v.) manoeuvre
მანეთი *maneTi* (n.) rouble
მანეკენი *manekeni* (n.) mannequin
მანია *mania* (n.) mania
მანიაკი *maniaki* (n.) maniac
მანიკური *manikuri* (n.) manicure
მანიპულირება *manipulireba* (n.) manipulation

მანიფესტაცია *manifestacia* (v.) manifest
მანიფესტი *manifesti* (n.) manifesto
მანიშნებელი *maniSnebeli* (adj.) indicative
მანკიერი *mankieri* (adj.) vicious
მანჟეტი *manJeti* (n.) cuff
მანტია *mantia* (n.) robe
მანქანა *manqana* (n.) vehicle
მანქანაზე ბეჭვდა *manqanaze beWvda* (v.) type
მანქანები *manqanebi* (n.) machinery
მანქანის აუტანლობა *manqanis autanloba* (adj.) carry
მანქანის მართვა *manqanis marTva* (v.) steer
მანქანის საკეტი *manqanis saketi* (n.) carlock
მანქანური *manqanuri* (adj.) machine-made
მანძილი *manZili* (n.) extent
მარაგი *maragi* (n.) store
მარადისობა *maradisoba* (n.) eternity
მარადიული *maradiuli* (adv.) eternally
მარადმწვანე მცენარე *maradmwvane mcenare* (n.) evergreen
მარადწმვანე *maradwmvane* (adj.) evergreen
მარათონი *maraToni* (n.) marathon
მარანი *marani* (n.) cellar
მარგალიტი *margaliti* (n.) pearl
მარგარინი *margarini* (n.) margarine
მარგებელი *margebeli* (adj.) salutary
მარდი *mardi* (adj.) limber
მართალი *marTali* (adj.) truthful
მართებული *marTebuli* (adj.) relevant
მართვა *marTva* (v.) rule
მართვადი *marTvadi* (n.) teleguide
მართკუთხა *marTkuTxa* (adj.) rectangular
მართკუთხედი *marTkuTxedi* (n.) rectangle
მართლაც *marTlac* (int.) really
მართლწერა *marTlwera* (n.) spelling
მარილი *marili* (n.) salt
მარილიანი *mariliani* (adj.) savoury
მარილიანი წყალი *mariliani wyali* (adj.) brackish
მარილწყალი *marilwyali* (n.) pickle
მარიონეტი *marioneti* (n.) marionette
მარკა *marka* (n.) brand
მარკერი *markeri* (n.) scorer
მარკირება *markireba* (n.) branding
მარმარილო *marmarilo* (n.) marble
მარმელადი *marmeladi* (n.) marmalade
მარსი *marsi* (n.) Mars
მარტი *marti* (n.) March
მარტივი *martivi* (adj.) simple
მარტინეტი *martineti* (n.) martinet
მარტო *marto* (adj.) alone
მარტოობა *martooba* (n.) solitude
მარტორქა *martorqa* (n.) rhinoceros
მარტოხელა *martoxela* (adj.) lone
მარტოხელათა წვეულება *martoxelaTa wveuleba* (n.) bachelor party
მარყუჟი *maryuJi* (n.) noose
მარშალი *marSali* (n.) marshal
მარში *marSi* (n.) march
მარშით სვლა *marSiT svla* (v.) march
მარშრუტი *marSruti* (n.) route
მარცვალი *marcvali* (n.) grain
მარცვლეული *marcvleuli* (n.) scruple
მარცხენა *marcxena* (adj.) left
მარცხენა მხარე *marcxena mxare* (n.) left
მარცხი *marcxi* (n.) fiasco
მარცხის განცდა *marcxis gancda* (v.) fail

მარცხნივ მოხვევა marcxniv moxveva (v.) evert
მარწუხი marwuxi (n. pl.) tongs
მარწყვი marwyvi (n.) strawberry
მარხულობა marxuloba (n.) fast
მარჯანი marjani (n.) coral
მარჯვე marjve (adj.) skilful
მარჯვენა marjvena (adj.) right
მას შემდეგ mas Semdeg (conj.) since
მასა masa (n.) mass
მასაზრდოებელი masazrdoebeli (adj.) nutritive
მასალა masala (n.) material
მასაჟი masaJi (n.) massage
მასაჟისტი masaJisti (n.) masseur
მასიამოვნებელი masiamovnebeli (adj.) delectable
მასიურად მოსპობა masiurad mospoba (v.) decimation
მასიური masiuri (adj.) massive
მასკარადი maskaradi (n.) masquerade
მასობრივი მოძრაობა masobrivi moZraoba (n.) bandwagon
მასონი masoni (n.) mason
მასტერკლასი masterklasi (n.) master class
მასტურბაცია masturbacia (v.) masturbate
მასშტაბი masStabi (n.) scale
მასშტაბირება masStabireba (v.) zoom
მასწავლებელი maswavlebeli (n.) teacher
მასწავლებლების ცენტრული maswavleblebis centruli (adj.) teacher centric
მასხრად აგდება masxrad agdeba (v.) taunt
მატადორი matadori (n.) matador
მატარებელი matarebeli (n.) train
მატარებლის მარცხი matareblis marcxi (n.) derailment

მატერიალიზება materializeba (v.) materialize
მატერიალიზმი materializmi (n.) materialism
მატერიალური materialuri (adj.) material
მატიანე matiane (n.pl.) annals
მატლი matli (n.) wormwood
მატონიზებელი matonizebeli (adj.) tonic
მატრიარქი matriarqi (n.) matriarch
მატრიცა matrica (n.) matrix
მატრიციდური matriciduri (adj.) matricidal
მატყლი matyli (n.) wool
მატყლიანი matyliani (adj.) woollen
მატყლის matylis (n.) woollen
მატყუარა matyuara (n.) trickster
მატჩი matCi (n.) match
მაუწყებელი mauwyebeli (n.) herald
მაფია mafia (n.) mafia
მაქინაცია maqinacia (n.) machination
მაქმანის maqmanis (adj.) lacy
მაქსიმალურად maqsimalurad (adj.) utmost
მაქსიმალური maqsimaluri (adj.) maximum
მაქსიმიზაცია maqsimizacia (v.) maximize
მაქსიმუმი maqsimumi (n.) maximum
მაღაზია maRazia (n.) shopbook
მაღაზიის მეპატრონე maRaziis mepatrone (n.) shopkeeper
მაღაზიის მფლობელი maRaziis mflobeli (n.) shopowner
მაღაზიის სართული maRaziis sarTuli (n.) shopfloor
მაღაზიის შენახვა maRaziis Senaxva (n.) shopkeep
მაღაზიის შესასვლელი maRaziis Sesasvleli (n.) shopfront

მაღალი *maRali* (adj.) tall
მაღალი დონის *maRali donis* (n.) nick
მაღაროელი *maRaroeli* (n.) miner
მაღლა *maRla* (n.) upstart
მაღლა აწევა *maRla aweva* (v.) heave
მაღლობი *maRlobi* (n.) dais
მაყალი *mayali* (n.) barbecue
მაყვალი *mayvali* (n.) maulstick
მაყურებელი *mayurebeli* (n.) spectator
მაყუჩი *mayuCi* (n.) snuff
მაშინ *maSin* (adv.) then
მაშინდელი *maSindeli* (adj.) then
მაშინვე *maSinve* (adv.) straightway
მაჩვენებელი *maCvenebeli* (n.) indicator
მაჩვი *maCvi* (n.) badger
მაცდუნებელი *macdunebeli* (adj.) seductive
მაცდური *macduri* (n.) tempter
მაცთუნებელი *macTunebeli* (adj.) deceptive
მაცივარი *macivari* (n.) refrigerator
მაცნე *macne* (n.) bellhop
მაცხოვრებლები *macxovreblebi* (n.) gel
მაძებარი *maZebari* (n.) ferret
მაწანწალა *mawanwala* (n.) straggler
მაწონი *mawoni* (v.) sour
მაჭანკალი *maWankali* (n.) matchmaker
მახე *maxe* (n.) trap
მახვილგონივრული *maxvilgonivruli* (adj.) witty
მახვილი *maxvili* (n.) witticism
მახინჯი *maxinji* (adj.) ugly
მახრჩობელა გველი *maxrCobela gveli* (n.) boa
მაჯა *maja* (n.) wrist
მაჰუთი *mahuTi* (n.) mahout
მბეჭდავი *mbeWdavi* (n.) printer
მბრძანებლური *mbrZanebluri* (adj.) bossy
მბრწყინავი *mbrwyinavi* (n.) glitter
მგელი *mgeli* (n.) wolf
მგზავრი *mgzavri* (n.) wayfarer
მგზავრობა *mgzavroba* (v.) travel
მგზნებარე *mgznebare* (adj.) passionate
მგოსანი *mgosani* (n.) bard
მგრძნობელობა *mgrZnobeloba* (n.) sensitivity
მგრძნობიარე *mgrZnobiare* (adj.) sensuous
მგრძნობიარე ადგილი *mgrZnobiare adgili* (n.) quick
მდგომარეობა *mdgomareoba* (n.) circumstance
მდგრადობა *mdgradoba* (v.) sustain
მდე *mde* (prep.) until
მდებარეობა *mdebareoba* (n.) posture
მდედრობითი სქესი *mdedrobiTi sqesi* (adj.) female
მდევარი *mdevari* (n.) chaser
მდელობი *mdelobi* (n.) meadow
მდიდარი *mdidari* (adj.) wealthy
მდიდრული *mdidruli* (adj.) palatial
მდივანი *mdivani* (n.) secretary
მდინარე *mdinare* (n.) stream
მდოგვი *mdogvi* (n.) mustard
მდუღარე *mduRare* (v.) ebulliate
მე *me* (pron.) me
მე თვითონ *me TviTon* (pron.) myself
მეათასე *meaTase* (adj.) thousandth
მეათე *meaTe* (adj.) tenth
მეათედი ნაწილი *meaTedi nawili* (n.) tithe
მეამბოხე *meamboxe* (adj.) seditious
მეამბოხური *meamboxuri* (adj.) rebellious
მეანი *meani* (n.) obstetrician

მეანი ქალი *meani qali* (n.) midwife
მებარგული *mebarguli* (n.) porter
მებაღე *mebaRe* (n.) grower
მებაღეობა *mebaReoba* (n.) horticulture
მებრძოლი *mebrZoli* (n.) militant
მეგალიტი *megaliti* (n.) megalith
მეგალიტური *megalituri* (adj.) megalithic
მეგამარკეტი *megamarketi* (n.) megastore
მეგაფონი *megafoni* (n.) megaphone
მეგობარი *megobari* (n.) friend
მეგობრობა *megobroba* (n.) amity
მეგობრული *megobruli* (n.) kindness
მეგრული *megruli* (n.) mongrel
მედალი *medali* (n.) medal
მედალიონი *medalioni* (n.) locket
მედალოსანი *medalosani* (n.) medallist
მედიდური სვლა *mediduri svla* (n.) strut
მედიკი *mediki* (n.) medic
მედიცინა *medicina* (n.) physic
მედღეურა *medReura* (n.) ephemera
მეეზოვე *meezove* (n.) janitor
მეექვსე *meeqvse* (adj.) sixth
მევიოლინე *mevioline* (n.) violinist
მეზობელი *mezobeli* (n.) neighbour
მეზობლური *mezobluri* (adj.) neighbourly
მეზღაპრე *mezRapre* (n.) talebearer
მეზღვაურები *mezRvaurebi* (n.) seahorse
მეზღვაური *mezRvauri* (n.) voyager
მეთაური *meTauri* (n.) principle
მეთაურობა *meTauroba* (v.) head
მეთევზე *meTevze* (n.) fisherman
მეთექვსმეტე *meTeqvsmete* (adj.) sixteenth
მეთოდი *meTodi* (n.) method
მეთოდური *meToduri* (adj.) methodical
მეთორმეტე *meTormete* (adj.) twelfth
მეთორმეტე ნაწილი *meTormete nawili* (n.) twelfth
მეთუთუნე *meTuTune* (n.) potter
მეკარე *mekare* (n.) goalkeeper
მეკობრე *mekobre* (n.) pirate
მეკობრეობა *mekobreoba* (v.) pirate
მეკორიდორე *mekoridore* (n.) bellboy
მელანი *melani* (n.) ink
მელანქოლია *melanqolia* (n.) melancholia
მელანქოლიური *melanqoliuri* (adj.) melancholic
მელია *melia* (n.) fox
მელნის *melnis* (n.) inkling
მელოდია *melodia* (n.) tune
მელოდიური *melodiuri* (adj.) melodious
მელოდრამა *melodrama* (n.) melodrama
მელოდრამული *melodramuli* (adj.) melodramatic
მელოტი *meloti* (adj.) bald
მემანქანე *memanqane* (n.) typist
მემარცხენე *memarcxene* (n.) leftist
მემატიანე *mematiane* (n.) annalist
მემკვიდრე *memkvidre* (n.) successor
მემკვიდრეობა *memkvidreoba* (n.) legacy
მემკვიდრეობითი *memkvidreobiTi* (adj.) hereditary
მემორიალი *memoriali* (n.) memorial
მემუარები *memuarebi* (n.) memoir
მენავე *menave* (n.) boatman
მენეჯერი *menejeri* (n.) manager
მენეჯერული *menejeruli* (adj.) managerial

მენეჯმენტი menejmenti (n.) management
მენინგიტი meningiti (n.) meningitis
მენიუ meniu (n.) menu
მენიჩბე meniCbe (n.) oarsman
მენოპაუზა menopauza (n.) menopause
მენსტრები menstrebi (n.) menses
მენსტრუალური menstrualuri (adj.) menstrual
მენსტრუაცია menstruacia (n.) menstruation
მენტორი mentori (n.) mentor
მეოთხე meoTxe (adv.) forth
მეოთხედი meoTxedi (n.) quarter
მეომარი meomari (n.) warrior
მეომრული meomruli (adj.) belligerent
მეორადი meoradi (adj.) second-hand
მეორე meore (adj.) second
მეორეც meorec (adv.) secondly
მეორეხარისხოვანი meorexarisxovani (adj.) secondary
მეოცე meoce (adj.) twentieth
მეოცე ნაწილი meoce nawili (n.) twentieth
მეოცნებე meocnebe (adj.) dreamy
მეპატრონე mepatrone (n.) master
მერგელი mergeli (n.) marl
მერიდიანი meridiani (n.) meridian
მერცხალი mercxali (n.) swallow
მერწყული merwyuli (n.) aquarius
მერხი merxi (n.) desk
მესაკუთრეს mesakuTres (adj.) proprietary
მესამე mesame (adj.) third
მესამედ mesamed (adv.) thirdly
მესამედი ნაწილი mesamedi nawili (n.) third
მესამეული mesameuli (adj.) tertiary
მესამოცე mesamoce (adj.) sixtieth

მესერი meseri (n.) hurdle
მესია mesia (n.) messiah
მესპილენძე mespilenZe (n.) tinker
მესტვირე mestvire (n.) bagpiper
მეტად metad (adv.) too
მეტად მგრძნობიარე metad mgrZnobiare (adj.) touchy
მეტალურგია metalurgia (n.) metallurgy
მეტამორფოზა metamorfoza (n.) metamorphosis
მეტაფიზიკური metafizikuri (adj.) metaphysical
მეტაფოზიკა metafozika (n.) metaphysics
მეტაფორა metafora (n.) metaphor
მეტეორი meteori (n.) meteor
მეტეორიზმი meteorizmi (n.) flatulence
მეტეოროლოგი meteorologi (n.) meteorologist
მეტეოროლოგია meteorologia (n.) meteorology
მეტეორული meteoruli (adj.) meteoric
მეტი meti (prep.) past
მეტი წონის ქონა meti wonis qona (v.) outweigh
მეტისმეტად metismetad (adj.) faulty
მეტისმეტად გრძელი metismetad grZeli (adj.) lengthy
მეტისმეტად დიდი დოზა metismetad didi doza (n.) overdose
მეტისმეტად დიდი დოზის მიცემა metismetad didi dozis micema (v.) overdose
მეტისმეტად მაღალი ფასი metismetad maRali fasi (n.) overcharge
მეტისმეტი metismeti (adj.) excessive
მეტოქე metoqe (n.) rival
მეტოქეობა metoqeoba (v.) rival
მეტრაჟი metraJi (n.) footage

მეტრი *metri* (n.) metre
მეტრის *metris* (adj.) metrical
მეტრო *metro* (n.) metro
მეტრული *metruli* (adj.) metric
მეტსახელი *metsaxeli* (n.) nickname
მეტყევე *metyeve* (n.) sylviculturist
მეტყველება *metyveleba* (n.) speech
მეურვე *meurve* (n.) sentinel
მეურვეობა *meurveoba* (n.) wardship
მეურნეობა *meurneoba* (n.) farm
მეუღლე *meuRle* (n.) spouse
მეფე *mefe* (n.) king
მეფის *mefis* (adj.) regal
მეფის მკვლელი *mefis mkvleli* (n.) regicide
მეფის მფარველი *mefis mfarveli* (n.) viceroy
მეფობა *mefoba* (n.) reign
მეფრინველე *mefrinvele* (n.) fowler
მეფუტკრე *mefutkre* (n.) beekeeper
მეფუტკრეობა *mefutkreoba* (n.) apiculture
მექალთანე *meqalTane* (n.) womaniser
მექანიზმი *meqanizmi* (n.) mechanism
მექანიკა *meqanika* (n.) mechanics
მექანიკოსი *meqanikosi* (n.) mechanic
მექანიკური *meqanikuri* (adj.) mechanical
მეშახტე *meSaxte* (n.) pitman
მეშვეობით *meSveobiT* (prep.) via
მეშვიდე *meSvide* (adj.) seventh
მეშუშე *meSuSe* (n.) glazier
მეჩეთი *meCeTi* (n.) mosque
მეჩვიდმეტე *meCvidmete* (adj.) seventeenth
მეცამეტე *mecamete* (adj.) thirteenth
მეცამეტე ნაწილი *mecamete nawili* (n.) thirteenth
მეცეცხლური *mececxluri* (n.) stoker
მეცნიერება *mecniereba* (n.) science
მეცნიერი *mecnieri* (n.) scientist
მეცნიერულად *mecnierulad* (adj.) scholarly
მეცნიერული ხარისხის მქონე *mecnieruli xarisxis mqone* (n.) graduate
მეცხოველეობა *mecxoveleoba* (n.) animal husbandry
მეცხრამეტე *mecxramete* (adj.) nineteenth
მეცხრე *mecxre* (adj.) ninth
მეძავი *meZavi* (n.) strumpet
მეძაობა *meZaoba* (v.) prostitute
მეწარმე *mewarme* (n.) entrepreneur
მეწარმეობა *mewarmeoba* (adj.) venturesome
მეწისქვილე *mewisqvile* (n.) miller
მეწყერი *mewyeri* (n.) rockfall
მეჭეჭი *meWeWi* (n.) wart
მეჭორე *meWore* (n.) telltale
მეხი *mexi* (n.) thunder
მეხსიერება *mexsiereba* (n.) souvenir
მეხსიერების აღდგენა *mexsierebis aRdgena* (n.) evocation
მეჯინიბე *mejinibe* (n.) groom
მზა *mza* (adj.) stock
მზადება *mzadeba* (v.) qualify
მზადყოფნა *mzadyofna* (n.) readiness
მზაკვრული *mzakvruli* (adj.) seamy
მზარეული *mzareuli* (n.) cook
მზარეულობა *mzareuloba* (v.) cook
მზე *mze* (n.) sun
მზერა *mzera* (v.) gaze
მზიანი *mziani* (adj.) sunny
მზიდავი *mzidavi* (n.) carrier
მზითევი *mziTevi* (n.) dowery
მზის *mzis* (adj.) solar
მზის ამოსვლა *mzis amosvla* (n.) sunrise
მზის დამწვრობა *mzis damwvroba* (n.) sunburn

მზის პანელი mzis paneli (n.) solar panel
მზის სხივი mzis sxivi (n.) sunlight
მზის ჩასვლა mzis Casvla (n.) sunset
მზრუნველი mzrunveli (n.) trustee
მზრუნველობა mzrunveloba (n.) solicitude
მთა mTa (n.) mountain
მთავარი mTavari (adj.) staple
მთავარი გმირი mTavari gmiri (n.) protagonist
მთავარი დარტყმა mTavari dartyma (n.) brunt
მთავრობა mTavroba (n.) government
მთავრობის ბიულეტინი mTavrobis biuletini (n.) gazette
მთავრობის სტრუქტურა mTavrobis struqtura (n.) polity
მთამსვლელი mTamsvleli (n.) rock climber
მთელი mTeli (adj.) whole
მთელი გულით mTeli guliT (adj.) whole-hearted
მთელი რაოდენობა mTeli raodenoba (n.) totality
მთელი წლის mTeli wlis (adj.) perennial
მთვარე mTvare (n.) moon
მთვარის mTvaris (adj.) lunar
მთვარის შუქი mTvaris Suqi (n.) moonlight
მთვლელი mTvleli (n.) meter
მთვლემარე mTvlemare (adj.) dormant
მთიანი mTiani (adj.) mountainous
მთის მწვერვალი mTis mwvervali (n.) alp
მთლიანად mTlianad (adj.) full
მთლიანი mTliani (adj.) total
მთლიანი ფორმა mtliani forma (adj.) omniform
მთლიანის ნაწილს mTlianis nawils (prep.) of
მთლიანობა mTlianoba (n.) integrity
მთრიმლავი mTrimlavi (n.) tanner
მთქნარება mTqnareba (v.) yawn
მთხოვნელი mTxovneli (n.) suitor
მთხრობელი mTxrobeli (n.) teller
მიალგია mialgia (n.) myalgia
მიახლოება miaxloeba (v.) approach
მიახლოებით miaxloebiT (adv.) approximately
მიბაძვა mibaZva (n.) simile
მიბეგვა mibegva (v.) hide
მიბმა mibma (v.) tether
მიბნევა mibneva (v.) pin
მიგრანტი migranti (n.) migrant
მიგრაცია migracia (n.) migration
მიდრეკილება midrekileba (n.) proclivity
მიდრეკილების ქონა midrekilebis qona (v.) incline
მივარდნა mivardna (v.) rush
მიზანთროპი mizanTropi (n.) misanthrope
მიზანი mizani (n.) purpose
მიზანმიმართული mizanmimarTuli (adj.) pointful
მიზანშეწონილი mizanSewonili (adj.) expedient
მიზანშეწონილობა mizanSewoniloba (n.) practicability
მიზეზი mizezi (n.) reason
მიზეზობრივი mizezobrivi (n.) causality
მიზეზობრივი ურთიერთობა mizezobrivi urTierToba (n.) causation
მიზიდვა mizidva (v.) gravitate
მიზიდულება miziduleba (n.) attraction
მიზიდულობა miziduloba (n.) gravitation

მიზღვა *mizRva* (n.) retaliation
მითვისება *miTviseba* (n.) misappropriation
მითი *miTi* (n.) mythical
მითითება *miTiTeba* (n.) intimation
მითიური *miTiuri* (adj.) mythical
მითოლოგია *miTologia* (n.) mythology
მითოლოგიური *miTologiuri* (adj.) mythological
მითრიდატი *miTridati* (n.) mithridate
მიკერძოება *mikerZoeba* (n.) partiality
მიკერძოებული *mikerZoebuli* (adj.) biased
მიკვრა *mikvra* (n.) adhesion
მიკროლოგია *mikrologia* (n.) micrology
მიკრომეტრი *mikrometri* (n.) micrometer
მიკროპრინტი *mikroprinti* (n.) microprint
მიკროპროცესორი *mikroprocesori* (n.) microprocessor
მიკროსკოპი *mikroskopi* (n.) microscope
მიკროსკოპიული *mikroskopiuli* (adj.) microscopic
მიკროტალღური *mikrotalRuri* (n.) microwave
მიკროფირი *mikrofiri* (n.) microfilm
მიკროფონი *mikrofoni* (n.) microphone
მიკუთვნებულობა *mikuTvnebuloba* (n. pl) paraphernalia
მილენიუმი *mileniumi* (n.) millennium
მილი *mili* (n.) tube
მილიანი *miliani* (adj.) tubular
მილიარდელი *miliardeli* (n.) billionaire
მილიარდი *miliardi* (n.) billion
მილიონერი *milioneri* (n.) millionaire
მილიონი *milioni* (n.) million
მილიცია *milicia* (n.) militia

მილოცვა *milocva* (int.) felicitations
მილსადენი *milsadeni* (n.) pipe
მიმაგრება *mimagreba* (v.) fasten
მიმართვა *mimarTva* (n.) treatment
მიმართულება *mimarTuleba* (n.) direction
მიმატება *mimateba* (v.) append
მიმდევარი *mimdevari* (n.) adherent
მიმდინარე *mimdinare* (adj.) tenor
მიმდინარეობა *mimdinareoba* (n.) tenor
მიმზიდველი *mimzidveli* (adj.) quaint
მიმზიდველობა *mimzidveloba* (n.) grace
მიმი *mimi* (n.) mime
მიმიკა *mimika* (v.) mimic
მიმიკური *mimikuri* (adj.) mimic
მიმნდობი *mimndobi* (adj.) credulous
მიმომხილველი *mimomxilveli* (n.) columnist
მიმოფანტვა *mimofantva* (v.) fuzz
მიმოფანტული *mimofantuli* (v.) diffuse
მიმოქცევა *mimoqceva* (n.) circulation
მიმოხილვა *mimoxilva* (v.) review
მიმსგავსება *mimsgavseba* (v.) assimilate
მიმტანი *mimtani* (n.) butler
მიმტანი(კაცი) *mimtani(kaci)* (n.) waiter
მიმტანი(ქალი) *mimtani(qali)* (n.) waitress
მიმღებ-გადამცემი *mimReb-gadamcemi* (n.) transceiver
მიმღები *mimRebi* (n.) recipient
მინა *mina* (n.) glass
მინაბოჭკოვანი *minaboWkovani* (n.) fibreglass
მინანქარი *minanqari* (n.) enamel
მინარევი *minarevi* (n.) alloy
მინარეთი *minareTi* (n.) minaret

მინდვრად *mindvrad* (adv.) afield
მინდობა *mindoba* (v.) trust
მინდობით აღზრდა *mindobiT aRzrda* (n.) foster care
მინდობილობა *mindobiloba* (v.) warrant
მინდორი *mindori* (n.) margin
მინების ჩასმა *minebis Casma* (v.) glaze
მინერალოგია *mineralogia* (n.) mineralogy
მინერალოლოგი *mineralologi* (n.) mineralogist
მინერალური *mineraluri* (adj.) mineral
მინიატურა *miniatura* (n.) miniature
მინიატურული *miniaturuli* (adj.) miniature
მინიმალური *minimaluri* (adj.) minimal
მინიმუმი *minimumi* (adj.) minimum
მინისებური *miniseburi* (v.) glassify
მინისტრი *ministri* (n.) minster
მინიშნება *miniSneba* (n.) clue
მინიჭება *miniWeba* (v.) confer
მინუსი *minusi* (prep.) minus
მინუსკულატი *minuskulati* (adj.) minuscule
მინქსი *minqsi* (n.) minx
მიოზი *miozi* (n.) myosis
მიოპია *miopia* (n.) myopia
მიოპიური *miopiuri* (adj.) myopic
მიპატიჟება *mipatiJeba* (n.) engagement
მირაჟი *miraJi* (n.) mirage
მირტყმა *mirtyma* (n.) slap
მისაბმელი *misabmeli* (n.) trailer
მისაბმელიანი მანქანა *misabmeliani manqana* (n.) sidecar
მისადგომი *misadgomi* (adj.) approachable
მისაკუთრება *misakuTreba* (v.) assume
მისალმება *misalmeba* (v.) salute
მისამართი *misamarTi* (n.) address
მისამღერი *misamReri* (n.) refrain
მისაღები *misaRebi* (adj.) admissible
მისაღებობა *misaReboba* (n.) acceptability
მისაღწევი *misaRwevi* (adj.) obtainable
მისაწვდომი *misawvdomi* (adj.) reachable
მისი *misi* (pron.) his
მისი უარყოფა *misi uaryofa* (v.) waive
მისია *misia* (n.) mission
მისიონერი *misioneri* (n.) missionary
მისის,მისუს *misis,misus* (n.) missis, missus
მისონი *misoni* (n.) monsoon
მისს *miss* (n.) miss
მისტიკური *mistikuri* (n.) mystique
მისტიური *mistiuri* (adj.) mystic
მისტიფიკაცია *mistifikacia* (v.) mystify
მისტიციზმი *misticizmi* (n.) mysticism
მისწრაფება *miswrafeba* (v.) aspire
მისჯა *misja* (v.) condemn
მისჯილი *misjili* (v.) convict
მიტანა *mitana* (n.) offering
მიტაცება *mitaceba* (v.) hold
მიტოვება *mitoveba* (v.) forsake
მიტოვებული *mitovebuli* (adj.) forlorn
მიტრა *mitra* (n.) mitre
მიტროპოლიტი *mitropoliti* (n.) metropolitan
მიტყუება *mityueba* (v.) allure
მიუკერძოებელი *miukerZoebeli* (adj.) impartial
მიუკერძოებლობა *miukerZoebloba* (n.) impartiality
მიუღებელი *miuRebeli* (adj.) unacceptable
მიუწვდომელი *miuwvdomeli* (adj.) unachievable

მიუხედავად ამისა *miuxedavad amisa* (conj.) nevertheless
მიფუჩეჩება *mifuCeCeba* (v.) bungle
მიქცევა *miqceva* (n.) ebb
მიღება *miReba* (n.) taker
მიღება-გადაცემა *miReba-gadacema* (v.) transceive
მიღებულია *miRebulia* (adj.) accepted
მიღწევა *miRweva* (n.) follow-up
მიყოლა *miyola* (v.) follow
მიყურადება *miyuradeba* (v.) overhear
მიჩვევა *miCveva* (v.) accustom
მიჩნევა *miCneva* (v.) consider
მიჩქმალვა *miCqmalva* (v.) burke
მიცემა *micema* (v.) waft
მიცვალებული *micvalebuli* (adj.) defunct
მიძღვნა *miZRvna* (n.) dedication
მიწა *miwa* (n.) land
მიწათმფლობელი *miwaTmflobeli* (n.) landlord
მიწასთან გასწორება *miwasTan gasworeba* (v.) raze
მიწაყრილი *miwayrili* (n.) boulder
მიწახაპია *miwaxapia* (n.) drag
მიწებება *miwebeba* (v.) adhere
მიწერა *miwera* (v.) ascribe
მიწერილობა *miweriloba* (v.) dictate
მიწის განბაჟება *miwis ganbaJeba* (n.) ground clearance
მიწის ნაკელით გაპატივება *miwis nakeliT gapativeba* (v.) manure
მიწის ნაკვეთი *miwis nakveTi* (n.) plot
მიწისქვეშა *miwisqveSa* (adj.) subterranean
მიწისძვრა *miwisZvra* (n.) earthquake
მიწოდება *miwodeba* (n.) offer
მიწოლა *miwola* (v.) push
მიწური *miwuri* (adj.) earthen
მიწყნარება *miwynareba* (n.) abeyance
მიხაკი *mixaki* (n.) coriander
მიხვედრა *mixvedra* (n.) guess
მიხვედრილი *mixvedrili* (adj.) apprehensive
მიხვედრილობა *mixvedriloba* (n.) comprehension
მიჯახუნება *mijaxuneba* (n.) slam
მიჯნური *mijnuri* (n.) lover
მკა *mka* (v.) reap
მკაფიო *mkafio* (adj.) distinct
მკაცრი *mkacri* (adj.) stringent
მკბენარი *mkbenari* (n.) louse
მკერავი *mkeravi* (n.) tailor
მკერავი(ქალი) *mkeravi(qali)* (n.) dressmaker
მკერდზე *mkerdze* (n.) chest
მკერდი *mkerdi* (n.) windbag
მკვდარი *mkvdari* (adj.) dead
მკვებავი *mkvebavi* (n.) nourishment
მკვეთრად *mkveTrad* (adv.) pointedly
მკვეთრად დაცემა *mkveTrad dacema* (v.) slump
მკვეთრი *mkveTri* (v.) sharpen
მკვეთრი *mkveTri* (adj.) strident
მკვეთრი დარტყმა *mkveTri dartyma* (n.) slash
მკვეთრი სუნი *mkveTri suni* (n.) tang
მკვლელი *mkvleli* (n.) murderer
მკვლელობა *mkvleloba* (adj.) murderous
მკივანა *mkivana* (adj.) piercing
მკითხველი *mkiTxveli* (n.) reader
მკლავი *mklavi* (n.) arm
მკრეჭელი ლიქენი *mkreWeli liqeni* (n.) ringworm
მკრეხელობა *mkrexeloba* (n.) sacrilege
მკრთალი *mkrTali* (adj.) dingy
მკრთალი ყვითელი *mkrTali yviTeli* (n.) daffodil
მკურნალობა *mkurnaloba* (v.) physic

მლაშე mlaSe (adj.) saline
მლესავი mlesavi (n.) grinder
მლეწველი mlewveli (n.) thresher
მლიქვნელი mliqvneli (adj.) officious
მლიქვნელობა mliqvneloba (n.) flattery
მლოცვარე mlocvare (n.) pilgrim
მმართველი mmarTveli (n.) governor
მნათობი mnaTobi (n.) luminary
მნახველი mnaxveli (n.) seer
მნემონიზაცია mnemonizacia (n.) mnemonization
მნემონიკური mnemonikuri (adj.) mnemonic
მნიშვნელობა mniSvneloba (n.) value
მნიშვნელობის დამტკიცება mniSvnelobis damtkiceba (v.) vindicate
მნიშვნელობის ქონა mniSvnelobis qona (v.) mean
მნიშვნელოვანი mniSvnelovani (adj.) weighty
მნიშვნელოვანი ხედი mniSvnelovani xedi (v.) swagger
მოადგილე moadgile (n.) vice
მოაზროვნე moazrovne (adj.) thoughtful
მოასპარეზე moaspareze (n.) bowler
მოახლე moaxle (n.) maid
მოაჯირი moajiri (n.) rail
მობათქაშება mobaTqaSeba (v.) plaster
მობილიზება mobilizeba (v.) mobilize
მობილური mobiluri (adj.) mobile
მობილური ტელეფონი mobiluri telefoni (n.) cell phone
მობილურობა mobiluroba (n.) mobility
მობურვა moburva (n.) drape
მოგება mogeba (n) takeout
მოგერიება mogerieba (v.) repulse
მოგესალმებით mogesalmebiT (n.) welcome
მოგვარება mogvareba (v.) settle

მოგზაური mogzauri (n.) traveller
მოგზაურობა mogzauroba (v.) voyage
მოგზაურობის დრო mogzaurobis dro (n.) traveltime
მოგირავნე mogiravne (n.) mortgagor
მოგონება mogoneba (n.) remembrance
მოგონებები mogonebebi (n.) reminiscence
მოგონებების გამომწვევი mogonebebis gamomwvevi (adj.) evocative
მოგროვება mogroveba (v.) mass
მოგრძო mogrZo (adj.) oblong
მოდა moda (n.) vogue
მოდალობა modaloba (n.) modality
მოდას ჩამორჩენილი modas CamorCenili (adj.) outmoded
მოდელი modeli (n.) sampler
მოდერნიზაცია modernizacia (n.) modernization
მოდერნიზება modernizeba (v.) modernize
მოდიფიკაცია modifikacia (n.) modification
მოდულარული modularuli (adj.) modular
მოდულაცია modulacia (v.) modulate
მოდული moduli (n.) module
მოდუნება moduneba (v.) relax
მოდუნებული modunebuli (adj.) lax
მოდუნებულობა modunebuloba (n.) laxity
მოდური moduri (adj.) saucy
მოედანი moedani (n.) square
მოვალე movale (n.) debtor
მოვალეობა movaleoba (n.) duty
მოვალეობის შესრულება movaleobis Sesruleba (v.) officiate
მოვარაყებული movarayebuli (adj.) gilt

მოვარდისფრო *movardisfro* (adj.) pinkish
მოვაჭრე *movaWre* (n.) tradesman
მოვლა *movla* (v.) nurse
მოზაიკა *mozaika* (n.) mosaic
მოზარდი *mozardi* (n.) teenager
მოზარდი გოგონა *mozardi gogona* (n.) flapper
მოზეიმე *mozeime* (adj.) triumphant
მოზღვავება *mozRvaveba* (n.) affluence
მოზღვავებული *mozRvavebuli* (n.) affluential
მოთავსება *moTavseba* (v.) place
მოთამაშე *moTamaSe* (n.) player
მოთარეშე *moTareSe* (n.) marauder
მოთაღლითო *moTaRliTo* (adj.) roguish
მოთბო *moTbo* (adj.) tepid
მოთეთრო *moTeTro* (adj.) whitish
მოთმენა *moTmena* (v.) stomach
მოთმინება *moTmineba* (n.) patience
მოთხოვნა *moTxovna* (v.) urge
მოთხრობა *moTxroba* (v.) retail
მოიცავს *moicavs* (v.) englobe
მოკავშირე *mokavSire* (n.) ally
მოკაზმვა *mokazmva* (v.) trap
მოკალვა *mokalva* (v.) tin
მოკამათე *mokamaTe* (n.) stickler
მოკარნახე *mokarnaxe* (n.) prompter
მოკაშკაშე *mokaSkaSe* (adj.) blazing
მოკეთებული(ავადმყოფი) *mokeTebuli(avadmyofi)* (adj.) convalescent
მოკვდავი *mokvdavi* (n.) mortuary
მოკვეთა *mokveTa* (v.) amputate
მოკვლა *mokvla* (adj.) neap
მოკიდება *mokideba* (v.) grasp
მოკლე *mokle* (adj.) short
მოკლე გადმოცემა *mokle gadmocema* (v.) digest
მოკლე გზა *mokle gza* (n.) shortcut
მოკლე სია *mokle sia* (v.) shortlist
მოკლება *mokleba* (v.) diminish
მოკლევადიანი *moklevadiani* (adj.) short-term
მოკრძალება *mokrZaleba* (n.) timidity
მოკრძალებული *mokrZalebuli* (adj.) timid
მოლა *mola* (n.) mullah
მოლაპარაკე *molaparake* (adv.) talkatively
მოლაპარაკება *molaparakeba* (n.) negotiation
მოლაპარაკებადი *molaparakebadi* (adj.) negotiable
მოლაპარაკების დაწყება *molaparakebis dawyeba* (n.) overture
მოლარე *molare* (n.) cashier
მოლაყბე *molaybe* (n.) blabber
მოლეკულა *molekula* (n.) molecule
მოლეკულური *molekuluri* (adj.) molecular
მოლივლივე *molivlive* (n.) flaunter
მოლოდინი *molodini* (n.) expectation
მოლოდინში *molodinSi* (prep.) pending
მოლური *moluri* (v.) moult
მოლუსკი *moluski* (n.) mollusc
მოლუსკური *moluskuri* (adj.) molluscous
მომაბეზრებელი *momabezrebeli* (adj.) spurious
მომავალი *momavali* (n.) hereafter
მომაკვდავი *momakvdavi* (v.) mumble
მომაკვდინებელი *momakvdinebeli* (adj.) scatterbrained
მომარაგება *momarageba* (v.) supply
მომართვა *momarTva* (v.) tune
მომატება *momateba* (n.) increase
მომგებიანი *momgebiani* (adj.) lucrative

მომენტალური *momentaluri* (adj.) momentary

მომენტალური ფოტოსურათი *momentaluri fotosuraTi* (n.) snapshot

მომენტი *momenti* (n.) moment

მომვლელი *momvleli* (n.) carer

მომზადება *momzadeba* (n.) training

მომთაბარე *momTabare* (adj.) nomadic

მომთმენი *momTmeni* (adj.) tolerant

მომთხოვნი *momTxovni* (adj.) demanding

მომიკიტნე *momikitne* (n.) taverner

მომკა *momka* (v.) harvest

მომკელი *momkeli* (n.) reaper

მომლაპარაკებელი *momlaparakebeli* (n.) negotiator

მომმარაგებელი *mommaragebeli* (n.) caterer

მომნანიებელი *momnaniebeli* (adj.) repentant

მომსახურება *momsaxureba* (v.) service

მომტაცებელი *momtacebeli* (n.) abductor

მომღერალი *momRerali* (n.) singer

მომღერალი ჩიტი *momRerali Citi* (n.) warbler

მომყოლი *momyoli* (n.) afterbirth

მომშინაურებელი *momSinaurebeli* (n.) domesticator

მომცრო *momcro* (adj.) lesser

მომწესრიგებელი *momwesrigebeli* (n.) regulator

მომწოდებელი *momwodebeli* (n.) supplier

მომჭირნე *momWirne* (adj.) frugal

მომჭირნეობა *momWirneoba* (n.) husbandry

მომხვეჭი *momxveWi* (adj.) acquisitive

მომხიბვლელი *momxibvleli* (adj.) charming

მომხიბვლელობა *momxibvleloba* (n.) fascination

მომხიბლავი *momxiblavi* (adj.) lovely

მომხმარებელი *momxmarebeli* (n.) consumer

მომხრე *momxre* (n.) henchman

მონა *mona* (n.) thrall

მონაგონი *monagoni* (n.) figment

მონადირე *monadire* (n.) huntsman

მონადირის ძაღლი *monadiris ZaRli* (n.) hound

მონაზონი *monazoni* (n.) nun

მონათესავე *monaTesave* (adj.) congenial

მონათვლა *monaTvla* (v.) baptize

მონაკვეთი *monakveti* (n.) ostension

მონანიება *monanieba* (n.) repentance

მონაპოვარი *monapovari* (n.) acquisition

მონარქი *monarqi* (n.) monarch

მონარქია *monarqia* (n.) monarchy

მონასავით მუშაობა *monasaviT muSaoba* (v.) slave

მონასტერი *monasteri* (n.) monastery

მონასტიციზმი *monasticism* (n.) monasticism

მონატრება *monatreba* (v.) miss

მონაცემები *monacemebi* (n.) data

მონაცემთა ბაზა *monacemTa baza* (n.) database

მონაცემთა ბანკი *monacemTa banki* (n.) databank

მონაწილე *monawile* (n.) partner

მონაწილეობა *monawileoba* (n.) partnership

მონაწილეობის მიღება *monawileobis miReba* (v.) partake

მონახაზების გაკეთება *monaxazebis gakeTeba* (v.) sketch

მონახაზი *monaxazi* (n.) sketch

მონგოზი *mongozi* (n.) mongoose

მონდომება mondomeba (n.) willingness
მონდომებული mondomebuli (adj.) studious
მონეტა moneta (n.) coin
მონიტორი monitori (n.) monitor
მონიტორინგი monitoringi (v.) monitor
მონობა monoba (n.) thralldom
მონობიდან გათავისუფლება monobidan gaTavisufleba (n.) manumission
მონობის გაუქმება monobis gauqmeba (v.) manumit
მონოგრამი monogrami (n.) monogram
მონოგრაფი monografi (n.) monograph
მონოდი monodi (n.) monody
მონოესტრული monoestruli (adj.) monoestrous
მონოთეიზმი monoTeizmi (n.) monotheism
მონოთეისტი monoTeisti (n.) monotheist
მონოკლი monokli (n.) monocle
მონოკულარული monokularuli (adj.) monocular
მონოლატრია monolatria (n.) monolatry
მონოლითი monoliTi (n.) monolith
მონოლოგი monologi (n.) soliloquy
მონოპოლია monopolia (n.) monopoly
მონოპოლიზება monopolizeba (v.) monopolize
მონოპოლისტი monopolisti (n.) monopolist
მონორილე monorile (n.) monorail
მონოსულური monosuluri (adj.) monosyllabic

მონოქრომული monoqromuli (adj.) monochromatic
მონსტრი monstri (n.) monster
მონუმენტალური monumentaluri (adj.) monumental
მონუმენტი monumenti (n.) monument
მონუმენტური monumenturi (adj.) manorial
მონური monuri (adj.) slavish
მოოქროვება mooqroveba (v.) gild
მოპარვა moparva (v.) swipe
მოპასუხე mopasuxe (n.) respondent
მოპასუხე მანქანა mopasuxe manqana (n.) answering machine
მოპოვება mopoveba (v.) acquire
მოპყრობა mopyroba (v.) treat
მორალი morali (n.) morale
მორალიზება moralizeba (v.) moralize
მორალისტი moralisti (n.) moralist
მორბენალი morbenali (n.) whirligig
მორგანული morganuli (adj.) morganatic
მორგი morgi (n.) morgue
მორევი morevi (n.) whirlpool
მორთვა morTva (n.) ornamentation
მორთულობა morTuloba (n.) garb
მორი mori (n.) log
მორიგება morigeba (v.) reconcile
მორიელი morieli (n.) scorpion
მორფი morfi (n.) morph
მორფინი morfini (n.) morphine
მორფოლოგია morfologia (n.) morphology
მორყეული moryeuli (adj.) rickety
მორჩენა morCena (n.) recovery
მორჩილება morCileba (n.) molestation
მორჩილი morCili (adj.) submissive
მორცხვი morcxvi (adj.) tame
მორწყვა morwyva (v.) water

მოსადილე *mosadile* (n.) diner
მოსავალი *mosavali* (n.) crop
მოსავლის აღება *mosavlis aReba* (n.) reap
მოსაზღვრე *mosazRvre* (adj.) contiguous
მოსათმენი *mosaTmeni* (adj.) tolerable
მოსალოდნელი *mosalodneli* (adj.) prospective
მოსალოდნელია *mosalodnelia* (v.) forestall
მოსამართლე *mosamarTle* (n.) magistrate
მოსამართლის თანამდებობა *mosamarTlis Tanamdeboba* (n.) magistrature
მოსამზადებელი სკოლა *mosamzadebeli skola* (adj.) preparatory
მოსამზადებელი ღონისძიება *mosamzadebeli RonisZieba* (n.) preliminary
მოსამსახურე *mosamsaxure* (n.) employee
მოსარჩლე *mosarCle* (n.) plaintiff
მოსასხამი *mosasxami* (n.) cloak
მოსავმელი *mosacmeli* (n.) bibber
მოსაწვევი *mosawvevi* (n.) invitation
მოსაწყენი *mosawyeni* (adj.) tedious
მოსახელე *mosaxele* (n.) namesake
მოსახლეობა *mosaxleoba* (n.) population
მოსახსნელი *mosaxsneli* (adj.) removable
მოსეირნე *moseirne* (n.) saunterer
მოსვლა *mosvla* (v.) come
მოსიარულე *mosiarule* (n.) treader
მოსიარულე დარაჯი *mosiarule daraji* (n.) beadle
მოსინჯვა *mosinjva* (v.) fumble
მოსიყვარულე *mosiyvarule* (adj.) loving
მოსმენა *mosmena* (v.) listen
მოსპობა *mospoba* (v.) rat
მოსყიდვა *mosyidva* (v.) bribe
მოსწავლე *moswavle* (n.) pupil
მოსწორება *mosworeba* (v.) smooth
მოტანა *motana* (v.) bring
მოტაცება *motaceba* (n.) rape
მოტელი *moteli* (n.) motel
მოტეხილობა *motexiloba* (n.) rupture
მოტივაცია *motivacia* (n.) motivation
მოტივი *motivi* (n.) motive
მოტიტვლებული ადგილი *motitvlebuli adgili* (n.) glade
მოტოციკლეტი *motocikleti* (n.) bike
მოტოციკლისტი *промotociklisti* (n.) biker
მოტყუება *motyueba* (v.) trick
მოტყუებული ადამიანი *motyuebuli adamiani* (n.) dupe
მოუთმენელი *mouTmeneli* (adj.) impatient
მოუთმენლობა *mouTmenloba* (n.) nonchalance
მოულოდნელად *moulodnelad* (adv.) suddenly
მოულოდნელი *moulodneli* (n.) sudden
მოულოდნელი თავდასხმა *moulodneli Tavdasxma* (n.) pounce
მოუმწიფარი *moumwifari* (n.) immaturity
მოუნელებლობა *mounelebloba* (n.) indigestion
მოურავი *mouravi* (n.) bailiff
მოურიდებელი *mouridebeli* (adj.) indiscreet
მოუსვენარი *mousvenari* (adj.) turbulent
მოუსვენრობა *mousvenroba* (v.) unsettle
მოუფიქრებელი *moufiqrebeli* (adj.) snap

მოუქნელი *mouqneli* (adj.) inflexible
მოუწესრიგებელი *mouwesrigebeli* (adj.) shambolic
მოუხელთებელი *mouxelTebeli* (adj.) elusive
მოუხერხებელი *mouxerxebeli* (adj.) uneasy
მოფარდაგება *mofardageba* (adj.) drapery
მოფერება *mofereba* (v.) caress
მოფიქრება *mofiqreba* (n.) deliberation
მოფიქრებული *mofiqrebuli* (adj.) deliberate
მოქალაქე *moqalaqe* (n.) citizen
მოქალაქეობა *moqalaqeoba* (n.) citizenship
მოქალაქობრიობის საფუძვლები *moqalaqobriobis safuZvlebi* (n.) civics
მოქანდაკე *moqandake* (n.) sculptor
მოქეიფე *moqeife* (adj.) bacchanal
მოქლიბვა *moqlibva* (v.) file
მოქლონი *moqloni* (n.) rivet
მოქმედება *moqmedeba* (v.) operate
მოქმედებადი *moqmedebadi* (adj.) actionable
მოქმედი *moqmedi* (adj.) operative
მოქნევა *moqneva* (v.) shock
მოქნილი *moqnili* (adj.) supple
მოქნილობის ქონა *moqnilobis qona* (v.) limber
მოქცევა *moqceva* (n.) conduct
მოღალატე *moRalate* (n.) traitor
მოღვაწე *moRvawe* (n.) doer
მოღვაწეობა *moRvaweoba* (n.) activity
მოღრუბლული *moRrubluli* (adj.) overcast
მოღუნვა *moRunva* (v.) curve
მოღუშვა *moRuSva* (v.) frown
მოღუშული *moRuSuli* (adj.) gloomy
მოყვარული *moyvaruli* (n.) fan
მოყვითალო *moyviTalo* (adj.) yellowish
მოყოლა *moyola* (v.) relate
მოყრა *moyra* (v.) strew
მოშანტაჟე *moSantaJe* (n.) blackmailer
მოშვება *moSveba* (v.) loosen
მოშინაურება *moSinaureba* (v.) domesticate
მოშლა *moSla* (v.) frustrate
მოშლილი *moSlili* (adj.) deranged
მოშორება *moSoreba* (v.) rid
მოშურნეობა *moSurneoba* (n.) zeal
მოშუშვა *moSuSva* (v.) stew
მოჩვენება *moCveneba* (n.) wraith
მოჩვენებების ქალაქი *moCvenebebis qalaqi* (n.) ghost town
მოჩვენებითი *moCvenebiTi* (adj.) idle
მოჩუქურთმებული *moCuqurTmebuli* (v.) carve
მოცდა *mocda* (v.) abide
მოცეკვავე *mocekvave* (n.) dancer
მოციგურავე *mocigurave* (n.) skater
მოცილება *mocileba* (n.) recession
მოცილეობა *mocileoba* (n.) rivalry
მოციქული *mociquli* (n.) apostle
მოცლა *mocla* (n.) leisure
მოცულობა *moculoba* (n.) volume
მოცულობითი *moculobiTi* (adj.) voluminous
მოცურავე *mocurave* (n.) swimmer
მოცხარი *mocxari* (n.) currant
მოძალადე *moZalade* (adv.) abusively
მოძებნა *moZebna* (v.) quest
მოძველებული *moZvelebuli* (adj.) outdated
მოძმე *moZme* (adj.) fraternal
მოძრავი *moZravi* (n.) mover
მოძრაობა *moZraoba* (n.) movement
მოძღვარი *moZRvari* (n.) preceptor

მოწამეობა mowameoba (n.) martyrdom
მოწამვლა mowamvla (v.) poison
მოწაფე mowafe (n.) disciple
მოწევა moweva (n.) wink
მოწესრიგება mowesrigeba (v.) trim
მოწესრიგებული mowesrigebuli (adj.) trim
მოწვევა mowveva (v.) invite
მოწითალო mowiTalo (adj.) reddish
მოწინააღმდეგე mowinaaRmdege (n.) opponent
მოწინავე წერილი mowinave werili (adj.) editorial
მოწიწებული mowiwebuli (adj.) reverential
მოწმე mowme (n.) witness
მოწმობა mowmoba (n.) testimonial
მოწოდება mowodeba (v.) appeal
მოწონება mowoneba (v.) please
მოწყალე mowyale (adj.) gracious
მოწყალება mowyaleba (n.) alms
მოწყენილობა mowyeniloba (n.) tedium
მოწყვეტა mowyveta (n.) avulsion
მოწყობა mowyoba (v.) arrange
მოწყობილობა mowyobiloba (n.) gadget
მოჭერა moWera (v.) press
მოჭიდავე moWidave (n.) wrestler
მოჭრა moWra (v.) mince
მოჭრილი კუდი moWrili kudi (n.) dock
მოხაზვა moxazva (v.) delineate
მოხაზულობა moxazuloba (n.) outline
მოხალისე moxalise (n.) volunteer
მოხარკე moxarke (n.) tributary
მოხდენა moxdena (v.) trigger
მოხდენილი moxdenili (n.) sylph
მოხდენილობა moxdeniloba (n.) elegance
მოხერხებულად moxerxebulad (adv.) ably
მოხერხებული moxerxebuli (adj.) nimble
მოხერხებულობა moxerxebuloba (n.) convenience
მოხეტიალე moxetiale (v.) wander
მოხვევა moxveva (v.) embrace
მოხიბვლა moxibvla (v.) fascinate
მოხმარება moxmareba (n.) consumption
მოხრაკული moxrakuli (n.) roast
მოხსენება moxseneba (n.) rapport
მოხსენიება moxsenieba (n.) referee
მოხსნა moxsna (v.) remould
მოხუცებული moxucebuli (adj.) elder
მოხუცი moxuci (n.) seniority
მოჯადოება mojadoeba (v.) enchant
მოჯადოებული mojadoebuli (v.) satiate
მოჯამაგირე mojamagire (n.) peon
მჟავა mJava (n.) acid
მჟავე mJave (adj.) sour
მჟავის ტესი mJavis tesi (n.) acid test
მჟავის წვიმა mJavis wvima (n.) acid rain
მჟღერი mJReri (adj.) resonant
მრავალი mravali (n.) peck
მრავალმხრივი mravalmxrivi (adj.) versatile
მრავალრიცხოვანი mravalricxovani (adj.) numerous
მრავალფერი mravalferi (adj.) motley
მრავალფეროვანი mravalferovani (adj.) varied
მრავალფეროვნება mravalferovneba (n.) versatility
მრავალფეხა mravalfexa (n.) multiped
მრავალფუნქციური mravalfunqciuri (adj.) manifold

მრავალქორწინება mravalqorwineba (n.) polygamy
მრავალძარღვა mravalZarRva (n.) plantain
მრავალჯერადი mravaljeradi (adj.) multiple
მრავლისმთქმელი mravlismTqmeli (adj.) wordy
მრავლობითი mravlobiTi (n.) multiplicity
მრავლობითი რიცხვი mravlobiTi ricxvi (adj.) plural
მრგვალი mrgvali (adj.) round
მრეცხავი mrecxavi (n.) laundress
მრისხანე mrisxane (adj.) fierce
მრისხანება mrisxaneba (n.) wharfage
მრიცხველი mricxveli (n.) numerator
მრუდე mrude (adj.) crooked
მრუდე ხაზი mrude xazi (n.) curve
მრუში mruSi (n.) adulterer
მრჩეველი mrCeveli (n.) counsellor
მრწამსი mrwamsi (n.) belief
მსახიობი msaxiobi (n.) cast
მსახიობი(ქალი) msaxiobi(qali) (n.) actress
მსახური msaxuri (n.) servant
მსახური ბიჭი msaxuri biWi (v.) page
მსგავსად msgavsad (adv.) samely
მსგავსება msgavseba (n.) similarity
მსგავსი msgavsi (adj.) similar
მსმენელი msmeneli (n.) listener
მსოფლიო msoflio (n.) world
მსოფლიო ენა msoflio ena (n.) worldling
მსუბუქი ასლი msubuqi asli (n.) soft copy
მსუბუქი კონსტრუქცია msubuqi konstruqcia (n.) pagoda
მსუბუქი საუზმე msubuqi sauzme (n.) snack
მსუნაგი msunagi (n.) glutton
მსუქანი msuqani (adj.) obese
მსხალი msxali (n.) pear
მსხვერპლი msxverpli (n.) victim
მსხვილი ნაწლავი msxvili nawlavi (n.) colon
მსხვილფეხა რქოსანი პირუტყვი msxvilfexa rqosani pirutyvi (n.) cattle
მსხვრევა msxvreva (n.) smash
მსჯავრის დადება msjavris dadeba (v.) disapprove
მსჯელობა msjeloba (v.) reason
მტაცებელი mtacebeli (n.) vulture
მტერი mteri (adj.) hostile
მტვერი mtveri (n.) dust
მტვერსასრუტი mtversasruti (n.) cleaner
მტვრევა mtvreva (n.) breakage
მტვრევადი mtvrevadi (adj.) fragile
მტვრის გაწმენდა mtvris gawmenda (v.) dust
მტვრის ჩვარი mtvris Cvari (n.) duster
მტირალა mtirala (adj.) maudlin
მტკივნეული mtkivneuli (adj.) wan
მტკიცე mtkice (adj.) sturdy
მტკიცება mtkiceba (n.) testimony
მტკიცებითი mtkicebiTi (adj.) affirmative
მტკიცედ mtkiced (adv.) decidedly
მტრედი mtredi (n.) pigeon
მტრის განადგურება mtris ganadgureba (v.) rout
მტრობა mtroba (n.) rancour
მტრული mtruli (adj.) adverse
მუდმივად დასახლებული mudmivad dasaxlebuli (adj.) domiciled
მუდმივი mudmivi (adj.) resident
მუდმივობა mudmivoba (n.) permanence
მუზა muza (v.) muse
მუზეუმი muzeumi (n.) museum

მულატი *mulati* (n.) mulatto
მულტიდისციპლინარული *multidisciplinaruli* (adj.) mutidisciplinary
მულტილინგვური *multilingvuri* (adj.) multilingual
მულტიპლექსი *multipleqsi* (adj.) multiplex
მულტფილმი *multfilmi* (n.) cartoon
მულტფილმისტი *multfilmisti* (n.) cartoonist
მუმბერაზი *mumberazi* (n.) giantess
მუმია *mumia* (n.) murmur
მუნი *muni* (n.) scabies
მუნიციპალიტეტი *municipaliteti* (n.) municipality
მუნიციპალური *municipaluri* (adj.) municipal
მუნჯი *munji* (v.) oyster
მუნჯური *munjuri* (adj.) mute
მურა ნახშირი *mura naxSiri* (n.) lignite
მური *muri* (n.) moor
მურყანი *muryani* (n.) alder
მუსიკა *musika* (n.) musk
მუსიკალური *musikaluri* (adj.) musical
მუსიკოსი *musikosi* (n.) musician
მუსკოვიტი *muskoviti* (n.) muscovite
მუსლიმი *muslimi* (adj.) muslim
მუსლინი *muslini* (n.) muslin
მუსტანგი *mustangi* (n.) mustang
მუტაცია *mutacia* (n.) mutation
მუტაციური *mutaciuri* (adj.) mutative
მუქარა *muqara* (n.) threat
მუქი *muqi* (adj.) swarthy
მუქი წითელი *muqi wiTeli* (n.) crimson
მუყაო *muyao* (n.) carton
მუშა *muSa* (n.) workman
მუშაობა *muSaoba* (v.) work
მუშაობის შეჩერება *muSaobis SeCereba* (n.) showstopper
მუშკეტერი *muSketeri* (n.) musketeer
მუშკეტი *muSketi* (n.) musket
მუშტი *muSti* (n.) fist
მუშტით ცემა *muStiT cema* (v.) fist
მუშტი-კრივი *muSti-krivi* (n.) brawl
მუშტის დარტყმა *muStis dartyma* (n.) punch
მუცელი *muceli* (n.) belly
მუცლის *muclis* (adj.) abdominal
მუცლის მოშლა *muclis moSla* (n.) abortion
მუცლის ტიფი *muclis tifi* (n.) typhoid
მუცლის ღრუ *muclis Rru* (n.) abdomen
მუწუკები *muwukebi* (v.) muffle
მუწუკი *muwuki* (n.) pimple
მუჭი *muWi* (n.) handful
მუხა *muxa* (n.) oak
მუხის ხე *muxis xe* (n.) oaktree
მუხლი *muxli* (n.) knee
მუხლუხი *muxluxi* (n.) caterpillar
მუხრუჭი *muxruWi* (n.) brake
მფარველი *mfarveli* (n.) patron
მფარველობა *mfarveloba* (n.) patronage
მფლანგველი *mflangveli* (adj.) wasteful
მფლობელი *mflobeli* (n.) proprietor
მფლობელობა *mflobeloba* (n.) tenure
მფრინავი *mfrinavi* (n.) flyer
მქადაგებელი *mqadagebeli* (n.) preacher
მქადაგებლური *mqadagebluri* (adj.) pulpit
მქრქალი *mqrqali* (adj.) dim
მქსოველი *mqsoveli* (n.) weaver
მღელვარება *mRelvareba* (n.) stew
მღვდელი *mRvdeli* (n.) priestess
მღრღნელი *mRrRneli* (n.) rodent
მყარად *myarad* (adj.) solid
მყარი *myari* (n.) solid
მყესი *myesi* (n.) tendon

მყიდველი *myidveli* (n.) customer
მყინვარი *myinvari* (n.) glacier
მყისიერად *myisierad* (adv.) instantly
მყისიერი *myisieri* (adj.) instantaneous
მყიფე *myife* (adj.) frail
მყნოსავი *mynosavi* (v.) tang
მყუდრო *myudro* (adj.) cozy
მყუდროება *myudroeba* (n.) lull
მშენებელი *mSenebeli* (n.) builder
მშენებლობა *mSenebloba* (n.) construction
მშვენიერი *mSvenieri* (adj.) nice
მშვიდად *mSvidad* (adj.) serene
მშვიდი *mSvidi* (adj.) taciturn
მშვიდლით სროლა *mSvidliT srola* (n.) archery
მშვიდობა *mSvidoba* (n.) peace
მშვიდობით *mSvidobiT* (interj.) farewell
მშვილდი *mSvildi* (n.) shackle
მშვილდოსანი *mSvildosani* (n.) sagittary
მშთანთქმელი *mSTanTqmeli* (n.) merger
მშიერი *mSieri* (adj.) hungry
მშიშარა *mSiSara* (adj.) craven
მშობიარობა *mSobiaroba* (n.) accouchement
მშობლები *mSoblebi* (n.) parent
მშობლიური *mSobliuri* (adj.) parental
მშრალი *mSrali* (adj.) dry
მშრალი ნამცხვარი *mSrali namcxvari* (n.) biscuit
მშრომელი *mSromeli* (adj.) workable
მჩაგვრელი *mCagvreli* (n.) oppressor
მჩქეფარე *mCqefare* (n.) ebullience
მცდარი *mcdari* (v.) misconceive
მცდარი წარმოდგენა *mcdari warmodgena* (n.) misconception
მცდარი წარმოდგენის შექმნა *mcdari warmodgenis Seqmna* (v.) belie
მცდარობა *mcdaroba* (n.) impropriety
მცელავი *mcelavi* (n.) chopper
მცენარე *mcenare* (n.) sawgrass
მცენარეულობა *mcenareuloba* (n.) vegetation
მცველი *mcveli* (n.) sentry
მცირე *mcire* (adj.) small
მცირე ნაწილი *mcire nawili* (n.) bit
მცირე რაოდენობის *mcire raodenobis* (n.) macro
მცირემამულიანი აზნაურობა *mciremamuliani aznauroba* (n.) gentry
მცირერიცხოვნობა *mcirericxovnoba* (n.) paucity
მცნება *mcneba* (n.) commandment
მცოდნე *mcodne* (adj.) knowledgeable
მცოხნავი *mcoxnavi* (adj.) ruminant
მცოხნავი ცხოველი *mcoxnavi cxoveli* (n.) ruminant
მცურავი *mcuravi* (n.) sailboating
მცხობელი *mcxobeli* (n.) baker
მძარცველი *mZarcveli* (n.) robber
მძაფრი *mZafri* (adj.) boisterous
მძაღე *mZaRe* (adj.) rancid
მძევალი *mZevali* (n.) hostage
მძვინვარება *mZvinvareba* (v.) storm
მძივის მარცვალი mZivis marcvali (n.) bead
მძიმე *mZime* (adj.) severe
მძიმე ბრძოლა *mZime brZola* (v.) wrestle
მძიმე განსაცდელი *mZime gansacdeli* (n.) ordeal
მძიმე დანაკარგი *mZime danakargi* (n.) bereavement
მძიმე დარტყმა *mZime dartyma* (n.) thump
მძიმე შრომა *mZime Sroma* (n.) toil
მძიმედ *mZimed* (adv.) heavily

მძიმედ სუნთქვა *mZimed sunTqva* (v.) pant
მძინარა *mZinara* (adj.) sleepy
მძინარე *mZinare* (n.) sleeper
მძულვარება *mZulvareba* (n.) odium
მძღოლი *mZRoli* (n.) driver
მწავალწლოვანი მცენარე *mwavalwlovani mcenare* (n.) perennial
მწარე *mware* (adj.) bitter
მწარე წიწაკა *mware wiwaka* (n.) capsicum
მწარმოებელი *mwarmoebeli* (n.) manufacturer
მწევარი *mwevari* (n.) greyhound
მწერალი *mwerali* (n.) writer
მწერალი მოჩვენება *mwerali moCveneba* (n.) ghostwriter
მწერი *mweri* (n.) insect
მწერლობა *mwerloba* (n.) writ
მწვავე *mwvave* (adj.) pungent
მწვავე ტკივილი *mwvave tkivili* (n.) pang
მწვანე *mwvane* (adj.) green
მწველი *mwveli* (adj.) burning
მწვერვალი *mwvervali* (n.) summit
მწვერვალის მიღწევა *mwvervalis miRweva* (v.) culminate
მწვრთნელი *mwvrTneli* (n.) coach
მწიგნობარი *mwignobari* (n.) scribble
მწირი *mwiri* (n.) scant
მწიფე *mwife* (adj.) ripe
მწკლარტე *mwklarte* (adj.) acerbic
მწკრივში *mwkrivSi* (adv.) abreast
მწკრივში მოწყობა *mwkrivSi mowyoba* (v.) rank
მწუხარე *mwuxare* (adj.) rueful
მწუხარება *mwuxareba* (n.) sadism
მწყემსვა *mwyemsva* (n.) graze
მწყემსი *mwyemsi* (n.) shepherd
მწყემსის *mwyemsis* (adj.) pastoral
მწყენინებელი *mwyeninebeli* (n.) offender
მწყერი *mwyeri* (n.) quail
მწყობრი *mwyobri* (n.) smoothie
მწყობრიდან გამოსვლა *mwyobridan gamosvla* (v.) broken
მწყობრის გაშლა *mwyobris gaSla* (v.) deploy
მწყურვალი *mwyurvali* (adj.) thirsty
მჭედელი *mWedeli* (n.) smith
მჭერვმეტყველება *mWervmetyveleba* (n.) eloquence
მჭერმეტყველი *mWermetyveli* (adj.) eloquent
მჭიდრო *mWidro* (adj.) tough
მჭიდროდ *mWidrod* (adv.) thick
მჭიდროდ მოჭერილი *mWidrod moWerili* (adj.) taut
მხაზველი *mxazveli* (adj.) draftsman
მხარდაჭერა *mxardaWera* (v.) support
მხარე *mxare* (n.) side
მხარეს *mxares* (adj.) bayside
მხარი *mxari* (n.) shoulder
მხარის დაჭერა *mxaris daWera* (v.) uphold
მხატვარი *mxatvari* (n.) painter
მხატვრული *mxatvruli* (adj.) artistic
მხედარი *mxedari* (n.) trooper
მხედველობა *mxedveloba* (v.) sight
მხედველობაში მიღებით *mxedvelobaSi miRebiT* (prep.) considering
მხედველობითი *mxedvelobiTi* (adj.) visionary
მხედველობის *mxedvelobis* (adj.) optic
მხერხავი *mxerxavi* (n.) sawyer
მხეცი *mxeci* (n.) beast
მხეცური *mxecuri* (adj.) brutish
მხვნელი *mxvneli* (n.) ploughman
მხიარულება *mxiaruleba* (n.) merriment

მხიარული *mxiaruli* (adj.) sprightly
მხიარულობა *mxiaruloba* (v.) frolic
მხილება *mxileba* (v.) denounce
მხოლოდ *mxolod* (adj.) only
მხოხავი *mxoxavi* (n.) creeper
მხრებზე აკიდება *mxrebze akideba* (v.) shoulder
მხრების აჩეჩვა *mxrebis aCeCva* (v.) shrug
მხრის დანა *mxris dana* (n.) scapula
მხრის პირები *mxris pirebi* (n.) scapular
მხსნელი *mxsneli* (n.) savour
მხურვალება *mxurvaleba* (n.) glow
მხცოვანი *mxcovani* (adj.) venerable
მჯდომარე *mjdomare* (adj.) sedentary
მჯობინება *mjobineba* (v.) prefer

ნ

ნაადრევი *naadrevi* (adj.) premature
ნაამბობი *naambobi* (n.) story
ნაბიჯი *nabiji* (n.) stride
ნაბიჯით სვლა *nabijiT svla* (v.) stride
ნაბიჯით სიარული *nabijiT siaruli* (v.) step
ნაბიჯის გადადგმა *nabijis gadadgma* (v.) tread
ნაბობი *nabobi* (n.) nabob
ნაგავი *nagavi* (n.) trash
ნაგავსაყრელი *nagavsayreli* (n.) spoil
ნაგვის სატვირთო მანქანა *nagvis satvirTo manqana* (v.) scavenge
ნაგვის ურნა *nagvis urna* (n.) bin
ნაგულისხმევი *nagulisxmevi* (adj.) implicit
ნადავლი *nadavli* (n.) trophy
ნადერი *naderi* (n.) nadger
ნადიმი *nadimi* (v.) revel
ნადირობა *nadiroba* (v.) prey
ნადუღი *naduRi* (n.) custard
ნავარდი *navardi* (n.) gallop
ნავაჭრი *navaWri* (n.) purchase
ნავთი *navTi* (n.) kerosene
ნავთობი *navTobi* (n.) petroleum
ნავთობის ჭაბურღილი *navTobis WaburRili* (n.) oil rig
ნავი *navi* (n.) boat
ნავიგატორი *navigatori* (n.) navigator
ნავიგაცია *navigacia* (n.) navigation
ნავიგაციური *navigaciuri* (adj.) navigable
ნავმისადგომი *navmisadgomi* (n.) walrus
ნავსადგური *navsadguri* (n.) port
ნავსაშენი *navsaSeni* (n.) shipyard
ნავსაშენის მუშა *navsaSenis muSa* (n.) dockworker
ნავსაშენის უფროსი *navsaSenis ufrosi* (n.) dockmaster
ნაზად *nazad* (n.) mound
ნაზი *nazi* (adj.) rocking
ნათება *naTeba* (v.) shine
ნათელი *naTeli* (adj.) vivid
ნათელყოფა *naTelyofa* (v.) elucidate
ნათესავები *naTesavebi* (n.) kin
ნათესავი *naTesavi* (n.) relative
ნათესაობა *naTesaoba* (n.) kinship
ნათლად *naTlad* (adv.) clearly
ნათლია *naTlia* (n.) godown
ნათლისღება *naTlisReba* (n.) epiphany
ნათურა *naTura* (n.) bulb
ნათქვამი *naTqvami* (adv.) say
ნაკადი *nakadi* (n.) trickle
ნაკადული *nakaduli* (n.) streamlet
ნაკაწრი *nakawri* (adj.) scratch
ნაკბენი *nakbeni* (v.) stump
ნაკეთობა *nakeToba* (n.) mob
ნაკელი *nakeli* (n.) manure
ნაკერი *nakeri* (n.) stitch

ნაკეცი *nakeci* (n.) ruck
ნაკი *naki* (v.) nack
ნაკლებ *nakleb* (adv.) less
ნაკლებად სავარაუდო *naklebad savaraudo* (adj.) unlikely
ნაკლები *naklebi* (adj.) less
ნაკლები რაოდენობა *naklebi raodenoba* (n.) less
ნაკლებობა *nakleboba* (n.) scarcity
ნაკლი *nakli* (n.) shortcoming
ნაკრები *nakrebi* (adj.) set
ნაკურთხი *nakurTxi* (adj.) ordained
ნაკუწები *nakuwebi* (n.) stammer
ნალექი *naleqi* (n.) silt
ნალი *nali* (n.) horseshoe
ნამგალა მთვარე *namgala mTvare* (n.) cusp
ნამგალი *namgali* (n.) sickle
ნამდვილად *namdvilad* (adj.) sure
ნამდვილი *namdvili* (adj.) veritable
ნამდვილობა *namdviloba* (n.) originality
ნამეტი *nameti* (n.) redundance
ნამი *nami* (n.) dew
ნამსხვრევები *namsxvrevebi* (n.) debris
ნამსხვრევი *namsxvrevi* (v.) splinter
ნამცეცა *namceca* (n.) midget
ნამცხვარი *namcxvari* (n.) shortcake
ნანიზმი *nanizmi* (n.) nanism
ნანიტი *naniti* (n.) nanite
ნანო *nano* (n.) nano
ნანობიოლოგია *nanobiologia* (n.) nanobiology
ნანობოტი *nanoboti* (n.) nanobot
ნანოინჟინერი *nanoinJineri* (n.) nanoengineer
ნანოკომპიუტერი *nanokompiuteri* (n.) nanocomputer
ნანოკომპონენტი *nanokomponenti* (n.) nanocomponent
ნანომექანიკა *nanomeqanika* (n.) nanomechanics
ნანონაწილაკი *nanonawilaki* (n.) nanoparticle
ნანოპლაზმა *nanoplazma* (n.) nanoplasma
ნანოსქემა *nanosqema* (n.) nanocircuitry
ნანოტრანსისტორი *nanotransistori* (n.) nanotransistor
ნანოჩიპი *nanoCipi* (n.) nanochip
ნანოჰერცი *nanoherci* (n.) nanohertz
ნაოჭი *naoWi* (n.) wrinkle
ნაპერწკალი *naperwkali* (n.) spout
ნაპირზე *napirze* (adv.) ashore
ნაპირზე გადმოსხმა *napirze gadmosxma* (v.) land
ნაპირზე გამორიყვა *napirze gamoriyva* (v.) strand
ნაპირი *napiri* (n.) strand
ნაპირის *napiris* (adj.) coastal
ნაჟონი *naJoni* (n.) leakage
ნარატივი *narativi* (n.) narrative
ნარატორი *naratori* (n.) narrator
ნარევი *narevi* (n.) mixture
ნართი *narTi* (n.) yarn
ნარინჯისფერი *narinjisferi* (adj.) orange
ნარკვევის მწერალი *narkvevis mwerali* (n.) essayist
ნარკოდამოკიდებული *narkodamokidebuli* (n.) drug addict
ნარკოზი *narkozi* (n.) narcosis
ნარკომანი *narkomani* (n.) addict
ნარკოტიკების მიღება *narkotikebis miReba* (adj.) dorky
ნარკოტიკი *narkotiki* (n.) narcotic
ნარჩენები *narCenebi* (n.) waste
ნარჩენი *narCeni* (v.) shard
ნარცისი *narcisi* (n.) narcissus
ნარცისიზმი *narcisizmi* (n.) narcissism

ნასვამი *nasvami* (adj.) tipsy
ნასკვიანი *naskviani* (n.) gnarl
ნატალური *nataluri* (adj.) natal
ნატეხი *natexi* (n.) fragment
ნატურალიზაცია *naturalizacia* (v.) naturalize
ნატურალისტი *naturalisti* (n.) naturalist
ნატურალური *naturaluri* (adj.) natural
ნაურმალი *naurmali* (adj.) rut
ნაფიც მსაჯულთა სასამართლო *nafic msajulTa sasamarTlo* (n.) juryman
ნაფიცი მსაჯული *nafici msajuli* (n.) juror
ნაფოტი *nafoti* (n.) chip
ნაფტალინი *naftalini* (n.) naphthalene
ნაფხაჭნი *nafxaWni* (n.) scratch
ნაქარგი *naqargi* (n.) crochet
ნაქლიბი *naqlibi* (n.) shaving
ნაღდი ფული *naRdi fuli* (n.) chink
ნაღები *naRebi* (n.) cream
ნაღმი *naRmi* (n.) mine
ნაყალბევი *nayalbevi* (n.) forgery
ნაყენი *nayeni* (n.) tincture
ნაყინი *nayini* (n.) ice cream
ნაყოფიერება *nayofiereba* (n.) productivity
ნაყოფიერებაგაპატივება *nayofierebagapativeba* (n.) fertility
ნაყოფიერი *nayofieri* (adj.) seminal
ნაშვილები *naSvilebi* (adj.) adoptive
ნაშთი *naSTi* (n.) remand
ნაშიერი *naSieri* (n.) cub
ნაშუადღევი *naSuadRevi* (n.) afternoon
ნაჩო *naCo* (n.) nacho
ნაჩქარევი *naCqarevi* (adj.) cursory
ნაცვალსახელი *nacvalsaxeli* (n.) pronoun
ნაციონალიზაცია *nacionalizacia* (v.) nationalize
ნაციონალიზმი *nacionalizmi* (n.) nationalism
ნაციონალისტი *nacionalisti* (n.) nationalist
ნაციონალური *nacionaluri* (adj.) notional
ნაცნობი *nacnobi* (n.) kith
ნაცნობობა *nacnoboba* (n.) acquaintance
ნაცრისფერი *nacrisferi* (adj.) grey
ნაცრისფერი ბაზარი *nacrisferi bazari* (n.) grey market
ნაძვი *naZvi* (n.) fir
ნაძირალები *naZiralebi* (n.) draft
ნაწარმი *nawarmi* (n.) output
ნაწარმოები *nawarmoebi* (n.) creature
ნაწვერალი *nawverali* (n.) stubble
ნაწიბური *nawiburi* (n.) scarab
ნაწილაკი *nawilaki* (n.) particle
ნაწილებად დაყოფა *nawilebad dayofa* (v.) portion
ნაწილებად დაშლა *nawilebad daSla* (v.) cannibalise
ნაწილი *nawili* (n.) quota
ნაწილობრივ გადახურვა *nawilobriv gadaxurva* (n.) overlap
ნაწილობრივი *nawilobrivi* (adj.) partial
ნაწლავი *nawlavi* (n.) intestine
ნაწლავური *nawlavuri* (adj.) intestinal
ნაჭერი *naWeri* (n.) tatter
ნაჭრებად დაჭრა *naWrebad daWra* (v.) slice
ნახაზის გაკეთება *naxazis gakeTeba* (v.) draft
ნახატი *naxati* (n.) tableau
ნახევარი *naxevari* (n.) half
ნახევარი დღე *naxevari dRe* (n.) half-day
ნახევარმთვარე *naxevarmTvare* (n.) crescent

ნახევარსფერო naxevarsfero (n.) hemisphere
ნახევარფინალისტი naxevarfinalisti (n.) semi-finalist
ნახევარწრე naxevarwre (n.) demicircle
ნახევრად ოფიციალური naxevrad oficialuri (adj.) semi-formal
ნახევრად ღია naxevrad Ria (adv.) ajar
ნახერხი naxerxi (n.) sawdust
ნახერხის თევზი naxerxis Tevzi (n.) sawfish
ნახერხის ორმო naxerxis ormo (n.) saw pit
ნახვამდის naxvamdis (interj.) goodbye
ნახველი naxveli (n.) sputum
ნახირი naxiri (n.) herd
ნახმარი naxmari (adj.) shabby
ნახტომი naxtomi (v.) vault
ნახშირბადი naxSirbadi (n.) carbon
ნახშირბადის ასლი naxSirbadis asli (n.) carbon copy
ნახშირი naxSiri (n.) nook
ნახშირის მტვერი naxSiris mtveri (n.) slacks
ნაჯახი najaxi (n.) axe
ნგრევა ngreva (n.) wreckage
ნდობა ndoba (n.) trust
ნდობა,რწმენა ndoba,rwmena (n.) credit
ნდობით აღჭურვილი პირი ndobiT aRWurvili piri (n.) confidant
ნდობის ღირსი ndobis Rirsi (adj.) trustworthy
ნებადართული nebadarTuli (adj.) permissible
ნებაზე მიშვება nebaze miSveba (v.) connive
ნებართვა nebarTva (v.) permit
ნებაყოფლობით nebayoflobiT (n.) volition

ნებაყოფლობითი nebayoflobiTi (adj.) voluntary
ნების დართვა nebis darTva (n.) permission
ნებისმიერ დროს nebismier dros (adv.) anytime
ნებისმიერი nebismieri (n.) koi
ნებისმიერი ადგილი nebismieri adgili (pron.) anyplace
ნეგატიური negatiuri (adj.) negative
ნეგრი negri (n.) nigger
ნეგრი ქალი negri qali (n.) negress
ნევროზი nevrozi (n.) neurosis
ნევროლოგი nevrologi (n.) neurologist
ნევროლოგია nevrologia (n.) neurology
ნეილონი neiloni (n.) nylon
ნეიტრალი neitrali (n.) neuter
ნეიტრალური neitraluri (adj.) neutral
ნეიტრონი neitroni (n.) neutron
ნეკნი nekni (n.) rib
ნეკნის neknis (adj.) costal
ნეკროლოგი nekrologi (adj.) obituary
ნეკრომაქსი nekromaqsi (n.) necromancer
ნეკროპოლისი nekropolisi (n.) necropolis
ნელა nela (adv.) slowly
ნელთბილი nelTbili (adj.) lukewarm
ნელი neli (adj.) slow
ნელი დინება neli dineba (n.) drift
ნემესიზი nemesizi (n.) nemesis
ნემსი nemsi (n.) needle
ნემსის გაკეთება nemsis gakeTeba (v.) syringe
ნემსიყლაპია nemsiylapia (n.) dragonfly
ნემსიწვერა nemsiwvera (n.) geranium
ნემსკავი nemskavi (n.) barb
ნეოლითური neoliTuri (adj.) neolithic

ნეონი *neoni* (n.) neon
ნეპოტიზმი *nepotizmi* (n.) nepotism
ნეპტუნი *neptuni* (n.) Neptune
ნერგი *nergi* (n.) sapling
ნერვი *nervi* (n.) nerve
ნერვიული *nerviuli* (adj.) nervous
ნერწყვი *nerwyvi* (n.) saliva
ნესვი *nesvi* (n.) melon
ნესტარი *nestari* (n.) sting
ნესტიანი *nestiani* (adj.) soggy
ნესტო *nesto* (n.) nostril
ნეტარება *netareba* (n.) bliss
ნეფრიტი *nefriti* (n.) jade
ნექტარი *neqtari* (n.) nectar
ნეშტი *neSti* (n.) clod
ნეხვი *nexvi* (n.) dung
ნიადაგი *niadagi* (n.) soil
ნიავი *niavi* (n.) puff
ნიავის ქროლა *niavis qrola* (v.) puff
ნიანგი *niangi* (n.) crocodile
ნიაღვარი *niaRvari* (n.) torrent
ნიახური *niaxuri* (n.) celery
ნივთები *nivTebi* (n.) clobber
ნივთი *nivTi* (n.) item
ნივთიერება *nivTiereba* (n.) substance
ნივთიერებათა ცვლა *nivTierebaTa cvla* (n.) metabolism
ნივთის რეკლამა *nivTis reklama* (n.) blurb
ნივრიანი *nivriani* (adj.) garlicky
ნივრის კბილი *nivris kbili* (n.) clove
ნიკაპი *nikapi* (n.) chin
ნიკელი *nikeli* (n.) nickel
ნიკოტინი *nikotini* (n.) nicotine
ნიმბუსი *nimbusi* (n.) nimbus
ნიმუშად მოყვანა *nimuSad moyvana* (v.) typify
ნიმუში *nimuSi* (n.) specimen
ნიმფა *nimfa* (n.) nymph
ნიმფომანიაკი *nimfomaniaki* (adj.) nymphomaniac
ნიორი *niori* (n.) garlic
ნიჟარა *niJara* (n.) shell
ნისკარტი *niskarti* (n.) beak
ნისკარტით ფრთის გაწმენდა *niskartiT frTis gawmenda* (v.) preen
ნისლეული *nisleuli* (n.) nebula
ნისლი *nisli* (n.) mist
ნისლიანი *nisliani* (adj.) hazy
ნიუანსი *niuansi* (n.) nuance
ნიღაბი *niRabi* (n.) mask
ნიშა *niSa* (n.) niche
ნიშანი *niSani* (n.) vestige
ნიშნავს *niSnavs* (v.) signify
ნიშნის დასმა *niSnis dasma* (v.) mark
ნიშნის მიცემით მოხმობა *niSnis micemiT moxmoba* (v.) beckon
ნიშნობა *niSnoba* (n.) betrothal
ნიჩაბი *niCabi* (n.) trowel
ნიჩბით თხრა *niCbiT Txra* (v.) spade
ნიჩბის მოსმა *niCbis mosma* (v.) row
ნიძლავი *niZlavi* (v.) bet
ნიჭიერება *niWiereba* (n.) genius
ნიჭიერი *niWieri* (adj.) gifted
ნიჰილიზმი *nihilizmi* (n.) nihilism
ნმშვენიერი *nmSvenieri* (adj.) picturesque
ნოემბერი *noemberi* (n.) November
ნოველა *novela* (n.) novelette
ნოველისტი *novelisti* (n.) novelist
ნოკაუტი *nokauti* (n.) knockout
ნომენკლატურა *nomenklatura* (n.) onomatologist
ნომინალური *nominaluri* (adj.) nominal
ნომინანტი *nominanti* (n.) nominee
ნომინაცია *nominacia* (n.) nomination
ნორდიული *nordiuli* (adj.) Nordic
ნორმა *norma* (n.) norm

ნორმალიზაცია *normalizacia* (n.) normalization
ნორმალიზება *normalizeba* (v.) normalize
ნორმალური *normaluri* (adj.) normal
ნორმალურობა *normaluroba* (n.) normalcy
ნოსტალგია *nostalgia* (n.) nostalgia
ნოტარიუსი *notariusi* (n.) notary
ნოტაცია *notacia* (n.) notation
ნოტიო *notio* (adj.) humid
ნოყიერი *noyieri* (adj.) nutritious
ნუგეში *nugeSi* (v.) solace
ნუგეშისცემა *nugeSiscema* (v.) console
ნუკლეოზური *nukleozuri* (n.) nucleus
ნული *nuli* (n.) zero
ნუჟრი *nuJri* (n.) snag
ნუში *nuSi* (n.) macaroon
ნუშისებრი ჯირკვალი *nuSisebri jirkvali* (n.) tonsil

ო

ოაზისი *oazisi* (n.) oasis
ობი *obi* (n.) mould
ობიექტური *obieqturi* (adj.) objective
ობლიგაცია *obligacia* (n.) bond
ობლიგაციები *obligaciebi* (n.pl.) bonds
ობლობა *obloba* (n.) orphanage
ობობა *oboba* (n.) spider
ობობის ქსელი *obobis qseli* (adj.) webby
ობოლი *oboli* (n.) orphan
ობსერვატორია *observatoria* (n.) observatory
ოდენობა *odenoba* (n.) quantum
ოდენობითი *odenobiTi* (adj.) quantitative
ოდესმე *odesme* (adv.) ever
ოდნავ *odnav* (adv.) lightly
ოდნავ გაკვრა *odnav gakvra* (v.) graze
ოდნავ მოკლე *odnav mokle* (adj.) shortish
ოდნავ შეღებვა *odnav SeRebva* (v.) tint
ოდომეტრი *odometri* (n.) odometer
ოდონტოლოგი *odontologi* (n.) odontologist
ოდონტოლოგია *odontologia* (n.) odontology
ოვალური *ovaluri* (adj.) oval
ოვაცია *ovacia* (n.) ovation
ოვერდრაფტი *overdrafti* (n.) overdraft
ოვულარული *ovularuli* (adj.) ovular
ოვულაცია *ovulacia* (v.) ovulate
ოზმა *ozma* (n.) ream
ოზონატი *ozonati* (n.) ozonate
ოზონაცია *ozonacia* (n.) ozonation
ოზონი *ozoni* (n.) ozone
ოზონის ფენა *ozonis fena* (n.) ozone layer
ოთახი *oTaxi* (n.) room
ოთახი სტუმრებისთვის *oTaxi stumrebisTvis* (n.) guest room
ოთკუთხედი *oTkuTxedi* (n.) quadrilateral
ოთკუთხედური *oTkuTxeduri* (adj.) quadrangular
ოთხად გაყოფა *oTxad gayofa* (v.) quarter
ოთხგვერდა *oTxgverda* (adj.) quadrilateral
ოთხი *oTxi* (n.) four
ოთხმოცდაათი *oTxmocdaaTi* (n.) ninety
ოთხმოცდამეათე *oTxmocdameaTe* (adj.) ninetieth
ოთხმოცი *oTxmoci* (n.) eighty
ოთხმოცი წლის *oTxmoci wlis* (adj.) octogenarian

ოთხმოცი წლის ადამიანი *oTxmoci wlis adamiani* (n.) octogenarian
ოთხფეხი *oTxfexi* (n.) quadruped
ოთხშაბათი *oTxSabaTi* (n.) Wednesday
ოინკერი *oinkeri* (n.) oinker
ოკეანე *okeane* (n.) ocean
ოკეანის *okeanis* (adj.) oceanic
ოკეანის ნაპირა *okeanis napira* (adj.) oceanfront
ოკეანის ნაპირი *okeanis napiri* (n.) oceanfront
ოკეანოლოგი *okeanologi* (n.) oceanologist
ოკეანოლოგია *okeanologia* (n.) oceanology
ოკეონოგრაფი *okeonografi* (n.) oceanographer
ოკეონოგრაფიული *okeonografiuli* (adj.) oceanographic
ოკლუზიური *okluziuri* (adj.) occlusive
ოკრა *okra* (n.) okra
ოკტანგური *oktanguri* (adj.) octangular
ოკტანი *oktani* (n.) octane
ოკუპანტი *okupanti* (n.) occupant
ოლეოქიმიური *oleoqimiuri* (n.) oleochemical
ოლიგარქი *oligarqi* (n.) oligarch
ოლიგარქია *oligarqia* (n.) oligarchy
ოლიგარქიული *oligarqiuli* (adj.) oligarchal
ოლიმპიადა *olimpiada* (n.) olympiad
ოლქი *olqi* (n.) canton
ომეგა *omega* (n.) omega
ომი *omi* (v.) war
ომლეტი *omleti* (n.) omelette
ომოფაგია *omofagia* (n.) omophagia
ონავარი *onavari* (n.) hornet
ონკოგენი *onkogeni* (n.) oncogene
ონკოგენური *onkogenuri* (adj.) oncogenic
ონკოლოგი *onkologi* (n.) oncologist
ონკოლოგია *onkologia* (n.) oncology
ონოლოგია *onologia* (n.) onology
ონომანობა *onomanoba* (n.) onomancy
ონომასტი *onomasti* (n) onomast
ონომასტიკური *onomastikuri* (adj.) onomastic
ონომატოლოგია *onomatologia* (n.) onomatology
ონომატოპეა *onomatopea* (n.) onomatopoeia
ონომატოპეია *onomatopeia* (n.) onomatope
ონტოგენი *ontogeni* (n.) ontogeny
ონტოგენური *ontogenuri* (adj.) ontogenic
ონტოლოგია *ontologia* (n.) ontology
ონტოლოგიზმი *ontologizmi* (n.) ontologist
ონტოლოგიური *ontologiuri* (adj.) ontological
ოპალი *opali* (n.) opal
ოპერა *opera* (n.) opera
ოპერატიულობა *operatiuloba* (n.) operability
ოპერაცია *operacia* (n.) surgery
ოპერეტა *opereta* (n.) operetta
ოპერული *operuli* (adj.) operable
ოპიატი *opiati* (n.) opiate
ოპიატის მიღება *opiatis miReba* (v.) opiate
ოპიატური *opiaturi* (adj.) opiate
ოპინატორი *opinatori* (n.) opinator
ოპინიონერი *opinioneri* (n.) opinionnaire
ოპიუმი *opiumi* (n.) opium
ოპტიკოსი *optikosi* (n.) optician
ოპტიკურ - ბოჭკოვანი *optikur - boWkovani* (adj.) fibre-optic

ოპტიმიზმი *optimizmi* (n.) optimism
ოპტიმისტი *optimisti* (n.) optimist
ოპტიმისტური *optimisturi* (adj.) optimistic
ოპტიმუმი *optimumi* (n.) optimum
ორ ანტენიანი *or anteniani* (adj.) biantennary
ორ კვირიანი *or kviriani* (adj.) bi-weekly
ორ ნაჯახიანი *or najaxiani* (adj.) biaxial
ორ წლოვანი *or wlovani* (adj) biennial
ორადგილიანი ავტომობილი *oradgiliani avtomobili* (n.) buggy
ორაზროვანი *orazrovani* (adj.) equivocal
ორანჟერია *oranJeria* (n.) greenhouse
ორას წლოვანი *oras wlovani* (adj.) bicentenary
ორატორი *oratori* (n.) orator
ორატორული *oratoruli* (adj.) oratorical
ორბიტალური *orbitaluri* (n.) orbituary
ორბიტი *orbiti* (n.) orbit
ორბიტული *orbituli* (adj.) orbital
ორგაზმი *orgazmi* (n.) orgasm
ორგაზმული *orgazmuli* (adj.) orgasmic
ორგანზა *organza* (n.) organza
ორგანიზაცია *organizacia* (n.) organization
ორგანიზება *organizeba* (v.) organize
ორგანიზმი *organizmi* (n.) organism
ორგანო *organo* (n.) organ
ორგანოგრაფია *organografia* (n.) organography
ორგანული *organuli* (adj.) organic
ორგია *orgia* (n.) orgy
ორდერი *orderi* (n.) warrant
ორენოვანი *orenovani* (adj.) bilingual
ორეული *oreuli* (n.) counterpart
ორთოგრაფი *orTografi* (n.) orthographer
ორთოგრაფია *orTografia* (n.) orthograph
ორთოგრაფიული *orTografiuli* (adj.) orthographic
ორთოდოქსალობა *orTodoqsaloba* (n.) orthodoxy
ორთოდოქსალური *orTodoqsaluri* (adj.) orthodox
ორთოპედები *orTopedebi* (n.) orthopaedics
ორთოპედია *orTopedia* (n.) orthopaedia
ორთოპედიული *orTopediuli* (adj.) orthopaedical
ორთქლად ქცევა *orTqlad qceva* (v.) steam
ორთქლი *orTqli* (n.) vapour
ორი *ori* (n.) two
ორი თვალით *ori TvaliT* (adj.) binocular
ორი ნივთისგან შემდგარი *ori nivTisgan Semdgari* (adj.) binary
ორიგამი *origami* (n.) origami
ორიგინალი *originali* (n.) original
ორიენტაციის დაკარგვა *orientaciis dakargva* (v.) disorient
ორიენტაციული *orientaciuli* (adj.) orientational
ორიენტირება *orientireba* (v.) orientate
ორიენტირებული *orientirebuli* (adj.) oriented
ორიენტირი *orientiri* (n.) landmark
ორივე *orive* (adj & pron.) both
ორკა *orka* (n.) orca
ორკესტრი *orkestri* (n.) orchestra
ორკვირიანი *orkviriani* (n.) fortnight
ორლ *orl* (n.) orl
ორმაგი *ormagi* (adj.) twin
ორმაგი რაოდენობა *ormagi raodenoba* (n.) double

ორმო *ormo* (n.) pit
ორმოს ამოთხრა *ormos amoTxra* (v.) pit
ორმოცდაათი *ormocdaaTi* (n.) fifty
ორმოცი *ormoci* (n.) forty
ორმხრივი *ormxrivi* (adj.) mutual
ორნ *orn* (v.) orn
ორნიტოლოგი *ornitologi* (n.) ornithologist
ორნიტოლოგია *ornitologia* (n.) ornithology
ორნიტოსკოპი *ornitoskopi* (n.) ornithoscopy
ოროგენი *orogeni* (n.) orogen
ოროგენული *orogenuli* (adj.) orogenic
ოროგოლისტი *orogolisti* (n.) orologist
ორპარტიული *orpartiuli* (adj.) bipartisan
ორპირი *orpiri* (adj.) dual-purpose
ორპირობა *orpiroba* (n.) duplicity
ორჟანგი *orJangi* (n.) dioxide
ორსართულიანი საწოლი *orsarTuliani sawoli* (n.) bunk bed
ორსახოვანი *orsaxovani* (adj.) bifacial
ორსული *orsuli* (adj.) pregnant
ორსულობა *orsuloba* (n.) pregnancy
ორფა *orfa* (adj.) twofold
ორშაბათი *orSabaTi* (n.) Monday
ორცოლიანი *orcoliani* (adj.) bigamous
ორცოლიანობა *orcolianoba* (n.) bigamy
ორჯერ *orjer* (adv.) twice
ოსკულანტური *oskulanturi* (adj.) osculant
ოსმობიოზი *osmobiozi* (n.) osmobiosis
ოსმობიოტიკური *osmobiotikuri* (adj.) osmobiotic
ოსმოსი *osmosi* (n.) osmosis
ოსპი *ospi* (n.) lentil
ოსტატი *ostati* (n.) foreman
ოსტატობა *ostatoba* (n.) skill
ოსტატური *ostaturi* (adj.) masterly
ოსტმენი *ostmeni* (n.) oysterman
ოსცილოგრაფი *oscilografi* (n.) oscillograph
ოსცილომეტრული *oscilometruli* (adj.) oscillometric
ოსცილოსკოპი *osciloskopi* (n.) oscilloscope
ოტოსკოპი *otoskopi* (n.) otoscope
ოტოსკოპია *otoskopia* (n.) otoscopy
ოტოსკოპირი *otoskopiri* (adj.) otoscopis
ოუზო *ouzo* (n.) ouzo
ოფთალმოლოგი *ofTalmologi* (n.) ophtalmologist
ოფთალმოლოგია *ofTalmologia* (n.) ophtalmology
ოფთალმოლოგიური *ofTalmologiuri* (adj.) ophtalmologic
ოფთალმოსკოპი *ofTalmoskopi* (n.) ophtalmoscope
ოფისი *ofisi* (n.) office
ოფიციალურად *oficialurad* (adv.) officially
ოფიციალურად გამოცხადება *oficialurad gamocxadeba* (v.) declassify
ოფიციალური *oficialuri* (adj.) official
ოფიციალური აკრძალვა *oficialuri akrZalva* (v.) ban
ოფიციალური ცნობა *oficialuri cnoba* (n.) communique
ოფლი *ofli* (n.) sweep
ოფლის დენა *oflis dena* (v.) perspire
ოქმი *oqmi* (n.) protocol
ოქრო *oqro* (n.) gold
ოქროსფერი *oqrosferi* (adj.) golden
ოქსბირდი *oqsbirdi* (n.) oxbird
ოქსიაციდი *oqsiacidi* (n.) oxyacid
ოქსიგენი *oqsigeni* (n.) oxygen
ოქსიდანტი *oqsidanti* (n.) oxidant

ოქსიდატი *oqsidati* (n.) oxidate
ოქსქარდი *oqsqardi* (n.) oxcart
ოქტავა *oqtava* (n.) octave
ოქტინი *oqtini* (n.) octyne
ოქტომბერი *oqtomberi* (n.) October
ოქტონიონიკა *oqtonionika* (n.) octonionics
ოჩანი *oCani* (n.) techy
ოცდაათი *ocdaaTi* (n.) thirty
ოცდამეათე *ocdameaTe* (adj.) thirtieth
ოცდამეათე ნაწილი *ocdameaTe nawili* (n.) thirtieth
ოცეული *oceuli* (n.) platoon
ოცი *oci* (n.) twenty
ოცნება *ocneba* (n.) reverie
ოცნებით *ocnebiT* (adv.) dreamily
ოცნების მადევარი *ocnebis madevari* (n.) dreamcatcher
ოცნების სამყარო *ocnebis samyaro* (n.) dreamworld
ოხრახუში *oxraxuSi* (n.) parsley
ოხრობა *oxroba* (n.) devilry
ოჯახი *ojaxi* (n.) household
ოჯახის მარჩენალი *ojaxis marCenali* (n.) breadwinner
ოჯახური *ojaxuri* (adj.) domestical

პ

პაემანი *paemani* (n.) tryst
პავილიონი *pavilioni* (n.) pavilion
პათეთიკური *paTeTikuri* (adj.) pathetic
პათოლოგია *paTologia* (n.) pathology
პათოლოგიური *paTologiuri* (adj.) morbid
პათოსი *paTosi* (n.) pathos
პაკეტი *paketi* (n.) packet
პალატალური *palataluri* (adj.) palatal
პალეობიოლოგი *paleobiologi* (n.) paleobiologist
პალეობიოლოგია *paleobiologia* (n.) paleobiology
პალეობიოლოგიური *paleobiologiuri* (adj.) paleobiological
პალეოეკოლოგი *paleoekologi* (n.) paleoecologist
პალეოეკოლოგია *paleoekologia* (n.) paleoecology
პალეოლითური *paleoliTuri* (adj.) paleolithic
პალეონტოლოგი *paleontologi* (n.) paleontologist
პალეონტოლოგია *paleontologia* (n.) paleontology
პალიტრა *palitra* (n.) palette
პალმა *palma* (n.) palm
პალტო *palto* (n.) overcoat
პამიდორი *pamidori* (n.) tomato
პამფლეტერი *pamfleteri* (n.) pamphleteer
პანდემონიუმი *pandemoniumi* (n.) pandemonium
პანელი *paneli* (n.) panel
პანელის შემოვლება *panelis Semovleba* (v.) panel
პანთეიზმი *panTeizmi* (n.) pantheism
პანთეისტი *panTeisti* (n.) pantheist
პანიკა *panika* (n.) panic
პანიკური გაქცევა *panikuri gaqceva* (n.) stampede
პანორამა *panorama* (n.) prospect
პანტერა *pantera* (n.) panther
პანტომიმა *pantomima* (n.) pantomime
პაპის *papis* (adj.) papal
პაპობა *papoba* (n.) papacy
პარაგრაფი *paragrafi* (n.) paragraph
პარადოქსი *paradoqsi* (n.) paradox

პარადოქსული paradoqsuli (adj.) paradoxical
პარაზიტი paraziti (n.) parasite
პარალელი paraleli (v.) parallel
პარალელიზმი paralelizmi (n.) parallelism
პარალელოგრამი paralelogrami (n.) parallelogram
პარალელური paraleluri (adj.) parallel
პარასკევი paraskevi (n.) Friday
პარაფინი parafini (n.) paraffin
პარაფრაზი parafrazi (n.) paraphrase
პარაშუტი paraSuti (n.) parachute
პარაშუტისტი paraSutisti (n.) parachutist
პარიკი pariki (n.) wigwam
პარკი parki (n.) pouch
პარკირების ბილეთი parkirebis bileTi (n.) parking ticket
პარკის გაშენება parkis gaSeneba (v.) park
პარკუჭები parkuWebi (v.) ventriloquize
პარკუჭოვანი parkuWovani (adj.) ventriloquistic
პარლამენტარი parlamentari (n.) parliamentarian
პარლამენტი parlamenti (n.) parliament
პარლამენტის კომისიის წევრი parlamentis komisiis wevri (n.) commissioner
პარლამენტის წევრი parlamentis wevri (n.) backbencher
პაროდია parodia (n.) parody
პაროლი paroli (v.) countersign
პარსვა parsva (n.) shavings
პარტახტიანი ტიფი partaxtiani tifi (n.) typhus
პარტიზანი partizani (n.) partisan
პარტიზანული partizanuli (adj.) partisan
პარტიზანული ომი partizanuli omi (n.) guerilla
პასიური pasiuri (adj.) effortless
პასკვილების წერა paskvilebis wera (v.) lampoon
პასპორტი pasporti (n.) passport
პასტელი pasteli (adj.) pastel
პასუხი pasuxi (n.) talkback
პასუხის გაცემა pasuxis gacema (v.) respond
პასუხისმგებელი pasuxismgebeli (adj.) responsible
პასუხისმგებლობა pasuxismgebloba (n.) responsibility
პატარა patara (n.) small
პატარა ბეჭედი patara beWedi (n.) ringlet
პატარა ბორცვი patara borcvi (n.) hillock
პატარა კარჭაპი patara karWapi (n.) funny
პატარა პალო patara palo (n.) peg
პატარა რესტორანი patara restorani (n.) bistro
პატარა საწოლი patara sawoli (n.) cubicle
პატარა ყლუპი patara ylupi (n.) sip
პატარა ცული patara culi (n.) hatchet
პატარა ხელფასი patara xelfasi (n.) pittance
პატარაობა pataraoba (adv.) smallness
პატარძალი patarZali (n.) bride
პატარძლის მეჯვარე patarZlis mejvare (n.) bridesmaid
პატენტი patenti (n.) patent
პატენტის მიღება patentis miReba (v.) patent
პატიება patieba (v.) remit
პატივი pativi (n.) reverence

პატივისცემა *pativiscema* (n.) veneration
პატიმარი *patimari* (n.) prisoner
პატიოსანი *patiosani* (adj.) straightforward
პატიოსანი ვაჭრობა *patiosani vaWroba* (n.) fair trade
პატიოსანი სიტყვა *patiosani sityva* (n.) parole
პატიოსანი სიტყვის მიცემა *patiosani sityvis micema* (v.) parole
პატიოსნად *patiosnad* (adj.) fair
პატიოსნება *patiosneba* (n.) honour
პატრიოტი *patrioti* (n.) patriot
პატრიოტიზმი *patriotizmi* (n.) patriotism
პატრიოტული *patriotuli* (adj.) patriotic
პატრულირება *patrulireba* (n.) patrol
პატჩ ტესტი *patC testi* (n.) patch test
პაციენტი *pacienti* (n.) patient
პაციფიზმი *pacifizmi* (n.) pacifism
პაციფისტი *pacifisti* (n.) pacifist
პაწაწინა *pawawina* (adj.) diminutive
პედაგოგი *pedagogi* (n.) pedagogy
პედალი *pedali* (n.) pedal
პედალის დაჭერა *pedalis daWera* (v.) pedal
პედანტი *pedanti* (n.) pedant
პედანტური *pedanturi* (n.) pedantic
პედიატრი *pediatri* (n.) podiatrist
პედიატრიული *pediatriuli* (adj.) podiatric
პედიოლოგი *pediologi* (n.) paedologist
პედიოლოგია *pediologia* (n.) paedology
პედოფილია *pedofilia* (n.) paedophilia
პედოფილიუსი *pedofiliusi* (adj.) paedophiliac
პეიზაჟი *peizaJi* (n.) sandscape
პენისი *penisi* (n.) penis
პენსი *pensi* (n.) penny
პენსია *pensia* (n.) pension
პენსიის დანიშვნა *pensiis daniSvna* (v.) pension
პენსიონერი *pensioneri* (n.) pensioner
პენტაგონი *pentagoni* (n.) pentagon
პენტატონიური *pentatoniuri* (adj.) pentatonic
პენტჰაუსი *penthausi* (n.) penthouse
პეპელა *pepela* (n.) butterfly
პერანგი *perangi* (n.) chemise
პერიოდი *periodi* (n.) period
პერიოდული *perioduli* (adj.) periodical
პერიოდული გამოცემა *perioduli gamocema* (n.) periodical
პერიფერია *periferia* (n.) periphery
პერიფერიული *periferiuli* (adj.) acentric
პერლამუტრი *perlamutri* (n.) nacre
პერპენდიკულარი *perpendikulari* (n.) perpendicular
პერპენდიკულარული *perpendikularuli* (adj.) perpendicular
პერსონალი *personali* (n.) staff
პერსონიფიკაცია *personifikacia* (n.) epitome
პერსპექტივა *perspeqtiva* (n.) vista
პესიმიზმი *pesimizmi* (n.) pessimism
პესიმისტი *pesimisti* (n.) pessimist
პესიმისტური *pesimisturi* (adj.) pessimistic
პესტიციდი *pesticidi* (n.) pesticide
პეტიცია *peticia* (n.) petition
პიანისტი *pianisti* (n.) pianist
პიგმენტი *pigmenti* (n.) pigment
პითონი *piToni* (n.) python
პიკანტური *pikanturi* (adj) zesty
პიკნიკი *pikniki* (n.) picnic
პილინგი *pilingi* (v.) scrub

პილოტი *piloti* (n.) pilot
პილოტის კაბინა *pilotis kabina* (n.) cockpit
პილპილის მოყრა *pilpilis moyra* (v.) pepper
პინცეტი *pinceti* (n.) forceps
პიონერი *pioneri* (n.) pioneer
პიორეა *piorea* (n.) pyorrhoea
პირადად *piradad* (adv.) bodily
პირადი შემადგენლობა *piradi Semadgenloba* (n.) personnel
პირადობის მოწმობა *piradobis mowmoba* (n.) identity card
პირამიდა *piramida* (n.) pyramid
პირდაპირ *pirdapir* (adv.) straight
პირდაპირი *pirdapiri* (adj.) through
პირველ რიგში *pirvel rigSi* (adv.) primarily
პირველადი *pirveladi* (adj.) primary
პირველი *pirveli* (adj.) first
პირველი აცრა *pirveli acra* (n.) first aid
პირველობა *pirveloba* (adv.) prima facie
პირველყოფილი *pirvelyofili* (adj.) primeval
პირი *piri* (n.) yap
პირის *piris* (adj.) oral
პირისახის *pirisaxis* (adj.) facial
პირიქით *piriqiT* (adv.) vice-versa
პირმოთნეობა *pirmoTneoba* (n.) hypocrisy
პირობა *piroba* (n.) stipulation
პირობითი *pirobiTi* (adj.) conventional
პირობითი განთავსება *pirobiTi ganTavseba* (v.) escrow
პირობითი კავშირი *pirobiTi kavSiri* (adj.) conditional
პირობითი შეფასება *pirobiTi Sefaseba* (v.) impute
პირობის შემცველი *pirobis Semcveli* (adj.) promissory
პიროვნება *pirovneba* (n.) personality
პიროვნული *pirovnuli* (adj.) personal
პირსავსე *pirsavse* (n.) mouthful
პირსახოცი *pirsaxoci* (n.) towel
პირსახოცით შემშრალება *pirsaxociT SemSraleba* (v.) towel
პირუტყვი *pirutyvi* (n.) scot
პირუტყვული *pirutyvuli* (adj.) bestial
პირფერი *pirferi* (adj.) compliant
პირფერობა *pirferoba* (v.) flatter
პირქვე *pirqve* (adv.) topsy turvy
პირღებინება *pirRebineba* (v.) vomit
პისტოლეტი *pistoleti* (n.) pistol
პიტნა *pitna* (n.) mint
პიქსელი *piqseli* (v.) pixelate
პიცა *pica* (n.) pizza
პიცერია *piceria* (n.) pizzeria
პიჯაკი *pijaki* (n.) coat
პლაატფორმა *plaatforma* (n.) platform
პლაკატი *plakati* (n.) placard
პლაკატივი *plakativi* (adj.) placative
პლაკატორი *plakatori* (adj.) placatory
პლანერი *planeri* (n.) glider
პლანეტა *planeta* (n.) planet
პლანეტის *planetis* (adj.) planetary
პლანტაცია *plantacia* (n.) plantation
პლაჟი plaJi (n.) beach
პლაჟის ბურთი plaJis *burTi* (n.) beach ball
პლასტიკური *plastikuri* (adj.) plastic
პლასტმასი *plastmasi* (n.) plastic
პლატინა *platina* (n.) platinum
პლატინის *platinis* (adj.) platinum
პლატო *plato* (n.) plateau
პლატონური *platonuri* (adj.) platonic
პლაცებო *placebo* (n.) placebo
პლაცებური *placeburi* (adj.) placebic
პლაცენტა *placenta* (n.) placenta
პლებისციტი *plebisciti* (n.) plebiscite
პლევალური *plevaluri* (adj.) pluvial

პლიერი *plieri* (n.) plyer
პლისიანი ქვედაბოლო *plisiani qvedabolo* (n.) kilt
პლუსი *plusi* (n.) plus
პლუტოკრატი *plutokrati* (adj.) plutocrat
პლუტონიუმი *plutoniumi* (n.) plutonium
პლუტონური *plutonuri* (adj.) plutonic
პლუში *pluSi* (n.) plush
პნევდრავლიკური *pnevdravlikuri* (n.) pneudraulics
პნევმა *pnevma* (n.) pneuma
პნევმატოლოგია *pnevmatologia* (n.) pneumatology
პნევმატოლოგიური *pnevmatologiuri* (adj.) pneumatological
პნევმატური *pnevmaturi* (adj.) pneumatic
პნევმატური სალტე *pnevmaturi salte* (n.) pneumatic
პნევმთერაპია *pnevmTerapia* (n.) pneumotherapy
პნევმოგესტრიკი *pnevmogestriki* (adj.) pneumogastric
პნევმოლოგია *pnevmologia* (n.) pneumology
პნევმონია *pnevmonia* (n.) pneumonia
პნევმონიკი *pnevmoniki* (n.) pneumoniac
პნევმონიკური *pnevmonikuri* (adj.) pneumonic
პოდიუმზე გამოსვლა *podimze gamosvla* (v.) podium
პოდიუმი *podiumi* (n.) podium
პოდკასტერი *podkasteri* (n.) podcaster
პოდკასტი *podkasti* (n.) podcast
პოეზია *poezia* (n.) poetry
პოემა *poema* (n.) romance
პოეტესა ქალი *poetesa qali* (n.) poetess
პოეტი *poeti* (n.) poet
პოეტიკა *poetika* (n.) poetics
პოეტური *poeturi* (adj.) poetic
პოვნა *povna* (v.) found
პოზა *poza* (v.) pose
პოზების მიღება *pozebis miReba* (n.) pose
პოზიტიური *pozitiuri* (adj.) positive
პოზიცია *pozicia* (n.) attitude
პოინტვორქი *pointvorqi* (n.) pointwork
პოინტილისტი *pointilisti* (n.) pointillist
პოლარიზაცია *polarizacia* (v.) polarize
პოლარიზებული *polarizebuli* (adj.) polarazing
პოლაროიდი *polaroidi* (n.) polaroid
პოლარული *polaruli* (adj.) polary
პოლარული ვარსკვლავი *polaruli varskvlavi* (n.) loadstar
პოლარული მოცეკვავე *polaruli mocekvave* (n.) pole dancer
პოლარულობა *polaruloba* (n.) polarity
პოლემიკა *polemika* (n.) polemic
პოლემიკური *polemikuri* (adj.) polemic
პოლენტა *polenta* (n.) polenta
პოლიანდერი *polianderi* (n.) polyander
პოლიანდრიანიზმი *poliandrianizmi* (n.) polyandrianism
პოლიანდრიული *poliandriuli* (n.) polyandry
პოლიაცეტილენი *poliacetileni* (n.) polyacetylene
პოლიბუტენი *polibuteni* (n.) polybutene
პოლიბუტილინი *polibutilini* (n.) polybutylene
პოლიგლოტი *poligloti* (n.) polyglot
პოლიენი *polieni* (n.) polyene
პოლითეიზმი *poliTeizmi* (n.) polytheism
პოლითეისტი *poliTeisti* (n.) polytheist

პოლითეისტური *poliTeisturi* (adj.) polytheistic
პოლიკარბონატი *polikarbonati* (n.) polycarbonate
პოლიკრატია *polikratia* (n.) polycracy
პოლილოკანტი *polilokanti* (adj.) polyloquent
პოლიმეთილენი *polimeTileni* (n.) polymethylene
პოლიმეთინი *polimeTini* (n.) polymethine
პოლიმელექტრული *polimeleqtruli* (adj.) polymolecular
პოლიმერი *polimeri* (n.) polymer
პოლიმერიზაცია *polimerizacia* (v.) po;ymerize
პოლიმეტალიკური *polimetalikuri* (adj.) polymetallic
პოლიმიკრობული *polimikrobuli* (adj.) polymicrobial
პოლიმიოტიკური *polimiotikuri* (adj.) polymiotic
პოლიმორფი *polimorfi* (n.) polymorph
პოლიმორფიზმი *polimorfizmi* (n.) polymorphism
პოლიმორფოზი *polimorfozi* (n.) polymorphosis
პოლიმორფული *polimorfuli* (adj.) polymorphic
პოლინუკლეატი *polinukleati* (adj.) polynucleate
პოლიპროპილენი *polipropileni* (n.) polypropylene
პოლიპროტეინი *poliproteini* (n.) polyprotein
პოლისემია *polisemia* (n.) polysemia
პოლიტექნიკური *politeqnikuri* (adj.) polytechnic
პოლიტიკა *politika* (n.) politics
პოლიტიკოსი *politikosi* (n.) politician
პოლიტიკური *politikuri* (adj.) political
პოლიტიკური ბლოკი *politikuri bloki* (n.) bloc
პოლიტიკური ოლქი *politikuri olqi* (n.) shire
პოლიფარკული *polifarkuli* (adj.) polypharmacal
პოლიფორმი *poliformi* (n.) polyform
პოლიქრომული *poliqromuli* (adj.) polychrome
პოლიცენტრიზმი *policentrizmi* (n.) polycentrism
პოლიცენტრული *policentruli* (adj.) polycentric
პოლიცია *policia* (n.) police
პოლიციამ სცემა *policiam scema* (n.) police beat
პოლიციელი *policieli* (n.) policeman
პოლიციის ნავი *policiis navi* (n.) policeboat
პოლკი *polki* (n.) regiment
პოლკის შექმნა *polkis Seqmna* (v.) regiment
პოლკოვნიკი *polkovniki* (n.) colonel
პოლონური *polonuri* (n.) polish
პომპეზობა *pompezoba* (n.) pomposity
პომპეზური *pompezuri* (adj.) pompous
პონი *poni* (n.) pony
პონტილიზმი *pontilizmi* (n.) pointillism
პოპლინი(ქსოვილი) *poplini(qsovili)* (n.) poplin
პოპულარიზება *popularizeba* (v.) popularize
პოპულარობა *popularoba* (n.) popularity
პორტატიული *portatiuli* (adj.) portable
პორტრეტები *portretebi* (n.) portraiture
პორტრეტი *portreti* (n.) portrait

პორტრეტის დახატვა *portretis daxatva* (v.) portray
პორტფელი *portfeli* (n.) briefcase
პოსკრიპტუმი *poskriptumi* (n.) postscript
პოტენციალი *potenciali* (n.) potential
პპედანტიზმი *ppedantizmi* (n.) pedantry
პრაგმატიზმი *pragmatizmi* (n.) pragmatism
პრაგმატული *pragmatuli* (adj.) pragmatic
პრანჭია *pranWia* (n.) prude
პრასა *prasa* (n.) leek
პრაქტიკა *praqtika* (n.) practice
პრაქტიკის მქონე *praqtikis mqone* (n.) practitioner
პრაქტიკულად *praqtikulad* (adv.) practically
პრაქტიკული *praqtikuli* (adj.) practical
პრეამბული *preambuli* (n.) preamble
პრეზენტაცია *prezentacia* (n.) presentation
პრეზიდენტი *prezidenti* (n.) president
პრეისკურანტი *preiskuranti* (n.) price list
პრემიერ მინისტრი *premier ministri* (adj.) premier
პრემიერა *premiera* (n.) premiere
პრემიერი *premieri* (n.) premier
პრეროგატივა *prerogativa* (n.) prerogative
პრესა *presa* (n.) press
პრესტიჟი *prestiJi* (n.) prestige
პრესტიჟული *prestiJuli* (adj.) prestigious
პრეტენზია *pretenzia* (v.) sham
პრეტენზიული *pretenziuli* (adj.) pretentious
პრეფექტი *prefeqti* (n.) prefect
პრეფიქსი *prefiqsi* (n.) prefix

პრეცედენტი *precedenti* (n.) precedent
პრიალა *priala* (n.) glaze
პრივილეგია *privilegia* (n.) privilege
პრიმიტიული *primitiuli* (adj.) primitive
პრინცესა *princesa* (n.) princess
პრინცი *princi* (n.) prince
პრინციპი *principi* (n.) tenent
პრინციპული *principuli* (n.) principal
პრიორიტეტი *prioriteti* (n.) priority
პრო ფორმა *pro forma* (adj.) pro forma
პრობლემა *problema* (n.) problem
პრობლემატური *problematuri* (adj.) problematic
პროგნოზი *prognozi* (v.) forecast
პროგრამა *programa* (n.) programme
პროგრესი *progresi* (v.) progress
პროგრესული *progresuli* (adj.) progressive
პროდუქტი *produqti* (n.) product
პროდუქტის გვერდით *produqtis gverdiT* (n.) by-product
პროექტი *proeqti* (n.) project
პროექტირება *proeqtireba* (adj.) designing
პროექტის შემდგენელი *proeqtis Semdgeneli* (n.) projector
პროვინცია *provincia* (n.) province
პროვინციალიზმი *provincializmi* (n.) provincialism
პროვინციული *provinciuli* (adj.) provincial
პროზა *proza* (n.) prose
პროზაული *prozauli* (adj.) prosaic
პროთეზული *proTezuli* (adj.) prosthetic
პროლეტარიატი *proletariati* (v.) proliferate
პროლიტერაცია *proliteracia* (n.) proliferation

პროლოგი *prologi* (n.) prologue
პროპაგანდა *propaganda* (n.) propaganda
პროპაგანდისტი *propagandisti* (n.) propagandist
პროპორცია *proporcia* (n.) proportion
პროპორციული *proporciuli* (adj.) proportional
პროჟექტორი *proJeqtori* (n.) spotlight
პროჟექტორით განათება *proJeqtoriT ganaTeba* (v.) floodlight
პროსოდია *prosodia* (n.) prosody
პროსპექტი *prospeqti* (n.) prospectus
პროსტიტუცია *prostitucia* (n.) prostitution
პროსტრაცია *prostracia* (n.) prostration
პროტეინი *proteini* (n.) protein
პროტესტი *protesti* (n.) protest
პროტესტის განცხადება *protestis gancxadeba* (v.) protest
პროტოტიპი *prototipi* (n.) prototype
პროფესია *profesia* (n.) vocation
პროფესიონალი *profesionali* (adj.) professional
პროფესორი *profesori* (n.) professor
პროფილი *profili* (n.) profile
პროქტორი *proqtori* (n.) proctor
პროცედურა *procedura* (n.) procedure
პროცენტი *procenti* (n.) percentage
პროცესი *procesi* (n.) process
პროცესია *procesia* (n.) procession
პროცესორი *procesori* (n.) processor
პუდინგი *pudingi* (n.) pudding
პულსაცია *pulsacia* (n.) palpitation
პულსი *pulsi* (n.) pulse
პუნქტუაცია *punqtuacia* (n.) punctuation
პური *puri* (n.) bread
პურის მარცვალი *puris marcvali* (n.) corn
პურის ნამცეცი *puris namceci* (n.) crumb
პურის ფქვილი *puris fqvili* (n.) flour
პურის ქერქი *puris qerqi* (n.) crust
პურისტი *puristi* (n.) purist
პუტკუნა *putkuna* (adj.) chubby

ჟ

ჟანგბადი *Jangbadi* (n.) oxygenation
ჟანგვა *Jangva* (v.) rust
ჟანგი *Jangi* (n.) rust
ჟანგიანი *Jangiani* (adj.) rusty
ჟანგლიორი *Jangliori* (n.) juggler
ჟანგლიორობა *Janglioroba* (v.) juggle
ჟანდარმერია *Jandarmeria* (n.) corps
ჟანრი *Janri* (n.) genre
ჟარგონი *Jargoni* (n.) slang
ჟასმინი, ჟესამინი *Jasmini, Jesamini* (n.) jasmine, jessamine
ჟელატინი *Jelatini* (n.) gelatin
ჟელატინიზირებული *Jelatinizirebuli* (v.) gelatinize
ჟელატინის *Jelatinis* (adj.) gelatinous
ჟელე *Jele* (n.) jelly
ჟესტი *Jesti* (n.) gesture
ჟეტონი *Jetoni* (n.) token
ჟილეტი *Jileti* (n.) waistcoat
ჟინი *Jini* (n.) freak
ჟინიანი *Jiniani* (adj.) insistent
ჟინჟღლი *JinJRli* (n.) drizzle
ჟირაფი *Jirafi* (n.) giraffe
ჟიური *Jiuri* (n.) jury
ჟოკეი *Jokei* (n.) jockey
ჟოლო *Jolo* (n.) raspberry
ჟოლობი *Jolobi* (n.) drainpipe
ჟოლოს *Jolos* (adj.) raspy

ჟონვა *Jonva* (v.) ooze
ჟრჟოლა *JrJola* (n.) tremor
ჟრუანტელის გამომწვევი *Jruantelis gamomwvevi* (adj.) creepy
ჟურნალი *Jurnali* (n.) register
ჟურნალისტი *Jurnalisti* (n.) journalist
ჟურნალისტიკა *Jurnalistika* (n.) journalism
ჟღერა *JRera* (v.) resound
ჟღურტული *JRurtuli* (n.) twitter

რ

რა *ra* (adj.) what
რა თქმა უნდა *ra Tqma unda* (adv.) certainly
რაბი *rabi* (n.) flood gate
რაბინი *rabini* (n.) rabbi
რაგუ ბოსტენულისა და ხორცისგან *ragu bostenulisa da xorcisgan* (n.) hotchpotch
რადგანაც *radganac* (conj.) because
რადიაცია *radiacia* (n.) radiation
რადიო *radio* (n.) radio
რადიოაქტიური *radioaqtiuri* (adj.) radioactive
რადიოაქტიური ნალექის გამოყოფა *radioaqtiuri naleqsi gamoyofa* (n.) fallout
რადიოგრამა *radiograma* (n.) radiogram
რადიოგრაფია *radiografia* (n.) radiography
რადიოთი გადაცემა *radioTi gadacema* (v.) radio
რადიოთი გადმოცემა *radioTi gadmocema* (v.) broadcast
რადიოიმუნოლოგი *radioimunologi* (n.) radiommunology
რადიოლა *radiola* (n.) jukebox
რადიოლოგია *radiologia* (n.) radiology
რადიოლოკაცია *radiolokacia* (n.) radiolocation
რადიომერკური *radiomerkuri* (n.) radiomercury
რადიოსკანერი *radioskaneri* (n.) radioscan
რადიოტელეგრაფია *radiotelegrafia* (n.) radiotelegraphy
რადიოფონი *radiofoni* (n.) radiophone
რადიუმი *radiumi* (n.) radium
რადიუსი *radiusi* (n.) radius
რადიუსული *radiusuli* (adj.) radious
რაზმი *razmi* (n.) squadron
რათა *raTa* (conj.) lest
რაინდად შეწირვა *raindad Sewirva* (n.) dub
რაინდი *raindi* (n.) knight
რაინდობა *raindoba* (n.) chivalry
რაინდული *rainduli* (adj.) chivalrous
რაიონი *raioni* (n.) district
რაკეტა *raketa* (n.) rocket
რაკრაკი *rakraki* (v.) ripple
რაკუსი *rakusi* (n.) ruckus
რამდენიმე *ramdenime* (adj.) several
რამენაირად *ramenairad* (adv.) however
რამეს არ მქონე *rames ar mqone* (adj.) devoid
რანჟირება *ranJireba* (v.) rancidify
რანჩო *ranCo* (n.) ranch
რაოდენობა *raodenoba* (n.) quantity
რაპირა *rapira* (n.) rapier
რასა *rasa* (n.) race
რასიზმი *rasizmi* (n.) racism
რასისტი *rasisti* (adj.) racist
რასობრივი *rasobrivi* (adj.) racial

რასტაფარი *rastafari* (n.) rasta
რატომ *ratom* (adv.) why
რატომღაც *ratomRac* (adv.) somehow
რაქიტები *raqitebi* (n.) rickets
რაღაც *raRac* (adv.) something
რაში *raSi* (n.) steed
რაც *rac* (conj.) whereat
რაციონალიზება *racionalizeba* (v.) rationalize
რბილად *rbilad* (adv.) tenderly
რბილი *rbili* (adj.) tender
რბილი შუასადები *rbili Suasadebi* (n.) pad
რბოლა *rbola* (n.) road race
რგოლი *rgoli* (n.) rim
რეაბილიტაცია *reabilitacia* (n.) rehabilitation
რეაბილიტირება *reabilitireba* (v.) rehabilitate
რეაბსორბცია *reabsorbcia* (n.) reabsorption
რეაგირება *reagireba* (v.) react
რეაგირების მოხდენა *reagirebis moxdena* (v.) reactivate
რეალიზმი *realizmi* (n.) realism
რეალისტი *realisti* (n.) realist
რეალისტური *realisturi* (adj.) realistic
რეალობა *realoba* (n.) reality
რეალტორი *realtori* (n.) realtor
რეალური *realuri* (adj.) practicable
რეანექსაცია *reaneqsacia* (n.) reannexation
რეანიმაცია *reanimacia* (n.) recondensation
რეაქვია *reaqvia* (n.) reaction
რეაქტივაცია *reaqtivacia* (n.) reactivation
რეაქტიული *reaqtiuli* (adj.) reactive
რეაქტიული ძრავა *reaqtiuli Zrava* (n.) jet engine
რეაქტორი *reaqtori* (n.) reactor

რეაქციონერი *reaqcioneri* (n.) reactionist
რეაქციული *reaqciuli* (adj.) reactionary
რეგვენი *regveni* (n.) gawk
რეგისტრატორი *registratori* (n.) registrar
რეგისტრატურა *registratura* (n.) registry
რეგისტრაცია *registracia* (n.) registration
რეგულარული *regularuli* (adj.) regular
რეგულაციების გაუქმება *regulaciebis gauqmeba* (v.) deregulate
რეგულირება *regulireba* (v.) regulate
რედაქტორი *redaqtori* (n.) editor
რედაქციის გაკეთება *redaqciis gakeTeba* (v.) edit
რევალუტირება *revalutireba* (n.) revaluation
რევიზორი *revizori* (n.) auditor
რევმატიზმი *revmatizmi* (n.) rheumatism
რევმატიული *revmatiuli* (adj.) rheumatic
რევოლვერი *revolveri* (n.) revolver
რევოლუცია *revolucia* (n.) revolution
რევოლუციური *revoluciuri* (adj.) revolutionary
რეზერვუარი *rezervuari* (n.) reservoir
რეზიდენტი *rezidenti* (n.) resident
რეზინი *rezini* (adj.) elastic
რეზინის იხვი *rezinis ixvi* (n.) rubber duck
რეზინის ტყვია *rezinis tyvia* (n.) rubber bullet
რეზინის ჩექმები *rezinis Ceqmebi* (n.) gumboot
რეზონანსი *rezonansi* (n.) resonance
რეიტუზი *reituzi* (n.) pantaloon

რეკა reka (n.) reak
რეკვა rekva (v.) ring
რეკვიემი rekviemi (n.) requiem
რეკვიზიციის მოთხოვნა rekviziciis moTxovna (v.) requisition
რეკლამირება reklamireba (v.) publicize
რეკომენდაცია rekomendacia (n.) recommendation
რეკონსტრუქცია rekonstruqcia (v.) reconsolidate
რეკონფიგურაცია rekonfiguracia (n.) reconfiguration
რეკონფიგურირება rekonfigurireba (v.) reconfigurate
რელევანტურობა relevanturoba (n.) validity
რელიგია religia (n.) religion
რელიგიური religiuri (adj.) religious
რელიეფი reliefi (n.) terrain
რელოკაცია relokacia (n.) reallocation
რელსიდან გადავარდნა relsidan gadavardna (v.) derail
რემონტი remonti (n.) repair
რენტგენი rentgeni (n.) x-ray
რენტგენის გადაღება rentgenis gadaReba (v.) x-ray
რეპატრიაცია repatriacia (n.) repatriation
რეპატრიირება repatriireba (n.) repatriate
რეპერტუარი repertuari (n.) repertoire
რეპეტივია repetivia (n.) rehearsal
რეპეტიცია repeticia (n.) repetition
რეპლიკა replika (n.) replica
რეპლიკაცია replikacia (n.) reapplication
რეპორტიორი reportiori (n.) reporter
რეპრესია represia (n.) repression
რეპუტაცია reputacia (n.) reputation
რეჟიმი reJimi (n.) regime
რესპუბლიკა respublika (n.) republic
რესპუბლიკელი respublikeli (n.) republican
რესპუბლიკური respublikuri (adj.) republican
რესტორანი restorani (n.) restaurant
რეტროსპექცია retrospeqcia (n.) retrospection
რეტროსპიქტული retrospiqtuli (adj.) retrospective
რეტუშირება retuSireba (v.) retouch
რეფერენდუმი referendumi (n.) referendum
რეფლექსი refleqsi (n.) reflex
რეფლექსური refleqsuri (adj.) reflex
რეფლექტორი refleqtori (n.) reflector
რეფორმა reforma (n.) reform
რეცეპტი recepti (n.) recipe
რეცეპტული receptuli (adj.) receptive
რეციდივი recidivi (n.) recrudency
რეცხვა recxva (v.) launder
რეჰანი rehani (n.) basil
რვაკუთხედი rvakuTxedi (n.) octagon
რვაფეხა rvafexa (n.) octuple
რვიანი rviani (n.) eight
რთული rTuli (adj.) sophisticated
რთული მდგომარეობა rTuli mdgomareoba (v.) nonplus
რიგი rigi (n.) row
რიგში დგომა rigSi dgoma (v.) queue
რიგში ჩადგომა rigSi Cadgoma (n.) alignment
რითმა riTma (n.) rhyme
რითმატორი riTmatori (n.) rhymester
რიკი riki (n.) rick
რიკშა rikSa (n.) rickshaw
რისკზე წასვლა riskze wasvla (v.) risk
რისკი riski (n.) risk
რისკიანი riskiani (adj.) risky
რისხვა risxva (n.) wrath

რიტმი ritmi (n.) rhythm
რიტმული ritmuli (adj.) rhythmic
რიტორიკა ritorika (n.) rhetoric
რიტორიკული ritorikuli (adj.) rhetorical
რიტუალი rituali (n.) ritual
რიტუალის ritualis (adj.) ritual
რიყის ქვა riyis qva (n.) cobblestone
რიცხვი ricxvi (n.) tally
რიცხვით აღმატება ricxviT aRmateba (v.) outnumber
რიცხვითი ricxviTi (adj.) tally
რიცხვითი ricxviTi (adj.) numerical
რიცხვითი სახელი ricxviTi saxeli (n.) numeral
რკალი rkali (n.) arc
რკინა rkina (n.) iron
რკინიგზა rkinigza (n.) railway
რკინის სინი rkinis sini (n.) treadplate
რკო rko (n.) acorn
რობოტი roboti (n.) robot
როგორ? rogor? (adv.) how
როგორც ჩანს rogorc Cans (adj.) seemly
როდესაც rodesac (adv.) whenever
როდსტერი rodsteri (n.) roadster
როიალისტი roialisti (n.) royalist
როკეტერი roketeri (n.) rocketeer
როლი roli (n.) role
რომ rom (conj.) that
რომანი romani (n.) novel
რომანტიკული romantikuli (adj.) romantic
რომელიც romelic (pron.) which
რომი romi (n.) rummy
რომის პაპი romis papi (n.) pope
რტო rto (n.) lop
რუბეოლა rubeola (n.) rubeola
რუბიანი rubiani (n.) rubian
რუბიკა rubika (adj.) rubican

რუბიკონი rubikoni (n.) rubicon
რუბრიკა rubrika (n.) rubric
რუბრიკირება rubrikireba (v.) rubify
რუკა ruka (n.) map
რულეტი ruleti (n.) tapeline
რუნა runa (n.) rune
რუპია rupia (n.) rupee
რუტინი rutini (adj.) routine
რუჯი ruji (n.) tan
რქა rqa (n.) horn
რქოსანი rqosani (n.) cornicle
რყევა ryeva (v.) rock
რჩევა rCeva (v.) recommend
რჩევა-დარიგება rCeva-darigeba (n.) tip
რჩევის კითხვა rCevis kiTxva (v.) consult
რჩეული rCeuli (v.) elect
რჩეული ნაწილი rCeuli nawili (adj.) elite
რძე rZe (n.) milk
რძიანი rZiani (adj.) milky
რძის rZis (adj.) lactic
რძის პროდუქტი rZis produqti (n.) dairy product
რძის ფხვნილი rZis fxvnili (n.) milk powder
რძის შაქარი rZis Saqari (n.) lactose
რწევა rweva (v.) wobble
რწმენა rwmena (n.) faith
რწმუნებულების გადაცემა rwmunebulebis gadacema (v.) depute
რწმუნებული rwmunebuli (n.) attorney
რწმუნებულობა rwmunebuloba (n.) credential
რწყილი rwyili (n.) flea
რხევა rxeva (v.) oscillate

ს

სააბაზანო ხალათი *saabazano xalaTi* (n.) bathrobe
საააბატო *saabato* (n.) abbey
სააგენტო *saagento* (n.) agency
საადმირალო *saadmiralo* (n.) admiralty
საავტომობილო *saavtomobilo* (adj.) vehicular
საავტორო უფლება *saavtoro ufleba* (n.) copyright
საათი *saaTi* (n.) hour
საათის ისრის მიმართულებით *saaTis isris mimarTulebiT* (adv.) clockwise
საამიტი *saamiti* (n.) samite
საამური სურნელების ფრქვევა *saamuri surnelebis frqveva* (v.) embalm
საამქრო *saamqro* (n.) guild
საანგარიშო *saangariSo* (n.) abacus
საანესთეზიო *saanesTezio* (n.) anaesthetic
საარსებო *saarsebo* (n.) subsistence
საარსებო წყარო *saarsebo wyaro* (n.) livelihood
საარჩევნო ბიულეტინი *saarCevno biuletini* (n.) ballot paper
საბაბი *sababi* (n.) pretext
საბავშვო *sabavSvo* (n.) nursery
საბავშვო ბაღი *sabavSvo baRi* (n.) kindergarten
საბავშვო საკვები *sabavSvo sakvebi* (n.) baby food
საბაზისო *sabaziso* (adj.) basic
საბალახო *sabalaxo* (n.) pasture
საბალახოდ ყოფნა *sabalaxod yofna* (v.) pasture
საბამი *sabami* (n.) tether
საბანი *sabani* (n.) duvet
საბანკო დღესასწაული *sabanko dResaswauli* (n.) bank holiday
საბარგული *sabarguli* (n.) lorry
საბაყლო *sabaylo* (n.) grocery
საბედნიეროდ *sabednierod* (adv.) luckily
საბერველი *saberveli* (n.) bellows
საბითუმო *sabiTumo* (adj.) wholesale
საბითუმო გამყიდველი *sabiTumo gamyidveli* (n.) wholesaler
საბოლოო *saboloo* (adj.) ultimate
საბოლოო პუნქტი *saboloo punqti* (n.) terminal
საბოლოოდ *sabolood* (adv.) ultimately
საბოტაჟი *sabotaJi* (n.) tamper
საბოტაჟის მომწყობი *sabotaJis momwyobi* (n.) shirker
საბოტაჟის მოწყობა *sabotaJis mowyoba* (v.) shirk
საბრძოლო მასალები *sabrZolo masalebi* (n.) munitions
საბრჯენი *sabrjeni* (n.) prop
საბურავის გასკდომა *saburavis gaskdoma* (n.) blowout
საბუქსირო გემი *sabuqsiro gemi* (n.) towboat
საბჭო *sabWo* (n.) council
საბჭოს წევრი *sabWos wevri* (n.) councillor
საგა *saga* (n.) saga
საგადასახადო დაბრუნების *sagadasaxado dabrunebis* (n.) tax return
საგანგაშო *sagangaSo* (adj.) alarming
საგანი *sagani* (n.) thing
საგანძური *saganZuri* (n.) treasury
საგარდირობო *sagardirobo* (n.) bedrobe
საგარეუბნო მატარებელი *sagareubno matarebeli* (n.) shuttle
საგვარეულო *sagvareulo* (n.) pedigree

საგვარეულო მამული *sagvareulo mamuli* (n.) patrimony
საგველე *sagvele* (n.) serpentine
საგზაო ქარხანა *sagzao qarxana* (n.) roadkill
საგზაო შოუ *sagzao Sou* (n.) roadshow
საგიჟეთი *sagiJeTi* (n.) nuthouse
საგმირო საქმე *sagmiro saqme* (n.) exploit
საგონებელში ჩაგდება *sagonebelSi Cagdeba* (v.) baffle
საგონებელში ჩავარდნა *sagonebelSi Cavardna* (v.) puzzle
საგრაფო *sagrafo* (n.) county
საგრძნობი *sagrZnobi* (adj.) palpable
საგუშაგო *saguSago* (n.) outpost
სად *sad* (adv.) where
სადავე *sadave* (n.) rein
სადავო *sadavo* (adj.) arguable
სადარაჯო ჯიხური *sadarajo jixuri* (n.) lodge
სადაც *sadac* (adv.) whither
სადაც არ უნდა იყოს *sadac ar unda iyos* (adv.) wherever
სადგამი *sadgami* (n.) stallion
სადგური *sadguri* (n.) station
სადებეტო ბარათი *sadebeto baraTi* (n.) debit card
სადეპოზიტო *sadepozito* (adj.) bailable
სადილი *sadili* (n.) dinner
სადილობა *sadiloba* (v.) dine
სადინარი *sadinari* (n.) duct
სადირიჟორო ჯოხი *sadiriJoro joxi* (n.) baton
სადმე *sadme* (adv.) anywhere
სადურგლო *sadurglo* (n.) joiner
სადღაც *sadRac* (adv.) somewhere
სადღაც აქ *sadRac aq* (adv.) hereafter
სადღესასწაულო *sadResaswaulo* (adj.) festive
საეკლესიო *saeklesio* (adj.) liturgical
საეკლესიო მრევლი *saeklesio mrevli* (n.) parish
საელჩო *saelCo* (n.) embassy
საერთაშორისო *saerTaSoriso* (adj.) international
საერთო *saerTo* (n.) vernacular
საერთო აზრი *saerTo azri* (n.) repute
საერთო მიმართულება *saerTo mimarTuleba* (n.) trend
საერთო საწოლი ოთახი *saerTo sawoli oTaxi* (n.) dormitory
საერო *saero* (adj.) profane
საექსკურსიო გემი *saeqskursio gemi* (n.) barge
საეჭვო *saeWvo* (adj.) suspicious
სავალალო *savalalo* (adj.) deplorable
სავალდებულო *savaldebulo* (adj.) obligatory
სავალუტო ანგარიში *savaluto angariSi* (n.) current account
სავარაუდოდ *savaraudod* (adv.) admittedly
სავარცხელი *savarcxeli* (n.) comb
სავარძელი *savarZeli* (n.) armchair
სავარძლები *savarZlebi* (n.) armrest
სავაჭრო *savaWro* (adj.) commercial
სავაჭრო გემები *savaWro gemebi* (n.) shipping
სავაჭრო გემი *savaWro gemi* (n.) cargo
სავაჭრო ურთიერთობა *savaWro urTierToba* (n.) dealership
სავაჭრო ცენტრი *savaWro centri* (n.) mart
საველე ჰოსპიტალი *savele hospitali* (n.) ambulance
სავსე მთვარე *savse mTvare* (n.) full moon
სავსებით *savsebiT* (adv.) quite
საზამთრო *sazamTro* (n.) water-melon
საზარელი *sazareli* (adj.) fearful
საზეიმო *sazeimo* (adj.) triumphal

საზეიმო გახსნა *sazeimo gaxsna* (n.) inauguration
საზეიმოდ *sazeimod* (v.) solemnize
საზენიტო თვითმფრინავი *sazenito TviTmfrinavi* (adj.) anti-aircraft
საზიანო *saziano* (adj.) injurious
საზიარო *saziaro* (adj.) general
საზიარო მანქანა *saziaro manqana* (n.) carpool
საზიზღარი *sazizRari* (adj.) repugnant
საზოგადოება *sazogadoeba* (n.) society
საზოგადოებაში გამოსული კაცი *sazogadoebaSi gamosuli kaci* (n.) gallant
საზოგადოებრივი *sazogadoebrivi* (adj.) public
საზოგადოებრივი ტრანსპორტი *sazogadoebrivi transporti* (n.) public transport
საზომი *sazomi* (n.) measure
საზრიანი *sazriani* (adj.) shifty
საზრიანობა *sazrianoba* (v.) somersault
საზღვაო *sazRvao* (n.) navy
საზღვარგარეთ *sazRvargareT* (adv.) abroad
საზღვარგარეთიდან ჩამოსული *sazRvargareTidan Camosuli* (adj.) inbound
საზღვარი *sazRvari* (n.) frontier
საზღვარს გადასვლა *sazRvars gadasvla* (v.) transcend
საზღვრის დადება *sazRvris dadeba* (v.) demarcate
საზღვრის დარღვევა *sazRvris darRveva* (n.) trespass
სათადარიგო *saTadarigo* (adj.) spare
სათადარიგო გზა *saTadarigo gza* (v.) sidetrack
სათადარიგო საბურავი *saTadarigo saburavi* (n.) retread
სათავდებო თანხა *saTavdebo Tanxa* (n.) bail
სათათბირო *saTaTbiro* (adj.) advisory
სათამაშო *saTamaSo* (n.) toy
სათამაშო კარტი *saTamaSo karti* (n.) playcard
სათამაშო მოედანი *saTamaSo moedani* (n.) playground
სათამაშო სახლი *saTamaSo saxli* (n.) playhouse
სათამაშო სივრცე *saTamaSo sivrce* (n.) gamespace
სათამაშოების გამკეთებელი *saTamaSoebis gamkeTebeli* (n.) toymaker
სათამაშოების გამყიდველი *saTamaSoebis gamyidveli* (n.) toyseller
სათამაშოების მაღაზია *saTamaSoebis maRazia* (n.) toystore
სათამაშოების სახლი *saTamaSoebis saxli* (n.) toyhouse
სათანადოდ *saTanadod* (adv.) properly
სათაური *saTauri* (n.) title
სათბობი *saTbobi* (n.) fuel
სათბური *saTburi* (n.) glasshouse
სათესი *saTesi* (v.) seed
სათვალე *saTvale* (n.) glasses
სათვალეებიანი *saTvaleebiani* (adj.) bespectacled
სათიბი *saTibi* (n.) scythe
სათითე *saTiTe* (n.) thimble
სათლელი *saTleli* (n.) sharpener
სათნო *saTno* (adj.) virtuous
სათნოება *saTnoeba* (n.) virtue
სათუთობა *saTuToba* (n.) tenderness
საიბი *saibi* (n.) sahib
საიდან *saidan* (adv.) whence
საიდუმლო *saidumlo* (adj.) secretive
საიდუმლოდ *saidumlod* (v.) seclude
საიდუმლოება *saidumloeba* (n.) secrecy

საიდუმლოებით მოცული *saidumloebiT moculi* (adv.) enigmatically
საიმედო *saimedo* (adj.) reliable
საიმიგრაციო *saimigracio* (n.) immigration
საინტერესო *saintereso* (adj.) interesting
საისრე *saisre* (n.) quiver
საიუბილეო *saiubileo* (n.) jubilee
საკაბელო მანქანა *sakabelo manqana* (n.) cable car
საკაბელო ტელევიზია *sakabelo televizia* (n.) cable television
საკაბოტაჟო გემი *sakabotaJo gemi* (n.) coaster
საკადრისი *sakadrisi* (n.) due
საკამათო *sakamaTo* (adj.) controversial
საკანონმდებლო *sakanonmdeblo* (adj.) legislative
საკანონმდებლო ხელისუფლება *sakanonmdeblo xelisufleba* (n.) legislature
საკანცელარიო ნივთები *sakancelario nivTebi* (n.) stationery
საკარმიდამო ნაკვეთი *sakarmidamo nakveTi* (n.) croft
საკეისრო *sakeisro* (adj.) cesarean
საკერებელი *sakerebeli* (n.) patch
საკეტი *saketi* (n.) locker
საკეცი *sakeci* (n.) folding
საკვამური *sakvamuri* (n.) chimney
საკვანძო სიტყვა *sakvanZo sityva* (n.) watchword
საკვები *sakvebi* (n.) forage
საკვერცხე *sakvercxe* (n.) ovary
საკვირველი *sakvirveli* (adj.) outlandish
საკითხი *sakiTxi* (n.) question
საკითხისგან თავის არიდება *sakiTxisgan Tavis arideba* (v.) quibble
საკლასო დაფა *saklaso dafa* (n.) blackboard
საკლასო ოთახი *saklaso oTaxi* (n.) classroom
საკმარისად *sakmarisad* (adv.) enough
საკმარისი *sakmarisi* (adj.) sufficient
საკმეველი *sakmeveli* (n.) incense
საკონდიტრო *sakonditro* (n.) confectionery
საკონდიტრო ნაწარმი *sakonditro nawarmi* (n.) pastry
საკონკურსო *sakonkurso* (adj.) competitive
საკონსულო *sakonsulo* (n.) consulate
საკონტაქტო ობიექტივი *sakontaqto obieqtivi* (n.) contact lens
საკრანკრეფი *sakrankrefi* (adj.) sacrosanct
საკრედიტო ბარათი *sakredito baraTi* (n.) credit card
საკუთარი *sakuTari* (adj.) own
საკუთლის კონდახი *sakuTlis kondaxi* (n.) scutllebutt
საკუთრება *sakuTreba* (n.) property
საკულინარო *sakulinaro* (adj.) culinary
საკურთხეველი *sakurTxeveli* (n.) altar
საკუჭნაო *sakuWnao* (n.) pantry
სალათა *salaTa* (n.) salad
სალამანდრა *salamandra* (n.) salamander
სალამანდრი *salamandri* (v.) salamander
სალამი *salami* (n.) salute
სალანძღავი *salanZRavi* (adj.) abusive
სალარო *salaro* (n.) till
სალბი-მწვანე *salbi-mwvane* (n.) sage-green
სალიარკა *saliarka* (n.) diesel
სალონი *saloni* (n.) Salon

სალოცავად სიარული *salocavad siaruli* (n.) pilgrimage
სალტე *salte* (n.) tire
სალხინებელი *salxinebeli* (n.) purgatory
სამაგიდო თამაში *samagido TamaSi* (n.) board game
სამაგიეროს გადახდა *samagieros gadaxda* (v.) retaliate
სამაგისტრო ასლი *samagistro asli* (n.) master copy
სამაგრი *samagri* (n.) clamp
სამართებელი *samarTebeli* (n.) razor
სამართლიანად *samarTlianad* (adv.) fairly
სამართლიანი *samarTliani* (adj.) righteous
სამართლიანი თამაში *samarTliani TamaSi* (n.) fair game
სამართლიანობა *samarTlianoba* (n.) legitimacy
სამართლის დამრღვევი *samarTlis damrRvevi* (n.) delinquent
სამარიტელი *samariteli* (n.) samaritan
სამარცხვინო *samarcxvino* (adj.) shameful
სამარხავი *samarxavi* (n.) cist
სამახსოვრო *samaxsovro* (adj.) memorial
სამახსოვრო საჩუქარი *samaxsovro saCuqari* (n.) keepsake
სამაჯური *samajuri* (n.) bracelet
სამბა *samba* (n.) samba
სამბას ცეკვა *sambas cekva* (v.) samba
სამბუკა *sambuka* (n.) sambuca
სამგლოვიარო *samgloviaro* (n.) mournful
სამგლოვიარო კოცონი *samgloviaro koconi* (n.) pyre
სამდივნო *samdivno* (n.) secretariat
სამება *sameba* (n.) trinity
სამედიცინო *samedicino* (adj.) medical
სამეზობლო *samezoblo* (n.) neighbourhood
სამემკვიდრეო *samemkvidreo* (adj.) heritable
სამეფო *samefo* (adj.) royal
სამეფო ტახტი *samefo taxti* (n.) throne
სამეცნიერო *samecniero* (adj.) scientific
სამზარეულო *samzareulo* (n.) kitchen
სამთვლიანი ველოსიპედი *samTvliani velosipedi* (n.) tricycle
სამი *sami* (n.) three
სამი თავისაგან შემდგარი *sami Tavisagan Semdgari* (adj.) tripartite
სამი ფერის *sami feris* (adj.) tricolour
სამიზნე *samizne* (n.) target
სამიკიტნო *samikitno* (n.) tavern
სამინისტრო *saministro* (n.) ministry
სამიჯნურო *samijnuro* (n.) liaison
სამკალი(მანქანა) *samkali(manqana)* (n.) harvester
სამკერდე ნიშანი *samkerde niSani* (n.) badge
სამკეცი *samkeci* (n.) triplicate
სამკვიდრო *samkvidro* (n.) manor
სამკლაური *samklauri* (adj.) armlet
სამკუთხა *samkuTxa* (adj.) triangular
სამკუთხედი *samkuTxedi* (n.) triangle
სამკურნალო *samkurnalo* (adj.) remedial
სამლოცველო *samlocvelo* (n.) oratory
სამმაგი *sammagi* (adj.) triplicate
სამმართველო *sammarTvelo* (n.) ruling
სამოვარი *samovari* (n.) samovar
სამოთხე *samoTxe* (n.) paradise
სამოქალაქო *samoqalaqo* (adj.) civil
სამოქალაქო პირი *samoqalaqo piri* (n.) civilian

სამოყვარულო *samoyvarulo* (adj.) amatory
სამოცდაათი *samocdaaTi* (n.) seventy
სამოცდამეათე *samocdameaTe* (adj.) seventieth
სამოცი *samoci* (n., adj.) sixty
სამოძრაო ბურთლა *samoZrao burTla* (n.) trackball
სამრეკლო *samreklo* (n.) steeple
სამსახური *samsaxuri* (n.) job
სამსახურიდან წასვლა *samsaxuridan wasvla* (n.) resignation
სამსახურში ყოლა *samsaxurSi yola* (v.) employ
სამსონიტი *samsoniti* (n.) samsonite
სამსხვერპლო *samsxverplo* (adj.) sacrilegious
სამუდამო *samudamo* (adj.) lifelong
სამუდამოდ *samudamod* (adv.) forever
სამურაი *samurai* (n.) samurai
სამუშაო *samuSao* (n.) workmanship
სამუშაო დღე *samuSao dRe* (adj.) workaday
სამუშაო იარაღი *samuSao iaraRi* (n.) toolkit
სამუშაო მაგიდა *samuSao magida* (n.) desktop
სამუშაო ხალათი *samuSao xalaTi* (n.) smock
სამფერიანი დროშა *samferiani droSa* (n.) tricolour
სამფეხი *samfexi* (n.) tripod
სამფლობელო *samflobelo* (n.) domain
სამღვდელოება *samRvdeloeba* (n.) priesthood
სამღვდელოების შემოსავალი *samRvdeloebis Semosavali* (n.) benefice
სამყარო *samyaro* (n.) universe
სამშენებლო *samSeneblo* (adj.) constructive
სამშენებლო ხსნარი *samSeneblo xsnari* (v.) mortar
სამშობლოზე დადარდიანებული *samSobloze dadardianebuli* (adj.) homesick
სამშობლოში დაბრუნება *samSobloSi dabruneba* (v.) repatriate
სამძიმო *samZimo* (n.) quandary
სამწუხარო *samwuxaro* (adj.) unfortunate
სამწუხაროდ *samwuxarod* (interj.) alas
სამხედრო *samxedro* (adj.) military
სამხედრო აღლუმი *samxedro aRlumi* (n.) parade
სამხედრო ბაზა *samxedro baza* (n.) cantonment
სამხედრო სამსახურში შესვლა *samxedro samsaxurSi Sesvla* (v.) enlist
სამხედრო ძალა *samxedro Zala* (n.) military
სამხედრო წვრთნა *samxedro wvrTna* (n.) drill
სამხედრო ხერხი *samxedro xerxi* (n.) stratagem
სამხრეთი *samxreTi* (adj.) south
სამხრეთით *samxreTiT* (adj.) southern
სამჯერ *samjer* (adv.) thrice
სანაგვე *sanagve* (n.) dump
სანადირო თოფი *sanadiro Tofi* (n.) shotgun
სანამ *sanam* (conj.) until
სანაპირო *sanapiro* (n.) shorefront
სანაპირო დაცვა *sanapiro dacva* (n.) coasguard
სანაპირო ხაზი *sanapiro xazi* (n.) shoreline
სანაპიროზე sanapiroze (adj.) beachside
სანაპიროს მიმართულებით *sanapiros mimarTulebiT* (adv.) shoreward

სანაპიროს წინ *sanapiros win* (adj.) beachfront
სანაპიროს ხაზი *sanapiros xazi* (n.) coastline
სანაპირული *sanapiruli* (adj.) shoreward
სანატორიუმი *sanatoriumi* (n.) sanatorium
სანაყინე *sanayine* (n.) sundae
სანაძლეო *sanaZleo* (n.) parley
სანახაობრივი *sanaxaobrivi* (adj.) spectacular
სანგარი *sangari* (n.) entrenchment
სანდალი *sandali* (n.) sandal
სანდლის ხე *sandlis xe* (n.) sandalwood
სანდო *sando* (adj.) trustful
სანდომიანი *sandomiani* (adj.) comely
სანდჰილი *sandhili* (n.) sandhill
სანთებელა *sanTebela* (n.) lighter
სანთელი *sanTeli* (n.) candle
სანთლის შუქი *sanTlis Suqi* (n.) candlelight
სანიმუშო *sanimuSo* (adj.) classic
სანიტარული *sanitaruli* (adj.) sanitary
სანიშნი *saniSni* (n.) notch
სანტიმეტრი *santimetri* (n.) centimetre
სანუკვარი *sanukvari* (v.) cherish
სანქცია *sanqcia* (n.) sanction
საოლქო *saolqo* (adj.) regional
საომარი *saomari* (adj.) warlike
საორკესტრო *saorkestro* (adj.) orchestral
საოცარი *saocari* (n.) wonder
საოჯახო *saojaxo* (adj.) domestic
საპარლამენტო *saparlamento* (adj.) parliamentary
საპატიმრო *sapatimro* (n.) prison
საპატიო *sapatio* (adj.) reverend
საპირფარეშო *sapirfareSo* (n.) lavatory
საპნიანი *sapniani* (adj.) soapy
საპნის ქაფი *sapnis qafi* (n.) lather
საპონი *saponi* (n.) soap
საპოხი მასალა *sapoxi masala* (n.) lubricant
საპრეზიდენტო *saprezidento* (adj.) presidential
საპრიზო ფული *saprizo fuli* (n.) prize money
საპყრობილე *sapyrobile* (n.) dungeon
სარაკეტო კაცი *saraketo kaci* (n.) rocketman
სარაკეტო მეცნიერი *saraketo mecnieri* (n.) rocket scientist
სარბენი ბილიკი *sarbeni biliki* (n.) treadwheel
სარგებელი *sargebeli* (n.) yield
სარგებლიანი *sargebliani* (adj.) profitable
სარგებლის ნახვა *sargeblis naxva* (v.) profit
სარგებლობა *sargebloba* (n.) profit
სარგებლობის მომტანი *sargeblobis momtani* (v.) benefit
სარდაფი *sardafi* (n.) basement
სარდონიული *sardoniuli* (adj.) sardonic
სარედქციო *saredqcio* (n.) editorial
სარეველა *sarevela* (n.) weed
სარეკლამო აბრა *sareklamo abra* (n.) billboard
სარეცი მანქანა *sareci manqana* (n.) washer
სარეცხი საშუალება *sarecxi saSualeba* (n.) detergent
სართული *sarTuli* (n.) storey
სარი *sari* (n.) picket
სარისკო *sarisko* (adj.) venturous
სარკაზმი *sarkazmi* (n.) sarcasm
სარკასტული *sarkastuli* (adj.) sarcastic
სარკე *sarke* (n.) mirror

სარკის გამოსახულება *sarkis gamosaxuleba* (n.) mirror image
საროსკიპო *saroskipo* (n.) brothel
სარტყელი *sartyeli* (n.) corbel
სარქველი *sarqveli* (n.) valve
სარჩული *sarCuli* (n.) lining
სარძევე ფირმა *sarZeve firma* (n.) dairy
სარწეველა *sarwevela* (n.) rocker
სასა *sasa* (n.) palate
სასადილო *sasadilo* (n.) canteen
სასამართლო *sasamarTlo* (n.) tribunal
სასამართლო სისტემა *sasamarTlo sistema* (n.) judiciary
სასამართლოთი გადაწყვეტა *sasamarTloTi gadawyveta* (v.) arbitrate
სასამართლოში ჩივილი *sasamarTloSi Civili* (v.) litigate
სასარგებლო *sasargeblo* (adj.) useful
სასარგებლოდ *sasargeblod* (n.) behalf
სასაუბრო *sasaubro* (adj.) colloquial
სასაუბრო მაგიდა *sasaubro magida* (n.) talkboard
სასაფლაო *sasaflao* (n.) churchyard
სასაჩუქრე შეფუთვა *sasaCuqre SefuTva* (v.) giftwrap
სასაცილო *sasacilo* (n.) zany
სასაცილოდ აგდება *sasacilod agdeba* (v.) ridicule
სასახლე *sasaxle* (n.) palace
სასეირნოდ წასვლა *saseirnod wasvla* (v.) sally
სასიამოვნო *sasiamovno* (adv.) please
სასიგნალო შუქურა *sasignalo Suqura* (n.) beacon
სასიკვდილო *sasikvdilo* (adj.) lethal
სასინჯი *sasinji* (adj.) tentative
სასიცოცხლო *sasicocxlo* (adj.) vital
სასიძო *sasiZo* (n.) bridegroom
სასმელი *sasmeli* (n.) liquor
სასმელი შოკოლადი *sasmeli Sokoladi* (n.) drinking chocolate
სასმელი წყალი *sasmeli wyali* (n.) drinking water
სასოუსე *sasouse* (n.) saucer
სასოფლო *sasoflo* (adj.) rustic
სასოწარკვეთა *sasowarkveTa* (n.) despair
სასოწარკვეთილი *sasowarkveTili* (adj.) despondent
სასრიალო გზა *sasrialo gza* (n.) slip road
სასროლი *sasroli* (adj.) projectile
სასტვენი *sastveni* (n.) whistle
სასტიკი *sastiki* (adj.) vehement
სასტუმრო *sastumro* (n.) roadhouse
სასულიერო *sasuliero* (adj.) clerical
სასულიერო პირი *sasuliero piri* (n.) ecclesiast
სასულიერო წოდებად კურთხევა *sasuliero wodebad kurTxeva* (v.) ordain
სასურველი *sasurveli* (adj.) desirable
სასურველია *sasurvelia* (adj.) desirous
სასუქი *sasuqi* (n.) fertilizer
სასწავლებლის დამთავრება *saswavleblis damTavreba* (v.) graduate
სასწავლო გეგმა *saswavlo gegma* (n.) curriculum
სასწაულებრივი *saswaulebrivi* (adj.) miraculous
სასწაული *saswauli* (n.) prodigy
სასწორი *saswori* (adj.) scraggy
სასწრაფო *saswrafo* (n.) express
სასწრაფო ფოსტით გაგზავნა *saswrafo fostiT gagzavna* (v.) express
სასწრაფოდ *saswrafod* (adv.) post
სასხლეტი მექანიზმი *sasxleti meqanizmi* (n.) trigger
სასჯელი *sasjeli* (n.) punishment
სასჯელის გამოტანა *sasjelis gamotana* (v.) adjudge
სატანა *satana* (n.) satan
სატანისტი *satanisti* (adv.) satanically

სატანური satanuri (adj.) satanic
სატანჯველი satanjveli (v.) moil
სატაცური satacuri (n.) asparagus
სატელევიზიო კურსი satelevizio kursi (n.) telecourse
სატელეკომუნიკაციო satelekomunikacio (n.) telecomputing
სატელიტი sateliti (n.) sputnik
სატექსტო sateqsto (adj.) textual
სატვირთო თვითმფრინავი satvirTo TviTmfrinavi (n.) air freight
სატვირთო მანქანა satvirTo manqana (n.) truck
სატირა satira (n.) satire
სატირიზაცია satirizacia (v.) satirize
სატირული satiruli (n.) satirist
სატკივარი satkivari (n.) sore
სატრანსპორტო ნიშანი satransporto niSani (n.) traffic sign
სატყეო მეურნეობა satyeo meurneoba (n.) forestry
სატყუარა satyuara (n.) decoy
საუბარი saubari (v.) talk
საუბრის დაუფლება saubris daufleba (v.) engross
საუვედურის მიცემა sauveduris micema (v.) rebuke
საუზმე sauzme (n.) lunch
საუზმობა sauzmoba (v.) lunch
საუიდლების ყიდვა sauidlebis yidva (v.) shop
საუკეთესო sauketeso (adj.) exquisitive
საუკუნე saukune (n.) century
საუკუნო saukuno (adj.) perpetual
საუკუნოვანი saukunovani (n.) centennial
საუნა sauna (v.) sauna
საუნდტრეკი saundtreki (n.) soundtrack
საურავი sauravi (n.) fine
საუტი sauti (v.) saute

საუცხოო saucxoo (adj.) rank
საფანტი safanti (adj.) shot
საფანტიანი იარაღი safantiani iaraRi (n.) shottie
საფანტის თოფი safantis Tofi (n.) scattergun
საფართი safarTi (n.) reamer
საფარი safari (n.) safari
საფაღარათო safaRaraTo (adj.) purgative
საფაღარათო საშუალება safaRaraTo saSualeba (n.) laxative
საფაღარათო წამალი safaRaraTo wamali (n.) purgative
საფეიქრო safeiqro (adj.) textile
საფეხური safexuri (n.) rung
საფირონი safironi (n.) sapphire
საფლავი saflavi (n.) tomb
საფოსტო safosto (adj.) postal
საფოსტო გზავნილის ღირებულება safosto gzavnilis Rirebuleba (n.) postage
საფრთხეს უქმნის safrTxes uqmnis (v.) jeopardize
საფუარი safuari (n.) yeast
საფულე safule (n.) wallet
საფუტკრე safutkre (n.) apiary
საფუძველი safuZveli (adj.) upper
საფუძვლიანი safuZvliani (n.) telling
საქარე მხარე saqare mxare (n.) lee
საქარინი saqarini (n.) saccharin
საქაღალდე saqaRalde (n.) portfolio
საქები saqebi (adj.) meritorious
საქვაბე saqvabe (n.) cauldron
საქვეითო saqveiTo (n.) footpath
საქველმოქმედო saqvelmoqmedo (n.) charity
საქმე saqme (n.) matter
საქმიანობა saqmianoba (n.) trade
საქმის წარმოება saqmis warmoeba (v.) transact

საქონელი *saqoneli* (n.) merchandise
საქონლის ხორცი *saqonlis xorci* (n.) beef
საქორწილო *saqorwilo* (adj.) bridal
საქსოვი დაზგა *saqsovi dazga* (n.) loom
საქსოფონი *saqsofoni* (n.) saxophone
საქსოფონისტი *saqsofonisti* (n.) saxophonist
საქშენი *saqSeni* (n.) nozzle
საქციელი *saqcieli* (n.) proceeding
საღამო *saRamo* (n.) evening
საღებავი *saRebavi* (n.) taint
საღებავის ფენა *saRebavis fena* (n.) coating
საღეჭი რეზინი *saReWi rezini* (n.) bubblegum
საღეჭის ფირი *saReWis firi* (n.) bubble wrap
საღი აზროვნება *saRi azrovneba* (n.) sanity
საღმრთო *saRmrTo* (adj.) sacred
საღორე *saRore* (n.) stye
საღუზე *saRuze* (n.) anchorage
საყელო *sayelo* (n.) collar
საყვარელი *sayvareli* (n.) pet
საყვედური *sayveduri* (n.) telling-off
საყვედურის გამოცხადება *sayveduris gamocxadeba* (v.) reprimand
საყვირი *sayviri* (n.) trump
საყიდლებზე წასვლა *sayidlebze wasvla* (n.) shopping
საყიდლების კალათა *sayidlebis kalaTa* (n.) shopping cart
საყიდლების სია *sayidlebis sia* (n.) shopping list
საყიდლების ცენტრი *sayidlebis centri* (n.) shopping centre
საყლაპავი *saylapavi* (adj.) esophageal
საყოველთაო *sayovelTao* (adv.) generally
საყრდენი *sayrdeni* (n.) mainstay
საყრდენი წერტილი *sayrdeni wertili* (n.) pivot
საყურადღებო *sayuradRebo* (adj.) noteworthy
საშარდე ბუშტი *saSarde buSti* (n.) bladder
საშვები *saSvebi* (n.) safe-conduct
საშველი ჟაკეტი *saSveli Jaketi* (n.) life jacket
საშვილოსნო *saSvilosno* (n.) womb
საშინელი *saSineli* (adj.) tremendous
საშიში *saSiSi* (adj.) perilous
საშიშროება *saSiSroeba* (n.) peril
საშიშროების შექმნა *saSiSroebis Seqmna* (v.) imperil
საშლელი *saSleli* (n.) rubber
საშო *saSo* (n.) vagina
საშობაო *saSobao* (n.) carol
საშრობი *saSrobi* (n.) dryer
საშუალება *saSualeba* (n.) medium
საშუალებები *saSualebebi* (n.) resource
საშუალების ქონა *saSualebis qona* (v.) afford
საშუალო *saSualo* (n.) milieu
საშუალო *saSualo* (adj.) mediocre
საშუალო რიცხვი *saSualo ricxvi* (n.) average
საშუალობა *saSualoba* (n.) mediocrity
საშხაპე *saSxape* (n.) showerhead
საჩვენებელი თითი *saCvenebeli TiTi* (n.) forefinger
საჩივარი *saCivari* (n.) complaint
საჩუქარი *saCuqari* (n.) present
საცავი *sacavi* (n.) vault
საცალო გაყიდვა *sacalo gayidva* (n.) retail
საცეკვაო დარბაზი *sacekvao darbazi* (n.) ballroom
საცვალი *sacvali* (n.) underwear

საცობი *sacobi* (n.) plug
საცოდავი *sacodavi* (adj.) pitiful
საცოლე *sacole* (n.) fiancé
საცურაო დაფა *sacurao dafa* (n.) sailboard
საცხენოსნო ტრანსპორტი *sacxenosno transporti* (n.) cartage
საცხი *sacxi* (n.) ointment
საცხობი *sacxobi* (n.) bakery
საცხოვრებელი *sacxovrebeli* (n.) lodging
საცხოვრებელი ადგილი *sacxovrebeli adgili* (adj.) domiciliary
საცხოვრებელი სახლი ფერმაში *sacxovrebeli saxli fermaSi* (n.) farmhouse
საძაგელი *saZageli* (v.) scold
საძაღლე *saZaRle* (n.) kennel
საძეგელი *saZegeli* (n.) scumbag
საძვალე *saZvale* (n.) scavenger
საძვრენი *saZvreni* (n.) trapdoor
საძილე *saZile* (adj.) somnolent
საძილე ოთახი *saZile oTaxi* (n.) bedroom
საძმო *saZmo* (n.) brotherhood
საძოვრების ხაზები *saZovrebis xazebi* (n.) moorings
საძრომი *saZromi* (n.) loop-hole
საძრომის კარი *saZromis kari* (n.) flap
საძულველი *saZulveli* (adj.) odious
საწამლავი *sawamlavi* (n.) bane
საწარმო *sawarmo* (n.) venture
საწვავით ავსება *sawvaviT avseba* (v.) refuel
საწვავის შეყრა *sawvavis Seyra* (v.) stoke
საწვეთი ყუთი *sawveTi yuTi* (n.) drop box
საწვეთურის ზონა *sawveTuris zona* (n.) dropzone
საწინააღმდეგო *sawinaaRmdego* (n.) reverse
საწინააღმდეგო მიმართულებით *sawinaaRmdego mimarTulebiT* (adv.) anticlockwise
საწინააღმდეგოდ *sawinaaRmdegod* (prep.) against
საწინააღმდეგოს თქმა *sawinaaRmdegos Tqma* (v.) contradict
საწმენდი ქარხანა *sawmendi qarxana* (n.) refinery
საწოლი *sawoli* (n.) bedsore
საწოლი ადგილი *sawoli adgili* (n.) demurrage
საწყენი *sawyeni* (adj.) annoying
საწყისი *sawyisi* (n.) rudiment
საწყისი დონის *sawyisi donis* (adj.) entry-level
საწყობი *sawyobi* (n.) warehouse
საჭე *saWe* (n.) rudder
საჭირბოროტო *saWirboroto* (adj.) topical
საჭირო *saWiro* (adj.) requisite
საჭირო ოთახი *saWiro oTaxi* (n.) latrine
საჭიროა *saWiroa* (n.) need
საჭიროება *saWiroeba* (n.) requirement
საჭის ღერძი *saWis RerZi* (n.) rudderpost
საჭმელები *saWmelebi* (n.) malice
საჭმელი *saWmeli* (n.) meal
საჭმლის მომზადება *saWmlis momzadeba* (n.) concoction
საჭმლის საჭმელი ჩხირები *saWmlis saWmeli Cxirebi* (n.) chopstick
საჭრისი *saWrisi* (n.) chisel
საჭურისი *saWurisi* (n.) eunuch
სახაზავი *saxazavi* (n.) ruler
სახალხო *saxalxo* (adj.) popular
სახამებელი *saxamebeli* (n.) starch

სახანძრო *saxanZro* (n.) fire station
სახანძრო გასასვლელი *saxanZro gasasvleli* (n.) fire exit
სახანძრო კოსტიუმი *saxanZro kostiumi* (n.) firesuit
სახანძრო მანქანა *saxanZro manqana* (n.) fire engine
სახანძრო სამსახური *saxanZro samsaxuri* (n.) firehouse
სახანძრო სატვირთო *saxanZro satvirTo* (n.) firetruck
სახანძრო შლანგი *saxanZro Slangi* (n.) firehose
სახარატო ჩარხი *saxarato Carxi* (n.) lathe
სახარბიელო *saxarbielo* (adj.) enviable
სახარება *saxareba* (n.) gospel
სახდელი *saxdeli* (n.) still
სახე *saxe* (n.) muzzle
სახეებაინი ქსოვილი *saxeebaini qsovili* (n.) damask
სახეებიანი ქსოვილი *saxeebiani qsovili* (n.) diaper
სახელგანთქმული *saxelganTqmuli* (n.) celebrity
სახელი *saxeli* (n.) name
სახელის განთქმა *saxelis ganTqma* (v.) glorify
სახელის გატეხა *saxelis gatexa* (n.) dishonour
სახელის შელახვა *saxelis Selaxva* (v.) besmirch
სახელმძღვანელო *saxelmZRvanelo* (n.) textbook
სახელმწიფო *saxelmwifo* (n.) state
სახელმწიფო მოხელე *saxelmwifo moxele* (n.) statesman
სახელმწიფო საზღვარი *saxelmwifo sazRvari* (n.) border
სახელო *saxelo* (n.) sleeve
სახელოვანი *saxelovani* (adj.) renowned
სახელოს ჭრილი *saxelos Wrili* (n.) armhole
სახელწოდება *saxelwodeba* (n.) nameplate
სახეობა *saxeoba* (v.) sort
სახეობები *saxeobebi* (n.) species
სახერხი *saxerxi* (n.) sawmill
სახეცვალება *saxecvaleba* (n.) transfiguration
სახეხი *saxexi* (n.) wisp
სახვევი *saxvevi* (n.) cover
სახის ალეწვა *saxis alewva* (v.) flush
სახის აჭიმვა *saxis aWimva* (v.) facelift
სახის გამომეტყველება *saxis gamometyveleba* (n.) countenance
სახის კრემი *saxis kremi* (n.) Face cream
სახის მასკა *saxis maska* (n.) face mask
სახის ნაკვთები *saxis nakvTebi* (n.) feature
სახის ფერი *saxis feri* (n.) complexion
სახლგარეთ *saxlgareT* (adj.) outdoor
სახლი *saxli* (n.) house
სახლში დამზადებული *saxlSi damzadebuli* (adj.) home-made
სახნავი მიწა *saxnavi miwa* (adj.) arable
სახრახნისი *saxraxnisi* (n.) screw
სახრჩობელა *saxrCobela* (n.) gallows
სახსარი *saxsari* (n.) knuckle
სახურავი *saxuravi* (n.) roof
სახურავი თხემი *saxuravi Txemi* (n.) coping
სახურავის ფარდული *saxuravis farduli* (n.) eave
საჯაროობა *sajarooba* (n.) publicity
საჯდომი ნერვი *sajdomi nervi* (adj.) sciatic
საჯინიბო *sajinibo* (n.) sciatica
საჰაერო ბაზა *sahaero baza* (n.) airbase

საჰაერო იარაღი *sahaero iaraRi* (n.) airgun
საჰაერო ლიფტი *sahaero lifti* (n.) airlift
საჰაერო ხომალდი *sahaero xomaldi* (n.) airdrop
სებუნებრივი *sebunebrivi* (adj.) supernatural
სეგმენტი *segmenti* (n.) segment
სეგრეგაცია *segregacia* (n.) segregation
სედანი *sedani* (n.) sedan
სედატიური *sedatiuri* (adj.) sedative
სევდა *sevda* (n.) sadness
სევდიანი *sevdiani* (n.) sadist
სეზამი *sezami* (n.) sesame
სეზამინი *sezamini* (n.) sesamin
სეზონი *sezoni* (n.) season
სეზონური *sezonuri* (adj.) seasonal
სეიკლიფი *seiklifi* (n.) seacliff
სეირნობა *seirnoba* (v.) walk
სეისმოგრამა *seismograma* (n.) seismogram
სეისმოგრაფი *seismografi* (n.) seismograph
სეისმოგრაფია *seismografia* (n.) seismography
სეისმოლოგი *seismologi* (n.) seismologist
სეისმოლოგია *seismologia* (n.) seismology
სეისმოსკოპი *seismoskopi* (n.) seismoscope
სეისმური *seismuri* (adj.) seismic
სეისმურობა *seismuroba* (n.) seismicity
სეიფების გამტეხი *seifebis gamtexi* (n.) safebraker
სეიფების მტეხავი *seifebis mtexavi* (n.) safecracker
სეიფი *seifi* (n.) safe
სეკრეტი *sekreti* (v.) secrete
სეკრეცია *sekrecia* (n.) secretion

სეკულარიზმი *sekularizmi* (n.) secularism
სელის თესლი *selis Tesli* (n.) linseed
სელფი *selfi* (n.) selfie
სემესტრი *semestri* (n.) semester
სემინარი *seminari* (n.) workshop
სენატი *senati* (n.) senate
სენატორი *senatori* (n.) senator
სენატორული *senatoruli* (adj.) senatorial
სენდვიჩი *sendviCi* (n.) sandwich
სენი *seni* (n.) malady
სენიორი *seniori* (n.) senior
სენსაცია *sensacia* (n.) sensation
სენსაციური *sensaciuri* (n.) thriller
სენსუალისტი *sensualisti* (n.) sensualist
სენსუალობა *sensualoba* (n.) sensuality
სენტიმენტალური *sentimentaluri* (adj.) sentimental
სეპტიური *septiuri* (adj.) septic
სერვისული *servisuli* (adj.) servile
სერვისულობა *servisuloba* (n.) servility
სერვიტუდი *servitudi* (n.) servitude
სერიალი *seriali* (n.) serial
სერიები *seriebi* (n.) series
სერიოზულად *seriozulad* (adj.) earnest
სერიოზული *seriozuli* (adj.) serious
სერიოზული მარცხი *seriozuli marcxi* (n.) bloomer
სერჟანტი *serJanti* (n.) sergeant
სერტიფიკატი *sertifikati* (n.) certificate
სერფინგი *serfingi* (n.) surf
სერფინგით სრიალი *serfingit sriali* (v.) surf
სესიური *sesiuri* (n.) sessional
სესხად მიცემა *sesxad micema* (v.) lend

სესხება *sesxeba* (v.) loan
სესხი *sesxi* (n.) loan
სესხის ბარათი *sesxis baraTi* (n.) debenture
სეტყვა *setyva* (n.) hail
სეფსისი *sefsisi* (n.) sepsis
სექსი *seqsi* (v.) sex
სექსუალობა *seqsualoba* (n.) sexuality
სექსუალური *seqsualuri* (adj.) sexy
სექტა *seqta* (n.) sect
სექტანტი *seqtanti* (adj.) sectarian
სექტემბერი *seqtemberi* (n.) September
სექტორი *seqtori* (n.) sector
სვანური *svanuri* (adj.) sanguine
სველი *sveli* (n.) wetness
სველსაფენი *svelsafeni* (n.) lotion
სვეტი *sveti* (n.) column
სვიტერი *sviteri* (n.) sweater
სვლა *svla* (n.) tread
სვლის შენელება *svlis Seneleba* (n.) deceleration
სვრეტი *svreti* (n.) pore
სია *sia* (n.) setlist
სიადვილე *siadvile* (n.) facility
სიამაყე *siamaye* (n.) pride
სიამის *siamis* (adj.) siamese
სიამოვნება *siamovneba* (n.) treat
სიამოვნებით *siamovnebiT* (adv.) delightedly
სიამოვნების განცდა *siamovnebis gancda* (v.) enjoy
სიარული *siaruli* (n.) gait
სიაში შეტანა *siaSi Setana* (v.) enrol
სიაში შეყვანილი *siaSi Seyvanili* (adj.) shortlisted
სიახლე *siaxle* (n.) novelty
სიახლოვე *siaxlove* (n.) vicissitude
სიბერე *sibere* (n.) senility
სიბერისგან გაბავშვება *siberisgan gabavSveba* (v.) doating
სიბნელე *sibnele* (n.) tenebrosity
სიბოროტე *siborote* (v.) scum
სიბრალული *sibraluli* (n.) satiety
სიბრმავე *sibrmave* (n.) blindness
სიბრძნე *sibrZne* (n.) wisdom
სიბრძნის კბილი *sibrZnis kbili* (n.) wisdom-tooth
სიგანე *sigane* (n.) width
სიგარა *sigara* (n.) cigar
სიგარეტი *sigareti* (n.) cigarette
სიგარის ჯიში *sigaris jiSi* (n.) cheroot
სიგიჟე *sigiJe* (n.) madness
სიგნალი *signali* (n.) signal
სიგრძე *sigrZe* (n.) length
სიგრძივ *sigrZiv* (prep.) alongside
სიდიადე *sidiade* (n.) stateliness
სიდრი *sidri* (n.) cider
სიელმე *sielme* (n.) squint
სიესტა *siesta* (n.) siesta
სივრცე *sivrce* (n.) space
სივრცითი *sivrciTi* (adj.) spatial
სიზარმაცე *sizarmace* (n.) laziness
სიზმარი *sizmari* (n.) dream
სიზუსტე *sizuste* (n.) verisimilitude
სითბო *siTbo* (n.) warmth
სითბო რეზისტანტული *siTbo rezistantuli* (adj.) heat-resistant
სითბური დარტყმა *siTburi dartyma* (n.) heatstroke
სითხე *siTxe* (n.) liquid
სიიდან ამოშლა *siidan amoSla* (v.) remand
სიკამორი *sikamori* (n.) sycamore
სიკაშკაშე *sikaSkaSe* (n.) brightness
სიკეთე *sikeTe* (n.) sanability
სიკვდილი *sikvdili* (n.) decease
სიკვდილიანობა *sikvdilianoba* (n.) mortality

სიკვდილშემდგომი *sikvdilSemdgomi* (adj.) post-mortem
სიკოფანტი *sikofanti* (n.) sycophant
სიკოფანტულობა *sikofantuloba* (n.) sycophancy
სილაბური *silaburi* (n.) syllable
სილაბუსი *silabusi* (n.) syllabus
სილამაზე *silamaze* (n.) beauty
სილიკონი *silikoni* (n.) silicon
სილის გაწვნა *silis gawvna* (n.) claque
სილიციუმი *siliciumi* (n.) silicene
სილიციუმის დიოქსიდი *siliciumis dioqsidi* (n.) silica
სილუეტი *silueti* (n.) silhouette
სიმაგრე *simagre* (n.) stronghold
სიმამაცე *simamace* (n.) bravery
სიმართლე *simarTle* (n.) truth
სიმარტივე *simartive* (n.) simplicity
სიმარჯვე *simarjve* (n.) artifice
სიმაღლე *simaRle* (n.) tallow
სიმაღლეზე *simaRleze* (adv.) afloat
სიმახინჯე *simaxinje* (n.) ugliness
სიმბიოზი *simbiozi* (n.) symbiosis
სიმბიოტი *simbioti* (n.) symbiote
სიმბოლიზმი *simbolizmi* (n.) symbolism
სიმბოლო *simbolo* (n.) symbol
სიმბოლურად *simbolurad* (v.) symbolize
სიმბოლური *simboluri* (adj.) symbolic
სიმდიდრე *simdidre* (n.) wealth
სიმეტრია *simetria* (n.) symmetry
სიმეტრიული *simetriuli* (adj.) symmetrical
სიმი *simi* (n.) string
სიმკაცრე *simkacre* (n.) stringency
სიმკვეთრე *simkveTre* (n) pointedness
სიმკრთალე *simkrTale* (n.) paleness
სიმლაშე *simlaSe* (n.) salinity
სიმოკლე *simokle* (n.) brevity
სიმპოზიუმი *simpoziumi* (n.) symposium
სიმპტომი *simptomi* (n.) symptom
სიმპტომური *simptomuri* (adj.) symptomatic
სიმრავლე *simravle* (n.) plurality
სიმრუდე *simrude* (n.) curvature
სიმსივნე *simsivne* (n.) tumour
სიმსუბუქე *simsubuqe* (n.) similitude
სიმსუქნე *simsuqne* (adj.) adipose
სიმტკიცე *simtkice* (n.) steadiness
სიმუნჯე *simunje* (n.) terp
სიმფონია *simfonia* (n.) symphony
სიმღერა *simRera* (v.) warble
სიმყარე *simyare* (n.) firmness
სიმყრალე *simyrale* (n.) stink
სიმშვენიერე *simSveniere* (n.) prettiness
სიმშვიდე *simSvide* (n.) serenity
სიმძიმე *simZime* (n.) severity
სიმწარე *simware* (n.) bitterness
სიმწვავე *simwvave* (n.) pungency
სიმწიფე *simwife* (n.) maturity
სიმხდალე *simxdale* (n.) cowardice
სიმხიარულე *simxiarule* (n.) hilarity
სინათლე *sinaTle* (n.) light
სინანული *sinanuli* (v.) rue
სინდისი *sindisi* (n.) conscience
სინდისის ქენჯნა *sindisis qenjna* (n.) remorse
სინელე *sinele* (n.) slowness
სინეპლექსი *sinepleqsi* (n.) cineplex
სინესტე *sineste* (n.) humidity
სინთეზი *sinTezi* (n.) synthesis
სინთეთიკური *sinTeTikuri* (adj.) synthetic
სინონიმი *sinonimi* (adj.) synonymous
სინტაქსი *sintaqsi* (n.) syntax
სინჯვა *sinjva* (n.) try
სინჯის აღება *sinjis aReba* (v.) sample

სირაქლემა siraqlema (n.) ostrich
სირბილე sirbile (n.) lenience
სირბილი sirbili (n.) run
სირენა sirena (n.) siren
სირთულე sirTule (n.) complication
სირინოზი sirinozi (n.) mermaid
სიროფი sirofi (n.) syrup
სირცხვილი sircxvili (v.) shame
სისავსე sisavse (n.) fullness
სისასტიკე sisastike (n.) cruelty
სისინი sisini (v.) sibilate
სისმსუქნე sismsuqne (n.) obesity
სისტემა sistema (n.) system
სისტემატიზაცია sistematizacia (v.) systematize
სისტემატური sistematuri (adj.) systematic
სისულელე sisulele (n.) stupidity
სისუსტე sisuste (n.) weakness
სისუფთავე sisufTave (n.) tidiness
სისქე sisqe (n.) scrumble
სისწორე siswore (n.) regularity
სისწრაფე siswrafe (n.) sapience
სისწრაფეში შეჯიბრება siswrafeSi Sejibreba (v.) race
სისხლდენა sisxldena (v.) bleed
სისხლი sisxli (n.) blood
სისხლიანი sisxliani (adj.) bloody
სისხლის მოწამვლა sisxlis mowamvla (n.) toxaemia
სისხლის სამართლის დამნაშავე sisxlis samarTlis damnaSave (n.) felony
სისხლის ღვრა sisxlis Rvra (n.) slaughter
სისხლისღვრა sisxlisRvra (n.) bloodshed
სისხლსავსეობა sisxlsavseoba (n.) congestion
სიტუაცია situacia (n.) situation
სიტყვა sityva (n.) word
სიტყვების თამაში sityvebis TamaSi (n.) quibble
სიტყვიერად sityvierad (adv.) verbally
სიტყვიერება sityviereba (n.) verbosity
სიტყვიერი sityvieri (adj.) verbatim
სიტყვით sityviT (n.) byword
სიტყვის გადაკვრა sityvis gadakvra (v.) hint
სიურპრიზი siurprizi (n.) surprise
სიუხვე siuxve (n.) profusion
სიფაქიზე sifaqize (n.) delicacy
სიფრთხილე sifrTxile (n.) prudence
სიფხიზლე sifxizle (n.) wake
სიღარიბე siRaribe (n.) poverty
სიღრმე siRrme (n.) profundity
სიღრმის გაზომვა siRrmis gazomva (n.) fathom
სიყალბე siyalbe (n.) ostensibility
სიყვარული siyvaruli (n.) love
სიყვარულის შთაგონება siyvarulis STagoneba (v.) endear
სიყვითლე siyviTle (n.) jaundice
სიყმაწვილე siymawvile (n.) adolescence
სიშიშვლე siSiSvle (n.) nudity
სიჩუმე siCume (n.) silence
სიჩქარე siCqare (n.) velocity
სიცარიელე sicariele (n.) void
სიცივე sicive (n.) chill
სიცილი sicili (n.) laugh
სიცოცხლე sicocxle (n.) life
სიცოცხლით სავსე sicocxliT savse (adj.) lively
სიცოცხლის დახმარება sicocxlis daxmareba (n.) life support
სიცოცხლის სტილი sicocxlis stili (n.) lifestyle
სიცოცხლისუნარიანი sicocxlisunariani (adj.) viable
სიცოცხლისუნარიანობა sicocxlisunarianoba (n.) vivacity

სიცრუე sicrue (n.) falsehood
სიცხადე sicxade (n.) lucidity
სიცხე sicxe (n.) fever
სიძნელე siZnele (n.) difficulty
სიძულვილი siZulvili (n.) hate
სიძუნწე siZunwe (n.) avarice
სიწმინდე siwminde (n.) veracity
სიწყნარე siwynare (n.) tranquility
სიხარბე sixarbe (n.) greed
სიხარულით sixaruliT (adv.) gladly
სიხარულით აღსავსე sixaruliT aRsavse (adj.) glad
სიხშირე sixSire (n.) frequency
სიჯიუტე sijiute (n.) obstinacy
სკა ska (n.) hive
სკალპი skalpi (n.) scalp
სკამი skami (n.) chair
სკანდალი skandali (n.) scandal
სკანდალიზება skandalizeba (v.) scandalize
სკანდალურად skandalurad (adv.) scandalously
სკანდალური skandaluri (adj.) scandalous
სკანერი skaneri (n.) scanner
სკანირება skanireba (v.) scan
სკაუტი skauti (n.) scout
სკდომა skdoma (n.) decrepitation
სკეინი skeini (n.) skein
სკეპტიკოსი skeptikosi (n.) sceptic
სკეპტიკური skeptikuri (adj.) sceptical
სკეპტიციზმი skepticizmi (n.) scepticism
სკეტჩი sketCi (n.) skit
სკივრი skivri (n.) coffer
სკიპიდარი skipidari (n.) turpentine
სკოლა skola (n.) school
სკოლა-ინტერნატი skola-internati (n.) boarding school

სკოლის დამრიგებელი skolis damrigebeli (n.) schoolmaster
სკოლის ეზო skolis ezo (n.) schoolyard
სკოლის მასწავლებელი skolis maswavlebeli (n.) schoolteacher
სკოლის შენობა skolis Senoba (n.) schoolhouse
სკრაბი skrabi (n.) scrub
სკრიპტი skripti (n.) script
სკრუპულოზურად skrupulozurad (adv.) scrupulously
სკრუპულოზური skrupulozuri (adj.) scrupulous
სკულპტურისტი skulpturisti (n.) sculpturist
სკულპტურული skulpturuli (adj.) sculptural
სკუტერი skuteri (n.) scooter
სლოკინი slokini (n.) hiccup
სმართლიანობა smarTlianoba (n.) vindication
სმენა smena (v.) hear
სმენადი smenadi (adj.) audible
სმოგი smogi (n.) smog
სნაიპერი snaiperi (n.) sniper
სნეულება sneuleba (n.) sickness
სნობი snobi (n.) snob
სნობიზმი snobizmi (n.) snobbery
სოდიანი sodiani (n.) alkali
სოკო soko (n.) mushroom
სოლი soli (n.) wedge
სოლიდარობა solidaroba (n.) solidarity
სოლისტი solisti (n.) soloist
სოლო solo (n.) solo
სომნამბულიზმი somnambulizmi (n.) somnambulism
სომნბულალისტი somnbulalisti (n.) somnambulist
სონეტი soneti (n.) sonnet

სონოგრაფია sonografia (n.) sonography
სონორიზმი sonorizmi (n.) sonority
სოუსი sousi (n.) sauce
სოუსირება sousireba (v.) sauce
სოფელი sofeli (n.) village
სოფელში ცხოვრება sofelSi cxovreba (v.) rusticate
სოფელში წასვლა sofelSi wasvla (n.) rustication
სოფიზმი sofizmi (n.) sophism
სოფლელი sofleli (n.) villager
სოფლის soflis (adj.) rural
სოფლის მეურნეობა soflis meurneoba (n.) agriculture
სოფლის მეურნეობის soflis meurneobis (adj.) agricultural
სოციალიზმი socializmi (n.) socialism
სოციალისტური socialisturi (n.) socialist
სოციალური socialuri (n.) social
სოციოლოგია sociologia (n.) sociology
სპაზმი spazmi (n.) spasm
სპაზმური spazmuri (adj.) spasmodic
სპანიელი spanieli (n.) spaniel
სპეკულანტი spekulanti (n.) profiteer
სპეკულაცია spekulacia (n.) speculation
სპეკულაციის გაწევა spekulaciis gaweva (v.) profiteer
სპეკულირება spekulireba (v.) speculate
სპერმა sperma (n.) sperm
სპექტრი speqtri (n.) spectrum
სპეც.ტანსაცმელი spec.tansacmeli (n.) overall
სპეციალიზაცია specializacia (v.) specialize
სპეციალისტი specialisti (n.) technician

სპეციალობა specialoba (n.) specialization
სპეციალური specialuri (adj.) special
სპეციფიკაცია specifikacia (n.) specification
სპეციფიკური specifikuri (adj.) specific
სპიკერი spikeri (n.) spokesman
სპილენძი spilenZi (n.) copper
სპილო spilo (n.) elephant
სპილოს ძვლისფერი spilos Zvlisferi (n.) ivory
სპინერი spineri (n.) spinner
სპინსტერი spinsteri (n.) spinster
სპირალი spirali (n.) spiral
სპირიტუალიზმი spiritualizmi (n.) spiritualism
სპირტიანი spirtiani (adj.) spirited
სპლინტერი splinteri (n.) splinter
სპონსორი sponsori (n.) sponsor
სპონტანური spontanuri (adj.) spontaneous
სპონტანურობა spontanuroba (n.) spontaneity
სპორტი sporti (n.) sport
სპორტსმენი sportsmeni (n.) sportsman
სპორტული sportuli (adj.) sportive
სპორტული პერანგი sportuli perangi (n.) blazer
სპორტული ჟაკეტი sportuli Jaketi (n.) tracksuit
სპორტული ქურთუკი sportuli qurTuki (n.) anorak
სპრინტი sprinti (n.) sprint
სრიალა sriala (adj.) slippery
სრიალი sriali (n.) slide
სროლა srola (n.) throw
სრულ წესრიგში srul wesrigSi (adj.) shipshape
სრულად srulad (adv.) wholly
სრული sruli (adj.) unabridged

სრული სახელი sruli saxeli (n.) full name
სრული სურპრიზი sruli surprizi (n.) eye-opener
სრულიად sruliad (adv.) utterly
სრულყოფა srulyofa (n.) perfection
სრულყოფილი srulyofili (adj.) perfect
სრულწლოვანი srulwlovani (n.) major
სტაბილიზაცია stabilizacia (v.) stabilize
სტაბილიზება stabilizeba (v.) steady
სტაბილური stabiluri (adj.) stable
სტაბილურობა stabiluroba (n.) stability
სტაგნაცია stagnacia (n.) stagnation
სტადიონი stadioni (n.) stadium
სტანდარტიზაცია standartizacia (v.) standardize
სტანდარტული standartuli (adj.) standard
სტაჟიორი staJiori (n.) intern
სტარტი starti (v.) goof
სტატია statia (n.) clause
სტატიკური statikuri (n.) statics
სტატისტიკა statistika (n.) statistics
სტატისტიკოსი statistikosi (n.) statistician
სტატისტიკური statistikuri (adj.) statistical
სტატუსი statusi (n.) status
სტაფილო stafilo (n.) carrot
სტაციონარული stacionaruli (adj.) stationary
სტაციონერი stacioneri (n.) stationer
სტენოგრაფია stenografia (n.) stenography
სტენოგრაფისტი stenografisti (n.) stenographer
სტერეოტიპი stereotipi (n.) stereotype
სტერეოტიპირება stereotipireba (v.) stereotype
სტერეოტიპული stereotipuli (adj.) stereotyped
სტერილიზაცია sterilizacia (n.) sterilization
სტერილიზაციის მოხდენა sterilizaciis moxdena (v.) sterilize
სტერლინგი sterlingi (n.) sterling
სტეროიდი steroidi (n.) steroid
სტეტოსკოპი stetoskopi (n.) stethoscope
სტვენა stvena (v.) hiss
სტვირის დაკვრა stviris dakvra (v.) pipe
სტივარდესა stivardesa (n.) air hostess
სტილი stili (n.) style
სტიმული stimuli (n.) incentive
სტიმულირება stimulireba (v.) stimulate
სტიპენდია stipendia (n.) scholarship
სტიურადი stiuradi (n.) steward
სტკივა stkiva (v.) ache
სტოიკოსი stoikosi (n.) stoic
სტრატეგი strategi (n.) strategist
სტრატეგია strategia (n.) strategy
სტრატეგიული strategiuli (adj.) strategic
სტრესის მოხსნა stresis moxsna (v.) destress
სტროფი strofi (n.) stanza
სტრუქტურა struqtura (n.) structure
სტრუქტურული struqturuli (adj.) tectonic
სტუდენტი studenti (n.) student
სტუდიო studio (n.) studio
სტუმართმოყვარე stumarTmoyvare (adj.) hospitable
სტუმართმოყვარეობა stumarTmoyvareoba (n.) hospitality
სტუმარი stumari (n.) guest

სტუმრების სია *stumrebis sia* (n.) guest list
სუბიექტური *subieqturi* (adj.) subjective
სუბკულტურა *subkultura* (n.) subculture
სუბსიდია *subsidia* (n.) subsidy
სუბსიდირება *subsidireba* (v.) subsidize
სუდარა *sudara* (n.) shroud
სუვერენიტეტი *suvereniteti* (n.) sovereignty
სუვერენული *suverenuli* (adj.) sovereign
სულ ერთი *sul erTi* (pron.) whatever
სულადი გადასახადი *suladi gadasaxadi* (n.) capitation
სულგრძელი *sulgrZeli* (adj.) magnanimous
სულგრძელობა *sulgrZeloba* (n.) magnanimity
სულელი *suleli* (adj.) stupid
სულელი ადამიანი *suleli adamiani* (n.) dodo
სულელური *suleluri* (adj.) sultry
სული *suli* (n.) spirit
სულიერება *suliereba* (n.) spirituality
სულიერი *sulieri* (n.) spiritualist
სულის მოთქმა *sulis moTqma* (v.) respire
სულის შეხუთა *sulis SexuTa* (v.) suffocate
სულის შეხუთვა *sulis SexuTva* (adj.) panting
სულმდაბლობა *sulmdabloba* (n.) meanness
სუნამო *sunamo* (n.) cologne
სუნელი *suneli* (n.) spice
სუნთქვა *sunTqva* (n.) respiration
სუნი *suni* (n.) smell
სუნიანი *suniani* (adj.) olfactory
სუნის კვრა *sunis kvra* (v.) stink
სუპერ ნაზი *super nazi* (adj.) superfine
სუპერმენი *supermeni* (n.) superman
სუპერტაქსი *supertaqsi* (n.) supertax
სუპი *supi* (n.) soup
სურათი *suraTi* (n.) picture
სურვილი *survili* (n.) wish
სურვილისამებრ *survilisamebr* (adj.) wishful
სურნელის დაპკურება *surnelis dapkureba* (v.) perfume
სურნელის ფრქვევა *surnelis frqveva* (n.) embalming
სურნელოვანი *surnelovani* (adj.) odorous
სურო *suro* (n.) oysterling
სუსტად *sustad* (adv.) tenuously
სუსტი *susti* (adj.) weak
სუფთა *sufTa* (adj.) tidy
სუფიქსი *sufiqsi* (n.) suffix
სფერო *sfero* (n.) sphere
სფერული *sferuli* (adj.) spherical
სქელი *sqeli* (adj.) thick
სქელი კანი *sqeli kani* (n.) peel
სქელი საცხი *sqeli sacxi* (n.) dope
სქელკანიანი *sqelkaniani* (adj.) pachidermatous
სქელკანიანი ცხოველი *sqelkaniani cxoveli* (n.) pachyderm
სქელტანიანი *sqeltaniani* (adj.) bulky
სქემა *sqema* (n.) scheme
სქემატისტი *sqematisti* (n.) schematist
სქემატურად *sqematurad* (adv.) schematically
სქემატური *sqematuri* (adj.) schematic
სქემერი *sqemeri* (n.) schemer
სქესი *sqesi* (n.) gender
სქესობრივი *sqesobrivi* (adj.) genital
სქესობრივი სიმწიფე *sqesobrivi simwife* (n.) puberty

სქოლასტიკური *sqolastikuri* (adj.) scholastic
სქრინშოთი *sqrinSoTi* (n.) screenshot
სცენა *scena* (n.) stage
სცენაზე გამოსვლა *scenaze gamosvla* (v.) scene
სცენარი *scenari* (n.) scenery
სცენარისტი *scenaristi* (n.) scenarist
სცენები *scenebi* (n.) acene
სცენური *scenuri* (adj.) scenic
სწავლა *swavla* (v.) teach
სწავლება *swavleba* (n.) tuition
სწავლებადი *swavlebadi* (adj.) teacheable
სწავლული *swavluli* (adj.) learned
სწორად *sworad* (adv.) right
სწორედ *swored* (adv.) pat
სწორი *swori* (adj.) true
სწორი ნაწლავი *swori nawlavi* (n.) rectum
სწრაფად *swrafad* (adv.) speedily
სწრაფი *swrafi* (adj.) swift
სწრაფი მოძრაობა *swrafi moZraoba* (v.) scurry
სწრაფი შეკეთება *swrafi SekeTeba* (n.) quick fix
სხდომა *sxdoma* (n.) session
სხეული *sxeuli* (n.) body
სხვა *sxva* (adj.) other
სხვა სამყარო *sxva samyaro* (n.) otherworldliness
სხვაგვარად *sxvagvarad* (conj.) otherwise
სხვადასხვა *sxvadasxva* (adj.) various
სხვადასხვაობა *sxvadasxvaoba* (n.) variety
სხვაზე ადრე დაკავება *sxvaze adre dakaveba* (v.) preoccupy
სხვანაირად *sxvanairad* (adv.) otherwise
სხვანაირი *sxvanairi* (adj.) diverse
სხვაობა *sxvaoba* (n.) odds
სხვენი *sxveni* (n.) loft
სხვის საქმეში ჩარევა *sxvis saqmeSi Careva* (v.) meddle
სხივი *sxivi* (n.) ray
სხივოსანი *sxivosani* (adj.) radiant
სხლეტა *sxleta* (n.) slip

ტ

ტაბლეტი *tableti* (n.) tablet
ტაბლოიდი *tabloidi* (n.) tabloid
ტაბუ *tabu* (n.) taboo
ტაბულატორი *tabulatori* (n.) tabulator
ტაბულაცია *tabulacia* (n.) tabulation
ტაბურეტი *tabureti* (n.) stool
ტაბუს დადება *tabus dadeba* (v.) taboo
ტავერნის მფლობელი *tavernis mflobeli* (n.) tavernkeeper
ტავის მოყრა *tavis moyra* (v.) throng
ტაიფუნი *taifuni* (n.) typhoon
ტაკატუკი *takatuki* (v.) tick
ტალა *tala* (n.) tala
ტალავერი *talaveri* (n.) alcove
ტალანტი *talanti* (n.) talent
ტალახი *talaxi* (n.) mud
ტალახიანი *talaxiani* (adj.) slushy
ტალბოტი *talboti* (n.) talbot
ტალკი *talki* (n.) talc
ტალონი *taloni* (n.) talon
ტალღა *talRa* (n.) wave
ტალღის უკუქცევა *talRis ukuqceva* (n.) backwash
ტალღოვანი *talRovani* (adj.) wavy
ტამპლიერი *tamplieri* (n.) templar
ტამპონი *tamponi* (n.) tampon

ტამპონის გაკეთება tamponis gakeTeba (v.) tampon
ტანადი tanadi (adj.) slender
ტანგესი tangesi (n.) tangent
ტანგო tango (n.) tango
ტანგოს ცეკვა tangos cekva (v.) tango
ტანდემი tandemi (n.) tandem
ტანდემური tandemuri (adj.) tandem
ტანდირი tandiri (n.) tandoor
ტანისამოსი tanisamosi (n.) garment
ტანისამოსის გამოცვლა tanisamosis gamocvla (v.) disguise
ტანკერი tankeri (n.) tanker
ტანკი tanki (n.) tank
ტანსაცმელი tansacmeli (n.) vestment
ტანტრა tantra (n.) tantra
ტანტრიკული tantrikuli (adj.) tantric
ტანჯვა tanjva (n.) torment
ტარაკანა tarakana (n.) roach
ტარაკანი tarakani (n.) cockroach
ტარამიტი taramiti (n.) taramite
ტარანტიზმი tarantizmi (n.) tarantism
ტარება tareba (v.) wear
ტარიფი tarifi (n.) tariff
ტატუ tatu (n.) tattoo
ტატუირება tatuireba (v.) tattoo
ტაქსი taqsi (n.) taxicab
ტაქსი ავტობუსი taqsi avtobusi (n.) taxibus
ტაქსით მგზავრობა taqsiT mgzavroba (v.) taxi
ტაქსის მძღოლი taqsis mZRoli (n.) cabby
ტაქტი taqti (n.) tact
ტაქტიკა taqtika (n.) tactics
ტაქტიკოსი taqtikosi (n.) tactician
ტაქტიკური taqtikuri (adj.) tactful
ტაქტილური taqtiluri (adj.) tactile
ტაშის დაკვრა taSis dakvra (v.) flapping
ტაშისკვრა taSiskvra (n.) applause

ტაძარი taZari (n.) temple
ტახი taxi (n.) boar
ტახტზე აყვანა taxtze ayvana (v.) throne
ტახტი taxti (n.) couch
ტახტრევანი taxtrevani (n.) palanquin
ტბა tba (n.) lake
ტბა, ლაქი tba, laqi (n.) lac, lakh
ტბისპირა tbispira (n.) lakefront
ტეგანი tegani (n.) rue
ტევადი tevadi (adj.) capacious
ტევადობა tevadoba (n.) capacity
ტევრი tevri (n.) thick
ტეკილა tekila (n.) tequila
ტელე ბანკინგი tele bankingi (n.) telebanking
ტელეგრამი telegrami (n.) telegram
ტელეგრაფი telegrafi (n.) telegraph
ტელეგრაფია telegrafia (n.) telegraphy
ტელეგრაფისტი telegrafisti (n.) telegraphist
ტელეგრაფული telegrafuli (adj.) telegraphic
ტელევიზია televizia (n.) television
ტელევიზიით გადაცემა televiziiT gadacema (v.) televise
ტელევიზიის გადაცემა televiziis gadacema (n.) telecast
ტელეკინეზი telekinezi (n.) telekinesis
ტელეკინეტიკური telekinetikuri (adj.) telekinetic
ტელეკომუნიკაციები telekomunikaciebi (n.) telecommunications
ტელეკონფერენცია telekonferencia (n.) teleconference
ტელემარკეტი telemarketi (v.) telemarket
ტელემარკეტინგი telemarketingi (n.) telemarketing

ტელემარკი *telemarki* (v.) telemark
ტელემატიკური *telematikuri* (adj.) telematic
ტელემეტრია *telemetria* (n.) telemetry
ტელეოლოგი *teleologi* (n.) teleologist
ტელეოლოგია *teleologia* (n.) teleology
ტელეოლოგიური *teleologiuri* (adj.) teleologic
ტელეოპერატორი *teleoperatori* (n.) teleoperator
ტელეპათია *telepaTia* (n.) telepathy
ტელეპათისტი *telepaTisti* (n.) telepathist
ტელეპათიური *telepaTiuri* (adj.) telepathic
ტელეპორტაცია *teleportacia* (n.) teleportation
ტელეპორტი *teleporti* (n.) teleport
ტელეპორტირება *teleportireba* (v.) teleport
ტელეპრინტერი *teleprinteri* (n.) teleprinter
ტელეპრინტი *teleprinti* (v.) teleprint
ტელეპროპტერი *telepropteri* (n.) teleprompter
ტელეჟურნალისტიკა *teleJurnalistika* (n.) telejournalism
ტელესკოპი *teleskopi* (n.) telescope
ტელესკოპია *teleskopia* (n.) telescopy
ტელესკოპური *teleskopuri* (adj.) telescopic
ტელეტექსტი *teleteqsti* (n.) teletext
ტელეფაქსი *telefaqsi* (n.) telecopier
ტელეფონი *telefoni* (n.) telephone
ტელეშოპერი *teleSoperi* (n.) teleshopper
ტელეშოპინგი *teleSopingi* (n.) teleshopping
ტელურალური *teluraluri* (adj.) tellural
ტელურიკული *telurikuli* (adj.) telluric

ტემპერამენტი *temperamenti* (n.) temperament
ტემპერამენტიანი *temperamentiani* (adj.) temperamental
ტემპერატურა *temperatura* (n.) temperature
ტენდენცია *tendencia* (n.) tendency
ტენდინიტი *tendiniti* (n.) tendinitis
ტენზორი *tenzori* (n.) tensor
ტენზორული *tenzoruli* (adj.) tensor
ტენიანი *teniani* (adj.) moist
ტენიანობა *tenianoba* (adj.) molar
ტერაბაზა *terabaza* (n.) terabase
ტერაბაიტი *terabaiti* (n.) terabyte
ტერაბიტი *terabiti* (n.) terabit
ტერაკოტა *terakota* (n.) terracotta
ტერაკოტის *terakotis* (adj.) terracotta
ტერასა *terasa* (n.) terrace
ტერასებით განლაგება *terasebiT ganlageba* (v.) terrace
ტერაჯოული *terajouli* (n.) terajoule
ტერიტორია *teritoria* (n.) territory
ტერიტორიული *teritoriuli* (adj.) territorial
ტერმინოლოგია *terminologia* (n.) terminology
ტერმინოლოგიური *terminologiuri* (adj.) terminological
ტერმიტი *termiti* (n.) termite
ტერმიტიციდი *termiticidi* (n.) termiticide
ტერორიზება *terorizeba* (v.) terrorize
ტერორისტი *teroristi* (n.) terrorist
ტერორფორმირება *terorformireba* (n.) terraforming
ტერფი *terfi* (n.) foreleg
ტესერაქტი *teseraqti* (n.) tesseract
ტესტოსტერონი *testosteroni* (n.) testosterone
ტეტორიზმი *tetorizmi* (n.) terrorism
ტექნიკა *teqnika* (n.) technomad

ტექნიკური *teqnikuri* (adj.) technical
ტექნიკური მხარე *teqnikuri mxare* (n.) technicality
ტექნო *teqno* (n.) technomusic
ტექნოლოგია *teqnologia* (n.) technology
ტექნოლოგისტი *teqnologisti* (n.) technologist
ტექნოლოგიური *teqnologiuri* (adj.) technological
ტექნომანია *teqnomania* (n.) technomania
ტექნოფილი *teqnofili* (n.) technophile
ტექნოფობია *teqnofobia* (n.) technophobe
ტექსტი *teqsti* (n.) text
ტექტონა *teqtona* (n.) teak
ტვინი *tvini* (n.) brain
ტვინიანი *tviniani* (adj.) brainy
ტვინის გატოკება *tvinis gatokeba* (v.) nut
ტვირთი *tvirTi* (n.) shipment
ტვირთის ქვა *tvirTis qva* (n.) loadstone
ტიარა *tiara* (n.) tiara
ტიკაობა *tikaoba* (n.) ball bearing
ტიკი *tiki* (n.) mite
ტიკტიკი *tiktiki* (n.) prattle
ტილო *tilo* (n.) linen
ტიპი *tipi* (n.) type
ტიპობრივი *tipobrivi* (adj.) typical
ტირადა *tirada* (n.) tirade
ტირანი *tirani* (n.) tyrant
ტირანია *tirania* (n.) tyranny
ტირილი *tirili* (v.) weep
ტირიფი *tirifi* (n.) willow
ტიტანური *titanuri* (adj.) titanic
ტიტინი *titini* (v.) prattle
ტიტრი *titri* (n.) caption
ტიტულოვანი *titulovani* (adj.) titular
ტკაცანი *tkacani* (n.) rattle

ტკაცუნი *tkacuni* (n.) snap
ტკბილეული *tkbileuli* (adj.) dainty
ტკბილეულობა *tkbileuloba* (n.) confection
ტკბილი *tkbili* (n.) sweetness
ტკბილი ხილი *tkbili xili* (n.) sweetmeat
ტკენა *tkena* (n.) ouch
ტკივილგამაყუჩებელი *tkivilgamayuCebeli* (n.) analgestic
ტკივილი *tkivili* (v.) smart
ტკივილის გამოხატვა *tkivilis gamoxatva* (int.) ouch
ტკივილის შემსუბუქება *tkivilis Semsubuqeba* (n.) pain relief
ტოკ შოუ *tok Sou* (n.) chat show
ტოლგვერდა *tolgverda* (adj.) equilateral
ტოლი *toli* (n.) peer
ტოლფასიანი *tolfasiani* (adj.) equivalent
ტომარა *tomara* (n.) sack
ტომარაში ჩაყრა *tomaraSi Cayra* (v.) sack
ტომი *tomi* (n.) tribe
ტომობრივი *tomobrivi* (adj.) tribal
ტონა *tona* (n.) tonne
ტონზურა *tonzura* (n.) tonsure
ტონი *toni* (n.) tone
ტონირებული *tonirebuli* (adj.) toned
ტოპოგრაფი *topografi* (n.) topographer
ტოპოგრაფია *topografia* (n.) topography
ტოპოგრაფიული *topografiuli* (adj.) topographical
ტოროლა *torola* (n.) lark
ტოსტი *tosti* (n.) toast
ტოტალიტარული *totalitaruli* (adj.) totalitarian

ტოტზე დაჯდომა *totze dajdoma* (v.) perch
ტოქსიკაცია *toqsikacia* (n.) toxification
ტოქსიკოლოგი *toqsikologi* (n.) toxicologist
ტოქსიკოლოგია *toqsikologia* (n.) toxicology
ტოქსიკურობა *toqsikuroba* (n.) toxicity
ტოქსინი *toqsini* (n.) toxin
ტრაბახა *trabaxa* (n.) braggart
ტრაბახი *trabaxi* (v.) brag
ტრაგედია *tragedia* (n.) tragedy
ტრაგედიული მსახიობი *tragediuli msaxiobi* (n.) tragedian
ტრაგიკული *tragikuli* (adj.) tragic
ტრადიცია *tradicia* (n.) tradition
ტრადიციული *tradiciuli* (adj.) traditional
ტრალით დაჭერა *traliT daWera* (v.) trawl
ტრალის გემი *tralis gemi* (n.) trawlboat
ტრამვა *tramva* (n.) trauma
ტრამვაი *tramvai* (n.) tram
ტრამვატიზმი *tramvatizmi* (n.) traumatism
ტრამვატოლოგია *tramvatologia* (n.) traumatology
ტრამვული *tramvuli* (adj.) traumatic
ტრანსი *transi* (n.) trance
ტრანსკრიფცია *transkrifcia* (n.) transcription
ტრანსმისია *transmisia* (n.) transmission
ტრანსპლანტანტი *transplantanti* (n.) transplantee
ტრანსპლანტაცია *transplantacia* (n.) transplantation
ტრანსპორტი *transporti* (n.) transport
ტრანსსასაზღვრო *transsasazRvro* (adj.) transborder
ტრანსსასაზღვროტრანსსასაზღვრო *transsasazRvrotranssasazRvro* (adj.) transboundary
ტრანსცენდენტალიზმი *transcendentalizmi* (v.) transcendentalize
ტრანსცენდენტალური *transcendentaluri* (adj.) transcendental
ტრანსცენდენტული *transcendentuli* (adj.) transcendent
ტრანსცენდენტურად *transcendenturad* (adv.) transcendentally
ტრაპეზირება *trapezireba* (v.) trapeze
ტრაპეზისტი *trapezisti* (n.) trapezist
ტრაპეცია *trapecia* (n.) trapeze
ტრაპეციული *trapeciuli* (n.) trapezoid
ტრაპლეტი *trapleti* (n.) trapline
ტრასის მიმართულების დასახვა *trasis mimarTulebis dasaxva* (n.) tracing
ტრაქეა *traqea* (n.) trachea
ტრაქეოლა *traqeola* (n.) tracheole
ტრაქეოსკოპია *traqeoskopia* (n.) tracheoscopy
ტრაქეული *traqeuli* (adj.) tracheal
ტრაქტატი *traqtati* (n.) treatise
ტრაქტორი *traqtori* (n.) tractor
ტრიალი *triali* (n.) rotation
ტრიბუნა *tribuna* (n.) rostrum
ტრიკოტაჟი *trikotaJi* (n.) hosiery
ტრიმესტრი *trimestri* (n.) trimester
ტრიო *trio* (n.) trio
ტრიუკი *triuki* (n.) stunt
ტრიუმფი *triumfi* (n.) triumph
ტროპიკი *tropiki* (n.) tropic
ტროპიკული *tropikuli* (adj.) tropical
ტროპიკული ციება *tropikuli cieba* (n.) dengue
ტროტუარი *trotuari* (n.) solitaire
ტროფეი *trofei* (n.) salvage
ტრფობა *trfoba* (v.) love

ტუალეტი tualeti (n.) toilet
ტუალეტის მაგიდა tualetis magida (n.) dressing table
ტუზი tuzi (n.) ace
ტუმბვა tumbva (v.) pump
ტუმბო tumbo (n.) pump
ტურა tura (n.) jackal
ტურბინი turbini (n.) turbine
ტურიზმი turizmi (n.) tourism
ტურისტი turisti (n.) tourist
ტურმერიკი turmeriki (n.) turmeric
ტურნირი turniri (n.) tournament
ტურფა turfa (n.) sod
ტუტე tute (adj.) alkaline
ტუჩი tuCi (n.) lip
ტუჩის tuCis (adj.) labial
ტყავი tyavi (n.) skin
ტყავის გამოცვლა tyavis gamocvla (v.) slough
ტყავის ქარხანა tyavis qarxana (n.) tannery
ტყე tye (n.) woodland
ტყეები tyeebi (n.) woods
ტყეების გაუწყლოება tyeebis gauwyloeba (n.) deforestation
ტყვე tyve (n.) captive
ტყვეობა tyveoba (n.) captivity
ტყვია tyvia (n.) bullet
ტყვია გაუმტარი tyvia gaumtari (adj.) shotproof
ტყვიაგაუმტარი tyviagaumtari (adj.) bulletproof
ტყის გაშენება tyis gaSeneba (v.) afforest
ტყის გაჩანაგება tyis gaCanageba (n.) deforestation
ტყის მეხანძრე tyis mexanZre (n.) firefighter
ტყლაშუნი tylaSuni (v.) slap
ტყორცნა tyorcna (n.) toss

ტყუილი tyuili (n.) lie
ტყუილის თქმა tyuilis Tqma (v.) lie
ტყუპები tyupebi (n.) Gemini
ტყუპი tyupi (n.) twin
ტ-ძვალი T-Zvali (n.) T-bone

უ

უაზრი uazri (adj.) quarrelsome
უაზრო uazro (adj.) wanton
უაზრობა uazroba (n.) nonsense
უაზროდ uazrod (adj.) scrupleless
უალკოჰოლო ualkoholo (adj.) teetotal
უანგარო uangaro (adj.) unmannerly
უარი uari (n.) repudiation
უარის თქმა uaris Tqma (v.) resign
უარმყოფელი uarmyofeli (n.) abjurer
უარყოფა uaryofa (n.) waiver
უარყოფითი uaryofiTi (n.) negative
უარყოფითი რეაქცია uaryofiTi reaqcia (n.) backlash
უარყოფითი შედეგის გამოღება uaryofiTi Sedegis gamoReba (v.) backfire
უარყოფითობა uaryofiToba (n.) negation
უაღრესად ბედნიერი uaRresad bednieri (adj.) beatific
უახლოესი uaxloesi (adj.) proximate
უბადლო ubadlo (adj.) superlative
უბალანსო ubalanso (adj.) off balance
უბაჟოდ ubaJod (adv.) duty-free
უბედურება ubedureba (n.) scrotum
უბედური ubeduri (adj.) wretched
უბედური შემთხვევა ubeduri SemTxveva (n.) casualty
უბერგიკი ubergiki (n.) ubergeek
უბერსექსუალი uberseqsuali (n.) ubersexual

უბერსექსუალური *uberseqsualuri* (adj.) ubersexual
უბერული *uberuli* (adj.) uberous
უბრალო *ubralo* (n.) trifle
უბრალო ხალხი *ubralo xalxi* (n.) populace
უგზო-უკვლოდ ხეტიალი *ugzo-ukvlod xetiali* (v.) stray
უგრძნობელი *ugrZnobeli* (adj.) insensitive
უგულებელყოფა *ugulebelyofa* (v.) neglect
უგულვებელყოფა *ugulvebelyofa* (v.) defy
უგულობა *uguloba* (n.) obduracy
უდაბნო *udabno* (n.) wilderness
უდავოა *udavoa* (adj.) indisputable
უდანაშაულო *udanaSaulo* (adj.) innocent
უდანაშაულობა *udanaSauloba* (n.) innocence
უდარდელი *udardeli* (adj.) carefree
უეცრად *uecrad* (adv.) abruptly
უეჭველი *ueWveli* (adj.) doubtless
უვარგისი *uvargisi* (n.) wretch
უვნებელი *uvnebeli* (adj.) safe
უზანგი *uzangi* (n.) stirrup
უზარმაზარი *uzarmazari* (n.) immensity
უზარმზარი *uzarmzari* (adj.) huge
უზენაესი *uzenaesi* (adj.) supreme
უზენაესობა *uzenaesoba* (n.) supremacy
უზნეობა *uzneoba* (n.) immorality
უზრდელი *uzrdeli* (adj.) impolite
უზრუნველი *uzrunveli* (adj.) rollicking
უზრუნველყოფა *uzrunvelyofa* (v.) safeguard
უზურპაცია *uzurpacia* (n.) usurpation
უთანასწორო *uTanasworo* (adj.) disparate
უთანასწორობა *uTanasworoba* (n.) disparity
უთანხმოება *uTanxmoeba* (n.) discrepancy
უთვალავი *uTvalavi* (adj.) innumerable
უიმედო *uimedo* (adj.) hopeless
უილბლო *uiRblo* (adj.) uncanny
უკაბელო *ukabelo* (adj.) wireless
უკან *ukan* (n.) upshot
უკან ასახვა *ukan asaxva* (adj.) laid-back
უკან გამოსვლა *ukan gamosvla* (n.) outback
უკან გაწევა *ukan gaweva* (n.) recall
უკან დახევა *ukan daxeva* (v.) secede
უკან სვლა *ukan svla* (adv.) backward
უკან წასვლა *ukan wasvla* (v.) return
უკანა *ukana* (adj.) reverse
უკანა განათება *ukana ganaTeba* (n.) backlight
უკანა კიბე *ukana kibe* (n.) backstairs
უკანა მხარე *ukana mxare* (n.) back
უკანა სვლით წასვლა *ukana svliT wasvla* (v.) reverse
უკანა ფონი *ukana foni* (n.) background
უკანა ხედვა *ukana xedva* (adj.) rearview
უკანასასისმიერი *ukanasasismieri* (adj.) guttural
უკანასკნელად *ukanasknelad* (adv.) last
უკანასკნელი *ukanaskneli* (adj.) last
უკანასკნელი ვადა *ukanaskneli vada* (n.) deadline
უკანონო *ukanono* (adj.) lawless
უკანონო შვილი *ukanono Svili* (n.) bastard
უკანონობა *ukanonoba* (n.) illegibility
უკეთ *ukeT* (adv.) rather
უკეთესი *ukeTesi* (adj.) wry

უკვდავება *ukvdaveba* (v.) immortalize
უკვდავი *ukvdavi* (adj.) immortal
უკვდავყოფა *ukvdavyofa* (v.) perpetuate
უკვე *ukve* (adv.) already
უკიდურესი ვარდნა *ukiduresi vardna* (n.) nadir
უკიდურესობა *ukiduresoba* (n.) extreme
უკმაყოფილება *ukmayofileba* (n.) grudge
უკმაყოფილო *ukmayofilo* (adj.) malcontent
უკმაყოფილობა *ukmayofiloba* (n.) malcontent
უკმეხი *ukmexi* (adj.) rowdy
უკუგდება *ukugdeba* (v.) refute
უკუდაკვრა *ukudakvra* (n.) recoil
უკუთვლა *ukuTvla* (n.) countdown
უკუკავშირი *ukukavSiri* (n.) flashback
უკუქცევა *ukuqceva* (n.) setback
უკუქცევითი *ukuqceviTi* (adj.) reflexive
უკუღმართი *ukuRmarTi* (adj.) backward
უკუცემა *ukucema* (n.) repercussion
ულანი *ulani* (n.) lancer
ულვაში *ulvaSi* (n.) tendril
ულმობელი *ulmobeli* (adj.) relentless
ულტიმატუმი *ultimatumi* (n.) ultimatum
ულტრა ბგერა *ultra bgera* (n.) ultrasound
ულტრა დაცული *ultra daculi* (adj.) ultrasecure
ულტრა კომპაქტური *ultra kompaqturi* (adj.) ultracompact
ულტრა კონსერვატია *ultra konservatia* (n.) ultraconservative
ულტრა კონსერვატიული *ultra konservatiuli* (adj.) ultraconservative
ულტრა ტალღები *ultra talRebi* (n.) ultrasonics
ულტრა ტალღური *ultra talRuri* (adj.) ultrasonic
ულტრა შემთხვევითი *ultra SemTxveviTi* (adj.) ultracasual
ულტრაიისფერი *ultraiisferi* (adj.) ultraviolet
ულუფა *ulufa* (n.) ration
უმადური *umaduri* (adj.) thankless
უმადურობა *umaduroba* (n.) ingratitude
უმანკო *umanko* (adj.) maiden
უმანკოება *umankoeba* (n.) chastity
უმანკოების დაკარგვა *umankoebis dakargva* (v.) deflower
უმარილო *umarilo* (adj.) unsalted
უმარლესი *umarlesi* (adj.) paramount
უმაღლეს სასწავლებელში მიღება *umaRles saswavlebelSi miReba* (v.) matriculate
უმაღლესი განათლება *umaRlesi ganaTleba* (n.) higher education
უმაღლესი პილოტაჟი *umaRlesi pilotaJi* (n.) aerobatics
უმაღლესი წერტილი *umaRlesi wertili* (n.) climax
უმეტესად *umetesad* (adv.) mostly
უმეტესობა *umetesoba* (adj.) most
უმეცრება *umecreba* (n.) nescience
უმთავრესად *umTavresad* (adv.) mainly
უმი *umi* (adj.) raw
უმიზნო *umizno* (adj.) aimless
უმნიშვნელო *umniSvnelo* (adj.) negligible
უმნიშვნელობა *umniSvneloba* (n.) insignificance
უმნიშვნელოვანესი *umniSvnelovanesi* (adj.) prime
უმოქმედო *umoqmedo* (adj.) inactive

უმოქმედობა *umoqmedoba* (n.) inaction
უმოძრაო *umoZrao* (adj.) motionless
უმრავლესობა *umravlesoba* (n.) majority
უმუშევარი *umuSevari* (adj.) jobless
უმცირესად *umciresad* (adv.) least
უმცირესი *umciresi* (adj.) least
უმცირესობა *umciresoba* (n.) minority
უმცროსი *umcrosi* (adj.) junior
უმწეო *umweo* (adj.) helpless
უმწიკვლო *umwikvlo* (adj.) flawless
უნაგირი *unagiri* (n.) side-saddle
უნაკლო *unaklo* (adj.) impeccable
უნარი *unari* (n.) faculty
უნარიანი *unariani* (adj.) apt
უნარიანობა *unarianoba* (n.) capability
უნაყოფო *unayofo* (adj.) infertile
უნდა *unda* (v.) should
უნდობლობა *undobloba* (v.) mistrust
უნებართვო *unebarTvo* (adj.) unauthorized
უნებლიე *uneblie* (adj.) untoward
უნებურად *uneburad* (adv.) unwittingly
უნივერსალური *universaluri* (adj.) universal
უნივერსალური საშუალება *universaluri saSualeba* (n.) panacea
უნივერსალურობა *universaluroba* (n.) universality
უნივერსიტეტი *universiteti* (n.) university
უნიკალური *unikaluri* (adj.) unique
უნისექსი *uniseqsi* (adj.) epicene
უნისონი *unisoni* (n.) unison
უნცია *uncia* (n.) ounce
უპასუხისმგებლო *upasuxismgeblo* (adj.) irresponsible
უპატივცემულობა *upativcemuloba* (n.) disrespect
უპატიოსნო *upatiosno* (adj.) dishonest
უპატიოსნობა *upatiosnoba* (n.) dishonesty
უპატრონო *upatrono* (adj.) scapeless
უპატრონო ბავშვი *upatrono bavSvi* (n.) stray
უპილოტო *upiloto* (adj.) unmanned
უპირატესობა *upiratesoba* (n.) superiority
უპირატესობის მიცემა *upiratesobis micema* (n.) preference
უპირატესობის მქონე *upiratesobis mqone* (adj.) preferential
უპირო *upiro* (adj.) impersonal
უჟანგავი *uJangavi* (adj.) stainless
უჟმური *uJmuri* (n.) blight
ურბანული *urbanuli* (n.) urbanity
ურდული *urduli* (n.) latch
ურთიერთ *urTierT* (adj.) reciprocal
ურთიერთ შეხება *urTierT Sexeba* (n.) contact
ურთიერთბა *urTierTba* (n.) communion
ურთიერთდამოკიდებულება *urTierTdamokidebuleba* (n.) interdependence
ურთიერთდამოკიდებულებული *urTierTdamokidebulebuli* (adj.) interdependent
ურთიერთობა *urTierToba* (n.) relation
ურთიერთქმედება *urTierTqmedeba* (n.) synergy
ურთიერთშეთანხმება *urTierTSeTanxmeba* (n.) agreement
ურიცხვი *uricxvi* (adj.) numberless
ურნა *urna* (n.) urn
ურო *uro* (v.) hammer
ურყევი *uryevi* (adj.) imperishable
ურჩი *urCi* (adj.) unruly
ურჩი ბავშვი *urCi bavSvi* (n.) brat
ურჩობა *urCoba* (v.) thwart

ურწმუნოება urwmunoeba (n.) misbelief
ურჯულო urjulo (adj.) ungainly
უსადენო usadeno (adj.) cordless
უსაზღვრო usazRvro (adj.) limitless
უსათუოდ usaTuod (n.) fail
უსამართლო usamarTlo (adj.) unjust
უსამართლობა usamarTloba (n.) injustice
უსარგებლო usargeblo (adj.) worthless
უსასრულო usasrulo (adj.) infinite
უსასრულობა usasruloba (n.) infinity
უსასყიდლოდ usasyidlod (adv.) gratis
უსაფრთხო usafrTxo (adj.) secure
უსაფრთხო დეპოზიტი usafrTxo depoziti (n.) safe-deposit
უსაფრთხო ნავსადგური usafrTxo navsadguri (n.) safe harbour
უსაფრთხო ყუთი usafrTxo yuTi (n.) safebox
უსაფრთხოება usafrTxoeba (n.) safety
უსაფუძვლო usafuZvlo (adj.) baseless
უსაქმოდ ყოფნა usaqmod yofna (n.) loaf
უსაქმოდ ხეტიალი usaqmod xetiali (v.) loiter
უსაქმური usaqmuri (n.) loafer
უსაქმურობა usaqmuroba (v.) maroon
უსახელო პულოვერი usaxelo puloveri (n.) jerkin
უსიამოვნება usiamovneba (adj.) disagreeable
უსიამოვნო usiamovno (n.) nuisance
უსიამოვნო გემოს usiamovno gemos (adj.) mawkish
უსინდისო usindiso (adj.) shameless
უსირცხვილო usircxvilo (adj.) shapeless
უსიტყვოდ usityvod (adj.) sessionless
უსიტყვოდ თანხმობა usityvod Tanxmoba (v.) acquiesce

უსიცოცხლო usicocxlo (adj.) lifeless
უსულდგმულო usuldgmulo (adj.) inanimate
უსუსური ususuri (adj.) infirm
უსუფთაო usufTao (adj.) slovenly
უსწორმასწორო uswormasworo (adj.) rugged
უტვინო utvino (adj.) witless
უტილიტარული utilitaruli (adj.) utilitarian
უტიფრობა utifroba (n.) brass
უტოპია utopia (n.) utopia
უტოპიური utopiuri (adj.) utopian
უტყუარი utyuari (v.) utter
უუნარობა uunaroba (n.) inability
უუნაროდ ქცევა uunarod qceva (v.) disable
უფასო დასასრული ufaso dasasruli (n.) loose end
უფერული uferuli (adj.) drab
უფერულობა uferuloba (n.) drab
უფეხო ufexo (adj.) footloose
უფირო ufiro (adj.) tapeless
უფლება ufleba (n.) right
უფლებით აღჭურვა uflebiT aRWurva (v.) empower
უფლების გადაცემა uflebis gadacema (v.) delegate
უფლების მიცემა uflebis micema (v.) entitle
უფო ufo (n.) ufo
უფოლოგია ufologia (n.) ufology
უფოლოგისტი ufologisti (n.) ufologist
უფორმო uformo (adj.) amorphous
უფრო დაბლა ufro dabla (adj.) underneath
უფრო მაღალი ფასის შეძლევა ufro maRali fasis SeZleva (v.) outbid
უფრო მეტიც ufro metic (adv.) moreover
უფრო შორს ufro Sors (adv.) further

უფროსი *ufrosi* (n.) boss
უფსკრული *ufskruli* (v.) nip
უფულო *ufulo* (adj.) penniless
უქმრო *uqmro* (n.) bachelorette
უქმრობა *uqmroba* (n.) celibacy
უქონლობა *uqonloba* (v.) lack
უღელი *uReli* (n.) yoke
უღიმღამო *uRimRamo* (n.) woeful
უღრანი *uRrani* (n.) thicket
უყურადღებო *uyuradRebo* (adj.) inattentive
უყურადღებობა *uyuradReboba* (n.) slight
უყურადღებოდ მიტოვება *uyuradRebod mitoveba* (n.) oversight
უშედეგო *uSedego* (v.) vanquish
უშვერი *uSveri* (adj.) obscene
უშვერობა *uSveroba* (n.) obscenity
უშვილო *uSvilo* (adj.) barren
უშიშრად *uSiSrad* (adv.) safely
უშნოდ *uSnod* (v.) thumb
უჩვეულოდ დიდსულოვანი *uCveulod didsulovani* (adj.) munificent
უცებ *uceb* (adv.) short
უცერემონიო მანერა *uceremonio manera* (adj.) brusque
უცერემონიოდ *uceremoniod* (adv.) summarily
უცვლელი *ucvleli* (adj.) abiding
უცნაური *ucnauri* (adj.) whimsical
უცნაურობა *ucnauroba* (n.) queer
უცნობი *ucnobi* (adj.) unknown
უცნობია *ucnobia* (adj.) unannounced
უცოდინარი *ucodinari* (adj.) ignorant
უცოლო *ucolo* (adj.) celibate
უცხო *ucxo* (n.) extranet
უცხო პირი *ucxo piri* (n.) stranger
უცხოელი *ucxoeli* (n.) foreigner
უცხოური *ucxouri* (adj.) foreign
უცხოური ენა *ucxouri ena* (n.) lingo
უძვლო *uZvlo* (adj.) boneless
უძილობა *uZiloba* (n.) somnolence
უძლური *uZluri* (adj.) feeble
უძრავი *uZravi* (adj.) immovable
უძრავი ქონება *uZravi qoneba* (n.) realty
უძრავი ქონების აგენტი *uZravi qonebis agenti* (n.) estate agent
უწესრიგო *uwesrigo* (adj.) slatternly
უწესრიგობა *uwesrigoba* (n.) turbulence
უწესრიგოდ სვლა *uwesrigod svla* (v.) straggle
უწყება *uwyeba* (v.) enlighten
უწყვეტი *uwyveti* (adj.) uninterrupted
უწყვეტობა *uwyvetoba* (n.) succession
უწყინარი *uwyinari* (n.) pleasantry
უხალისო *uxaliso* (adj.) reluctant
უხალისობა *uxalisoba* (n.) reluctance
უხამსი *uxamsi* (adj.) indecent
უხამსობა *uxamsoba* (n.) indecency
უხეირო *uxeiro* (adj.) lame
უხერხული *uxerxuli* (adj.) awkward
უხეში *uxeSi* (n.) scruff
უხეში თამაში *uxeSi TamaSi* (n.) foul play
უხეში ტილო *uxeSi tilo* (n.) canvas
უხვად *uxvad* (adv.) galore
უხვად ქონა *uxvad qona* (v.& prep.) abound
უხვი *uxvi* (adj.) profuse
უხილავი *uxilavi* (adj.) invisible
უხმაურო *uxmauro* (adj.) noiseless
უხმოდ დაცემა *uxmod dacema* (v.) thud
უხსნადი *uxsnadi* (n.) insoluble
უხსოვარი დროიდან *uxsovari droidan* (adj.) immemorial
უჯრა *ujra* (n.) drawer
უჯრედი *ujredi* (n.) cell

ფ

ფაბრიკა *fabrika* (n.) factory
ფაბრიკის ნიშანი *fabrikis niSani* (n.) trademark
ფაგური *faguri* (adj.) phagic
ფაეტონი *faetoni* (n.) chaise
ფავორიტი *favoriti* (n.) favourite
ფაზა *faza* (n.) phase
ფაილი *faili* (n.) file
ფაიფური *faifuri* (n.) porcelain
ფალანგი *falangi* (n.) phalanx
ფალიური *faliuri* (adj.) phallic
ფალოსი *falosi* (n.) phallus
ფალოცენტრიული *falocentriuli* (adj.) phallocentric
ფალცეტი *falceti* (n.) falsetto
ფანატი *fanati* (n.) geek
ფანატიზმი *fanatizmi* (n.) bigotry
ფანატიკოსი *fanatikosi* (n.) ultra
ფანატიკური *fanatikuri* (n.) fanatic
ფანატის ტანსაცმელი *fanatis tansacmeli* (n.) geekwear
ფანერა *fanera* (n.) plywood
ფანირებული *fanirebuli* (adj.) breaded
ფანტაზია *fantazia* (n.) fantasy
ფანტაზმაგორია *fantazmagoria* (n.) phantasmagoria
ფანტაზმული *fantazmuli* (adj.) phantasmal
ფანტასტიკური *fantastikuri* (adj.) fantastic
ფანტელების ცვენა *fantelebis cvena* (adj.) flaking
ფანტელი *fanteli* (n.) flake
ფანტვა *fantva* (v.) litter
ფანტომი *fantomi* (n.) phantom
ფანქარი *fanqari* (n.) pencil
ფანქრით წერა *fanqriT wera* (v.) pencil
ფანჩატური *fanCaturi* (n.) arbour
ფანჯარა *fanjara* (n.) window
ფანჯრის ზღუდარი *fanjris zRudari* (n.) lintel
ფანჯრის მინა *fanjris mina* (n.) pane
ფარანი *farani* (n.) lantern
ფარდა *farda* (n.) curtain
ფარდაგი *fardagi* (n.) carpet
ფარდობა *fardoba* (n.) ratio
ფარდობითი *fardobiTi* (adj.) relative
ფარდული *farduli* (n.) shed
ფარენჰეიტი *farenheiti* (adj.) Fahrenheit
ფარეხი *farexi* (n.) fold
ფართო *farTo* (adj.) vast
ფართობი *farTobi* (n.) area
ფართოდ გავრცელებული *farTod gavrcelebuli* (adj.) widespread
ფართოზოლოვანი *farTozolovani* (n.) broadband
ფარი *fari* (n.) shield
ფარიკაობა *farikaoba* (n.) fencer
ფარისეველი *fariseveli* (n.) puritan
ფარისევლური *farisevluri* (adj.) puritanical
ფარმაცევტი *farmacevti* (n.) pharmacist
ფარმაცევტული *farmacevtuli* (adj.) pharmaceutical
ფარული *faruli* (adj.) ulterior
ფარფლი *farfli* (n.) fin
ფარშევანგი *farSevangi* (n.) peacock
ფასადი *fasadi* (n.) facade
ფასდაკლება *fasdakleba* (n.) discount
ფასდაუდებელი *fasdaudebeli* (adj.) priceless
ფასთ ფუდი *fasT fudi* (n.) fast food
ფასი *fasi* (n.) price
ფასის დადება *fasis dadeba* (n.) bid

ფასჩამოკლება fasCamokleba (n.) rebate
ფატალიზმი fatalizmi (n.) fatalism
ფატალური fataluri (adj.) fatal
ფაუნა fauna (n.) fauna
ფაფარი fafari (n.) manes
ფაქიზი faqizi (adj.) ticklish
ფაქსი faqsi (n.) fax
ფაქსით გადაგზავნა faqsiT gadagzavna (n.) telefax
ფაქსიმილე faqsimile (n.) facsimile
ფაქტი faqti (n.) fact
ფაქტორი faqtori (n.) factor
ფაღარათი faRaraTi (n.) diarrhea
ფაშატი faSati (n.) mare
ფაცეტი faceti (v.) facet
ფედერალისტი federalisti (adj.) federal
ფედერაცია federacia (n.) federation
ფეთქვა feTqva (n.) pulsation
ფეთხუმი feTxumi (n.) slut
ფეკალური fekaluri (adj.) fecal
ფელაცია felacia (n.) fellatio
ფემინიზმი feminizmi (n.) feminism
ფემინისტი feministi (n.) feminist
ფენა fena (n.) stratum
ფენგშუი fengSui (n.) fengshui
ფენნომენი fennomeni (n.) phenomenon
ფენომენალური fenomenaluri (adj.) phenomenal
ფეოდალიზმი feodalizmi (n.) feudalism
ფეოდალური feodaluri (adj.) feudal
ფერადი feradi (adj.) colourful
ფერადი ცარცი feradi carci (n.) crayon
ფერდობი ferdobi (n.) declivity
ფერი feri (n.) colour
ფერია feria (n.) nymphet
ფერლონგი ferlongi (n.) furlong

ფერმაში ცხოვრება fermaSi cxovreba (v.) ranch
ფერმენტი fermenti (n.) ferment
ფერმენტული fermentuli (adj.) enzymic
ფერმერი fermeri (n.) farmer
ფერმიხდილი fermixdili (adj.) pale
ფერფლი ferfli (n.) ash
ფერცოგი fercogi (n.) duke
ფერწერა ferwera (n.) painting
ფესვი fesvi (n.) root
ფესტივალი festivali (n.) festival
ფეტვი fetvi (n.) millet
ფეტიში fetiSi (n.) fetish
ფეტიშიზმი fetiSizmi (n.) fetishism
ფეშენებლური feSenebluri (adj.) fashionable
ფეხბურთი fexburTi (n.) football
ფეხებგადაყვლეფილი fexebgadayvlefili (adj.) footsore
ფეხები fexebi (n.) kaki
ფეხზე ჩავმევა fexze Cavmeva (v.) shoe
ფეხი fexi (n.) leg
ფეხით fexiT (adv.) afoot
ფეხით სიარული fexiT siaruli (v.) foot
ფეხის ბრასლეტი fexis brasleti (n.) anklet
ფეხის თითი fexis TiTi (n.) toe
ფეხის მუშაობა fexis muSaoba (n.) footwork
ფეხის ნაკვალევი fexis nakvalevi (n.) footprint
ფეხსაცმელი fexsacmeli (n.) shoe
ფეხსაწმენდი fexsawmendi (n.) doormat
ფეხშიშველი fexSiSveli (adj.) barefoot
ფიბრილატი fibrilati (v.) fibrillate
ფიბროზი fibrozi (n.) fibrosis
ფიბროზული fibrozuli (n.) fibrosity

ფიბრომუსკულარული fibromuskularuli (adj.) fibromuscular
ფიგურა figura (n.) figure
ფიგურული figuruli (adj.) figurative
ფიზიკა fizika (n.) physics
ფიზიკოსი fizikosi (n.) physicist
ფიზიკური fizikuri (adj.) physical
ფიზიოლოგია fiziologia (n.) physiognomy
ფითილი fiTili (n.) wick
ფითრი fiTri (n.) mistletoe
ფილალეისტი filaleisti (n.) philalethist
ფილანტრია filantria (n.) philandry
ფილანტროფია filantrofia (n.) philanthropy
ფილე file (n.) fillet
ფილიალი filiali (n.) brunch
ფილმ მეიკერი film meikeri (n.) filmmaker
ფილმები filmebi (n.) movies
ფილმი filmi (n.) film
ფილმის დუბლირება filmis dublireba (v.) dub
ფილოლოგი filologi (n.) philology
ფილოსოფია filosofia (n.) philosophy
ფილოსოფიური filosofiuri (adj.) sapient
ფილტვი filtvi (n.) lung
ფილტვრა filtvra (v.) filter
ფილტრი filtri (n.) filter
ფინალი finali (n.) finale
ფინანსები finansebi (n.) finance
ფინანსისტი finansisti (n.) financier
ფინანსური finansuri (adj.) financial
ფინანსური ადმინისტრატორი finansuri administratori (n.) bursur
ფინჯანი finjani (n.) cup
ფირის გამშვები firis gamSvebi (n.) tape player
ფირმა firma (n.) firm

ფისკალური fiskaluri (adj.) fiscal
ფისტონი fistoni (n.) piston
ფისტულა fistula (n.) fistula
ფიტნეს ვარჯიში fitnes varjiSi (n.) fitness training
ფიტნეს მთვლელი fitnes mTvleli (n.) fitness tracker
ფიტნეს ტესტი fitnes testi (n.) fitness test
ფიტულიანი fituliani (adj.) taxidermic
ფიტულის გაკეთება fitulis gakeTeba (n.) taxidermy
ფიტულის გამტენი fitulis gamteni (n.) taxidermist
ფიქალი fiqali (n.) slate
ფიქრი fiqri (v.) think
ფიცარი ficari (n.) plank
ფიცი fici (n.) vow
ფიცის გამტეხველი ficis gamtexveli (adj.) oathbreaking
ფიცის გატეხა ficis gatexa (n.) perjury
ფიცის გატეხვა ficis gatexva (n.) oathbreaker
ფიცხი ficxi (adj.) choleric
ფიჭა fiWa (n.) honeycomb
ფიჭვი fiWvi (n.) pine
ფიჭური fiWuri (adj.) cellular
ფლამენკო flamenko (n.) flamenco
ფლანელი flaneli (n.) flannel
ფლეიტა fleita (n.) flute
ფლეშ ბარათი fleS baraTi (n.) flashcard
ფლეშ ნათურა fleS naTura (n.) flashbulb
ფლიგელი fligeli (n.) outhouse
ფლირტაობა flirtaoba (n.) philander
ფლირტი flirti (n.) flirt
ფლობა floba (v.) predominate
ფლორა flora (n.) flora
ფლორისტი floristi (n.) florist
ფლოსტები flostebi (n.) slipper

ფლოტი *floti* (n.) fleet
ფლუორესცენციული *fluorescenciuli* (adj.) fluorescent
ფოთლებიანი *foTlebiani* (n.) foliage
ფოთლებიანი ორნამენტით მორთვა *foTlebiani ornamentiT morTva* (v.) foliate
ფოთლების გაცვენა *foTlebis gacvena* (n.) defoliant
ფოთლისებრი *foTlisebri* (adj.) foliate
ფოთლოვანი *foTlovani* (adj.) leafy
ფოთოლი *foToli* (n.) leaf
ფოთოლცვენა *foTolcvena* (v.) defoliate
ფოკუსი *fokusi* (v.) stunt
ფოკუსირბული *fokusirbuli* (adj.) focused
ფოკუსირება *fokusireba* (adj.) focusing
ფოკუსირებული *fokusirebuli* (v.) focalize
ფოკუსში ყოფნა *fokusSi yofna* (v.) focus
ფოლადი *foladi* (n.) steel
ფოლგა *folga* (n.) tinsel
ფოლიო *folio* (n.) folio
ფოლის *folis* (n.) follies
ფოლკლორი *folklori* (n.) folklore
ფოლკლორული *folkloruli* (adj.) folkloric
ფონდი *fondi* (n.) fund
ფონეტიკა *fonetika* (n.) phonetics
ფონეტიკური *fonetikuri* (adj.) phonetic
ფონი *foni* (v.) backdrop
ფონტი *fonti* (n.) font
ფორთოხალი *forToxali* (n.) orange
ფორმა *forma* (n.) shape
ფორმალობა *formaloba* (n.) formality
ფორმალური *formaluri* (adj.) formal
ფორმატი *formati* (n.) format
ფორმირება *formireba* (n.) formation

ფორმის ცვლა *formis cvla* (v.) shapeshift
ფორმულა *formula* (n.) formula
ფორმულირება *formulireba* (v.) formulate
ფორტეპიანო *fortepiano* (n.) piano
ფორტუნა *fortuna* (n.) fortune
ფორუმი *forumi* (n.) forum
ფოსტა *fosta* (n.) post-office
ფოსტალიონი *fostalioni* (n.) postman
ფოსტით გაგზავნა *fostiT gagzavna* (v.) mail
ფოსტის უფროსი *fostis ufrosi* (n.) postmaster
ფოსტის ცხენი *fostis cxeni* (n.) poster
ფოსფატი *fosfati* (n.) phosphate
ფოსფოროვანი *fosforovani* (n.) phosphorus
ფოტო *foto* (n.) photo
ფოტო სურათის გადაღება *foto suraTis gadaReba* (v.) photograph
ფოტოგენური *fotogenuri* (adj.) photogenic
ფოტოგრაფი *fotografi* (n.) photographer
ფოტოგრაფია *fotografia* (n.) photography
ფოტოგრაფიული *fotografiuli* (adj.) photographic
ფოტოკოპია *fotokopia* (n.) photocopy
ფოქსტერიერი *foqsterieri* (n.) terrier
ფოჩი *foCi* (n.) fringe
ფრაზეოლოგია *frazeologia* (n.) phraseology
ფრანგული *franguli* (adj.) French
ფრანი *frani* (n.) kite
ფრაქცია *fraqcia* (n.) faction
ფრაქციული *fraqciuli* (adj.) factious
ფრენა *frena* (v.) stampede
ფრესკა *freska* (n.) mural
ფრთა *frTa* (n.) wing

ფრთების ქნევა *frTebis qneva* (v.) flutter
ფრთხილი *frTxili* (adj.) wary
ფრიად საიდუმლოდ *friad saidumlod* (n.) gatepost
ფრილენსერი *frilenseri* (n.) freelancer
ფრინველთა ვოლიერი *frinvelTa volieri* (n.) aviary
ფრინველი *frinveli* (n.) fowl
ფრინველის ლაიმი *frinvelis laimi* (n.) birdlime
ფრუტუნი *frutuni* (n.) snort
ფრჩხილებში *frCxilebSi* (n.) parenthesis
ფრჩხილი *frCxili* (n.) bracket
ფსალმუნი *fsalmuni* (n.) psalm
ფსევდონიმი *fsevdonimi* (n.) pseudonym
ფსიქიატრი *fsiqiatri* (n.) psychiatrist
ფსიქიატრია *fsiqiatria* (n.) psychiatry
ფსიქიკა *fsiqika* (n.) psyche
ფსიქიკური *fsiqikuri* (adj.) psychic
ფსიქოზი *fsiqozi* (n.) psychosis
ფსიქოლოგი *fsiqologi* (n.) psychologist
ფსიქოლოგია *fsiqologia* (n.) psychology
ფსიქოლოგიური *fsiqologiuri* (adj.) psychological
ფსიქოტერაპია *fsiqoterapia* (n.) psychotherapy
ფსიქოფატი *fsiqofati* (n.) psychopath
ფსკერი *fskeri* (n.) seafloor
ფსონი *fsoni* (n.) wager
ფსონის დადება *fsonis dadeba* (v.) wager
ფსონის დამდები *fsonis damdebi* (n.) bettor
ფუთა *fuTa* (n.) bale
ფუთფუთი *fuTfuTi* (v.) teem
ფულადი *fuladi* (adj.) monetary
ფულადი გზავნილი *fuladi gzavnili* (n.) remittance
ფულადი საჩუქარი *fuladi saCuqari* (n.) gratuity
ფული *fuli* (n.) money
ფულის გადახდა *fulis gadaxda* (n.) payment
ფულის გათეთრება *fulis gaTeTreba* (n.) money laundering
ფულის დაბრუნება *fulis dabruneba* (v.) refund
ფულის მიმღები *fulis mimRebi* (n.) payee
ფულის მოჭრა *fulis moWra* (n.) coinage
ფულის შენახვა *fulis Senaxva* (v.) bank
ფუნთუშა *funTuSa* (n.) cookie
ფუნქცია *funqcia* (n.) function
ფუნჯი *funji* (n.) paintbrush
ფურგონი *furgoni* (n.) van
ფურცელი *furceli* (n.) leaflet
ფურცლის მეორე გვერდზე *furclis meore gverdze* (adv.) overleaf
ფუსფუსი *fusfusi* (v.) fuss
ფუტკარი *futkari* (n.) bee
ფუტურისტიკა *futuristika* (n.) futurology
ფუტურისტიკი *futuristiki* (adj.) futuristic
ფუფუნება *fufuneba* (n.) luxury
ფუფხი *fufxi* (n.) bleb
ფუღურო *fuRuro* (n.) cavity
ფქვილიანი *fqviliani* (adj.) mealy
ფხვიერი *fxvieri* (adj.) crisp
ფხვიერი მიწა *fxvieri miwa* (n.) quicksand
ფხვიერი ნამცხვარი *fxvieri namcxvari* (n.) shortbread
ფხვნილი *fxvnili* (n.) powder
ფხიზელი *fxizeli* (adj.) watchful
ფხიზლად *fxizlad* (adj.) vigilant

ქ

ქადაგება *qadageba* (v.) sermonize
ქავილი *qavili* (v.) itch
ქათამი *qaTami* (n.) hen
ქალაქგარეთ გასეირნება *qalaqgareT gaseirneba* (n.) outing
ქალაქი *qalaqi* (n.) town
ქალაქის მერი *qalaqis meri* (n.) mayor
ქალბატონი *qalbatoni* (n.) madam
ქალების შლაპების სამკერვალო *qalebis Slapebis samkervalo* (n.) millinery
ქალი *qali* (n.) woman
ქალის ტანსაცმელი *qalis tansacmeli* (n.) gown
ქალიშვილი *qaliSvili* (n.) lass
ქალიშვილობა *qaliSviloba* (n.) womanhood
ქალური *qaluri* (adj.) womanish
ქალურობა *qaluroba* (v.) womanise
ქალღმერთი *qalRmerTi* (n.) godhead
ქალწული *qalwuli* (adj.) virile
ქალწულის *qalwulis* (adj.) girlish
ქალწულობა *qalwuloba* (n.) virility
ქამარი *qamari* (n.) waistband
ქმრის შემორტყმა *qamris Semortyma* (v.) girdle
ქანაობა *qanaoba* (v.) wabble
ქანდაკება *qandakeba* (n.) statue
ქანდარა *qandara* (n.) roost
ქანდარაზე დაჯდომა *qandaraze dajdoma* (v.) roost
ქანქარა *qanqara* (n.) pendulum
ქანჩი *qanCi* (n.) wrench
ქაოსი *qaosi* (n.) chaos
ქაოტური *qaoturi* (adv.) chaotic
ქარაგმა *qaragma* (n.) cue
ქარაგმული *qaragmuli* (adj.) allusive
ქარავანი *qaravani* (n.) caravan
ქარბუქი *qarbuqi* (n.) whirlwind
ქარბუქიანი *qarbuqiani* (adj.) tempestuous
ქარგვა *qargva* (n.) embroidery
ქარვა *qarva* (n.) amber
ქარვასლა *qarvasla* (n.) arcade
ქარი *qari* (n.) windlass
ქარიანი *qariani* (adj.) windy
ქარიზმა *qarizma* (n.) charisma
ქარიზმატიკული *qarizmatikuli* (adj.) charismatic
ქარით დანგრევა *qariT dangreva* (v.) drift
ქარის წისქვილი *qaris wisqvili* (n.) windmill
ქარიშხალი *qariSxali* (n.) tornado
ქარსაფარი *qarsafari* (n.) windscreen
ქარსი *qarsi* (n.) mica
ქარქაში *qarqaSi* (n.) sheath
ქარქაშში ჩაგება *qarqaSSi Cageba* (v.) sheathe
ქარხანა *qarxana* (n.) mill
ქასთინგი *qasTingi* (n.) casting
ქატო *qato* (n.) bran
ქაფი *qafi* (n.) foam
ქაფიანი *qafiani* (adj.) foamy
ქაღალდი *qaRaldi* (n.) paper
ქაღალდის პარკი *qaRaldis parki* (n.) paper bag
ქაღალდის ჭიქა *qaRaldis Wiqa* (n.) beaker
ქაშაყი *qaSayi* (n.) herring
ქაშმირი *qaSmiri* (n.) cashmere
ქება *qeba* (v.) praise
ქების ღირსი *qebis Rirsi* (adj.) praiseworthy
ქედი *qedi* (n.) ridge
ქედის მოხრა *qedis moxra* (n.) adulation

ქედმაღალი *qedmaRali* (adj.) lordly
ქედმაღლობა *qedmaRloba* (v.) disdain
ქედმოხრილობა *qedmoxriloba* (v.) cringe
ქეიფი *qeifi* (v.) booze
ქერი *qeri* (n.) barley
ქერტლი *qertli* (n.) dandruff
ქერქი *qerqi* (n.) squeak
ქერქიანი *qerqiani* (n.) scabbard
ქეში *qeSi* (n.) cache
ქვა *qva* (n.) stone
ქვაბი *qvabi* (n.) casserole
ქვაბული *qvabuli* (n.) catacomb
ქვანახშირი *qvanaxSiri* (n.) coal
ქვანახშირის ბრიკეტი *qvanaxSiris briketi* (n.) briquet
ქვაფენილი *qvafenili* (n.) cobble
ქვედა *qveda* (adj.) nether
ქვედაბოლო *qvedabolo* (n.) skirt
ქვედანაყოფი *qvedanayofi* (n.) underdog
ქვედატანი *qvedatani* (n.) petticoat
ქვევიდან ზევით მიწოლა *qvevidan zeviT miwola* (v.) boost
ქვევით *qveviT* (adj.) downstairs
ქვეთავი *qveTavi* (v.) sublet
ქვეთის გზა *qveTis gza* (n.) sideway
ქვეითი *qveiTi* (n.) pedestrian
ქველმოქმედი *qvelmoqmedi* (adj.) benefic
ქვემეხი *qvemexi* (n.) cannon
ქვემოთ ჩამოტანილი შენიშვნა *qvemoT Camotanili SeniSvna* (n.) footnote
ქვესათაური *qvesaTauri* (n.) sidebar
ქვესკნელი *qveskneli* (n.) underworld
ქვეყანა *qveyana* (n.) country
ქვეყნის მასშტაბით *qveynis masStabiT* (adj.) statewide
ქვეყნის შიდა *qveynis Sida* (n.) midland
ქვეშ *qveS* (prep.) underneath

ქვეცნობიერად *qvecnobierad* (adj.) underhand
ქვეცნობიერი *qvecnobieri* (n.) undercurrent
ქვეწარმავალი *qvewarmavali* (n.) reptile
ქვიანი *qviani* (adj.) stony
ქვირითობა *qviriToba* (v.) spawn
ქვის მოპოვება *qvis mopoveba* (v.) quarry
ქვის სამტეხლო *qvis samtexlo* (n.) quarry
ქვის ფილა *qvis fila* (n.) slab
ქვის ჩასმა *qvis Casma* (v.) jewel
ქვიშა *qviSa* (n.) sand
ქვიშაქვა *qviSaqva* (n.) sandstone
ქვიშიანი *qviSiani* (adj.) sandy
ქვიშის ბანკი *qviSis banki* (n.) sandbank
ქვიშის დაფა *qviSis dafa* (n.) sandboard
ქვიშის თევზი *qviSis Tevzi* (n.) sandfish
ქვიშის კოშკი *qviSis koSki* (n.) sandcastle
ქვიშის მოყრა *qviSis moyra* (v.) sand
ქვიშის ორმო *qviSis ormo* (n.) sandpit
ქვიშის საათი *qviSis saaTi* (n.) sandglass
ქვიშის ქაღალდი *qviSis qaRaldi* (n.) sandpaper
ქვიშის ყუთი *qviSis yuTi* (n.) sandbox
ქვრივი *qvrivi* (n.) widow
ქვრივი კაცი *qvrivi kaci* (n.) widower
ქილა *qila* (n.) jug
ქიმია *qimia* (n.) chemistry
ქიმიკოსი *qimikosi* (n.) chemist
ქიმიოთერაპია *qimioTerapia* (n.) chemotherapy
ქიმიური *qimiuri* (adj.) chemical
ქინაქინი *qinaqini* (n.) quinine
ქინძისთავი *qinZisTavi* (n.) pin
ქირაობა *qiraoba* (v.) hire

ქირომანტი qiromanti (n.) palmist
ქირომანტია qiromantia (n.) palmistry
ქირურგი qirurgi (n.) surgeon
ქიქოზური qiqozuri (adj.) quixotic
ქიშმიში qiSmiSi (n.) raisin
ქლიავი qliavi (n.) plum
ქლორი qlori (n.) chlorine
ქლოროფორმი qloroformi (n.) chloroform
ქმარი qmari (n.) husband
ქმედუუნარო qmeduunaro (adj.) incapable
ქმედუუნარობა qmeduunaroba (n.) incapacity
ქმრის ღალატი qmris Ralati (n.) cuckold
ქნარი qnari (n.) lyre
ქნევა qneva (v.) brandish
ქოთანი qoTani (n.) pot
ქოლ ცენტრი qol centri (n.) call centre
ქოლგა qolga (n.) umbrella
ქოლერა qolera (n.) cholera
ქოლესტერინი qolesterini (n.) cholesterol
ქონა qona (v.) own
ქონდრის კაცი qondris kaci (n.) pygmy
ქონება qoneba (n.) estate
ქონების გადარჩენა qonebis gadarCena (v.) salvage
ქონი qoni (n.) fat
ქონიანი qoniani (adj.) greasy
ქორეოგრაფი qoreografi (n.) choreography
ქორეოგრაფია qoreografia (v.) choreograph
ქორფა qorfa (adj.) fresh
ქორწილება qorwileba (n.) wedding
ქორწილი qorwili (n.) nuptials
ქორწინება qorwineba (n.) wedlock
ქორწინებამდელი qorwinebamdeli (adj.) premarital
ქორწინების qorwinebis (adj.) nuptial
ქოქოსი qoqosi (n.) coconut
ქოხი qoxi (n.) hut
ქრისტე qriste (n.) Christ
ქრისტიანი qristiani (adj.) Christian
ქრისტიანობა qristianoba (n.) Christianity
ქრისტიანული სამყარო qristianuli samyaro (n.) Christendom
ქროლვა qrolva (v.) wind
ქრომი qromi (n.) crome
ქრომოსომა qromosoma (n.) chromosome
ქრონიკა qronika (n.) chronicle
ქრონიკული qronikuli (adj.) chronic
ქრონოლოგია qronologia (n.) chronology
ქრონოლოგიური qronologiuri (adj.) chronological
ქრცვინზე ნადირობა qrcvinze nadiroba (v.) ferret
ქსელი qseli (n.) web
ქსელის მომხმარებელი qselis momxmarebeli (n.) netizen
ქსენობიოლოგია qsenobiologia (n.) xenobiology
ქსენოგენეზი qsenogenezi (n.) xenogenesis
ქსენომანია qsenomania (n.) xenomania
ქსენომორფი qsenomorfi (n.) xenomorph
ქსენოფილი qsenofili (n.) xenophile
ქსენოფობი qsenofobi (n.) xenophobe
ქსენოფობია qsenofobia (n.) xenophobia
ქსეროქსი qseroqsi (n.) xerox
ქსეროქსის გადაღება qseroqsis gadaReba (v.) xerox

ქსილოფილუსი *qsilofilusi* (adj.) xylophilous
ქსილოფონი *qsilofoni* (n.) xylophone
ქსოვა *qsova* (v.) weave
ქსოვილები *qsovilebi* (n.) textile
ქსოვილებით მოვაჭრე *qsovilebiT movaWre* (n.) draper
ქსოვილი *qsovili* (n.) tissue
ქუდი *qudi* (n.) hat
ქუთუთო *quTuTo* (n.) eyelid
ქულა *qula* (n.) scorepad
ქულების მოწმობა *qulebis mowmoba* (n.) scorecard
ქულების ყუთი *qulebis yuTi* (n.) scorebox
ქულების წიგნი *qulebis wigni* (n.) scorebook
ქუმელი *qumeli* (n.) oatmeal
ქურა *qura* (n.) cooker
ქურდი *qurdi* (n.) thief
ქურდობა *qurdoba* (n.) theft
ქურდული *qurduli* (n.) burglar
ქურთუკი *qurTuki* (n.) jacket
ქურციკი *qurciki* (n.) gazelle
ქუსლი *qusli* (n.) heel
ქუჩა *quCa* (n.) street
ქუჩის მეწაღე *quCis mewaRe* (n.) cobbler
ქშენა *qSena* (n.) sniff
ქშინვა *qSinva* (v.) snort
ქცევიზმი *qcevizmi* (n.) mannerism
ქცვეა *qcvea* (v.) behave

ღ

ღალატი *Ralati* (adj.) wily
ღამე *Rame* (n.) nightie
ღამის *Ramis* (adj.) nocturnal
ღამის თავშესაფარი *Ramis TavSesafari* (n.) night shelter
ღამურა *Ramura* (n.) bat
ღარიბი *Raribi* (v.) scant
ღარიბული *Raribuli* (adj.) scanty
ღებინება *Rebineba* (v.) belch
ღელვა *Relva* (v.) trouble
ღერო *Rero* (n.) trunk
ღერძზე ბრუნვა *RerZze brunva* (v.) pivot
ღერძი *RerZi* (n.) tentpole
ღერძი თვლებს შორის *RerZi Tvlebs Soris* (n.) axle
ღერძულად *RerZulad* (adj.) axillary
ღერძული *RerZuli* (adj.) axial
ღეჭვა *ReWva* (n.) rumination
ღვედი *Rvedi* (n.) strap
ღვეზელი *Rvezeli* (n.) doughnut
ღვთაება *RvTaeba* (n.) divinity
ღვთაებრივი *RvTaebrivi* (adj.) divine
ღვთის გმობა *RvTis gmoba* (n.) blasphemy
ღვთისმეტყველი *RvTismetyveli* (n.) theologian
ღვთისმეტყველური *RvTismetyveluri* (adj.) theological
ღვთისმოსავი *RvTismosavi* (adj.) pious
ღვთისმოსაობა *RvTismosaoba* (n.) piety
ღვთისმოშიში *RvTismoSiSi* (adj.) devout
ღვთიური *RvTiuri* (adj.) godly
ღვინო *Rvino* (n.) wine
ღვიძლი *RviZli* (n.) liver
ღვრა *Rvra* (v.) shed
ღია *Ria* (adj.) open
ღია სივრცე *Ria sivrce* (n.) scope
ღია ყავისფერი *Ria yavisferi* (adj.) maroon
ღილაკი *Rilaki* (n.) button

ღილი *Rili* (v.) stud
ღიმილი *Rimili* (n.) smile
ღინღლი *RinRli* (n.) fuzz
ღირებულება *Rirebuleba* (v.) cost
ღირებული *Rirebuli* (adj.) valuable
ღირსება *Rirseba* (n.) merit
ღირსების მინიჭება *Rirsebis miniWeba* (v.) dignify
ღირსეული *Rirseuli* (adj.) worthy
ღირსი *Rirsi* (adj.) worth
ღიტინი *Ritini* (v.) tickle
ღიღინი *RiRini* (v.) croon
ღმერთი *RmerTi* (n.) god
ღმუილი *Rmuili* (v.) whine
ღობის შემოვლება *Robis Semovleba* (v.) hedge
ღობურა *Robura* (n.) obstruction
ღონე მიხდილი *Rone mixdili* (adj.) emaciated
ღონემიხდილი *Ronemixdili* (adj.) haggard
ღონიერი *Ronieri* (adj.) powerful
ღონის მიხდა *Ronis mixda* (v.) emaciate
ღონისძიება *RonisZieba* (n.) manifestation
ღორი *Rori* (n.) swine
ღორის ქონი *Roris qoni* (n.) lard
ღორის ხორცი *Roris xorci* (n.) pork
ღორმუცელა *Rormucela* (n.) cormorant
ღორმუცელობა *Rormuceloba* (n.) gluttony
ღრეობა *Rreoba* (n.) revelry
ღრიალი *Rriali* (n.) ululation
ღრმა *Rrma* (adj.) profound
ღრმა განაჭერი *Rrma ganaWeri* (n.) gash
ღრმა ხეობა *Rrma xeoba* (n.) ravine
ღრმად *Rrmad* (adv.) deeply
ღრმად გაჭრა *Rrmad gaWra* (adj.) gashing
ღრმული *Rrmuli* (n.) hollow
ღრუბელი *Rrubeli* (n.) sponge
ღრუბლიანი *Rrubliani* (adj.) cloudy
ღრუტუნი *Rrutuni* (n.) oink
ღრღნა *RrRna* (v.) gnaw
ღრძობა *RrZoba* (v.) sprain
ღუზა *Ruza* (n.) anchor
ღუზაზე დგომა *Ruzaze dgoma* (v.) harbour
ღუმელი *Rumeli* (n.) stove

ყ

ყაბაყი *yabayi* (n.) squash
ყაბზობა *yabzoba* (n.) constipation
ყავა *yava* (n.) coffee
ყავარჯენი *yavarjeni* (n.) crutch
ყავის აპარატი *yavis aparati* (n.) coffee maker
ყავის შესვენება *yavis Sesveneba* (n.) coffee break
ყავის ცერცვი *yavis cercvi* (n.) coffee bean
ყავისფერი *yavisferi* (adj.) brown
ყაზარმა *yazarma* (n.) barrack
ყალბი *yalbi* (n.) sham
ყალბის გაკეთება *yalbis gakeTeba* (v.) fake
ყალბობა *yalboba* (adv.) ostensibly
ყამირის გატეხა *yamiris gatexa* (v.) fallow
ყარყატი *yaryati* (n.) stork
ყასაბი *yasabi* (n.) butcher
ყაყანი *yayani* (n.) babble
ყაჩაღი *yaCaRi* (n.) brigand
ყბა *yba* (n.) jaw

ყბაყურა *ybayura* (n.) mumps
ყბედი *ybedi* (n.) magpie
ყბედობა *ybedoba* (v.) yap
ყდა *yda* (n.) binding
ყელი *yeli* (n.) throat
ყელსაბამი *yelsabami* (n.) necklet
ყელში გამოვლება *yelSi gamovleba* (v.) gargle
ყეფა *yefa* (v.) bark
ყვავი *yvavi* (n.) crow
ყვავილებით დაფარული *yvavilebiT dafaruli* (adj.) flowery
ყვავილების კონა *yvavilebis kona* (n.) cluster
ყვავილი *yvavili* (n.) smallpox
ყვავილის ბუკეტი *yvavilis buketi* (n.) nosegay
ყვავილის მტვერი *yvavilis mtveri* (n.) pollen
ყვავილის ფურცელი *yvavilis furceli* (n.) petal
ყვავილოვანი კომბოსტო *yvavilovani kombosto* (n.) cauliflower
ყვავილწნული *yvavilwnuli* (n.) festoon
ყვედრება *yvedreba* (n.) reproach
ყველა *yvela* (pron.) everyone
ყველაზე *yvelaze* (adj.) uber
ყველაზე დაბლა *yvelaze dabla* (v.) rock-bottom
ყველაზე მეტი *yvelaze meti* (adv.) most
ყველაზე მიღებული *yvelaze miRebuli* (adj.) prevalent
ყველაზე მნიშვნელოვანი *yvelaze mniSvnelovani* (adj.) foremost
ყველაზე საიდუმლო *yvelaze saidumlo* (adj.) innermost
ყველაზე უარესი *yvelaze uaresi* (n.) worst
ყველაზე უმცროსი *yvelaze umcrosi* (n.) youngster
ყველაზე ძლიერი *yvelaze Zlieri* (v.) decongest
ყველაფერი *yvelaferi* (pron.) everything
ყველაფრის მჭამელი *yvelafris mWameli* (adj.) omnivorous
ყველაფრის ცოდნა *yvelafris codna* (n.) omniscience
ყველაფრის ჭამა *yvelafris Wama* (n.) omnivore
ყველგან *yvelgan* (pron.) everywhere
ყველგან მყოფი *yvelgan myofi* (n.) ubiquity
ყველგან ყოფნა *yvelgan yofna* (n.) omnipresence
ყველი *yveli* (n.) cheese
ყველიანი *yveliani* (adj.) cheesy
ყველლაფრის შეძლება *yvellafris SeZleba* (n.) omnipotence
ყვითელი *yviTeli* (adj.) yellow
ყვითელი ფერი *yviTeli feri* (n.) maize
ყვინთვა *yvinTva* (v.) duck
ყვირილი *yvirili* (v.) yell
ყიდვა *yidva* (v.) purchase
ყინვა *yinva* (n.) frost
ყინული *yinuli* (n.) ice
ყინულის ბლოკი *yinulis bloki* (n.) iceblock
ყინულის ლოლუა *yinulis lolua* (n.) icicle
ყინულის სათლი *yinulis saTli* (n.) ice bucket
ყინულის ქოხი *yinulis qoxi* (n.) igloo
ყინულის ქუდი *yinulis qudi* (n.) icecap
ყინულის შესვენება *yinulis Sesveneba* (n.) icebreaker
ყინულოვანი *yinulovani* (adj.) icy
ყიყინი *yiyini* (n.) quack
ყლორტი *ylorti* (n.) sprout
ყმაწვილობა *ymawviloba* (n.) boyhood
ყმუილი *ymuili* (n.) howl
ყნოსვა *ynosva* (v.) smell

ყოველდღიური *yoveldRiuri* (adj.) trivial
ყოველენოვანი *yovelenovani* (adj.) omnilingual
ყოველთვის *yovelTvis* (v.) dob
ყოველთვის მზად *yovelTvis mzad* (adj.) ever-ready
ყოველთვიურად *yovelTviurad* (n.) monthly
ყოველთვიური *yovelTviuri* (adv.) monthly
ყოველი *yoveli* (adj.) every
ყოველკვირეულად *yovelkvireulad* (n.) weekly
ყოველკვირეული *yovelkvireuli* (adv.) weekly
ყოველმხრივ *yovelmxriv* (adv.) throughout
ყოველშემთხვევაში *yovelSemTxvevaSi* (adv.) anyway
ყოველწლიურად *yovelwliurad* (adj.) yearly
ყოველწლიური *yovelwliuri* (n.) annuity
ყოვლადშემძლე *yovladSemZle* (adj.) omnipotent
ყოვლისმომცველი *yovlismomcveli* (adj.) sumptuous
ყოვლისმომცველობა *yovlismomcveloba* (n.) omnidirectionality
ყოვლისმცოდნე *yovlismcodne* (adj.) omniscient
ყოვლისშემძლე *yovlisSemZle* (adj.) omnibenevolent
ყოვლისშემძლეობა *yovlisSemZleoba* (n.) omniformity
ყორანი *yorani* (n.) raven
ყორე *yore* (n.) rubble
ყორექვა *yoreqva* (n.) rubblework
ყოფილი *yofili* (adj.) former
ყოფნა *yofna* (v.) tenure
ყოფს *yofs* (v.) bisect
ყოყმანი *yoymani* (v.) shilly-shally
ყოყოჩობა *yoyoCoba* (n.) frill
ყოჩაღი *yoCaRi* (v.) whiz
ყრილობა *yriloba* (n.) congress
ყრუ *yru* (adj.) deaf
ყრუ ბგერა *yru bgera* (n.) thud
ყუა *yua* (n.) counterfoil
ყუბედური *yubeduri* (adj.) squalid
ყუთი *yuTi* (n.) crate
ყულაბა *yulaba* (n.) piggy bank
ყუმბარა *yumbara* (n.) projectile
ყურადღება *yuradReba* (n.) notice
ყურადღებიანი *yuradRebiani* (adj.) considerate
ყურადღებიანობა *yuradRebianoba* (n.) attenuance
ყურადღებით კითხვა *yuradRebiT kiTxva* (v.) peruse
ყურადღების გადატანა *yuradRebis gadatana* (n.) distraction
ყურე *yure* (n.) creek
ყურება *yureba* (v.) watch
ყური *yuri* (n.) eyelet
ყურის ბიბილო *yuris bibilo* (n.) lobe
ყურის ცვილი *yuris cvili* (n.) cerumen
ყურისგდება *yurisgdeba* (v.) eavesdrop
ყურსასმენი *yursasmeni* (n.) earbud
ყურძენი *yurZeni* (n.) grape

შ

შაბათი *SabaTi* (n.) Saturday
შაბლონი *Sabloni* (n.) template
შაბლონირება *Sablonireba* (v.) template
შაბლონურად გაფერადება *Sablonurad gaferadeba* (v.) stencil

შადრევანი *Sadrevani* (n.) fountain
შავბნელი *Savbneli* (adj.) tenebrose
შავგვრემანი ქალი *Savgvremani qali* (n.) brunette
შავდება *Savdeba* (v.) blacken
შავი *Savi* (adj.) black
შავი სია *Savi sia* (n.) blacklist
შაიდი *Saidi* (n.) shide
შაკიკი *Sakiki* (n.) migraine
შალი *Sali* (n.) shawl
შალფეის ბუჩქი *Salfeis buCqi* (n.) sagebush
შამანი *Samani* (n.) shaman
შამპანური *Sampanuri* (n.) champagne
შამპუნი *Sampuni* (n.) shampoo
შამფურზე *Samfurze* (v.) spit
შამფური *Samfuri* (n.) spittle
შანთი *SanTi* (adj.) shanty
შანსი *Sansi* (n.) hazard
შანტაჟი *SantaJi* (n.) blackmail
შარადა *Sarada* (n.) charade
შარდვა *Sardva* (n.) urination
შარდი *Sardi* (n.) urine
შარდიანი *Sardiani* (adj.) urinary
შარვალი *Sarvali* (n. pl.) trousers
შარვლის ჭიმი *Sarvlis Wimi* (n.) braces
შარფი *Sarfi* (n.) scarf
შატო *Sato* (n.) chateau
შაურმა *Saurma* (n.) shawarma
შაქარი *Saqari* (n.) sugar
შაქარყინული *Saqaryinuli* (n.) lollipop
შაქრის *Saqris* (adj.) saccharine
შაშვი *SaSvi* (n.) blackbird
შაშხანა *SaSxana* (n.) rifle
შაშხანის გასროლა *SaSxanis gasrola* (v.) rifle
შეავსებს *Seavsebs* (v.) replenish
შებერვა *Seberva* (n.) whiff
შებმა *Sebma* (v.) team
შებოჭვა *SeboWva* (v.) bestride
შებოჭილი *SeboWili* (adj.) gorge
შებოჭილობა *SeboWiloba* (v.) gorge
შებრალება *Sebraleba* (v.) pity
შებრაწვა *Sebrawva* (v.) toast
შებრძოლება *SebrZoleba* (v.) militate
შებღალვა *SebRalva* (n.) pollution
შეგებება *Segebeba* (n.) reception
შეგირდი *Segirdi* (n.) apprentice
შეგნება *Segneba* (v.) perceive
შეგნებული *Segnebuli* (adj.) conscious
შეგროვება *Segroveba* (v.) troop
შეგუება *Segueba* (v.) adjust
შედარება *Sedareba* (v.) liken
შედარებით *SedarebiT* (prep.) versus
შედარებითი *SedarebiTi* (adj.) comparative
შედგება *Sedgeba* (v.) consist
შედგენა *Sedgena* (v.) compile
შედგომა *Sedgoma* (v.) shrink
შედეგი *Sedegi* (n.) result
შედედება *Sededeba* (v.) condense
შედევრი *Sedevri* (n.) masterpiece
შედუღება *SeduReba* (n.) welt
შეერთება *SeerTeba* (v.) link
შეერთებული *SeerTebuli* (adj.) conjunct
შევარდენი *Sevardeni* (n.) hawk
შევიწროვება *Seviwroveba* (n.) oppression
შევსებული *Sevsebuli* (adj.) replete
შეზიზღება *SezizReba* (v.) despise
შეზღუდვა *SezRudva* (v.) straiten
შეზღუდვისგან გათავისუფლება *SezRudvisgan gaTavisufleba* (v.) emancipate
შეზღუდული *SezRuduli* (adj.) limited
შეთავაზება *SeTavazeba* (v.) tender
შეთავსება *SeTavseba* (v.) converge
შეთავსებადი *SeTavsebadi* (adj.) consistent

შეთანხმება *SeTanxmeba* (n.) covenant
შეთანხმებლობა *SeTanxmebloba* (n.) opportunism
შეთანხმებული *SeTanxmebuli* (adj.) coherent
შეთქმულება *SeTqmuleba* (v.) plot
შეთქმულების მოწყობა *SeTqmulebis mowyoba* (v.) conspire
შეთქმული(ქალი) *SeTqmuli(qali)* (n.) conspirator
შეთხზვა *SeTxzva* (v.) pun
შეთხზული *SeTxzuli* (adj.) fictional
შეიარაღება *SeiaraReba* (n.) armature
შეიარაღებული *SeiaraRebuli* (n.) dacoity
შეიარაღებული ყაჩაღი *SeiaraRebuli yaCaRi* (n.) dacoit
შეიარაღებული ძალები *SeiaraRebuli Zalebi* (n.) armed forces
შეიცავს *Seicavs* (v.) include
შეკავება *Sekaveba* (n.) retention
შეკაზმა *Sekazma* (v.) saddle
შეკაზმვა *Sekazmva* (v.) relish
შეკამათება *SekamaTeba* (n.) retort
შეკეთება *SekeTeba* (v.) revamp
შეკერილი *Sekerili* (adj.) clad
შეკვ რა *Sekv ra* (n.) pack
შეკვეთა *SekveTa* (v.) book
შეკვეთილი *SekveTili* (adj.) bespoke
შეკვეცილად *Sekvecilad* (adv.) tersely
შეკვეცილი *Sekvecili* (adj.) terse
შეკვრა *Sekvra* (v.) tie
შეკითხვა *SekiTxva* (n.) query
შეკრება *Sekreba* (n.) turnout
შეკრებილი *Sekrebili* (v.) muster
შეკრთომა *SekrToma* (v.) blench
შეკუმშვა *SekumSva* (v.) tighten
შელოცვა *Selocva* (v.) spell
შემასმენელი *Semasmeneli* (n.) predicate
შემაძრწუნებელი *SemaZrwunebeli* (adj.) terrific
შემაწუხებელი *Semawuxebeli* (adj.) troublesome
შემაჯამებელი *Semajamebeli* (adj.) summary
შემდგომი *Semdgomi* (adj.) subsequent
შემდეგ *Semdeg* (adv.) afterwards
შემდეგი *Semdegi* (adv.) next
შემდეგში *SemdegSi* (adv.) onwards
შემდუღებელი *SemduRebeli* (n.) welter
შემეცნებითი *SemecnebiTi* (adj.) cognitive
შემზარავი *Semzaravi* (adj.) injudicious
შემზღუდველი *SemzRudveli* (adj.) restrictive
შემთხვევა *SemTxveva* (n.) occurrence
შემთხვევით *SemTxveviT* (adv.) occasionally
შემთხვევით ჩაჯიბვა *SemTxveviT Cajibva* (v.) bag
შემთხვევითი *SemTxveviTi* (adj.) random
შემთხვევითობა *SemTxveviToba* (v.) randomise
შემკვრელი *Semkvreli* (adj.) astringent
შემკობა *Semkoba* (v.) ornament
შემმოწმებელი პუნქტი *Semmowmebeli punqti* (n.) checkpoint
შემნახველი *Semnaxveli* (n.) keeper
შემოგარენი *Semogareni* (n.) surroundings
შემოდგომა *Semodgoma* (n.) autumn
შემოდინება *Semodineba* (n.) influx
შემოერთება *SemoerTeba* (n.) affiliation
შემოზიდვა *Semozidva* (n.) import
შემოიღო *SemoiRo* (adj.) adscititious
შემოკერვა *Semokerva* (v.) fringe

შემოკლება *Semokleba* (v.) shorten
შემოკლებული *Semoklebuli* (adj.) curt
შემომავალი *Semomavali* (n.) inbox
შემოსავალი *Semosavali* (n.) revenue
შემოსაზღვრა *SemosazRvra* (n.) limitation
შემოსვა *Semosva* (v.) sheath
შემოტანა *Semotana* (v.) import
შემოუერთება *SemouerTeba* (v.) join
შემოუსვლელი *Semousvleli* (adj.) crude
შემოფიცვრა *Semoficvra* (v.) plank
შემოქმედებითი *SemoqmedebiTi* (adj.) creative
შემოქმედი *Semoqmedi* (n.) creator
შემოღობვა *SemoRobva* (v.) picket
შემოწმება *Semowmeba* (n.) test
შემოჭრა *SemoWra* (v.) encroach
შემოხაზვა *Semoxazva* (v.) outline
შემსრულებელი *Semsrulebeli* (n.) songster
შემსუბუქება *Semsubuqeba* (n.) relief
შემსწავლელი *Semswavleli* (n.) trainee
შემფერხებელი *Semferxebeli* (adj.) obstructive
შემფუთველი *SemfuTveli* (n.) backpacker
შემქმნელი *Semqmneli* (n.) originator
შემჩნევა *SemCneva* (v.) notice
შემცდარი *Semcdari* (adj.) erroneous
შემცვლელი *Semcvleli* (adj.) vicarious
შემცირება *Semcireba* (n.) shortening
შემცირებულად *Semcirebulad* (adv.) decreasingly
შემცირებული *Semcirebuli* (adj.) scrubby
შემცნობი *Semcnobi* (adj.) perceptive
შემწეობა *Semweoba* (n.) dole
შემწვარი *Semwvari* (adj.) roast
შემწოვი *Semwovi* (adj.) absorbable
შემწყნარებელი *Semwynarebeli* (adj.) pardonable
შემწყნარებლობა *Semwynarebloba* (n.) toleration
შემჭიდროება *SemWidroeba* (v.) toughen
შემჭიდროვება *SemWidroveba* (v.) rally
შენაერთი *SenaerTi* (n.) amalgamation
შენავსებადი *Senavsebadi* (adj.) compatible
შენაკადი *Senakadi* (adj.) confluent
შენარჩუნება *SenarCuneba* (n.) sustenance
შენატანი *Senatani* (n.) instalment
შენაცვლება *Senacvleba* (n.) replacement
შენაძენი *SenaZeni* (n.) acquest
შენახვა *Senaxva* (v.) save
შენება *Seneba* (v.) build
შენელება *Seneleba* (v.) slow
შენელებული კადრი *Senelebuli kadri* (n.) slow motion
შენიღბვა *SeniRbva* (v.) mask
შენიღბული *SeniRbuli* (n.) camouflage
შენიშვნა *SeniSvna* (n.) remark
შენობა *Senoba* (n.) edifice
შენობაში *SenobaSi* (adv.) indoors
შენჯღევა *SenjReva* (v.) churn
შენჯღრევა *SenjRreva* (v.) shake
შენჯღრეული *SenjRreuli* (adj.) shaky
შეპასუხება *Sepasuxeba* (v.) retort
შეპირობება *Sepirobeba* (v.) stipulate
შეპყრობა *Sepyroba* (n.) enamourment
შერბილება *Serbileba* (n.) mitigation
შერევა *Sereva* (v.) mix
შერეკვა *Serekva* (v.) pen
შერიგება *Serigeba* (n.) reconciliation
შერყევა *Seryeva* (n.) shake
შერყეული *Seryeuli* (adj.) taloned
შერჩევა *SerCeva* (n.) selection

შერჩევითი *SerCeviTi* (adj.) selective
შერცხვენა *Sercxvena* (n.) disgrace
შერწყმა *Serwyma* (n.) juxtaposition
შესაბამისად *Sesabamisad* (adv.) according
შესაბამისი *Sesabamisi* (adj.) respective
შესაბამისობა *Sesabamisoba* (n.) correspondence
შესაბამისობის ტესტი *Sesabamisobis testi* (n.) aptitude test
შესაბამობა *Sesabamoba* (v.) correspond
შესავალი *Sesavali* (n.) prelude
შესავლად *Sesavlad* (v.) prelude
შესაკეთებლად კარგი *SesakeTeblad kargi* (adj.) repairable
შესამჩნევი *SesamCnevi* (adj.) perceptible
შესანიშნავი *SesaniSnavi* (adj.) wondrous
შესანსვლა *Sesansvla* (v.) devour
შესართავი *SesarTavi* (n.) orifice
შესართავული *SesarTavuli* (adj.) orificial
შესასვლელი *Sesasvleli* (n.) entry
შესატყვისი *Sesatyvisi* (adj.) adequate
შესატყვისობა *Sesatyvisoba* (n.) adequacy
შესაფერი *Sesaferi* (adj.) pertinent
შესაფერისი *Sesaferisi* (adj.) suitable
შესაძლებელი *SesaZlebeli* (adj.) potential
შესაძლებელია გადარჩენა *SesaZlebelia gadarCena* (adj.) savable
შესაძლებლობა *SesaZlebloba* (n.) potentiality
შესაძლო *SesaZlo* (adj.) feasible
შესაძლოა *SesaZloa* (adv.) perhaps
შესახებ *Sesaxeb* (prep.) concerning

შესახედაობა *Sesaxedaoba* (n.) semblance
შესახვევი *Sesaxvevi* (n.) alley
შესვენება *Sesveneba* (n.) recreation
შესვენებითი *SesvenebiTi* (adj.) recreational
შესვლა *Sesvla* (v.) enter
შესვლის ფორმა *Sesvlis forma* (n.) entry form
შესრულება *Sesruleba* (n.) transaction
შესრუტვა *Sesrutva* (v.) absorb
შესუნთქვა *SesunTqva* (v.) sniff
შესუსტება *Sesusteba* (v.) squeeze
შესყიდვა *Sesyidva* (n.) procurement
შესწორება *Sesworeba* (v.) renovate
შესხურება *Sesxureba* (n.) aspersion
შეტაკება *Setakeba* (n.) skirmish
შეტევა *Seteva* (n.) rush
შეტყობინება *Setyobineba* (v.) tip
შეტყუება *Setyueba* (v.) will
შეუბრალებელი *Seubralebeli* (adj.) ruthless
შეუდარებელი *Seudarebeli* (adj.) nonpareil
შეუიარაღებელი *SeuiaraRebeli* (adj.) unarmed
შეუპოვარი *Seupovari* (adj.) persistent
შეუპოვრობა *Seupovroba* (n.) persistence
შეურაცხმყოფელი *Seuracxmyofeli* (adj.) offensive
შეურაცხყოფა *Seuracxyofa* (n.) offence
შეურაცხყოფის მიყენება *Seuracxyofis miyeneba* (n.) affront
შეურიგებელი *Seurigebeli* (adj.) irreconcilable
შეუსაბამო *Seusabamo* (adj.) irrelevant
შეუსაბამობა *Seusabamoba* (v.) reappropriate
შეუფერებელი *Seuferebeli* (adj.) inadequate

შეუქცევადი *Seuqcevadi* (adj.) irrecoverable
შეუღლება *SeuRleba* (v.) mate
შეუღწევადი *SeuRwevadi* (adj.) impenetrable
შეუღწევი *SeuRwevi* (adj.) proof
შეუცბუნებელად *Seucbunebelad* (adv.) unabashedly
შეუცბუნებელი *Seucbunebeli* (adj.) unabashed
შეუცვლელობა *Seucvleloba* (n.) intrepidity
შეუძლებელი *SeuZlebeli* (adj.) unable
შეუძლებლობა *SeuZlebloba* (n.) impossibility
შეუძლია *SeuZlia* (n.) can
შეუწყალებელი *Seuwyalebeli* (adj.) impermissible
შეუწყნარებლობა *Seuwynarebloba* (n.) intolerance
შეფარდება *Sefardeba* (v.) proportion
შეფასება *Sefaseba* (n.) valuation
შეფასება *Sefaseba* (v.) rate
შეფერადება *Seferadeba* (v.) tinge
შეფერება *Sefereba* (v.) fit
შეფერხება *Seferxeba* (v.) stall
შეფი *Sefi* (n.) chef
შეფუთვა *SefuTva* (v.) wring
შექება *Seqeba* (v.) laud
შექმნა *Seqmna* (n.) creation
შექცევადი *Seqcevadi* (adj.) reversible
შეღებვა *SeRebva* (v.) tincture
შეღონება *SeRoneba* (v.) faint
შეღწევა *SeRweva* (v.) wade
შეყვანა *Seyvana* (n.) input
შეყვარებული *Seyvarebuli* (n.) mistress
შეშვება *SeSveba* (v.) admit
შეშვენის *SeSvenis* (v.) befit
შეშინება *SeSineba* (v.) singe
შეშინებული *SeSinebuli* (adj.) afraid
შეშლა *SeSla* (adv.) mad
შეშლილი *SeSlili* (n.) nutcase
შეშლილობა *SeSliloba* (n.) craze
შეშუპება *SeSupeba* (v.) swell
შეშურება *SeSureba* (v.) superintend
შეშფოთება *SeSfoTeba* (n.) misgiving
შეშფოთებული *SeSfoTebuli* (adj.) concerned
შეშხეფება *SeSxefeba* (v.) spray
შეჩერება *SeCereba* (n.) suspension
შეჩვევა *SeCveva* (v.) habituate
შეცბუნება *Secbuneba* (n.) mishap
შეცბუნებული *Secbunebuli* (adj.) flabbergasted
შეცდენა *Secdena* (n.) temptation
შეცდომა *Secdoma* (n.) mistake
შეცდომაში შეიყვანა *SecdomaSi Seiyvana* (v.) mislead
შეცდომაში შეყვანა *SecdomaSi Seyvana* (v.) misguide
შეცვლა *Secvla* (v.) vary
შეცნობა *Secnoba* (n.) cognition
შეძლება *SeZleba* (v.) may
შეძლებული *SeZlebuli* (adj.) opulent
შეძლებულობა *SeZlebuloba* (n.) opulence
შეძლეს *SeZles* (adj.) mundane
შეძლო *SeZlo* (adj.) abled
შეძრწუნება *SeZrwuneba* (v.) horrify
შეძრწუნებული *SeZrwunebuli* (adj.) aghast
შეძულება *SeZuleba* (v.) hate
შეწვა *Sewva* (v.) roast
შეწირვა *Sewirva* (v.) sacrifice
შეწირულება *Sewiruleba* (n.) endowment
შეწოვა *Sewova* (v.) suck
შეწუხება *Sewuxeba* (v.) worry

შეწუხებული Sewuxebuli (n.) harassment
შეწყალება Sewyaleba (v.) pardon
შეწყვეტა Sewyveta (v.) quit
შეწყვილება Sewyvileba (v.) copulate
შეწყნარება Sewynareba (v.) deign
შეჭრა SeWra (n.) invasion
შეხება Sexeba (v.) touch
შეხედვა Sexedva (n.) regard
შეხედულება Sexeduleba (n.) view
შეხვედრა Sexvedra (v.) meet
შეხვედრის Sexvedris (n.) meet
შეხვედრის ადგილი Sexvedris adgili (n.) venue
შეხვევა Sexveva (v.) shunt
შეხმატკბილება Sexmatkbileba (v.) tone
შეხსენება Sexseneba (n.) reminder
შეხტომა Sextoma (v.) skip
შეჯავშნა SejavSna (v.) plate
შეჯამება Sejameba (v.) total
შეჯახება Sejaxeba (n.) collision
შეჯვარება Sejvareba (v.) breed
შეჯიბრება Sejibreba (v.) emulate
შეჯიბრი Sejibri (n.) competition
შვება Sveba (v.) relieve
შვებულება Svebuleba (n.) vacation
შვეიცარი Sveicari (n.) usher
შვეიცარიული Sveicariuli (adj.) Swiss
შველა Svela (n.) bailout
შველი Sveli (n.) roe
შვიდი Svidi (n.) seven
შვილად აყვანა Svilad ayvana (n.) adoption
შვილება Svileba (v.) adopt
შვილი Svili (n.) son
შვილობილი კომპანია Svilobili kompania (adj.) subsidiary
შვრია Svria (n.) oat
შვრიის ფაფა Svriis fafa (n.) porridge

შთაბეჭდილება STabeWdileba (n.) impression
შთაბეჭდილების მომხდენი STabeWdilebis momxdeni (adj.) impressive
შთაგონება STagoneba (n.) waft
შთამბეჭდავი STambeWdavi (adj.) imposing
შთამომავალი STamomavali (n.) progeny
შთამომავლობა STamomavloba (n.) posterity
შთანთქმა STanTqma (v.) merge
შთანთქმელი STanTqmeli (adj.) absorbent
ში Si (prep.) within
ში, ზე Si, ze (prep.) at
შიგთავსი SigTavsi (adj.) content
შიგნეული Signeuli (n.) entrails
შიგნეულობა Signeuloba (n.) core
შიგნით SigniT (adv.) inside
შიდა Sida (adv.) inland
შიდა ეზო Sida ezo (n.) courtyard
შიდა ნაწილი Sida nawili (adj.) inside
შიზოფრენია Sizofrenia (n.) schizophrenia
შიზოფრენიული Sizofreniuli (adj.) schizophreniac
შიკრიკი Sikriki (n.) orderly
შიმპანზე Simpanze (n.) chimpanzee
შიმშილი SimSili (v.) starve
შინაბერა Sinabera (n.) maiden
შინაგანად Sinaganad (adv.) inwards
შინაგანი Sinagani (adj.) inward
შინამასწავლებელი Sinamaswavlebeli (n.) tutor
შინაური ფრინველი Sinauri frinveli (n.) poultry
შიფრი Sifri (n.) encryption
შიშველი SiSveli (v.) unsheathe
შიში SiSi (n.) terror

შიშით შეპყრობა *SiSiT Sepyroba* (v.) obsess
შიშინა *SiSina* (adj.) sibilant
შიშინი *SiSini* (n.) sizzle
შიშხინი *SiSxini* (v.) sizzle
შლაგბაუმი *Slagbaumi* (n.) barrier
შლაკი *Slaki* (n.) shack
შლამი *Slami* (n.) ooze
შლანგი *Slangi* (n.) hose
შლატი *Slati* (v.) slather
შობა *Soba* (n.) Xmas
შოვინიზმი *Sovinizmi* (n.) chauvinism
შოვინისტი *Sovinisti* (adj.& n.) chauvinist
შოკი *Soki* (n.) shock
შოკოლადი *Sokoladi* (n.) chocolate
შოპაჰოლიზმი *Sopaholizmi* (n.) shopaholism
შოპინგის მოყვარული *Sopingis moyvaruli* (n.) shopaholic
შორეული *Soreuli* (adv.) far
შორი *Sori* (adj.) remote
შორის *Soris* (prep.) between
შორს *Sors* (adv.) afar
შორსმჭვრეტელი *SorsmWvreteli* (adj.) shrewd
შორტები *Sortebi* (n. pl.) shorts
შოტლანდია *Sotlandia* (n.) Scot
შოტლანდიელები *Sotlandielebi* (n.) scotch
შოტლანდიური *Sotlandiuri* (adj.) scotch
შოუ *Sou* (n.) spectacle
შპილკა *Spilka* (n.) stud
შპრიცი *Sprici* (n.) syringe
შრაპნელი *Srapneli* (n.) shrapnel
შრედერი *Srederi* (n.) shredder
შრიალი *Sriali* (v.) rustle
შრომა *Sroma* (v.) toil
შრომის უნარმოკლებული *Sromis unarmoklebuli* (adj.) disabled
შრომისმოყვარე *Sromismoyvare* (adj.) industrious
შროშანი *SroSani* (n.) lily
შსრულება *Ssruleba* (n.) accomplice
შტაბი *Stabi* (v.) headquarter
შტამპი *Stampi* (n.) stamp
შტერი *Steri* (n.) blockhead
შტეფსელის როზეტი *Stefselis rozeti* (n.) socket
შტო *Sto* (n.) twig
შტორმი *Stormi* (v.) swirl
შტრიხ-კოდი *Strix-kodi* (n.) barcode
შუა *Sua* (adj.) mid
შუა ზაფხული *Sua zafxuli* (n.) midsummer
შუა საუკუნეების *Sua saukuneebis* (adj.) medieval
შუა ღამე *Sua game* (n.) mid-off
შუაგული *Suaguli* (n.) midst
შუადღე *SuadRe* (n.) noon
შუაზე გაყოფა *Suaze gayofa* (v.) halve
შუაკაცი *Suakaci* (n.) mediator
შუაკაცობა *Suakacoba* (v.) umpire
შუალედური *Sualeduri* (adj.) intermediate
შუალედური არჩევნები *Sualeduri arCevnebi* (n.) by-election
შუამავალი *Suamavali* (n.) umpire
შუამავლობა *Suamavloba* (n.) mediation
შუამდგომლობა *Suamdgomloba* (n.) solicitation
შუაღამე *SuaRame* (n.) midnight
შუაში *SuaSi* (n.) mid-on
შუბი *Subi* (n.) spike
შუბით განგმირვა *SubiT gangmirva* (v.) lance
შუბის წვერტილი *Subis wertili* (n.) spearhead

შუბლი *Subli* (n.) forehead
შუბლმაგარი *Sublmagari* (n.) diehard
შუნერი *Suneri* (n.) schooner
შურდული *Surduli* (n.) catapult
შურიანი *Suriani* (adj.) envious
შურის ძიება *Suris Zieba* (v.) avenge
შურისგება *Surisgeba* (n.) revenge
შურისმაძიებული *SurismaZiebuli* (adj.) revengeful
შურისძიება *SurisZieba* (n.) vengeance
შუქნიშანი *SuqniSani* (n.) flashlight
შუქურა *Suqura* (n.) searchlight
შუქური ეფექტი *Suquri efeqti* (n.) highlight
შუღლი *SuRli* (n.) feud
შუშის მწარმოებელი *SuSis mwarmoebeli* (n.) glassmaker
შუშხუნა *SuSxuna* (v.) sprinkle
შფოთვა *SfoTva* (n.) trouble
შფოთით *SfoTiT* (adv.) anxiously
შხამი *Sxami* (n.) venom
შხამიანი *Sxamiani* (adj.) venomous
შხამსაწინააღმდეგო *SxamsawinaaRmdego* (n.) antidote
შხაპი *Sxapi* (n.) shower
შხაპის გარეშე *Sxapis gareSe* (adj.) showerless
შხეფები *Sxefebi* (n.) gout

ჩ

ჩაბარგება *Cabargeba* (v.) embark
ჩაბნელება *Cabneleba* (v.) muddle
ჩაბღაუჭება *CabRauWeba* (v.) shovel
ჩაგვრა *Cagvra* (v.) oppress
ჩადენა *Cadena* (v.) commit
ჩავარდნა *Cavardna* (v.) topple
ჩაზნექა *Cazneqa* (v.) sag
ჩაზნექილი *Cazneqili* (adj.) concave
ჩათვლა *CaTvla* (v.) repute
ჩათვლემა *CaTvlema* (v.) snooze
ჩაი *Cai* (n.) tea
ჩაიდანი *Caidani* (n.) teapot
ჩაის გაკეთება *Cais gakeTeba* (v.) tea
ჩაის გამკეთებელი *Cais gamkeTebeli* (n.) tea maker
ჩაის ნამცხვარი *Cais namcxvari* (n.) teacake
ჩაის პაკეტი *Cais paketi* (n.) teabag
ჩაის სახლი *Cais saxli* (n.) teahouse
ჩაის ფინჯანი *Cais finjani* (n.) teacup
ჩაის ყუთი *Cais yuTi* (n.) teabox
ჩაკეტვა *Caketva* (v.) lock
ჩალა *Cala* (n.) straw
ჩალაგება *Calageba* (v.) stow
ჩალეტი *Caleti* (n.) chalet
ჩალით დახურვა *CaliT daxurva* (v.) thatch
ჩალის სახურავი *Calis saxuravi* (n.) thatch
ჩალმა *Calma* (n.) turban
ჩამკეტავი *Camketavi* (n.) shuttlecock
ჩამოგდება *Camogdeba* (n.) overthrow
ჩამოთვლა *CamoTvla* (v.) enumerate
ჩამოთვლილი *CamoTvlili* (adj.) enumerative
ჩამოკიდება *Camokideba* (v.) noose
ჩამოკიდებული *Camokidebuli* (adj.) saggy
ჩამონათვალი *CamonaTvali* (n.) checklist
ჩამონგრევა *Camongreva* (v.) collapse
ჩამოსვლა *Camosvla* (v.) descend
ჩამოტვირთვა *CamotvirTva* (v.) download
ჩამოქვეითება *CamoqveiTeba* (v.) demote
ჩამოყალიბება *Camoyalibeba* (v.) shape up

ჩამოშვებული *CamoSvebuli* (adj.) flabby
ჩამოწევა *Camoweva* (v.) dangle
ჩამქრალი *Camqrali* (adj.) lacklustre
ჩამწკრივება *Camwkriveba* (v.) range
ჩანასახი *Canasaxi* (n.) embryo
ჩანაფიქრი *Canafiqri* (n.) brainchild
ჩანაწერი *Canaweri* (n.) scrapbook
ჩანგლის გასაღები *Canglis gasaRebi* (n.) spanner
ჩანთა *CanTa* (n.) satchel
ჩანთოსანი ცხოველი *CanTosani cxoveli* (n.) marsupial
ჩანიშვნა *CaniSvna* (v.) note
ჩანსახოვანი *Cansaxovani* (adj.) embryonic
ჩანჩქერი *CanCqeri* (n.) waterfall
ჩარგვა *Cargva* (v.) dibble
ჩარევა *Careva* (v.) waylay
ჩართვა *CarTva* (v.) involve
ჩარიცხვა *Caricxva* (n.) matriculation
ჩარტერი *Carteri* (n.) charter
ჩარტერული *Carteruli* (adj.) chartered
ჩარტყმა *Cartyma* (n.) stroke
ჩარჩო *CarCo* (n.) framework
ჩარჩოში ჩასმა *CarCoSi Casma* (v.) frame
ჩარჭობა *CarWoba* (v.) peg
ჩასადენი მილი *Casadeni mili* (n.) sink
ჩასაფრება *Casafreba* (v.) embush
ჩასახვა *Casaxva* (n.) generation
ჩასმა *Casma* (n.) put
ჩასობა *Casoba* (v.) stick
ჩასუნთქვა *CasunTqva* (v.) inhale
ჩატის ოთახი *Catis oTaxi* (v.) chat
ჩატყაპუნება *Catyapuneba* (v.) flop
ჩაფიქრება *Cafiqreba* (n.) meditation
ჩაფიქრებული *Cafiqrebuli* (adj.) wistful
ჩაფლული *Cafluli* (adj.) snub
ჩაფხუტი *Cafxuti* (n.) helmet
ჩაქუჩი *CaquCi* (n.) hammer
ჩაშვება *CaSveba* (n.) plunge
ჩაშლა *CaSla* (n.) frustration
ჩაჩრა *CaCra* (v.) shove
ჩაჩუმება *CaCumeba* (v.) gag
ჩაჩურჩულება *CaCurCuleba* (n.) insinuation
ჩაცინება *Cacineba* (n.) sneer
ჩაცმა *Cacma* (v.) robe
ჩაცხრომა *Cacxroma* (v.) subside
ჩაძირვა *CaZirva* (v.) sink
ჩაწერა *Cawera* (v.) register
ჩაწვდომა *Cawvdoma* (v.) instil
ჩაწვეთება *CawveTeba* (adj.) drop-in
ჩაჭერა *CaWera* (n.) grasp
ჩაჭმა *CaWma* (v.) fret
ჩახლართული *CaxlarTuli* (adj.) tanged
ჩახშობა *CaxSoba* (v.) swoop
ჩეკი *Ceki* (n.) cheque
ჩემბერლენი *Cemberleni* (n.) chamberlain
ჩემი *Cemi* (adj.) my
ჩემპიონი *Cempioni* (n.) champion
ჩენჩო *CenCo* (n.) husk
ჩენჩოიანი *CenCoiani* (adj.) husky
ჩექმა *Ceqma* (n.) boot
ჩეხა *Cexa* (v.) log
ჩვარი *Cvari* (n.) shred
ჩვევა *Cveva* (adj.) wont
ჩვენება *Cveneba* (n.) show
ჩვენი *Cveni* (pron.) our
ჩვეულება *Cveuleba* (n.) habit
ჩვეულებრივ *Cveulebriv* (adv.) usually
ჩვეულებრივ ზომაზე დიდი *Cveulebriv zomaze didi* (adj.) outsize
ჩვეულებრივი *Cveulebrivi* (adj.) usual
ჩვეული *Cveuli* (adj.) proper
ჩვიდმეტი *Cvidmeti* (n.) seventeen
ჩვილი *Cvili* (adj.) infantile

ჩვილობა *Cviloba* (n.) infancy
ჩივილი *Civili* (n.) lamentation
ჩიზქეიქი *Cizqeiqi* (n.) cheesecake
ჩილი *Cili* (n.) chilli
ჩიმერა *Cimera* (n.) chimera
ჩიმი *Cimi* (n.) chime
ჩინებულება *Cinebuleba* (n.) grandeur
ჩინებული ნივთი *Cinebuli nivTi* (n.) topper
ჩინეთი *CineTi* (n.) china
ჩინის მინიჭება *Cinis miniWeba* (n.) promotion
ჩინოვნიკი *Cinovniki* (n.) official
ჩინჩახვი *CinCaxvi* (n.) craw
ჩირაღდანი *CiraRdani* (n.) torch
ჩირქგროვა *Cirqgrova* (n.) abscess
ჩირქი *Cirqi* (n.) pus
ჩიტი *Citi* (n.) bird
ჩიჩქნა *CiCqna* (v.) rummage
ჩიხი *Cixi* (n.) stalemate
ჩლიფინი *Clifini* (v.) lisp
ჩლიქი *Cliqi* (n.) hoof
ჩლუნგი *Clungi* (adj.) obtuse
ჩოგანი *Cogani* (n.) racket
ჩოგბურთი *CogburTi* (n.) tennis
ჩონჩხი *ConCxi* (n.) skeleton
ჩორთი *CorTi* (n.) trot
ჩრდილი *Crdili* (n.) shadow
ჩრდილიანი ადგილი *Crdiliani adgili* (n.) bower
ჩრდილოეთი *CrdiloeTi* (n.) north
ჩრდილოეთით *CrdiloeTiT* (v.) sever
ჩრჩილი *CrCili* (n.) moth
ჩუმად *Cumad* (adv.) silently
ჩუმი *Cumi* (adj.) quiet
ჩურჩული *CurCuli* (v.) whisper
ჩუქება *Cuqeba* (v.) present
ჩუქურთმა *CuqurTma* (n.) ornament
ჩქარი *Cqari* (adj.) speedy
ჩქაროსნული მატარებელი *Cqarosnuli matarebeli* (n.) bullet train
ჩქმეტა *Cqmeta* (v.) pinch
ჩხავილი *Cxavili* (n.) croak
ჩხარუნი *Cxaruni* (v.) clatter
ჩხვლეტა *Cxvleta* (v.) prick
ჩხრეკა *Cxreka* (n.) rummage
ჩხუბი *Cxubi* (v.) wrangle
ჩხუბის დაწყება *Cxubis dacyeba* (v.) tchick
ჩხუბისთავი *CxubisTavi* (n.) bully

ც

ცა *ca* (n.) sky
ცათამბჯენი *caTambjeni* (n.) skyscraper
ცალი ხელით *cali xeliT* (adv.) single-handedly
ცალკე *calke* (v.) separate
ცალკეული *calkeuli* (adj.) separate
ცალმხრივად *calmxrivad* (adj.) ex-parte
ცალმხრივი *calmxrivi* (adj.) one-way
ცალობით *calobiT* (adv.) retail
ცალობით მოვაჭრე *calobiT movaWre* (n.) retailer
ცალობითი *calobiTi* (adj.) retail
ცამეტი *cameti* (n.) thirteen
ცარიელი *carieli* (adj.) hollow
ცარცი *carci* (n.) chalk
ცარცით ხატვა *carciT xatva* (v.) chalk
ცარცის მტვერი *carcis mtveri* (n.) chalkdust
ცახცახი *caxcaxi* (v.) quiver
ცბიერი *cbieri* (adj.) mischievous
ცდა *cda* (v.) try
ცდის გარეშე *cdis gareSe* (n.) tentativeness

ცდუნება cduneba (v.) tempt
ცედრა cedra (n.) zest
ცედრება cedreba (v.) implore
ცეკვა cekva (n.) dance
ცეკვის cekvis (adj.) dancing
ცელოფანი celofani (n.) cellophane
ცელსიუსი celsiusi (adj.) Celsius
ცელულიტი celuliti (n.) cellulite
ცელულოიდი celuloidi (n.) celluloid
ცელქი celqi (n.) romp
ცემა cema (v.) wallop
ცემენტი cementi (n.) cement
ცემინება cemineba (n.) sneeze
ცენზია cenzia (v.) cense
ცენზორი cenzori (n.) censor
ცენზურა cenzura (n.) censorship
ცენტი centi (n.) cent
ცენტრალიზებული centralizebuli (v.) centralze
ცენტრალური centraluri (adj.) centrical
ცენტრალური საკეტი centraluri saketi (n.) central locking
ცენტრი centri (n.) centre
ცენტრი(ყურადღებისა) centri(yuradRebisa) (n.) hub
ცენტრიფუგალური centrifugaluri (adj.) centrifugal
ცერა თითი cera TiTi (n.) thumb
ცერებრალური cerebraluri (n.) cerebellum
ცერებრული cerebruli (adj.) cerebral
ცერემონია ceremonia (n.) ceremony
ცერემონიალი ceremoniali (adj.) ceremonial
ცერვიკალური cervikaluri (adj.) cervical
ცერირებული cerirebuli (adj.) cerated
ცეროდენა cerodena (adj.) dwarf
ცეტილი cetili (adj.) cetylic

ცეტინი cetini (n.) cetin
ცეფალოიდი cefaloidi (adj.) cephaloid
ცეცხლ რეზისტანტული cecxl rezistantuli (adj.) fire-resistant
ცეცხლგამძლე cecxlgamZle (adj.) fireproof
ცეცხლი cecxli (n.) flame
ცეცხლიანი cecxliani (n.) pyromantic
ცეცხლის გაჩაღება cecxlis gaCaReba (v.) fire
ცეცხლის გაჩენა cecxlis gaCena (n.) arson
ცეცხლის საჩხრეკი cecxlis saCxreki (n.) poker
ცეცხლის შეწყვეტა cecxlis Sewyveta (n.) ceasefire
ცეცხლმოკიდებული cecxlmokidebuli (adv.) ablaze
ცეცხლოვანი cecxlovani (adj.) pyromantic
ცეცხლსაქრობი cecxlsaqrobi (n.) fire extinguisher
ცეცხლში cecxlSi (adv.) aflame
ცვალებადი cvalebadi (v.) versify
ცვალებადობა cvalebadoba (n.) variance
ცვილი cvili (n.) wax
ცვლა cvla (n.) relay
ცვლილება cvlileba (n.) permutation
ციანი ciani (n.) cyan
ციანიდი cianidi (n.) cyanide
ციგურები cigurebi (n.) skate
ციგურებით სრიალი cigurebiT sriali (v.) skate
ციებ-ცხელების cieb-cxelebis (adj.) feverish
ცივი civi (adj.) frigid
ცივილიზაცია civilizacia (n.) civilization
ცივილიზება civilizeba (v.) civilize
ციკლონი cikloni (n.) cyclone

ციკლოპი *ciklopi* (n.) cyclops
ციკლოსტილი *ciklostili* (n.) cyclostyle
ცილი *cili* (n.) libel
ცილინდრი *cilindri* (n.) cylinder
ცილინდრული *cilindruli* (adj.) cylindrical
ცილისმწამებელი *cilismwamebeli* (n.) detractor
ცილისმწამებლური *cilismwamebluri* (adj.) slanderous
ცილისწამება *ciliswameba* (v.) vitiate
ცილისწამებლური *ciliswamebluri* (adj.) defamatory
ციმციმა *cimcima* (n.) flasher
ციმციმი *cimcimi* (v.) twinkle
ცინიკი *ciniki* (n.) cynic
ცინიკური *cinikuri* (adj.) cynical
ცირკი *cirki* (n.) circus
ციროზი *cirozi* (n.) cirrhosis
ცის კამარა *cis kamara* (n.) firmament
ცისარტყელა *cisartyela* (n.) rainbow
ცისკო *cisko* (n.) cisco
ცისტერნა *cisterna* (n.) cistern
ციტატა *citata* (n.) excerpt
ციტატი *citati* (n.) quotation
ციტირება *citireba* (v.) quote
ციტრინი *citrini* (n.) citrine
ციტრუსი *citrusi* (n.) citrus
ციური *ciuri* (adj.) heavenly
ციფერბლატი *ciferblati* (n.) dial
ციფრი *cifri* (n.) digit
ციყვი *ciyvi* (n.) squirrel
ციცაბო *cicabo* (adj.) steep
ციხე *cixe* (n.) jail
ციხე-დარბაზის გალავანი *cixe-darbazis galavani* (n.) bailey
ციხესიმაგრე *cixesimagre* (n.) citadel
ციხესიმაგრის გასაღები *cixesimagris gasaRebi* (n.) keystone
ციხეში *cixeSi* (v.) jail
ციხიდან გაქცევა *cixidan gaqceva* (n.) breakout
ციხის სანგარი *cixis sangari* (n.) rampart
ცნება *cneba* (n.) notion
ცნობა *cnoba* (n. pl.) tidings
ცნობარი *cnobari* (n.) directory
ცნობება *cnobeba* (v.) herald
ცნობიერება *cnobiereba* (n.) notoriety
ცნობილი *cnobili* (adj.) notorious
ცნობისმოყვარე *cnobismoyvare* (adj.) nosy
ცნობისმოყვარე ადამიანი *cnobismoyvare adamiani* (n.) rubberneck
ცოდვა *codva* (n.) singe
ცოდვილი *codvili* (n.) sinner
ცოდნა *codna* (n.) nobility
ცოდნის შემოწმება *codnis Semowmeba* (v.) quiz
ცოლი *coli* (n.) wife
ცოლის შერთვა *colis SerTva* (v.) espouse
ცოლქმრის *colqmris* (adj.) matrimonial
ცოლქმრობა *colqmroba* (n.) matrimony
ცოლქმრული *colqmruli* (adj.) marital
ცომი *comi* (n.) paste
ცოტა *cota* (adv.) little
ცოტა ხანს *cota xans* (adv.) awhile
ცოტათი *cotaTi* (n.) modicum
ცოტაოდენი *cotaodeni* (adj.) slight
ცოტ-ცოტა *cot-cota* (n.) drib
ცოფი *cofi* (n.) rabies
ცოცვა *cocva* (v.) crawl
ცოცხალი *cocxali* (adj.) living
ცოცხალი *cocxali* (adj.) vivacious
ცოცხი *cocxi* (n.) broom
ცოხვნა *coxvna* (v.) ruminate
ცრემლი *cremli* (n.) teardrop

ცრემლიანი *cremliani* (adj.) lachrymose
ცრემლის სადინარი *cremlis sadinari* (v.) duct
ცრემლსადენი გაზი *cremlsadeni gazi* (n.) tear gas
ცრის *cris* (v.) drizzle
ცრუ *cru* (adj.) false
ცრუ აკაცია *cru akacia* (n.) locust
ცრუ რწმენა *cru rwmena* (n.) prejudice
ცრუ ჩვენების მიცემა *cru Cvenebis micema* (v.) perjure
ცრუმორწმუნეობა *crumorwmuneoba* (adj.) superstitious
ცრურწმენა *crurwmena* (n.) superstition
ცუდად *cudad* (adj.) amiss
ცუდად *cudad* (adv.) badly
ცუდად განწყობილი *cudad ganwyobili* (adj.) averse
ცუდად მოქმედება *cudad moqmedeba* (n.) maladjustment
ცუდად შესრულებული სამუშაო *cudad Sesrulebuli samuSao* (n.) bungle
ცუდი *cudi* (adj.) bad
ცუდი ადმინისტრირება *cudi administrireba* (n.) maladministration
ცუდი მენეჯმენტი *cudi menejmenti* (n.) misrule
ცუდი მკურნალობა *cudi mkurnaloba* (n.) mal-treatment
ცურვა *curva* (v.) sail
ცური *curi* (n.) udder
ცქერა *cqera* (v.) pry
ცხადად *cxadad* (adv.) openly
ცხადად *cxadad* (adv.) frankly
ცხადი *cxadi* (adj.) patent
ცხარე *cxare* (adj.) acrid
ცხებული *cxebuli* (v.) anoint
ცხელი *cxeli* (adj.) torrid
ცხელი საფენის დადება *cxeli safenis dadeba* (v.) foment
ცხელი წყარო *cxeli wyaro* (n.) geyser
ცხენბურთი *cxenburTi* (n.) polo
ცხენი *cxeni* (n.) horse
ცხენით *cxeniT* (prep.& adv.) astride
ცხენ-ირემი *cxen-iremi* (n.) elk
ცხენის გამწნედა *cxenis gamwneda* (v.) groom
ცხენის ნელი ჭენება *cxenis neli Weneba* (n.) canter
ცხენის ჭენებით სვლა *cxenis WenebiT svla* (v.) gallop
ცხვარი *cxvari* (n.) sheep
ცხვირი *cxviri* (n.) nose
ცხვირის *cxviris* (adj.) nasal
ცხვირის აზიდვა *cxviris abzekva* (v.) perk
ცხვირსახოცი *cxvirsaxoci* (n.) kerchief
ცხვრების შერეკვა *cxvrebis Serekva* (v.) fold
ცხვრის მარტყლი *cxvris martyli* (n.) fleece
ცხიმგროვა *cximgrova* (n.) wen
ცხიმეული *cximeuli* (n.) grease
ცხიმიანი *cximiani* (adj.) oleaginous
ცხიმის დაკლება *cximis dakleba* (adj.) low-fat
ცხოველი *cxoveli* (n.) animal
ცხოვრება *cxovreba* (n.) living
ცხრა *cxra* (n.) nine
ცხრამეტი *cxrameti* (n.) nineteen
ცხრილი *cxrili* (adj.) tabular

ძ

ძაბვა *Zabva* (n.) voltage
ძაგძაგი *ZagZagi* (v.) shiver
ძალა *Zala* (n.) strength

ძალა გამოცლილი *Zala gamoclili* (adj.) nerveless
ძალად მოლექსე *Zalad moleqse* (n.) poetaster
ძალადაკარგული *Zaladakarguli* (adj.) invalid
ძალადობა *Zaladoba* (n.) violence
ძალადობრივი *Zaladobrivi* (adj.) violent
ძალაუნებურად *Zalauneburad* (adv.) perforce
ძალაუფლება *Zalaufleba* (n.) lordship
ძალაუფლების ჩამორთმევა *Zalauflebis CamorTmeva* (n.) deposition
ძალაყინი *Zalayini* (n.) crowbar
ძალდატანება *Zaldataneba* (n.) outrage
ძალზე გაძღომა *Zalze gaZRoma* (n.) glut
ძალთა გათანაბრება *ZalTa gaTanabreba* (v.) handicap
ძალიან *Zalian* (adj.) very
ძალიან კმაყოფილი *Zalian kmayofili* (adj.) overjoyed
ძალიან პატარა *Zalian patara* (adj.) tiny
ძალით *ZaliT* (v.) force
ძალისმიერი *Zalismieri* (adj.) forceful
ძალ-ღონის აღდგენა *Zal-Ronis aRdgena* (v.) recuperate
ძარცვა *Zarcva* (v.) victimize
ძაფი *Zafi* (n.) thread
ძაფით *ZafiT* (adj.) filamented
ძაღლი *ZaRli* (n.) dog
ძაღლის ბრძოლა *ZaRlis brZola* (v.) dogfight
ძაღლის სახლი *ZaRlis saxli* (n.) doghouse
ძაღლის სუნთქვა *ZaRlis sunTqva* (n.) dogbreath
ძაღლური *ZaRluri* (adj.) canine
ძახილი *Zaxili* (n.) calling
ძგერა *Zgera* (v.) throb
ძებნა *Zebna* (v.) seek
ძებნის ორდერი *Zebnis orderi* (n.) search warrant
ძერწვა *Zerwva* (v.) mould
ძეხვი *Zexvi* (n.) sausage
ძვალი *Zvali* (n.) bone
ძველებური გემი *Zveleburi gemi* (n.) carrack
ძველი *Zveli* (n.) old
ძველმანების ბაზარი *Zvelmanebis bazari* (n.) flea market
ძვირად დაფასება *Zvirad dafaseba* (v.) overcharge
ძვირი *Zviri* (adj.) expensive
ძვირფასეულობა *Zvirfaseuloba* (n.) jewellery
ძვირფასი *Zvirfasi* (adj.) precious
ძვირფასი ქვა *Zvirfasi qva* (n.) jewel
ძვლის ტვინი *Zvlis tvini* (n.) marrow
ძილი *Zili* (n.) slumber
ძირეული *Zireuli* (adj.) radical
ძირითადად *ZiriTadad* (adj.) inmost
ძირითადი *ZiriTadi* (n.) main
ძირის გამოთხრა *Ziris gamoTxra* (v.) undermine
ძირმაგარა *Zirmagara* (n.) anthrax
ძირს გდება *Zirs gdeba* (v.) wallow
ძირძველი *ZirZveli* (adj.) indigenous
ძიძა *ZiZa* (n.) nurse
ძიძობა *ZiZoba* (n.) babysitting
ძლევამოსილი *Zlevamosili* (adj.) potent
ძლიერ *Zlier* (adv.) particularly
ძლიერ დაშინება *Zlier daSineba* (v.) terrify
ძლიერ მოსურნე *Zlier mosurne* (adj.) eager
ძლიერ შეყვარება *Zlier Seyvareba* (v.) addict

ძლიერად დარტყმა *Zlierad dartyma* (v.) bash
ძლიერი *Zlieri* (adj.) strong
ძლიერი გრძნობა *Zlieri grZnoba* (n.) passion
ძლიერი დაბერვა *Zlieri daberva* (n.) gust
ძლიერი დარტყმა *Zlieri dartyma* (v.) whack
ძლიერი სურვილი *Zlieri survili* (n.) longing
ძლიერი ტყორცნა *Zlieri tyorcna* (v.) hurl
ძლიერი ქარი *Zlieri qari* (n.) gale
ძლივს *Zlivs* (adv.) scarcely
ძმა *Zma* (n.) brother
ძმარი *Zmari* (n.) vinegar
ძმარმჟავა *ZmarmJava* (n.) acetic acid
ძმისმკვლელი *Zmismkvleli* (n.) fratricide
ძმისშვილი *ZmisSvili* (n.) nephew
ძმობა *Zmoba* (n.) fraternity
ძნელი *Zneli* (adj.) trying
ძრავა *Zrava* (n.) engine
ძრავი *Zravi* (v.) motor
ძრობა *Zroba* (n.) pluck
ძროხა *Zroxa* (n.) cow
ძრწოლა *Zrwola* (n.) shudder
ძუ ვეფხვი *Zu vefxvi* (n.) tigress
ძუ ირემი *Zu iremi* (n.) doe
ძუ ლომი *Zu lomi* (n.) lioness
ძუკნა *Zukna* (n.) bitch
ძუნწი *Zunwi* (adj.) niggardly
ძუძუთი კვება *ZuZuTi kveba* (v.) breastfeed
ძუძუმწოვარი *ZuZumwovari* (n.) suckling
ძუძუს თავი *ZuZus Tavi* (n.) nipple

წ

წაბილწვა *wabilwva* (v.) profane
წაბლი *wabli* (n.) chestnut
წაბლის ფერი *wablis feri* (n.) maroon
წაბორძიკება *waborZikeba* (v.) trip
წაგება *wageba* (v.) lose
წავი *wavi* (n.) otter
წალეკვა *walekva* (v.) overwhelm
წამალი *wamali* (n.) remedy
წამება *wameba* (n.) torture
წამებული *wamebuli* (n.) martyr
წამლის შუშა *wamlis SuSa* (n.) phial
წამლობა *wamloba* (v.) heal
წამოდი *wamodi* (v.) vie
წამოროშვა *wamoroSva* (v.) blurt
წამოსასხამი *wamosasxami* (n.) toga
წამოყენება *wamoyeneba* (v.) propound
წამოძახება *wamoZaxeba* (v.) ejaculate
წამოძახილი *wamoZaxili* (n.) shout
წამოწყება *wamowyeba* (v.) initiate
წამსვლელი *wamsvleli* (adj.) outbound
წამქეზებელი *wamqezebeli* (n.) abettor
წამქეზებელი მიზეზი *wamqezebeli mizezi* (n.) stimulus
წამძღვარება *wamZRvareba* (v.) prefix
წამწამი *wamwami* (n.) eyelash
წარბი *warbi* (n.) eyebrow
წარბის შეკვრა *warbis Sekvra* (n.) frown
წარდგენა *wardgena* (v.) succumb
წართმევა *warTmeva* (v.) seize
წარმავალი *warmavali* (adj.) transitory
წარმართი *warmarTi* (n.) pagan
წარმართობა *warmarToba* (n.) paganism
წარმართული *warmarTuli* (adj.) paganistic
წარმატება *warmateba* (n.) success

წარმატებული *warmatebuli* (adj.) successful
წარმოდგენა *warmodgena* (v.) represent
წარმოდგენილი *warmodgenili* (n.) assignee
წარმოება *warmoeba* (n.) production
წარმოების შეჩერება *warmoebis SeCereba* (n.) lay-off
წარმოებული *warmoebuli* (adj.) derivative
წარმოთქმა *warmoTqma* (n.) pronunciation
წარმომადგენელი *warmomadgeneli* (n.) representative
წარმოსადეგობა *warmosadegoba* (n.) bearing
წარმოსახვა *warmosaxva* (n.) imagination
წარმოსახვითი *warmosaxviTi* (adj.) imaginative
წარმოუდგენელი *warmoudgeneli* (adj.) incredible
წარმოქმნა *warmoqmna* (v.) result
წარმოშობა *warmoSoba* (n.) parentage
წარმტაცი *warmtaci* (adj.) delightful
წარსული *warsuli* (n.) past
წარსულისკენ მიმართვა *warsulisken mimarTva* (n.) retrospect
წარუმატებელი *warumatebeli* (adv.) abortive
წარჩინებული *warCinebuli* (n.) succour
წასასმელი რუჟი *wasasmeli ruJi* (n.) blusher
წასვლა *wasvla* (v.) retire
წასმა *wasma* (v.) oil
წაუკითხავი *waukiTxavi* (adj.) unread
წაქეზება *waqezeba* (n.) instigation
წაღება *waReba* (n.) takeaway
წაღებული *waRebuli* (adj.) takeaway
წაყვანა *wayvana* (v.) pilot
წაშველება *waSveleba* (n.) maintenance
წაშლა *waSla* (v.) obliterate
წაშლადი *waSladi* (adj.) deletable
წაცხება *wacxeba* (n.) lubrication
წაჭრა *waWra* (v.) prune
წახალისება *waxaliseba* (n.) encouragement
წახდენა *waxdena* (v.) queer
წებო *webo* (n.) glue stick
წებოვანი *webovani* (n.) sticky
წებოვანი ლენტი *webovani lenti* (n.) duct tape
წებოვანი ნივთიერება *webovani nivTiereba* (n.) mucilage
წევა *weva* (n.) traction
წევრად მიღება *wevrad miReba* (v.) affiliate
წევრი *wevri* (n.) member
წევრობა *wevroba* (n.) membership
წელვადი ხტომა *welvadi xtoma* (n.) bungee jumping
წელი *weli* (n.) year
წელიწადში *weliwadSi* (adv.) per annum
წელიწადში ორჯერ *weliwadSi orjer* (adj.) biannual
წელში მოხრილობა *welSi moxriloba* (n.) stoop
წერა *wera* (v.) write
წერილი *werili* (n.) letter
წერო *wero* (n.) crane
წერტილი *wertili* (n.) point
წერტილის დასმა *wertilis dasma* (v.) dot
წესების წიგნაკი *wesebis wignaki* (n.) rulebook
წესი *wesi* (n.) rule
წესიანი *wesiani* (adj.) rulebound
წესიერება *wesiereba* (n.) propriety

წესიერი *wesieri* (v.) decentre
წესის დამრღვევი *wesis damrRvevi* (n.) rulebraker
წესის დარღვევა *wesis darRveva* (n.) rulebreaking
წესრიგი *wesrigi* (n.) trim
წესრიგის აღდგენა *wesrigis aRdgena* (v.) reinstate
წესრიგის დაცვა *wesrigis dacva* (v.) police
წესჩვეულება *wesCveuleba* (n.) rite
წვა *wva* (v.) flame
წვადი *wvadi* (adj.) combustible
წვალება *wvaleba* (v.) torture
წვდომა *wvdoma* (n.) access
წვეთა *wveTa* (n.) drip
წვეთი *wveTi* (n.) tear
წვეთ-წვეთად *wveT-wveTad* (n.) dribble
წველა *wvela* (v.) milk
წვენი *wveni* (n.) sap
წვერი *wveri* (n.) beard
წვეტი *wveti* (n.) prick
წვეტიანი *wvetiani* (adj.) pointed
წვეულების შემდეგ *wveulebis Semdeg* (n.) after-party
წვივი *wvivi* (n.) shin
წვივსაკრავი *wvivsakravi* (n.) garter
წვიმა *wvima* (n.) rain
წვიმა მოდის *wvima modis* (v.) rain
წვიმა სეტყვით *wvima setyviT* (n.) hailstorm
წვიმასაზომი *wvimasazomi* (n.) pluviometer
წვიმიანი *wvimiani* (adj.) showery
წვნიანი *wvniani* (adj.) luscious
წვრთნა *wvrTna* (v.) exercise
წვრილი *wvrili* (adj.) thin
წვრილი თევზი *wvrili Tevzi* (n.) fry
წვრილი სანთელი *wvrili sanTeli* (n.) taper
წვრილმანი *wvrilmani* (adj.) petite
წიაღისეული *wiaRiseuli* (n.) fossil
წიგნებზე გაგიჟებული *wignebze gagiJebuli* (n.) bookworm
წიგნების გამყიდველი *wignebis gamyidveli* (n.) bookseller
წიგნების მაღაზია *wignebis maRazia* (n.) bookshop
წიგნების მოყვარული *wignebis moyvaruli* (adj.) bookish
წიგნი *wigni* (n.) book
წიგნიერება *wigniereba* (n.) literacy
წიგნიერი *wignieri* (adj.) literate
წითელა *wiTela* (n.) measles
წითელი *wiTeli* (adj.) ruddy
წითელი ფერი *wiTeli feri* (n.) red
წითელი ხე *wiTeli xe* (n.) mahogany
წითლად შეღებვა *wiTlad SeRebva* (v.) redden
წიკწიკი *wikwiki* (n.) tick
წილად ხვდომა *wilad xvdoma* (v.) befall
წილადი *wiladi* (n.) fraction
წილი *wili* (n.) stake
წინ *win* (v.) forward
წინ და უკან მოძრაობა *win da ukan moZraoba* (v.) shuttle
წინ ძღოლა *win ZRola* (v.) precede
წინ წაწევა *win waweva* (v.) propel
წინა *wina* (adj.) front
წინა გვერდი *wina gverdi* (n.) front page
წინა მხარე *wina mxare* (adj.) frontside
წინა ნაწილის გატეხვა *wina nawilis gatexva* (n.) breakfront
წინა ღამით *wina RamiT* (adv.) overnight
წინააღდმეგ *winaaRdmeg* (adj.) contrary

წინააღდმეგობა *winaaRdmegoba* (n.) contradiction
წინააღმდეგ *winaaRmdeg* (pref.) anti
წინააღმდეგობა *winaaRmdegoba* (v.) resist
წინააღმდეგობის გაწევა *winaaRmdegobis gaweva* (v.) counteract
წინადადება *winadadeba* (n.) suggestion
წინათგრძნობა *winaTgrZnoba* (n.) forethought
წინამავალი *winamavali* (adj.) prior
წინამორბედი *winamorbedi* (adj.) preemptive
წინამძღვარი *winamZRvari* (n.) prior
წინამხარი *winamxari* (n.) forearm
წინაპარი *winapari* (n.) forefather
წინაპირობა *winapiroba* (n.) prerequisite
წინაპრები *winaprebi* (n.) ancestry
წინასაარჩევნო ხმების აგროვება *winasaarCevno xmebis agroveba* (v.) canvass
წინასიტყვაობა *winasityvaoba* (n.) preface
წინასიტყვაობის დაწერა *winasityvaobis dawera* (v.) preface
წინასწარ *winaswar* (adv.) beforehand
წინასწარ განზრახული *winaswar ganzraxuli* (v.) premeditate
წინასწარ განზრახულობა *winaswar ganzraxuloba* (n.) premeditation
წინასწარ განსაზღვრა *winaswar gansazRvra* (v.) predetermine
წინასწარ გასინჯვა *winaswar gasinjva* (v.) preview
წინასწარი *winaswari* (adj.) preliminary
წინასწარი ზომა *winaswari zoma* (adj.) preventive
წინასწარმეტყველება *winaswarmetyveleba* (n.) prophet
წინასწარმეტყველი *winaswarmetyveli* (n.) oracle
წინასწარმეტყველის *winaswarmetyvelis* (adj.) oracular
წინასწარმეტყველური *winaswarmetyveluri* (adj.) prophetic
წინაღამით *winaRamiT* (adj.) overnight
წინაღობა *winaRoba* (n.) resistance
წინდაუხედაობა *windauxedaoba* (n.) indiscretion
წინდაცვეთა *windacveTa* (v.) circumcise
წინდახედული *windaxeduli* (adj.) wayward
წინდახედულობა *windaxeduloba* (n.) providence
წინდები *windebi* (n.) sock
წინდების წაქსოვა *windebis waqsova* (v.) toe
წინდებული *windebuli* (n.) preposition
წინსაფარი *winsafari* (n.) apron
წინძღოლა *winZRola* (n.) precedence
წინწკლებიანი *winwklebiani* (adj.) pepper-and-salt
წიფელი *wifeli* (n.) beech
წიწაკა *wiwaka* (n.) pepper
წიწილა *wiwila* (n.) chicken
წიწილების გამოჩეკა *wiwilebis gamoCeka* (n.) hatch
წკარუნი *wkaruni* (v.) crack
წკეპლა *wkepla* (n.) rod
წკიპურტი *wkipurti* (n.) flip
წკიპურტის კვრა *wkipurtis kvra* (v.) flip
წლისთავი *wlisTavi* (n.) anniversary
წლისთავის ზეიმობა *wlisTavis zeimoba* (n.) commemoration
წლოვანება **13-19** წლამდე *wlovaneba 13-19 wlamde* (n. pl.) teens

წმენდა *wmenda* (v.) clean
წმინდა *wminda* (n.) saint
წმინდა წერილი *wminda werili* (n.) scripture
წმინდად *wmindad* (adj.) saintly
წმინდანად შერაცხვა *wmindanad Seracxva* (v.) canonize
წნევა *wneva* (n.) stress
წოდება *wodeba* (n.) rank
წონა *wona* (n.) weightage
წონასრული *wonasruli* (adj.) sterling
წონასწორობა *wonasworoba* (n.) poise
წრე *wre* (n.) round
წრებრუნვა *wrebrunva* (n.) circuit
წრეწირი *wrewiri* (n.) circumference
წრიული *wriuli* (adj.) cyclic
წრუპვა *wrupva* (v.) sip
წტლიანი *wtliani* (adj.) lush
წუთი *wuTi* (n.) minute
წუთიერი *wuTieri* (adv.) minutely
წუთიერი შთაბეჭდილება *wuTieri STabeWdileba* (n.) glimpse
წუნია *wunia* (adj.) choosy
წურბელა *wurbela* (n.) leech
წუწუნი *wuwuni* (v.) lament
წუხილი *wuxili* (n.) worry
წყალბადი *wyalbadi* (n.) hydrogen
წყალგამძლე *wyalgamZle* (adj.) showerproof
წყალგაუმტარი *wyalgaumtari* (adj.) watertight
წყალგაუმტარი პალტო *cyalgaumtari palto* (v.) mack
წყალდიდობა *wyaldidoba* (v.) submerge
წყალი *wyali* (n.) water
წყალმცენარეები *wyalmcenareebi* (n.) algae
წყალნაკლებობა *wyalnakleboba* (n.) shoal
წყალობა *wyaloba* (n.) mercy
წყალოსანი *wyalosani* (n.) aquatint
წყალსადენის ონკანი *wyalsadenis onkani* (n.) faucet
წყალსადენის ოსტატი *wyalsadenis ostati* (n.) plumber
წყალსადინარი ღარი *wyalsadinari Rari* (n.) gutter
წყალქვეშა *wyalqveSa* (adj.) submarine
წყალქვეშა ლაბორატორია *wyalqveSa laboratoria* (n.) sealab
წყალქვეშა ნავი *wyalqveSa navi* (n.) torpedo
წყალში ტყაპუნი *wyalSi tyapuni* (v.) paddle
წყალხმელეთა *wyalxmeleTa* (adj.) amphibious
წყარო *wyaro* (n.) source
წყევლა *wyevla* (n.) malediction
წყენა *wyena* (n.) grievance
წყენინება *wyenineba* (v.) offend
წყვდიადი *wyvdiadi* (n.) obscurity
წყვილი *wyvili* (n.) pair
წყვილის შერჩევა *wyvilis SerCeva* (v.) match
წყლიანი *wyliani* (adj.) watery
წყლით დატბორვა *wyliT datborva* (v.) flood
წყლის *wylis* (adj.) aquatic
წყლის ამღვრევა *wylis amRvreva* (v.) puddle
წყლის კაცი *wylis kaci* (n.) merman
წყლული *wyluli* (n.) ulcer
წყლულიანი *wyluliani* (adj.) ulcerous
წყნარი *wynari* (adj.) tranquil
წყურვილი *wyurvili* (v.) yearn
წყურვილის გრძნობა *wyurvilis grZnoba* (v.) thirst
წყურვილის მოკვლა *wyurvilis mokvla* (v.) slake

ჭ

ჭაბუკი Wabuki (n.) cove
ჭადარი Wadari (n.) cheddar
ჭადრაკი Wadraki (n.) chess
ჭადრაკის დაფა Wadrakis dafa (n.) chessboard
ჭავლი Wavli (n.) ruffle
ჭამა Wama (n.) manger
ჭანჭიკი WanWiki (n.) bolt
ჭაობი Waobi (n.) wasp
ჭაობიანი Waobiani (n.) swamp
ჭაობიანი ადგილი Waobiani adgili (n.) everglade
ჭაობიანი გუბურა Waobiani gubura (n.) slough
ჭაობიანი მიწა Waobiani miwa (n.) boglet
ჭარბი Warbi (n.) surplus
ჭარბობა Warboba (v.) prevail
ჭარხალი Warxali (n.) beetroot
ჭაღი WaRi (n.) chandelier
ჭედვა Wedva (v.) hustle
ჭერი Weri (n.) ceiling
ჭექა-ქუხილი Weqa-quxili (n.) thunderstorm
ჭეშმარიტად WeSmaritad (interj.) amen
ჭვავი Wvavi (n.) rye
ჭია Wia (n.) worm
ჭიაკოკონა Wiakokona (n.) campfire
ჭიანჭველა WianWvela (n.) emmet
ჭიდაობა Widaoba (v.) wrest
ჭიის პარკი Wiis parki (n.) cocoon
ჭიკარტი Wikarti (n.) tack
ჭიკარტის შერჭობა Wikartis SerWoba (v.) tack
ჭიკჭიკი WikWiki (v.) twitter
ჭილობი Wilobi (n.) mat
ჭიმვადი Wimvadi (adj.) tensile
ჭინჭარი WinWari (n.) nettle
ჭინჭრით დასუსხვა WinWriT dasusxva (v.) nettle
ჭინჭყლად WinWylad (adv.) teasingly
ჭინჭყლი WinWyli (n.) tease
ჭირვეული Wirveuli (n.) shrew
ჭირვეულობა Cirveuloba (n.) sleight
ჭიშკარი WiSkari (n.) gate
ჭიჭინობელა WiWinobela (n.) cicada
ჭკვიანი Wkviani (adj.) smart
ჭკვიანურად Wkvianurad (adv.) smartly
ჭკვიანური Wkvianuri (n.) sapiens
ჭკნობა Wknoba (v.) languish
ჭკუა Wkua (n.) wit
ჭკუასუსტობა Wkuasustoba (n.) aberration
ჭკუაში მოტყუება WkuaSi motyueba (v.) outwit
ჭკუიდან შეშლა Wkuidan SeSla (n.) freak-out
ჭკუის დარიგება Wkuis darigeba (adj.) edificant
ჭლექი Wleqi (n.) tuberculosis
ჭმევა Wmeva (v.) feed
ჭორაობა Woraoba (v.) slander
ჭორები Worebi (n.) gossip
ჭორი Wori (n.) fabrication
ჭოტი Woti (n.) pod
ჭრა Wra (v.) shear
ჭრაქი Wraqi (n.) mildew
ჭრელი Wreli (n.) flamboyant
ჭრიალა Wriala (n.) clapper
ჭრიალი Wriali (v.) creak
ჭრილი Wrili (n.) groove
ჭრილობა Wriloba (n.) wound
ჭრიჭინა WriWina (n.) wimble
ჭურვი Wurvi (n.) ammunition
ჭურჭელი WurWeli (n.) ware

ჭუჭრუტანა *WuWrutana* (n.) hole
ჭუჭყი *WuWyi* (n.) impurity
ჭუჭყიანი *WuWyiani* (n.) squalor

ხ

ხავერდი *xaverdi* (n.) velvet
ხავერდოვანი *xaverdovani* (adj.) velvety
ხავსი *xavsi* (n.) moss
ხაზგარეშე *xazgareSe* (adj.) offline
ხაზი *xazi* (n.) line
ხაზინადარი *xazinadari* (n.) treasurer
ხაზის გავლება *xazis gavleba* (v.) line
ხაზის გასმა *xazis gasma* (v.) underline
ხალი *xali* (n.) birthmark
ხალისიან გუნებაზე *xalisian gunebaze* (adj.) elate
ხალისიანი *xalisiani* (adj.) elated
ხალისიანი გუნება *xalisiani guneba* (n.) elation
ხალისით *xalisiT* (adv.) readily
ხალიჩა *xaliCa* (n.) rug
ხალხი *xalxi* (n.) people
ხალხის თავმოყრა *xalxis Tavmoyra* (n.) concourse
ხალხმრავალი *xalxmravali* (adj.) populous
ხამანწკა *xamanwka* (n.) oyster
ხანგრძლივი *xangrZlivi* (adv.) long
ხანგრძლივობა *xangrZlivoba* (n.) longevity
ხანდახან *xandaxan* (adv.) sometime
ხანში შესული *xanSi Sesuli* (adj.) elderly
ხანძარი *xanZari* (n.) wildfire
ხანჯალი *xanjali* (n.) dagger
ხარატი *xarati* (n.) turner
ხარაჩო *xaraCo* (n.) scaffold
ხარბი *xarbi* (adj.) voracious
ხარების ბრძოლა *xarebis brZola* (n.) tauromachy
ხარვეზი *xarvezi* (n.) lacuna
ხარი *xari* (n.) ox
ხარის თვალები *xaris Tvalebi* (n.) bull's eye
ხარისებრი *xarisebri* (adj.) bullish
ხარისხი *xarisxi* (n.) quality
ხარკი *xarki* (n.) tribute
ხარკის გადამხდელი *xarkis gadamxdeli* (adj.) tributary
ხარშვა *xarSva* (v.) pot
ხარხარი *xarxari* (v.) neigh
ხარჯების შემცირება *xarjebis Semcireba* (n.) retrenchment
ხარჯი *xarji* (n.) expense
ხარჯის ანაზღაურება *xarjis anazRaureba* (n.) refund
ხასიათი *xasiaTi* (n.) temper
ხასიათის თვისება *xasiaTis Tviseba* (n.) trait
ხატვა *xatva* (n.) portrayal
ხაფანგი *xafangi* (n. pl.) toils
ხაფანგით დაჭერა *xafangiT daWera* (v.) entrap
ხაჭო *xaWo* (n.) curd
ხახა *xaxa* (n.) throttle
ხახვი *xaxvi* (n.) onion
ხახუნი *xaxuni* (n.) rubbing
ხბო *xbo* (n.) calf
ხე *xe* (n.) wood
ხეახლა გადახურვა *xeaxla gadaxurva* (v.) overlap
ხედვა *xedva* (n.) vision
ხედი *xedi* (v.) view
ხეივანი *xeivani* (n.) avenue
ხელახალი გამოჩენა *xelaxali gamoCena* (n.) reappearance

ხელახალი მიღება *xelaxali miReba* (n.) reapproval
ხელახალი შეფასება *xelaxali Sefaseba* (v.) reappraise
ხელახლა *xelaxla* (adv.) anew
ხელახლა აგება *xelaxla ageba* (v.) rebuild
ხელახლა ამპუტაცია *xelaxla amputacia* (n.) reamputation
ხელახლა ანექსია *xelaxla aneqsia* (v.) reannex
ხელახლა ახსნა *xelaxla axsna* (v.) reamplify
ხელახლა გამოყენება *xelaxla gamoyeneba* (v.) reuse
ხელახლა დათანხმება *xelaxla daTanxmeba* (v.) reaccept
ხელახლა დანიშვნა *xelaxla daniSvna* (v.) reassign
ხელახლა დაპყრობა *xelaxla dapyroba* (v.) reconquer
ხელახლა მიმაგრება *xelaxla mimagreba* (v.) reattach
ხელახლა მიღება *xelaxla miReba* (v.) reassume
ხელახლა მოწყობა *xelaxla mowyoba* (v.) rearrange
ხელახლა შეკრება *xelaxla Sekreba* (v.) recollect
ხელახლა შეწოვა *xelaxla Sewova* (v.) reabsorb
ხელახლა ჩავარდნა *xelaxla Cavardna* (v.) relapse
ხელბარგი *xelbargi* (n.) hand luggage
ხელბორკილი *xelborkili* (n.) handcuff
ხელგაშლილი *xelgaSlili* (adj.) prodigal
ხელებით შეხება *xelebiT Sexeba* (v.) handle
ხელთათმანების ყუთი *xelTaTmanebis yuTi* (n.) glovebox
ხელთათმანი *xelTaTmani* (n.) mitten
ხელი *xeli* (n.) handle
ხელიდან გამშვები *xelidan gamSvebi* (n.) omitter
ხელიდან გაშვება *xelidan gaSveba* (n.) omittance
ხელით მოსინჯვა *xeliT mosinjva* (v.) grope
ხელით ნამუშევარი ნივთები *xeliT namuSevari nivTebi* (n.) handiwork
ხელით ნასროლი *xeliT nasroli* (adj.) sidearm
ხელით ნიშნის მიცემა *xeliT niSnis micema* (n.) beck
ხელით სროლა *xeliT srola* (v.) sidearm
ხელის გადასმა *xelis gadasma* (v.) stroke
ხელის დარტყმა *xelis dartyma* (n.) pat
ხელის თათუნი *xelis TaTuni* (v.) pat
ხელის კვრა *xelis kvra* (v.) thrust
ხელის ლოსიონი *xelis losioni* (n.) hand lotion
ხელის მოვლება *xelis movleba* (n.) coverage
ხელის მოკიდება *xelis mokideba* (v.) maintain
ხელის მოწერა *xelis mowera* (v.) ratify
ხელის მოხვევა *xelis moxveva* (v.) clasp
ხელის მუხრუჭი *xelis muxruWi* (n.) handbrake
ხელის შეშვება *xelis SeSveba* (adj.) conniving
ხელის შეშლა *xelis SeSla* (v.) hinder
ხელის შეწყობა *xelis Sewyoba* (v.) foster
ხელის შეხება *xelis Sexeba* (n.) touch
ხელის წავლება *xelis wavleba* (v.) snatch
ხელისუფლება *xelisufleba* (n.) authority
ხელმისაწვდომი *xelmisawvdomi* (adj.) accessible

ხელმისაწვდომობა *xelmisawvdomoba* (n.) affordability
ხელმოკლეობა *xelmokleoba* (n.) privation
ხელმომწერი *xelmomweri* (n.) signatory
ხელმოწერა *xelmowera* (n.) signing
ხელმძღვანელი *xelmZRvaneli* (n.) supervisor
ხელმძღვანელობა *xelmZRvaneloba* (n.) leadership
ხელნაწერი *xelnaweri* (n.) scroll
ხელობა *xeloba* (n.) handicraft
ხელოვნება *xelovneba* (n.) art
ხელოვნების მიმართულება *xelovnebis mimarTuleba* (n.) art direction
ხელოვნების ფორმა *xelovnebis forma* (n.) art form
ხელოვნური *xelovnuri* (adj.) artificial
ხელოვნური ინტელიგენტი *xelovnuri inteligenti* (n.) artificial intelligence
ხელოსანი *xelosani* (adj.) mechanic
ხელსასროლი იარაღი *xelsasroli iaraRi* (n.) sidearm
ხელსაყრელი *xelsayreli* (adj.) optimum
ხელსაწყო *xelsawyo* (n.) tool
ხელსაწყოთა დაფა *xelsawyoTa dafa* (n.) dashboard
ხელსახოცი *xelsaxoci* (n.) napkin
ხელუკუღმა *xelukuRma* (n.) backhand
ხელუხლებელი *xeluxlebeli* (adj.) intact
ხელფასი *xelfasi* (n.) wage
ხელშეკრულება *xelSekruleba* (n.) treaty
ხელშესახები *xelSesaxebi* (adj.) tangible
ხელშეუხებელი *xelSeuxebeli* (adj.) inviolable

ხელში აყვანა *xelSi ayvana* (n.) takeover
ხელცარიელი *xelcarieli* (adj.) empty-handed
ხელჯოხი *xeljoxi* (n.) cane
ხეობა *xeoba* (n.) valley
ხერბოლკილის დადება *xerbolkilis dadeba* (v.) handcuff
ხერხემალი *xerxemali* (n.) spine
ხერხემლის *xerxemlis* (adj.) spinal
ხერხვა *xerxva* (v.) whet
ხერხი *xerxi* (v.) whittle
ხერხის კბილები *xerxis kbilebi* (n.) sawtooth
ხერხის კბილი *xerxis kbili* (n.) cog
ხერხის სადგამი *xerxis sadgami* (n.) sawhorse
ხეტიალი *xetiali* (v.) rove
ხე-ტყე *xe-tye* (n.) timber
ხეხვა *xexva* (v.) rub
ხვალ *xval* (adv.) tomorrow
ხვალინდელი დღე *xvalindeli dRe* (n.) tomorrow
ხველება *xveleba* (v.) cough
ხვეულები *xveulebi* (v.) meander
ხვეული *xveuli* (n.) twist
ხვეული თოკი *xveuli Toki* (n.) coil
ხვეწნა *xvewna* (n.) entreaty
ხვლიკი *xvliki* (n.) lizard
ხვნა *xvna* (v.) till
ხვრინვა *xvrinva* (v.) snore
ხიბლი *xibli* (n.) charm
ხიდი *xidi* (n.) bridge
ხიზილალა *xizilala* (v.) cavil
ხითხითი *xiTxiTi* (v.) giggle
ხილვადობა *xilvadoba* (n.) visibility
ხილი *xili* (n.) fruit
ხილნარი *xilnari* (n.) orchard
ხილული *xiluli* (adj.) visible
ხიმინჯები *ximinjebi* (n.) piles

ხის *xis* (adj.) wooden
ხის ტოტი *xis toti* (n.) branch
ხის ქერქი *xis qerqi* (n.) bark
ხის ჩაქუჩი *xis CaquCi* (n.) maul
ხის წებო *xis webo* (n.) gum
ხიშტი *xiSti* (n.) bayonet
ხმა *xma* (v.) voice
ხმაგაუმტარი *xmagaumtari* (adj.) soundproof
ხმალი *xmali* (n.) sword
ხმამაღალი *xmamaRali* (adj.) loud
ხმამაღლა *xmamaRla* (adv.) aloud
ხმამაღლა მოწონება *xmamaRla mowoneba* (n.) acclamation
ხმაური *xmauri* (n.) whir
ხმაურიანი *xmauriani* (adj.) tumultuous
ხმაურიანი ქეიფი *xmauriani qeifi* (v.) carouse
ხმაურიანი ჩხუბი *xmauriani Cxubi* (n.) fray
ხმები *xmebi* (n.) rumour
ხმების გავრცელება *xmebis gavrceleba* (v.) rumour
ხმების დათვლა *xmebis daTvla* (v.) poll
ხმელეთის ხაზი *xmeleTis xazi* (n.) landline
ხმის მიმცემი *xmis mimcemi* (n.) voter
ხმის მიცემა *xmis micema* (v.) vote
ხმის სისტემა *xmis sistema* (n.) sound system
ხმის უფლება *xmis ufleba* (n.) suffrage
ხმლით ჩეხა *xmliT Cexa* (v.) slash
ხმოვანი *xmovani* (n.) vowel
ხოლო *xolo* (n.) while
ხორბალი *xorbali* (n.) wheat
ხორცი *xorci* (n.) pulp
ხორციანი *xorciani* (adj.) pulpy
ხორციელი *xorcieli* (adj.) carnal

ხორცის მჭამელი *xorcis mWameli* (n.) carnivore
ხორხის *xorxis* (adj.) throaty
ხოტბა *xotba* (n.) ode
ხოცვა-ჟლეტა *xocva-Jleta* (v.) slaughter
ხოცვა-ჟლეტის მოწყობა *xocva-Jletis mowyoba* (v.) massacre
ხოჭო *xoWo* (n.) bug
ხოხვა *xoxva* (v.) shamble
ხრიკი *xriki* (n.) ruse
ხრინწიანი *xrinwiani* (adj.) hoarse
ხროვა *xrova* (n.) pile
ხრტილი *xrtili* (n.) cartilage
ხრწნა *xrwna* (v.) rot
ხრწნადი *xrwnadi* (adj.) perishable
ხსენება *xseneba* (n.) mention
ხსნა *xsna* (v.) savour
ხსნადი *xsnadi* (adj.) soluble
ხსნადობა *xsnadoba* (n.) solubility
ხტომა *xtoma* (v.) leap
ხტუნვა *xtunva* (n.) hop
ხუთი *xuTi* (n.) five
ხუთშაბათი *xuTSabaTi* (n.) Thursday
ხულიგანი *xuligani* (n.) ruffian
ხუმარა *xumara* (n.) wag
ხუმრობა *xumroba* (v.) wag
ხუროობა *xurooba* (n.) carpentry
ხურტკმელი *xurtkmeli* (n.) gooseberry
ხუფი *xufi* (n.) lid
ხუჭუჭა *xuWuWa* (n.) spurt
ხშირად *xSirad* (adv.) often
ხშირად მონახულებული ადგილი *xSirad monaxulebuli adgili* (n.) haunt
ხშირად წვევა *xSirad wveva* (v.) haunt
ხშირბეწვიანი *xSirbewviani* (adj.) fuzzy
ხშირი *xSiri* (n.) frequent

ჯ

ჯაგარი *jagari* (n.) bristle
ჯაგრისი *jagrisi* (n.) hairbrush
ჯადოქარი *jadoqari* (n.) wizard
ჯადოქრობა *jadoqroba* (n.) witchery
ჯაველინი *javelini* (n.) javelin
ჯავზი *javzi* (n.) nutmeg
ჯავშანი *javSani* (n.) armour
ჯალათი *jalaTi* (n.) garrotter
ჯალამბერი *jalamberi* (n.) stretcher
ჯამაგირი *jamagiri* (n.) stipend
ჯამი *jami* (n.) bowl
ჯანი *jani* (n.) brawn
ჯანმრთელი *janmrTeli* (adj.) wholesome
ჯანმრთელობა *janmrTeloba* (n.) health
ჯანმრთელობის აღდგენა *janmrTelobis aRdgena* (n.) rejuvenation
ჯანყი *janyi* (n.) revolt
ჯართი *jarTi* (n.) scrape
ჯარისკაცი *jariskaci* (n.) soldier
ჯაშუში *jaSuSi* (n.) spy
ჯაშუშობა *jaSuSoba* (v.) spy
ჯაჭვი *jaWvi* (n.) chain
ჯახუნი *jaxuni* (n.) bang
ჯგუფი *jgufi* (n.) group
ჯდომა *jdoma* (v.) sit
ჯებირი *jebiri* (n.) embankment
ჯებირით დაცვა *jebiriT dacva* (v.) embank
ჯეკი *jeki* (n.) jack
ჯეკპოტი *jekpoti* (n.) jackpot
ჯელტმენი *jeltmeni* (n.) gentleman
ჯემი *jemi* (n.) jam
ჯემი შეფუთული *jemi SefuTuli* (adj.) jam-packed
ჯერ კიდევ *jer kidev* (conj.) yet
ჯეროვანი *jerovani* (adj.) due
ჯერსი *jersi* (n.) jersey
ჯვარედინი *jvaredini* (adj.) drafty
ჯვარედინი ცეცხლი *jvaredini cecxli* (n.) crossfire
ჯვარი *jvari* (n.) cross
ჯვარის დასმა *jvaris dasma* (v.) cross
ჯვაროსანი *jvarosani* (n.) crusader
ჯვაროსნული ლაშქრობა *jvarosnuli laSqroba* (n.) crusade
ჯვარცმა *jvarcma* (v.) crucify
ჯვარცმული *jvarcmuli* (adj.) crucified
ჯიბე *jibe* (n.) pocket
ჯიბეში ჩადება *jibeSi Cadeba* (v.) pocket
ჯილდო *jildo* (n.) reward
ჯილდოს მიღება *jildos miReba* (v.) reward
ჯინი *jini* (n.) gin
ჯინსი *jinsi* (n.) jean
ჯირკვალი *jirkvali* (n.) gland
ჯირკი *jirki* (n.) stub
ჯიუტი *jiuti* (adj.) tenacious
ჯიუტობა *jiutoba* (n.) tenacity
ჯიხური *jixuri* (n.) bookstall
ჯომარდობა *jomardoba* (n.) knavery
ჯორი *jori* (n.) mule
ჯოხი *joxi* (n.) wand
ჯოჯოხეთი *jojoxeTi* (n.) hell
ჯუთი *juTi* (n.) jute
ჯუნგლები *junglebi* (n.) jungle
ჯურღმული *jurRmuli* (n.) slum
ჯუჯა *juja* (n.) pigmy

ჰ

ჰაბეას კორპუსი *habeas korpusi* (n.) habeas corpus
ჰაერი *haeri* (n.) air

ჰაერის გამწმენდი *haeris gamwmendi* (n.) air freshner
ჰაეროვანი *haerovani* (adj.) airy
ჰაერონაოსნობა *haeronaosnoba* (n.) aeronautics
ჰავა *hava* (n.) climate
ჰავაური გიტარა *havauri gitara* (n.) ukelele
ჰავაური გიტარის დამკვრელი *havauri gitaris damkvreli* (n.) ukeleleist
ჰავის კონტროლი *havis kontroli* (n.) climate control
ჰავის ცვლილება *havis cvlileba* (n.) climate change
ჰაკერი *hakeri* (n.) hacker
ჰალუცინაცია *halucinacia* (n.) hallucination
ჰამლეტი *hamleti* (n.) hamlet
ჰანტელი *hanteli* (n.) dum-bell
ჰარმონია *harmonia* (n.) harmony
ჰარმონიული *harmoniuli* (n.) harmonium
ჰეთთრიკი *heTTriki* (n.) hat-trick
ჰერკულესის *herkulesis* (adj.) herculean
ჰერმეტული *hermetuli* (v.) pressurize
ჰერნია *hernia* (n.) hernia
ჰეროინუმი *heroinumi* (n.) heroine
ჰერცოგი(ქალი) *hercogi(qali)* (n.) duchess
ჰიბრიდი *hibridi* (n.) hybrid
ჰიბრიდული *hibriduli* (adj.) hybrid
ჰიგიენა *higiena* (n.) hygiene
ჰიგიენური *higienuri* (adj.) hygienic
ჰიმნი *himni* (n.) hymn
ჰიპერბოლა *hiperbola* (n.) hyperbole
ჰიპნოზი *hipnoJi* (n.) mesmerism
ჰიპნოზირება *hipnozireba* (v.) hypnotize
ჰიპნოტიზმი *hipnotizmi* (n.) hypnotism
ჰიპოთეზა *hipoTeza* (n.) hypothesis
ჰიპოტეთური *hipoteTuri* (adj.) hypothetical
ჰმ *hm* (n.) hum
ჰოკეი *hokei* (n.) hockey
ჰოლოგრაფი *holografi* (n.) holograph
ჰომეოპათი *homeopaTi* (n.) homeopath
ჰომეოპათია *homeopaTia* (n.) homeopathy
ჰომოსექსუალი *homoseqsuali* (n.) sodomite
ჰომოსექსუალობა *homoseqsualoba* (n.) sodomy
ჰონორარი *honorari* (n.) honorarium
ჰორიზონტი *horizonti* (n.) horizon
ჰოსპიტალი *hospitali* (n.) hospital
ჰოსტელი *hosteli* (n.) hostel
ჰოტელი *hoteli* (n.) hotel
ჰუმანისტი *humanisti* (adj.) humanitarian
ჰუმანური *humanuri* (adj.) humane